丸山眞男の教養思想

学問と政治のはざまで

西村 稔［著］

名古屋大学出版会

丸山眞男の教養思想　目　次

凡例

①本文および註において著作・発言等を引用するにあたっては、丸山のものについては著者名を省き、表題（副題は原則として省いた）、公表年（〈　〉で表記）、収録書・誌、頁数を括弧内に記した。ただし、表題や公表年については、一部略記し、とくに必要ではないと判断した場合は省いた。

また、収録書・誌については、巻数または号数を①、②（三桁以上は645号など）のように示したが、発行者および発行年月日は省略した（○巻○号という場合には、原則として○号を略した）。

②丸山以外の著者についても①の要領によったが、全集等からの引用の際には、個々の論稿の表題、公表年、掲載誌等は、必要な場合を除いて省略した。また、丸山の座談や対談等から他の人物の発言を引用する場合は、丸山の例に倣った。

③以下の作品については↓のように略記号で表記した。個々の巻の出版年はすべて略した。「月報」、「解題」の類も同様である。

丸山眞男『丸山眞男集』第一巻～第一六巻、別巻（岩波書店、一九九五～九七年）↓『集』

丸山眞男『丸山眞男集』別集第一巻～第四巻（東京女子大学丸山眞男文庫編、岩波書店、二〇一四～一八年）↓『別集』

丸山眞男『丸山眞男座談』第一巻～第九巻（岩波書店、一九九八年）↓『座談』

丸山眞男『自己内対話　3冊のノートから』（みすず書房、一九九八年）↓『対話』

丸山眞男『丸山眞男講義録』第一冊～第七冊（東京大学出版会、一九九八～二〇〇〇年）↓『講義』

丸山眞男『丸山眞男講義録』別冊一、別冊二（東京大学出版会、二〇一七年）↓『講義別冊』

丸山眞男『丸山眞男書簡集』第一巻～第五巻（みすず書房、二〇〇三～〇四年）↓『書簡』

丸山眞男『自由について——七つの問答』（編集グループ〈SURE〉、二〇〇五年）↓『自由』（収録されたのは、一九八四年一〇月と一九八五年六月であり、必要に応じて明記した）

『丸山眞男手帖』第一号～第七〇号（丸山眞男手帖の会、一九九七～二〇一七年）↓『手帖』

松沢弘陽・植手通有編『丸山眞男回顧談』上・下（岩波書店、二〇〇六年）↓『回顧談』上・下（収録されたのは一九八八～九四年である）

丸山眞男手帖の会編『丸山眞男話文集』一～四（みすず書房、二〇〇八～〇九年）↓『話文』

丸山眞男手帖の会編『丸山眞男話文集』続一～続四（みすず書房、二〇一四～一五年）→『続話文』
『丸山眞男記念比較思想研究センター報告』創刊号～第一三号（二〇〇五～一八年）→『センター報告』

④以下の全集類は単に『全集』、『著作集』と表記した。
『阿部次郎全集』第一巻～第一七巻（角川書店、一九六〇～六六年）
『内村鑑三全集』第一巻～第四〇巻（岩波書店、一九八〇～八四年）
『鷗外全集』第一巻～第三八巻（岩波書店、一九八六～九〇年）
『漱石全集』第一巻～第三四巻（新書版）（岩波書店、一九五六～五七年）
『南原繁著作集』第一巻～第一〇巻（岩波書店、一九七二～七三年）
『新渡戸稲造全集』第一巻～第二三巻　別巻一、二（教文館、二〇〇一年）
『福澤諭吉全集』第一巻～第二一巻（岩波書店、一九五八～六四年）
『和辻哲郎全集』第一巻～第二五巻、別巻一、二（岩波書店、一九六二～六三年、一九九一～九二年）

⑤東京女子大学「丸山眞男文庫」所蔵本書き込み、草稿、ノート、メモ類の大部分は、阪本尚文氏（福島大学）が閲覧のうえ複写または筆写した資料による。引用の際には「丸山文庫」［資料番号〇〇］とし、傍線および下線はその旨を記した。所蔵書籍・雑誌・抜き刷り等の公刊物については原則として原典の頁数をそのまま記入し、草稿類についてはPDFの葉数を記した。また欧文を除いて、横書き文は縦書きに直し、句読点の表記を「,」「.」から「、」「。」に、算用数字は一部を漢数字に、下線は傍線に変えた。

⑥本書は、研究ノート「知識人と「教養」——丸山眞男の教養思想」（一）～（六完）（『岡山大学法学会雑誌』第六四巻第一号、六四巻二号、六五巻一号、六五巻二号、六六巻一号、六六巻二号、二〇一四～一六年）のうち一部を削除し、誤植・誤記・誤読や解釈の誤りを改めたうえで、新たに編集し直したものである。削除部分のうち、重要と思われる箇所については、「「研究ノート」①『岡法』64⑳」のように指示した。

⑦原文の傍点・下線等の強調は原則として省略したが、一部は「傍点原文」、「傍線丸山」などと表記した。それ以外の傍点等はすべて引用者による。原文のルビは、不要と思われるものは、省略した。引用文中［　］内は引用者によるものである。

⑧一般に興味を惹くと思われる比較的長文の註は、各項目本文末尾に【補説1】等として掲げた。

⑨前述または後述の箇所の指示は、第1章第一節註（1）は「I-1 註1」、第2章第二節b【補説1】は「II-2-b 補1」と表記した。

⑩丸山の伝記的事実については、丸山眞男『丸山眞男集』別巻所載の「年譜」による。

はじめに

一

丸山眞男（一九一四～九六年）が亡くなってからはや二〇年が過ぎたが、すでに生前から丸山に関する数多くの著書・論文が公にされていただけでなく、世を去ってからも、座談や書簡集、回顧談やインタヴュー、ヒアリング等の公刊が相次いでなされ、それに促されたかのように、丸山研究はますます活況を呈してきているかに見える。それには区々たる事情があると思われるが、「政治学者」あるいは「政治思想家」丸山が標的である限り、戦後の政治の動向やそれについての政治思想が主題となることが多いのは、まことに当然のことである。とりわけ、経済学の大塚久雄、法学の川島武宜と並ぶ「戦後民主主義」の旗手・丸山が頻繁に俎上にのせられ、近年ではナショナリスト（国民国家論者）丸山の功罪という捉え方も散見される。それらの少なくとも一部は、先鋭なイデオロギー的対立を含み、毀誉褒貶交々であるが、これまた丸山の政治思想を相手にする以上、やむをえないことかもしれない。それはともかく、このほか丸山の趣味や人間関係などに関する論稿も多々あるけれども、その「教養思想」を正面から探究しようとする研究はこれまでのところ存在していないようである。

おそらく唯一といってもよい例外は、竹内洋『丸山眞男の時代――大学・知識人・ジャーナリズム』（二〇〇五年）であろう。この作品は、「最後の教養人」であった丸山の思想を出版・読書や学生生活・学生運動などの知識社会史ないし教育制度史と絡めて論じたものであり、同『学歴貴族の栄光と挫折』（一九九九年）、『教養主義の没落――変わりゆくエリート学生文化』（二〇〇三年）、そして本書脱稿直前に公刊され（それゆえ十分に咀嚼することのできなかった憾みが残る）『教養派知識人の運命――阿部次郎とその時代』（二〇一八年）などとともに、丸山の教養思想を理解するための必読文献といってよい。また、苅部直『丸山眞男――リベラリストの肖像』（二〇〇六年）も、丸山の思想の全体を知るには簡にして要を得ており、同『移りゆく「教養」』（二〇〇七年）やその他の論稿、とくに『光の領国　和辻哲郎』（一九九五年）とあわせて読むならば、きわめて啓発的であり、教えられるところが多い。もっとも、いずれの作品も、本書で考察する丸山の教養思想を主題にしているわけではなく、補うべきところは少なからずあるように思われる。ほかに、すぐ後で触れる本書のもう一つの主題である、丸山における「学問」と「思想」との相克という視角を含めて、教養思想と丸山との関係を歴史的に位置づけた坂本多加雄『知識人――大正昭和精神史断章』（一九九六年）も参考になる。この作品は、明治から現代までの多様な思想とその問題を扱っているが、とりわけ「戦後知識人」と大正教養主義の関係については独特の魅力的な切り口を見せている。ただ、長いスパンの精神史という枠のため個々の思想の細部にまで眼が届かず、また発表の時期からして資料上の制約がある。

ところで、二〇一二年、東京女子大学では「二〇世紀日本における知識人と教養――丸山眞男文庫デジタル・アーカイブの構築と活用」と題するプロジェクトが開始された。これは、「二〇世紀日本と世界の知識人の交流、コミュニティ形成の様相を跡付け、新渡戸稲造・南原繁をはじめ丸山につらなる知的系譜を解明し、同時に彼らにとっての教養の意味を考究」するという目標を掲げ、あわせて「丸山文庫」のデジタル化を推進して「丸山に関して、いまだ明確にされていない様々な問題の解明」を目指すもので（安藤信廣〔プロジェクト代表者〕「「二〇世紀日本における知識人と教養――丸山眞男文庫デジタル・アーカイブの構築と活用」事業について」東京女子大学『學報』645号〈2012〉）、本書でもアーカイブとともに『丸山眞男記念比較思想研究センター報告』所収の資料や論稿を参照させていただいた。このプロジェクトは二〇一七年に完了し、その成果は、『センター報告』別冊の『二〇世紀日本における知識人と教養』（二〇一七年三月）として公刊された。ただし、そこからうかがわれる限り、新渡戸―南原―丸山の系譜は必ずしも探究の対象とされなかったようである。[1]その点では、本書はいささか裨益するところがあると自負してよいかもしれない。もとより、新渡戸―南原―丸山のラインだけに眼を奪われず、内村鑑三から南原繁へという周知の系譜からも丸山の教養思想を追跡してみる価値はあり、さらには和辻哲郎や（通例教養主義との関連では触れられない）田中耕太郎が丸山に与えた影響を考察の範囲に加えることもあながち無謀とはいえないであろう。

二

では、本書ではどのような意味で丸山眞男の教養思想を主題とするのか。何よりも大きな背景としては、現代の教養思想の混迷という状況が挙げられる。

日本の教養思想の歴史は「大正教養主義」を嚆矢とする。それは阿部次郎の『三太郎の日記』（一九一四～一八年）、和辻哲郎の『古寺巡礼』（一九一九年）、阿部が主導して発足間もない岩波書店から出された「哲学叢書」（一九一五～一七年、全一二篇）、阿部が主幹としてやはり岩波から発刊した『思潮』（一九一七年創刊）から始まって、『漱石全集』（一九一七～一九年）、倉田百三『出家とその弟子』（一九一七年）、西田幾多郎『善の研究』再刊（一九二一年）などの「教養書ブーム」が旧制高校の学生の間に広まり、さらにこれが、大正時代末期から昭和初期にかけてマルクス主義の興隆によっていったん沈静化した後、政府による社会主義運動の弾圧を受けて一九三〇年代後半に河合榮治郎による「学生叢書」（一九三六～四一年、全一二巻）の刊行などによって復活し、数多くの「教養論」を生み出した（「昭和教養主義」[2]）。こうした系譜をもつ教養主義は、旧制高校の学生を主体とした「学生文化」であり、第二次大戦後は新制大学の発足に伴って大学生にも受け継がれ、おおむね一九六〇年代末まで生き延びたが、大学教育の大衆化を受けて、七〇年前後から――「学生文化」としては――ほぼ消滅に向かったといわれる。

しかし、現代日本において教養思想の意義が消失したわけではなく、むしろ大学教育に関わる「制度的」教養思想はほとんど「永久革命」の十字架を背負わせられているかに見える。周知のように、第二次大戦後アメリカの影響下で始まった新制大学の「一般教育」=「教養教育」は、戦前のドイツ型の旧制高校的教育=エリート教育の観念を必ずしも払拭しないままに、いわゆる「マス・プロ教育」を生み出し、他面学問の専門化・細分化による再編の要請にも適切に対応することができず、加えて一部を除いて国公立大学における「教養部」という、学部ではなく、研究科も附置されない「差別」状況への不満も積み重なり、一九九一年（平成三年）に大学設置基準改正（「大綱化」）という「成果」がもたらされたが、以来、これをめぐって百家争鳴の論議が噴出し、各大学で新学部や専門大学院の設置をはじめ多様な「改革」が試みられてきた。しかし、現今に至るまで「制度的」教養思想の決定版と思しきものは現れておらず、そのため現在でもことあるごとに区々たる内容の「教養教育」に日本の大学の未来を託そうとするような主張が声高に叫ばれているのが実情であろう。

もしこうした見方がさほど的外れでないとすれば、現在の時点で過去の教養思想を振り返ってみることは決して無駄ではあるまい。もちろん、それはストレートに歴史的存在としての教養思想を理想と仰いで現代に蘇らせるということでもなければ、「失敗の歴史」を参照するためでもない。むしろ、本書は、過去の教養思想をそれ自体として理解し、現代への応用を可能にする準備作業として、戦後の代表的な思想家の一人である丸山眞男を取り上げようとするものである。それは「古典」との対質と似た営為である。丸山自身が福澤諭吉の『文明論之概略』（明治八年）を、「同じ日本の、しかも、たかだか一世紀前の人間」であることを承知のうえで、「古典」として読もうとしたこと（「『文明論之概略』を読む」〈1986〉『集』⑬19ff.）に鑑みて、丸山がこう述べた一九七七年[3]と比べても知の変化のスピードが格段に速まっている今日、生誕百年をわずかに超えた丸山の思想を古典として読むことも不当ではあるまい。だが、それは丸山をプラトンや孔子と同じ意味で古典として扱うことを意味しない。あるいは、丸山のように、福澤を「最新流行の思潮」から見れば「必ずしも評判のよくない思想家」だと捉えて、もっぱらその観点から「現代流行していない古典、もしくは不評判なテーマに関わる古典」として扱おうとするものでもない。丸山の思想の功罪については別に説く人がいくらでもおり、これからも出ることであろう。本書では、「丸山論」に陥ることを可能な限り回避しつつ、「古典のないところには古典に対する反逆もまたありません」（「一九五〇年前後の平和問題」〈1977〉『話文集』①260）という見識を踏まえて、丸山の教養思想を、戦後五〇年間（あるいは一部戦前も含めて八〇年間）に日本の思想と学問がたどった一つのモデル・ケースとして歴史的に考察することにしたい。

もちろん、このようにいうのは、そもそも丸山に「教養思想」なるものがあったという前提に立ってのことである。丸山は「教養」とか「教養主義」という言葉をしばしば使用しているけれども、それについて本格的に考究した論稿や発言を見出すことはできない。その意味では我々は丸山の教養思想を「発見」しなければならない。とはいえ、徒手空拳で無謀な挑戦を行うわけにはいかない。ここではさしあたり大正教養主義を一つの指標として考えることにしたい。ただし、それは「学生文化」としての教養主義を念頭に置くものではない。この点では、これまでの研究史の中では唐木順三の説が「教養思想」という本書の問題意識にとって最も好適であると考えられる。

唐木順三（一九〇四～八〇年）は『現代史への試み――型と個性と実存』（一九四九年）（『唐木順三全集』③筑摩書房〈1981〉86ff., 106ff.）において、明治から大正への思想の移り行きについて「修養から教養へ」という図式を提示した。「修養」とは、明治維新前に生まれて、四書五経の「素読」を経験した世代（夏目漱石、森鷗外、二葉亭四迷、内村鑑三、西田幾多郎、永井荷風等）により体現された、伝統を引き継いだ実践的な「型」、「形式」、「行」、「修業」、「生活形式」、あるいは‘Sitte’のことである。いま少し詳しくいえば、この世代は、「四書五経的な骨格」、「儒教的、武士的な、凡そ卑屈を嫌ふ高潔なもの」をもっており、その上に西洋を存分に吸収した。そこには、「和魂洋才から汚い連想を洗ひさつていへば、和魂洋才的な、いな、東洋西洋的なもの」があった。「修身斉家治国平天下的」

な、「経世済民と修業への意志」を根本にして西洋を学んだ。あるいは逆に、西洋に没頭しながら、根本に東洋的な骨格があった。また、「修養」は、単に内面的なもの、内面生活、可能性としての個性に関わるのではなく、「内面的なもの、可能的なもの、さういふ形をなさないものに、如何にして形を与へるか」を重視した。したがってそれは「外面生活、行住坐臥の仕方、行為の仕方、躾け」を問題にし、「模範的な型、規範を権威としてそれに習はうとする。まねびならふことが課せられる。外を通じて内へ向かはうとする」ものであった。

他方で、「教養」はこうした儒教的な「修養」への反撥から生じた。「外から内への通路」を忘失すると、「修養」は「型の如く」といわれるような「マンネリズム」に陥り、それに対して「内面的なもの」が反撥するようになるが、その現れが儒教的「型」を破壊した日露戦争後の自然主義運動であり、その後の「ヒューマニズム」である。そして、ヒューマニズムは、白樺派、河上肇の「無我苑」や西田天香の「一燈園」の宗教、知識階級の社会運動への参画、そして「教養」として現れた。「教養」は古い儒教的「修養」と対立して、「型にはまつたこと」、「形式主義」を軽蔑し、自己の内面的な中心の確立、自己究明を古人の書物を媒介として果たそうとした。こうした内面的生活への耽溺は二重の意味において「外面的なもの」（一方では身体的、行住坐臥的な型、他方では社会的政治的な外面生活）の軽視を帰結する。いいかえれば、人類と個性、普遍と個を重視し、「類と個の中間としての種、普遍と個別の中間としての特殊」、あるいは「種としての国家、社会、政治、経済、特殊としての民族、氏族」を問題とせず、むしろそれを軽蔑して全と個、神と個性を直結させようとした。

「修養」と「教養」の対立は世代間対立としても表現される。「修養の世代」には、「東洋と西洋、日本と外国との間の如何ともしがたき相違、或は日本の後進性に由来する封建遺制と西洋近代との間隙を統一綜合しようとする苦悩」、たとえば「鷗外のあきらめ、漱石の神経衰弱、二葉亭の文学か政治かの悩み、露伴の小説放棄、鑑三の退官、西田哲学の悪戦苦闘、荷風の絶望」があり、また東西の葛藤を「創造」に転じるエネルギーをもっていた。一方、これら先達の門下である明治二〇年前後に生れた「教養の世代」（ケーベルを翻訳した世代）の幼児期・少年期にはもはや柔軟な骨格を型に形成する規範がなくなっており、彼らは、欧化主義が日本に表面化し、家庭の躾の基準も自信を喪った時代、形、型、性格を形成する基準が失われた時代に育ち、ようやくみずからの思想的文筆的活動を始められるようになった大正期は「混沌たるもの」であった。彼らは、時代と社会に対して創造的でなく「批評的」、「高踏的」であり、「苦悩」は一般性を失って自己内部の苦脳、個人的な苦悩になっていた。

こうした図式は荒削りであり、しかもすぐれて「文学的」に表現されており、明晰性を欠いているが、しかし指標もしくは理念型としては十分参照に値する。修養の世代（以下「修養派」とする）の特徴と教養の世代（「教養派」）の特徴は、ほぼ陽画と陰画の関係にあり、唐木が修養派の方を評価していることは一目瞭然であるが、そのことも考慮に入れたうえで、修養派の日本（東洋）と西洋、伝統と近代の矛盾に対する「内的な葛藤」、および「修身斉家治国平天下的」な姿勢（一身だけでなく国家や社会に対する問題意識）と、それと対照される、教養派の欧化主義からの影響（もしくは古今東西の文化の無差別な受容）、および「非政治性、非社会性」という規定は、丸山自身の教養思想、あるいは、「古層」論の基底をなす欧化論の構造を理解するうえで無視できない要素なのである。

本書では、丸山が日本思想史研究のいわば直近の先輩としての和辻哲郎をどのように吸収し、あるいはしりぞけたのかという、学説・理論上の継受とイデオロギー批判に関わる問題に光を当てるだけでなく、大正教養主義の思想史的展開を押さえたうえで、南原繁や田中耕太郎の思想を大正教養主義との関連で捉え、そこから丸山が何を受け取ったのか、さらには丸山自身の教養思想がどのようなものであったのかという問題に迫ってみたい。しかしそれにとどまらず、我々は、唐木の定式から漏れた部分、とりわけ「学問」をめぐる教養思想という問題領域にも鍬を入れたい。一般に「教養」観念と学問が不可分の関係をもつことは自明のように見られがちであるが、教養思想において学問が如何なる位置を占めるかということは、これまで必ずしも十分に検討されていない。教養は単なる博識に尽くされず、実践知としての修養によって代替されるのでもなく、「学問」との関係において捉えられる地平をもつのではないか。――これらの問題群に取り組むことが本書にとって一つの大きな課題となる。

三

この点とも関わるが、本書にはもう一つの課題がある。丸山における「政治」と「学問」との連関、あるいは広く「思想」と「学問」との連関を探ることである。丸山自身が「思想」に最大の関心を注ぎ、そのために大きなエネルギーを割いたことは大方の論者の認めるところであり、それゆえにこそ、多くの研究や評論が「思想家」丸山を問題にしてきたのだが、しかしもちろん丸山は「学者」でもあった。丸山は（本文〔I-4-b〕でもう一度引用するが）『春曙帖』（一九六一年以降の雑記帳）にこう記している。

私は学者でもなければ思想家でもない奇怪な化物だと評された（吉本隆明）。それはある意味で当っている。しかしそれを奇怪としか見ないということは、私を貫いている大きな問題関心が、批判者の関心には全く登場して来ないということでもある。私が雑誌に書き散らして来た対象的には実に雑多な論文の方法論的視角は、どうしたら日本的な「認識の客観性」についての因襲的なイメージと、思想やイデーについての同じく根強いイメージをこわし、両者がきりむすぶ場を設定できるかという点にあった。認識の客観性とは、「クソ実証主義」とも、またたんなる論理的整合性とも異なること、認識することは自己の責任による素材の構成という契機をめぐって不可避的に思想と価値判断の領域にふみ入ることを自覚しなければならない。しかし他方、「思想」というものは、決してそれだけで学問的認識の代用をするものでもなければ、それより何か本来的に尊いものでもない。自己のアスピレーションを外に投射するだけの思想、自己表白と感慨の吐露にすぎない思想がいかにハンランしていることか。一方、主体的なコミットメントを欠いた「認識」に安住する学者にも満足できず、他方、思想、世界観等々をどんなに美しいコトバで表現しようと、ザハリヒな認識、鉱物質のようにつめたい認識への内的情熱をほとんど理解しない思想家にも左袒できない私は「化物」たらざるをえないではないか。

（『対話』249）

丸山はここで「思想家」にも「学者」にも、もしくは「思想」にも「学問」にも一面的に加担することができないというが、しかし両者を統合できる便利な立脚点があると主張するわけでもない。むしろ、両者それぞれに固有の価値を認めつつ、同時に両者の接点（「きりむすぶ場」）に迫ろうとする。「学問」にとって「思想」（主体的コミットメント）はぜひとも必要であるが、それと同時に「思想」にとっての「学問」の価値（「認識への内的情熱」）をあだやおろそかにしてはならない。その二つの要請を同時に満たすことが必要だ、と。だが、ここでは「素材の構成」という形で示唆されている、「学問」にとっての「思想」（価値判断）の意義は、新カント派を若いころから学んでいた丸山にとってほとんど自明のことであった（cf. I-3-c）のに対して、「思想」にとっての「学問」の意義は必ずしも自明ではなかった。

丸山は、「思想史家」と「思想家」との関係を演奏家・指揮者と作曲家の関係になぞらえて、「自分で思想することなしには少なくとも思想を対象にした歴史はありえない。創造的な契機が不可避的に入ってくる」と述べている（「思想の冒険」〈1959〉『座談』③219）。「思想史家」になる前にあらかじめ「思想家」であるはずだ、というのだが、しかし逆に、「思想家」は「思想史家」の認識努力を尊重すべきだ、とはどこでもいっていない。あるいは、思想史の研究者は、歴史的文脈と無関係に、「歴史的思想を素材として自分の哲学を展開する「思想論」」と一般歴史叙述との中間に位置している（「思想史の考え方について」〈1961〉『集』⑨70：『講義』④24）という場合の、思想史と「思想論」との区別においても、同様のことがいえる。丸山は、南原繁や森有正は「思想家」だが、自分は「思想史家」だといっている（「森有正氏の思い出」〈1979〉『集』⑪103）が、「思想家」吉本隆明に対峙する際にも、「思想（家）」の価値を重々承知している「思想史家」として（つまり「学者」の立場から）、自己表白と感慨の吐露をこととする

「思想家」をしりぞけ、「思想史」における認識の価値を強調したのではあるまいか。

しかしそうだとしても、「思想」が「学問」にとっていわば不可欠の要素であるのに対して、「思想」にとっての「学問」の意義は依然として不明のままである。否むしろ、「思想」と対峙した時の「学問」の形勢はきわめて不利である。もとより、「学問」は、如何なる「思想」に喚起されようとも、「ザハリヒな認識」を超えるわけにはいかない。「学問」は有閑的な趣味に安んじていてはならないとしても、「ザハリヒな認識」の軛を振り捨てるわけにもいかない。学問は、何らかの目的（民衆のため、社会のため、国家のため、人類のため等々）を起爆剤にすることができるが、しかし学問的営為そのものにおいては、学問自身のルールに則り、学的世界のために尽くさなければならない（〈学問自身の社会的使命〉）。たとえ、民衆や社会に裨益することがあっても、それは、今日の基礎科学がそうであるように、結果として、あるいは間接的にでしかない。だが、それではまことに迂遠である。とくに、第二次大戦という未曽有の戦禍を経た後の精神的瓦礫を前にして、いま、「学問」は社会のために何かできることはないのか、と丸山は自問した。このアポリアを解決すると見えたのが、「知識人」という存在であった。「学者」丸山は「知識人」でもあろうとした。知識人こそ、多くの場合学問から栄養を摂取しつつも、学問固有の制約を受けずに、社会のため、民衆のために活動することができる、と考えたのである（〈知識人の社会的使命〉）。丸山の敗戦以後の「知的」営為は、おおげさにいえば、この二つの社会的使命の矛盾相剋、あるいはどちらかの優位によって彩られている。

四

我々の眼前に横たわって解明を待ち構えている問題は多岐にわたるが、主要な課題は、第一に丸山の教養思想が如何なるものであったのかを探究すること、第二に丸山の知的営為の構造を、「学問」と「思想」の連関を軸にして解きほぐすことにある。後者は、前者の課題を果たす際にも当然考慮に入れなければならないから、その意味では第一課題は第二課題の応用問題となる。ただ、教養思想は概して「学問」と絡めて理解されることが少ないので、その点に留意することが必要となる。

本書はまず第二の課題（学問と思想の連関）から入ってゆき、丸山の知的活動の始点を敗戦直後に求め、この時期に丸山が知識人もしくは「思想」と学問との関係についてどのように考え、発言したのかを探る（第1章）。およそ一九六〇年（「六〇年安保」）まで、丸山は、一面では学問と実践との緊張関係を意識しつつ、他面で学者を知識人として捉え、みずからも知識人として活動し、「時事論文」を盛んに生産した。ところが、丸山は、六〇年前後から「時事論文」や「政治学原論」（いわゆる「夜店」）から思想史論文（「本店」）に戻ろうとし、新たな思想史方法論の実験を開始して、かつてみずからも依拠していた「内発性」の視角を相対化し、そこからしだいに「原型」論へと進んでいった（第2章）。「原型」論は、丸山が追及してきた近代日本の病理現象が古代から現代に至るまで存在することを証明しようとする試みであったが、それを探究しようとする「超学問的」動機＝「思想」は原型の超克であった。だが、その「原型突破の原理」を丸山は学問的に（思想史によって）基礎づけることができなかった。おそらくそのために、六〇年代後半以降の丸山は、一方で「思想史」（学問）としての原型論の彫琢に励みながらも、他方では「思想論」として「原型突破の原理」を選択する「決断」を提示した（第3章）。

それは、遡れば、幕末維新以来、数々の思想家のみならず、政府もまた——「よきをとり　あしきをすてて外国《とつくに》に　おとらぬ国になすよしもがな」（明治天皇御製）に象徴されるように——取り組んできた「欧化」策の一つの終着駅であった。そこで我々は、いったん視線を戦前に戻して、初期丸山の修業時代の思想の「環境」ないし「条件」を探るべく、大正教養主義の、欧化論を含めた教養思想の特徴を明らかにし、それが南原繁・田中耕太郎の「法学部教養派」に共有され、さらに戦中・戦後の丸山に部分的に引き継がれていったことを確かめることによって、第一の課題に迫りたい（第4章）。もちろん、丸山は大正教養思想を鵜呑みにしたわけではなく、とりわけ欧化論については、後に原型論において南原と鋭く対立するに至った。最後に、第1章から第3章で示した、「思想」と「学問」の綱引きは、「遊びとしての学問」という構想によって「学問」の方に大きく引っ張られることになった（第5章）。しかもこの「学問」には、大正教養主義の系譜上通例はあまり目立たない教養思想の一面が息づいていた。「遊びとしての学問」は、丸山が戦前から追求してきた「変革のための学問」（事実上の形態は主として時事論文）に対置される「教養としての学問」であった。これもまた「学問」である限り、「思想」と無関係ではあり得ないが、その「思想」の核心は国家や社会の変革ではなくて、「面白さ」や「好奇心」にあった。さらにいま一つ、丸山の教養思想として挙げられるのは、教育において追求された「思考方法」である。丸山はこれを「学問的思考」の伝達と称したが、その内実は「自分の頭で考えること（Selbstdenken）」に代表される思考訓練であり、それゆえある意味では、かつて大正教養派が〈自己陶冶〉という教養思想の「伝道」として行っていたことの延長線上にあった。

本書の骨格をおおざっぱにまとめるならば、以上のようなものとなる。繰り返すが、本書は「丸山論」を目指すものではない。それは、丸山が嫌った「ジャーナリズムの高級（?）《ママ》井戸端会議にすぎない丸山論」（『書簡』①123）はもちろんのこと、たとえば、丸山の思想は、とっくに克服された、これこれの古臭いイデオロギーにすぎなかったとか、反対にそこには時代を超えたしかじかの素晴らしい未来へ向けた思想が含まれていた、といった類の丸山論を書くつもりはない、ということである。したがって、これまでの丸山論には、どれほど魅力的なアイデアが潜んでいても、事実に関する記述、丸山の発言・行動をめぐる個々の解釈について参照するほかは、いっさい言及しない。丸山は、思想がなければ、思想史は書けないという意味のことを語った（本書自体にも丸山についての思想の如きものが欠けているわけではない）が、しかし本書は、何らかの思想ないし価値判断があって、それに「有利」な事実や言説を掻き集める、というしばしば見かける論法を可能な限り回避し、その意味で基本的に「帰納的」な手法をとって、自説にとって「不都合な」事実に眼をつぶらず、たえず修正することを心がけた。そのため、本書の叙述の大部分は丸山や周辺人物の発言の重箱の隅をつつくような検討によって占められている。良くいえば、「ザハリヒな認識に対する内的情熱」がいわば筆者の「習い性」になり、あらぬ方向にまで探索の手を伸ばした結果であり、悪くいえば、丸山のような「素材の構成」の才を持ち合わせない凡夫の帰結である（願わくば、泉下の丸山から「クソ実証主義」と罵倒されぬことを！）。丸山は、古い論文を一書にまとめる際、できるだけ手を加えず旧稿のまま収録し、それは後世に「資料」として残すためだといっている（I-4-a）が、『講義』や『座談』や『書簡』、はては草稿・メモの類まで、これほど豊富な「資料」を遺し、またその発掘と公刊のために多大の努力が費やされた現代の「学者」は稀有であろう。そして、まさにその「資料」の豊かさのゆえに――あるいは丸山が一つの論稿にあまたの「認識命題」のみならず「当為命題」を含ませていたがために――、本書の叙述も錯綜し、交錯し、重複せざるを得なかった。読者の御寛恕を請うしだいである。

第1章　戦後の学問と知識人

丸山眞男が戦後日本の政治思想において最も大きな足跡を残した「学者」の一人であることは、評価の如何に関わらず、誰しも認めざるを得ない。しかし、それは「知識人」としての足跡ではないのか、という異論がただちに出てきそうである。丸山は戦後、雑誌『世界』に発表した「超国家主義の論理と心理」（一九四六年）で華々しく論壇デビューし、その論稿を含む『現代政治の思想と行動』（上一九五六年、下一九五七年）と一般向けの『日本の思想』（岩波新書、一九六一年）によって広く世に知られる存在となったけれども、学術書としては、共著や編著等を除けば、後に『忠誠と反逆』（一九九二年）と題する論文集を出すまでは、『日本政治思想史研究』（一九五二年）が上梓されただけである。後者の販売部数が出版後十年間と比べて六〇年代・七〇年代に飛躍的に伸びたのは、『現代政治の思想と行動』や『日本の思想』などとの「相乗効果」によるとされる（平石直昭「五〇年の本棚から⑮日本政治思想史研究」『UP』㉚〈2001〉13）のも、こうした事情を反映しているのであろう。ところが、丸山はすでに『現代政治の思想と行動』を公刊したころから、現代政治の世界から足を洗って、専攻する日本政治思想史の領域に専心したいと考え始め、しばらくしてこれを実行に移した。後に丸山はこれを「夜店」から「本店」への回帰と称した。かりに「夜店」時代に活躍したのが「知識人」丸山であり、「本店」時代の活動が「学者」丸山に属するとしたならば、――さしあたり戦中期の営為を除くとして――その前半生は「知識人」、後半生は「学者」であったということになる。だが、丸山は前半生に「学者」であることに無自覚であったわけでもなければ、後半生において「知識人」としての使命を忘失してしまったわけでもない。とりわけ戦後二〇年近くの間に書かれた様々な論稿がいったい知識人として書かれたのか、それとも学者として書かれたのかという問いには、誰しも明快に答えることができないのではないか。それは、この時期の丸山にとって、「学問」と「思想」の間に一線を引くことがあたかも常識のようでありながらも、両者の交錯と緊張関係が、それ自体、大きな意味をもっていたからである。

この時期（おおよそ敗戦から「六〇年安保」まで）の丸山が「知識人」と「学者」にどのような位置を与えようとしたのか、これを個々の作品や発言、あるいは方法論的議論と絡めて考察するのがこの章の目指すところである。いいかえれば、本書全体の課題の一つである、丸山における「学問」と「思想」の連関の考察は、「学者」と「知識人」の連関の地平で捉えられることになる。ただ、「学者」の語は必ずしも純粋な研究者という意味で使われず、しばしば「知識人」のニュアンスを含んでいたから、問題は「知識人」と「学問」の連関として把握されることになる。しかし、さらに踏み込んでいえば、本章において最初に主役を務めるのは知識人であり、学問は相対的に脇役の位置に甘んじている。明治維新以来の思想史の叙述はおおむね知識人の思想史であり、戦中期の学者の態度も基本的にインテリの抵抗力の弱さとして描かれ（第一節）、その際インテリ批判の精神的拠点として注視されたのは学問よりもむしろ信仰であり、「心情倫理」の思想であった（第二節）。また、「文化から政治へ」という戦略において焦点となったのは、学問の変革よりも知識人の結集であった（第三節）。変革の「思想」を担うべき「知識人」とどこまでも真理に仕えるべき「学問」——この両者の使命は必ずしも矛盾するものではなかったが、丸山は、敗戦後の改革運動の高揚の中でまず思想を追求しようとしたため、学者であるという意識との間にディレンマが生じ、それが学問への転換を促すことになった（第四節）。

第一節　知識人と政治

敗戦後の丸山にとって知識人の問題性とは何よりも戦争ないし軍国主義、あるいは日本的ファシズムに対する姿勢であった。後に『現代政治の思想と行動』の英語版序文（一九八三年、執筆は一九六二年）で丸山は、所収の現代日本に関する諸論文が「病理学的なアプローチ」（日本社会の「病理学的側面」への批判的な姿勢）に傾斜していることについて、日本を戦争に駆り立てた「内的」要因の探究、すなわち「過去数十年間にわたって西欧の学問・技術・生活様式を吸収し」、日本やアジアの伝統よりも西欧の伝統の方に詳しかった（あるいはそう信じていた）「日本の知識人」が軍国主義ナショナリズムを受け容れ、あるいは無力のためにそれを押しとどめることができなかったという事態の原因の究明は、敗戦後の社会科学者にとっての「学問的出発点」であると同時に「市民としての社会的責任感に対する実践的応答」でもあったが、「この点で私はいかなる独創性も主張できない。なぜならそれは、敗戦直後の時期に知的に活動していた私の同僚たちの殆どが採っていた姿勢だった」からであると語っている（『集』⑫42f.）。

これによれば、丸山にとって（あるいは多くの社会科学者にとって）問題ははっきり、「西欧の伝統」――厳密にいえば西欧の自由主義や民主主義の伝統――を知悉していたはずの「知識人」の軍国主義に対する抵抗力がなぜ弱かったのかということの解明であり、しかもこの問題に取り組むことは、社会科学者にとっての第一の「学問的」使命であると同時に「市民として」の社会的義務でもあった。つまり、『現代政治の思想と行動』所収の諸論稿は、「学者」と「市民」との二重の使命を含んでいたのである。この二つを截然と分けることができるのかどうか、また「市民」とは何を指すのかということはいまだ明らかではないが、ここではまず戦中の「知識人」に対する認識と評価から入っていくことにしたい。

a　インテリとファシズム――お化粧的なヨーロッパ的教養

インテリと擬似インテリ

丸山は「日本ファシズムの思想と運動」（一九四八年）で、ファシズムの基盤が一般に「小ブルジョワ層」であるとし、日本におけるその社会的な担い手を特定するために、日本の中間階級ないし小市民階級における「インテリゲンチャ」（「本来のインテリ」）と「擬似インテリゲンチャ」（「亜インテリ階級」）の区別を行った（「日本ファシズムの思想と運動」〈1948〉『集』③296ff.）。擬似インテリとは小工場主、町工場の親方、土建請負業者、小売商店主、大工棟梁、小地主ないし自作農上層、学校教員、村役場吏員・役員、その他一般の下級官吏、僧侶、神官であり、本来のインテリとは都市のサラリーマン階級、文化人ないしジャーナリスト、その他「自由知識職業者」（教授や弁護士）、学生層である（ただし学生層は前者に属する場合もある）が、ファシズム運動に加担したのは擬似インテリの方である。彼らは、自分では「いっぱしインテリのつもりでいること、断片的ではあるが、耳学問などによって地方の物知りであり、とくに、政治経済社会百般のことについて一応オピニオンを持っていること」により単なる大衆から区別されるのに対して、インテリの方は、多くはファシズムに適応し追随したけれども、決して積極的なファシズム運動の主張者ないし推進者ではなく、「むしろ気分的には全体としてファシズム運動に対して嫌悪の感情をもち、消極的抵抗をさえ行なった」というのである。

両グループは、「岩波文化」と「講談社文化」の差異に見られるように、「知識、文化水準」において外国には見られないほど隔絶していた、と丸山はいい、そのことを「教養の違い」と表現する。擬似インテリは「教養において」配下の勤労大衆と連続性をもち、インテリは「教養において」本来ヨーロッパ育ちであり、――ドイツやイタリアのように知識階級がファシズムに積極的に関与したのと違って――その「ヨーロッパ的教養」は「頭からきた知識、いわばお化粧的な教養」であったために、ファシズムに対して「敢然として内面的個性」を守り抜くという「知性の勇気」を欠いていたけれども、ファシズム運動の「文化性の低さ」に同調することもできなかった。インテリ的学生はファシズム運動の担い手にはならなかったが、右翼運動に参加した大学生は「教養意識」の点で擬似インテリに属する者が多かったともいう。要するに、擬似インテリの教養は低くて、本来のインテリはハイブラウであり、そのことが「大衆的」なファシズムへの加担の深浅の差異となったが、インテリの教養は〈お化粧的なヨーロッパ的教養〉であったために、ファシズムへの抵抗力が薄弱であったというのである。

こうした日本ファシズムと「教養」との関連づけは、ナチズムと「教養」との関係についての認識を参考にしたものであった。丸山はやや後に、科学的なレベルの高い国民といわれるドイツ国民がヒトラーという「ろくな教養もない独裁者の「カリスマ」にコロリと参ってしまった」(「政治の世界」〈1952〉『集』⑤157f.) と表現している。ナチ最高幹部の多くがたいした「学歴」もなく、権力掌握までほとんど地位らしい地位に就いておらず、「本来の無法者」を含んでいたのに対して、東京裁判の被告はすべて最高学府や陸軍大学校を出た「秀才」で、多くは順調に出世した顕官であり、無法者などいなかったとする比較論 (「軍国支配者の精神形態」〈1949〉『集』④103f.) によって丸山は、ナチの指導者の「能動的ニヒリズム」に比して徹底して無責任な日本の軍国主義指導者の像を炙り出そうとした。いいかえればそれは「無教養」なナチ指導者と「教養ある」日本の指導者との差異であり、したがってまた間接的には高い教養のあるインテリへの批判になっている。

しかしそれにしても、「科学的レベルの高い国民」であるドイツ人は、「教養」もまた高いということであり、それがナチズムの抑止力とならなかったのはなぜか。これより先、三島の庶民大学で行った講義の一つである「十九世紀以降欧洲社会思想史」（一九四六年）にはこういう記述がある。「理性と教養」をもつ多くのドイツ人がヒトラー伍長とその周囲の粗野な乱暴者たちの「低級きはまる扇動」にたやすく乗ぜられたのは理解し難いが、まさにそこに「ドイツの生活と思想の著しい跛行性」がある。ドイツ人は、アングロ・サクソン人を思想浅薄とか物質主義的とか嘲笑しながら、二度もその浅薄な物質主義者に敗れて支配されるに至ったが、英米人は、ドイツ人のように日常生活から遊離したイデオロギーに陶酔せず、たえず学問の中に生活を持ち込み、生活の中に学問を持ち込む。彼らは思想やイズムが「肉体化してゐる」から、デモクラシーは単なる理論でなく、生活様式として躍動しているのだ。「尊いと思つた事、正しいと思つた事は直ちに実現すべく外に向つて働きかけ、社会的環境をかへて行く。内部を深め、豊かにすること、外部的環境をたえず高めて行くことをつねに併行させて行かねば第一級の国家、第一級の国民となりえない――これがドイツ哲学から吾々が学ぶ一つの教訓である」（『話文』①216f.）。

ナチズムに対する無防備・脆弱性の原因はドイツ観念論的な「理性と教養」にこそあり、それが「日常生活」と不可分であった英米的な思想・学問との差異であるという見方は、おそらく、丸山が南原繁と並んで師と仰いだ長谷川如是閑（「如是閑さんと私」〈1985〉『集』⑯127 :『集』⑮155 :『話文』②308 :『回顧談』下 57）に由来するものであろう (cf. II-3 註 10)。そして、ファシズム指導者については日独で反対の傾向を指摘したのに対して、ここではインテリもしくは「教養」の抵抗力の弱さという日独共通の地平を提示し、それが、インテリについての、現実から乖離した〈お化粧的なヨーロッパ的教養〉という規定に繋がった。後年の回顧で丸山は右の講義のくだりを再現したうえで、自分の頭にはつねに「岩波文庫的教養人」があり、当時日本とドイツが「二重写し」になっていたと述べている。「岩波文庫的教養人」もしくは「岩波文庫的知識人」はドイツ知識人と「教養」を共有しており、それが軍国支配を招いた、という意味でドイツがパラダイムになったというのである[1]（『回顧談』下 126f.）。「岩波文庫的教養人」とは、まさに〈お化粧的なヨーロッパ的教養〉を具えた知識人、あるいはその後裔としての――「総花的教養」のゆえにナチズムに道を開くニヒリズムの危険を孕んだ――戦後の「小市民インテリ層」（「盛り合わせ音楽会」〈1948〉

『集』③340ff.）のことであった。【補説1】やはり後年のことだが、丸山は、一方でヒトラーなどは、ワーグナーは好きかもしれないけれども、教養層からは遠く、また大衆をとらえるものは学問や「高い教養」ではないとしつつも、「戦前の教養主義的インテリの空しさ」ないし「無力性」を痛感して、戦後のファシズム論でそこに力点を置いたと振り返っている（『話文』②243, 244）。「空しさ」、「無力性」とはファシズムに対する抵抗力の弱さである。またここにいう「教養主義的」とは、単に「教養的」とか「教養ある」というのと違って、「（民衆の与り知らない）高い知識を誇る」というニュアンスであるが、この規定も、戦前のインテリが〈お化粧的なヨーロッパ的教養〉のために、ファシズムに対して「内面的個性」を守り抜くという「知性の勇気」を欠いていたという叙述と一致する。

【補説1】 岩波文庫的知識人への批判的発言は、必ずしもインテリの「消極的抵抗」といういわば甘い評価に対する後年の弁解ではない。丸山はすでにファシズム論で、インテリを、「一般の社会層から知識的＝文化的に孤立した存在」として捉え、それを「岩波文化」に象徴される「インテリの閉鎖性」と呼んでいた（『集』③302）。しかし逆に、丸山はかなり後になってからも、戦前は岩波文庫は「よかれあしかれ一つのシンボル」であり、「教養主義」の意味は時代により違うけれども、反動期になると「文庫的な『古典』をかかげること自体が消極的な抵抗」であるとし、戦争に行く時に有名な言葉を残した太田伍長を例に挙げている（「読書の姿勢」〈1967〉『座談』⑦130）。太田伍長の言葉とは、太田慶一（東京帝大卒）が出征に際して、子供たちに「いかなる職業につくとも、学問と芸術を愛する事を忘れざる様訓育すべし」と遺言を残したという逸話（『太田伍長の陣中手記』岩波書店〈1940〉）であり、佐藤卓巳（『物語　岩波書店百年史』②岩波書店〈2013〉157ff.）によれば、太田は当時のマス・コミで「インテリ勇士」、「インテリ兵士」、「インテリ伍長」などともてはやされたが、自身も岩波文庫の収集マニアであった。もっとも、（そのことと直接的因果関係は証明されないが）同書の出版直後に陸軍恤兵部は岩波文庫二〇点、各五〇〇〇部、合計一万冊を発注し、陸軍省はこれを他社の文庫本とともに戦場に送ったという。ここからすると、岩波文庫的「教養主義」は必ずしも「消極的抵抗」に繋がったとはいえない。なお、丸山の後輩にあたる南原の「弟子」で、東京帝大卒業後、官界に入り、郵政事務次官になった山本博（『回顧談』上112）は、若いころに太田伍長の遺言にいたく感動し、人生の指針としようと思って、大学入学後南原に私淑し、丸山に出会った時にこの遺言を思い出したと語っている（「折々の丸山さん」『集』⑮「月報」4f.）。丸山の『政治の世界』（一九五二年）は山本の企画により刊行された（松沢弘陽「解題」『集』⑤362）。

思想史の中の「教養主義的インテリ」――非政治性・反政治性

〈教養主義的インテリ〉という規定はきちんと定義された学問的範疇ではないが、「教養主義的」という言葉は、〈お化粧的なヨーロッパ的教養〉をレゾン・デートルとする知識人のメンタリティを指すと見てよかろう。ここではこれを、政治的、社会的現実に対して批判的姿勢をもち得ない戦前の学者・知識人一般の体質を指すものと解して、以後（一九六〇年代以降も含めて）丸山がそれを思想史の叙述や座談等でどのように把握していたのかをざっと見ておくことにしよう。

丸山は「明治国家の思想」（一九四九年）で、明治二〇年代の「日本主義」（陸羯南、三宅雪嶺）と三〇年代のそれ（高山樗牛、木村鷹太郎）を対比して、後者における「感覚的な衝動の解放」、「非政治的な個人主義」、「「頽廃」を内に蔵した様な個人主義」や、それに連なる「自然主義」の「露骨なる描写」を批判的に叙述し、あるいはより一般的に、国民思想に関する、「個人的内面性」に媒介されない、絶対的勢力を支柱とする「国家主義」と「全く非政治的」な、星菫を詠う感覚的本能的な「個人主義」との無媒介な併存について語っている（『集』④78f., 81, 82 : cf.『座談』③168 :『センター報告』⑨〈2014〉48)。「明治時代の思想」（一九五三年）でも、明治末期以降の宗教家や文学者の「いわば即自的な非政治的傾向」（『集』⑥6）を指摘し、「近代日本の思想と文学」（一九五九年）では、自然主義文学を、天皇制国家の安定を背景にした、国家意識の希薄化による、「家」と世の中の権威（既成道徳）への反抗として捉え、その延長線上に白樺派の「反世間主義」と「反権威主義」、「自我における規範意識の薄弱さ」、国家の「無視」や「軽蔑」を見ている（『集』⑧140f.)。白樺派については、「社会性を持たない、アソシエイションに発展して行かない「個性」の発想」（「教育の本質」〈1959〉『続話文』①429)、「脱政治的な「反抗」」（『集』⑧258f.)、「国家権力に対してインディファレントであるという意味の自我意識」（「知識人・東と西」『思想の科学』①〈1961〉20)、「個人の感情や気分」による、白樺派的なコスモポリタニズムの伝統拒否（松沢弘陽訳「個人析出のさまざまなパターン」〈1968〉『集』⑨407f.）等々、ネガティヴな評価のオン・パレードである。後年の「近代日本の知識人」（一九七七年）

ではあたかも以上を総括するかのように、日露戦争後のいわゆる「煩悶青年」や「高等遊民」を、知識人の社会的活動からの「引退」が「反政治的態度」と結びついた類型として捉え、そこに近代日本の文学者・芸術家に多少とも共通する「反政治的もしくは非政治的態度」を見出している[2]（『集』⑩242f.: cf.『集』⑫275）。

こうした知識人の思想史像は、戦中期の知識人に対する批判的な視角＝〈お化粧的なヨーロッパ的教養〉と無関係ではない。丸山は一九五七年の講演「思想と政治」において、戦前の日本には「危険思想」を除いて「思想」が実践に転化されず、これのほかには、支配体制を支える思想と、狭いアカデミーの社会だけで通用するか、一般社会に知られていても「アクセサリーとして、お化粧的な教養」の意味しかもたなかった、明治以降入ってきた「ハイカラな思想」との二つの思想しか存在しなかったとして、こう述べている（『集』⑦114f.: cf.『講義別冊』②17）。

およそ、近代国家の中で、日本くらい、明治以降あらゆる外来の思想が紹介され、目まぐるしく流行した国はなかったといっても過言ではない。しかもまた同時に、われわれの国ほど、思想というものがほんとうに国民の中に根づいて、国民を内側からつき動かす力を持たなかった国も珍しいといわなければなりません。

これは「日本の思想」（一九五七年）で「精神的雑居性」として俎上にのせられ、その後に「原型」論へと展開していく原基となる問題意識であるが、それはさておき、以上見てきた明治以来の知識人像は、戦中期に丸山自身が目のあたりにした知識人の現実から遡行した結果であると見ることもできる。つまり、明治以来の体制一般が「近代的」であり、自由も批判精神もあったが、昭和になって不意に軍部や右翼が出てきて超国家主義をもたらした（「天皇制的精神構造の病理は「非常時」の狂乱のもたらした例外現象にすぎない」）と考えた、津田左右吉に代表される「明治的な知識人」、あるいは「リベラルだがデモクラティックでない」――丸山自身もコミットしていたという――かつてのいわゆる「重臣リベラリズム[3]」、もしくは一般的に「立憲主義的君主制」および「国際協調主義」の立場、ないし「英米派」（『回顧談』上202f., 205:『回顧談』下4ff.:『続話文』②24f.）など、総じて「知識階級」ないし

「知識社会」一般が、一般国民＝「大衆」から乖離し、ファシズムに対して「無力」であったと捉え（「日本の思想における軍隊の役割」〈1949〉『座談』①266f.：『集』⑥249：cf.『集』⑦131）、日本帝国の崩壊を「どこまでも明治時代に内在していた契機の顕在化」（「日本の運命」②『世界』㊿〈1950〉59）とする観点から、丸山は、これらの戦中期知識人を〈教養主義的インテリ〉と一括し、その流れを大正、明治へとたどっていったのではないか。

丸山によれば、明治時代を「親しく経験した」知識人の中には、「国体」教育の徹底が最近のウルトラ・ナショナリズム段階だけの現象であり、明治時代ははるかにリベラルで「啓蒙的」であったと論じるものが少なくない。しかし、彼らは頂点では世界先端を競いながら、底辺では伝統的様式が強靭に根を張る日本社会の不均衡性を過小評価している。たしかに、彼らの属する知識層の間では国体イデオロギーの浸透度はそれほど徹底しなかったであろう（「彼等の教養は圧倒的に西欧的なそれだった」）が、底辺の庶民大衆は「国体」教育によって国家的忠誠と産業＝軍事的知識を兼備した「帝国臣民」にまで成長していた（「日本におけるナショナリズム」〈1951〉『集』⑤67ff.：cf. 今井修「丸山眞男と津田左右吉」③〈2004〉『手帖』㉘58ff.）。これは「インテリ」と「擬似インテリ」の類型の焼き直しである。これら明治時代を「親しく経験した」世代には、津田のような純然たる「明治人」（明治六年生まれ）だけでなく、明治生まれで大正教養主義を担った世代も含まれるであろう。丸山は安倍能成（明治一六年生まれ）や大内兵衛（明治二一年生まれ）を交えた座談で、「日本の最良の時代《ベスト・イヤーズ》」を体験した人々と自分たちから下の「大正ッ子」との間でファシズムの評価に関してジェネレーション・ギャップがあると語っている[4]（「日本の運命」②『世界』㊿〈1950〉58）。必ずしもそのギャップがファシズムに対する姿勢に直結していたわけではないが、しかし同じ大正教養派世代のインテリの間にも違いがあった。

二種のオールド・リベラリスト

丸山は一九四九年の座談で、「いわゆるオールド・リベラリスト」が戦争に対してそれより若い人たちよりも毅然たる態度をとることができたといえるならば、それは彼らには「歴史意識がなかったから、トルストイや理想主義で育って、なまじ客観情勢とか歴史的条件を問題にしなかったからだ」と推測した（「インテリゲンツィアと歴史的立場」〈1949〉『座談』①292）。ここからすると、「オールド・リベラリスト」はある程度まで抵抗派であったということになる。後に丸山は、「戦争に非協力」であったという意味の「オールド・リベラリスト」には南原繁や田中耕太郎も入るが、それは「オールド」が世代論的発想と繋がっているからだとしている（『回顧談』下29）。同じく後年、丸山は、戦中の問題として、「歴史をこえた何ものかへの帰依なしに、個人が「周囲」の動向に抗して立ちつづけられるだろうか」と問うて、マルクス主義を含めた歴史主義の洗礼を受けたインテリよりも、「ある種の「非歴史的」なオールド・リベラル」の方がしっかりしていたことを「実際の見聞」として語っている（「歴史意識と文化のパターン」〈1972〉『座談』⑦257）。「歴史をこえた何ものかへの帰依」は、トルストイや理想主義への傾倒であるなら白樺派なども含まれるはずだが、実際には、後に見るように、南原を筆頭とするクリスチャン知識人（それも一部だけ）を指していた。いずれにせよ、ここでは「オールド」は年長世代の意味である。

しかし、戦後政治をめぐっては、「オールド」は「旧式」という意味合いが強い。平和問題談話会における安倍能成や和辻哲郎は「当時の悪い言葉」でいうと「オールド・リベラリスト」であった（『集』⑫166）という評価は、「旧式」の、もしくは「保守的」リベラリストというニュアンスである。丸山は、安倍や和辻を、二つの世界の対立を自由主義対共産主義、または全体主義の対立と見る「保守的自由主義者」[5]（『話文』①278）ないし「保守リベラル」（『集』⑮328／『回顧談』下230）と位置づけた。あるいは、安倍、和辻、田中、天野貞祐などは「戦争中も時局に追随しなかった人」であり、彼らが拠った戦後の雑誌『世界』は「当時やや保守的、いや、むしろそのときの雰囲気からいえば、オールド・リベラリストの牙城」であった、という証言もおおむね同じニュアンスである。こう述べた際に丸山は、安倍などは、東条（軍部）が日本を引きずったのであって、彼らがいなくなったいま、漸進的改革を行えばよいと考え、それは「オールド・リベラリストからよりいっそう保守的な層にはずっとある考え」であったと回顧している（『座談』⑨112, 140）。これは、安倍たちが津田と同じ思考回路をもっていたことを意味する。

もっとも、こうした戦後の政治的姿勢の評価は思想史にとってさほど大きな意味をもたない。むしろ、まさに戦中期の丸山の「実際の見聞」こそが、戦中のみならず明治中期以降の、〈お化粧的なヨーロッパ的教養〉のゆえに実践性を欠いた「非政治的ないし反政治的」な知識人という像を生み出した。この「非政治的ないし反政治的」な知識人像は、〈お化粧的なヨーロッパ的教養〉といい、〈教養主義的インテリ〉といい、当然のことながら――すでに唐木順三の定式からしても――大正教養主義に属する知識人をも包み込むが、その点に関する詳細は後にあらためて考察することにしたい。

b　インテリ像の変容

敗戦後間もない時期の丸山のインテリ像は、戦時中の体験に強く規定されており、戦後の復興とともにしだいに変化していったインテリの実態と必ずしも符合するわけではない。戦中のインテリと敗戦直後のインテリとの間には一定の連続性があり、「日本ファシズムの思想と運動」（一九四八年）も、それを前提として書かれていたが、戦後改革の一環としての六・三・三制と新制大学の発足は、少なくとも外面的に見て、学生層の変質とそれを母体とするインテリの組成ないし構成の変化をもたらし、古いインテリ像は修正を余儀なくされていく。丸山はこの時期、ファシズム論以外にまとまったインテリ論を書いていないが、座談等で戦後のインテリの現実に言及しているので、ここでは、以後の丸山の思想を理解するためにも、五〇年代末までのインテリ像の推移を見ておきたい。

自由に浮動する知識層と所属主義

丸山の最初期の弟子の一人である石田雄は、知識人に関する丸山の考え方の変化について、丸山は「擬似インテリ」をファシズムの担い手とした点につき多くの批判を受け、その後知識人を論ずる場合、知識人を「社会層」として特定することを避けて、「知性の機能の担い手」と見る方向に変わっていったとし、たとえば一九六五年の座談「民主主義の原理を貫くために」で、「インテリゲンチャが所属主義にならないこと」が必要だと述べていること（『座談』⑤142 : cf.『座談』⑥116）を引き合いに出している[6]（『丸山眞男との対話』みすず書房〈2005〉11）。石田のいう「社会層」とは、丸山が「インテリ」と「擬似インテリ」を中間階級（プチブルジョワ）の下位区分として捉えようとしたことを指すのであろう。丸山は、ファシズムの再来に備えてファシズムの過去の性質を「よくみきわめておく必要がある」という立場から、ファシズムの社会的な担い手が誰であったのか、「いかなる社会層がファシズムの進展に積極的に共感を示したか」という問題提起を行い（『集』③296）、前述のように、分析道具として「インテリ」と「擬似インテリ」の範疇を提起していた。

他方で丸山は、カール・マンハイムの「自由に浮動する知識層」という規定にしだいに着目するようになる。丸山は戦前からマンハイムを読み、とりわけ「存在拘束性」という発想から大きな影響を受けていたけれども、「科学としての政治学」（一九四七年）ではマンハイムの「相関主義」概念とその担い手としての「社会的に自由に浮動する知識層（Die sozial-freischwebende Intelligenz）」という発想に疑問を抱いていることを表白していた（『集』③152）。だが、その後——植手通有（『丸山真男研究』あっぷる出版社〈2015〉220）によれば一九四八年から五一年までの間に——これを受け容れるようになった。たとえば高見順との対談（一九四九年）で丸山は、真理や美は経験的に存在する人間を超えた「客観的価値」だという前提の下で、どのような立場からの批判でも真理であれば、それを認めるという態度が生まれるとして、「インテリヂェンスというものは、立場に拘束されつつ立場を超えたものを持っている」という知性の次元の独自の意味を認めた時にはじめて、思想・学問の自由を守りぬくための「知識人の結集」が可能になると論じている（『座談』①295）が、この発想はマンハイムの影響を受けたものであった。後年の丸山による位置づけを借りるならば、マンハイムは、「すべての人は階級的に制約されている。知識人も階級的に制約されるけれども、知識人の本質というのは、自由に浮動することにある。自分の出自の階級を超えて、他の階級の立場を理解できるというのが知識人の特権」だと主張し、そこから「知識人の責務」が「普遍的知識の追求」ないし「普遍性を目指す」ことにある、と考えた[7]（『回顧談』上 238, 239：『話文』③283f.）。

思想史の叙述では、おそらく「明治時代の思想」（一九五三年）にはじめてマンハイムの理念が登場する。すなわち、前近代社会の知識層は、呪術師、神官、僧侶、読書人、儒者などとして封鎖的なカーストを形成し、「世界」に対する正統的な解釈を社会に提供する地位を独占していたが、資本制社会においてはじめて自由なインテリゲンチャが発生し、思想もスコラ的形式性を脱却する。つまり、近代的知識層が身分社会の臍帯から解放されてマンハイムのいわゆる「社会的に浮動する」階層に転化する過程と、公権的組織による正統性思想の「配給」に代わって多様な世界解釈が知識の市場で自由競争を行うようになる過程は密接に対応している。徳川幕藩体制の崩壊がこうした二重の意味で「自由な知性」を産み出すチャンスを与えたことと、「開国」との二つの原因から、「自由な知識層」が自由な思想活動を活発に行い、しかも社会的な指導性を発揮した。実際、この時代には、近代社会における「狭義の知識層の三大類型」である「学者、ジャーナリスト、文学者」には少なからぬ「思想家」が存在していた。しかし、その後三者は「思想性」を喪失し、学者は大学教授として専門化し、ジャーナリストはサラリーマン記者となり、文学者は私小説家にステレオタイプ化し、また多くは官僚組織や資本制企業組織の中や文壇等に編入され、一部はアウトロー化し、近代知識層としての「社会的浮動性」を失っていった（『集』⑥3f.）。念頭にある「自由な知識層」とは福澤諭吉らの明六社に拠った知識人たちである（『講義別冊』②284f.）。

ここで「狭義の知識層」を「学者、ジャーナリスト、文学者」に限定しているのは、知識層を「自由な知識層」と規定した結果である。そしてこの規定は逆に、大学教授、サラリーマン記者、官僚組織や企業組織への編入というマイナス・イメージを析出する根拠となっている。一九四九年の座談で丸山は、インテリゲンツィアは無力といわれるが、むしろ「本当のインテリゲンツィア」がおらず、インテリが社会的に活動する場合、インテリとしてではなく、「何かほかの社会人」になってしまうとして、学者がジャーナリズムや吉田茂に追いかけられるのは、たとえば東大教授といった地位による社会的編成の中で、「官僚として尊重される」ということを意味すると述べている（『座談』①311ff.）。「本当のインテリゲンツィア」＝理想と、組織所属＝現実とを対置するのである。

ここからすれば、マンハイムの「自由に浮動する知識層」は思想史にとって一つの理念型であるが、丸山自身にとってはあるべき知識人の理想型、いわば〈正の理念型〉であり、逆に官僚組織や企業組織への「所属」は理想的インテリの頽落態である〈負の理念型〉であった。石田の挙げた一九六五年座談はそうした見方の証左となる。丸山によれば、インテリの「使命の自覚」とはインテリが「所属主義」に陥らないことであり、自分だけでなく他者を見る際に大学の先生だとかどこかの会社員である、といった所属意識を中心に置かず、むしろ「浮動性」を生かすべきである。有島武郎の「ロウファー」的なものによって集団的系列化の傾向を不断に打破してゆかねばならない、というのである（『座談』⑤142）。この「浮動性」と「所属主義」の対置は、維新知識人の自由な知識層とその後の知識人の組織への編入に対応している。

最初、丸山は、ファシズムの再来を念頭に置いてその担い手たる社会層を探究するという観点から、「インテリ」と「擬似インテリ」の範疇をひねり出し、相対的にインテリを高く評価しつつも、その不十分な抵抗の原因を〈お化粧的なヨーロッパ的教養〉（学問・思想の非実践的性格）に見出した。そしてつぎに、マンハイムの「自由に浮動する知識層」をインテリの理念型（理想型）として受容し、その頽落態として「所属主義」という〈負の理念型〉を紡ぎ出し、現代社会において普遍性を目指すインテリの責務を自覚して「所属主義」に陥ってはならないと訴えた。もとより、知識人の多くは霞を食って生きるわけにはいかず、大学や新聞社に「所属」せざるを得ないから、実際に「自由に浮動する」わけではなく、その意識をもって活動すべきだ、ということだ。

他方、「自由に浮動する知識層」は理念型として以後の思想史的叙述の中で有効な働きをしている。たとえば「思想と政治」（一九五七年）で丸山は明六社の同人を「新しい近代社会の自由なインテリ」と位置づけている。これは、すでに触れたように、日本では伝統的に思想が実践に転化されず、狭いアカデミー内の思想や「アクセサリー」としての「お化粧的な教養」にすぎなかったことを問題にした際に、維新直後にはそうではなかったということの証人として引き合いに出したものである。維新知識人のそうした位置づけの前提となっているのは、近代以前のインテリが特権階級として正統的な知識を独占し、社会に「配給する」役割を担っていたのに対して、近代社会のインテリは「学問と思想の自由市場」における競争によって真理を発見していく存在であるという一般的な図式であり[8]（『集』⑦114ff.:『講義別冊』②117, 283）、この、後に「『文明論之概略』を読む」（一九八六年）で活かされることになる（『集』⑬45f.）図式に、ファシズム論の〈お化粧的なヨーロッパ的教養〉への批判的視点を加味した形で、マンハイム流の知識人を明六社に認めたのである。

また「開国」（一九五九年）では、明六社はずばり「日本で最初のいわゆる「自由に浮動する近代的インテリゲンチャ」の集団」とされる。ここでは、明六社のような「非政治的な目的」の自主的結社が、政治を含めた時代の重要な課題に対して不断に批判していく「伝統」が根づけば、「非政治的領域から発する政治的発言という近代市民の日常的なモラルが育って行くことが期待される」といっている（『集』⑧82f.:『講義別冊』②285, 291f.）ように、平和問題懇談会などへの知識人の結集とは違った形における実践的な課題が提起されている。これは、後で見るように、ヨーロッパの伝統である「ササラ型」社会に倣った、自主的組織を拠点とした政治的活動という戦略（文化から政治へ）を語ったものである。「ササラ型」と「タコツボ型」は西欧と日本のインテリの違いに対応しているから[9]、タコツボ型を学者・学問の組織埋没的傾向といいかえるならば、「所属主義」となり、逆にササラ型は職業や所属組織に縛られない「自由に浮動する」知識層の相貌を顕わにする。一九五八年の座談「福沢諭吉の文体と発想」では、「近代的なインテリゲンチャ」はマンハイムのいう「自由に浮動する社会層[10]」であるが、日本のインテリはあまり自由に浮動しないうちにどこかに定着してしまう（『座談』③46 : cf.『座談』④120）と、「浮動性」→「所属主義」といういわば堕落のパターンで説明している。この日本インテリ像は、その後――在外研究（一九六一～六三年）を挟んで――前述の「ロウファー」と「所属主義」が登場する一九六五年の座談「民主主義の原理を貫くために」でも示されることになる。(11)

旧インテリ像の変化

ところで、不思議なことに、以上のどの発言においても、「学歴」への言及がほとんどない。論文「日本ファシズムの思想と運動」の定義（以下〈旧定義〉とする）では、「インテリ」は、都市のサラリーマン階級、文化人・ジャーナリスト、「自由知識職業者」（教授・弁護士等）、学生層により構成される高学歴集団であり、「擬似インテリ」は低学歴集団であったが、いずれの集団の「教養」についても、その機能は批判的に見られたけれども、学歴そのものは問題とされていない。丸山のインテリ像が批判されるのも、一つには学歴の要素をネグレクトしたことにあると思われる。右翼にも蓑田胸喜や大川周明（ともに東京帝大文学部卒）をはじめとして高学歴者はいくらでもいたから、丸山による「本来のインテリ」の規定（多くはファシズムに追随したけれども、決して積極的に加担せず、全体としてファシズム運動に嫌悪感をもち、「消極的抵抗」すらした）は、実証性をもたないばかりか、東京帝大法学部を抵抗するインテリの拠点とみなす「身びいき」の議論だと見られても仕方がなかった（竹内『学歴貴族の栄光と挫折』中央公論社〈1999〉296ff. : 同『丸山眞男の時代』中公新書〈2005〉115ff. : 同『メディアと知識人』中央公論新社〈2012〉135ff. : 同「知識人の野望」マイルズ・フレッチャー、竹内洋・井上義和訳『知識人とファシズム』柏書房〈2011〉所収、275ff. : cf. I-2 註 3)。ただ、都市のサラリーマン階級もインテリの仲間に入れているのは、おそらく学歴を考慮に入れた結果であり、また丸山は、既述のように、日本の戦争指導者たちが「無教養」なナチと違って高学歴で「教養」があったことを認めていた。したがって、丸山にとってもインテリが高学歴であることは当然の前提となっていたようだ。だが、一九五〇年代も後半になると現実の方が変化してきて、この前提に揺さぶりをかけることになる。

一九五六年の石田雄・藤田省三との鼎談で（以下『話文』①432ff.）、サラリーマンの政治意識が話題となった折に丸山は、アメリカのインテリはホワイトカラーそのものだと述べた後、日本のインテリの戦前と戦後の変化について、（それを藤田が「インテリの機能化」としたのを受けて）「大学卒業者のホワイトカラー意識化」と、色々な「職場の労働者のインテリ化」に見られるように、元来「大学卒業者が実体的な一つの層」をなしていたのが拡散してきたことを確認し、さらに（「職業的インテリ」の意識についての藤田・石田の発言に絡めて）「文化人」の範疇の登場にインテリゲンチャの「機能化」の側面を見て、「旧インテリ」の中にあった「プロフェッショナル・インテリ」とそれ以外のインテリ（ホワイトカラー・文化人）との断層が深くなってくると述べた。そして石田がC・ライト・ミルズの「プロフェッショナル・セレブリティーズ（職業的有名人）」が日本にも出てきたと指摘したのに対して、「芸能人の文化人化」だと受けている。

ここでは、第一に、〈旧定義〉の前提であった大卒者という「学歴」の属性をはっきり承認している（「旧インテリ」とは〈旧定義〉のインテリのことである）。逆にいうと、ここではじめて「学歴」を対象化し、その存在を自覚化するに至ったほど、かつてそれは自明の事実であったのだ。

第二に、「機能化」という言葉によって丸山は、仕事や発言、あるいは総合雑誌の購読といった行態など、「知性」の働き方を基準にして、「インテリ」の変化を説明しようとする。これは、先に紹介した「社会層」から「知性の機能の担い手」へという石田の主張に該当する。具体的には、一方で大卒者のホワイトカラー意識化と労働者のインテリ化として、他方では「旧インテリ」中の「プロフェッショナル・インテリ」[12]（〈旧定義〉の自由知識職業者）と、ホワイトカラーのインテリ（〈旧定義〉の都市サラリーマン階級）および文化人のインテリ（〈旧定義〉の文化人・ジャーナリスト）との差異の拡大という現象への着目である。一口にいえば、「学歴」に基づいていた〈旧定義〉＝〈旧インテリ〉の一枚岩にいまや大きな亀裂が走ったという認識である。

だが、第三に、「インテリ」と呼ばれる人の内実は変化しつつあるという認識にもかかわらず、「インテリ」概念そのものに疑義は出されず、したがって「プロフェッショナル・インテリ」もホワイトカラーも文化人も依然として——今度ははっきり大卒という学歴に基づいて——「インテリ」だとされる。

この鼎談は『現代政治の思想と行動』の上梓を前にして石田・藤田両人の意見を聞くために丸山の要請で行われたものであり、同書の「補注」（一九五六年）も同様の議論を含んでいる。

まず、丸山は、かつてのファシズム論文の叙述が日本ファシズムにおける「インテリ層」の「消極的抵抗」の過大評価に導きかねないことをいさぎよく認めながらも[13]、ナチ型のファシズムとの対比においてはかつての叙述は「必ずしも誤っていないと信ずる」として、二・二六事件の被告の証言のほか、中学校教師と師範学校・青年学校教師へのアンケート調査を傍証として挙げている。そして後者が急進ファシズムに近く、前者は「むしろインテリ・サラリーマン的な意識への収斂性が強い」ことを根拠に、そこに擬似インテリと本来のインテリとの対応を見出している（『集』⑥255f.）。〈旧定義〉が実は、中学校教員の資格（高等師範学校卒業）という「学歴」を基礎にしていたことをあらためて確認したのである[14]。

さらに丸山は、旧稿では、戦前のジャーナリズムの論調の、国民からの乖離は、その編集者たる本来のインテリが自分たちの動向を過大視したためだと述べた（『集』③300）が、こうした事情は、「戦前固有の「層」をなしたインテリ」の戦後における「変質と解体」によって大きく変化したとしていう。大新聞はアメリカのような均一な大衆社会のマス・コミの様態に接近してきたし、岩波文化的インテリと講談社文化的擬似インテリの差異（『集』③302）も戦後いちじるしく流動化し、「大学出身のサラリーマン層＝インテリの等式」が破れて、一方で「サラリーマン」の大衆化、他方で学歴のない勤労者層から組合活動などを通じた「実質的インテリ」の成長があり、また戦前までの「知識人ジャーナリスト」は「文化人」のカテゴリーに吸収され、一方で「芸能人」が文化人に「昇格」し、他方で文化人が芸能人化した、と[15]（『集』⑥256f.）。

鼎談と同じく、戦前にインテリが「固有の層」をなしていたことを認めたうえで、なおかつ戦前には「大卒サラリーマン層＝インテリ」の等式が成立していたというのだが、この表現はミスリーディングである。本来なら、戦前には「大卒＝インテリ」の等式が成立しており、大卒サラリーマンはまさにその「学歴」のゆえにインテリの大部分を占めていた、とされるべきところであろう。[16] つまり、「大卒＝インテリ≒サラリーマン」という像である。

ここから見て、この時期に丸山の頭の中で、戦前のインテリは、「学歴」と「サラリーマン」＝組織所属により構成されていたという、後の「近代日本の知識人」（一九七七年）にいう〈学歴インテリ〉のイメージ（III-2-c）が固まりつつあったようだ。[17] だが、それは、丸山が戦前の脆弱なインテリに代わって〈正の理念型〉とした「自由に浮動する」知識層の可能性を縮減させこそすれ、決してその拡大の展望を開くものではなかった。〈旧定義〉の「自由知識職業者」（教授・弁護士）や文化人・ジャーナリストはファシズムに有効に対抗できなかったとはいえ、なお（思想史にいうように）「学者、ジャーナリスト、文学者」としてまとまる可能性を秘めていたが、「大卒」の大多数がサラリーマンとなり、「文化人」が「芸能人」と区別がつかなくなり、ジャーナリストまで吸収するようになると、「知識層」としてのまとまりはほとんど消失してしまいかねない。

一方、鼎談に出てきた色々な「職場の労働者のインテリ化」は労働者の高学歴化（ないしサラリーマン化）を指すと思われるが、「補注」では学歴のない勤労者に「実質的インテリ」という独自の規定が与えられており、これまた「近代日本の知識人」に登場する〈物知りインテリ〉に結実していった可能性がある（III-2-c）。もっとも、学歴と所属に拠る〈学歴インテリ〉というペシミスティックなインテリ像と、勤労者の「実質的インテリ」という（おそらく期待をこめて語られた）カテゴリーは、発言の時期を考えれば、自主的集団による政治活動という戦略を想起させないではない。それはともかく、丸山のインテリ像は、旧稿のファシズム論からしだいに離れていかざるを得なかった。マンハイム的理念は、現実の中で着々と地歩を占めていった〈学歴インテリ〉の意義を相対化し、思想史に刺激を与えたとしても、大学なりマス・コミなり組織に現に所属する知識人にとっては、意識の上だけでも、容易に実現できるような理想とはなり得なかったであろう。もちろん、平和問題懇談会等における知識人の結集は専門分野や職業を超えたものであったから、たとえ不十分であれ、マンハイムの「普遍性」の理想を実現していた。だが、それを見る前に、ファシズム論で獲得された、〈お化粧的なヨーロッパ的教養〉が孕むインテリの脆弱性と対立する積極的な側面（「知性の勇気」）が、丸山にとってどのような位置を占めるものであったのかということを確かめておきたい。

第二節　心情倫理と教養主義

丸山は、戦中期のインテリが〈お化粧的なヨーロッパ的教養〉のためにファシズムに対して「内面的個性」を守り抜くという「知性の勇気」を欠いていたと述べたが、「知性の勇気」とはどのようなものを指すのであろうか。後に丸山は、「情の人」吉田松陰の、「内面的良心と結びついた一死皇国に殉じるという心情主義」、「行動的パトス」と、「知の人」＝主知的合理主義者である佐久間象山の、窮理と実証を積み重ねてゆくという「認識へのパトス」とを対比して、日本の思想的伝統の中では、松陰の態度の方が魅力があるけれども、象山に代表される、異学や異文化との積極的接触を恐れない――認識のうえでラディカルな――「知性の勇気」は比較的なじみが薄いとし、象山を「危機においてどこまでも知性の勇気を貫こうとする思想家」と呼んでいる(1)（「幕末における視座の変革」〈1965〉『集』⑨213, 223, 245）。これによれば、戦中期の「知性の勇気」は、象山の「認識のパトス」よりもむしろ松陰の「心情主義」、「行動的パトス」に近いかのように見える。ここでマックス・ウェーバーの『職業としての政治』(2)（一九一九年）における「責任倫理（Verantwortungsethik）」と「心情倫理（Gesinnungsethik）」との対置（脇圭平訳、岩波文庫〈1980〉103）、つまり――丸山自身の表現によれば――「状況への責任として行動の効果を考える立場」と「ぎりぎりのところでは「われここに立つ」という」態度（『集』⑨348）との対置を引き合いに出すとするならば、ファシズムに対する「知性の勇気」は松陰の「心情主義」＝「心情倫理」に、象山の「認識へのパトス」は「責任倫理」の構成要素としての、「仕事《ザッヘ》への献身」の「情熱（Leidenschaft）」（脇訳 77f.）にあたると思われる（cf.「丸山眞男先生を囲む会」〈1985〉『手帖』⑳34）。もしそうだとすれば、丸山は、ウェーバーのいう「心情倫理」がファシズムへの「抵抗」

に際して一定の役割を果たしたと見たといってよいかもしれない。

a　抵抗の思想

既述のように、丸山は、「いわゆるオールド・リベラリスト」には、「歴史意識がなかったから、トルストイや理想主義で育って、なまじ客観情勢とか歴史的条件を問題にしなかった」と述べていた。この意味の「オールド・リベラリスト」の一人が南原繁であったことは疑いを容れない。南原はカントに拠る「政治哲学者」であり、理想主義者であった（IV-3-a）から、相対的に歴史意識は稀薄であった。そして、丸山は一九七七年の講演「南原先生と私」で往年を振り返った際に、戦前の自由主義者やマルクス主義者が「転向の季節」を迎えたのを見た時の感懐をこう表現している。

日本の知識人は何か非常に弱いところがある。自分の周囲の動向、風潮、風向きというものに対して非常に弱い。ルッテルじゃないけれども「自分はここに立っている。これより他に仕様がない」という、本当の自分の立脚点を持たない。周りの動向というものに流される。そういう弱さがあるということを非常に感じた。

そういう中で南原繁や矢内原忠雄などは――必ずしもキリスト者だけではないが――少しも揺るがなかった。彼らは、「何が真理であるか、何が正義であるか、ということをまず第一に自分の態度決定として決める」という点で、当時の日本人の中の非常に少数の人々であった（『話文』①303）。

これこそ、まさに「内面的個性」を守る「知性の勇気」ではないか。丸山はすでに一九四八年の論稿「人間と政治」で、政治の全体主義化の傾向の中で「人格的内面性の立場から最も徹底した抗議をなしうるのはラジカルなプロテスタント、例えば無教会主義者であろう」（『集』③220）と語っていた。これまた、無教会派のキリスト者であった南原が念頭にあったのだろう（苅部直『丸山眞男』岩波新書〈2006〉161）が、同じく無教会派の矢内原を算入してもよかろう。

丸山は総じて戦時中の東京帝国大学法学部が「リベラル」であり、消極的であっても大勢に「抵抗」したとみなした[3]（『対話』176f.: cf.『集』⑤293／『日本政治思想史研究』東大出版会〈1952〉「あとがき」11）。具体例としては二・二六事件（一九三六年）の際に南原が開講の辞で、青年将校が皇軍の私兵化に憤慨しながら、結局みずから私兵化したのは思想の根底的追究の不足のためだと批判したことを挙げ、また経済学部の河合榮治郎の二・二六事件に対する正面からの批判に当時感銘を受けたと語っている（『回顧談』上174f.:『集』⑩130:『座談』⑤226:『続話文』①235）。あるいは、丸山自身、南原から影響を受けたのはカントそのもの、つまり人格の自立であり、それは自由主義の一つの要素であって河合とも共通するが、南原のは「もっと内面的な人格の自立」ということであり、「原子論的個人主義」や「啓蒙的個人主義」、「啓蒙的な理性」と異なった「ある意味では原プロテスタンティズム」というべきもの、つまり「神と直結したような個人の良心の問題」、信仰の強さ（「周辺の状勢、自分の周りから、日本のあるいは世界の状勢や動向というものに左右されない内面的な確信」）だとしている。他方、プロテスタントではない田中耕太郎も右翼や軍部からの攻撃に抵抗し、その「カトリック自然法という考え方」は「時代の状況」に流されない強さをもっていると評価している（『回顧談』上246ff.:『回顧談』下150f.:『座談』⑧120）。田中は「戦時中は法学部内の、いってみれば反時代的「抵抗派」の巨頭」であり（『集』⑫189）、大内兵衛と矢内原の二教授はとりわけ「当時の経済学部の良心」と思われていた（『集』⑨303）と証言し、日本のインテリが雪崩を打って新体制に協力するようになったのを眼前に見て、南原や矢内原と並んで大内のような少数の共産主義者やマルクス主義者は少しも動じなかったと激賞している（『話文』①303, 305）。これらの人々は「内面的個性」を守り抜く「知性の勇気」＝心情倫理をもっていたのだ。

東京帝大法学部教授であった南原繁（明治二二年生まれ）と田中耕太郎（明治二三年生まれ）、経済学部教授の矢内原忠雄（明治二六年生まれ）、河合榮治郎（明治二四年生まれ）、大内兵衛（明治二一年生まれ）などはそれぞれ形は異なれ、ファシズムなり軍国主義なりに抵抗したが、彼らは和辻哲郎（明治二二年生まれ）と同時期に第一高等学校ないし東京帝大で学生生活を過ごしている。[4] しかも、河合は、南原、矢内原、田中、和辻などと同じく一高で新渡戸稲造校長から強い感化を受け、[5] 昭和期には、マルクス主義が沈滞した後、「学生叢書」の編者として昭和教養主義の旗手となった。また戦後、南原と矢内原は相次いで東京帝大（東京大）総長となり、「教養」や「人格」形成の重要性を訴えた。[6] これらの人々すべてをただちに「大正教養主義」に属するということはできないが、世代・経歴や発言内容から広義の大正教養派として括ることは可能である。ただ、それを戦中期の姿勢と結びつけることができるかどうかはあらためて検討しなければならない。しかも、丸山の〈教養主義的インテリ〉の思想史的理解の中で彼らは「例外」としてすら名前が挙がっていない。[補説1] 南原をはじめとしてこれら多くの人物が丸山と個人的関係にあり、ファシズムと知識人を論じた時期にはまだ存命中であったことが人物名を挙げることを躊躇させたのかもしれない。しかしそれよりも、戦時中の抵抗に関してはむしろ、「教養主義」とは別の要素、すなわちルターの「自分はここに立っている。これより他に仕様がない」という心情倫理が重要なモメントとして存在していた。

【補説1】 近衛文麿（明治二四年生まれ）は学習院で新渡戸の講演を聞いて感激し、校長新渡戸を慕って一高に進学した（『新渡戸博士追憶集』〈1936〉『全集』別巻①170f.）が、その後東京帝大に入りながら、西田哲学を学ぶために京都帝大に移った。これは別格としても、一高で岩波茂雄や阿部次郎と同級であった三井甲之（明治一六年生まれ）は、正岡子規の短歌革新運動を継承しようとした根岸短歌会の短歌誌『馬酔木』の廃刊後にその後継誌『アカネ』の中心人物となったが、伊藤左千夫と対立し、後者は『アララギ』を創刊し、逆に三井は『アカネ』を『人生と表現』に発展解消させ、その短歌結社には蓑田胸喜が馳せ参じ、そこから二人は、雑誌『原理日本』に拠って美濃部達吉や津田左右吉、あるいは東京帝大法学部や岩波書店を激しく攻撃する至った。その際、岩波は同窓の縁から三井と連絡をとり、蓑田と三人で会食して事態の収拾を図った（一九三四年）。また、『出家とその弟子』（一九一七年）や『愛と認識との出発』（一九二一年）で旧制高校生の人気を博した倉田百三（明治二四年生まれ）は、矢内原と同年に一高に入学しているが、一九三三年には「日本主義」に転向している。以上、紅野謙介『物語　岩波書店百年史』①岩波書店

〈2013〉137, 192f.：佐藤『物語　岩波書店百年史』②82ff.：安部能成『岩波茂雄伝』岩波書店〈1957〉198f., 210f., 230ff.：中島武志『岩波茂雄』岩波書店〈2013〉31, 70, 184ff.：竹内洋「帝大粛清運動の誕生・猛攻・蹉跌」同・佐藤卓己編『日本主義的教養の時代』柏書房〈2006〉24参照。なお、倉田は教養主義を放棄したわけではなく、河合榮治郎編『学生と教養』（一九三六年）に「教養と倫理学」と題する論稿を寄せている。

クリスチャンとコミュニスト

丸山は戦中の論文「神皇正統記に現はれたる政治観」（一九四二年）で、北畠親房の政治思想に「心情の倫理」としての「正直」と「責任の倫理」としての「安民」が相補的に存在していたと分析し、しかも政治的実践の成否にかかわらず「純粋な内面性」に徹すること、つねに「内面性」に従って行動することの意義を強調した（『集』②174, 168, 177）。丸山が戦時下で「心情の倫理」に自己の想いを託したのはまぎれもない。ところが、一九七八年に丸山は、このこと――かつて「危機的状況に押しつめられた人間の実存的対応」としてウェーバーの二つの倫理を思い浮かべたこと――を振り返って、それは、戦後の「時論」で主として政治における「責任倫理」の側面を述べたのと強調点が逆であったと述べている（『集』⑩341）。たしかに、後で見るように、丸山は戦後に責任倫理を強調したが、しかし「心情倫理」への熱い想いを忘失してしまったわけではなく、終生キリスト教的＝ルター的な、さらにいえば内村鑑三的な「心情倫理」に言及し、それを積極的に評価した。ウェーバーの主張、ないしそこに含まれたルターの「それにもかかわらず（dennoch）」という「心情倫理」に言及した発言は、「丸山先生に聞く」（一九六八年）（『手帖』㉟57）、「歴史のディレンマ」（一九八〇年）（『座談』⑧256）、「伝統と現代をめぐって」（一九八二年）（『座談』⑧287）、『自由について』（一九八四、八五年）（『自由』84, 119）、「丸山眞男先生を囲む会」（一九八五年）（『手帖』⑦34）、今井壽一郎宛書簡（一九九一年）（『書簡』④310）などのほかにこういうものがある。

①ほんとうの内から湧いて出た強さというものは、個人的な、また集団的な力関係を絶対化するのでなく、そ

うした力関係の根底に何か普遍的な規範が冥々の裡に作用しているという信念から生れるのだと思う。それがないから、たとえば社会のその時々の勢力関係に従って右左と動き、「千万人といえども我行かん」という気魄が出てこない。［中略］そういう経験的な力関係が究局［ママ］においてその前に頭を垂れざるをえないような規範の存在に対する内面的信仰をつちかったのは、ヨーロッパの場合には、キリスト教だと思いますが［……］。

（「被占領心理」〈1950〉『座談』②22f.）

②内村［鑑三］はルーテルです。法王の権威を向こうにまわしてあらゆる憎悪と軽蔑と憤怒にとりかこまれながら、「私はここに立っている。私はこれ以外にありようはない」といったあの精神です。周囲の情勢がどうあろうと、世界がどう変ろうと、自分は自分の正しいと信ずる思想をつらぬいて行く。この節操と気概が日本人には非常に欠けています。

（「福沢から何を学ぶか」〈1957〉『座談』②316）

③まさに［武士の］土着的なエトスのなかに残存していた「われここに立つ、自分はこれ以外はできない」という精神が、大日本帝国の忠良なる臣民のコンフォーミズムの大海に姿を没したあとでは、進歩主義も大勢追随主義で、大正の社会主義運動も「世界の大勢」へのもたれかかりが強かった。それが日本のマルクス主義の体質になっているのは前にもいったとおりです。［中略］［しかしファッショ時代に］なぜコミュニストだけが少数ではあっても「われここに立つ」で自分の思想を貫き自分の全生活をその思想で方法的に律したか、そこが問題なんです。

（「現代日本の革新思想」〈1966〉『座談』⑥102f.）

④時潮や「世界の大勢」に押し流されずに「われここに立つ」という内的確信をあの時代にアカデミーの世界で貫きとおしたのは、方法論の次元でいえば、存在拘束論者やヘーゲリアンから「非歴史的」と批判されていたカント主義者とか、カトリック自然法論者の間にヨリ多く見出されました。[7]

（「思想史の方法を模索して」〈1978〉『集』⑩340f.）

⑤研究室に残ってまもなくのころ、先生［南原］が、ヘーゲルばかり読んでいるぼくに、丸山くん、みろ、ド

イツでもヘーゲリアンはほとんどナチの方にいかれちゃった、カント学者は違うというんだ。そういえば、ああいう時代に、われここに立つ、という態度を貫いたのは、相対的にカント学者のほうだった。

（「文学と学問」〈1978〉『座談』⑧149）

⑥南原さんの「私はここに立っている、これ以外は仕方がない」というあのルッテルの言葉に象徴される強みですね、つまりあの当時は周囲の状況全て非なんですね。［中略］何らかの自分のよって立つ価値――もちろんその価値の存在的基盤はあるけれども――、現存在を超えた目に見えない価値にコミットしないと、目に見える存在に引きずられて考え方を変えてしまう。結局、状況追随になってしまう――そういう戦時中の知識人たちの動向がぼくに刻みつけた印象を戦後もずっと引きずっていましたね。

（「梅本克己の思い出」〈1979〉『座談』⑧178）

⑦そうすると、もしこの目に見えない何者かを信じなければ、あの時代に、ルッテルじゃないけれど、「我ここに立つ」という勇気は出てこないんじゃないか。周りがみんな敵になっちゃっても、「我ここに立つ」。わたしはこれ以外に仕方がない。ヴェーバーも引用しているけれど、周りが全部非で、自分はここに立っている、いくら考えてもこれ以外やりようがない。満天下を敵として、神様のバックがなければできないですよ。総転向の時代でしょう。神様でなくてもいいんだ。何かそういう目に見えないものを信じなければ、目に見えるものに引きずられる。それから、マルクス主義者の非転向はほとんど獄中組でしょう。あれはつまり、世の中のとの接触がないから頑張れたの。一種の自然法なんだ。「我ここに立つ」で、みんな獄中にいたからできるのであって［……］。

（「『著作ノート』から長野オリンピックまで」〈1988〉『続話文』②30）

⑧ことに時代があんなに悪くなってきたとき、「私はここに立っている、これ以外に仕方がない」というルッター的な決然とした態度が、南原先生の場合、非常にはっきり出ていた。［中略］「なにか目の前の現実を超越した価値にコミットしないと、本当に危機になったとき自分を支えきれないんじゃないか。［中略］なに

もその人の人格が高尚だったとか下劣だったという問題じゃなくてね、精神的伝統として、そういう超歴史的な価値へのコミットメントというものが、西ヨーロッパの最良の知識人にはあった。だからナチに対する抵抗というのは、必ずしもコンミュニストや新カント派だけじゃなくて、いろんなところから出てきているし、もちろんキリスト者のなかからも出てくるわけです（他方では迎合したものも、むろん、たくさんいますけれども）。

（「如是閑の時代と思想」〈1990-91〉『座談』⑨199, 200f.）

ほかにも類似した発言はもっとあるかもしれないが、ともあれ一九五〇年から晩年に至るまで連綿として続く、ルター、内村、南原の「我ここに立つ」とか超越的な価値への「コミットメント」とか表現される心情倫理の評価は、戦中の経験を踏まえた、危機的状況における知識人の去就という問題と深く関わっていた。[8] そこでは、引用文からうかがわれるように、カントないし新カント派、コミュニスト、自然法などに対する評価も示されているが、キリスト教、とくにプロテスタンティズム、もっといえば内村・南原・矢内原の無教会主義との関わりが決定的に重要であるようだ。

もとより、これらの評価は「学問的」なものではなく、主として丸山の個人的な体験からくる個人的な信念ないし思想の表出である。右の引用文はおおむね座談ないし談話である。[9] ちなみに、丸山は一九六六年のある座談でこういう感懐を洩らしている（『座談』⑤315）。

それ［経験的事実として目に映る世界］がすべてになってしまって、それをこえた目に見えない権威――神であっても理性であっても「主義」であってもいい、とにかく見えざる権威によって自分が縛られているという感覚がなくなったら、結局は見える権威に――これまた政治権力であろうと、世論であろうと、評判であろうと――ひきずられるというのが、私の非合理的な確信なんです。

この確信について丸山は、ナチの支配するドイツの議会で「授権法」が審議された際に社会民主党のオットー・ウェルズが勇敢に行った反対演説を大学時代に知った時に、雪崩を打った転向の過程を実感し、「ウェルズを支えたものは何か」ということが脳裏に刻み込まれたと述懐している（『座談』⑤316f.：『座談』⑦256f.：『続話文』①180f.）。つまり、見えない権威により縛られているという「非合理的」感覚は、戦前の日本と同じ「危機的状況に押しつめられた人間の実存的対応」としての心情倫理であり、それゆえまったく「個人的」なものであった。個人的経験としてはほかに、大学時代に「経友会」（経済学部自治会）主催の講演会（一九三五年）で尾崎行雄が「自然権としての私有財産」を説いたことが、マルクス主義などの歴史主義からは考えられなかったという意味で「本当の自由主義者」を見たと思ったことが挙げられる。また南原についても、その新カント派的な「非歴史的なもの」、絶対的な価値への依拠が「抵抗」の「思想的拠り所」となるということなどを当時意識したと回想している（『回顧談』上170, 200, 253：『話文』②254f.：『集』⑮26f.）。いずれもおおむね「心情倫理」と対応している。コミュニスト（獄中十八年）に対する評価は無論戦後になってからであるが[10]、キリスト教と心情倫理との関わり、南原繁の「原プロテスタンティズム」や田中耕太郎の「カトリック自然法」に対する評価は戦中期の体験に根差すものであろう[11]。

とはいえ、これらの「心情倫理」は純粋に個人的な「思想」にとどまったわけではない。それは近代的な自由平等の意識、独立の精神とも対応していた。丸山は、およそ人間の人間としての尊厳に基づく「自由と平等」および「友愛と連帯」の思想は、「一切の経験的・感覚的存在を超えてこれを規律する絶対的・超越的普遍者へのコミットメント」なしには生まれ得なかったと表現している（『講義』⑤254：cf.『座談』②22：cf. 苅部『丸山眞男』74f.）。また、敗戦直後のノートには、孟子の「千万人といへども我行かんといふ精神」は、デモクラシーの精神的基礎としての、「自分で自分の思考の型をつくること」、独立的精神、自主的思索を意味しており、「見えざる権威」（神の権威、真理・正義の権威、天・道理の権威）のいいかえとしての「私はここに立っている」ということと同断であると書き込んでいる（『対話』10f., 229f.）。「多数を以てしても圧服できない個人の尊厳という考え方――その根拠づけがキリスト教以外のどこに求められようか」(『対話』44) というのは、いまだ個人的心情の表出であるが、しかしキリスト教は「最も純粋な内面的心情の倫理」をもっており、西欧では国家権力に対する法の拘束は「普遍的な倫理的＝宗教的価値」に基づくと考えられた (「権力と道徳」〈1950〉『集』④265, 272) といえば、射程は政治思想史に及ぶ。だからこそ、丸山はロックの思想にも「神への被縛性」があったという認識を披瀝し (「ジョン・ロックと近代政治原理」〈1949〉『集』④192)、マルクス主義を標榜したラスキにもなお、「何物にも吸収されざる内面的人格性」と「自主的な判断」こそ人間が死を賭しても守り通すべきものだとする「個人主義」の存在を認め、またアンドレ・ジイドをコミュニズムへ傾倒させたものがキリスト教であったというのである (「西欧文化と共産主義の対決」〈1946〉『集』③60f.)。

丸山が普遍的価値への内面的拘束 (あるいは普遍的なものへの被縛) という観念、つまり「心情倫理」によっていおうとしたのは、通例の政治思想でいえば、「自然法」信仰を意味している。もともと「心情倫理」はウェーバーの社会学の範疇では価値合理的行為にあたり、自然法信仰はその一種であった (清水幾太郎訳『社会学の根本概念』岩波文庫〈1972〉59)。また、ウェーバーによれば、価値合理的行為は目的合理性の立場から見るとつねに非合理的なものである (同41)。丸山のいう「非合理的な確信」である。「非合理的な確信」は丸山個人にしか関わらないが、自然法と神への信仰はヨーロッパの歴史において不可欠の要素であった。

たとえば「権力と道徳」(一九五〇年) で丸山はいう。近代の国家権力は、「宗教的＝道徳的＝習俗的制約」から独立して自己の固有の存在根拠と行動原理＝「国家理性」を自覚した。これにはマキャヴェリに見られる政治倫理が内在していたが、それに対峙したのが、宗教改革を通じて内面化されたキリスト教倫理であり、後者は自然法思想として結実した。その結果、ヨーロッパでは「絶対的な国家主権」と「奪うべからざる個人の基本的人権」との「対立的統一」が近代国家の宿命となった、と (『集』④270ff.)。ややずれるが、逆に日本の歴史ではこうしたモデルからの乖離が示される。「超国家主義の論理と心理」(一九四六年) にはこういう記述がある。ヨーロッパでは宗教戦争の結果、各宗派はそれぞれの信条の政治的貫徹を断念し、絶対主義権力も支配の根拠を公的秩序の保持に限定せざるを得なくなり、そのため「思想信仰道徳」は「主観的内面性」を保証され、公権力は技術的性格をもつ法体系の中に吸収された。しかし、近代日本では国家が「国体」を通じて道徳的価値を独占し、「内面的世界の支配を主張する教会的勢力」、「近代的人格の前提たる道徳の内面化」、「良心」に媒介された「個人的自由」、「内面的に自由であり、主観のうちにその定在をもっているものは法律のなかに入って来てはならない」（ヘーゲル）という「主観的内面性の尊重」、「倫理の内面化」、「純粋な内面的な倫理」が欠けていた（『集』③19ff., 25）。

ヨーロッパの人権の基礎となった「純粋な内面的な倫理」、すなわち「最も純粋な内面的心情の倫理」をもつキリスト教（『集』④265）を欠いていた戦前日本の思想的土壌が俎上にのせられるのである。したがって、軍国主義やファシズムの経験は、丸山をして、一方で戦中についてファシズムに対するインテリの「抵抗」の脆弱性の根拠たる〈お化粧的なヨーロッパ的教養〉を剔抉させるとともに、他方でそうした脆弱性を乗り越えることのできる「心情倫理」の意義を強調させることになったのである。

だが、「思想」としてであれ、学問的認識においてであれ、「心情倫理」が独り歩きして他の価値観や思想を押しのけたわけではなく、丸山がみずから語るように、戦後の「時論」では戦前と反対に「責任倫理」を強調したのだとすれば、それが如何なる意味をもっていたのかということを、寄り道して瞥見しておいてもよかろう。

政治的倫理と個人倫理

丸山は「福澤惚れ」を自認していたにもかかわらず、こと心情倫理に関する限り、福澤諭吉よりも内村鑑三に軍配を挙げた。丸山にいわせれば（『座談』③150f.）、福澤の「状況論的発想」は、内村のような、「千万人といえどもわれ往かん」とか、「状況のいかんにかかわらず俺はこれだという発想」と「逆」になる。[12] たしかに福澤にも内村に通じる、状況を無視してでも突き進む精神が「心情」としてあるが、諭吉の論理には「状況論的な思考」が強い、というのである。これは責任倫理の評価に繋がる。[13] 的確な状況的判断には感情に引きずられない冷静な姿勢が求められるからだ。

> 非情な認識、つまりデタッチメントという考え方は、近代主義だとか何とかいうけれども、敢えていえば、伝統的なものを赤尾敏の専売にしておく手はないと同様に、非情な認識——現実から、また自分自身から、距離をおいた認識を福田恆存の専売にしておく手はないんじゃないかな。
>
> （「現代劇における方法意識」〈1961〉『座談』④259）

この、「傍観」と区別された、思惟方法としての（リアリズムに通じる）'detachment'（「距離をおくこと」、「距離をおいて見ること」）の思想的意義、あるいはそれに対する評価を丸山は幾度となく洩らしている。[14]

「距離」はニーチェの「距離のパトス」（I-3 註 20）とも関わるが、たいていの場合、ウェーバーの『職業としての政治』に由来するようだ。そこでウェーバーは、政治家に必要な資質として、「情熱（Leidenschaft）」（仕事《ザッヘ》の献身）、「責任感（Verantwortungsgefühl）」、「目測能力（Augenmaß）」を挙げ、目測能力を「事物と人間に対して距離をおくこと（Distanz zu den Dingen und Menschen）」と説明している[15]（脇訳『職業としての政治』77f.）が、丸山はこの箇所を、「ものと人との間にある距離をおいて見る精神」と訳し、それをマキャヴェリやE・バークの「慎重（prudence）」と並ぶ、権力のリアリズムにとって必須の「倫理」として評価した（「『現代政治の思想と行動』第三部追記」〈1957〉『集』⑦47：『講義』③24：『座談』⑤53：『座談』⑧199：『別集』②163f.）。[16]

「距離」を中核とした政治的思考の評価は「政治道徳」ないし「政治的倫理」という観念に収斂していく。丸山は講演「政治とは何ぞや」（一九四六年）でマキャヴェリを引いて、政治的責任は結果責任であることを強調し、「個人的な道徳」とは別に「政治道徳」というものがあることを指摘し（『別集』①153）、「政治学入門（第一版）」（一九四九年）（『集』④237ff., esp. 244f.）では、一見倫理と無縁のマキャヴェリの思想にも 'virtù' という「政治的倫理」があるが、これは「個人倫理（Privatmoral）」ではないと断っている。[17]政治的行動は外面性や集団性を特徴としており、個人倫理の立場とは相容れない。「善なる意思」は影響や結果と関わりなく「それ自体として善」であるというカントの言葉（篠田英雄訳『道徳形而上学原論』岩波文庫〈1981〉24）と反対に、政治的行為は動機の善ではなく影響と結果をこそ目指すものである。カントの「個人倫理」を支える「心情」の道徳は新カント派のW・ヴィンデルバントを介してウェーバーに受け継がれた（佐野誠『ヴェーバーとリベラリズム』勁草書房〈2007〉20）が、丸山は政治的倫理を基本的に責任倫理として位置づけようとした。

責任倫理の重視は思想史研究にも現れている。丸山は「近代日本思想史における国家理性の問題」（一九四九年）で国家理性（raison d'État, Staatsräson）の問題に注目し、それを「歴史的個体としての国家の行動目的」および「そうした目的を実現するための技術（Staatskunst）」と定義した（『集』④3）。そして『福沢諭吉選集』第四巻解題（一九五二年）では、明治前期の思想家（福澤、陸羯南、三宅雪嶺、中江兆民、陸奥宗光、山縣有朋など）の「冷徹な国家理性」が、満洲事変以後の「帝国主義の道徳的粉飾のための美辞麗句」などと違って、「自利」を明確に自覚したマキャヴェリズムであったと捉え（『集』⑤240：『集』⑮181f.）、後には、陸の「非常に明晰な国家理性」が責任の曖昧な世論に引きずられた形での外交政策決定ではなくて、「国際関係のリアルな認識に立った国家理性」の立場であったとしている（『座談』⑦229：『座談』⑦146）。「国家理性」は、それ自体としては「倫理」ではないが、目的合理性や距離をおいた「冷徹」な認識（リアリズム）に基づく判断であるという点では責任倫理と同じ地平にある。

責任倫理や国家理性は、一般に丸山が「政治」を単純に理想主義の立場だけで捉えることの限界を察知したところから出てきたものと考えてよいが、一九五〇年代の具体的状況に照らして見れば、当時の革新派の喉元に突きつけた鋭利な刃であった。丸山は、政治的実践における「心情主義」＝道徳的感傷主義に責任倫理や国家理性を対置している（「「スターリン批判」における政治の論理」〈1956〉『集』⑥240ff.：『集』⑦38ff., 48：『集』⑥14：cf.『対話』253）ように、政治的倫理の立場から、通俗的な意味でのマキャヴェリズムとともに道徳的感傷主義を斬り捨てようとした。[18]革命家や実践家にとって「状況判断」のリアリズムは「徳」であり、逆に心情主義は「罪悪」であり、その点が「個人モラル」と異なる（『座談』⑧187）。心情倫理は個人倫理だから政治になじまない、というのだ。

「心情主義」の峻拒は別の形でも現れている。丸山はマルクス主義者の「非転向＝獄中組」ないしコミュニスト一般を「一種の自然法」というレベルでクリスチャンなどと同じように評価し（cf.『座談』①292：『続話文』④180）、先に引いた一九六六年の座談でいう「見えざる権威」としての「主義」はコミュニズムも含んでいたと解されるが、「戦争責任論の盲点」（一九五六年）では、「非転向コンミュニスト」の勇気と節操を賞讃しつつ、ファシズムとの闘争に敗れた共産党の「政治的責任」＝「結果責任」に鉾先を向けた（『集』⑥163f.）。丸山は後年この論稿を振り返って、「とくにインテリの共産党の人たちの中には、心情倫理が強すぎるんじゃないかと思った」と語っている（『自由』121）。責任倫理の立場から獄中組を批判したのである。ずっと後になると、共産党員の獄中十八年は「個人」としては立派だが、侵略戦争を阻止できなかったという点で「政治家」としては失敗だと明言するに至ったが、その際にも政治における「結果責任」と「純粋な倫理的行為」の「動機責任」を区別している[19]（『法・政治・人間』〈1977〉『話文』①338f.）。

このように丸山は政治における心情主義に「政治的倫理」を対置し、実質上政治における「心情倫理」を否定した。しかしこの議論は「人を見て法を説く」状況的論理（V-1-b）であって、全体として見れば、丸山において、キリスト教的＝ルター的心情倫理は個人倫理でありながら、危機的状況における知識人の個人的な去就にとどまらない、「政治的」意味を付与されていた。丸山のいう普遍的規範への「被縛」意識、内面的拘束は、儒教道徳の「他律的拘束」と違って近代的な「主体性」を生み出す。それは、普遍的規範を自己の内部に定着させるという意味ではカント的な（普遍的法則への尊敬を組み込んだ）自律道徳と異ならず[20]、それゆえ個人倫理に属するのだが、それにもかかわらず政治的射程をもっていた。

後年丸山は、福澤が『文明論之概略』で一視同仁四海兄弟の「宗教愛敵の極意」をしりぞけて国際関係の現実を突きつけたのはウェーバーのいう「山上の垂訓」に対置された冷徹な「国家実存理由《レーゾン・デタ》の思想」に通底すると指摘した（『集』⑭263ff.）。ここで丸山は、福澤の国家理性論が国家権力とナショナリズムの「偏頗性」の意識、つまり四海兄弟の「普遍的理念性」の意識により牽制されていたと読み取っている。この解釈には疑問がある（西村稔『福澤諭吉』名大出版会〈2006〉45ff.）が、それはさておき、これは、丸山自身が、責任倫理＝国家理性を手放しで礼讃するのではなく、「普遍的理念」に加担する「山上の垂訓」に政治的レベルでも期待していたということを示している。「山上の垂訓」とは「愛敵」の心情倫理であり、「個人」を離れていえば自然法信仰である。[21] こういう観点から、早くに丸山は、初期福澤の思想に個人主義と国家主義、国家主義と国際主義の「見事なバランス」（「近代日本思想史における国家理性の問題」〈1949〉『集』④24）を見出し、思い入れ強くこう語っていた。「個人的自由と国民的独立、国民的独立と国際的平等は全く同じ原理で貫かれ、見事なバランスを保っている。それは福沢のナショナリズム、いな日本の近代ナショナリズムにとって美しくも薄命な古典的均衡の時代であった」（「第四巻解題」〈1952〉『集』⑤232）。あるいは、福澤において「個人、国家、国際社会」、「個人主義、国民主義、インターナショナリズム」は矛盾なしに同じ原理としてあった、と（「近代的ナショナリストとしての福沢先生」〈1950〉『別集』②13）。

したがって、丸山にとって「心情倫理」は、政治的倫理の独自の意義を強調する場合には、これと対立する（それと混同されてはならない）「個人倫理」であり、政治の領域に持ち込むべきものではなかったけれども、日本の政治をヨーロッパと同じ「近代的」地平に導くための拠点となるべき内面的原理として政治的な意義を有していた。ただし、丸山が後年、戦後の「時論」で戦前と反対に責任倫理を強調したといっているのは、訂正する必要がある。「時論」とは、政治的実践における心情主義＝道徳的感傷主義に対する批判のことであるが、責任倫理や国家理性の意義は、「政治学入門」や思想史論文でも語られていた。

b　二つの教養主義

武田説と丸山説

早世したため一般にはあまり知られていないが、無教会派の法哲学者三谷隆正[22]（明治二二年生まれ）は、世代的に第一高等学校生徒の時代に校長新渡戸稲造に個人的に世話になった（三谷隆正「背きの思ひ出」『新渡戸博士追悼集』〈1936〉『新渡戸全集』別巻①261ff.）ことなどを含めて、他の大正教養派と近い位置にある。戦後、その全集（南原繁・高木八尺・鈴木敏郎編、全五巻、岩波書店、一九六六年）が編まれた際に行われた座談会の席上、武田清子はつぎのように述べた（「座談会　三谷隆正先生の人と思想」南原繁・高木八尺・鈴木俊郎編『三谷隆正』岩波書店〈1966〉226ff.）。

新渡戸が一高校長を務めていた明治四〇年前後から、それ以前の国家至上主義思想に代わるものとして、個人主義、文化主義、ヒューマニズムと呼ばれる系譜をもつ「教養主義」が出てきたが、その中に二つの対照的な流れがあった。一つはケーベルや漱石の影響下にあった阿部次郎や和辻哲郎などに代表されるグループであり、本来信仰の対象であった古寺古仏を美術品として美的対象として取り扱うような、知的、文化的関心の強い教養主義（「観照的個人主義」、「閉鎖的個人主義」）である。もう一つは、新渡戸を師とする一高弁論部や読書会に属し、新渡戸の勧めにより内村鑑三の指導を受けるようになった人たちに見られる「キリスト教信仰に基く人格主義的教養主義」であり、こちらは前者と異なった「社会性、実践性」を課題として内在させた教養主義である。この対照的な立場が第二次大戦中の日本の緊迫した思想状況の中できわ立った対照的観点をクローズ・アップさせたのではないか。たとえば三谷隆正『幸福論』（一九四四年）では、「絶対超個的生命」の主体としての神と世界内在的、汎神論的神としての大我（国家）との区別によって、後者への道を批判した。また、矢内原忠雄の論文「国家の理想」（一九三七年）や講演「神の国」（同年）も国家を対象化する拠点をもち、南原繁『国家と宗教』（一九四二年）は、「天の国」

と政治共同体＝「地の国」との区別を明確にし、国家を建て直すべきだと論じた。戦後「オールド・リベラリスト」と呼ばれてきた大正期の教養主義者のうち、新渡戸と内村の二人を師とするグループは戦中期にこうした立場を堅持し、はっきり主張した。和辻の『尊皇思想とその伝統』（一九四三年）や『日本の臣道』（一九四四年）等に見られる思想はこれとはまったく異質である。三谷たちのグループが超越的なものを拠点にした普遍主義的規範を明らかにし、そこから「日本の個的なもの」への関わり方を追求しようとしたのと対照的に、和辻の場合、天皇への随順、尊皇の道、皇国の道といった日本に固有なもの、日本の伝統の特殊的なる価値に普遍妥当性を与えた。一種の汎神論的な立場で日本の尊皇思想に絶対的価値を見出したのである。一般に「教養主義」と呼ばれる思潮の中にこうした質的にまったく異なった、対照的な思想の流れがあり、それが戦争末期の危機的状況の中で、その思想的根拠の違いがクローズ・アップされて出てきたようである。教養主義に限らず、日本で一見ヒューマニスティックな思想と一括して考えられている思想的立場の中に、こうした対極的な思想の質の違いがあるのではないか。

武田はこの座談の翌年に『土着と背教』を上梓し、その中の「新渡戸稲造の人格教育――理念と実践」と題する節でやはり同じように、阿部・和辻の「知的、観照的個人主義」の教養主義と新渡戸・内村に連なる「キリスト教信仰に基づく人格主義的教養主義」とを区別し、後者に社会性・実践性を認め、戦中における和辻と矢内原・内村との違いに言及している（『土着と背教』新教出版社〈1967〉138f.）。つまるところ、武田は、キリスト教信仰を基準にして、大正期の教養主義を二分し、その評価基準として、大正期における「社会性、実践性」の有無、さらに戦時中の国家の相対化の有無を挙げるのである。

武田は、「学生文化」としての教養主義には触れずに、思想としての教養主義を問題にしており、その点で我々の興味を惹くが、特筆すべきことに、この座談会には南原と丸山が同席しており、意見を述べている。丸山はいう

（「座談会　三谷隆正先生の人と思想」228f.）。

元来の教養主義――大正教養主義と言われて、ふつう一括される場合には、たしかに武田さんの言われるように、やや混同があるのじゃないかと思うのです。つまり内村先生のほうからは大正初期の『三太郎の日記』とか、白樺派に代表されるヒューマニズムや教養主義は出てこない。むしろ、逆にある意味で、そうした教養を絶つというような要素が内村にはあると思うのです。ところが和辻先生、あるいは阿部次郎、安倍能成先生にしても、それから白樺派の人たちにしても、それぞれ個性がありながら、いずれも文学的あるいは芸術的な美意識が中核になり、倫理的なものも芸術性のなかに融解してゆく。ですから、みなキリスト教に接近し、また内村の門に入る人もあったけれども、全部離教あるいは棄教してしまいますね。漱石のお弟子さんたちもリップスの『倫理学の根本問題』などの影響は受けていても、そういう人々の倫理性と、先生である夏目漱石との間には明白に断絶がある。いわんや内村の、非常に激しく、美的価値への耽溺の中にある頽廃性を嗅ぎつけた行き方とは対極的であると思うのです。それの中間に、新渡戸稲造という偉い人がいる。しかもこの新渡戸先生は一方においてはヒューマニズムと教養主義の源流をなしながら、他方クリスチャンの思想家として終始された。おそらく三谷先生の『幸福論』などはそちらのほうの、つまり宗教的なほうの教養主義の流れを代表して、他方の、つまり白樺派の人道主義と教養主義とは分岐していったのではないか……。

丸山は、内村・漱石と阿部・和辻との差異を認めており、まるで唐木順三の「修養の世代」―「教養の世代」の対立図式を引き継いでいるようである。しかし他方では、新渡戸が白樺派のヒューマニズムや教養主義の源流になったという面と、クリスチャンとして「宗教的」＝「キリスト教的」な教養主義を育成したというもう一つの面を認め、それによって新渡戸の積極的意義を救出しようとしているかに見える。「救出」というのは、丸山が他の場所でこういう位置づけをしておらず、むしろ新渡戸にあまり高い評価を与えていないからである。[23]いずれにせよ、丸山は二つの教養主義という武田のコンセプトを基本的に受け容れ、また新渡戸と教養主義との結びつきを認めて、「宗教的」教養主義という枠組でそれをある程度まで肯定的に捉えている[24]。

ただ、仔細に見ると、丸山は決して武田説をまるごと肯定したわけではない。第一に、丸山は、武田が述べた二つの教養主義の戦時中の姿勢の違いについては賛成も反対もしていない。すでに見たように、丸山はこの座談以前に、無教会主義を内面性の拠点として挙げ（「人間と政治」一九四八年）、また「千万人といえども我行かん」という気魄をキリスト教に見出していた（「被占領心理」一九五〇年）けれども、いずれの発言も戦時中の知識人の去就に直接関連していない。他方で、南原に関して右翼や権力からの受難や時勢に対する抵抗の事実について、前に挙げたほか（座談の前後を問わず）何度か語っているけれども[25]、それをとくに教養主義と結びつけていない。逆に、戦前の和辻哲郎の政治姿勢にも、右の座談以前にはほとんど触れていない[26]。敗戦後の丸山の問題意識は、戦中ないし戦前の知識人一般、学問一般の「非実践性」に向けられ、それを〈お化粧的なヨーロッパ的教養〉として提示したけれども、格別大正教養主義だけに「非実践的」な性格を認めたというわけではない。

そもそも武田の議論はかなりおおざっぱであり、大正教養主義が知的、文化的関心の強い教養主義だという規定はよいとしても、閉鎖的個人主義、知的、観照的個人主義というのは、キリスト教的な人格主義的教養主義の社会性・実践性と対比される、「非政治性」、「反政治性」を意味しているが[27]、武田はそう規定した舌の根も乾かないうちに、戦時中の和辻の「国家」寄りの政治的、実践的発言を引き合いに出して、キリスト教的系譜を引く教養主義の実践性の意義を称揚するのである。まるでキリスト教的教養主義だけが社会的、実践的だといわんばかりである。百歩譲って和辻の発言が武田の念頭にある社会性・実践性と違った性質のものであって、評価に値しないといいたいのだとしても、それが大正時代の観照的個人主義と連続しているというのは、どう見ても奇妙な論理である。

武田と丸山のいま一つの差異としては、武田が新渡戸と内村をキリスト教信仰という枠で括ってそのまま教養主義と結合しようとしたのに対して、丸山が内村には「教養を断つ」要素があることを指摘していることが挙げられる[28]。この表現の真意は必ずしも明確ではないが、丸山が白樺派や大正教養主義に見た「文学的、芸術的」な美意識、

「美的価値への耽溺の中にある頽廃性」——内村のいう「源氏物語に倣って「艶文」を綴る」（『全集』③18）、「小野小町は今代の女郎文学の祖師」（『全集』⑥181）、「懶惰書生の娯楽に供すべき小説俳句」（『全集』⑥270）、「肉情的文学」（『全集』⑩229）——に対するピューリタン的潔癖を指すものと思われる。[29] あるいは、深読みすれば、内村の「心情倫理」と、教養主義やヒューマニズムの「文学的、芸術的」倫理性における、「心情倫理」の欠如との対比と受け取ることもできる。[30] 丸山にいわせれば、内村は「いわゆる人道主義や社会主義的陣営における「解放」の声」に、「自我と集団とのあまりにも直接的な肯定——逆にいえば内面的な被縛性の意識の弱さ——」を見た（「忠誠と反逆」〈1960〉『集』⑧239）。いうまでもなく、ここで内村は丸山の代理人を務めている。

さらに、このことと無関係ではないが、丸山は、武田と同じく、漱石門下の教養派に批判的な姿勢をとっているけれども、武田と違って、内村と漱石を同じ地平に置くことによって、漱石の意義を強く浮かび上がらせている。丸山が注目したのは漱石の「倫理性」である。それは単純な倫理性ではなく、それ自体「非政治的」でありながら、「政治的」射程をもつ倫理性であった。前述のように、丸山は「明治時代の思想」（一九五三年）で明治末期の「即自的な非政治的傾向」を指摘したが、それに対して、たとえ政治的実践に敗れ、政治の現実に失望し、あるいは政治的価値の氾濫に反撥して宗教や文学に立て籠ったとしても、鑑三、独歩、透谷、漱石は「内面的価値の強調」を「現実政治に対する抗議」として表現したと位置づけた（『集』⑥6）。別の場所では、内村の、「当時の自称リアリストをはるかにこえた歴史的現実への洞察力」を評価しつつ、日露戦争開戦後に積極的に反戦運動を展開しなかったところに「深く彼の思想を貫く非政治的ないし反政治的傾向」を見出している（「内村鑑三と「非戦」の論理」〈1953〉『集』⑤321, 323）。この「非政治的ないし反政治的傾向」の裏にキリスト者としての「内面的価値」＝心情倫理が控えていたことは自明であり、それがかえって現実政治に対する洞察力を生み出したということになる。丸山は、明治三〇年代～四〇年代の内村の権力・支配層に対する弾劾を、「超越的な次元からの「極左」主義」、「いわば反政治的立場からの政治的ラディカリズム」と位置づけた[31]（「福沢・岡村・内村」〈1958〉『集』⑦359）。

丸山が漱石に見出した「日本に珍らしい市民精神」、芥川龍之介を除いて弟子には受け継がれなかった「本当の意味の倫理性」（「丸山先生を囲んで」〈1966〉『座談』⑦73）を内村の場合と同一視することはできないとしても、「市民精神」ないし「倫理性」は、漱石の、「気質的に西欧的個人主義に近」いところ（松沢訳「個人析出のさまざまなパターン」〈1968〉『集』⑨396）を指すのではないか。そこで漱石は、とりわけ漱石の学習院での講演「私の個人主義」（一九一五年）はそうした思想をはっきり表現している。そこで漱石は、古い型である儒教道徳をしりぞけ、自我による道徳律の探究、「個性」の道徳を推奨している（『全集』㉑89f.）が、これこそまさに「内面的」な倫理性である。あるいは白樺派に希薄であった「自我における規範意識」といった方が正確かもしれない。そのように表現すれば、漱石の倫理性は、内村における「内面的な被縛性の意識」＝心情倫理と重なることになる。

したがって、武田の主張との対比から明らかになるように、丸山は歴史的把握において心情倫理を（積極的にも消極的にも）教養思想や教養主義と絡めて位置づけることはなく、それゆえ武田のように二つの教養主義という形で画然と区別しなかった。とはいえ、丸山は、「教養主義」と「心情倫理」が対峙する局面をいくらか意識していた。丸山は、心情倫理の権化ともいうべき内村に「教養を断つ」という面を見出し、あるいは心情倫理に繋がり得る漱石の「倫理性」と門弟の文学的、芸術的「美」との間にある偏差を認めた。要するに、武田は「心情倫理的」教養主義と非政治的（もしくは無批判的）な大正教養主義との二分法に固執したが、丸山は、武田の主張の背後にある、キリスト教信仰に基づく「心情倫理」に強く傾斜した姿勢に留保を付けていた。なお最後に、参考のために、当事者の一人であった南原自身の証言を見ておくことにしたい。

信仰と教養——内村鑑三と新渡戸稲造

南原は丸山の発言を受けてこう述べている。阿部や和辻のグループは、西洋のこともよく咀嚼したけれども、やはり最終的には「一種の汎神論というか、日本的な、あるいは東洋的なほうに行く」ようだ。他方、新渡戸も『武士道』の著作があるように日本的なものを汲み取りつつも、根本はクエーカー的な信仰であったが、内村と違って、一高校長としても教壇でキリストとか神といったことはなく、「教育者としての限界」を心得ており、後を内村に託した。内村のところに赴いた人たちは、新渡戸の「教養」を踏まえながら、内村の「一旦の断絶をも覚悟するような超越主義」に行った。三谷や私（南原）は、俗世間の仕事をしていて、内村から「もういっぺんおりて来る」のだが、やはり内村精神が中核になっている。その点では三谷には「いわゆる教養人とちがったもの」があり、「この世と教養」を決して否定しないが、「一切を超越した絶対的なもの」がある（「座談会　三谷隆正先生の人と思想」229）。南原によれば、あたかも新渡戸の見えざる手に操られるかのように、一高の生徒たちは「教養」から「信仰」へと誘われていった。三谷隆正は、高木八尺、江原萬里、矢内原忠雄、先輩では黒崎幸吉、塚本虎二、藤井武らとともに内村の「柏会」に属し（これは一高―東大法科の系列である）、それとは別に南原自身は、坂田祐（関東学院）、高谷道雄（明治学院）、矢内原などとやはり内村膝下の「白雨会」に属したが、「いずれも新渡戸先生の西欧的教養から内村先生のキリスト教信仰に導かれて往ったもの」であった（同 217, 219）。

したがって、武田が、内村と新渡戸を「信仰」によって一括りにして和辻などとの差異を強調しようとしたのに対して、南原は、その差異は否定しないけれども、新渡戸＝教養と内村＝信仰とのいわば「分業」システムを浮かび上がらせようとした。後の武田との対談でも南原は、新渡戸を「人間教育」＝ルネサンスに、内村を宗教改革になぞらえることによって、両方の必要性を説いている（「日本の土壌とヒューマニズム――武田清子さんとの対談」〈1969〉南原繁『歴史をつくるもの』東大出版会〈1980〉194, 196）。

しかも、南原は三谷とともに、この信仰―教養の「分業」をみずから実行に移すことによって、（丸山によれば教養を「断つ」）内村ではなくて、「教壇禁欲」の新渡戸の処世法を採用した。[32] 南原は、小中学校で孔子を習い、一高で新渡戸にヒューマニズムを教わり、外では内村の薫陶を受けたが、そうした「教養なり宗教なりを背景にして――宗教なんかのことは表に出さないけれども――はじめて、「政は正なり」。その「正」をどこにおくかという問題」を考えるに至ったと述懐している（「聞き書　南原『理論史』」〈1973〉『話文』④381f.）。また別の機会には、宗教を表に出さない自分の姿勢はカントからきたものであるとしつつ、学問の中に宗教をもってくる立場を「カルビン主義的」と呼んだ（丸山眞男・福田歓一編『聞き書　南原繁回顧録』東大出版会〈1989〉150）。みずからの信仰―教養の「分業」についてはカント的二元論（当為と存在）により正当化したのである。ちなみに丸山は、クリスチャンには二種類があって、「自分の信仰と政治学的学問の立場とが不可分というタイプ」（宮田光雄、大塚久雄、矢内原忠雄）と峻別論（京極純一）があるといっている（「『著作ノート』から」〈1988〉『続話文』②13）。南原や三谷はさしずめ後者に属することになるのであろう。

ほかに、河合榮治郎も、自分を理想主義に導いてくれたのは新渡戸と内村であり、一高から大学にかけて一年間、高木八尺の仲介で「クリスト教に入つて」内村のところに通ったという（「学生時代の回顧」河合編『学生と教養』日本評論社〈1936〉295f.）。さらに、田中耕太郎も新渡戸校長の下に一高時代を過ごし、新渡戸に「私淑」し、人生問題に関心をもつ、魚住影雄、安倍能成、阿部次郎の「伝統を引く一種の精神的個人主義者」となったが、病気がきっかけで内村の『余は如何にして基督教徒となりしか』に心を打たれ、大学進学後に、学生の聖書研究会結成に対する内村の激励演説に感激し、先輩の塚本虎二の紹介を受けて、「柏木グループ」（「柏会」のこと）に属するようになったと回顧している（『私の履歴書』春秋社〈1961〉19f., 22, 36）。田中は後に内村を離れ、カトリック教徒となったが、新渡戸への追悼文では、新渡戸と内村は、その態様は正反対ながら「批判の人」であり、また思想において矛盾を抱懐しており、二人ともに「明治から大正への、物質的文明からそれに対する不満及び精神生活への憧憬、これに起因する苦悩及び歓喜と云ふ過渡期の特徴」を具備していたと位置づけている（『新渡戸博士追憶集』286）。

田中は「「教養」と「文化」の時代」（一九二八年）で、明治四〇年から大正初年までの自分の世代の「個人的修養乃至教養」を「人間としての教養」として評価しつつも、一方で「虚飾」に陥った俗世間的「教養」派が、他方で宗教色をもった「分派」が出現し、いずれも「真の教養及び文化」を把捉できず、欧州大戦（第一次大戦）後は

「文化の洪水」によって溺れるばかりとなったとしている。田中にいわせると、その原因は「体験」の欠如にあるが、歴史的には、明治以来日本社会が「西洋の物質文明の輸入」に汲々とし、「精神的文化」が輸入されても、その「形骸」だけが元の土壌と無関係に断片的に移植されただけで、維新の先覚者たちが「物質文明と啓蒙思想の崇拝」のあまり、日本の伝来の世界観を破壊しただけでなく、西洋文化の基礎となる世界観の受容を拒否したことにある。それゆえいま必要なのは「絶対的真理」の存在、「道徳律の内容的普遍性の承認」を培う世界観なのだ（『教養と文化の基礎』岩波書店〈1937〉450ff., 457ff.）。我田（カトリック信仰）引水のきらいがあるが、ここにいう「物質文明」と「精神的文化」の対は、後で見るように、たしかに大正教養主義の発生にとって無視できない働きをした(IV-1-b) ばかりか、丸山の欧化論にとってもきわめて重要な意味をもっていた。

それはともかく、ここで田中が宗教色をもつ「分派」といっているのは、南原や三谷と無関係な話ではなかった。田中によれば、この「分派」はしだいに「情熱的、狂信的なる傾向」を帯びるようになり、「或ひは弊履の如く官職を辞し聖典の研究または個人的伝道に従事し、又は牧師となる者」もいた。彼らは決して虚名を得ようとしたわけではないが、ただ元来の「教養の誘惑」のために、聖典の研究に関心を抱き、その研究態度が言語学的、概念的、部分的であり、また態度が主観主義的、個人主義的であり、救世軍や諸教会派に対して「高踏的」であった。「序に附言」すると、彼らの多くは「我が法科大学に於ける概念法学全盛時代に於ける俊秀」であり、卑俗な法を尻目にかけて天上の国に駆け上がった。法学士の一部が「プロテスタンチズム殊に其の中の極端なもの」に走ったのは、要するに、「物質文明及び三百代言的法律万能」に対する教養の要求の台頭、その地上的教養に対する宗教心の新たな反抗なのだ。ところが、その狂信的態度にもかかわらず、依然として「お里の「教養」」に対する興味が付着しており、自己中心主義である、と（『教養と文化の基礎』454f.）。

「分派」とは無教会派のことであるが、とくに「柏会」の三谷、矢内原（一九二八年当時東京帝大経済学部教授）、江原（同助教授）、高木（東京帝大法学部教授）、黒崎、塚本、藤井はすべて一高—東京帝大法科大学出身者である。

ただし、法学専攻者は三谷、塚本、藤井で、「官職」を擲って「伝道者」ないし「聖書研究者」となったのは塚本、藤井だけであったから、必ずしも「柏会」への批判を意図したものではない。田中も、「私は上述の所を以て勿論各人に動機として存在し得る心情の尊敬に値するものであることを否定するのではない」と断っている。田中自身かつて彼らの仲間であった。しかしそれにもかかわらず、この文にはやはり「宗教的」教養主義、あるいはその背後にある「教養を断つ」内村に対する批判が含意されているようである。田中は、内村の下にあった当時、白樺派に熱中していたが、内村が正宗白鳥や志賀直哉などの文学者が信仰を離れたことに失望し、芸術そのものに反撥を感じるようになっていたので、「柏木派の非芸術的な雰囲気」を物足りなく思っていたと証言している（『私の履歴書』38f.）。

横道にそれたが、ここに示唆されるように、田中と南原は信仰において対立しており、それは後に『国家学会雑誌』の誌面を賑わすことになる（IV-2-a）のだが、ごくおおざっぱにいって二人は、精神的文化としての（背景にキリスト教をもつ）ヒューマニズムという教養思想を共有していた。そして南原の、信仰と教養のカント的な二元論とは、教育や論文において教養思想を論じることはあっても、信仰には触れないということを意味していた。その二元主義が厳密に守られたかどうかは、いずれ我々も目のあたりにすることになるであろう。

第三節　実践との緊張関係

丸山は、一九四五年九月に召集解除され、まもなく東京帝国大学法学部助教授として東洋政治思想史の講義を再開し、多様な執筆・講演活動を展開した。その活動の範囲は、敗戦後数年間だけを見ても、大学内で帝国大学憲法研究委員会、教員適格審査委員会、学術体制刷新委員会といった広い意味で政治に関わる委員を務めるとともに、大学外では、青年文化会議、思想の科学研究会、三島庶民大学、信濃教育会、二十世紀研究所、民主主義科学者協会、平和問題討議会、平和問題談話会など、大なり小なり政治的、社会的実践と関連をもつ諸組織に関与し、発言した。これらの学外の集団は、「学者」を中心としていたけれども、ジャーナリストや作家も巻き込んでおり、その意味で「知識人」の結集の場であり、後年丸山はそれを「悔恨共同体」と称したが、これはまさに「市民としての社会的責務」を意識した集団であった。そこから生まれた〈知識人の社会的使命〉の意識は晩年に至るまで丸山の脳裏を去らなかったものの、それが最もヴィヴィッドな感触を湛えていたのはやはりこの時期であった。

a　文化から政治へ――知識人の戦略

『日本の思想』に収録されている「「である」ことと「する」こと」（一九五九年）は、高校教科書に載せられたこともあって、丸山の著作中最もよく知られた論稿に属しており、同時に、そこでの主張が、敗戦にもかかわらず依然として政治において跋扈している「である」論理を「する」論理によって変革しようとする「近代化」の志向を内蔵していたことも人口に膾炙している。とはいえ、後に「「である」ことと「する」こと」の高校の国語教科書採択にあたって教師に注文をつけた一文で丸山は、「である」ことと「する」ことが日本の「近代化」の程度を測る指標だという趣旨のことは述べたけれども、一文の狙いは「過度近代化と前近代化」の「逆説的結合」を示すことにあったと語っている（「「である」ことと「する」こと」について」〈1983〉『別集』③328f.）。事実、丸山は、本来「である」領域に属するはずの「学芸」の世界への「する」論理の進出（典型はアメリカ的業績主義）を批判し、政治や経済の結果価値重視（「政治はどこまでも「果実」によって判定されねばなりません」）に対して、芸術や教養は、「果実よりは花」、結果よりも「それ自体」に価値を置くものであり、文化的創造にとっては効率よりも「価値の蓄積」こそが重要である、と論じていた（『集』⑧43f.）。いいかえれば、政治・法律・経済などの領域では特定集団への所属、学歴、年功序列、制度の物神崇拝といった「である」価値が相変らず蟠踞しているのに、「時代を問わず「である」価値によって評価さるべき」文化領域（とくに学問・芸術）には効果や実用やコマーシャリズムといった「する」価値が浸潤してきているという、領域面での「倒錯」を指摘したのである[1]（『別集』③329）。政治や経済の価値は不断のテストによって検証されなければならないが、文化は「今日の基準というものだけでテストさせない、持続的な価値がある」（「現代の政治的状況と芸術」〈1959〉『座談』③136, 138）というのも同趣旨である。

もっとも、これは問題の所在を示したもの＝「診断」であって「治療法」ではない。治療のための処方箋は、民主主義は「非政治的な市民の政治的関心」、政界以外の領域からの政治的発言と行動によってはじめて支えられるのであり、「文化の（文化人のではない！）立場からする政治への発言と行動」によって、「である」価値と「する」価値の倒錯を再転換する道を開くことができる、というものであった。それは、現代日本の知的世界に最も必要とされるのは、「ラディカル（根底的）な精神的貴族主義がラディカルな民主主義と内面的に結びつくこと」、「カール・マルクスがフリードリヒ・ヘルダリンを読む」ような世界、というように定式化された（『集』⑧38, 44：『座談』

③244 : cf.『対話』64)。謎かけのような言葉である。いったい、丸山はこれによってどういうことを表現しようとしたのか。

自主的集団

丸山は「現代文明と政治の動向」（一九五三年）で、現代政治の基本的傾向として、第一に「テクノロジーの飛躍的発達」、第二に「大衆の勃興」、第三に「アジアの覚醒」を挙げ、この三つの流れを「何人も止めえない世界史の進行」、「人間の歴史において必然的なもの」（『集』⑥17, 56, 36f.）と呼んでいる。それは好むと好まざるとにかかわらず、事実として承認せざるを得ないものであった（『座談』②295）。この三つの動向はそれぞれ「病理現象」（『集』⑥44, 58）を抱えているが、学問や芸術にとってはこのうち「専門化」と「大衆化」が最重要の問題であった。丸山は、近代的な技術文明・機械文明の発達により出現した社会現象のうち、最も基本的な現象が組織体の問題、すなわち人間社会の「官僚化」、「合理化」にあり、これに関わる精神構造の問題として「専門化」の問題を挙げた（『集』⑥16, 25, 33）。一方『政治の世界』（一九五二年）では、現代社会の機械化（官僚化）によって人間は「人格的な全体性」を解体され「部分人（Teilmensch）」となって、「社会や政治の全般を見渡す識見と自主的判断」が不可能になるばかりか、家庭でも新聞・映画・テレビの影響下で「自発的な思考力」を麻痺させられ、現代人の「教養内容」はこま切れとなり、「生活も判断も趣味も、嗜好も画一的類型的となりつつある夥しい砂のような大衆」が不断に生み出されていると憂えた（『集』⑤186ff.）。思考能力・判断能力の減退とともに、「文化」ないし「教養」の大衆化、画一化、細分化——そうした事態に如何に対処すべきか。

最も明快な解答は「思想のあり方について」（一九五七年）で示されている。そこでは、社会（ないし組織形態）と文化（ないし学問）の型をヨーロッパの「ササラ型」と日本の「タコツボ型」の二類型に分けてこう論じる。ヨーロッパでは、ギリシャ―中世―ルネサンスという長い共通の文化的伝統があって、それが大学の学部編成の基礎となり、また伝統的に集団・組織（教会、クラブ、サロン）が種々の職能に従事する人々を結びつけてコミュニケーションを可能にしている。それに対して、日本では、一方で明治以来すでに専門化段階にあった学問を輸入したために、学者とはすなわち専門家であるという観念が強くなり、学問の基礎にある思想や文化が軽視され、自然科学と社会科学、社会科学の各分野を繋ぐ共通言語をもたず、「共通のカルチュア（ないしインテリジェンス）で結ばれたインテリ層」が存在せず、他方では近代的な各種の機能集団のそれぞれが閉鎖的で藩のように割拠した状態であり、大学でも「綜合的な教養」など与えられず、各学部の共同研究の恒常的組織化がなされることもないといった状態である。戦後には、共通の文化を作り出す存在として（かつてタコツボ的組織を繋いでいた）天皇制に代わって登場したマス・コミも表面的な繋がりをもたらすだけで、日本では「大衆化」がアメリカよりも進んだことと相俟って、どのラジオ局も歌謡曲や浪花節をやっていることに見られるように、感情や趣味の「画一化、平均化」の進行を助長している（『集』⑦162ff.: cf.『別集』②316)。

ヨーロッパ的教養とそれを支えるべきインテリ層の不在とともに、文化の大衆化・画一化に対する危機意識が顕わに出てきており、議論の方向は「教養の復権」に向かいそうな勢いだが、ササラ型とタコツボ型を「組織形態」の表現として描いているように、主題は文化を担うべき組織の在り方にあった。そしてそれは政治と無関係ではなかった。

少し前に丸山は、「アソシエーション（近代的結社）の力がコンミュニティ（伝統的共同体）への緊縛から解放された自由な人格を創出する過程は東西とも基本的に共通するが、アソシエーションの歴史的具体的内容やその階級的基盤は東洋と西洋とで全くちがう」という見方を披瀝していた[2]（「『現代政治の思想と行動』第一部追記および補注」〈1956〉『集』⑥273)。これは政治的変革＝近代化の歴史的条件をめぐる議論で語られたものであり、問題は日本における「アソシエーション」＝自発的集団の未発達である。そして丸山はこの問題を早くから意識していた。

講演「民主主義政治と制度」（一九四八年）では、今後の民主政の展望について、労働組合をはじめとして各種職業団体や地域団体等の社会的グループが「秩序ある方法で自己の政治的意見を政府に伝える途」を開かなければならず、政党、労働組合、各種団体の「内部的デモクラシーの強化、下からのコントロールの強化」が必要だと述べていた【補説1】（『別集』①316）が、ここからは、政治だけでなく、非国家的組織による民衆の教育＝「社会教育」という一般的な課題が日程にのぼってくる。高見順との対談「インテリゲンツィアと歴史的立場」（一九四九年）ではこう論じる。市民社会が発展した所では、人間はばらばらになったのではなく、「自主的組織」（アソシエーション、教会、文化団体、政党）の中に編成されてゆき、市民の教育や輿論の形成や生活条件の配慮等の使命を果たすが、日本は天皇制で編成されてきたために国家だけあって社会がなく、この国家が解体してしまった後は、市民社会的編成は容易にできず、「全く無定形《アモルフ》な、ただ量的な大衆」だけが残され、「社会教育」などどこにもないといった状態である、と（『座談』①302）。タコツボ型とササラ型の対置を先取りする歴史認識である。

『政治の世界』（一九五二年）では、現代の民主政が「砂のような大衆」の投票権に依存しているため独裁政を生み出す危険があることに鑑みて、民主主義を機能させるために民衆の日常生活の中で政治的社会的問題を討議する場としての「民間の自主的な組織（voluntary organization）」の意義を強調し、――ラスキのアメリカにおける民衆の画一化批判とその是正としての自主的組織の評価を引証しつつ――「大衆化」を踏まえた民主政治の活性化（逆にいえば「政治的アパシー」〔cf.『集』⑥115〕の克服）を訴え、そうした自主的組織の中核を労働組合に求めている。現代社会で「大衆の原子的解体」に抵抗する最も重要な拠点である労組において政治・社会・文化のあらゆる問題が大衆的に討議され、「教育」されることによって「人間の規格品化」、大量通信報道機関による「知識の画一化、趣味・教養の末梢化」の傾向と戦い、「大衆の自主的な批判力と積極的な公共精神」を不断に喚起することを期待したのである。労組はなかんずく「大衆の政治的関心を日常化する場」であった（『集』⑤188ff.: cf.『集』⑦299f.）。「日常的な生活の規律をたてること」について労組が先頭に立たなければ、どうしてストライキで大衆の支持を得られようか（「現代はいかなる時代か」『朝日ジャーナル』〈1959. 8. 9〉17）というように、労組には道徳的自律も期待された。

それゆえ、組織化の課題は政治・社会・文化（趣味・教養）・道徳のすべてに関わっていた。

ササラ型の理念型は、自発的集団を媒介として政治・道徳・文化の各レベルにおいて「総合的」な近代的人格形成に寄与し得るという認識を背景にしており、これを実現するうえで最大の阻害要因がタコツボ型社会であった。タコツボ集団を克服して日本において自発的集団を活性化し、大衆の人格形成を行うこと[3]（社会教育）が一九四〇年代末から五〇年代後半の丸山にとって一大目標となっていた。もっとも、丸山は最初でこそその目標実現を労組に託していたが、「思想のあり方について」では、労組自体、タコツボ型の運命に翻弄されることを免れないという認識から、「階級を横断する組織化」（主婦や母親、青年や学生などの組織）への期待を洩らしている（『集』⑦171f.）。ある意味で、タコツボ型とササラ型の提示は労組に対する幻滅を横目に見ながら行われた[4]。しかし、それに代わる主婦や学生の組織にしても漠然とした期待の域を出なかったように見える。一九五八年に丸山は、マッカーシズムは教育団体、新聞・出版社、ジャーナリスト、大学教授、弁護士、医者などの「インテリ組織」を攻撃目標としているが、インテリ層は組織がバラバラで抵抗力が弱いから、日本への教訓として、教育者、学者、映画人、ジャーナリストが労組の指導者などよりも政治的思考法を身につけることが必要だとしている（『集』⑦314f.）。かくして、丸山の関心は「文化的」な自発的集団による「政治」の活性化という構想によって色濃く染められることになる。

【補説1】　丸山は、大衆の感覚的解放＝自由に対して、J・ロックの理性的自己決定としての自由から「規範創造的な自由」という観念を引き出し、そうした自由の担い手を労働者農民を中核とした広汎な勤労大衆に求め、「新しき規範意識をいかに大衆が獲得するか」が課題だと論じた（「日本における自由意識の形成と特質」〈1947〉『集』③154f., 159, 161）が、座談「日本人の道徳」（一九五二年）では、現代は、「自発性の原理」という近代市民社会の個人主義的モラルだけでは対処できない状況であると見て、組合運動や社会運動における集団的な組織的訓練の必要を主張した（『座談』②252）。あるいは、一九四九年の座談では、「近代」と区別された「現代」の特徴が、機械文明の異常な発展に伴う国家の「装置化」と「大衆」の力の増大にあり、それが個人の人格的自立や自律を脅かしていると認めつつ、個人の独立や自律は現実には一部の知識階級に関わるだけで、民衆は動物的な生存条件からはい上がるための労働で精一杯であるから、「こうした精神的価値にあまねく大衆を参与させるための基盤」を作り出すことが当面の問題であり、抽象的に道徳や人格の確立を説くことでは不十分であり、「大衆のヴァイタリティ」を信じて、大衆の自発性・能動性を伸ばしていって積極的に「文化の担い手」にならせるという方法を提示している（『座談』①227, 236, 238）。この論述は、戦争体験によって犯罪に不感症になったり、ルールや約束を大切にしない傾向（「日本の思想における軍隊の役割」〈1949〉『座談』①277）を理由にした、「衣食足りて礼節を知る」式の大衆擁護論だが、丸山は一九四五年一〇月に、政治教育につき、重要なのはデモクラティックな精神の知的教育よりも、「情操的な訓練」を通じて無意識のうちに感得し体得させることだとして、「電車の中の光景を見るがいゝ。我利〳〵の自己主張以外に何があるか」と嘆じて、これは「音楽などの情操的素地」が日本の教育に欠如しているためだとノートに記している（『対話』10）。後にも同様の趣旨から、現在の学校教育が試験と詰め込み主義の犠牲になって、フロベールのいう「感情教育」を欠き、それゆえ「感性の解放」ではなくて「感性自身の陶冶」と開発の必要、芸術的感覚にとって重要な「粗野な感性から洗練された感性へ」の教育について語っている（『話文』③269f.: cf.『講義』⑤201）。

「である」ことと「する」ことの結合

以上の考察を踏まえていえば、丸山が「過度近代化と前近代性」との逆説的結合を克服すべく、その倒錯を再転換しようとした時に示した解決策である、〈ラディカルな精神的貴族主義とラディカルな民主主義との内面的結合〉、〈マルクスがヘルダリンを読む〉世界という謎のフレーズは、いったん切り離した「である」ことと「する」ことの再結合、すなわち文化と政治の結合、より正確にいえば、〈文化から政治へ〉という方向性を指し示していたことになる。近代日本においては伝統的な身分が急激に崩壊しながら、「自発的な集団形成と自主的なコミュニケーションの発達が妨げられ、会議と討論の社会的基礎が成熟しない」という（『集』⑧40）のも、ササラ型の基盤である自発的集団に拠って政治的論議の活性化を企図したものである。

この〈文化から政治へ〉という発想は思想史にも登場している。明六社のような「非政治的な目的」をもった自主的結社が、その立場から政治を含めた時代の重要な課題に対して不断に批判していく「伝統」が根づけば、政治主義か文化主義かという二者択一的思考習慣[5]が打破され、「非政治的領域から発する政治的発言という近代市民の日常的なモラルが育って行くことが期待される」（「開国」〈1959〉『集』⑧83）という願望はまさにその現れである[6]。明六社には「不徹底ながらなお積極的な、換言すれば規範創造的な自由観」があった（『集』③159）というのも同様である。非政治的＝文化的な自主的結社、すなわち「政治と異なった次元（宗教・学問・芸術・教育等々）に立って組織化される自主的結社」（『集』⑧84：『座談』③35f.）は、こうした意味の――ファシズムへの抵抗（『集』⑥335）を含めた――政治的活動の拠点として構想された。

〈文化から政治へ〉というシェーマは、ラスキなどの多元的国家論からの影響も考えられるが、戦中の少数の知識人、とくに南原繁をはじめとするクリスチャンの「抵抗」の経験からアイデアを得た可能性がある。少なくともこの経験は、直接政治的でないもの（文化・学問）の政治的意義という発想を丸山の中に喚起する働きをしたと思われる。丸山は一九五九年のヒアリングで、「非政治的の価値についての確信があるから、確信をもって政治行動ができる」と論じ、さらに、「政治に対する文化の自律性」の基礎は歴史的には宗教であったとして、「政治価値」に対する「独立の文化価値」の意義を説いた（『別集』②194, 195）。また同年の吉田秀和との対談では、「文化の立場から政治を批判し、政治に対して発言する」のは政治を直接目的とした行動ではなくて、むしろ「それ自体非政治的な文化の自律性を守るための政治的発言」だと語っている（『座談』③244）。これは、南原流の文化の自律論（学問・芸術の自由論）（I-3-b）に依拠した議論である。南原にとって宗教は文化価値ではなく超越的なものであった（cf.『集』⑯62f.）けれども、丸山は、いわば文化の代表もしくは象徴としての宗教から文化の自律の「政治的」意義を引き出したのである（ただし、南原は政治をも独立の文化価値とみなしたのに対して、丸山は反撥した〔IV-3-a〕）。

一九六〇年の座談で丸山は、こうした宗教の歴史的意義を、多元論がヨーロッパ中世の社会構造に根ざしており、中間団体の自主性から「抵抗権」という考え方が発生し、自発的集団のモデルが「宗教的な結社」であったというように説明しているが、そこから、自由権や抵抗権の発想は、政治的集団からまったく独立した「自主的集団」、つまり文化や教育といった政治以外の価値基準を元にした人間の社会的結合が根づかないと成長しない（なぜなら政党等の集団は小型国家であり国家に吸収されやすいから）と論じている（『座談』④29, 31）。〈文化から政治へ〉は「宗教的結社から政治へ」という「抵抗」の原理を民主主義運動の積極攻勢に転化したものであった。この点は思想史的なスタイルでも論じられている。

丸山は「超国家主義の論理と心理」（一九四六年）（『集』③19ff., 25）や「権力と道徳」（一九五〇年）（『集』④270ff.）で、前にも引いたように、ヨーロッパ近代は国家固有の行動原理（国家理性）とそれに対立するキリスト教倫理および自然法思想の人権・内面的倫理との「対立的統一」により表現されるのに対して、日本には「内面的世界の支配を主張する教会的勢力」、「近代的人格の前提たる道徳の内面化」が欠けていたと指摘したが、その際、キリスト教信仰による内面的自由とそれを確保する教会組織の意義を強調した。アメリカ独立革命ではピューリタニズムが「平等な成員の自発的結社（voluntary association）」としての教会と、権力と服従の強制組織としての国家を区別し、前者により後者をコントロールする必要を説いた、と。これは、国家に対する抵抗の拠点としての自発的結社＝教会についてずばり語ったものである。そして論文「日本の思想」では、近代国家形成を、フィクションとしての国家秩序・制度と「生の現実」との分離と緊張の自覚と表現し、それが「絶対的な超越神」と「市民の自発的な結社」の精神によって現代のヨーロッパ的思考まで続いているのに対して、近代日本の統一国家形成と資本の「本源的蓄積」はとりわけ「自主的特権に依拠する封建的＝身分的中間勢力の抵抗の脆さ」のためにきわめて迅速に行われ得たとしている（『集』⑦225f.: cf.『集』⑦128f.）。キリスト教信仰や教会組織とそれに基づく自発的結社の伝統というヨーロッパ・モデルに照らして、日本におけるその欠如が人権や内面的自由の弱体、抵抗の脆弱性を生み出したというのである。【補説2】

自発的結社と連動した〈文化から政治へ〉という構想は「抵抗」だけを念頭に置いたものではなかったが、[7] 丸山は、敗戦後の道徳的混乱と世界的に進行する「大衆化」、とりわけ文化の大衆化に対する対抗策を労働組合による「社会教育」に求めるところから出発し、「である」こととしての文化（学問・芸術）の自律、あるいはその純化・徹底化（精神的貴族主義）を介して「する」ことへと展開するという軌道を進もうとした。もちろん、〈文化から政治へ〉における文化と政治との結合はストレートなものではなかった。もし学問と政治の直接的な結合をいうのであれば、「である」ことと「する」ことを分離したうえで、〈マルクスがヘルダリンを読む〉などという迂遠な格率など提起する必要はなかった。そのことの方法論的地平は後に見ることにして、〈文化から政治へ〉という構想は、間接的にせよ、文化（学問・芸術）の独立性・自律性を保持したままで、政治＝実践の世界に踏み込むことを可能にする構想、あるいはこういってよければ、一種の戦略であった。そして、文化の自律、たとえば「思想の自由」や「芸術の自由」を護るには、「出来るだけ広汎なインテリゲンツィア」の結束（『座談』①295）が必要であった。逆にいうと、これは多数のインテリの「動員」を可能にする戦略であった。

【補説 2】 教会や宗教的結社に代表される自発的結社は、「政治」に対抗する典型的な「非政治的」価値の拠点として把握された。一九六六年度・六七年度の講義ではこう論じている。宗教における「普遍者へのコミットメント」の意義は俗権＝政治権力に限界を設定することにあり、それが欠ける場合にはファシズムのように政治権力の絶対化を生み出すことになる。ここには、「普遍者へのコミットメント」を伝統とする近代化と「世俗化」としての近代化という二類型がある。前者では「個人または自発的集団の、あらゆる政治権力からの自由」が確保され、中世の抵抗権の拠点としての非政治的集団（宗教教団とそれをモデルにしたギルド、自治都市、コンミューン、大学等）が伝統として確立し、自発的集団形成に受け継がれて近代化されるが、後者（日本のように早急に近代化＝世俗化した国）では、政治的統一と等質的国民の創出という形の近代化がなされ、独裁とビューロクラシーを生み出すことになった。あるいは、「政治権力からの自由」＝抵抗権は、政治的価値から独立した非政治的価値基準（宗教・学問・芸術）、「文化価値」、「自立的価値」に基づく「非政治的」な自発的集団によって担われるのであって、そうした伝統が稀薄な所では、自発的集団が政治集団と類似の存在として容易に最大の政治集団＝国家に吸収されやすい、と（『講義』⑥128ff.：『講義』⑦146ff.：cf.『講義別冊』②45：『集』⑦299f.：『集』⑯62f.）。「普遍者へのコミットメント」は「原型突破の原理」としての心情倫理を表す（II-2-c）が、その意義を自発的集団の意義とオーヴァーラップさせ、さらにそれを、南原の政治哲学の価値論を敷衍して、「文化価値」に関連づけて説明するのである。

b　社会的使命

精神的貴族——芸術と政治

マルクスがラディカルな民主主義＝政治を象徴するとすれば、ラディカルな精神的貴族の象徴は「ヘルダリン」＝芸術である。一九五九年に丸山は、「「である」ことと「する」こと」の精神的貴族主義について『北海道新聞』のインタヴューに答えた際、世論が一方向に流されてしまうところにファシズムの基盤があり、「流される時代」に最も必要なのは「文化の基準」であるが、これを提供できるのは精神的貴族だけだと述べ、そうした「文化の基準」をもつ例として、ソヴィエトでジャズや軽音楽ではなく、交響曲が盛んに作られ、バッハやベートーヴェンが聞かれ、モダン・バレエではなくクラシック・バレエが踊られていることを挙げている（『集』⑯336）。ここでは、精神的貴族の「政治的」使命は、ファシズムの温床となる一方向への「流れ」を押しとどめることによって民衆に寄与するという一種のノブレス・オブリージュとして語られる（「貴族とは特権じゃない。大衆への奉仕ですよ」）が、他方で「文化の基準」とははっきり「古典《クラシック》」であることが示され、それがソヴィエトという「政治的」存在と隠喩のように結びつけられている（cf.『別集』②199）。

一九六〇年の座談でも丸山は、官僚的地位や特権によりかかる「にせエリート」を批判しながら、こう語っている。現代文化の最大の問題の一つが「質の保持と向上」にあることを考えると、もしソヴィエト共産党が本当の前衛であるならば、彼らは「質」の保持という役割を、つまり「相当高度の文化」を人民に享受させる役割を果たしており（「バッハやベートーヴェンの鑑賞能力をもった大衆が世界中で一番多いのはソヴエト［ママ］ではないかと思う」）、これが大衆の新たな想像力の源泉になるとすれば、アリストクラシーの「いい面」を大衆デモクラシーの条件下で生かしていることになる、と。そして、「閉ざされた貴族性でなく開かれた貴族性」をどのようにして維持していくか、すなわち、社会の最優秀分子が精神的貴族になり得るような「ハシゴ」がどこにでもついていて、能力のある者が誰でもその「ハシゴ」を登り得るという平等を如何にして確立していくかが重要だと訴えている（『座談』④36f.）。ここでもソヴィエトが——スターリン批判とハンガリー動乱の後であるにもかかわらず——理想的「政治」のメタファーになっているが[8]、精神的貴族は、直接政治に働きかけるのではなく、放置しておけば低俗となる「文化の質」を維持すべき「機能的の意味のエリート」（『別集』②193）の役目を振り当てられている。

「文化の質」の維持という発想は早くからあった。高見順との対談（一九四九年）で丸山は、芸術と文化を主題にして、大衆の登場と天皇制国家の崩壊によって「特殊な日本的な混乱」が生じたという認識の下に、混乱の例として、ラジオが大衆迎合的に（すべて「大衆の経験的な意思表示」を標準にして）浪花節や浪花節まがいの俗悪な歌謡曲ばかりを流して「芸術上の価値」を量的に圧倒している現象を挙げていた。そして、その克服法は、「個性的な価値の貴族性」を単純に否定するのではなく、「民衆のヴァイタリティ」、「民衆の可能性」を尊重し、個性的な価値を守る精神にあるという（『座談』①300, 302f., 307）。しかも「ベートーヴェンの音楽がレーニンは大好きなんですよ」という（『座談』①299 : cf.『別集』①297 :『対話』20f.）ように、政治と文化の関係を〈マルクスがヘルダリンを読む〉という形で表現していた。その表現だけを捉えて批評家風にいえば、ラディカルな精神的貴族主義がラディカルな民主主義と結びつくというのは、——「労音」（「勤労者音楽協議会」一九五三年設立）が盛んであった時代状況を勘案するなら——「マルクス主義者の熱狂的クラシック・ファン」程度の平板なことをいっていることになる。しかし、芸術の分野における精神的貴族主義には、上掲のインタヴューにも示唆されていた、文化の画一化（あるいは総じて大衆化）の「流れ」に抵抗しようとする姿勢が控えていたことも、無視することができない。丸山は一九六〇年度の講義で、「知識の断片化と趣味の□［矮?］少化に抗するのには、nobless oblige という知的貴族主義——いわば大衆に根を下ろした貴族主義」が必要であり、さもなければ単なる「量の支配」となるが、「これは、文化問題であると同時に、政治の問題である」と述べている[9]（『講義』③83f.）。「政治の問題」が何かは明確ではないが、先に見た〈文化から政治へ〉というのもその一つであり、しかしまた総じて民主主義の活性化ということも含んでいたかもしれない。[10] だが、以上の議論では、政治と文化の結合はいまひとつはっきりしない。

学問の使命

「文化」とは芸術だけでなく、学問も含んでおり、それゆえ精神的貴族主義の問題は学問とも関わっていた。座談「新学問論」（一九四七年）で丸山は、学者の実践、学者と「マッセ」との結びつき方という問題について、こう述べている。第一にやたら方々に講演して歩いたり、ジャーナリズムに書いたりするのではなくて、「最も本格的な仕事」をすることの方がはるかに民衆のためになる。第二に日本の学界には「本当のアカデミズム」が欠けていて「血のにじむような苦しみ」がないが、「民の声は神の声などということは信じない」というベートーヴェンの考え方は、超俗主義ではなく、「経験的な民衆に媚びないという」意味である。ベートーヴェンは「あるべき民衆」に芸術を捧げたけれども、民衆はロッシーニを選んだ、と（『座談』①84f.）。学問論をベートーヴェンに託して論じるのだが、これは田中耕太郎に依拠した発言であった。二年後の田中との座談で丸山は、文化を直接生み出すのは優れた個人であるが、そのためには大衆が政治的社会的に解放され、一定の文化的レヴェルに達していなければならないと述べたのに対し、田中はこれに同意したうえで、「民衆」と「天才」の間には深い関連があり、ベートーヴェンが偉大であったのは「よい意味の民衆、ほんとうの民衆」との間に血が通っているという前提があったからだ、としている（『座談』①240）。無論、この発言が二年前の丸山の主張に影響を与えるはずがない。しかし、田中は戦前（一九二七年）に「ベートーヴェンと民衆」と題する一文で、「ベートーヴェンが今日生きてゐたならば、ロシニーをかついでベートーヴェンを疎んじ、彼れを淋しがらせた其の当時の、殊に維納会議以後の維納の公衆の如く、欧州大戦後忽ち富裕になり物質化した日本、地震後精神的に荒寥索莫たる東京の公衆も同様に彼れを遇しなかつたと誰れが断言するを得ようか」と慷慨し、ベートーヴェンは、「Vox populi, vox Dei（民衆の声が神の声）、此の格言を自分は決して真に受けたことはない」という発言に示されるように、民衆の味方でありながら、決して民衆に阿諛せず、彼がその作品を捧げた民衆は「理想的のもの」、彼のモットーたる「苦悩を通じての喜び」の所産である彼の音楽により慰められることを待つ心ある民衆であった、と語っていた。そしてこれを収録した『教養と文化の基礎』（一九三七年）を丸山は所蔵していた（傍線丸山）（『教養と文化の基礎』「丸山文庫」［資料番号 0186003］489, 513, 525f.）。後年田中の追悼座談会（一九七七年）でも丸山は、田中の「ベートーヴェンと民衆」が小林秀雄の『モオツアルト』に匹敵すると絶賛している（『座談』⑧119）。丸山がベートーヴェンの比喩を田中から借りてきたことは疑問の余地がない。[11]

田中のベートーヴェン論は、「経験的民衆」に媚びないという点でいわゆる「芸術至上主義（l'art pour l'art）」に通じるが、〈あるべき民衆〉という観念によりこれをある意味で「純化」しようとするものであった。田中は、芸術を「純真な功利的でない心持から」愛し、それを直接宗教や道徳の奴隷となしたり、ブルジョワ階級の享楽手段とみなす社会主義者の見解を斬り捨てる一方、返す刃で奢侈的芸術をも断罪している。そして、「第九シムフォニーを聞くにはゲーテのファウストを読むと同様の精神的努力が要請せられる」とか、ベートーヴェンの音楽を聴くことは「人間を作ること」だと断じるだけでなく、その音楽に、「我々の精神生活発展の過程」で直面する、天災、病魔、貧困、人の無理解、嫉妬、背信、姦計等との闘いを見出し、その音楽の目標が「極めて素朴なる人類愛と神に対する信仰」であったと論じている（『教養と文化の基礎』491ff., 514, 526）。ここには教養主義的な思想が明確に出ているが、それについては後述することにして（IV-2）、丸山はこうした発想を学問に応用し、民衆べったりの学問と、学問のための学問（通俗的アカデミズム＝「学問至上主義」）を二つながらにしりぞけつつ、〈あるべき民衆〉のための学問というテーゼを打ち出したのである。

丸山は後年のヒアリングで、現代日本の「アカデミズム」とは、アカデミー内部では、「現実に超越して、高遠なる学問をやる」というのが本当の学問だという「居直り」の姿勢として現れ、アカデミー外部では、「かすみ」

を食って生きている「有閑的の仕事」で、切れば血の出るようなものは何もないという批判として存在していると指摘している（「一月一三日　丸山眞男先生速記録」〈1959〉『集』別集②191）。前者の居直りと後者の外在的批判、いいかえれば「学問至上主義」と「実用直結型学問観」（後の言葉でいうと「学問・芸術至上主義」と「文化の社会的＝政治的実用主義」〔III-1-b〕）の欠陥を止揚しようとした丸山にとって、田中のベートーヴェン論は願ってもない援護射撃となったのである。

もっとも、学問至上主義に潜む一面の真理という視点については、田中よりも南原の方が丸山に強い自覚を与えたかもしれない。丸山は自身へのヒアリングである「生きてきた道」（一九六五年）で、学生時代の懸賞論文「政治学に於ける国家の概念」（一九三六年）で提起した「弁証法的な全体主義」が南原批判であると同時に、リベラリズムの拠点としての新カント派、純粋法学への批判であったと述べている。宮澤俊義に代表される、理論と実践、新カント派の認識と価値判断、「ザイン」と「ゾルレン」の峻別はブルジョワ的思惟の頽廃的形態であり、それではファシズムと闘うことはできない。純粋法学や形式社会学は、「学問の自律性」という観念に基づいており、時代の危機に対して無力だと考えた、というのである（『続話文』①17, 20, 24：『続話文』①274：『集』①24：『集』⑩176f.）。

だが、この判断は俗にいう若気の過ちであった。丸山は同じ回顧談で、助手になってから、新カント派やカント的思考法を見直し、「学問の自律性」を南原から教わったと述べている。それまでは新カント派の学者に心情的にシンパシーをもちながら、マルクス主義から強い影響を受けていたために、存在と当為の二元論や「文化の自律性」などというのは一九世紀的ではないか、と思っていたというのである（『続話文』①73）。「文化の自律性」は、南原の政治哲学において、カント的＝新カント派的な「真」（学問）、「善」（道徳）、「美」（芸術）の価値、そして（これは南原独自であるが）「正義」（政治）の価値のそれぞれが自律的でありつつ、たがいに相互作用をもつとする、諸文化価値の「価値並行論」を指している（『著作集』⑤121f., 320ff.：『著作集』②147ff.：cf.『著作集』③87：『著作集』⑤126：『著作集』⑨3）。

丸山は、南原の哲学に対する「真向からの反対者」として弟子入りした（『集』⑩176f.）けれども、師の薫陶よろしきを得て、学問の政治への従属を唱えるマルクス主義からしだいに距離をおき、「学問の自律性」を容認するようになった。後に丸山は、学問の党派性という批判に対して、「ぼくらは何とかしてそれに流されないようにしようと必死になって、学問は自律的なのだということを、強く意識して自分にいいきかせてきました」と語っている（『座談』⑨256）。丸山によれば、戦前の南原は軍国主義やファシズムに強い反撥を感じながらも、時事的発言を控え、ジャーナリズムに書かずに研究室に籠る「洞窟の哲人」であった[12]（『集』⑮74 :『集』⑯234）が、それは何よりも「学問の自律性」を確保するためであった。これは、既述のように、「学問・文化の自律性」が「学問の自由」の擁護に通じており、したがってまた「抵抗」の原理となり得ること（『座談』④104）を意味していた。

丸山は、戦前の南原が「例外的に」、あるいは「珍しく」ジャーナリズム（『帝国大学新聞』）に寄せたというエッセイ【補説1】「人間と政治」（一九三九年）の中の一句（「真理をして成らしめよ、たとい世界は滅びるとも」（『著作集』③79））が蓑田胸喜らの『原理日本』の攻撃対象となったことを伝えている（『集』⑩173f., 185f.）が、この一句こそ南原が「正義の価値」を主張すべき基礎となる「自由な主観」＝「学問的価値の自律性」を表現するものであった。「政治」は「人間の自由」を承認し、「もろもろの文化の価値の自律」を前提としなければならなかった（『著作集』③78ff.）。「真理をして……」は「正義をして……」（カント『永遠平和論』）に由来するが、南原にとって正義と真理は互換性をもち（『著作集』⑨3）、その意味では学問の自律性は「抵抗」の可能性を潜ませており、信仰とともに〈文化から政治へ〉という戦略の基礎となり得た[13]。南原にいわせると、戦前に自分の専門である政治理論史の立場から、ファシズム、民族主義、社会主義等の問題を「学問の土俵の上」で論じたが、それを支えていたのは「およそ学者というものは、国家・社会の政治的な大きいできごとに絶えず注意して、人類・社会の進歩にたいして貢献するという義務」の意識であった（『座談』⑤2f.）。それゆえ、右のエッセイを敷衍した『国家と宗教』の第四章「ナチス世界観と宗教」は、「フィヒテに於ける社会主義の理論」（一九三九～四〇年）と並んで、ファシズム・イデオロギーに対して「戦時中に正面から対決した学問的な批判」であった（『集』⑧108）。――丸山はそこに「心情倫理」を見出したのだが。

こうした南原の原理的姿勢が、田中のベートーヴェン論と相俟って、学問には学問固有の発展と問題があり、軽々に実践に奉仕するものではないとする丸山の学問論を醸成していったことは想像に難くない。他方で、田中が通俗的な芸術至上主義をしりぞけたのと同様、丸山も学問・芸術を自己目的とすることを肯んじなかった。

さて、丸山は、学者は本来の任務（学問的研究）を果たすことによってこそかえって民衆に奉仕できるのだ、という立場から、民衆べったりの姿勢をしりぞけ、あえて現実の民衆に逆らってでも我が道を歩むべきだと主張した。「経験的な民衆に媚びない」――「大衆の経験的な意思表示」を基準にしない――という点では、これもまた一種の精神的貴族主義である。前掲の高見順との対談でも丸山は、「学問」と「生活」の分離によってこそ「生活」に奉仕することができるのであって、「大衆文明」の時代には日常的現象（時事問題や狭義の政治的要求）に引きずり回されてかえって「学問自身の社会的な使命」を果たすことができなくなるから、学問以外のものでも果たし得るような役割にかまけていないで、学問には学問固有の問題があることを認識すべきだ、と主張した。社会の要求や時代時代の要求に直接答えていくことだけでなく、学問自身の発展の系列があることを踏まえて、それを追求していくことが現代のような変革期にあっては軽視されがちである。だが、学問には「一つの長い継続性、問題の連続性」や「分業」があり、ある人が一定の地点にまで研究を進めれば、つぎの人はその地点からさらに前進してゆくという関係をもっており、流行に走ったり問題意識なしに惰性的に勉強するのではなく「俺はこれをやるんだ」という「持ち場の自覚」が必要だ、というのである（『座談』①309f.）。これは、「「である」ことと「する」こと」にいう、文化的創造にとっての「価値の蓄積」（『集』⑧44）と同じことであり、やはり精神的貴族主義と無関係ではない。

同様の発想は翌一九五〇年の座談「平和の問題と文学」にもつぎのような形で登場する。我々には「学問の領域の中に、政治的な発言を直接的な形で持ち込んで、それによって自分も何か実践しておるという自己慰安、一種のマスターベーション」があるのではないか。むしろ自分が「本来の学問的活動」をしている時は、第一義的には実践をしていないということをはっきり自覚し、自己欺瞞に陥らないようにすることが、学問のためにも必要である。「社会人、市民としての面」と「学者としての面」の二つは簡単に結びつかず、むしろこの緊張感の中から市民としての実践を考えなければならない、と（『座談』②243）。

ここから見る限り、丸山は、学者には「市民（社会人）としての面」と「学者としての面」の二つがあり、学問が原則として実践から距離をおき、学問固有の問題を追究すること、つまり〈学問自身の社会的使命〉にこだわった。誤解のないように再確認しておくと、これは学問が社会に直接裨益するという意味ではなく、学問が学問的課題を果たしていく中で学問だけが果たすことのできる社会的な使命という意味、つまり権力に仕える前近代的学問の「卑俗な意味での日常的実用性[14]」と対立する意味での「科学の実践性」（『座談』①41）とほぼ同じことである。学問は決して民衆や社会に奉仕しないわけではなく、「本当のアカデミズム」の緊張感を維持して、安易に民衆や社会に迎合せず、学問の使命を果たすことによってこそ、真の意味で民衆や社会に裨益することができるというのである。

丸山は学問について「精神的貴族主義」という言葉を使っていないが、かりにそういうものを想定するならば、その意味は、超俗主義ではないけれども、原則として眼前の民衆（の欲求）とは切り離された学問研究に徹するということになる。そこに芸術と同じ「個性的な価値の貴族性」という観念がまったくなかったとはいえない。学問について論じた際に、「ベートーヴェンのシンフォニーというようなものはやはり民衆の方から起ち上って、そこに接近して行くという意識的な努力というものがなければついて行けない高さだ。マルクスの『資本論』でもそうだ」（『座談』①84）と考える点において、田中耕太郎と一致していた。学問は芸術と同じく、そのままでは民衆に理解することのできない一種の貴族的な価値であった。

たしかに、そこに含まれる貴族主義は、丸山が、戦前のインテリに見出した〈お化粧的なヨーロッパ的教養〉との不断の緊張関係を強いられる。〈お化粧的なヨーロッパ的教養〉は民衆や社会、あるいは現実政治と乖離した高踏的なものであり、ある意味では「芸術至上主義的、学問至上主義的」なところがあり、だからこそファシズムに対しても防波堤となり得なかった。だが、これを乗り越えるのは〈学問自身の社会的使命〉ではなくて、むしろ「知識人」の使命であった。

【補説1】 しかし、「個人主義と超個人主義」（昭和四年五月）と「「時代の危機」の意味」（昭和九年三月）の二篇は、著作集ではそれぞれ『思想と生活』一九号、『学友』九九号に発表とされている（『著作集』③378）が、『思想と生活』は、南原とともに内村の弟子となり、東京帝大法科大学を卒業して企業に勤務した後、経済学部教授職に転じた江原万里が、昭和二年に病気のために休職すると同時に創刊した雑誌で、昭和六年以降『聖書之真理』と表題を改めた。『学友』については詳らかにしないが、香川県立図書館には、香川県学友雑誌部（東京）を出版者とする『学友』第七七号（大正一三年）ほか一〇点が所蔵されている（https://www.library.pref.kagawa.lg.jp/winj/opac/search-list.do?page=1）〔二〇一八年一一月一八日〕）。いずれも一般誌ではないから、丸山が『帝国大学新聞』掲載の「人間と政治」を「例外的」とするのは必ずしも不当ではない。しかも、丸山は後で「私が知ってからの先生はジャーナリズムに全くといっていいほど物を書かなかったし、また学外でも講演などをされませんでした」と限定を加えている（『集』⑩185）。丸山が東京帝大法学部政治学科に入学したのは昭和九年四月のことである。もっとも、山口周三（『南原繁の生涯』教文館〈2012〉）によれば、南原が最初にジャーナリズムに書いたのは、『帝国大学新聞』に載せた「大学の自治」（昭和一三年）（『著作集』⑥10ff.）であり、その後に「人間と政治」が続き、「大学の本質」（昭和一六年）（『著作集』⑥16ff.）も同紙に載っている。なお、丸山によれば、『帝国大学新聞』は、部数十万部を誇る、日本では珍しい「クオリティー・ペイパー」であった（『集』⑩191：『手帖』㉙63：『手帖』㊶37）。以上のほか敗戦前の作品として、ⓐ「宗教と文化」（『一橋新聞』昭和一〇年）（『著作集』③280ff.）、ⓑ「現代の政治理想と日本精神——某県教育講習会における講演」（昭和一三年）（『著作集』③82ff.）、ⓒ「政治理論史の課題——開講の辞」（昭和一六年）（『著作集』③144ff.）、ⓓ「国家と学問——開講の辞」（昭和一七年）（『著作集』⑥23ff.）、ⓔ「戦争と文化——緑会大会における挨拶」（昭和一九年）（『著作集』⑥31ff.）、ⓕ「学徒の使命」「その一」（昭和二〇年）（『著作集』⑥38ff.）、ⓖ「ゲーテ『ファウスト』の課題——学徒出陣壮行会における講演」などがあるが、『著作集』①の著作目録にはなぜか『著作集』⑥に収められた「大学の本質」、「大学の自治」が欠けており、その他についても、ⓐを除いて初出掲載媒体が記載されていない（ⓕの「その二」末尾〔『著作集』⑥56〕には「昭和二十年九月一日『大学新聞』所載」とある）。ちなみに、「人間と政治」およびⓐは「論文・翻訳・紹介」に、その他は「演述［東大総長としての講演］・講演・対話」に分類されている。

また、『学問・教養・信仰』（昭和二一年）の第一部（「大学の自治」、「大学の本質」、ⓓ、ⓔを含む）について、大塚久雄は、「根底においては深い専門的研究の成果にささえられているとはいえ、そのものとしては、一面では時論的な、また他面では［……］教養的また教育的な性質を帯びた内容」だとしている（「解説」『著作集』⑥519）。

知識人の使命

〈学問自身の社会的使命〉は経験的な民衆への直接的奉仕を忌避するアカデミズム、つまり「学者」の論理に軸足を置いた議論であった。ところが、丸山はこれとは別の形で——すなわち「知識人《インテリ》」として——学者が民衆に裨益することを考えていた。もちろん、学者（研究者）は、敗戦までの日本ではインテリの玉座に鎮座しており、敗戦直後もさして事情は異ならなかった。したがって、「学者」と「知識人」との差異は微妙であり、厳密に区別することがしばしば困難である。たとえば、すでに見たように、丸山は高見順との対談で、マンハイム的に、「インテリヂェンスというものは、立場に拘束されつつ立場を超えたものを持っている」という「知性の次元の独自の意味」を認めた時にはじめて、「知識人の結集」が可能になると論じていた（『座談』①295）が、これは、「学者」であり続けながら、「知識人」として結集することができるというのであるから、両者の間には連続性がある。あるいは、「肉体文学から肉体政治まで」（一九四九年）では、「精神の次元の独立」という立場から「インテリゲンチャの結集」の必要を説いた（『集』④227）が、後にこれを解説するに際して、右に示した〈学問自身の社会的使命〉に触れた部分を引用して、「学問内在的な要求や持ち場の自覚なしに研究者が政治的に結集したり、またそれを十分認識せずに結集させようとする傾向のうちに、「精神的次元の独立」の希薄さが現れている」と述べている（「『現代政治の思想と行動』第三部追記」〈1957〉『集』⑦43）。「研究者」は、学問それ自体の要請を満たさずして、知識人として安易に野合するな、というのである。

しかしそれにもかかわらず、知識人は「学者」だけで構成されているのではなく、ジャーナリストや作家も含んでいた。したがって、知識人の結集にとって「学問」に対する姿勢だけが課題ではなかった。広範な知識人の結集や連帯を目的とした場合、極端にいえば、「学問」について丸山の期待にそわない「学者」がいたとしても、「知識人」として遇する必要があった。いうまでもなく敗戦後の丸山にとって、戦中ないし戦前の行動の反省を起爆剤にして、積極的に民主化のために活動することが、知識人の一般的な課題であった。

丸山は後年、「近代日本の知識人」（一九七七年）でつぎのような認識を示している。近代日本では知識人が職場の違いを超えて一つの知的共同体を構成しているという意識が未成熟であったが、そういう意識が高まった時期が三度あった。第一は維新直後から明治二〇年代ごろまでの近代知識人の誕生期、第二は一九三〇年前後のマルクス主義の影響による左翼運動の時期、第三は戦後の、過去に対する自己批判を媒介として、精神革命を目指した「悔恨共同体」の形成である。[15] これは単に過去を悔いるのではなく、専門分野や職業の違いを超えた「知性」の建設の志向を含んでいた[16]（『集』⑩238ff.）。悔恨共同体は、イデオロギーを超えた「知識人の連帯感」（『座談』⑦177f.）を通じて、社会的活動を行おうとするものであった。〈知識人の社会的使命〉である。同じ一九七七年の五月の広島大学平和科学研究センターの研究会での講演でも、知的共同体形成の歴史についてほぼ同じことを述べ、なおいう。悔恨共同体ではあの全共闘のいう「専門バカ」と同じ自己批判があらゆる分野でなされたが、それは積極的にいえば、「知識人としての社会的な役割」という問題意識、「知識人というのは一体何で社会に貢献するのか」という意識であり、またみずから加わった平和問題談話会（一九四九年三月発足）の参加者の間にも、専門化から生じる「何のための学問か」というソクラテス以来の問題を問い直し、「専門バカ」を避けようと思えば「ディレッタント」に陥るということ、「この二つの谷間の非常に細い道」を渡ってゆくのだという「空気」があって、それが異なる立場の人を結びつけることができたのではないか、と（『話文』①280ff.: cf.『集』⑫173）。

丸山も認める通り、こうした問題意識が当時の平和問題談話会の参加者たちの間で実際にどこまで「明確化」していたかは定かでない。[17] むしろ、これは丸山が（単に「専門バカ」のように後代の用語を借りただけでなく）後になってからあらためて時代状況に即した知識人論を俯瞰しようとした際に意識化したことを過去に投影したきらいがある。この点は後で詳しく検討する（V-2-c）。とはいえ、この回顧がある程度まで当時の雰囲気を伝えているのも事実である。

丸山は平和問題談話会の前身である平和問題討議会（一九四八年一二月）で、戦争防止のために学者と人民との結合と並んで、あるいはその前提条件として「社会科学者相互の間のコミュニケーション」をもっと緊密にすることによって、「研究の自由に対する抑圧に対しても組織的にこれに抵抗していくことができます」と論じていた[18]（傍線丸山）（『世界』㊴〈1949〉「丸山文庫」［資料番号 M000076］59：『座談』⑨110）。これは後年の記述とほぼ同じ内容である。つまり、戦時中の体験、もしくは南原繁にすらあった「悔恨」（V-2 註 23）を梃子にして、専門やイデオロギーの違いを超え、「研究の自由」（学問の自律）を共通の基盤として〈知識人の連帯〉を形成しようとする意図が丸山自身にあり、それが〈知識人の社会的使命〉の一端として意識されていたのである。

もっとも、平和問題談話会は知識人自身の社会的使命ないし社会的責任を自覚していたが、具体的に民衆への「奉仕」を明確な課題として掲げていなかったようである。しかしそれはいわば自明の前提であった。丸山は後の聞き取りで、みずからも参加した青年文化会議の結成（一九四五年一〇月）について、その動機が、知識人の在り方に対する反省（これは民衆への啓蒙運動ではないが、具体化させると啓蒙運動になる）と、インテリの自己批判（疑似インテリと大衆の密接な関係に対して岩波文化人ないし旧制高校的なインテリが大衆から「遊離していた」ことへの反省）から、「人民の智力」を向上させなければならないと自覚したことにあったと語っている（笹川孝一「戦後社会教育実践史研究（その2）」（『人文学報』184 号〈1986〉74）。青年文化会議は、その創立宣言（議長川島武宜執筆、一九四六年二月）によれば、「社会的啓蒙の行動体」であり、「社会経済的民主主義の実現」を共同目標とし、「社会に残存する封建制と非合理性」を共同の闘争目標として、「社会文化一般の現実問題を討議して自らを豊かにし、且その成果を以て若き民衆に呼びかけ、啓蒙活動に邁進することを誓約す」と謳っていた（『話文』①165f.）。丸山はその機関紙である『文化会議』に「近代的思惟」（一九四六年）を寄せたが、後に会議が「三〇歳そこそこの、多かれ少なかれ被害者意識」（と「怨恨」）と「世代論的発想とを共有した知識人の結集」であったと回顧している（「近代的思惟」後記〈1976〉『集』③5：『座談』⑦50）ように、青年文化会議はもっぱら自己批判的な「悔恨共同体」ではなかった。宣言では、「新時代に共感を持つ二十代及三十代の青年の団体」を標榜し、「従来の自由主義者の根本的欠陥であった節操と責任感の欠如を痛感し」とか、「吾々は自ら反省すると共にかかる一切の旧き自由主義者との訣別を宣言し」という戦闘的な文句が踊っている[19]（『話文』①165f.）と同時に、「新しい社会秩序建設の前衛」として民衆を教導する意思を明確にしており、実際にこの前後に丸山は三島の庶民大学で、「十九世紀以降欧洲社会思想史」（一九四六年）をはじめとする一連の啓蒙的講義（「民主主義の「啓蒙」運動」）を行っていた（『話文』①88ff.：『集』⑮62：『座談』⑦104）。

こうした、〈知識人の社会的使命〉に基づく啓蒙活動は精神的貴族主義とは関わりがないように見える。しかし、この使命感の背後には「ノブレス・オブリージュ」の意識があったはずである。「開国」（一九五九年）で丸山は、明六社的な啓蒙は「上からの啓蒙あるいは啓蒙専制のイデオロギー」といわれるが、後の国家体制が確立された段階と同じ意味で「上から」とか「下から」という言葉を用いるのは不適切であり、かりに「上から」というのが、「彼らが民主的な基盤ないし勢力を背景とせず、一種の精神的貴族主義の姿勢を保っていた」という意味なら、あたっているとしている（『集』⑧82f.）。この上から啓蒙を行う「精神的貴族主義」は「「である」ことと「すること」」のそれとは違って、精神的な意味で時代をリードする啓蒙主義ということであろう[20]（cf.『集』⑦97f.）。だが、これを敗戦後十余年間の丸山自身に適用してみれば、〈知識人の社会的使命〉と重なってくる。丸山は主として敗戦から一九五〇年代にかけてジャーナリズムで健筆を揮った。それは大枠でいえば（つまり「民主化」や「近代化」を推進しようとしたという意味では）、――一九世紀ヨーロッパのデモクラシー勃興期における「知識人と大衆との美わしき結合」（「西欧文化と共産主義の対決」〈1946〉『集』③48）を模範にした――民衆への奉仕と社会改革の推進という知識人の任務を意識した使命感によって支えられていた。

c　実践の方法論的地平

丸山は、敗戦後〈知識人の社会的使命〉を遂行すべく、平和問題懇談会等の活動をはじめとして、評論、座談、講演等で幅広く活動した。その集大成が『現代政治の思想と行動』である。次節に見るように、これは、学問的研究を含んでいるけれども、全体としては純粋な学術書とはいいがたいものであった。しかし、そのことは、丸山があるべき学問像に無関心であったということを意味しない。むしろ、〈学問自身の社会的使命〉という観念や「蓄積」を旨とする学問観などに示されるように、丸山は学問のあるべき姿を真剣に考究していた。

「学者」の価値判断

丸山は「科学としての政治学」（一九四七年）で、政治学者は「一切の政治的思惟の存在拘束性」を、つまり「厳正中立」もまた一つの政治的立場であり、したがって「学者が政治的現実についてなんらかの理論を構成すること自体が、一つの政治的実践にほかならぬ」ということを承認しなければならず、「現実の政治的奔流」に身を委ねて学問を特定の政治勢力の手段としての純粋なイデオロギーに堕さしめるか、それともあらゆる具体的な政治状況に目を閉じて「抽象的な書斎政治学」に帰るのか、というアポリアと取り組んで、新しい解決策を見出すべきだ、と戦闘的な姿勢を剝き出しにしている。そして、「一切の世界観的政治的闘争に対して単なる傍観者を以て任ずる者は、それだけで既に政治の科学者としての無資格を表明している」と決めつけて、マックス・ウェーバーの価値判断排除論を隠れ蓑とする「傍観者的実証主義者[21]」を槍玉に挙げ、ウェーバー自身は、「理論的な価値関係づけ」と

「実践的価値判断」との分離が一つの「研究者の理想」であって、それを完全に実現することは「人格の統一性」と矛盾すると考え、自分の所説が「世界観的価値判断に対する傍観者的態度、ないしは左右両翼に対する「中間派」の立場と混同されるのを鋭く斥け、むしろ学者が各人の世界観乃至政治的立場をハッキリ表明することを市民としての義務として要請」した、と主張した（『集』③149ff., 152. : cf.『別集』①238, 257）。

この見解は少し交通整理しておいた方がよかろう。ここには二つの主張がある。一つは、学者は「理論的な価値関係づけ」と「実践的価値判断」を分離しなければならないという主張、いま一つは、学者はこの分離を完全に遂行することはできず、むしろ世界観・政治的立場を表明する「市民としての義務」を負うべきであるという主張である。「理論的な価値関係づけ」は、すぐ後で見るように、学問に必然的に内在する実践的契機を意味しており、したがって大枠では〈学問自身の社会的使命〉の枠組に入る。他方、学者が自己の実践的価値判断を表明する「市民としての義務」は実質上〈知識人の社会的使命〉を意味している。一〇年後に丸山は、「価値から自由な観察」と「積極的な価値の選択の態度」をともに学びとらねばならぬという困難な課題について語っている（『集』⑦31）が、まさにそれこそがアルキメデスの点であった。丸山の見地は、後に中村貞二などを通じて広く承認されるところとなるように、ウェーバーの「価値自由（Wertfreiheit）」は、学問の「価値からの自由」（「没価値性」）ではなく、いわば学問の拘束から解放された主体の「価値への自由」を推進しようとするものであるという見方（中村貞二『マックス・ヴェーバー研究』未来社〈1972〉133ff.）に通じていた。

上掲の丸山の表現からすると、ウェーバーは、「学者」が価値判断を表明するのが「市民としての義務」であると唱えたかのように受け取られかねないが、これは、「学者」が「学者」としてではなく、「市民」として自由な価値判断を下すべきだということと意味しているはずである。傍観者が「科学者として」無資格だという「科学者」も、「市民である科学者」のことである。前項で見たように、座談「平和の問題と文学」（一九五〇年）で丸山ははっきりと「市民としての面」と「学者としての面」との二面性＝ヤヌスを認めていた。それどころか、すでに一九四六年度講義でも、『職業としての学問』を引いて、講壇禁欲と科学認識における価値判断の排除を肯定したうえで、これは決して学者のいっさいの価値判断の排除を意味せず、むしろウェーバーは「学者が市民として、自己の価値判断を明白にすべき責任と義務」をもつことを説いたのだと解説していた（宮村治雄『戦後精神の政治学』岩波書店〈2009〉53）。[22]

したがって、丸山の見解を敷衍すれば、「学者」は、「学者」として学問から価値判断を排除すべきであるが、「市民」としては堂々と政治的見解を表明すべきだ、ということになる。後年の「戦前における日本のヴェーバー研究」（一九六五年）で、「客観性」、「没価値的認識」の要請は、研究者の、「現実の状況のなかで日々決断する人間という側面」が脱落すれば、「とめどないデカダンス」に転落しかねないと述べ（『集』⑨319）、さらにずっと後の世良晃志郎との対談「歴史のディレンマ」（一九八〇年）ではこういっている。思想史という学問は「隣人を助けるためにはほとんど無力」だと感じるが、しかしそれで悟りきれるわけではなく、「人間として生きる意味と職業としての学者の義務」との分裂という「ウェーバーの問題」はますます深刻になった。つまり、専門化の進行する中で、「まるごとの人間としての責任」と「自分はこの分野で勝負するんだという学者としての責任」の間に厳存する隔たりが非常に大きくなった。解答は出ないが、そういう問題があるという意識が失われたら「学問の頽廃」だと思う、と（『座談』⑧261）。学問における「頽廃《デカダンス》」を回避するには、学者は隣人＝社会のためにする「決断主体」としての「人間」である側面を自覚し続けなければならない、というのだ。「頽廃」とは、「学者」が「人間」としての社会的な実践性を忘失することにほかならない。

ここでかりに、「学者」が「市民」ないし「人間」として活動し、発言するという事態を「知識人」としての活動・発言と捉えるとするならば、丸山は、ウェーバーが「市民」（個人）としての自由な行動・発言のためにこそ学問の「価値自由」と講壇禁欲を求めたことを受けて、この「市民」を「学者」（自分の分野で「勝負する」専門家）のもう一つの顔である「知識人」に変換することで、〈知識人の社会的使命〉を正当化しようとしたことになる。

その限りでいえば——つまり必ずしも「知識人」と「学者」が厳密に分けられないことを承知のうえでいえば——、敗戦後の丸山の頭を占拠していたのは、〈学問自身の社会的使命〉よりもむしろ〈知識人の社会的使命〉の方であった。しかし、これは、後年の発言に依拠した仮説にすぎない。「学者」と「知識人」の緊張関係は、本書の至る所で繰り返し登場することになるだけでなく、「市民」ないし「人間」の立場がはたして「知識人」として捉えることができるのかということについては、次節でいま一度考察することにしたい。

価値関係づけと意味付与

しかし、丸山は「学者」としての「学者」にも決断主体としての「人間」を要求した。丸山は一九四七年度講義ではフリードリヒ・マイネッケの『歴史的感覚と歴史の意味』を引いて、現在の観念を歴史的形成物に投影することを戒めつつ、歴史的過去の再現には主体の現在的関心を欠くことはできないと主張した（『講義』①14f.）が、これはウェーバーや新カント派の「価値関係づけ」と同じものである。丸山は高校時代にハインリヒ・リッケルトの『認識の対象』（第六版、一九二八年）やヴィルヘルム・ヴィンデルバントの『プレルーディエン』（第七・八版、一九二一年）の原書を勉強したと回顧しているが[23]、歴史的実証主義に対する批判の態度はヴィンデルバントから学び（『集』⑩321）、価値観やそれに基づく行動は科学的認識から引き出せないという主張は、南原繁の「新カント派的な存在と価値の二元論」を受け継いだものだと述べている（『座談』⑧174, 178）。「価値関係づけ」もリッケルトかウェーバーのどちらかから受容したと見てよい。【補説1】

「価値関係づけ（Wertbeziehung）」とは、わかりやすくいえば、学問的研究が実践的出発点（価値関心）をもつということであるが、丸山はそれを、「一つのいわば超学問的動機」（『集』⑤290 : cf.『集』⑧109）、「超合理的な衝動」（『集』⑫95）、「ひとつの全人間的な「賭け」」（『集』⑧185f.）などと表現している。あるいは、『増補版　現代政治の思想と行動』「後記」（一九六四年）では、「検証不能の「公理」」（『集』⑨183）といい、『春曙帖』では、「どんなモノグラフも無前提では出発しない」のであって、無意識のうちに時代とその文化の価値意識・概念装置を使うだけでなく、意識的に時代の「メンタル・クライメート」に抵抗して別の側面を強調すると記している（『対話』142）。同様のことを、「現代における態度決定」（一九六〇年）では巧みな比喩でこう語っている（『集』⑧310f.）。

私たちの認識は無からの認識ではありません。対象を整理するひきだしというか、箱というか、そういったものが予め私たちの側に用意されていて、それを使いながら認識します。概念や定義はそういうひきだしの一種です。しかもそのひきだしは必ずしも合理的に反省され吟味されたものでなく、社会に蓄積された色々のイメージがほとんど無自覚的に私たちの内部に入りこんでいます。［中略］そのうえ、私たちは行動連関の網のなかにいるわけですから、私たちは対象を高空からいわば地図のように見ているのではなくて、あるいは観客席から舞台を見ているのではなくて、舞台で演技しながら、自分の立っている場所から遠近法的に見ている。そういうところから私たちの認識はつねに一定の偏向を伴った認識です。むしろ偏向を通じないでは一切の社会事象を認識できない。

これは、マルクス主義の「存在は意識を決定する」という発想を想起させるが、「遠近法的」という表現からすると、マンハイムの「存在拘束性」に依拠したものと見てよい（cf.『集』⑩332ff., 339）。

さらに、「価値関係づけ」は、学問的研究にとっての自己の価値観の積極的関与を認める点で、丸山のいう「意味付与」に通じている。

丸山は、「この世界では一つの問題の設定の仕方乃至一つの範疇の提出自体がすでに客観的現実のなかに動いている諸々の力に対する評価づけを含んでいるのである」（『集』③148）とか、「「偏見」なしに「もの」を認識できない」とか、「人は偏見からまったく自由ではありえない。むしろ偏見を通じてのみ認識することができる」（『講義』⑦47, 48：『対話』58：『集』⑦148）とか、「われわれが見ているのは一定の価値にもとづいて選択してものを見ている、一定の眼鏡を用いてこれを見ているので［……］」（『座談』⑤40）と時期に関係なく語っているが、こうした認識論もまた新カント派ないしウェーバーからの影響が考えられる。「折たく柴の記」（昭和一八年から二一年までのノート）の昭和二一年七月五日の項にいう。「近代合理主義は、理性的なもの、価値的なものを客体に内在せるものと見ずに、客体に対して主体が賦与するものと見る。従つて、形相（形式）を賦与されない以前の客体（質料）は全くのカオスである。（概念なき直観は盲目である）」[24]（『対話』18）。また、『一九五一年の手帖』の一節にはこうある。「(一)方法が対象を規定するという新カント派──→対象の客観的実在性そのものの否定乃至懐疑に陥る。認識主観によって整序される以前の対象は単なるカオスとしてしか観られない。(二)素朴実在論（唯物弁証法論者も屢々陥る）。［中略］ウェーバーの意味づけ。認識の対象への参与［……］」（『対話』35）。

主体による「意味付与」という発想はマンハイムの「遠近法」とも関わっていた[25]。丸山はみずからの思想史方法論を振り返った際、マンハイムの「遠近法的な見方」が新カント派もマルクス主義も共有している、対象と認識の一対一の対応関係を突き崩し、精神史を社会史の文脈に置きつつ精神史特有の発展形態を明らかにする「鍵」を与えてくれたとしている。思想史における視野＝問題設定の移動によって「景観」が変化し、「整序された普遍妥当的な認識か、それともカオスか」という二者択一に代わって、思惟主体による思惟内容への影響を、さらには問題設定の多元的な可能性を明らかにしてくれた、というのである（『集』⑩322ff.）。また、丸山は、「実証」史学やマルクス主義に見られる、「発生論」と「本質論」との混同の問題について、新カント派から「発生論」の限界を学んだけれども、その、発生論的方法と価値の先験的妥当性の峻別にあきたらず、マンハイムの「事実次元の発生」と「意味発生」との区別の理論が「私の頭の中のモヤモヤを吹き払ってくれた」と述べている[26]（『集』⑩321f., 331f.）。

「意味付与」はとりわけ思想史にとって必須の観点であった。丸山は講義で、出来事自体の時間的連関が「事実史」であるのに対して、「出来事にたいする意味賦与のレヴェル」に力点を置くのが「思想史」だと語り（『講義』⑤18 : cf.『講義』④23f.）[27]、別の場所でいう。「事実史」は、人間が状況に対して現実にどう反応したかという「反応の現実」に重点を置くが、「思想史」は人間が状況に対してどういう意味付与、意味解釈をしているか、時代が変わると意味付与の仕方がどう変わるかに着目する。その前提にあるのは、人間は無意味な世界には生き続けられないという大きな仮説だ、と（『座談』⑤314）。あるいは危機的状況において新しい思想が生まれるのは、これまでの意味付与では対処できなくなるからだ（『集』⑯117）とか、「しいて思想史に関係づけるならば、人間ってのは、環境に対して意味を付与しながら生きていく動物」であり、「思想というのは意味付与ですが、意味付与は、いいとか悪いとかの価値判断だけじゃないんです。認識も意味付与なんです。認識というのは意味、つまり、これは机であるとか、これはコップであるとか、みんな意味付与なんです」としている（『話文』②277f.：『集』⑫119：『講義』⑤13f., 18f.：『講義』⑦43ff.）。自然科学もまた意味付与の定型化とその革新によって説明される（『講義』④18f.）。「地動説も一つの意味付与」なのだ（『講義』⑦206）。この認識論はカントまたは新カント派に由来する。

したがって、丸山の〈学問自身の社会的使命〉は、単純にイデオロギーなり思想なりを学問によって正当化したり、なんらかの政治目的を直接達成しようとするものではなかった。そもそも人間が「意味付与」せずには生きていけず、したがってまた当然に学問も「価値関係的」であらざるを得ないというのは、認識論でありながら、ほとんど世界観に近い[28]。それゆえ、丸山の学問的営為を考察する場合、そこに何らかのイデオロギーを見つけ出そうとするのは、それ自体誤っているわけではないけれども、ともすれば短絡に陥る危険があることを自覚する必要がある。後で見るように、丸山は東大自治会での議論でしつこいまでにその点を強調した。我々も、以下で、〈知識人の社会的使命〉と〈学問自身の社会的使命〉を、必ずしも峻別できないものの、可能な限り区別すると同時に、そこにどのような形で「思想」が絡まっているのかということを慎重に判断しなければならない。

【補説1】 後年の回想で丸山は、ウェーバーの方法論について岩波文庫の翻訳や日本の学者の紹介を通じて学生時代から接していたけれども、認識と価値判断との関係についての考察は、なまじ早くからリッケルトやヴィンデルバントに親しんでいたために、存在と当為、あるいは「価値関係づけ」と「価値判断」との区別といった新カント派の立場一般に解消されてしまっていたようだ、と語っている（『集』⑩337）。また、ウェーバーを「方法として本当に読んだ」のは戦争直後に『経済と社会』を勉強してからであり、それまでは断片的にすぎず、学生時代に‘Wirtschaftsgeschichte’を読んだけれども、直接思想史の方法としては学ばず、論文作成に参考になったのは『プロテスタンティズムの倫理と資本主義の精神』（梶山力訳）で、これには書き込みがあったが紛失したという（「思想史研究の回顧と感想」「丸山文庫」［資料番号414-2］6）。あるいは、ウェーバーとの「出会い」は、学生時代に田中耕太郎の商法講義で、資本主義社会の法の合理性を端的に示すのが商取引だということを教わったことに触発されて『経済史』を読んだことだとしている（『座談』⑧192f.：「田中耕太郎教授　商法」「丸山文庫」［資料番号61-1］3f.）。なお、丸山はウェーバーの「客観性」論文の複数箇所に傍線を引き、書き込みをしているが、おおむね社会科学的認識と価値判断に関わる場所である。たとえば（傍線丸山）、「［……］ひとつの理想につきその内容とその究極の公理とを論理的に分析し、且つこの理想の追求からして論理的及び実践的に生ずる諸帰結を開示する企て［……］」について、「この理想に対する価値判断――必ずしも意識的、明白なものではないが――を全く排除して、このことが可能であらうか」と書き込み、「ために一つの科学的問題の存在を単に認めることだけがすでに、或る一定の方向に向けられた生ける人間の意欲と個人的に結びついてゐるのである」の「個人的に」に疑問符を打ち、「その結びつきこそが社会科学の本質的性格ではないか」と書き込んでいる（ウェーバー、恒藤恭校閲、富永祐治・立野靖男訳『社会科学方法論』岩波文庫〈1936〉「丸山文庫」［資料番号0188906２］24, 29）。そのほかの傍線箇所はつぎの通りである（同22, 51, 97f., 99f.）。価値判断について、「「中間派」は左翼または右翼のもっとも極端な党派理想に比して毫末もより多く科学的真理たるものではない」。価値関係づけにつき、「経験的実在は、我々がそれを価値理念に関係せしめる故に、且つその限りにおいて、我々にとつて「文化」なのであり、文化は、価値への関係により我々にとつて有意義となるやうな実在の部分のみを包容するのである」。概念構成に関して、「人間的文化を取扱ふ科学にあつては、概念の構成は問題の定立に依存し、そして問題の定立は文化の内容そのものと共に変遷するといふその事情なのである」。「指導的価値理念の交替が避けられぬ以上、真に確定した歴史的諸概念は一般的な最終目標とは考へられないのだから、彼はかう信ずるであらう――個個のその時々の指導的観点に対して鋭い一義的な概念が構成されるといふことから正に、この概念の妥当の限界をつねに明瞭に意識にもたらす可能性が与へられるのであると」。

第四節　アカデミズムとジャーナリズム

『現代政治の思想と行動』は、政治社会学の書でないとすれば、政治評論集とみなされてよいような表題である。たしかに「科学としての政治学」や、「日本最初の専門的な事典」（『集』⑥197）と自負する『政治学事典』所載の諸項目など、政治学の学術的論稿を含んでいるから、純粋な評論集ではない。しかし、他方で所収論文の相当多くは、ジャーナリズムに執筆した現代政治論に属する。掲載誌でいうと、「超国家主義の論理と心理」（『世界』）、「軍国支配者の精神形態」（『潮流』）、「ある自由主義者への手紙」（『世界』）、「日本におけるナショナリズム」（『中央公論』）、「病床からの感想」（『世界』）、「「現実」主義の病弊」（『世界』）などは評論に近く、「日本ファシズムの思想と運動」（『東洋文化講座』）、「権力と道徳」（『思想』）、「支配と服従」（『社会科学講座』）、「ファシズムの諸問題」（『思想』）などは、アカデミックな雑誌や講座が媒体であり、スタイル（註・文献等の指示）から見ても、おおむね学術論文に属する。(1) もとより、丸山における「学問」と「思想」の関係を組上にのせようとする以上、問題は、こうした公表形態よりもむしろ、丸山自身がこのことを意識していたのかどうか、意識していたとすれば、どういう意味においてであったのかというところにある。

a 『現代政治の思想と行動』

ジャーナリズムへの親近性——知識人の連帯

先に引いたように、丸山はベートーヴェンのシンフォニーとマルクスの『資本論』を引き合いに出して、「学問の民衆化」は単に表現形式を平易にするということではなく、民衆の方から接近していく努力が必要だと語ったが、他方、学問の最高水準は普通の生産労働に追われている民衆には理解が困難だけれども、学者がみんな「啓蒙活動」に出かけていたら、本来の活動はできなくなるという理由で、学者と民衆の媒介としてのジャーナリズムの使命の重要性を訴えた（「新学問論」〈1947〉『座談』①85）。「啓蒙」それ自体を否定するのではないけれども、「啓蒙」のためにいちいち出前をしていては、学問本来の使命を果たすことができない、というのが丸山の基本的な姿勢であった（cf.『座談』⑦104）。

もっとも、丸山は学問とジャーナリズムの間にさほど高い垣根を設けていたわけではない。同じ場所でいう。日本のジャーナリズムの水準はまだ低いが、E・スノーやW・リップマンの例に見られるように、「近代社会」が確立した社会ではジャーナリストと学者との境界はない。両者の間に本質的な区別はなく、「社会的な働きかけ」が違うだけで、一方は「学問的」で、他方は「非学問的」というような区別などないのではないか、と（『座談』①87：cf.『話文』③153）。アカデミズムとジャーナリズム、学者とジャーナリストは、どちらも現状では欠陥を抱えているとしても、本質的には限りなく接近した存在だと認めるのである。その意味でジャーナリズムに対する丸山の期待は過剰なまでに大きかった。

丸山は当時『帝国大学新聞』に載った自分についての紹介文の間違いを指摘した際、「私はジャーナリズムをたゞジャーナリズムなるがゆえになにか「低俗」なものだと考える一部アカデミシャンの独りよがりを平素わらっている者である。いな、むしろ、アカデミーの学問が有閑的散人趣味に堕することなく、つねに生々しい現実との対決を怠らないためには、ジャーナリズムの側からの絶えざる批評と刺激が必要なことを痛感している」と語っている（「ホープに就て」〈1946〉『話文』①20／『別集』①228）。「有閑的散人趣味」、つまり無用の趣味的学問を奉じるアカデミズム【補説1】を打破して、学問が実践性をもつには、ジャーナリズムからの刺激は不可欠ですらあった。(2) 丸山自身は、もともとジャーナリストになる気持ちがないではなかったが、父親にその資質がないといわれたこともあって諦めたという（『話文』①351：『座談』⑨289：『回顧談』上206：cf.『集』⑪154f.）だけあって、ジャーナリズムに相当の親近感を抱き、またその功罪も知悉していたと見てよい。

丸山はファシズム論で「本来のインテリ」に大学教授とともにジャーナリストを含めており、また青年文化会議は「進歩的青年学徒、ジャーナリスト、文学者」を糾合した（『話文』①165）から、丸山が目指した〈知識人の連帯〉はアカデミズムとジャーナリズムの結合を含んでおり、丸山自身、敗戦直後から一九六〇年代半ばに至るまで、『世界』をはじめとして総合雑誌や批評誌、新聞などの媒体に数多くの論稿を寄せていた。後になって丸山は、「超国家主義の論理と心理」（一九四六年）で一躍有名になって色々な総合雑誌から注文がきて書き始めた時、南原繁から――南原は、丸山の兄弟子にあたり自身「ジャーナリズム癖」があったという中村哲（「生かしえぬ教訓」丸山眞男・福田歓一編『回想の南原繁』岩波書店〈1975〉149）（戦後参議院議員、法政大学総長を歴任）にジャーナリズムに書くことを禁じていた（『回顧談』下63）――、「あまりジャーナリズムには書かない方がいい」、あるいは「ジャーナリズムにあんなに書いていてはいけないよ」といわれ、また自分でも、雑誌等の注文に辟易しており、後進の研究者に向かって、雑誌で「売れっ子になってそのまま書き続けていたら、学者としては必ずダメになっちゃう」としばしば忠告したこともあったが、結局断りきれないでジャーナリズムに書くはめになった、と述懐している（『座談』⑨291f.：『回顧談』下92）。

たしかに、丸山は多くの論稿をジャーナリズムに発表し、そのうちいくつかが『現代政治の思想と行動』に収められた。先にも触れたが、丸山はこの本の「第三部追記」（一九五七年）で所収の「肉体文学から肉体政治まで」（一九四九年）について解説した際に、高見順との対談の中から、〈学問自身の社会的使命〉に関する部分を再録したうえで、「学問内在的な要求や持ち場の自覚なしに研究者が政治的に結集」しようとすることに精神的次元の独立の希薄さが現れていると述べている。〈知識人の連帯〉とそれによる〈知識人の社会的使命〉を前提としつつ、「政治」ではなく「精神的次元」＝知性の共同を訴えつつ、同時に「研究者」（学者）でもある知識人が連帯を急ぐあまり、〈学問自身の社会的使命〉の枠を忘失することのないように戒めたのである。〈学問自身の社会的使命〉を〈知識人の社会的使命〉と矛盾なく捉えようとしたといってもよい。しかし、同書所収の「ある自由主義者への手紙」（一九五〇年）で丸山は、「知識人同士がインテリジェンスの次元での共通のルールを守りながら率直に口をきあうこと」を求め、これまで自分は原則として「当面の政治や社会の問題」についてまとまった考えをほとんど新聞や雑誌に書かなかったけれども、最近内外情勢や新聞の論調などを見て沈黙に耐えられないと感じ出したことを認めて、知識人は「好むと否とに拘らずそれぞれの根本的な思想的立場を明らかにすることを迫られて」いるが、そのためには「真に自由の伸長と平和の確保とを願う人々の間に出来るだけ広汎かつ堅固な連帯意識を打ちたてる」ことが必要だとしている（『集』④314f., 317）。ここでも「知性」に基づく連帯、つまり〈知識人の社会的使命〉を強調するのであるが、知識人として「思想的立場」（端的には「自由」と「平和」の希求）を明らかにするというのは、〈学問自身の社会的使命〉＝アカデミズムから一歩踏み出そうとする決意をうかがわせる。では、こうした姿勢とジャーナリズムとはどのような関係にあったのだろうか。

【補説1】 一九四七年の丸山、川島武宜、大塚久雄を交えた座談で飯塚浩二は、江戸時代の好尚的、文献学的学問が「有閑階級の純然たる遊びとしての学問、ないし道楽だったと思う」といい、さらに考証学的な伝統を伝える場合に学問を「有閑的に、ジレッタント的な心構えでしかとり上げないという気風」が今日まで残ったとしている（『座談』①77）。これは川島が、近代以前の科学には、政治権力に奉仕する「幇間的」学問と、現実の問題から逃避して「全く学問を学問として楽しむ有閑人的な学問」との二つがあるといっていることに対応する（同35）。丸山は、川島の見解に関して、近代的学問の「自立性」による「科学の実践性」と封建的学問の「幇間的」実用性という対立図式を持ち出している（同40f.）。この対置は〈学問自身の社会的使命〉の主張と重なり、また福澤の「実学」についての見解（I-3註14）とも関わる。他面、丸山は一九四八年度講義で、敗戦後の日本が封建性を克服すべき「近代化」と近代市民社会の止揚を目的とする「現代化」という二重の課題を背負っているという歴史的境位にあるところから、一方では封建社会を単純に否定の対象として扱うわけにはいかないが、他方では封建社会の文化や思想を現代とは無縁の「骨董的古物いじり」や野蛮な文化に対する「好奇心やエキゾティシズム」の対象とする「歴史的ディレッタンティズム」に陥る恐れがあると述べている（『講義』①7f.）。

「後記」の不可解――ジャーナリズム離れ？

丸山は『現代政治の思想と行動』全体の「後記」（一九五七年）でこう述べている（『集』⑦54）。

こうして、［本書では］戦後の私の思想なり立場なりの大体の歩みがなるべく文脈的に明らかになるように配慮しながら、現代政治の諸問題に対する政治学的なアプローチとはどのようなものかというあらましのところを広い読者に紹介し、［……］日本における政治学の「内」と「外」との交通の甚だしい隔離をいくぶんでも架橋しようという大変に欲ばった意図が編纂のなかに交錯することになったわけである。結果はかなりアカデミックなものと、非常にジャーナル的なものとが並び、本文のテーマと関連ある座談会の発言を編みこむことも、［……］必ずしもうまく行かなかったりして［……］。（傍点原文）

これは少し理解に苦しむ表現である。「アカデミック」とは内容のことを指すのか、それとも「学術論文」の形式[3]、つまり「註」や文献引用の存否をいうのか。後年（一九七八年）丸山は、ある学問の「素人」に対する書簡で「学問的論文」の「技術的な問題」に触れて、学問的論文の最低条件は、「これまでの研究史の上に立って、それにたいして新らしい観点を提示したり、従来のアプローチを批判すること」であり、学問的論文の「約束事」の一つは

「個人的感想を直接投入することを避ける」ことにあり、「一人称はなるべく使わない方がよいのです。それが「評論」と「研究」との区別です」と忠告している（『書簡』②244）から、これを基準に判断すればよいのだろうか。「ジャーナル的」というのも、「ジャーナリスティック」という意味なのか（そうだとしても具体的にどういう意味か）、単純に「ジャーナル」＝新聞雑誌に掲載された内容ないしスタイルを指すのか。

しかしともあれ、一応常識的に解して、「アカデミック」とは内容・スタイルともに（もしくはいずれか一方が）「学術論文」とされるものであり、「ジャーナル的」とは内容・スタイルともに（もしくはいずれかが）世間一般の読者を想定した論稿であると解しておこう。

ところが、これよりもっと厄介なことに、丸山は『増補版　現代政治の思想と行動』「後記」（一九六四年）でつぎのように述べている（『集』⑨181f.）。

本書に収録された論文の大半は、専門の研究者のための学術雑誌に寄稿したものでなくて、むしろ学者以外の読者を予想して書かれたものである。しかし、私自身の心構えとしては、それらの論文をジャーナリズムむきの「啓蒙的」な読みものとして執筆したことは一度もなかった。「学術的論文」と「啓蒙的論文」との使い分けというような器用さはもともと持ち合わせていないが、それ以上に、私は本書の諸論文に関しては意識的にそうした使い分けを避けて来た。したがって、それらの論文のスタイルが学界的常識からすればあまりにジャーナリスティックに見え、ジャーナリズムの世界からはあまりに「専門的」もしくは「難解」だと非難を浴びるのは覚悟の前だったのである。したがって本書が予想外に広い読者に読まれ、とくに学界にも論壇にも無縁な、さまざまの階層の熱心な読者を持ったことにもまして私の心を励ましてくれたものはなかった。［……］私は本書の中で、市民の日常的な政治的関心と行動の意味を「在家仏教」主義にたとえたが、同じ比喩を学問、とくに社会科学についても日頃考えている。私を含めて学問を職業とする学者・研究者はいわゆる学問の世界の「坊主」である。学問を高度に発達させるために、坊主はいよいよ坊主としての修業をつまなければならない。しかし、宗教と同じように、一国の学問をになう力は――学問に活力を賦与するものは、むしろ学問を職業としない「俗人」の「学問活動」ではないだろうか。私が［……］本書の論文で意図したことは往々誤解されるように学界とジャーナリズムの「架橋」ではなくて、学問的思考を坊主の専売から少しでも解放することにあったのである。その意味で私としては今後とも、とくに学問を愛する非職業学者からの鞭撻と率直な批判を期待しお願いする次第である。[4]（傍点原文）

初版「後記」では「アカデミックなもの」と「ジャーナル的なもの」の並存を指摘しただけであったのが、ここでは如何にも持って回ったような語り口でアカデミズムとジャーナリズムの区別も両者の「架橋」も否定するような気配を漂わせているのは奇異の感を免れない。

しかし、ここでは、大半の収録論文が「学術雑誌」以外に掲載したものであり、「学者以外の読者」を想定していたという。そこからすれば、『現代政治の思想と行動』は、内容もさることながら、主として媒体を通じてジャーナリズムと繋がっていたと考えられる。現に、丸山は後になって、この本が「戦後ジャーナリズムに発表したものをまとめ」たものだと語っている（「竹内日記を読む」〈1982〉『集』⑫26）し、またこの本の英語版序文（一九八三年、執筆一九六二年）では、収録された論文の大部分が「学術雑誌」ではなく月刊の「政治評論誌」が初出であることに鑑みても、「アカデミックな価値」よりも戦争とその余波の狂瀾怒濤の時代に全青春期を生きた一日本人の知的発展の記録として興味を抱いてほしいと述べている[5]（『集』⑫49）。

だが、それだけのことであれば、これほど複雑な物言いは必要ではなかったはずである。では何があったのか。

増補版「後記」では、同書の論文で「意図」したことは学界とジャーナリズムの「架橋」ではなく学問的思考を坊主の専売から解放することにあったという箇所で「意図」に傍点を振っている。これは、外からどのように見えようとも、丸山には最初から（ということは敗戦直後から）アカデミズムとジャーナリズムを架橋する意思など毛頭なかったということを強調しようとしたものとして受け取ることができる。また、学術的論文と啓蒙的論文の「使い分け」の回避について「意識的」という語に傍点を振っているのも同様に、最初から使い分けをする気がなかったということを強調しようとしたものであろう。いずれも意思の問題であるから、事実かどうかは丸山本人しかわからないことだが、しかしこの傍点からは丸山の「屈託」のようなものがうかがわれる。

丸山は敗戦直後三島庶民大学などで啓蒙活動をしながら、〈学問自身の社会的使命〉の観点から「啓蒙」と一定の距離をおく姿勢をとった。

しかし、「啓蒙」のすべてを否定したわけではない。丸山は庶民大学での講義「十九世紀欧洲社会思想史」（一九四六年）の冒頭、二〇世紀の半ばを過ぎ、しかも敗戦の苦悩に喘ぎ、日々の生活の脅威にさらされ不安におののく現在の日本で、一九世紀のヨーロッパの社会思想史を学ぶことに如何なる意味があるのか、と自問して、それは、我々の究明の狙いがどこまでも「現在の日本の問題の学問的解明」にあり、その思想的背景をなすのが一九世紀だからだと答えている。現代日本で様々な政治的、社会的主張がなされる中で、いたずらに「政治的デマゴギー」に惑わされず、「透徹した理性と高邁な見透し」によって「正しい政治的判断を下す」ことができるようにする、というのである（『話文』①173, 176, 178f.）。つまり、丸山は、学問的知識の切り売りのような啓蒙（学問的知識の伝達）ではなくて、「理性的」判断力を具えた、ひいては民主化に参加することのできる民衆の育成を狙った啓蒙を目指したのである（塩原光「終戦直後における「学問の民主化」と丸山眞男」『比較社会文化研究』㉟〈2014〉31）。これは、青年文化会議の結成が「人民の智力」を向上させる必要性の自覚に基づいていたという丸山の回顧と重なるであろう。

「啓蒙」の意味はさておくとしても、『現代政治の思想と行動』所収論文の少なくとも一部が啓蒙的な部分を含んでいたことは明らかである。いちいち内容にあたらなくても、初版「後記」では、現代政治の問題に対する「政治学的」アプローチを「広い読者」に紹介し、政治学の「内」と「外」との間を「架橋」しようとしたということを認めていた。政治学の「外」とは一般社会のことであろう。さらに「政治学的」アプローチの「政治学」の部分に傍点を振っているのは、学問（学者）の立場から「広い読者」への「架橋」を志したということを強調したものである。この場合、「架橋」はごく一般的に「啓蒙」と解してよかろう。[6] また、増補版「後記」で「学者以外の読者」を想定して書いたとしているのも、広い意味で啓蒙の意図を表している。

ところが、まるでわざわざ謎を増幅させようとするかのように、増補版「後記」で丸山は、収録論文を「ジャーナリズムむきの「啓蒙的」な読みもの」として執筆したことは一度もなかったといい、またもや「むき」に傍点を振る。裏から読むと、ジャーナリズム「むき」ではない「啓蒙的な読みもの」（ないし啓蒙的色彩の論文）は書いたということだ。そこからすれば、「学術的論文」と「啓蒙的論文」の使い分けを「意識的」に避けたというのも、所収論文の少なくとも一部が外観ないしスタイルから見てどっちつかずの状態であるか、もしくははっきりと「啓蒙的論文」であることを暗黙のうちに認めたことになるのではないか。もしそうだとすれば、丸山は「啓蒙的論文」を書きながら、それがジャーナリズム「むき」であることを何としても認めたくなかった[7]ということになる。もう一歩踏み込んでいえば、ここには――ことに「ホープに就て」（一九四六年）や「新学問論」（一九四七年）でのジャーナリズムへの熱い視線と比較して――丸山の〈ジャーナリズム離れ〉が示唆されている。

さらなる謎

さらに謎がある。増補版「後記」の前掲引用文の前には、本書は「学問的「研究」」としては、その後の研究によって「古色蒼然たるもの」になったにもかかわらず、増補版を出したことは、ささやかな喜びとともに、「「意地」のようなもの」があったからだ、と書かれている（『集』⑨180f.）。「意地のようなもの」とはまことに主観的であり、やはり余人の与り知らぬことであるが、みずからの論文が「学問的「研究」」として「古色蒼然」＝時代遅れになっていることは認めるに吝かではないけれども、増補版を出すには自分なりの何らかの――それも大方の見方に逆らうような——意義があるのだという確信を表現しているとみてよいであろう。この「意地のようなもの」とは何か。

第一候補は、「意地のようなもの」といった直後に段落も変えずに書かれた前掲引用文である。そこでは、この本が「俗人」の学問活動に資することについて語り、また今後も「俗人」からの評価を期待する旨を口にしている。これは、かつて——学術的か啓蒙的かなど区別しない——「論文」によって（ジャーナリズム「むき」ではない）「啓蒙」を行おうとしてきたが、これからもその意思を引き継ぎながら、しかしジャーナリズムとは距離をおいた形で、またジャーナリスティックだと非難するアカデミズムからの声をものともせず、みずからの「学問的「研究」」が一般の人々の「学問的思考」に裨益するという展望をもっているということである。丸山は、「学問的「研究」」の地平でたとえ「古色蒼然」としていても、学問を担うべき読者の支持があるのだということを「意地のようなもの」として示したのではないか。

第二候補は、「後記」の前掲文に続いて、研究者や批評家に対してこの本を「研究」としてよりはむしろ戦後日本の「政治学史」、広くは「戦後思想史」の「一資料」として「提供」したいと述べているくだりである。丸山によれば、同書の編集意図の一つは、戦後民主主義を虚妄とするような「戦後神話」が、「戦争と戦争直後の精神的空気を直接に経験しない世代」により無批判に受容される危険に対処するため、一つの方法として過去の言説を「資料」として示すことで、戦争責任という道義的問題だけでなく、より綿密な実証的な戦後史を作るという課題に答えようとするところにあった[8]（『集』⑨182f.）。これは、英語版序文でいっているように、「アカデミックな価値」ならぬ「一日本人の知的発展の記録」としての意義を述べたものであり、たとえ学問的「研究」として「古色蒼然」と批判されても、増補版を出す「意地のようなもの」といってよいかもしれない。

最後に丸山はいう。自分の論文は一貫して「大日本帝国の「実在」よりも戦後民主主義の「虚妄」の方に賭ける」という「公理もしくは偏向」に基づいたものであり、「私はひきつづきこの偏向を大事にして行くだろう。増補版を出すにあたっての私の「意地」といったのはこのことである」(『集』⑨183f.)。

ここで本人が明言するのであるから、前二者の解釈が誤りであることは明白である。だが、もしそうであれば、丸山は、学問的「研究」の観点では「古色蒼然」になっていることを認めながら、あえて自己の「公理もしくは偏向」――あるいは「経験的命題でない教理」という意味の、「自由」や「平等」を含めた「ドグマ」(『集』⑩294:『座談』⑦187)――のために、いいかえればイデオロギー(「政治運動の目標あるいは理想」〔『集』⑥82〕という意味で)を根拠にして増補版を出そうとしたということになる。しかし、それではあまりにも不遜であろう。おそらくそうではなく、たとえ研究の時代遅れは認めても、自分の「思想」は決して「古色蒼然」とはならないということをいいたかったと解するのが穏当であろう。

だが、そもそも「古色蒼然」は十中八九韜晦であり(評論は短期間で古びるが、学問研究は持続性をもつはずだ)、増補版が出るのは、一般の例に漏れず、売れゆきもしくは読者の支持によると見るのが自然であろう。そしてそのことは第一候補の説明で述べられており(「予想外に広い読者に読まれ、さまざまの階層の熱心な読者を持った」)、第二候補のいいわけはいわばその露骨さを緩和する働きをしている。そして第三の「意地」の説明はほとんど増補版を出す意義と関わっていないのだ。

この第三の部分について、後に丸山は、当時の復古調の議論や平和主義運動・民主主義運動の否定や「現実主義」の風潮に対して、「未来社の印刷所で夜の十二時過ぎてからゲラを見ているうちに、ちょっとタンカを切りたくなった」だけだとしている[9](『座談』⑤131:『話文』③410, 412)ことからすれば、うがった解釈になじまないし、増補版出版の事情などというのはもともと枕詞にすぎなかったのかもしれない。そうだとすれば、丸山の謎めいた書きぶりに誘われてあらずもがなの揣摩憶測をしたのは徒労であった。ただ、ここからは、〈ジャーナリズム離れ〉の態度を見せながら、「俗人」のために「啓蒙」を行おうとする姿勢、「資料」によって若い世代に、戦後民主主義を虚妄とする「戦後神話」からの覚醒を促そうとする企図、そして最後に戦後民主主義の思想を何としても維持しようとする強い意思をうかがうことができる。それは、増補版「後記」を書いた一九六四年という時点において丸山が〈知識人の社会的使命〉を果たそうとする気概をなお失っていなかったことを示している。粗雑な分類に基づいていえば、丸山は「後記」において総じて「思想」を問題にしたのであって、「学問」は二の次であった。

とはいえ、ここに示唆される〈ジャーナリズム離れ〉の志向はいったい何に由来していたのであろうか。それはひょっとして〈知識人の社会的使命〉からの後退を意味しているのではないのか。この問題を明らかにするために、丸山のいわゆる「夜店」と「本店」の区別に寄り道をしておきたい。この区別はあまり意味がないとする説もあるが、仔細に見れば、必ずしもそうとはいえない。

本店と夜店

丸山は一九八一年の講演を元にした「原型・古層・執拗低音」（一九八四年）で、戦争直後は政治学者の数が少なく、「政治学のいろいろな広い問題」について店を広げざるを得ない状況にあり、同時に象牙の塔に引きこもっていて学問の自由を守ったといえるのか、「一市民としての義務」はどうなるのかという気持ちも与って、『現代政治の思想と行動』所収の諸論稿を書き、そのために――また「政治学」の専門領域が一般に知られていなかったこともあって――「政治学者」とされ、「政治についての百科全書的テーマ」を持ち込まれることになったが、しかし「職業としての学問」に従事している研究者（「プロの学者」）としては、日本政治思想史が自分の本来の領域であって、他は「夜店」を出したようなもので、一日も早く夜店をたたんで本来の仕事に戻りたいと長年思ってきて、その後政治学者が多くなって、自分でも夜店の領域では書かないように努力してきた結果、ようやく夜店を「ほぼ」たたむことができた（それでも「丸山政治学」という虚名がいまでも用いられるので閉口している）と語っている（『集』⑫110）。別の回顧談では、四〇年代末以降、「政治学の立ち遅れ」を取り戻したいという使命感が強すぎて、日本政治思想史がおろそかになったと述べ、そのことを、「自分のプロパーの仕事よりも、現実の社会と取り組まなければならないという気持ちが非常に強かった」という表現で反省している（『回顧談』下208）。八八年にも、「丸山政治学」などはジャーナリズムが作った名称であり、政治学について書いたのは「いわばやむを得ざる」「副業」であったとしている（『続話文』②12）。事実、丸山は一九四七年当時に早稲田大学学生自治会設立記念講演会で、一個の歴史学者にすぎない自分が政治学の基本問題について話すのは、政治学者が少ないためであり、自分は「いわば、明治初期の啓蒙主義者のような役割を、同時に果たさなければならないような地位におかれている」とか、「私の様な歴史を研究するものまで呼び出されるのは情ない」と率直に語っていた（『別集』①235, 284）。

要するに、政治学の専門家が少なかったことと、「一市民としての義務」感という二つの理由から「夜店」を出したが、学問分野でいえば、一般に「政治学」とされるもののうち、日本政治思想史が「本店」でそれ以外の領域がすべて「夜店」だというのである[11]（『座談』⑨288）。「夜店」と「本店」の区別には、「丸山政治学」の呼称を強く忌避する気持ちがあり、それが日本政治思想史の「専門家」＝「プロの学者」の強調となって現れているが、このことは『増補版　現代政治の思想と行動』「後記」に示唆された〈ジャーナリズム離れ〉と無関係ではないように見える。「夜店」は定義上ジャーナリズムと必然的関係にあるわけではないが、丸山自身、「ジャーナリズムとの関係」は本店・夜店の区別とたしかに「重なったところ」があることを認めている（『座談』⑨289）。

「夜店」と『現代政治の思想と行動』を同一視することはできないとしても、この本が「本店」＝日本政治思想史の論文集でなく、「夜店」と大幅に一致することは否めない[12]。後年丸山は、この本が主として「現代政治に直接関連した問題と政治学原論に当るテーマ」を対象とするもの（「『後衛の位置から』著者あとがき」〈1982〉『集』⑫54）、あるいは端的に日本政治思想史以外の「政治学一般論や時事論文」（「三十五年前の話」〈1992〉『集』⑮202）であったと表現している。「現代政治に直接関連した問題」は、ジャーナリズムで話題になり、「時事論文」はまぎれもなく、ジャーナリズムと不可分の関係にある。実際また、「夜店」から「本店」への転換の（あるいは転換の意思を明確に自覚した）時期が『現代政治の思想と行動』初版ないし増補版を出したあたりであった[13]とすれば、それは、増補版「後記」におけるジャーナリズムに対する距離をおいた発言と対応しているかもしれない。[14] だが、それよりも重要なのは、「夜店」の動機の一つが「一市民としての義務」感にあったという意識である。

b　学者・知識人・市民

市民と学者

増補版「附記・追記」（一九六四年）で丸山は、新たに『現代政治の思想と行動』に収録した「現代における態度決定」（一九六〇年五月三日憲法記念講演会〔憲法問題研究会〕）と「現代における人間と政治」（『人間と政治』〔一九六一年〕所収）との二論稿の間にクライマックスに達した安保闘争に関して、当時集中的に「時事的な問題」について発言したが、[15] その当時の「状況的発言」は自分の学問的関心方向の「自然の発露」ではなく、むしろ心理的にはそれに逆らって、「一人の市民として止むなしと「観念」しての行動の一部」であり、したがって学問（「私の政治学の理論」）の「実践」などではない、と強調しており（『集』⑨161, 170f.）、晩年にもこう確認している。安保闘争時に「言ったり書いたりしたことは、本店でも夜店でもなく、一市民としての言動」である。市民としての「時事的」発言は「私の学問」から出てきたものではない（だからそこから「丸山政治学」という虚名を引き出すのはまちがいだ）が、しかし「時事問題で発言すると、どこまでが一市民としての発言なのか、どこまでが学者としての発言なのか、ほとんど区別されない。だから何を頼みにくるかわからない」という事態に立ち至った（ただしこれは戦後「夜店の方をひろげた報い」であるが）、と（『座談』⑨293f.）。後者の方は、「夜店」—「本店」問題が混線して入ってきているようだが、しかしそこからはかえって、丸山が安保時の時事的発言も「夜店」での時事的発言も同じ性質のものだと理解していたことがわかる。

事実、丸山は、この――種々の会合・研究会、居住地域での集会などで「かなりの量」にのぼる――安保時の「時事的」発言のうち、本の厚さと一定の選択基準に従って、（直接安保闘争をテーマにしたものではない）「現代における態度決定」だけを増補版に収めたといっている[16]（『集』⑨169）。したがって、「夜店」のうちの「政治学原論」ないし「政治学一般論」ではない部分、つまり「現代政治に直接関連した」論文は文字通り「一市民としての義務感の発露としての「時事論文」を意味していた。

だが、市民が「時事論文」を書くということは稀にしかないことであり、丸山が「市民として」というのは、「学者」としてではない（とくに「政治学の理論」の実践的帰結ではない）ということを強調しようとするためであったと見られる。前述したように、一九四六年度講義や「科学としての政治学」（一九四七年）や「平和の問題と文学」（一九五〇年）で丸山は、「市民としての面」と「学者としての面」の区別ないし二面性＝ヤヌスを認めた。すなわち、「学者」は「学者」として価値判断を抑制する義務を負うが、「市民」としては積極的に世界観を表明する責務をもつ、と。その際我々は、「学者」が「市民」ないし「人間」として活動し、発言することを「知識人」としての活動・発言と捉えることができるという仮説を示した。ここでも同じ仮説を適用するとすれば、「市民」の「時事」発言は、「学者」丸山と関わりがなく、「知識人」としての行動であった。「学者と市民」のヤヌスは「学者と知識人」のヤヌスを表現していた。

丸山は後に、安保時の発言をやはり「ただの一市民として」のものであったとしつつ、平和問題談話会や憲法問題研究会（一九五八年六月設立）への関与の際には「研究者としての自己批判の意識」（象牙の塔にこもることや東大法学部の権威的体質に対する批判の意識）があったと説明している（『回顧談』下221）。この場合の「研究者」は、「自己批判」という社会的意識をもつ存在であるから、第一次的に専門研究に没頭する学者（かの「プロの学者」）ではなく、限りなく「知識人」に近い意味、つまり「知識人の一角を形成する学者」、あるいはこういってよければ〈知識人としての学者〉（cf.『集』⑮334／『回顧談』下237）のことである[17]（cf. 都築勉『戦後日本の知識人』世織書房〈1995〉

346)。換言すれば、その意識は〈学問自身の社会的使命〉ではなく、〈知識人の社会的使命〉に向けられていた。この〈知識人としての学者〉は、たしかに安保時の発言のような純粋の「市民」ではないけれども、しかしまた純粋の「学者」でもない。〈知識人としての学者〉はまた、社会的、政治的意識を「市民」と共有するけれども、多くの場合に学者という職業と関わっている以上、〈学問自身の社会的使命〉とは違った一種の「職業倫理的なもの」(cf. V-3)、つまり〈知識人の社会的使命〉をもっている。それゆえ、「学者と市民」のヤヌスは、同時に「学者と知識人」のヤヌスでもあり、後者の地平において丸山は、〈学問自身の社会的使命〉と〈知識人の社会的使命〉を二つながらに追求しようとしたのである。

時事論文

さて、我々にとって問題は、『現代政治の思想と行動』の一部を構成した「時事論文」の執筆が「学者」、「知識人」、「市民」の語が入り混じる中でどのような位置をもっていたのかというところにある。

丸山は、平和問題談話会が最初直接アクチュアルな時事問題を扱うのではなく、「平和問題を科学的に考えようと」したものであり、「ノンポリ的」に出発したことを認めつつ、朝鮮戦争の勃発（一九五〇年）後の議論では東京の和辻哲郎や安倍能成のような「保守リベラル」(ないしオールド・リベラリスト)と京都の恒藤恭や末川博を中心とする「リベラルと本当の左派」との対立をまとめようと苦心し、またその後憲法問題研究会でも大衆集会を行い、談話会の後身である国際問題研究会（一九五九年五月）で安保問題を討議し、六〇年安保での発言に繋がっていったと回顧している(『集』⑮324ff.／『回顧談』下 230ff.)。これらはいずれも「党派的」という意味での「政治的」な活動ではないとしても、遅くとも朝鮮戦争以後は「アクチュアルな問題」(『集』⑫166)への「知識人」としてのコミットであることは明らかである。もちろん、それらは丸山の「政治学」理論に基づいた「実践」ではなく、その意味で「市民」としての使命感の表出であるが、実態としては「知識人」、とくに〈知識人としての学者〉の実践活動であった。[18]

本章第一節冒頭に引いたように、『現代政治の思想と行動』英語版序文で丸山は、戦中の軍国主義ナショナリズムに対する知識人の去就の原因究明が、戦後の社会科学者にとって「学問的出発点」であると同時に「市民として の社会的責任感に対する実践的応答」でもあったと述べている。この場合も「知識人」と「学者」の違いは不分明であり、丸山のいう「悔恨」がどこまで個々の「学者」の学問的研究の出発点となったのか疑わしいが、「市民としての社会的責任感」は〈知識人の社会的使命〉と受けとってまちがいはない。後に丸山は、この当時に「政治についての万屋」になったのは、人材不足のためもあるが、敗戦直後には、自分の研究に閉じこもっていてもよいのか、「一方では研究者だけれども、一方では知識人なのだから、知識人としての連帯感情をもって共通の問題に腕を組んでいかなければ、いろいろな形の政治的な反動に対して、学問と文化の自由は擁護できないではないか」と考えたからだと証言している（『話文』②175f.）。人材の乏しさは「政治学原論」に関わる著作活動の動機となったが、他の（時事的な）著作は――これにも人材不足が与っていたかもしれないが――主として〈知識人の社会的使命〉の遂行であった。

こうした、「学者」と「市民」（知識人）の二面性の意識は、増補版「後記」での〈ジャーナリズム離れ〉と無関係ではない。いま一度確認すれば、丸山は、『現代政治の思想と行動』が「政治学原論」や「現代政治に直接関連した問題」（「政治学一般論」や「時事論文」）により構成されていたと述べているが、「現代政治に直接関連した問題」は大なり小なり「政治学」と関わっていても、「市民」（つまり知識人）としての「時事論文」の性格をもっている。それゆえ、「時事論文」は必ずしも「学術論文」とはいえないが、しかしそうかといって「ジャーナリズムむけの「啓蒙的」な読みもの」ではなく、したがってアカデミズムとジャーナリズムの「架橋」ともなり得なかったということになる。

しかしそれにしても、「時事論文」とは奇妙な規定である。それは「学術論文」や「研究論文」と区別されるけれども、その差異は明確ではない。

戦中の丸山は慶應義塾大学の学生新聞である『三田新聞』学徒出陣号に「福沢に於ける秩序と人間」と題する一文を寄せた（一九四三年）。植手通有はこれを丸山の「最初の時論」[19]と規定し、一般に丸山の時論は「時論と学術論文との限界領域」を占め、時論が学術論文の色彩を帯びると同時に、学術論文が時論的な現実性をもっており、この福澤論はそうした丸山の時論のあり方を「予告」している、と解説している（『集』②解題284：植手『丸山真男研究』96）。事実として見れば、そういえるかもしれない。しかし、丸山における「時論」（「時事論文」）と「学術論文」をこのように性格づけるならば、そもそも両者――さらにアカデミズムとジャーナリズム、政治学と「時事的」発言、理論と実践、学者と知識人、学問と民衆――を区別することの意味が後景にしりぞき、かえって丸山における両者の緊張関係の意識を雲散霧消させてしまう恐れがあるように思われる。丸山においてこの二項は、それぞれがたがいに引き合いながら、反撥し合うという構造をもっており、単に重なりがあるとして済ましてしまう類のものではない[20]。丸山は、戦後の早い時期から、学問が民衆に奉仕すべきであるけれども、直接奉仕することを控えるべきだとして、〈学問自身の社会的使命〉を強調したが、他方では〈知識人の社会的使命〉も一貫して強く意識していた。両方の使命を同時に果たすことは如何に八面六臂の丸山にしても容易でなかったことは、『現代政治の思想と行動』初版「第二部追記」（一九五七年）でラスキの、「学問的追究と実践的課題、科学とイデオロギー、知的水準の保持と大衆説得といった二律背反」について、「それがどうしてたやすく「止揚」されようか」とさりげなくコメントを加えている（『集』⑦5）ことからもうかがわれる。

さて、重ねてあらずもがなの忖度をしてしまったようだが、『現代政治の思想と行動』をめぐるある種の葛藤の行き着く先は、やはり増補版「後記」の一つの結論（それも我々から見ると最も重大な結論）である「在家仏教」主義であった。これは、丸山によれば、「学問的思考」を学者の専売から解放することを意味しているのだから、その点で民衆のヴァイタリティを信じて、安易に学問と民衆を結びつけないという「本当のアカデミズム」路線（あるいは田中耕太郎的な〈あるべき民衆〉の想定）の延長線上にある。つまり〈学問自身の社会的使命〉の実行である。ただし、「在家仏教」は同時にこれまでの丸山の学問的研究の時代遅れを認める局面で登場した。研究上の価値とは別の地平における学問の意義という面がそこにはある。もちろん、先にもいったように、「古色蒼然」は韜晦の可能性大である。しかしかりにそうだとしても、「在家仏教」の主張が本気である限り、またそれが自然発生するのを坐して待つのでない限り、「出家主義」[21]に拠る坊主の側からの働きかけがなければ、およそ俗人の間に「学問的思考」を普及させることなどおぼつかない。「俗人」（プロの学者以外の人々、「非職業学者」）というカテゴリーは、――政治的な「在家仏教」主義が「市民」の日常的な政治的関心・行動を意味するのであるから――「市民」といいかえてもよい。

無論、この場合の「坊主と俗人（市民）」は「学者と市民」のヤヌスとは別物である。後者は実質上「学者と知識人」のヤヌスであった。「坊主と俗人」はむしろ、学者としての丸山が民衆としての市民に立ち向かっている構図である。その市民は実在の民衆ではなく、やはり〈あるべき民衆〉であり、したがってそれに対する奉仕は〈学問自身の社会的使命〉の範囲内に留まっている。丸山が『現代政治の思想と行動』の読者に見出そうとしたのはあるいはこの〈あるべき民衆〉であったかもしれない。しかし、「学問的思考」の自覚的積極的な普及ということになれば、ことは〈知識人の社会的使命〉にも関わってくる。「学問的思考」とは、本書末尾（V-3）で見るように、「政治的教養」を含む一種の「教養」であり、それを普及するのは「学者」よりもむしろ「知識人」の使命である。しかも、この使命は、政治的教養を具えた知識人の再生産の目論見を含んでいたとも解される。丸山は「学問的思考」の普及によって「民間学者」の育成を狙ったわけではあるまい。あるいはたとえそうであったとしても、「民間学者」とは「知識人」の謂であった。つまり、丸山はここで、知識人として社会のために活動するのではなく、知識人の再生産によって間接的にその任務を果たそうとしたのではないか。

だが、そういうもくろみがあったとしても、「夜店」から「本店」へと移動し、しかも〈ジャーナリズム離れ〉

をしていく中で、「時事論文」以外の手段によって〈知識人の社会的使命〉を遂行し続けることがはたして可能であったのか。この疑問はさしあたりペンディングのままにしておき、ここでは、『現代政治の思想と行動』における「夜店」＝「時事論文」、つまり〈知識人の社会的使命〉は、〈ジャーナリズム離れ〉によって後退してゆきながらも、なお「在家仏教」という形で将来に希望を託していたということだけを確認するにとどめたい。

学問と思想

ところで、丸山は一九六三年六月二八日に東大教養学部自治会の求めによって開いた座談会における応答で、自分が「言ったり書いたりする事」、「著書論文」について三つの場合を区別している（以下『別集』③3ff.）。第一は「自分の感慨や信念を吐露する」場合があるが、これは自分の「過去の体験をしぼって吐露する」のであり、平生感じていること、つまり自分の感想の表現である。このジャンルは具体的状況に対する自分のその都度の対応ではない（「自我から対象への一方交通」）。第二の「経験的認識のジャンル」は、政治の色々な現象の分析であり、漠然として全体性において与えられたもの（「国家」や「社会主義」）の要素分析である。「諸要素間の関連づけ」の仕方に自分の感想が刻みこまれているかもしれないが、「私の思想」そのものの表現ではない（「対象から自我への一方通行」）。第三は「具体的に起こってきた政治問題に対する私の反応」であり、これは、「対象が自我に働きかける」のと「自我が対象に反応する」のと両面を含む。

これら三つのジャンルの区別なしに日本ではしばしば一切合切が「感情の吐露」と受け取られやすい。その結果、「思想」という言葉が氾濫し、思想がムード化し、言葉が神秘的な呪力を帯びるという困った現象が起きてくる。たとえば、現象についての経験的分析を思想の表出と受け取るのは、「思想」と「理論」との混同のためであり、また第三の「具体的状況に対するその都度の私の反応」が第一の「思想の吐露」と混同される。第三のジャンル、つまり「自分に挑戦して来る問題に実践的に応答する」場合には、「今、こういうことが必要だ」という状況判断から「自分の好み」と違った行動をとる場合と、「今は問題のこの側面が重要である」という時があるが、そのいずれもが私の「嗜好」の表現と受け取られてしまう（傍点原文）。

まるで数ある「丸山論」を冷笑するかのような口調だが、この後の質疑応答も含めて推測すると、ここで丸山がいう第一の場合は「思想」、第二の場合は「理論」ないし「学問」[22]、第三の場合は「実践」を指すと縮約したとしても、それほど的をはずしたことにはならないであろう。こうした三幅対はほかでは見られないが、それだけに丸山のこの時期の（あるいはことによると生涯の）問題意識のありかを示唆しているともいえる。以下、注目すべき点をいくらか見ておこう。

まず、「思想」はここではかなり広く捉えられており、「感想の表現」のみならず、「好み」や「嗜好」を含んでいるが、「信念」ともいいかえられているから、世界観・人生観・イデオロギー・理念などの通例の用法にも通じる。

ちなみに、一九四九年度の講義では、「思想」を「特定の個人の思想」と「不特定多数の人間を担い手とする思想」に大別したうえで、前者のうち「体系性」をもつ抽象化された思想（極限としては理論・学説）と「もっと断片的かつ具体的なもの」に分け（後者は「感性的認識に近いが、一応経験の反省の上に立って」おり、「生活に密着した思想、いわば肉体そのものの発散する思想〔英米人のいうフィロソフィにはこの要素がある。「ひとびとの哲学」「床屋のおやじの哲学」〕」）、さらに後者を、「体系性（論理的整合性）」をもった、「何々イズム」と呼ばれる思想と社会意識や時代の精神構造といわれるものとに分けている（『講義』②3f.：cf.『講義別冊』①22：『講義別冊』②21：『講義』④20f.：『講義』⑤15f.）。これは、「思想史の考え方について」（一九六一年）で、「思想」を、①高度に体系化された理論・学説・教義、②世界観・世界像・人生観、意見や態度、③生活感情・生活ムード・実感などに分類している（『集』⑨64）のにおおむね対応している。

ただし、これはいずれも学問的対象としての「思想」を論じたものである。それに対して、自治会座談の「思想」はそれも含んでいるけれども、「私の」、つまり丸山自身の思想が主題である。講義の定義を借用するならば、それは、丸山という「特定の個人の思想」のうち、体系性を欠いた、肉体そのものの発散する思想を主として問題にしており[23]、それゆえに理論・学問と別個に論じられる。それは個人的色彩を強く帯びているところからすれば、何らかの価値へのコミットメントないし「心情倫理」と重なり合う[24]。この意味の「思想」こそ単に「時論」だけでなく、「学問」にとって最重要の意味をもつことになる（「価値関係性」）のだが、ここでは、「分析諸要素間の関連づけ」に「思想」が入り込んでいるという側面に触れているだけである。しかし、これは、丸山がしばしば「当為命題」と見まがうばかりの（しかも読者を魅了する）「認識命題」を提起したことと無関係ではないと思われる。

さらに、学生の側から、「理論と思想は区別されねばならない」というが、「学問＝理論は正しい思想なしには成立し得ないのではないか」と質問が出たのに対して、丸山はこう答えた。学問にはルールがあるから、どんな思想があっても、「徒弟的な修業」をしなければ、理論を作り出すことはできないが、それに対して「「思想」は誰でも持って居るので、〇〇イズム、主義だけが思想ではない」。また、科学の発達は、しばしば単なる「非現実的な好奇心」から起こるのであって、「対象に対する直接的な利害とアタッチメントがありすぎると分析はできない」。そして「理論は誰に役立つか分からぬもの」であり、そこが世界観や思想とちがうところである、と。これは、まぎれもなく〈学問自身の社会的使命〉を語ったものであるが、それ以上に興味深いのは、「価値関係性」の「価値」にあたるものとして、世界観や主義ではなく、「好奇心」が挙げられていることである。これは「科学の実践性」（I-3-b）と同じく、自然科学から借用された〈基礎科学モデル〉と呼ぶべき学問観である。後で詳しく見るように、丸山はこうした学問観から〈遊びとしての学問〉を構想し、ごくおおざっぱにいえば、「思想」から「学問」へと舵を切っていくことになる。しかし、当面の文脈でいうと、こうした「思想」と「学問」の区別は、安保闘争時の状況的発言は「一人の市民として止むなしと「観念」しての行動の一部」であり、したがって「私の政治学の理論」の「実践」などではない、という増補版「附記・追記」の主張の正当性の裏づけとなっている。実際、上述のように、丸山は、「自分に挑戦して来る問題に実践的に応答する場合」に関して、「自分の役割意識からの行動」には、自分の「好み」と違った状況判断によることがあると説明していた。〈知識人の社会的使命〉である。

こうした「思想」、「学問」、「実践」の関係をめぐる抽象的な議論は、いわば「思想の表出の方法論」であり、したがって厳密な意味の学問方法論とはいえない。けれども、丸山が「夜店」から「本店」に回帰しようとしていた——しかも洋行からの帰朝（一九六三年四月）以後「原型」論に歩を進めようとしていた——この時期になされた議論は、それまでの時事的発言や時論を弁明し、清算する行為という側面をうかがわせるとともに、そこにある種の「苦闘」があったことを示唆している。しかも、それは、同年三月に刊行された吉本隆明『丸山眞男論』に対する反論を含んでいた可能性がある。すでに本書「はじめに」でも引用したが、丸山は『春曙帖』で、吉本から「学者でもなければ思想家でもない奇怪な化物だ」と評されたことについて、それは「ある意味であたっている」が、「私を貫いている大きな問題関心」が吉本の関心とまったく触れ合わないために「奇怪」としてしか見ないのだとしてこう述べている（『対話』249）。

私が雑誌に書き散らして来た対象的には実に雑多な論文の方法的視角は、どうしたら日本的な「認識の客観性」についての因襲的なイメージと、思想やイデーについての同じく根強いイメージをこわし、両者がきりむすぶ場を設定するかという点にあった。認識の客観性とは、「クソ実証主義」とも、またたんなる論理的整合性とも異なること、認識することは自己の責任による素材の構成という契機をめぐって不可避的に思想と価値判断の領域にふみ入ることを自覚しなければならない。しかし他方、「思想」というものは、決してそれだけで学問的認識の代用をするものでもなければ、それより何か本来的に尊いものでもない。自己のアスピレーションを外に投射するだけの思想、自己表白と感慨の吐露にすぎない思想がいかにハンランしていることか。一方、主体的なコミットメントを欠いた「認識」に安住する学者にも満足できず、他方、思想、世界観等々をどんな美しいコトバで表現しようと、ザハリヒな認識、鉱物質のようにつめたい認識への内的情熱をほとんど理解しない思想家たちにも左袒できない私は「化物」たらざるをえないではないか。

この議論は〈学問自身の社会的使命〉と〈知識人の社会的使命〉の両方に関わっており、それゆえ――自治会座談の表現を使えば――「学問」と「実践」の問題であるが、ここで丸山はそれを主として「学問」と「思想」の問題として捉え、したがってその緊張関係の主体として「学者」と「思想家」の対をクローズアップさせた。しかも、丸山はこう述べた後に、いくらかでも自分を理解してくれるのは、長く付き合っていて、評論家でも大学教授でもない、「一般社会の職業についている、名声への野心なしに書を読む人間」だけであろう、と語っている。「俗人」=〈あるべき民衆〉への感傷をこめた期待である。

第2章

欧化問題から原型へ——イデオロギーと「思想史」

丸山は、戦後比較的早い時期に、学問の自律性を維持し、間接的に社会ないし民衆に裨益する〈学問自身の社会的使命〉という観念を保持しながらも、同時に〈知識人の社会的使命〉という観点から、「学問」、あるいはむしろ「学者」と実践の世界を繋ごうとしたが、一九五〇年代末ごろから「夜店」(「政治学原論」と「現代政治に直接関連した問題」)から「本店」=日本政治思想史の分野に戻り、ジャーナリズムから距離をおく意思を顕わにし始めた。この転換を志向し始めた時期は比較的早かったが、事実上のジャーナリズム(時事論文)からの撤退は六五年ごろである(IV-3-b)。これは〈知識人の社会的使命〉の遂行の深刻な後退である。丸山の現代政治に対する関心は決して止むことがなかったが、それが孕む問題性を知識人として暴き、可能であればその解決策を示すということができないとなれば、政治を含む実践に関わる「思想」を表現する手段は「学問」しかない。学問は、本来「思想」を起爆剤とし、たとえ間接的であれ、またいつのことかわからないけれども、〈学問自身の社会的使命〉を遂行することによって、世に裨益するはずである。もとより、〈知識人の社会的使命〉、あるいはその媒体としてのジャーナリズムから徐々に撤退してゆき「本店」に腰を据えて思想史の研究に取り組もうとした丸山において、〈学問自身の社会的使命〉がどのように果たされていったのかということを検討するには、「学問」(認識)と「思想」(価値判断、実践的志向)との緊張関係を無視して、両者を短絡するような安易な解釈に陥る愚は避けなければならない。丸山は「思想」をストレートに学問的認識に反映させず、様々な——「分析諸要素の関連づけ」(自治会座談)や、「素材の構成」(吉本隆明への反批判)にとどまらない——仕掛けによって「思想」を「学問」に組み込もうとしたが、まさにそれゆえに丸山の歴史認識が如何なる形で、また如何なる意味で「思想」に関わっていたのかを解明することは、きわめて錯綜した、ことによると一敗地にまみれることを覚悟した作業とならざるを得ない。

ところで、丸山は、一九七七年一〇月に岩手県東山町で無教会派の信徒を前に行った講演の後の質疑応答の中で、「近代日本思想史は内村鑑三を除いては書けません」と、いささか過大とも見える評価を披露している。これは聴衆へのリップサーヴィスではなかった。評価の理由は、単に内村がキリスト教徒というだけでなく、「もっと広い意味で日本の近代、つまり日本とヨーロッパとの出会い」の問題の中で苦しんだ一人だというところにあった。内村の場合、内面的な信仰の普及が問題であり、それが教会の伝統をもつヨーロッパと違って、日本ではきわめて困難であるということに苦しんだのだが、それを別にしても、内村は「日本が異質の文明と接触した時の思想的な苦悶」を特別の信仰をもたない森鷗外や夏目漱石と共有した、というのである（『話文』①320f.）。

この発言は、異質の文化（ここでは西欧文化）と真正面から対決することのなかった日本人の思考様式において例外の位置を占めた内村、鷗外、漱石の思想にこそ、この思考様式を克服する鍵があることを示唆する。そしてこの「日本とヨーロッパとの出会い」という問題は、かのファシズム論で登場した〈お化粧的なヨーロッパ的教養〉、つまり日本知識人の宿痾ともいうべき表層的な西欧理解という問題と無関係ではあり得なかった。我々はこれを、いささか古めかしい表現であるが、「欧化問題」ないし「東西問題」と呼ぶことにしたい。それは、幕末維新以来の日本の思想がどれほどあがいても決して素通りすることのできなかった問題であり、丸山もまた戦前から強い関心を抱いていた。しかし、それが「原型」という形で大きな枠組として捉えられるのは、一九六〇年代以降のことである。原型への道は「知識人」から「学問」への重心移動と密接に関わっていた。だが、この移動とともに「思想」の働きまでが委縮してしまったわけではない。繰り返せば、思想は学問にとっても必須の栄養素であり、思想なき学問は丸山にとって無に等しい。敗戦から続いたあわただしい政治の季節が去った後、思想を一身に担った知識人に代わって、もっぱら学問が思想を背負うべき主体となる状況の中で、原型論が登場してくるのである。

以下では、丸山が戦中・戦後の思想史論文において、近代精神の「内発性」を探究することによって、思想の近代化、民主化を推進しようと試みたが、「日本の思想」（一九五七年）に至って、近代化を阻む伝統的な日本の思想的構造を解明すべく、——思想史方法論の深化と相携えながら——「内発性」論の批判へと転じ、原型論への道を準備したことを跡づけ（第一節）、原型論が、「原型突破」の思想を内在させていたにもかかわらず、「学問」＝思想史の枠を超えることがなかったということを明らかにしたい（第二節）。なお付随的に、とりわけ原型論の生成過程に和辻哲郎が与えたインパクトにも迫ってみたい（第三節）。

第一節　内発性

a　麻生義輝書評

家永三郎から『日本思想史に於ける宗教的自然観の展開』[1]（一九四四年二月刊行）を恵与されたことに対する礼状（同年三月六日）で丸山はこう語っている（『書簡』①7）。

とくに小生の関心を惹きましたのは、最後の夏目漱石論で、かねがね漱石を思想史の対象とした労作が皆無なのをいぶかり且つ、嘆いて居りましたこととて、俗な言葉で申せば「待つてました」といふ感じがしました。未だサッと通読したゞけで、詳細な感想を申し上げる事も出来ませんが、漱石の創作態度、さらに突進んで彼の生き方を鷗外のそれとの対照に於いて解明されてゐる点、深き同感を禁じえません。実は小生も日本思想の「欧化」過程への多年の関心からして、漱石と鷗外とを西欧的なものに対する対決の二つの型として取上げて見ようと志しながら、お恥かしい事にまだ一応の成果すら発表するに至つてゐないのです。（明治以後の思想がいかに、またいかなる方向で「欧化」されたのかの覚え書き的な私見は国家学会雑誌五十六巻十二号の麻生氏『近世日本哲学史』紹介の際に叙べて置きました。）［……］貴兄によつて打樹てられた指導標をたよりにボツ〴〵この方面の勉強も進めて行きたいと考へて居ります。

漱石と鷗外の「西欧的なものに対する対決」に丸山が見ようとしたのが何であったのかは、ここからはわからないが、それは麻生義輝『近世日本哲学史』の書評（一九四二年）を見ればある程度まで推測することができる。

書評の冒頭、丸山は、現代から見た明治時代は、一方で「ヨーロッパ化」の時代、その反面としての歴史的＝伝統的なものの埋没の時代と評価され、それゆえ現代の悪しき現象の発祥地の烙印を押されるが、しかし他方では日本の世界的地位への躍進、それと関連した産業・技術・政治・教育等の「近代化」とも見られること、すなわち「現代日本を堕落させた『欧化』」と「興隆させた『欧化』」という二つの言説の矛盾を指摘した。そのうえで、欧化は何よりも「物質文明」（産業・技術・法律等の制度的＝機構的側面）の受容であったとはいえ、「精神的文化」の欧化こそ、日本の近代化の測定のバロメーターであり、麻生の研究がその探究に資するものだと位置づける。これはいわゆる「和魂洋才」という日本の近代化の方向（後の定式でいえば〈テクノロジー開国、イデオロギー鎖国〉〔III-1-a〕）に対して異を唱えようとするものであるが、丸山が問題とするのは、近代日本がいっさいのヨーロッパ精神を、「物質文明」を採用するのと同じ様式で受け取ったというところにある（cf.「一九四七年度「東洋政治思想史」講義原稿」『センター報告』⑨〈2014〉73）。ここから生じる問題の核心はこうである。

受取られたものは受取る主体の内面に立ち入って内部から主体を変容する力をもたずに、単に主体に対して外から付加されるにとどまる。内面に沈殿しているものは依然それと並んでいわば無関係に存続する。時あってこの内面に潜むものが頭をもたげ、胴震いを一つすれば、付属物は忽ち振落されてしまうのである。

さらに丸山は、カール・レーヴィットの二階建て論（「ヨーロッパのニヒリズム」『思想』一九四〇年一一月）が、まさにこの「伝統的＝慣習的感覚とヨーロッパ的学問との無媒介的並存」を指摘したものと見て、そこから、「我が国が真の意味に於てヨーロッパ精神と対決したことはいまだ嘗てないとすらいえるのではないか」という大胆な推断を披瀝しつつ、この事実から「如何なる当為」が生まれるかは別問題だ、とさりげなく背後の実践的意図を洩らしている（『集』②180ff., 192f., 194）。

要するに、ヨーロッパ精神の表層的な――内面の変革を伴わない――輸入と、それゆえにこそ深層に沈殿しており、時に噴出してきて欧化を無に帰する「伝統的なもの」との、交わることのない並存と矛盾を指摘するのである。おそらくこれが家永への手紙でいう、漱石と鷗外を「西欧的なもの」との「対決」という地平で見ようとする視角を意味していたのであろう。ここでいう「対決」とは単なる「対立」や「敵対」ではなく、真剣にがっぷり四つに取り組むこと、格闘ないし対質（Auseinandersetzung）という意味である。

このような見方は、唐木順三が大正教養主義を担った「教養の世代」の西洋傾倒と、維新前後に生まれた漱石や鷗外などの「修養の世代」の「東洋と西洋、日本と外国」との相違、あるいは日本の封建遺制と西洋近代との間隙を統一綜合しようとする「苦悩」を想起させる。丸山も、戦後の学生の読書対象として、「近代日本の持っていた矛盾と懊悩を自らのものとして苦しんだ作家」として漱石を推奨し（「何を読むべきか」〈1946〉『集』③39）、また三谷隆正をめぐる座談（初出一九六五年）では、漱石とその門下（和辻哲郎、阿部次郎、安倍能成）、内村と棄教者（名は挙げていないが白樺派）との間に偏差を見出していた。ただしその際「欧化」問題は射程に入っていなかったから、はたして丸山が唐木の図式に相応したような形で「教養の世代」の欧化論を頭越しにして「修養の世代」に共感を抱いたのかどうかは、わからない。それはさておき、ここでは、家永宛の書簡にあるように、丸山が「多年」にわたって日本の思想の欧化問題に強い関心を抱いていたことだけを確認しておこう。そして、その関心は、近代化を漱石のいう「内発的」なものとして見ようとする姿勢となって現れた。

近代化の内発性

その第一歩はすでに論文「近世日本政治思想における「自然」と「作為」」（一九四一年）により踏み出されていた。そこでは、「いはゆる開化思想が直接的な思想的系譜に於て「外来」のものであるにせよ、外のものが入り込みえたのは、既に在来の「内のもの」が外のものをさしたる障害なく迎へうるだけに変質していたからにほかならない」として、徳川期の思想的展開過程のうちに、「維新後の「近代」思想の論理的鉱脈を多々探り当て」ようとする姿勢を闡明にした（『集』②6f.／『日本政治思想史研究』196f.）。外来思想の受容の条件が一定程度整っていたという前提の下に、近代思想がすでに徳川時代にあったこと（すなわち「江戸時代における近代意識の発達」（「丸山先生を囲んで」〈1995〉『手帖』(69)13））を探り当てようというのである。これが文字通り「内発性」の探究であることは[2]、後年の回顧で、戦争中に、幕藩体制のような磐石の体制であっても近代的思惟を迎え入れる準備ができていたということをいおうとしたと述べ、そのことを、「近代的思惟の内発性」の探究と表現していることから明らかである。しかも、戦後についてもこう付け加えている。戦後の近代的思惟＝デモクラシー万歳の風潮は戦争中に近代的思惟＝西洋思想を排撃したのを裏返しにしただけであり、日本の中からデモクラシーを生み出していくには、日本に微弱ながらあった「内発的なデモクラティックな要素」を育てていくことによって、我々自身が「自信」をつけなくてはならないという状況であった、と[3]（「第四回大佛次郎賞受賞インタヴュー」〈1977〉『話文』②171）。あるいは、これも回想だが、敗戦の年に三島文化協会主催の講義を行った当時のことについて、「確かに、日本に内発的な、デモクラシーの萌芽があったんだということを言いたいという気持ち」、「占領軍から押しつけられたものじゃないという気持ち」が非常に強く、そうした萌芽が、「近代的思惟」の論文にも書いたように、江戸時代にも明治にもあったと考えていた、と語っている（「聞き書き　庶民大学三島教室」〈1980〉『話文』①94）。

「近代的思惟の内発性」、「内発的なデモクラティックな要素」とは漱石を意識した言葉である。当の論文「近代的思惟」（一九四六年）で丸山は、「漱石の所謂「内発的」な文化を持たぬ我が知識人たち」がかつて単純な時間的進歩の観念から最新のファシズムに頭を垂れ、戦後になると民主主義理念の勝利に戸惑っていることを指弾し、同時に「過去の日本に近代思想の自生的成長が全く見られなかった」とする見解がかえって「近代思想即西欧思想」というかつての安易な等式化に逆戻りする危険を指摘し、「儒学乃至国学思想の展開過程に於て隠微の裡に湧出しつつある近代性の泉源を探り当てること」の重要性を説いていた(『集』③3f.)。

したがって、丸山は戦中から戦後にかけて、江戸時代と明治時代における「近代思想」の存在、つまり思想の近代化の「内発的」契機を探り当てようとしたが、戦後の場合、そうした動機に加えて、戦前の裏返しとしての近代思想=西欧思想讃美の風潮に抗って——「反時代的」に(『座談』②216)、あるいは「ほとんど本能的な反発というか、意地っ張りの根性」から——[4]、「やがて哲学者たちは又もやその［民主主義理念の勝利の］「歴史的必然性」について喧しく囀ずり始めるだろう」が、「こうしたたぐいの「歴史哲学」によって嘗て歴史が前進したためしはない」[5](『集』③4)と切り捨てて、デモクラシーの「内面化」による定着を企図し[6]、それを通じてデモクラシーに対する日本人の「自信」を鼓舞しようとした。だから、一九六六年になっても丸山は、権力のレベルで見ると、敗戦による変革の方が明治維新よりも「外からの強制」の性格が強いけれども、変革の思想内容からすれば逆に、「内部にすでにあった要素」が解放されたという側面が維新時よりも大きいと主張して、権力レベルの問題を日本国民一般に拡大するような「押しつけ憲法論」に対抗しようとした(『座談』⑥6)。「内発的」の語こそ使わないが、論拠は敗戦直後と変わらない。

要するに、「内発性」の意識のないところに、戦前の国体擁護を裏返しにしただけの大勢順応的な民主主義万歳という安易な態度、あるいは「環境への順応」からくる「危なっかしいデモクラシー」、「「仕方がない」デモクラシー」(『集』③329)が幅をきかせ、「デモクラシーが至上命令として経典化される危険」(『座談』②216)が生じ、逆にいえば「内発性」探究とそれに基づく「自信」こそがそうした態度を克服して、民主主義の内面化と定着を推し進めることを可能にする、というのである。

表層的欧化と深層的伝統

「内発的」という言葉は漱石が「現代日本の開化」と題する講演(明治四四年)で用いたものであり、人口に膾炙しているが、念のため概要を紹介しておこう。

西洋の開化が「内発的」であるのに対して、日本の開化は「外発的」である。日本はおおむね比較的「内発的の開化」で進んできたが、維新以来事態は一変し、急に「自己本位」の能力を失い、外から無理にいわれる通りにしなければならなくなった。それは西洋の開化が日本よりも数十倍進んでいるからにほかならない。その結果、日本人は、新しい波が到来したためにゆっくり考える暇もなく、古い波を「未練」もなく棄てなければならなくなり、そのために「空虚の感」、「不満」、「不安の念」を抱かずにはおれなくなってしまった。しかも社交に示されるように、以前の風俗を急に変えるわけにはいかず、ただ「器械的に西洋の礼式抔」を覚えるしかない。それゆえ、現代日本の開化は「皮相上滑りの開化」であるが、それはやむを得ないことであり、「涙を呑んで上滑りに滑つて行かなければならない」。もちろん、上滑りでなく、西洋と同じ発展の自然の順序をたどって内発的に進むことも不可能ではないが、そうするとそのスピードは西洋の倍以上かかり、神経衰弱に陥らざるを得なくなる。結局、日本人は「言語道断の窮状」にあり、そこからすれば日本の将来は「悲観」せざるを得ない（『全集』㉑44f., 49ff.）。

この漱石のいう「皮相上滑りの開化」が、麻生書評のヨーロッパ精神の表層的受容というコンセプトを媒介として、あのファシズムに対する知識人の脆弱性を指摘した〈お化粧的なヨーロッパ的教養〉という規定に繋がっていたことは、見まがうべくもない。もちろん、「近代的思惟の内発性」という観点がただちにインテリ批判に繋がったというわけではない。しかし、〈お化粧的なヨーロッパ的教養〉しかもちあわせないインテリは、西欧ばかりに目を奪われた、「「内発的」な文化を持たぬ我が知識人たち」でもあった。つまり、〈お化粧的なヨーロッパ的教養〉という規定は、直接には敗戦後の「反省」としてインテリの脆弱性を顕わにするための道具立てであったが、それはより深く維新以来の日本の「欧化」の質と関わっていた。戦前に丸山は、務台理作の新刊書『社会存在論』（一九三九年）を、「化粧品的な「教養」の書」ではなく、「文化と世界に関心をもつ人士の血となり肉となるべき営養[ママ]剤」と評したことがあった（「新刊短評：務台理作『社会存在論』」〈1939〉『集』①117）が、また、先に引いたように、講演「思想と政治」において、戦前の日本では「危険思想」を除いて「思想が実践に転化されなかった」として、危険思想以外の思想といえば、支配体制を支える思想ともっぱらアカデミックな、もしくは「アクセサリーとして、お化粧的な教養の意味」しかもたない「ハイカラな思想」だけであったと論じた。しかもその際にもレーヴィットを引いて、二階を「アクセサリー思想の氾濫」、一階を「オーソドックスな思考のワクの画一性」と表現した（『集』⑦135f.）。二階の「アクセサリー思想」が精神的文化の〈表層的欧化〉にあたることは明白である。そこからすれば、麻生書評の枠組から生じた内発性の追究は、思想（民主主義）を戦後世界に根づかせようとする志向をも含んでいた。

戦前の場合、内発性探究は、もちろん民主主義万歳の風潮と無関係であり[7]、何といっても思想の「近代化」の推進が最大の眼目であった。そこからすれば、たとえば「福沢諭吉の儒教批判」（一九四二年）にも、儒教の思惟方法を問題とし、その内在的発展を追跡することによって「日本近代化の自生的内発的な契機」を探ろうとする契機を見出すことができる（三谷太一郎『戦後民主主義をどう生きるか』東大出版会〈2016〉77）。この論文自体は近代化の内発的契機の探究を主題としていないが、福澤の儒教批判は、「近代的」思考による「前近代的」思考の批判であるから、その限りで明治時代における近代化の「内発的」契機の探究と志向が重なる。そう見るならば、他の戦中の福澤論も内発性探究と無関係ではないことになる。『三田新聞』に載せた「福沢に於ける秩序と人間」（一九四三年）も、福澤にことよせて、近代国家の成立にとって必要な「個人の主体的自由」が日本の伝統的国民意識に欠如していることを指摘している（『集』②220f.）から、事実上、明治思想における近代化の「内発性」の提示といってよい。

ただ、後にみずから語ったところによれば、丸山は、戦時中、「徂徠学の延長[8]」として福澤を考えていたのではなく、武士＝軍人、儒教＝国体論というイメージで福澤を「痛快、痛快という気持ち」で読むという「イデオロギー的な見方」をしており、「儒教批判」論文も同じ観点から書かれたが、他方で「福沢に於ける秩序と人間」の方は、「近代の超克」論を念頭に置いて、「日本におけるヨーロッパ的なもの」は「実に他愛ないもの」であり、「胴震いすれば、落っこちちゃうんだ」というライト・モチーフに基づいていたという（「生きてきた道」〈1965〉『続話文』①80f.）。「胴震い」云々は麻生書評の言葉そのままである。つまり、日本の〈表層的欧化〉＝近代化の「質」に対する批判である。麻生書評でも、明治時代の問題がすでに「アウフヘーベン」されたとして、「近代文化に対する近代化以前の立場からの反対」までも「「近代」の弁証法的な止揚の努力」と誤解する危険性（『集』②181）を意識していた。

とはいえ、「近代の超克」批判は思考の近代化を目指す「内発性」探究とも重なっていた。「徂徠学」論文ほか二篇をまとめた『日本政治思想史研究』（一九五二年）「あとがき」で丸山は、「徂徠学」と「自然と作為」の執筆の「超学問的動機」が、近代の「超克」や「否定」の風潮の中で「明治維新の近代的側面、ひいては徳川社会における近代的要素の成熟」を描くことにあったと述べている[9]（『集』⑤290／『日本政治思想史研究』「あとがき」8）。後の同書英語版序文（一九八三年）では、より詳しく、「近代の超克」論とそれを背後から支えている全体主義的な思潮に対して、第一に明治以後はまだ十分に「近代化」されていないこと、第二に徳川時代の思想の底流に近代への連続性を見出すことができることを論証しようという、「純粋にアカデミックな関心を超えた動機」ないし「超合理的な衝動」があった、と表現している[10]（『集』⑫94f.）。この整理に従えば、同じく「近代の超克」批判が念頭にあったとしても、「福沢に於ける秩序と人間」のライト・モチーフは、近代的思考の「内発性」よりも「前近代性」（伝統性）の指摘の方にあった[11]。もっとも、「儒教批判」論文にも、数百年にわたる思惟範型は封建社会が崩壊しても容易に拭い去ることができず、福澤は明治三〇年に至ってもなお「「儒魂の不滅」を痛歎せねばならなかった」（『集』②141）という叙述があるから、伝統的思考の根強さを強調しようとするライト・モチーフの片鱗はうかがえるのだが、丸山の記憶では、そもそもの執筆の動機が違っていたのである[12]。

直接的動機はともかく、戦前の麻生書評、「徂徠学」および「自然と作為」、福澤論などは、日本の近代化をめぐって、〈表層的欧化〉と〈深層的伝統〉との表裏をもった一つの思想構造を浮かび上がらせる機能を事実上もっていたと評することができるが、「内発性」探究は〈表層的欧化〉に対する挑戦であり、「前近代性」の指摘は〈深層的伝統〉を相手にした闘争であり、いずれも「近代化」の要求を孕みつつ、戦後まで持続した。

二つの志向は厳密に分離することはできないが、後者についてはたとえば「日本における自由意識の形成と特質」（一九四七年）で、「吾々は現在明治維新が果すべくして果しえなかった、民主主義革命の完遂という課題の前にいま一度立たされている」という問題意識の下に、ロックのいう「理性的自己決定としての自由」が明治維新の思想に欠けていたという指摘（『集』③154f., 159f., 161）となり、「自由民権運動史」（一九四八年）では、自由民権運動には「古い規範意識にかわる近代的な良心の自由というような、新しい規範意識はない」という評価（『集』③245）となって現れている。他方、前者の方向は、「陸羯南」（一九四七年）と「明治国家の思想」（一九四九年）における、明治二〇年代初頭の「進歩性と健康性」（『集』③93：『講義』②186）、「健康な進歩的精神」（『集』④96）を示そうとする営為となって結実した。これは、福澤研究における、「内の開放と外に対する独立とは一本の問題であり、個人主義と国家主義、国家主義と国際主義とは見事なバランスを得ていた」（『集』④24：『講義』②114ff.）という見方を含めていうならば、「近代民族国家の勃興期において近代民族国家を支えるところの、推進させるところのもっとも［ママ］健康な精神としてのナショナリズム」（『別集』②3f.）、明治以降の日本の「ナショナリズム思想における進歩的なモメント」ないし「世界的共通性」（『集』⑥248）、「真の近代的ナショナリズム」、「健全なナショナリズム」（『集』⑤119, 121）の（その後潰え去った）萌芽を示そうとしたものである。明治国家には後の大正・昭和時代と違ったものがあり、「如何にそれが途中で本来の方向を歪曲したとしても、健康な進歩的精神というものがどこか失われずにいた」（『集』④96）というのも、この萌芽に対する熱い思い入れを語ったものである。

b　内発性からの脱却——「日本の思想」

だが、一九五〇年代末以降、とりわけ「日本の思想」（一九五七年）を境にして、「内発性」の発想、あるいはそれと相即の、〈表層的欧化〉—〈深層的伝統〉の構図は、ある種の転機を迎えることになる。しかし、その経緯を明らかにすることは容易ではない。これまでもそうであったが、丸山の議論（問題意識）はつねに多元方程式であり、丸山風にいえば「素材の構成」をみごとに行い、多数の「認識命題」を含み、必ずしも「解」を整然と示さず、別の「問い」—「解」とないまぜになっていることが多いからだ。丸山は当面の主題である「問い」を解く際に多様な「問い」と「解」を同時に提示し、犀利な頭脳と巧みな表現力によって議論を展開したため、それはさながら「迷宮」のような様相を呈している。この「迷宮」から首尾よく抜け出すにはアリアドネの糸が必要だが、別の視角からする他人の解読をあてにするわけにはいかないので、あえて「自前の糸」でテクストに迫ってみることにしよう。

思想の雑居的無秩序

丸山はこの論稿で、あらゆる時代の思想を関連づけ、「すべての思想的立場がそれとの関係で——否定を通じてでも[13]——自己を歴史的に位置づけるような中核あるいは座標軸に当る思想的伝統」が日本に欠如していることを指摘し、こうした事態の克服のために、思想のこれまでのあり方・批判様式・受け取り方を検討し、思想の「蓄積」と構造化を妨げてきた諸契機を見つけ出し、それを俎上にのせることを通じて、少しでも前進することができる（なぜなら「思想の伝統化」のためには「思想と思想の間に本当の対話なり対決が行われないような「伝統」を変革しなければならないからだ）という展望を語った後に、この諸契機についてこう説明する（『集』⑦193f., 196ff.）。

しばしば、儒教や仏教、それらと習合した神道や江戸時代の国学などが「伝統思想」と呼ばれ、明治以降に流入した「ヨーロッパ思想」と対比される。この二つのジャンルを区別するのはよいが、「伝統と非伝統」というカテゴリーで分かつのは問題だ。外来思想を摂取し、それが様々な形で我々の生活様式や意識の中に取り込まれ、文化に消し難い刻印を押したという点では、「ヨーロッパ産」の思想もすでに「伝統化」している。蓑田胸喜がW・ヴントやA・ローゼンベルクを援用したように、如何なる国粋主義思想家も純粋に日本の語彙や範疇だけで所論を展開できなかった。我々の思考や発想の様式は仏教的、儒教的、シャーマニズム的、西欧的な思想の断片によって構成されているが、それらは雑然と同居しているだけで、相互の関係や占めるべき位置が判然としない。その意味では、いわゆる「伝統」思想も、明治以後のヨーロッパ思想も本質的な違いは見出されない。この文脈での結論はこうである。

さし当り注意したいことは、伝統思想が維新後いよいよ断片的性格をつよめ、諸々の新しい思想を内面から整序し、あるいは異質的な思想と断乎として対決するような原理として機能しなかったこと、まさにそこに、個々の思想内容とその占める位置の巨大な差異にもかかわらず、思想の摂取や外見的対決の仕方において「前近代」と「近代」とがかえって連続する結果がうまれたという点である。

丸山はここで西洋思想がすでに「伝統化」したといっているが、それはいうまでもなくカッコつきの伝統化にすぎない（cf.『講義』⑥17）。ここでは西洋思想は仏教、儒教等と同じ次元で並べられており、したがってそれらと同じく、「雑居」状態の一構成要素として存在しているにすぎない。これはあの〈表層的欧化〉の別表現ではないか。事実、すぐ後で丸山は、「伝統思想」は依然として我々の生活感情や意識の奥底に深く潜入しており、それがとりわけ危機的状況の中で突如として「思い出」として噴出すると述べている（『集』⑦199f.）。西洋思想の伝統化は達成されたかに見えながら、「いわゆる伝統思想」が根を張っていて、突如として「思い出」されるというのは、――「人間がびっくりした時に長く使用しない国訛りが急に口から飛び出すような形でしばしば行われる」という比喩で語られるように——麻生書評の「胴震いを一つすれば、付属物は忽ち振落されてしまう」ような「内面に沈殿しているもの」にほかならない。[補説1] つまり、西洋思想の表層的摂取と底流としての伝統思想の持続ということだ。これは、諸思想の雑居の中でとりわけ西欧思想の運命に着目した形で捉えること、すなわち「思想における「伝統」と「欧化」」（『集』⑦220）の問題であり、戦中の丸山の問題意識からの連続性を示している。それは、「伝統思想が［……］異質的な思想と断乎として対決するような原理として機能しなかった」という表現が麻生書評の「わが国が真の意味に於てヨーロッパ精神と対決したことはいまだ嘗てない」という言葉を鸚鵡返しにしたものであることからもうかがわれる。だが、もはや「近代の超克」論が正面敵ではない。[14]

いまや丸山は、つねに新しいものに飛びつく習性（「新たなもののすばやい勝利」）と、古き伝統が底層に流れていて突然「思い出」されること（「過去のズルズルな潜入・埋積」）（『集』⑦201）という新しい——しかし麻生書評を引き継いだ——枠組を提示し、それによって、外国の、とりわけ西洋の思想の、「外見的」にすぎない受容を可能にした（つまり「断乎とした対決」を不可能にした）前近代と近代を貫く日本の思想構造、すなわち「外来」思想を含めてあらゆる思想を「伝統化」し得なかった思想構造（その現れが「精神的雑居性」であり、戦後とくに著しくなった「雑居的無秩序性」である（『集』⑦242））を眼前に示して見せた。このことはやはり多重的な意味をもち、多様な解釈を可能にするが、ひとまずこの地点から（つまり基本的には戦前と平行した問題意識から）相変わらず「内発性」探究の要請が出てくるのかどうかということを確かめておこう。

【補説1】 一九五二年の座談で丸山は、戦後の変革は明治維新と同じように、上からの「制度の変革」にすぎず、「意識の変革」との間にギャップがあり、これを利用して、古い意識の方の尺度に合わせようとする動きが出てくるが、これは古い道徳の復活ではなくて、旧道徳が実際は「底流にずっと存続していて、ただそれが、表面の変化が限界にきたときに、あらためて意識されたにすぎない」のではないかと述べている（『座談』②251）。これは伝統の突然変異的噴出と重なる見方であり、原型論へと繋がっていくが、他方で制度と現実ないし社会意識との「ずれ」という観点は、川島武宜『日本人の法意識』（岩波新書、一九五七年）と同じものであり、丸山はこの「ずれ」を「法律革命」という言葉で特徴づけている。たとえば、「戦後の革命」が「法律革命」という点で明治維新と類似している（『手帖』㊷1）とか、「天皇様の御布告の形で下ってくる矢継ぎ早の「法律革命」に、人民はとまどいながら［……］」（『集』⑨71）（ただし、「法律革命と民心とのダイナミックな相互作用」〔同77〕や法律が「反動化に対する砦」になる側面も認める〔『平和と民主主義』㊺〈1958〉15〕）とか、古代における律令制への変革は「一種の法律革命であり、法制が上から急激に変えられたわりには、社会的な体制はそんなに変っていない」という（『集』⑫126）。また、戦後の民主化がたかだか「国家機構の制度的＝法的変革」にとどまっていて、「国民の精神構造の内面的変革」に至っていない（デモクラシーは高尚な理論にとどまっている限り「舶来品」である）（『集』⑤75：『集』⑤107）とか、「法律的あるいは制度的な機構の変革」よりも「長い間の社会的な規範意識、そこから生み出された、われわれの物の考え方の土台というものは、そう簡単に変わるものではない」（『集』⑦135：cf.『集』⑧71, 75, 77）とか、「レディメードの制度をヨーロッパから輸入して、それを上から下におろした」「日本の近代化」（『座談』④297）とか、西欧では「社会→政治→法」だが、日本の戦後改革では「法律革命」→政治制度→人間関係の民主化という道筋をたどる（『座談』④284）というのも同じ発想である。

「思想の伝統を生かす」

一九六一年に「日本の思想」が他の論稿とともに『日本の思想』（岩波新書）として公刊された際の「あとがき」で丸山は、この本が大学卒業以来の学問的課題とその過程で刻印された思想的道程とともに、以後の「関心方向の新たな起点」となった部分を含んでいることを開陳する。「新たな起点」とは、論文「日本の思想」の前後のころより、従来の「政治学上の諸問題、とくに現状分析の領域」から政治思想史の領域に重心を移したこと（つまり「本店」への移動）と無関係ではないけれども、それ以上に「内面的な意味」があるとして、それを「日本の思想の伝統を生かす」という観点に即してこう説明する。

「超国家主義の論理と心理」以来のファシズム論・ナショナリズム論や政治状況に関するエッセイは、日本の精神構造や日本人の行動様式の「欠陥や病理の診断」という性格をもち（だがもっぱらそうであるわけではないことは論文「陸羯南」と「明治国家の思想」が示している）、戦争体験を経た一日本人としての「自己批判」（他者から見れば

「自虐」(『集』⑫42, 44)を根本的な動機とし、しかも戦前の「病理現象」を過去のものとして葬り去ろうとする動向に抵抗して執筆されたために、病理現象の構造的要因の思想史的探究に力点を置き、それが『日本の思想』にも引き継がれているが、しかしその結果「いわゆる日本の「良き」思想的伝統」を過去の歴史の中から取り出す作業は「二の次」にならざるを得なかった。その間に「いわゆる進歩派の思想的陣営」も含めて民族的遺産の継承や発展が話題になったけれども、日本思想史における思想の継受の仕方、「外来」思想の移植と「伝統」思想の対応関係を全体として問うことなしに、自己の「好み」や政治的課題に適合するものを「伝統」として掬い上げても、歴史認識として簡単に反証することができるし、現実的効果としても明治末期の「国民道徳」論に一変奏曲を加えるだけになると考え[15]、「座標軸」＝思想的伝統の欠如と諸思想の雑居状態(千年前から現代まで「世界の重要な思想的産物」はほとんど日本思想史の中に「ストック」としてあること)を同じ過程として捉え、そこから出てくる思想史的問題の構造連関を明らかにしようと試みた。そしてそうすることを通じて、これまで「背中にズルズルとひきずっていた「伝統」」を前に引き据えて、「将来に向かっての可能性」をその中から「自由」に探って行ける地点に立つことができるようになった。「可能性」において捉えるとは、「反動的」なものに「革命的」契機を、服従の教説に反逆の契機を、諦観の中にも能動的契機を、あるいは「それぞれの逆」を見つけ出そうとする思想史的方法であり、論文「開国」や「忠誠と反逆」で試みたものである、と(『集』⑨112ff.)。

原文はなまなかな読み方ではすっきり頭に入ってこず、要約してしまうとなおさら要領を得なくなる恐れがあるが、論点はおおむね以下の三点にまとめることができるだろう。

①戦後初期から『日本の思想』までの研究関心が主としてファシズム等の戦前の「病理現象」の思想史的解明に向けられていたこと。

②「進歩派」のように「好み」[16]や政治的課題に即して伝統を掘り出すのではなく、「外来」思想と「伝統」思想

との関連を問い、日本の思想構造、すなわち座標軸の欠如、その相関現象としての思想の雑居状態から生じる問題を解明することによって、「日本の思想の伝統を生かす」ことができるようになったこと（ここまでが『日本の思想』の解説である）。

③日本の思想構造の解明を前提として「伝統」を捉え直すことによってそれを「将来」に生かすべく、新しい思想史的方法を開拓したこと。

第三の営為について補足しておくと、丸山は「思想史の考え方について」（一九六一年）でも、思想的な伝統の「発掘」を問題にするには、「結果的には社会的に反動的になった」思想にも発端に「進歩的なモメント」が含まれていた可能性、逆に結果としては「非常に革命的な」行動や運動に影響を与えた思想の中に、発端においては現実の結果と違った方向への可能性を問うという「アンビヴァレントな可能性」の追究が必要だと論じている（『集』⑨78, 81 : cf.『集』⑯230）。具体的には、「忠誠と反逆」（一九六〇年）で、近代日本における忠誠と反逆の像が「ネガ」としてしか現れないが、「ネガ」を「ネガ」のままに美化したり排撃したりすることではなく、我々の「今日の責任と行動」において「ネガ」像から「ポジ」像を読みとることが重要だと論じ（『集』⑧275f.）、「開国」（一九五九年）では、「第三の開国」（敗戦）の真只中にある我々は「歴史的な開国をただ一定の歴史的現実に定着させずに、そこから現在的な問題と意味を自由に汲みとること」が必要であり、そのためには「開いた社会」や「閉じた社会」といった「非歴史的」ないし「超歴史的」範疇を歴史的現実の中に投入することも無意味ではないとして、明治初期の「開いた社会」の諸契機の「自生的」展開を掘り起こそうとした（『集』⑧47, 78）。また、少し後の「幕末における視座の変革」（一九六五年）では、マキャヴェリに倣って[17]、歴史状況とそれへの対応とを一つの型に形成することにより「読みかえる」という方法を提示している[18]（『集』⑨207f. : cf.『座談』⑦149）。

内発性の相反

さて、この『日本の思想』「あとがき」の議論は少なくとも部分的に戦中戦後の「内発性」探究と関わっているように見える。新しい思想史的方法は、「反動的」な帰結に「革命的」、「進歩的」契機を見出すことを可能にするという点では、近代的思考を徳川時代や明治時代に発見しようとしたかつての内発性探究と重なり、「開いた社会」の「自生的」展開という表現も内発性を想起させるところがある。[19] しかし、丸山は「進歩派」などによる伝統探究との差異を強く意識していた。[20]「思想史の考え方について」でも、「過去の思想的伝統を生かす」ないし「過去の伝統的な思想の発掘」という問題を論じて、「日本における民主主義の伝統を発掘しなければならない、それをもっと現代に生かしていかなければならない」という発想や、「日本の「固有」思想のなかに、ヨーロッパ思想の日本における対応物をいちいち探すという動向」に触れ、過去の思想が「到達した結果」ではなく、その初発に孕んでいた「アンビヴァレントな可能性」に着目することなしには、日本における思想的な「伝統」の発掘はできず、かりに発掘しても恣意的な議論を展開することになって、戦前の「もっとも悪い意味の日本の国粋主義」に復帰する危険があると指摘する。そのうえ、「民主主義的な伝統あるいは革命的な伝統」を求めて「もともと少ない例を、むりやり草の根を分けても探し出し、これを「伝統」としてかつぐ」ような「ないものねだり」の姿勢を戒めている[21]（『集』⑨73, 76, 81 : cf.『対話』37f.）。

さらにやや後になるが、一九六三年度の講義で「伝統」観念の多義性（①歴史上の「画期」〔たとえば明治維新以前〕を基準とする定義、②長い期間持続的に有力で支配的な潮流ないし傾向を指す場合、③昔の文化制作物として保存されているもの〔博物館にある伝統〕を指す場合）を指摘した際にも丸山は、②の異種として、ある時代以後に現れたものを昔に遡及させて古今を通じた「伝統」であるとする考え方を挙げ、「革新派」が国体思想に対する反撥から日本における基本的人権思想や共和主義の伝統を史実の中から「虫メガネ」で探し出して対抗しようとしたことを取り上げて、ごく些細な歴史的傍流まで拾えば、すべてが「伝統」になってしまい、結局、伝統をいうこと自体が空虚になると批判している（『講義』④30 : cf. 松沢弘陽「丸山眞男における近・現代批判と伝統の問題」大隈和雄・平石直昭編『思想史家　丸山眞男論』ぺりかん社〈2002〉315）。

これらの「伝統」発掘への批判で丸山は、「内発性」という語を使っていないが、「進歩派」ないし「革新派」の伝統志向は、西洋仕込みの「革命」や「民主主義」が日本の「伝統」にも存在したと考えてそれを探り出そうとするものである以上、一種の内発性探究である。それどころか、丸山自身も「進歩派」と同じような発想で論文を書いていた。丸山は『日本の思想』「あとがき」で病理現象ばかりを探ってきたのではないというために、アリバイとして論文「陸羯南」と「明治国家の思想」を挙げたが、この二論稿やその他の論文で日本の過去に健全なナショナリズムが存在していたことを証明しようとした営為は、「内発性」の探究であった。たしかに、それは「草の根」を分けたり、「虫メガネ」で探したりした結果ではなく、れっきとした明治の思想家を相手にしたものだが、西洋に起源をもつ（もしくは西洋と平行した）思想を日本の歴史の中に探ろうとする点では、進歩派と異ならない。この二論稿は、丸山のナショナリズムへの関心の所産であって、自覚的に「伝統の問題」と取り組んだ成果ではない（松沢「近・現代批判と伝統」293）から、進歩派とは異なるけれども、「内発性」探究であることに変わりはない。

では、その志向は『日本の思想』まで持続していたのであろうか。ひょっとすると、新しい思想史的方法による伝統発掘の志向もまた「内発性」探究として位置づけられるのではないか。たしかに、それは、戦前および敗戦直後の――「近代の超克」論や「民主主義万歳」論に対決するための――近代的思考の内発性探究、その後の「進歩的」ナショナリズムの探究と同様に、過去の思想を現代に生かそうとするものである。そもそも丸山にとって、日本の思想史を研究すること自体、「主体的なコミットメント」を前提としていた。そして総じて思想史家の描く思想は「過去の思想の再創造」（『集』⑨72 : cf.『集』⑮212）である以上、「日本の思想の伝統を生かす」とか、「過去の思想的伝統を生かす」とか、あるいは「私達の父祖の思想的模索」に「含まれた豊富な可能性を、どこまで私たちの将来の方向決定のための栄養素として活かすことができるか」（「企画・編集にあたって（近代日本思想史講座）」〈1959〉

『集』⑯230）とか、「積極的に我々の祖先の思索の遺産というものを我々の中に蓄積して行く」（「福沢から何を学ぶか」〈1957〉『座談』②317）といった、本来の「伝統派」と見まがうような観点は、――現代に関わる問題解決の契機を過去に探るという意味において――「内発性」探究の姿勢を表すものであった。

とはいえ、「内発性」概念をそこまで広げるのは行きすぎかもしれない。丸山は、進歩派批判にかこつけて、恣意的に伝統を発掘するのではなく、日本の伝統的思想構造を踏まえるべきだと論じて、新しい思想史の方法を提示したのであり、しかもこの方法は、単に反動、服従、諦観の中に革命・進歩、反逆、能動を見出すだけでなく、「それぞれの逆」をも発見する仕掛けとして提起され、だからこそ「アンビヴァレントな可能性」が強調されたのであるから、ここにおいて麻生書評以来の「内発性」探究という発想は、少なくともその位置をずらしたと見るべきであろう。なるほど、文字通り「進歩」の中に「反動」を読み取った例は見出しにくいが、「天皇制的精神構造における無限責任→無責任のダイナミズム」がコミュニズム陣営に「転移する」という問題に迫った(22)（『集』⑨114）のは一例として挙げることができるかもしれない。しかも、論文「日本の思想」とほぼ同じころに、丸山は「内発性」の論理そのものに批判の矢を向け始めた。しかしそれを見る前に、「日本の思想」に含まれるもう一つの契機に触れないわけにはいかない。

第二節　天皇制の病理現象から「原型」へ

a　日本の普遍的病理現象

丸山は「日本の思想」において、座標軸の確立を阻む伝統的思想構造を「対象化して認識すること」（『集』⑦194）を提起したが、その背後には、こうした欠陥のある伝統を「変革」し、「思想の伝統化」を可能にするような「座標軸」を発見するという目標があったと思われる。「思想と思想の間に本当の対話なり対決が行われないような「伝統」の変革なしには、およそ思想の伝統化はのぞむべくもない」という言葉は、そうした見通しを示唆しているかに見える。しかし、丸山はそれについて詳細を語らず、ただ、新座標軸の発見の予備作業として、伝統的思想構造の認識を実行に移し（これは「日本の思想」で行われた）、『日本の思想』「あとがき」（一九六一年）にいうように、これまで背中に引きずっていた「伝統」を前に引き据えて、「将来に向かっての可能性」をその中から「自由」に探っていこうとする企図を述べたにすぎない。これは、新しい思想史的方法を用いていわば〈伝統的な伝統〉とは〈別の伝統〉を探究しようとする企図と解される。ちなみに、丸山はこの企図を語ったすぐ後でこう述べている（『集』⑨115）。

したがって、「日本の思想」において提起されているさまざまの認識命題はもちろん一方では、従来からひきつづく著者のモチーフである日本人の自己批判という意味をもっているけれども、他面ではそれとは違った評価的意味をも引き出しうるように配慮されているつもりである。たとえば、［……］「思い出」による突然変異的な「伝統」回帰というパターンをとり出したのも、著者の意図は、新たな思想にたいする敏感な感受性、その普及度のおどろくべき早さということと、他方における過去的なもの——極端には太古的なもの——の執拗な持続ということ、その二つの矛盾する契機の相互連関を指摘し、とくにそうした連関性が日本の近代化の歴史過程でどのような機能を果して来たかを解明しようとする点にあるからして、もし右のような精神構造と歴史機能とをわれわれが認識として対象化したうえで、「思い出」を自覚的に駆使するならば、それはもはや突然変異的な転向というこれまでのパターンのたんなる繰り返しにはならないであろう。（傍点原文）

またもやそのままでは理解しづらい言説であり、以下の解釈も推測の域をどれほど出ているか心もとないが、はっきりわかっていることからいえば、「日本人の自己批判」とは、上述のように、戦前の「病理現象」の剔抉による反省（もしくは過去の忘却への批判）という意味であり、「敏感な感受性」と「過去的なもの——極端には太古的なもの——の執拗な持続」は、やはりすでに見た「新たなもののすばやい勝利」と「過去のズルズルな潜入・埋積」という、思想の伝統化を阻む伝統的思想構造のいいかえである。わかりにくいのは、「それ［自己批判］とは違った評価的意味を引き出しうる」という表現であるが、「自己批判と違う」というのは「批判」とは反対のポジティヴな評価を表しているように見える。もしそうだとすれば、（これが一番厄介な表現だが）「思い出の自覚的駆使」というのは、——「思い出」とは伝統の突然変異的噴出のことであるから——「転向」のように無意識に沈殿していた〈伝統的な伝統〉を思い出すのではなくて、「伝統」を意識し一つの価値として見て、それと対質するということであろう。それがすなわち、この一節の前にいう、「「伝統」を前に引き据えて」云々のことのようだ[1]。

こういう解釈を前提としていえば、丸山は、「日本の思想」で行った伝統的思想構造（「敏感な感受性」と「過去的なものの執拗な持続」、「新たなもののすばやい勝利」と「過去のズルズルな潜入・埋積」、あるいはその結果としての「精神的雑居性」）の認識を踏まえて、新しい思想史の方法を駆使して――それは必ずしも「革命的」な契機を見つけ出すものではないがゆえに「進歩的」か「反動的」かは不確定であるが――〈別の伝統〉の探索の旅に乗り出し、その先に「思想の伝統化」を展望したということになるであろう。

ところで、「日本の思想」において「病理現象」とされるものの中核は、単純化していえば、「自己批判」の対象となる軍国主義やファシズムの精神構造を規定した天皇制ないし国体である。しかし、右にいう伝統的思想構造もまた「病理現象」ではないのか。「健全なナショナリズム」と対比してみれば、「病理現象」というのは最初から批判的見地を前提とした「認識命題」であるが、丸山が剔抉した伝統的思想構造（精神的雑居性）もまた病理現象である。その認識は、「伝統」を単純に否定するのではなく、ポジティヴな評価を可能にするけれども、しかし事実としてはまぎれもなく深刻な――しかも近代に限定されない――「病理現象」である。実際、この病理現象の一面である、「太古的なものの執拗な持続」という形容は、古代から現代まで及ぶ「原型」の、後の呼称である「執拗低音」と響き合っている。「原型」論は、古代以来、日本が外来の普遍主義的世界観をつぎつぎと受容しながらこれを修正していったパターンを定式化しようとするものであり、後に「古層」といいかえられ、さらには「執拗低音（basso ostinato）」と変更された（後註22）。後年丸山は、「日本の思想」の右のくだりに関して、「「原型」とか「持続低音」、「執拗にくりかえされる低音」という考え方は、そこにはないです。ただ、問題意識は同じです」と断っている（『話文』②327）が、「自己批判」に関わる病理現象が近現代に限定されているのに対して、伝統的思想構造という病理現象は、古代から持続しているという点で「原型」と同じ地平にある。また、新思想への「敏感な感受性」は、近代では、麻生書評以来再三確認された〈表層的欧化〉を典型事例とするが、これも後に原型論で「新しがり」(2)として表現されることになる（「「新しがり」ということ自身が伝統的思考様式のなかにある」〔『講義』⑤40〕）。「敏感な感受性」と「太古的なものの執拗な持続」は、ほとんどそのまま、原型の初期形態である「執拗な持続性と急激な変化性」[3]（『講義』④48）に引き継がれた。そのうえ、やはり麻生書評まで遡る、「思い出」による突然変異的な「伝統」回帰（〈深層的伝統〉）の認識も原型論に組み込まれた。[4]総じて、ここからは、「敏感な感受性」＝「新たなもののすばやい勝利」と「太古的なものの執拗な持続」＝「過去のズルズルな潜入・埋積」という――レーヴィットの二階建て論の焼き直しといってもよい――近代・前近代を超えた病理現象[5]（「思想の摂取や外見的対決の仕方において「前近代」と「近代」とがかえって連続する」現象）、いわば日本の〈普遍的病理現象〉という世界が見えてくる。[6]

丸山が戦前ないし近代日本の病理現象から日本の〈普遍的病理現象〉へと視野を拡大していったことは、いわゆる「精神的スランプ」も関わっていた可能性がある。丸山は一九五八年の座談「戦争と同時代人」で、自分の精神史が対象としては「天皇制」との、方法としては「マルクス主義」との格闘の歴史であったが、最近この二つの格闘の相手が「風化」してきて、あまり「手ごたえがなくなった」ことからくる「精神的スランプ」に陥ったと告白し、「アメリカ」という対象についても「勉強を内側からつき上げるデモーニッシュな力」として感じないと述べている[7]（『座談』②234）。マルクス主義やアメリカはさておき、天皇制や国体については、戦後丸山の精神を激しく突き動かしてきた対象であり、それが研究の刺激を与えるほどの存在感をなくしてしまったということや、反安保運動に示されるように、戦後に育った「伝統」を知らない青年が政治や思想の舞台に登場してきたという認識[8]（「「国体」という名でよばれた非宗教的宗教がどのように魔術的な力をふるったかという痛切な感覚は、純粋な戦後の世代にはもはやない［……］」〔『集』⑦215：『集』⑨183〕）が大きかったかもしれない。[9]

丸山は「日本の思想」において、戦後の変革は「エセ「精神的機軸」」を一挙に顚落させ、「雑居的無秩序性」が戦前以上に顕わになったという認識を示している（『集』⑦242）が、これは、天皇制・国体を中核とする明治以降の、とりわけ戦前昭和期の病理現象の中核が崩壊した後にもなお「精神的雑居性」が続いている（あるいはかえって増幅した）ということを意味しており、その構造の解明はとりもなおさず現代・近代・前近代を問わず太古以来の日

本の〈普遍的病理現象〉の解明へと丸山を誘ったのではないか。[補説1]

もちろん、たとえこの〈普遍的病理現象〉を対象化して認識することができても、ただちに「座標軸」の発見も伝統的思想構造の「変革」も可能となるわけではない。[10] つまり、それはポジティヴな評価にまっすぐ繋がるわけではない。ポジティヴな評価を行うには「ネガをポジへ」や「アンビヴァレントな可能性」といった新しい思想史の方法を経なければならなかった。では、かりに〈普遍的病理現象〉の認識が「原型」に繋がっていったとして、それは、新しい思想史方法論による〈別の伝統〉の探究と如何なる関係にあったのだろうか。そこに進む前になお「内発性」批判を見ておかなければならない。

【補説1】 丸山は一九六四年度〜六七年度講義で、古代の天皇制における、「決断（責任）主体と権威帰属者との分業」（統治における精神的権威と政治権力との分離）が日本の政治的伝統の特徴であり、それが近代天皇制の「翼賛」としての帝国議会の観念に繋がっていたと述べている（『講義』④91, 114f.：『講義』⑥40ff.：『講義』⑦118f.）が、六六年度講義では、「精神構造としての「天皇制」」の歴史的意味は、決定の政治的責任を曖昧にする作用をもっていたことにあり、「「万世一系」の神話が崩壊した今日、〈もはやそれによって統治体の identity を保持することはできない〉」とする（『講義』⑥48）。ところが、約二〇年後の「政事の構造」（一九八五年）では、古代の統治構造に見られる「正統性」と「決定」の二元性を「執拗低音」と見て、「政事」が「下から」定義され、決定がつぎつぎと下降してゆく傾向を説明して、「これは病理現象としては決定の無責任体制となり、よくいえば典型的な「独裁」体制の成立を困難にする要因」だという（『集』⑫216ff., 238：『自由』197f., 224）。これは、「日本の思想」でいったん探究の対象からはずした天皇制国家の「病理現象」を「執拗低音」＝原型へと拡大したことを示している。さらに一九八八年の座談で、論文「政事の構造」では天皇制について若い時よりも評価を高めたのではないか、という質問に対していう。敗戦後にファシズム論で「無責任の体系」が戦時に限定されないと書いたが、それは、無責任体制のプラス面は独裁の成立が困難であり、いつも複数の勢力が多元的に並んでおり、あるいは「権力と権威」が分業しているという意味であり、したがって無責任体制は戦時中のことだけではなく、「深く日本社会の中に根ざしている」のであって、見解が変わったとは思っていない、と（『続話文』②51ff.）。権威（正統性）と権力の「分業」が天皇制だけではなく「日本の組織形態の一つ」であり（同 53）、日本の「集団所属主義」（「会社一家」、「企業一家」）と「政治意識の「原型」」としての翼賛体制とが関連している（『集』⑪207ff.：cf.『集』⑯63）ということだから、やはり天皇制の「病理現象」から原型へという道筋を示している。ただし、私見では、原型＝古層論がもっぱら天皇制の精神構造を描こうとしたというよりも、むしろ逆に原型論が天皇制（古代を含む）の病理現象を包摂したと捉えられる。

b　内発性論批判

丸山は「福沢・岡倉・内村」（一九五八年）で、岡倉天心が「自己内部からの発現」（日本の目覚め）に進歩の原動力を認め、これを「外発的な欧化」に対立させたのは、福澤諭吉、内村鑑三、夏目漱石と同じ形での問題提起であるけれども、天心の「内発性」の主張が「ロマン的思惟に共通する有機体的論理」に結びついていたために、状況とのダイナミックな相互作用を否定する、伝統的な「東洋の理想」論になっていった、と消極的に評価している（『集』⑦362）。また、南原繁古稀記念論文集『政治思想における西欧と日本』下（一九六一年）所収の「近代日本における思想史的方法の形成」では、「日本国と日本人の主体的独立」を実証しようとして田口卯吉が説いた「主体性」は、福澤が「日本の主体的な独立と近代化」を「命がけの実践的課題」とした──「自主的な文明化」をホワイトヘッド流の「観念の冒険」として行った──のと違って、「有機体的」な「内発性」の論理であり、それは後に、天心や高山樗牛において「自己内部からの発現」、「国民性情の自然的発達」というカテゴリーになって明確化し、「国民道徳論的」思想史の段階になると、外来文化からの「不自然」な衝撃に対抗する「ロマン的な有機体論の内発性」へと展開していくことになったとしている[11]（『集』⑨93f., 100ff.）。

これは思想史の中に登場する特定の種類の「内発性」の論理を批判的に見て、とくに福澤と対比して語ったものであるから、思想史の方法としての「内発性」探究の批判と直接関わるわけではない。とはいえ、この「内発性」の論理に対する消極的評価と「観念の冒険」に対する積極的評価の背後には、「欧化」についての一つの範型があった。丸山によれば、近代化の問題は「ヨーロッパのインパクトに対してどういうふうに主体的に対応するか」という課題と不可分に結びついており、思想の問題についても同じことがいえる。すなわち、「開国」＝「近代化」の初期には、ヨーロッパ思想の受容が、一定の状況に置かれて一定の問題意識を解決する「道具」として自覚的に行われた、というのである（「思想史の考え方について」〈1961〉『集』⑨74f.）。ここから、たとえば清末の中国や明治初期におけるヨーロッパ思想の受容は、たとえ不正確であっても、問題に即して「主体的」で「自由」であったとみなされる。この主体性を中核とした目的合理的な欧化という〈欧化モデル〉が右の福澤評価の（したがってまた内発性論批判）の下敷きになっていることは明らかである。そしてそれは、歴史解釈の一つの範型でありながら、思想史を超えた丸山の「思想」としての主体性論の存在を示していた。

「有機体的」内発性という規定はほぼ同じころに登場する「植物主義的伝統」という範疇と重なる。丸山は一九六一年の座談「現代日本の革新思想」で、吉本隆明や谷川雁に見られる土着主義[12]の根底には伝統を「主体的」だとする「内発性」の発想があるが、これは容易に「植物主義的伝統」の観念に移行すると論じて、「主体性」とは、我々の「行動と決断のプロセス」の中で試されるもの、異質的な文化・思想と対峙して「文化接触の火花をちらしながら」自分を鍛えるべきものだと述べ（『座談』⑥91）、また一九六四年の南原繁との対談でも、植物主義的伝統観念の「内発的」主体性論[13]を批判し、やはり文化が「異質的文化との火花を散らした接触」の中に発展していくものであり、「主体的」とは「捨身の観念的冒険」を通じて確証されるものだとしている（『座談』⑤23, 24）。「文化接触の火花」とは、福澤に見出したホワイトヘッド流の「観念の冒険[14]」、いま少し具体的にいえば、「精神の内面で一切の環境への依存を断ち切ること」（『集』⑨372 : cf.『集』⑮298f.）を意味しており、それこそが内発性論と違った本来の「主体性」だというのである。【補説1】これはほとんど「心情倫理」である。

内容は岡倉・田口論で示された「有機体的」内発性論批判、その基礎にある〈欧化モデル〉と平行しているが、これらの座談における「内発的」主体性批判は、「観念の冒険」によって異質文化・思想と対決すべきであり、そこにこそ「主体性」があるのだ、という丸山の「思想」に基づいている。ここでは丸山の「主体性」が「内発性」

と真っ向から対立する。それは、「異質の文化・思想」との対峙というように一般化されており、必ずしも現代のことだけをいっているわけではなく、また「近代化」に特定されているわけでもない。そのことは「原型」論との関わりで見る必要がある。

一九六四〜六六年度の講義で丸山は、日本の空間的所与とそれに制約された文化的発展の型が古くから今日に至るまで我々の思考様式を規定してきたとし（「地理的＝空間的条件の持続性」）、その基底にある「発想方法」を制約する具体例として、「外来」と「土着」および「内発」と「外発」という二つの二分法的な見方（六五年度にはさらに「ウチ・ソト」、六六年度では「日本と外国」の二分法が加わる）を提示していう。「外来」と「土着」は相対的な観念にすぎない（仏教も儒教も祖先崇拝も舶来であり、洋服も討論もすでに土着化している）が、しばしば絶対化されて一定の政治的主張と結びつくと、「植物主義的伝統」として現れる。また、漱石の「内発」と「外発」の用語以来、幕末以降の文化史・思想史は伝統主義と欧化主義、伝統主義と近代主義の相克として理解されてきたが、それを認識対象として扱うことはよいけれども、それをそのまま思想史分析の「方法的範疇」とすると、価値判断と結びついて内発的なものが「本物」で外発的なものは表面的なものとされる恐れがある、と（『講義』④49f.：『講義』⑤37ff.：『講義』⑥18ff.）。

ここで近代主義や欧化主義が例に挙がっていることからすると、「近代化」を対象としているように見えるが、しかし問題は近代に限定されない。ここでの対象は、「日本における持続性と変化性の二重構造」（『講義』④48）、「日本の地理的位置と空間的所与」（『講義』⑤36）、「日本の地理的・風土的条件」（『講義』⑥15）に制約された発想、つまり「原型」と同じ条件によってもたらされた現代の思考様式である。しかも、丸山はこの議論の中でつぎのように述べている。

如何なる文化も、外からの刺激なしに、純粋に自己の内部からのみ発達したものはない。長期に外からの刺激が遮断されると、文化は必ず停滞し、衰亡する。しかし他方で、外からの文化的刺激は、「内」に受け入れる準備がないと、物理的・機械的に流入しても定着しない。つまり、既存の文化・価値体系の中に、外からの刺激を受け入れる態度があるかどうか、あるいは外からの異質な文化を理解できる媒体となるカテゴリー（思考範疇・概念装置）があるかどうかが重要である。しかも、外来文化は、受け入れられた瞬間に中身が変容する。あらゆる外来文化の受容は「原物」の歪曲・誤解であるが、その歪曲、外からの文化を受け入れる姿勢、その既存の文化との関係づけ方にこそ「日本の主体性」、「主体的選択」がある。主体性とは、歴史的所与へのもたれかかりではなく、「自らの前におかれた多元的価値からの自主的な選択能力」である（『講義』④50：『講義』⑤37ff.：『講義』⑥18f.：cf.『別集』③279）。

外からの文化的刺激があっても、「内」に受け入れる準備がないと定着しないという主張は、裏返せば、「自然と作為」論文で、前述のように、「いはゆる開化思想が直接的な思想的系譜に於て「外来」のものであるにせよ、外のものが入り込みえたのは、既に在来の「内のもの」が外のものをさしたる障害なく迎へうるだけに変質していたからにほかならない」として徳川期の儒学に近代的思考を見出そうとしたこと、【補説2】つまり丸山自身の「内発性」探究の発想と酷似している。だが、ここではそうした可能性には言及せず、外来文化の受容一般について語っている。それは、講義では「原型」の条件である地理的＝空間的条件を前提とするからだ（その限りでもはや近代化だけが問題ではない）。後に見るように、「原型」論は外来の文化・思想の「修正」のパターンの探究であったから、ここに示された「主体性」論は、「欧化」＝近代化に関する思想史上の〈欧化モデル〉を拡大して、「外来文化一般」の受容と変容に対処すべき、時代を超えた、いわば〈文化受容の一般モデル〉を示唆している。そして「日本の主体性」という言葉は、ここでは、外来文化の受容に関する過去の型に対する対抗策《オルタナティヴ》としての一種のナショナリズムを暗示している。

右の講義の論述の末尾で丸山はいう。現代ではテクノロジーの発達により、数百年にわたって我々を規定してきた発想法も「宿命」ではなくなっている。[15]そうした状況の中で、「世界の中の日本」を自覚し、「異質性のなかに身をさらし、主体的な決断能力・選択能力を練磨すること」が求められている。「しかも日本人が日本人でありつづけ、日本が日本であることの運命性が全面的に問われているのである」。逆に、我々が自己の意識の底にある思考様式を対象化・客体化して自覚しなければ、「居直り的伝統主義か宿命的悲観主義かの悪しき二者択一」に陥ることになるだろう。「過去の悪しき例から、われわれ自身を別につくりだすことが必要である」(『講義』⑥23：『講義』④52：『講義』⑤40)。ここでは、「日本の主体性」もさることながら、過去から現在まで続く思考様式を克服すべき「日本人」の「主体的な決断能力・選択能力」の必要を説くのである。

このように、一九五〇年代末～六〇年代前半の丸山において、「内発性」論は、戦中から戦後にかけての「欧化」問題に対する姿勢と相当違った様相を呈するようになった。麻生書評・家永宛書簡は西洋文化・思想との「対決」の仕方を問題にし、論文「自然と作為」から戦後にかけては、西洋精神の「内面化」を目指して近代的思考の内発性を探究する方向を推し進め、さらに論文「日本の思想」では、「進歩派」その他の直線的な伝統発掘という形の内発性論を批判し、伝統的精神構造の解明とそこからする新しい方法による思想史という方向に転じていったが、いまこれと平行する形で、「原型」に対して〈欧化モデル〉とその拡大である〈文化受容の一般モデル〉を提示することによって、日本と日本人の「主体性」の確保が日程にのぼってきた。そしてもう一度確認すれば、この〈文化受容の一般モデル〉には、丸山の「思想」としての主体性論が組み込まれていた。後年の座談「伝統と現代をめぐって」(一九八二年)で丸山は、自分は「博物館的伝統」が嫌いだが、つぎに嫌いなのは「外来対土着」という、伝統の「植物主義的発想」だと述べ、漱石の「外発的・内発的」の表現は非常にミスリーディングな言葉だと評している(『座談』⑧281f.：cf.『講義』④50：『講義』⑥18)。「好き嫌い」は、丸山にとって「思想」に関わる表現であった。「思想」は「イズム」や「主義」のみならず「好み」や「嗜好」、「自分の感慨や信念」の吐露まで含んでいた(I-4-b)からである。

かくして、麻生書評から始まった「精神的文化」の欧化という問題意識は、異質文化(外来文化)の変容の構造としての、「原型」とそれへの対処（日本と日本人の主体性）という枠組に帰着した。だが、思想史において「原型」の対となるものはまだ明らかではない。

【補説1】 丸山は後に、福澤における「主体性」とは、「一つの状況判断を、自分の責任において下して、そのなかにおいて自分を位置づけていく」という意味であり、それは「純粋に内なるものを外部的に放出するという意味での「内発的主体」と区別されなければならないとしている（「福沢諭吉の人と思想」〈1995〉『集』⑮298：「福澤諭吉」〈1968〉『続話文』②200ff.／『別集』③120ff.）。丸山は「どっちがいいか悪いかということではない」というが、いうまでもなく福澤に加担した。一方、丸山は早い時期に、福澤において、惑溺をしりぞけ、価値判断を不断に流動化する心構えが「主体性の強さ」（福澤のいう「独立の気象」）ないし「主体的」独立に対応しているとしていた（「福沢諭吉の哲学」〈1947〉『集』③178, 191）。この独立の気象としての「主体性」は、丸山がやはり福澤に見出した「古風な武士的気質」、「非合理的なパトスと、その間歇的な爆発」（『集』⑦365）に通じ、したがって心情倫理と密接に関わっていた。丸山にとって、「主体性」とは、「新カント派的な主体性」、存在に解消されない「価値」、「社会主義のために命を投げ出すという行動」である（『座談』⑧174）。これは普遍的な価値への主体的コミットメントという発想に繫がる。事実、丸山は、主体性とは、「超越的絶対者へのコミットメント」、「見えざる権威への忠誠」（「千万人といえど、われ行かん」）に基づいて、具体的、感覚的力関係に左右されないことだとしている（『講義』④266）。あるいはいう。「［……］自分というものが静的にとらえられるときには、内発性というものは、自分の中にある偏見に居直ることになる。そこで問題が起こるわけなんで、自分を越えた、みえないある権威というもの、国家とか党とかいうものではない、自分を越えたみえない権威に自分がしばられていることなくしては、内発性ということは、自分の中にある経験的なエゴをそのまま肯定することと、どこが違うのかということになる」と（「非西欧世界の近代化」〈1961〉『座談』④203：cf. 笹倉秀夫『丸山真男論ノート』みすず書房〈1988〉132ff：同『丸山眞男の思想世界』みすず書房〈2003〉70, 187）。したがって、丸山において「主体性」は総じて心情倫理を表していたと見てよい（ただしそれは「内発的主体性」と区別される）。もっとも、福澤の主体性は、「状況判断を、自分の責任において下して」とあるように、「責任」と関わっており、状況をわきまえた責任倫理＝国家理性に通じるように見える（旧稿ではそのように捉えた［「研究ノート」①『岡法』㊽171］）。だが、「自分の責任」は、社会や国民に対する責任としての責任倫理とは異なる。それは、学問的認識における「超学問的動機」、「超合理的な衝動」、「全人間的な「賭け」」（I-3-c）、したがってまた「自己の責任による素材の構成」（I-4-b）に通じ、政治的判断における「非合理的契機」＝「決断」＝「賭け」とも関わるのである。だから丸山はいう。「ほんとうに思想するということは、現在のような時代には、自分の思想に対して責任を持つということなしにはできない。自分の思想に対して責任を持つということは、［……］賭けるということです。このコミットすることをさけ、もしくは恐れて、思想を紹介し、あるいは解説するという風習があまりにも長く続いたから、思想がアクセサリーになったのではないでしょうか」(「思想と政治」〈1957〉『集』⑦145)。あるいは、丸山によれば、「人間の人格的責任が賭けられているということ」を社会的規模で教えたのはマルクス主義であり(「日本の思想」〈1957〉『集』⑦236f.)、「決断」は、政治における「非合理的契機」の(残虐さや猜疑・恐怖等の感情と並ぶ)第二の発酵源であるが、しかし同時に、「ルールによって汲み尽されない非合理面にたいして「賭ける」からこそ、その賭けは自己の責任における賭けに」なり、そうではなく実践が理論から必然的に出てくるような場合には、「政治的責任の意識」は退行し、「状況を自己の責任において操作する可能性」も見失われる(「近代日本の思想と文学」〈1959〉『集』⑧132f.)。丸山は、安保闘争のさなかに行った講演「現代における態度決定」(一九六〇年)で、学者を念頭に置いて、「認識することと決断することとの矛盾のなかに生きることが、私たち神でない人間の宿命であります。私たちが人間らしく生きることは、この宿命を積極的に引き受け、その結果の責任をとることだと思います」と述べている(『集』⑧309)。これも、結果責任としての責任倫理のように響くが、内実は、決断の回避が結果として民主主義の空洞化を招くという「不作為の責任」論(同312ff.)であり、重心はあくまで「決断せよ」という格率にある。

【補説2】 後に丸山は津田左右吉の歴史方法論についてこういっている。「結局、思想の発展は実生活と関係なしに、また前代からの思想と脈絡なしに変化するものでは決してない。必ず一方では実生活に基礎づけられ、他方ではそれに先立つ思想と連絡している。外からの思想の流入というけれども、内からそれに呼応するものがなくては決して根づかない」。この後者の点は、戦後に津田が保守的になる一つの要素でもある。それはある意味では宣長と似ている。「外来思想の機械的な移入［ママ］というものに対して実生活を出してくる時に、国民の生活に伝統的に内在していたと考えられる思想だけが「伝統」の要素とになる。したがって「実生活」中心という方法は、外来イデオロギー批判になると同時に、インテリ(宣長の場合はむろん儒者)の教条主義あるいは知性主義への批判にもなる」。そこから、「インテリはシナの書物を読んで知識を単なる知識として、それを書斎の中でいろいろいじっているだけで、そういう思想は日本人の実生活に何ら関係をもたないという」津田の考え方が出てくる、と(「「正統と異端」関係“Geschichtliche Grundbegriffe”論　及び和辻・津田・如是閑論(第二次稿の複本)」〈1985〉「丸山文庫」[資料番号556]37-39)。「内から呼応するもの」がなければ「外から流入する思想」は根づかない、というのは、丸山が講義で、「内」に受け入れる準備がないと定着しない、と述べているのと同じである。だが、講義ではむしろ「内発性」論——津田の「生活史」観も部分的にはこれに属する——の危険を指摘しつつ、丸山なりに「内発性」を救済して決断主体の意義を強調しようとしたのであり、津田の外来思想(とりわけ支那思想＝儒教思想)排撃論とは相容れない。とはいえ、丸山の考え方には津田に通じるところがある。丸山は、津田に代表される「知識社会」は大衆と隔絶されていたために、軍国主義だけを悪者扱いしたと批判した(『座談』①266f.:『集』⑥249)が、この視角は、麻生書評の〈表層的欧化〉—〈深層的伝統〉の図式ないしレーヴィットの二階建て論に通じるけれども、同時に「知識社会」と民衆生活を分離する津田の観点（「だから知識社会の知識が如何に支那思想に支配せられてゐたにしても、それは決して日本人の生活が支那思想に指導せられたことを示すものではない」（傍線丸山）（津田左右吉『支那思想と日本』岩波書店〈1938〉「丸山文庫」［資料番号 0184175］75）に依拠して、それを津田自身に適用したものと見ることができる。なお、このほか『支那思想と日本』の多くの箇所に傍線を引き、コメントを加えている（「研究ノート」②『岡法』㊹297f.）。

c　〈原型―原型突破の原理〉

丸山は一九六六年度講義で内発性・土着主義問題を論じた後で、「土着的なもの」対「移入的なもの」といった視座にとらわれないで、「普遍的な絶対者に自己をコミットした思想家」、すなわち親鸞・道元・仁斎・徂徠・福澤・内村など、反日本的として攻撃された人々においてかえって凡白の日本主義者よりもオリジナルな思想と学問が生まれた「皮肉な現実」に言及している（『講義』⑥19）。これは、六四年度講義で、「日本の原型的思考における普遍的な価値、規範主義、普遍主義へのコミットメントの弱さ」（『講義』④76ff.）を指摘していたことと考え合わせるならば、丸山の原型論の背後には「原型」対「普遍的なものへのコミットメント」という対立図式が控えていたことをうかがわせる。

原型突破

はたして、飯田泰三は、丸山は一九六三年度・六四年度の講義で、「永久革命としての近代化」を妨げる壁としての「古層」、あるいは天皇制の精神構造の核心部たる「マジカルなタブー」としての「原型」を対象化し、同時にそれを「突破してブレークスルーし、否定していく」ための「超越的普遍者」の自覚を、鎌倉仏教の脱呪術化、内面的価値へのコミットメントの中に見出したとし[16]、旧秩序の崩壊期に「古層」を「突破」して「普遍」に到達した思想として、鎌倉仏教のほかに「武士のエートス」や御成敗式目なども挙げる（「丸山思想史学における鎌倉仏教の位置」下〈1998〉『手帖』⑨58ff.：『戦後精神の光芒』みすず書房〈2006〉153ff.：cf. 宮村治雄『丸山眞男「日本の思想」精読』岩波現代文庫〈2001〉221）。飯田の驥尾に付すかのように、田中久文も、六三年度以降の丸山の講義が、まず「原型」論を述べ、その後で「原型を超えた思想」を時代順に述べていくという形式をとっていると見て、具体例として十七条憲法、鎌倉新仏教、武士のエートス、キリシタン思想、一部の儒教思想などを挙げている（『丸山眞男を読みなおす』講談社〈2009〉122f.）。また、これらとは別に、松沢弘陽（「近・現代批判と伝統」324ff., 332ff.）は、一九五〇年代末以降、丸山の思想が、「思想の伝統化」を妨げる「原型」の生成と「思想の伝統化」に寄与し得る思想との対抗関係（後者による前者の「突破」の可能性と前者による後者の修正・変容の葛藤）を主題として展開されたという基本的構図の下に、論文「開国」（一九五九年）と「幕末における視座の変革」（一九六五年）に、横井小楠や佐久間象山が「読みかえに」よって儒教の中から引き出した、天理・人道の観念の「超越的規範性の契機」、「「格物窮理」の概念の経験的方法化」に着目して、「実体的な価値としての超越性・普遍主義・規範性」と「読みかえ」との内面的結びつきを読みとり、論文「忠誠と反逆」（一九六〇年）についても、福澤諭吉や自由民権運動における、超越的普遍的原理と、「封建的忠誠」という「伝統の読みかえ」との結合を見出し、さらに六四年度講義の、十七条憲法に見出される、絶対的、普遍的価値への帰依としての仏教信仰（「「原型」的な世界像を徹底的に突破して、まったく新しい精神的次元を古代日本人に開示したのは、世界宗教としての仏教であった」（『講義』④154））、六五年度講義の武士のエートスにおける「自己規律の意識」、「規範による自己被縛性の感覚」（『講義』⑤112）、六七年度講義のキリシタンの「現世を超越する唯一絶対神の信仰」（『講義』⑦140）などの、原型を「突破」することができる思想を列挙するとともに、そこに「アンビヴァレントな可能性」や「読みかえ」といった思想史的方法の適用を見出している。

これらの——とくに松沢の一滴の水をも漏らさぬ周到な——考察から推して、丸山の原型論が「原型」と「原型突破」の対によって成り立っていることはほとんど疑いを容れないように見える。しかも、松沢は、この対の淵源を論文「日本の思想」の「思想の伝統化」構想に見るだけでなく、原型突破の原理が「戦争の時代経験の中で自覚した、超越的なるものによる被縛感」であり、それゆえ、丸山が企図した「思想の伝統化」とは、「総力戦の時代経験以来問い続けてきた超越的・普遍的原理を、歴史の中にいわば「受肉」したさまざまな形においてとらえ、それを学問としての思想史として探る企て」であったと力をこめて評価している（「近・現代批判と伝統」284ff., 290, 331, 365）。

「超越的なるものによる被縛感」というのはキリスト教信仰や自然法信仰、あるいは普遍的なものへのコミットメントと同じものであり、我々のいう「心情倫理」と大幅に重なる。丸山は戦中期の「神皇正統記に現はれたる政治観」（一九四三年）で心情倫理＝「純粋な内面性」について語り（『集』②174, 168, 177）、戦後になると、戦中の知識人の滔々たる「転向」の流れの中での少数者（コミュニストやクリスチャン）の「抵抗」を心情倫理として評価した。(17)「抵抗」の心情倫理の評価はほとんど座談での発言であったが、論文「日本の思想」では、異質の思想を接合し、平和共存させる「「思想的」寛容の伝統」にとって唯一異質的なものは、精神的雑居性の「原理的否認」を要請する思想、すなわち明治のキリスト教と大正末期からのマルクス主義であったと明言している(18)（『集』⑦202f.）。これはほとんど〈原型―原型突破〉の対を先取りしているかのようである。(19)総じて「日本の思想」においては、〈普遍的病理現象〉としての座標軸の欠如の指摘がなされると同時に、それを克服すべき（「思想の伝統化」を展望した）、新しい方法による〈別の伝統〉の探究の志向が示されていたが、松沢によれば、これもまた〈原型―原型突破〉の構図に嵌め込むことができるのである。

ただ、すぐ後で触れるように、本来「原型」は、「外来」思想を「日本化」させ、「修正」ないし「変容」させる契機として考えられたものであり、かりに原型論の主従をいうとすれば、「主」は「原型」で、「原型突破」が「従」である。丸山に「原型突破の原理」ないし「原型突破の思想」、つまり心情倫理に対する強い関心があったことは論を俟たないが、しかしそれを示すことによって、〈別の伝統〉を明示することが原型論の本筋であったのかどうかは判然としない。たしかに、丸山は「内発的対外発的」、「伝統対外来」という発想を批判した際に、「問題は、ヨーロッパと接触する以前の日本の思想に普遍的な価値がどれだけあり、ヨーロッパの中にどれだけあるかということで、どこで生まれたかは問題ではないのです」（「普遍の意識欠く日本の思想」〈1964〉『集』⑯58）と述べているから、ヨーロッパと接触する以前の日本の思想に「普遍的な価値」＝心情倫理を探ろうとする意図があったとしてもおかしくはない。だが、たとえそうだとしても、もしその意図が「主」であったならば、最初から普遍的価値を中心に日本の思想史を構成し、その定着を不可能にした「原型」を描けばよかったはずである。丸山によれば、一九六三年度の講義は、仮説として原型問題を述べ、ついで「普遍者の自覚」という章で、「日本が初めて普遍者を自覚した思想史的大事件」として仏教を扱い、「世界宗教」としての仏教が日本へ入ってきて、平安・鎌倉時代に「どういうふうに変容されるのか」の足跡を追い、さらに神道思想の儒仏への対抗のほか、江戸時代の儒教が「どういうふうに「原型」とまざりあって変容していくか」を考察するといった順序で行われた（『集』⑫149：cf. 飯田『戦後精神の光芒』144f.）。したがって、大筋は「普遍者」（ただしそれはただちに心情倫理に通じているわけではない）としての儒教・仏教とその「変容」を跡づけることであり、「原型突破の原理」の「自生的」展開が主題であるとは見えない。[20] そしてかりに講義が、中国なりインドなりに「生えた」普遍主義と同じものを、支配的な「原型」の堆積した日本思想史の中に探究しようとしたと見るならば、それは、たとえ「伝統」を標榜しないとしても、原理的にあの「進歩派」の——民主主義の伝統を「草の根」を分けても探そうとする——営為と原理的に区別できないのではないか。【補説1】

一方、〈原型―原型突破〉の対は論文「日本の思想」における「思想の伝統化」とどのように関わっているのであろうか。

新しい方法を駆使した思想史論文では、松沢の指摘するように、「超越性・普遍主義・規範性」といった心情倫理的要素がたしかに登場するが、しかしそれは「読みかえ」などの新しい方法の一構成要素として、あるいは個別的テーマの中の解釈ないし特徴づけとしてであって、ストレートかつ全面的に心情倫理を評価した例はほとんど見られない。むしろ、たとえば論文「幕末における視座の変革」をざっと見ても、象山の思考方法として強調されているのは、「距離を置いた認識と分析」、「好悪を離れた冷徹な認識」、「国家理性に基づく打算」、「政治的リアリズム」、「可能性の技術」、目的と手段の適切な考慮、「原則の貫徹」と「転変する状況への対応」との橋渡し、「冷徹な知性的判断」、「主知的リアリズム」、「目的完遂のためにに生き抜こうとするねばり強さと、つねに目的のために相対的に有効な方法を選択する合理的な態度」との結合（『集』⑨235, 237, 238, 240, 241, 243）等々、一言でいえば「責任倫理」であり、それゆえにこそ吉田松陰の「心情主義」との差異をいうのである。また、儒教的な天理・天道の観念における「超越的な規範性」に触れた論文「開国」（『集』⑧62）、あるいは主題が「普遍的なるものの被縛感」と最も近く、それゆえ「普遍主義的な原理」、「普遍的規範性」、「自然法的規範」、「天道の原理的超越性」、「心情倫理と行動＝業績価値との結合」、「内面的な被縛意識」、「被縛性の契機と自発性の契機」の結合といった、「心情倫理」に関わる描写が頻出する（『集』⑧181, 183, 203, 234, 239, 270）、長大な論文「忠誠と反逆」にしても、「原型突破」の志向によって貫かれているようには見えない。

総じてこの三論文は新しい方法の試行であり、判で押したように共通するのは、それぞれの論文の末尾にあるように（「その［天皇制国家による犠牲と痛苦の］体験から何をひき出すかはどこまでも「第三の開国に直面している私達の自由な選択と行動の問題なのである」〔『集』⑧85f.〕、「こうした問題は［……］現代の地点において日々決済しなければならぬ債務関係としてわれわれの前に置かれている」〔『集』⑧276〕、「ちょうど象山があの時点において［……］、世界を見る眼を変えていかなければならない、儒者や国学者の認識用具をズルズルベッタリに使って世界を見ていてはだめなのだ、と言ったその問題というものを、われわれは現在もう一度考えてみる必要があるのではないか」〔『集』⑨249〕）、「原型突破の原理」そのものを推奨したり、それに注意を喚起することではなく、〈伝統的伝統〉とは異なった〈別の伝統〉（それは心情倫理に限定されない）を「読みかえ」によって発見することであり、したがってそこから先、つまり〈別の伝統〉を受容すべきかどうかの判断は読者に委ねられている。その意味では、丸山の意識の中に「原型突破の原理」＝心情倫理に対するきわめて強い思い入れがあり、それを現代において活性化しようとする志向があったとしても、個々の論文の意図は別のところにあった。[21] 新しい方法による〈別の伝統〉の提示は、とりもなおさず、「進歩派」やかつての丸山にあったストレートな「内発性」探究を乗り越えて、なおかつ——「革命」の中に「反動」を見出すことも含めて——「過去の思想的伝統を生かす」ことを目指した営為であり、（少なくとも主として）「実体的」な普遍的価値＝心情倫理の意義を示そうとするものではなかった。「新しい」のは、〈伝統的伝統〉の価値の転倒であり、また〈別の伝統〉を発見する方法であった。それは必ずしも「原型突破の原理」の思想史、あるいはこういってよければ、〈心情倫理の思想史〉ではなかった。

しかし、三論文は、松沢のいうように、〈学問としての思想史〉であった。いま一度確認すると、松沢は、小楠や象山において、「実体的な価値としての超越性・普遍主義・規範性」と、当時の思想的コンテクストの中からこれらの範疇を取り出して「再活性化する方法としての「読みかえ」」とが内面的に結びついていたと見て、そこに「読みかえ」を「学問としての思想史の方法」として展開しようとする企てを見出した（「近・現代批判と伝統」327）。新しい思想史の方法が「原型突破の原理」の発見を志向するのではなくて、その原理を生かすことができる「方法」の提示であったという意味であるならば、その限りでそこに〈学問としての思想史〉を見るのは正当である。たとえ「心情倫理」の評価を組み込んでいても、それは我々の言葉でいえば〈学問自身の社会的使命〉の遂行であって、〈心情倫理の学問化〉ではない（思想史は、「歴史的追体験によって現代的基準をいったんカッコに入れ、われわれを過去のなかに置くことによって逆に過去を現代に生きかえらせること」である『講義』④24f.）。逆にいえば、だからこそ、松沢は、そこにあるのは「評論」、あるいは丸山のいう、歴史的文脈を抜きにし、歴史的思想を素材《ダシ》として「自分の哲学」を展開する「思想論」（『集』⑨69ff.：『講義』④24）ではなくて、学問としての思想史の方法だということを強調した（「近・現代批判と伝統」325, 327）のであろう。

丸山が講義において〈原型―原型突破〉の対を、あたかもウェーバーの理念型と同じように、索出的（heuristisch）な原理として頭の片端に置いていたと想定することは、承認するに吝かではない。しかし、繰り返せば、丸山の主たる「学問的」意図は「原型」という病理現象の構造の探究にあり、「原型突破の原理」＝心情倫理は「原型」の探究にとって、原型にもかかわらず存在した契機としての位置を占めていたと見るべきである。そしてその限りにおいて、講義においても〈原型―原型突破〉の叙述はおおむね〈学問としての思想史〉に属していたということができる。丸山は、戦中期に南原繁などの「非歴史的」ないし「超歴史的」な立場の「強み」を、「思想史をふくむ歴史的アプローチのなかに学問的にリンクさせるすべ」を見出せないまま応召により研究生活から引き離された（『集』⑩341）と回顧しているが、もしこの苦い経験を踏み台にして十余年後に「心情倫理」を思想史とリンクさせ、「学問化」することができたとすれば、この意味においてであろう。

百歩譲って、丸山が講義において「原型突破の原理」を、「過去の思想的伝統を生かす」べき「座標軸」として提示しようとしたと仮定するとしても、それははたして「座標軸」としての機能を十全に果たし得たであろうか。「原型突破の原理」＝心情倫理は「原型」の構造を明らかにするのに一定の役割を果たした点において、思想史上の一種の座標軸となっている。しかし、「原型突破の原理」を日本思想史の中に発見したからといって、「原型」を清算して自動的に新しい伝統ができるわけでもない。少なくとも、丸山は講義でも論文でもそのようなことを吹聴していない。〈原型―原型突破〉が〈学問としての思想史〉の枠内に留まる限り、「原型突破の原理」の歴史的な役割や機能を描くことはできても、それが現代において実践的に「原型」＝伝統を突破することができるかどうかを学問的に立証できるはずはない。思想史は規範創出などできない。それが「内発性」批判の最重要の論点の一つであった。「原型突破の原理」という枠組は決して虚構ではないが、それを「内発的」な伝統として捉えようとすると、丸山の意図とすれ違うことになるであろう。

【補説1】 一九六五年度講義は他年度と違って冒頭に原型論を据えずに（しかし実質上原型論の前提について語っている）、主に武士のエートスを扱っているが、これにつき飯田泰三（『戦後精神の光芒』176f.）は、武士のエートスが「底辺的土着的な世界に根ざしながら、そこから新たに内発的に［……］形成されてきて、独自の「普遍者の自覚」への回路を作り出していく可能性」を孕んでいるために、原型論の基本構図（主旋律たる外来思想を変容させる原型的思考が執拗低音として作用する）になじまなかったからだと推測する。田中（『丸山眞男を読みなおす』120, 125f., 228）も、丸山は講義で「原型を超えた思想」（主体性、普遍性、超越性）に基づく思想、ないし「主体的思考」の鉱脈を日本の伝統思想に探ろうとしたという観点から、六五年度講義で、武士のエートスが「原型」の世界に発しながら、主体性を形成したことを高く評価したり、北畠親房の歴史哲学に「主体的な働きかけ」を見出しているのを捉えて、「原型」から「原型を超えた思想」が生まれる様子を描いたものと捉え、原型はあくまで克服対象だが、日本の精神風土の中に「強靱な主体性」を作ろうするならば、それは原型に深く根ざしたものでなければならないと丸山は考えたという（ただし後の古層論になると、「何が欠如しているか」を強調するようになった）。さらに苅部直は、丸山が「忠誠と反逆」その他の論文、講義によって、武士の忠誠のエートスや象山の政治的リアリズム、聖徳太子や親鸞の「超越的普遍者の自覚」を「ひきつぐべき伝統として呼び起こ」そうとしたと見る（『丸山眞男』200）。どの説も、大なり小なり「内発性」の発想に規定されているように見える。武士については唯一、御成敗式目が「内発的」な性質をもっているが、それは「武家法として、また日本法として、本来の固有性をもち」（『講義』⑤120）と表現されているだけで、「内発的」と呼ばれていない。なお、「丸山と近かった」（松沢「近・現代批判と伝統」377）とされる武田清子は、『土着と背教』で「内発性」の観念により新渡戸稲造や内村鑑三の思想を理解しようとしている（南原「日本の土壌とヒューマニズム」197：西村稔「「欧化」と道徳」①『法学会雑誌』53〈2004〉420f.）。

通時性から共時性へ

このことは、「原型」（あるいは「古層」ないし「執拗低音」[22]）の探究の出発点に戻ってみれば明らかである。丸山によると、「原型」をはじめて講義で論じたのは一九六三年度であり、その動機は、一般的には「開国」や構造的に異質な文化圏との接触のあり方に関心を抱き、そこから日本文化と日本社会の「変容性と持続性との逆説的な結合」の認識、具体的には、「日本が外来の普遍主義的世界観をつぎつぎと受容しながらこれをモディファイする契機は何か」ということ、あるいは日本思想の主旋律であった儒教、仏教、道教のほか、自由主義、民主主義、立憲主義、マルクス主義（社会主義）といった「近代的イデオロギー」はすべて外来思想（「外からの輸入品」）であるが、それが日本に入ってくると修正される、その「変容の仕方」、つまりイデオロギーの「日本化」の過程に存在する「修正のパターン」を見極めることにあった（『集』⑪179ff.：『別集』③202：『集』⑩342：『集』⑫120ff., 144ff.）。「開国」や文化接触という視角について丸山は、敗戦直後の「精神的なアナーキー」と幕末維新の精神状況とが「ダブル・イメージ」になり（cf.『集』⑧69）、論文「開国」（一九五九年）以来、「異質的な文化の、火花を散らす接触の問題」を思想史として扱うようになり、一九六一〜六三年の「外遊」によってあらためて「文化接触」の大きな意味を痛感して、幕末維新だけでなく古代から日本思想史を見直すようになったといっている（『集』⑪179f.：『集』⑫113ff.：『話文』③211）。これは、外来思想の受容に伴う変容とそれを成り立たせる思想構造を解明しようとする論文「日本の思想」の意図とほぼ対応しており、「原型」構想への展開を示している。

しかし、ここには「原型突破」という発想は出てこない。ただ、「火花を散らす」という形容は、福澤諭吉に見出された、「異質的文化との火花を散らした接触」としてのホワイトヘッド流の「観念の冒険」を想起させる。これを「心情倫理」と見るならば、「原型的」思考を摘出した「福沢・岡倉・内村」（一九五八年）と、それに対抗する「観念の冒険」を提起した南原古稀記念論文（一九六一年）は、〈原型—原型突破〉を包み込んだ〈学問としての思想史〉といえるかもしれないが、そこからはあの「日本の主体性」という、「外来文化一般」の受容と変容に対処すべき、〈文化受容の一般モデル〉が引き出された。これもまた「原型突破の原理」、もしくは「心情倫理」に類似した性格をもつ。かくして我々の探索は、〈学問としての思想史〉の地平ではなくて、「原型—主体性」という、「思想論」に属する枠組で原型論を把捉することへと向けられなければならない。

だが、そこへ進む前に、「開国」論文で利用したH・ベルクソンやK・ポパーの「非歴史的」ないし「超歴史的」な次元の範疇（『集』⑧47）に示される、（原型論の最重要の前提の一つである）通時的な歴史からの離反を見ておかなければならない。

みずから語るところによれば、丸山は、元来「歴史」の徒を標榜し、マルクス主義からの強い影響もあって世界のどこの国でも単線的な発展図式が適用されることをある程度まで承認してきたが、一九五〇年代末あたりから「普遍史的な発展段階説」と距離をおくようになっていった（『集』⑯54f.：『集』⑩343：『集』⑪179：『話文』③282：『集』⑫121：『話文』②324f.）。後に丸山は、レヴィ＝ストロースの人類学にいう「共時的」定位を参照して、日本を対象とする学問は歴史的観察の中に持続的契機を見出さなければならないと述べ（『講義』⑦50）、文化接触の問題が文化人類学に関わり、古層の探究が構造主義のいう「共時性」の問題であることを認めている（『話文』②173：『話文』③281：cf.『集』⑫141：『話文』②111）ように、自覚的に「通時性」から「共時性」へと軸足を移していった[23]（cf.『集』⑩343）。そしてそれは、原型論にとっては、例の三論文における新しい思想史方法論よりもはるかに重大な意味をもっていた。通時性から共時性への重心移動は、「思想史、具体的には日本思想史の方法論についてのこれまでの考え方を大きく変え」たものとして理解されていた（『集』⑫121）。

こういう発想をとるようになった一つのきっかけは、丸山のいうように、一九六一年秋から六三年春までの「外遊」であった。一九七三年に行われた世良晃志郎主催の東北大学教官との懇談会のためのメモには、「正直に言ってやはり私の場合も、一九六一〜六二［年］はあらためて海外に出て外から日本を眺める機会をもったことが、日本思想史を再考するうえで非常に大きな意味をもった」とあり、さらにつぎのように記されている（「思想史研究の回顧と感想」「丸山文庫」［資料番号 414-2］7f.）。

i　異質的な文化の接触のもつ思想史的意味
↔普遍史的世界史プラス発展段階論［中略］
縦の歴史的内在的発展から見る。西洋のトマスが日本の朱子学に当る。
日本の地理的位置・風土　（もっともこれは外国行以前の講義でも東アジアの思想における同時性の欠如という形

で言及してはいた。）の思想形成と発展に与える意味。

空間的契機の投入　→　マルクス主義を正統とする国でも〈大国主義〉というコトバがでて来たのは面白い。

こうして丸山は、「西ヨーロッパの歴史的発展をモデルとした発展段階論を日本に適用するのは非常に困難である」（『講義』⑤33）という認識に到達した。一九七八年の埴谷雄高との対談でいう（『座談』⑧163）。

ぼくも昔はシュペングラーのような一種の文明の循環説みたいなものを軽蔑して、やっぱり発展段階説のほうだった。だけど、どうも進歩史観や発展段階説だけじゃだめで、長い文明の歴史をみると、一種の循環というか、波動があるね。

「日本人の意識の底」にある「原型は思考様式としては神話から今日までずっと続いて」いる（『座談』⑤36）と考える以上、歴史を超えた空間を想定せざるを得ない。丸山にいわせると、古代的・封建的・資本制的といった歴史的発展を「縦の線」で表すならば、「開国」のような文化接触を扱うのは「横の線」であり、後者は特定の地域あるいは特定の発展段階を超えて、「歴史的にいえば何度もくりかえす可能性のある構造論的なアプローチ」になる（『集』⑫122, 123：『話文』②241）。

この発言にも現れているが、いま一つ、外遊が原型論に与えた刺激としては日本人＝等質性という観念がある。日本人の等質性＝同質性の意識[24]は「風土」とともに「原型」の前提条件となる要素であるが、丸山は、ロンドンの地下鉄やバスで誰もがアングロ・サクソン人であることなどないけれども、海外から帰ってきて国電に乗ってみると「みな日本人だな」と感じたと繰り返し語っている（『集』⑪175：『話文』②129：『集』⑫142：『自由』206f.：cf.『書簡』①97）。逆にいえば、ここには日本人＝等質性論の前提として、欧米が「非等質」社会であるということ、「あれくらい雑多な、それこそ雑種文化はない。凄いです。それは凄まじい雑種だから、そこから生まれるもの凄いエネルギーとダイナミズム」（「生きてきた道」〈1965〉『続話文』①95）という評価がある。「雑種文化」とは加藤周一のユニークな欧化論であり、和辻哲郎の風土論とも無関係ではないが、それについては後に触れるとして（II-3-b）、ここでは論文「日本の思想」の「おわりに」でこういっていることに着目したい。雑種性から積極的な意味を引き出そうとした加藤の雑種文化論に「大方の趣旨は賛成」である。雑種性を「悪い意味で「積極的」に肯定した東西融合論」や「弁証法的統一論の「伝統」」はもうたくさんだが、異質的な諸思想の「交わり」なき「雑居」を克服して、多様な思想の内面的「交わり」から新しい「雑種」の誕生を期待することができる。異なった価値基準に立つ「知的サークル」の交流が「多様な経験からの抽象化」の錬磨[25]を可能にし、一般に大衆的レベルの「多様な次元（階級別、性別、世代別、地域別等々）での組織化」こそ「自主的思考」を高める社会的条件であるが、「雑居を雑種にまで高めるエネルギーは認識としても実践としてもやはり強靭な自己制御力を具した主体なしには生まれない。その主体を私達が生み出すことが、とりもなおさず私達の「革命」の課題である」と（『集』⑦243f.）。

例によって判じ物のようで、解釈は色々あり得る（cf. 下村寅太郎「日本人の心性と論理」同『西田哲学と日本の思想』〔『下村寅太郎著作集』⑫〕みすず書房〈1990〉522f., 556ff.）が、多様な次元の「組織化」（これは例の労組のほか「階級を横断する組織化」を求めた「ササラ型」社会の実現にあたる）を展望しながら、それを実現するには近代的な主体の創出が必要であると説いていると解しても、さほどまちがっていないであろう。それは、「精神的雑居」の延長線上に出てくる「原型」に対する「原型突破の原理」の祖形にほかならない。そうだとすれば、ヨーロッパ＝雑種文化という洋行後の規定は、日本＝タコツボ型社会を近代的主体性により超克して、日本をササラ型社会にしようとする企図を意味することになる。それは、単純な意味の「近代化」路線であるように見えるが、問題はどこまでも「原型—主体性」という姿をとって現れざるを得なかった。

第三節　和辻哲郎との対質

〈お化粧的なヨーロッパ的教養〉は、麻生書評の〈表層的欧化〉に即していえば、明治以来の思想・学問の非実践性という一般的性格のファシズム期における顕現であり、大正教養派にも妥当するはずである。事実、丸山は、名指しこそしないが、〈教養主義インテリ〉の歴史叙述で、日露戦争後の「煩悶青年」や「高等遊民」に「反政治的」ないし「非政治的」態度を見出している。しかし、これとは別に、大正教養派の（阿部次郎と並ぶ）代表者である和辻哲郎は、丸山が学生・助手時代に講義を聞いて以来、学部こそ違え、戦中戦後を通じて東京帝大（東大）の同僚であり、戦後の東京帝大憲法研究委員会（一九四六年二月以降）（『聞き書　南原回顧』322：『回顧談』上301：『続話文』①272）や平和問題懇談会などでも接触した相手であり、何よりも学問上日本思想史学の先達であった。とりわけ和辻の『日本古代文化』（一九二〇年）、『日本精神史研究』（一九二六年）、『続日本精神史研究』（一九三五年）、『日本倫理思想史』（上・下巻、一九五二年）などは、内容上、原型＝古層と密接な関わりをもっていた。しかし、平和問題懇談会に関する「オールド・リベラリスト」という政治的評価も和辻の学問に対する丸山の姿勢と無関係ではなかった。そこでここでは、その面をざっと見た後で、和辻が原型＝古層論に与えた影響に踏み込みたい。

a　学問とイデオロギー

思想史方法論

丸山が和辻哲郎について公に論じたものは少ない（松沢弘陽「解題」〈1996〉『集』⑨443）が、少ない中の一つが「福沢に於ける「実学」の転回」（一九四七年）である。そこで丸山は、福澤の「実学」を江戸の町人の俗流的功利主義の嫡流と見るような発想をしりぞけ、例として和辻「現代日本と町人根性」が『学問のすゝめ』を「功利主義的個人主義的思想の通俗的紹介」と見る立場から、福澤の思想が西鶴などと同断だとしていることを引き、こうした規定が、「町人根性」は「欧州ブルジョア精神と「本質を同じくする」という見解から導き出されていること」に注意を喚起した（『集』③125f., 131：『講義』①29）。控え目な批判だが、その「背景」について、後年丸山はこう回顧している。「現代日本と町人根性」が出たころにマックス・ウェーバーと大塚久雄の著作を読んだが、当時の大政翼賛会が三井三菱の資本主義を英米的資本主義として叩いていたけれども、あんなものは「資本主義のエトスと縁もゆかりもないという［大塚などの］議論は、実に爽快だった」。自分としては、日本の資本主義は「江戸町人的奢侈資本主義」、「暴利資本主義」だと思っていた、と（『続話文』①42：『集』⑯52f., 259）。さらに、丸山（『集』⑨311f.）によれば、「徂徠学」論文では、和辻の「現代日本と町人根性」や当時の国文学界の「元禄ルネッサンス」への対抗を意識して、江戸時代の町人は新しい生産方法を作り出す力のない商業＝高利貸資本であり、「暴利資本主義」の性格を濃厚に帯びており、町人がいまだ「中産階級」を形成し得なかったように、「町人根性」もウェーバーの資本主義精神からは遠く離れていたと述べていた(1)（『集』①244f.／『日本政治思想史研究』126f.：cf.『話文』③147：『話文』④344）。イデオロギーと無関係ではないが、学説批判の範囲内に留まるものであろう。

ついで、「日本の思想」（一九五七年）「まえがき」では、思想史研究の歴史を振り返って、時代の知的構造や世界観の発展をたどるような研究が日本では少なく、津田左右吉『文学に現はれたる我が国民思想の研究』（全四巻、一九一六〜二一年）は例外であり、当時ディルタイ流の「精神史」的研究が流行し、和辻哲郎の『日本精神史研究』（正・続、一九二六年・三五年）などもあったが、「日本精神史」という範疇は「日本《精神史》」から「《日本精神》史」へと変容し、「おそろしく独断的で狂信的な方向を辿った」と記している（『集』⑦192）。この分析が和辻に対するポジティヴな評価を含んでいることはすぐ後で見る通りである。

さらに、和辻が没した翌年の南原古稀記念論文「近代日本における思想史的方法の形成」（一九六一年[2]）では、やはり思想史学の歴史につき、①文明史的思想史、②同時代的思想史、③国民道徳論的思想史（代表は井上哲次郎）、④文化史的思想史（村岡典嗣と和辻哲郎）および生活史的思想史（津田左右吉、柳田國男、長谷川如是閑）、⑤唯物史観的思想史の区分を示し、④は③に対する意識的対抗をライト・モチーフとしたものであるとしている（『集』⑨87f.）。この論文の具体的叙述は①の明治初期の話だけで終わっているが、これより約二〇年後の『日本政治思想史研究』英語版序文（一九八三年）（以下「『研究』英訳序」とする）では、この本の出発点となった学問上の「遺産」として右の③〜⑤を挙げ、やや詳しく解説している。

それによれば（『集』⑫82f.）、和辻の方法論の特徴はハイデガー流の解釈学的傾向にあるが、その「精神史」はディルタイの Geistesgeschichte に由来しており、したがって研究の重点は政治思想や社会思想よりも文学・造形芸術・演劇の分野にあったけれども、一九三〇年代以後和辻は「独特の倫理学理解」を日本思想史の分野に適用し、とくに「尊王思想」を伝統の一つとして強調し始めたために、その「倫理思想史研究」は国民道徳論的思想史の類型と「微妙に重なり合う面」をもつようになった。とはいえ、和辻自身は、（「国民道徳論」の主唱者であった）井上哲次郎に対する「あからさまな敵意」を最後まで公言していた。結局、和辻の観点の中心は大正初期の知識人に典型的な「非政治的又は反政治的な文化（Kultur）概念[3]」にあり、そうした文化概念によって捉えた日本の伝統を、一方では井上等の国民道徳論に、他方では唯物史観に対決させて、擁護するものであった。こう位置づけたうえで、右と同じように、「日本精神史」という言葉が「日本における精神史」と「〝日本精神〟の歴史（History of the 'Japanese Spirit'）」との二つの意味をもっており、後者、すなわち「古今を貫通する「日本精神」という一つの実体があって、それが自己を歴史的に様々な様相で展開させるという考え方」は一九三〇～四〇年の軍国主義時代に全盛を誇ったが、系譜的には国民道徳論の流れに属しており、それに対してディルタイやA・ベークの影響を受けた文化・思想の研究の方は「歴史的相対主義」の「臭い」がつきまとっていたとしている。つまり、丸山は和辻を「日本精神」論と切り離すのである。

政治イデオロギーはやはり対象外であるが[4]、井上哲次郎のような「保守的な国家主義者」（『座談』①159）の場合には、政治的評価が滲み出てくる。『研究』英訳序によれば、「国民道徳論」は、大正デモクラシーの時代まで保守的階層の間で根強く生き延びた一種のイデオロギー的用語であり、最も好意的に解釈すれば、「明治維新後の日本が西欧化の急激な波をかぶって、自己の国家および国民としての同一性を求めようとしたデスペレートな努力の、道徳面における表現」であった。儒教・仏教・神道といった非西欧の教説と、西欧の倫理の中で日本帝国にとって「偏向的」でなく、伝統的教説に欠けているので補う必要のあるような道徳（たとえば「公共道徳といわれているもの」[5]）とを「適当にこね合わせて」、帝国臣民が遵守すべき「新しい道徳」を樹立することを説いた、と（『集』⑫80f.：cf.『話文』②239：『座談』③225）。「好意的」といっても、イデオロギー批判の色彩は濃い。

時計の針を巻き戻すと、丸山は一九六五年のヒアリング「生きてきた道」では、「僕はずいぶん和辻さんから教わりました」と述べ、その「事実と意識との区別」という観点をきわめて高く評価している。丸山によれば、これは和辻の津田批判と関わっており、和辻は、「つくり話」は時代の理想を表しているのであって、津田のいうように、事実と異なるから無価値とはいえないと論じた。たとえば、武士道における「献身の道徳」に関して、津田は「武士の主君との関係なんてものはもっと契約的なものであって、軍記物の中に語られているような美しい話じゃない」とするのに対して、和辻は「ではなぜ軍記物があいうふうに美しく語ったか。それはやっぱり武士の理想だ、という意識がなければ、そういう話はできないじゃないか」と考えたというのである（『続話文』①41：『別集』③278）。これは学説の内容もさることながら[補説1]、一般史学＝「事実史」に対する「思想史」の側からする方法論的な異議申し立て――文学部出身の歴史家の中にある「根強い事実信仰」からくる「思想史に対する軽侮」に対して「事実としての思想というものをもっと考えてくれ、といいたい」（『座談』⑧249：『別集』③280f., 293）――に関わる評価である。和辻から「教わった」というのは、助手時代に受けた和辻の日本倫理思想史の講義のことであり、丸山の聴講ノートには、「この［『日本書紀』の天孫降臨から神代と人代の区別に至る］神話の歴史的実在に関しては色々疑説がある。津田左右吉氏は二十年前、この神話を全々〔ママ〕つくり話であるとなした。しかしかりにさうであるにしてもこの神話のもつてゐる意義は毫も減じない」という記述がある[6]（「文学部和辻哲郎教授「日本倫理思想史」聴講ノート」「丸山文庫」［資料番号 493100］6）。

思想史の方法に関してこの和辻の影響は想像以上に大きなものであった。はるか後年に丸山は、和辻の日本倫理思想史の講義は「ずっと聴いて非常によかった」ことを認め、和辻が、記紀神話は事実ではないとする津田を批判して、「事実としての信仰」という視角をクローズ・アップさせたことを評価し、現在でも歴史家には「事実としての思想という観念」がないとこぼしている[7]（『続話文』①246f.）。偽書は「事実史」では史料価値がないが、「思想史」にとっては意味があり、思想史は「イメージ」にリアリティを見出し、その意味を問うものだ（「思想史の考え方について」〈1961〉『集』⑨69f.）とか、「考古学的事実史からいうと、ぼくは素人だけれど、思想史からいうと［日本神話に現れた古代史の世界像や価値判断の仕方が］決定的に重要なんですね。［……］膝に蚊がとまって刺したなんていう自然的事実より、ウソでも作り話でも人間の心のなかに意識された事実のほうがずっと歴史的意味がありますよ」（「日本神話をめぐって」〈1965〉『座談』⑤35）という発言にも和辻からの影響を認めることができる[8]。

【補説1】 丸山は一九六五年度講義で、武士の初期の主従意識については、和辻哲郎のように、主君への没我を強調する説（「動機主義的解釈」）と、津田左右吉や家永三郎のように、御恩と奉公の相互性を強調する説（「功利的・結果主義的解釈」）との対立があるが、どちらの主張にも有利な史料があるとして、主従のエートスは「心情倫理的要素」と「利害打算的要素」が分かち難く結びついていたとする中間説をとっている（『講義』⑤89）。ただそこでも、主従のちぎりは「人格的な忠誠」を前提としており、「近代的な愛国心」と「献身の道徳」は別物だとしているのは、和辻批判と見てよい。しかし、八一年には、戦国武士には双務契約的なところがあるが、ヨーロッパの封建制に比べるとその要素が弱いところから、和辻が『日本倫理思想史』（一九五二年）で「献身の道徳というのを伝統だ」といったように（家永は双務的要素を力説した）、日本では相対的に上への忠誠義務が強く、抵抗権という観念が生じないとしている（『話文』③336）。だが、さらに八五年には、鎌倉時代から室町時代には西欧封建制と類似した双務契約的性格があったとして、「和辻さんが言うような「献身の道徳」というのは、嘘です」と断言している（『話文』②363）。なお、丸山は、日本における封建的忠誠関係に権威への他律的依存や消極的恭順のみを見る「通俗的」観念に対して、そこに主君への「諫争」を生み出す契機があったことを指摘した（『集』⑧178 : cf. II-2 註 21）が、これは服従の美化としての「献身の道徳」説への批判を含意している。

『尊皇思想とその伝統』をめぐって

ところが、同じヒアリング（「生きてきた道」）で丸山は、津田に対しては「政治的同感」、「政治心情的」共感を抱きながら「学問的にはかなわない」と思ったが、逆に和辻に対しては学問的に評価するけれども、「『尊皇思想とその伝統』、こんなのかなわん、という感じがする」と述べている（『続話文』①42）。「かなわん」というのはもちろん「政治的に」という意味である。この評価がおそらく、「尊王思想」の伝統の強調をはじめ倫理思想史が国民道徳論と「微妙に重なり合う面」をもつようになったという、『研究』英訳序の発言に繋がったのであろう。さらに一九六六年の座談「一哲学徒の苦難の道」で丸山は、和辻哲郎や安倍能成の世代は日露戦争からその直後にかけてのいわば「第一次戦後派」であり、国家主義教育の「反動」、「鬼子」ともいえるような、「伝統的価値」に対する懐疑を抱き、この、いっさいの日本的なもの、伝統的なものへの軽蔑という出発点のゆえに、井上哲次郎の国民道徳論に対する和辻の反感は晩年まで激しかったが、ただ和辻は『偶像再興』（一九一八年）あたりから「伝統」志向を顕わにしてゆくことになったと述べている（『座談』⑤186）。「第一次戦後派」とは、権威や道徳に反抗しても社会性・国家意識を欠いていた教養派や白樺派などの〈教養主義インテリ〉のことであり、ここでいう和辻の「伝統」志向というのも、反伝統から伝統へという転換の確認にすぎない。

だが、その「伝統」の中身が「尊皇」となった時に、丸山が鋭く反撥したことは想像に難くない。けれども、既述のように、丸山自身も含めて戦前を生きた世代にとって天皇制（尊皇）とリベラリズムは矛盾するものではなかった。一九六六年の別の座談で、戦前の天皇制の価値体系はそのまま反動の思想とはいえないし、明治三〇年以降に天皇制が国体として制度化され、国民教育がそれを軸として行われるようになった場合でも、戦前の「リベラル」（美濃部達吉、津田左右吉、吉野作造）はその価値体系の中におり、彼らの「リベラリズムの限界」はいえても、反動とは縁遠く、「尊王思想の伝統」を強調した和辻も反動家とはいえないと明言している（『座談』⑥45）。

こうした見方は基本的に後年まで維持された。『「文明論之概略」を読む』（一九八六年）で丸山は南原古稀記念論文を引き合いに出して、いま一度思想史の方法の五段階を紹介している。内容はほぼ同じである。ただ、表現が少し違っており、和辻の思想史研究の中で「いちばん生命力の長いもの」は『偶像再興』から『日本精神史研究』までの時代のものであり、『日本倫理思想史』になると、「むしろ一段階前の国民道徳論の一変種に近くなり、国体論の一種のリヴァイヴァルの相」を呈すると述べ、また唯物史観的思想史を（和辻らの）「ノンポリの文化史」に対する反動として位置づけている（『集』⑬63：cf.『集』⑯49）。なお、ここで『日本倫理思想史』というのは、同じ場所で、「『日本倫理思想史』として第二次世界大戦後にまとめられた段階」云々としているもの（そこでは丸山のいうように井上哲次郎への反感がはっきり出てきている〈和辻哲郎『日本倫理思想史』下〈1952〉『全集』⑬451ff.〉）とは別物であり、戦前の『尊皇思想とその伝統』のことである。同書の副題は「日本倫理思想史　第一巻」であり、混同したのであろう。

したがって、『研究』英訳序にいう、国民道徳論と「微妙に重なり合う面」をもつ倫理思想史とは『尊皇思想とその伝統』のことであり、ヒアリングの「こんなのかなわん」は、「国民道徳論の一変種」、「国体論のリヴァイヴァル」に向けられた言葉であった。さらにいえば、「ノンポリの文化史」というのが「非政治的又は反政治的な文化概念」による思想史という意味であるとすれば、そこから離反して国民道徳論・国体論に接近したということは、「転向」とまではいかなくとも、時流への迎合を示唆している。とはいえ、このころでも和辻の政治姿勢に対する丸山の評価は「リベラル」の範疇内に留まっていた。

「正統と異端」関係資料より

この点を含めて、以上の考察と重複するが、いくらか新しい点を含んだ資料（「「正統と異端」関係 “Geschichtliche Grundbegriffe” 論　及び和辻・津田・如是閑論（第二次稿の複本）」〈1985〉〔テープ起こし・速記原稿〕「丸山文庫」〔資料番号 556〕: cf. 石田『丸山眞男との対話』65）があるので、ごく手短かに紹介しておこう（以下関係する部分〔35f., 59–62, 63〕を要約する）。

それによれば、和辻は、『偶像再興』、『古寺巡礼』などで、出発点として日本の美の伝統の中に正統を探究しようとし、国民道徳論に対して日本の古寺に表現されているような美的伝統を対峙させ、『日本精神史研究』や『続日本精神史研究』ではまだ『偶像再興』の流れが続いていたが、「審美的立場」から「倫理思想」に重点を移す（『倫理学』）につれて変化し、『尊皇思想とその伝統』になると、国民道徳論に非常に近づき、「天皇制的正統性」に吸収されてしまう。しかし、戦時中に中央公論の島中社長が作った「国民学術協会」は、柳田・津田・如是閑・馬場信吾・清澤洌を同人とし、比較的リベラルな人を集めており、明らかに「当時の支配的イデオロギーへの反抗」がうかがわれるが、彼らの中では和辻が「一番右」であろう。和辻は「非常に偉い人」だが、戦争末期に書いたものは「ちょっとひどすぎる」。鶴見俊輔は昨年か一昨年に、和辻は戦争中にもっぱら日本精神をいって、戦後になって鎖国こそがすべての弊害の原因だとしたが、むしろ逆の態度を示すべきだったと批判した。和辻は戦後の『日本倫理思想史』ではふたたび国民道徳論を批判した。日本儒学の研究はやっぱり井上の三部作だ、と和辻にいったら、「井上哲次郎のどこがいいんですか」といわれた。しかし、条康弘が『思想』で、「戦後の「倫理学」はまずいところを全部改ざんしている」ことを丹念に指摘したのには驚いた。「倫理学を戦後になってそこまで改ざんしているとは思わなかった。そういう意味では本当に学問の良心を疑うといわれても仕方がない」。時事論としても、戦後はアメリカ一辺倒で、かえって戦中のアメリカ批判のほうがあたっている。「生活態度が享楽的だとか、アメリカの文化には神がないとか、ああいうのを戦後書いたら大したもんだと思うんですが」。

要するに、『偶像再興』や『古寺巡礼』は芸術を中心とした「審美的立場」であり、これは『日本精神史研究』や『続日本精神史研究』でも続いていたが、『倫理学』に至って転機を迎え、『尊皇思想とその伝統』になると国民道徳論に近づき、「天皇制的正統性」に吸収されたというのである。転換の時期は『研究』英訳序では一九三〇年代とされていたのが、ここでは『倫理学』（上巻一九三七年、中巻一九四二年）になっている。これは、条による「改ざん」の指摘を知ったためかもしれない。(9) 他方ここで丸山は、和辻をあくまで広い意味での「リベラル」の枠に収めようとしているが、その具体的根拠として(10)「国民学術協会」を挙げているのは、別の場所でそれについて、中央公論社社長嶋中勇作（本姓「島中」を戦争中に改姓）が「比較的に時局に便乗しないリベラルな方の人だけを集めて作ったもの」だと説明していること（『集』⑯207）に対応している。【補説2】

いま一つ同じ系統の資料（「正統と異端」〔石田雄・飯田泰三を聴き手として〕談話速記〔一九八八年一〇月〕: cf. 石田『丸山との対話』73f.）があるが、やはり関連部分だけを摘記しておこう（「丸山文庫」［資料番号 572］82f., 85 : cf.「「正統と異端」草稿」「丸山文庫」［資料番号 672-3］4f.）。

和辻が井上に対する「非常なアンチパシー」をもっていたことを直接本人から聞いた。和辻の日本思想史は、一方で井上的な国民道徳論に反撥しながら、マルクス主義の日本文化研究に受け継がれるイデオロギー暴露にも反撥し、「狭い意味の文化、特に芸術に表われた文化」の中に日本人の正統を位置づけた。つまり、美術彫刻に表現された「日本の精神」の正統の探究に始まったのが、政治・倫理の各領域での「日本精神」の正統性の探究に進んでいった（宣長のように美的価値としての「やまとごころ」〔「もののあはれ」〕の正統をそのまま政治や倫理に移し変えたの[11]ではない）。それゆえ、『偶像再興』と『尊王〔ママ〕思想の伝統』の間に「直接の論理的連関」は見出されない。しかし「まさに和辻があらゆる領域において日本精神の正統を確立しようとしたからこそ、和辻の日本精神史は、国体精神を日本思想の正統とする国粋主義者たちの見解とほとんど紙一重の差で接することになった」。

これまで見たのとほぼ同じである（なお同趣旨として『別集』④39参照）が、ただ、思想史方法論に関しては『研究』英訳序まで、和辻の日本精神史は「日本精神」の歴史ではなく、「日本の精神史」の探究であったことを強調していたのに対して、ここでは和辻の日本研究が最初から「日本の精神の正統」の探究とされ、しかもその後の「日本精神の正統性」の探究とともに区別されず、両者の差異はむしろ「美から政治・倫理へ」という対象領域の変化にすぎないかのような印象を与える。[12] 区別がなくなったのは、日本の「精神史」を含む芸術的傾向の作品にも「正統性」の範疇を広げたためと思われる。つまり、「日本の精神」であれ「日本精神」であれ、正統性の探究の力点が「美」や「文化」から「倫理」や「政治」に移ったということが主旋律となっているのである。

なお、一九八五年の鶴見俊輔ほかとの座談で丸山はこういっている。和辻、津田、柳田はすべて「明治国家の正統性に対する反逆者」として出発しているが、和辻の場合、戦前の日本の国体論、その「オーソドクシー」である井上の国民道徳論に反逆して、『古寺巡礼』、『偶像再興』から『日本精神史研究』に至るまで「美」こそ日本の正統だとしていたのが、それを「道徳」に移したところ、つまり『倫理学』あたりから「おかしくなった」。『尊皇思想とその伝統』など、日本思想の基準を、美ではなくて、倫理や道徳に求めると、「ああいうこと」になってしまう。「和辻さんの蹉跌としては、倫理学教授になったことが悲劇ですね」と（『自由』228f.）。以前は、和辻や阿部次郎・安倍能成の文学的、芸術的な美意識からくる倫理性に批判的な姿勢をとっていた（I-2-b）が、いまや『倫理学』以前の「審美的立場」をポジティヴに評価するのである。この座談では、「初期のものは非常にいい」とか、「『古寺巡礼』なんてね、ぼくは今でも奈良に行くときなんかには、あれ、ちょっと読んでいきます」と持ち上げている[13]（『自由』228ff.）。しかし他方で、戦争末期の『日本の臣道／アメリカの国民性』（一九四四年）に対しては厳しい批判の言葉を投げかけ、『倫理学』改竄にも言及している（『自由』230ff.）。後の回顧談でも、「アメリカの国民性」については、それを載せた「当時の雑誌『思想』の恥ですね」云々と断罪し、結局和辻は、「既成事実になったものを合理化するという人」[14]であり、「献身の道徳とその伝統」（一九四〇年）には一言半句も井上批判が出てこないと難詰している（『回顧談』上296f.）。ただ、ここでも丸山はかつての和辻の講義内容の思想的含意を評価し（平泉澄のような「神がかり」ではなく、古墳時代の歴史の部分など「あれを聞いたら、だれでも天皇制というのは、だいたい六、七世紀ごろできたものだというのはわかる」ようなものである）、「そういう意味では、戦争中しっかりしていたわけです」と擁護している（cf.『続話文』①247）。

以上、時系列に沿って丸山が戦前の和辻哲郎の学問に嗅ぎ取った「政治性」について見てきた。総じて思想史方法論の歴史の枠組の中で和辻は「反政治的又は非政治的」文化史の立場として捉えられながら、井上哲次郎の国民道徳的思想史の敵手としての位置づけからおおむね「リベラル」な性格をもつとされていたのが、視線はしだいに戦時中の『尊皇思想とその伝統』に注がれるようになり、したがってイデオロギー批判的性格を帯びてくるようになった。たしかに、この批判は、公刊を予定した文章ではほとんど示唆される程度にとどまっていた。【補説3】没後もなおかつての師に対する遠慮があったのかもしれない。

しかし、丸山は一九九六年六月一日に病床で、「和辻さんは、もうかなわんという感じ、嫌いだね」と語ったと伝えられている（小尾俊人「断片集――一九九六年」『手帖』①27）。「かなわん」は「嫌い」に通じるということであった。ただ、丸山は、福澤諭吉が「自分の好み（ライクス・アンド・ディスライクス）と思考とを直接移出しない」で、「自分の生活とか、気質とか、嗜好とか、好悪というものを抑制」して「事柄に即して」主張し、態度決定をしたことを高く評価しており[15]（『集』⑮307, 297 : cf. 宮村『戦後精神の政治学』112）、丸山自身も、和辻について「かなわん」＝「嫌い」を乗り越えて、「事実史」と「思想史」の対等論において和辻を評価した。そして何よりも和辻の風土論と精神史は原型＝古層論において受容された。

【補説2】 丸山は、津田事件に際して和辻が特別弁護人として法廷に立ったことにつき、南原が「学説は反対なのに和辻さんはよくやってくれた」と何度も語ったと伝えている（『集』⑨122）が、みずからも「ぼくは偉いと思いました」と洩らしており（『聞き書　南原回顧』253）、和辻の著作中の「津田左右吉博士事件公判における証言」の箇所に、「和辻博士の最大傑作！」と書き込んでいる（和辻哲郎『黄道』中、角川書店〈1965〉「丸山文庫」［資料番号 01924992］195）。この証言で和辻は、実証的な歴史的事実と「観念上」の歴史的事実（「物語」）の区別に言及し、津田が前者の側に立って後者を批判したけれども、それは決して皇室の尊厳を貶めるものではなく、かえってその基礎を確立するのに寄与すると弁護した（『全集』別巻②427ff.）。「学問的」対立を超えて「政治的」に擁護したのである。他方で丸山は、「和辻さんのために弁護するならば」と前置きしてこう述べている。和辻は、日本出版文化協会（実体は内閣情報局の下請け的な組織）の推薦図書委員だったが、そこに鈴木庫三という「気違いじみた内閣情報局情報官の中佐」がいて出版関係をいじめた。彼は岩波書店をつぶそうとした筆頭である。そこで和辻は鈴木と激しく対立した。また和辻は「日本諸学振興委員会」の委員にもなっていたが、その機関紙『日本諸学』（第二号、一九四二年一一月）の座談会で紀平正美や久松潜一を向こうにまわして「一人で激論をしたらしい」と（『回顧談』上298）。たしかに、そこで和辻は「日本諸学」とか「日本生理学」などといった日本主義的な学問観に執拗に反対している（「日本世界観と日本諸学」1『全集』㉓「月報」：同2『全集』㉔「月報」）。さらに丸山は、古川哲史「和辻哲郎と大東亜戦争」湯浅泰雄編『人と思想　和辻哲郎』三一書房〈1973〉所収（「丸山文庫」［資料番号 0192504］118）の文中、情報局の鈴木中佐ににらまれると紙の割当がもらえないので、ジャーナリストから恐れられていたが、〈何かの席で〉和辻は中佐と猛烈にやりあったという噂であるとする叙述に、「文部省教学局編纂、（日本諸学振興委員会）「日本諸学研究報告」の第何号かの座談会でなかったか」と書き込んでいる（傍線丸山）。なお鈴木中佐の実像（要約はできないが、一言でいえば「単細胞的」軍人ではなく、大学にも通った向学心あふれる軍人）については、岩波書店および和辻との絡みを含めて、佐藤卓巳『言論統制』（中公新書〈2004〉）を参照されたい。

【補説3】 以下の書き込み（傍線・傍点も丸山）は公式の場ではないだけに、かなり率直に丸山の見方を示している。古川哲史「和辻哲郎と大東亜戦争」湯浅編『和辻哲郎』所収（「丸山文庫」［資料番号 0192504］109, 112）の文中、太平洋戦争が八紘為宇をスローガンとするような「帝国主義的戦争になるのを教授［和辻］がいかに憎んだか」云々の記述につき、「？日本帝国主義を一度でも憎んだか」と書き込み、和辻は「帝国主義や植民地主義をはげしく憎悪していた」という文の前に「「欧米の」（！）」と挿入。信太正三「和辻哲郎」湯浅編『和辻哲郎』所収（「丸山文庫」［資料番号 0192504］63, 64）の文中、「本質において彼は、平和主義者であったといえる」。今次大戦における和辻の戦争協力は、日清・日露の戦争を西欧の侵攻に対する国民的自覚の反撥として弁護したのと同じ、「聖戦という目的が保たれるかぎりでのものだった」とする文の上段に「反戦でない平和主義者とは？」と、最後の文につき、「！初めから保たれていたか？」と書き込み、戦争協力の面だけをとって「彼を保守反動の好戦的イデオローグとみるのは、当を得たものではない」という文につき、「あたりまえ。しかし保守的な日本精神論者であり、反帝国主義も、アジア連帯観もなかった」と記入。さらに、湯浅泰雄「解説」(同編『和辻哲郎』所収「丸山文庫」［資料番号 0192504］334) の文中、「和辻の倫理学の思索の方向は近代西洋の個人主義と真っ向から対立するが、それにもかかわらず彼の生涯はいわゆるリベラリストの線をふみはずしていないと言ってよい」の箇所に「?·」と書き込む。さらに、湯浅泰雄『和辻哲郎　近代日本哲学の運命』ミネルヴァ書房〈1981〉(「丸山文庫」［資料番号 0192505］29, 166, 195, 144, 90, 91, 337, 137) の文中、敗戦までの彼は、「基本的には「学者和辻哲郎」であって」につき、「太平洋戦争期の和辻は？」と書き込み、また、敗戦後になって「思想家」として和辻は日本の保守主義者であることを宣言し、近代国家日本の運命とともに生きるべき日本の哲学者たることを自覚したという叙述の上段に、「戦前からだ。日本精神史研究「現代日本と町人根性」をみよ」と書き込む。ついで、危機の時代に文化など無意味だという主張に対する和辻の批判は「国粋主義者や戦争讃美者に向けられたもの」と推測した叙述につき、「客観的意味はまったくちがう！」と記入し、文化的創造の立場からは、戦争に興奮する世論に対する批判的留保は「あまり」感じられないとしている箇所につき、「「あまり」どころでない、「まったく」感じられない」と書き込む。和辻のアメリカ批判に関する叙述に対しては、「この和辻のほとんどコミカルなまでの見透しの欠如にたいして一言の批判もない」と書き込む。戦前の姿勢については、和辻が論文「日本精神」において、日本の資本主義発展は東洋における欧米諸国の植民地独占を解放させるように動くかもしれないといった「予測は当っている」とした箇所につき、「結果的にそうなっただけで当っているといえるか？」と書き込み、昭和六年ごろの和辻の思想傾向は大正デモクラシー以来のリベラリズムの線から「外れていない」とする箇所に、「個人主義はあるか？」と記入し、また、この線を一般化していけば河合榮治郎のような戦闘的リベラリズムの方向に進む可能性があったという叙述につき、「河合と本質的にちがう」と記入。和辻はアカデミズムの哲学者から二流扱いされるとともに、「他方ナショナリズムの側からも攻撃」されたとする箇所につき、「他方」の後に「ファシズム時代になると国体論」と挿入し、上段に「◎著者には三つの問題の混同がある。一、日本文化の個性　二、日本の国体論というイデオロギー　三、戦争協力の問題、太平洋戦争正当化の問題　これをすべてナショナリズムの名でくるところから混乱が生れる」と記している。なお、西田哲学については、「西田から始まるいわゆる京都学派」は高坂・高山らの「世界史の哲学」の流れを生み出すが、「彼らもまた戦争後半期には国粋主義者の攻撃を受け、敗戦後は逆に進歩派知識人から「国家主義者」「戦争協力者」という批判を受ける破目におちいった」という箇所の「後半期に」の後に、「なってやっと！」と書き込み、また、西田ではなく、彼の「弟子たちが犯した誤りにすぎない、と言うことができるであろうか。おそらくそうは言えない」とする箇所につき、「それでは戦争直後に西田全集を買うため行列をしたことは説明できない」と、「おそらくそうは言えない」の主張に「why ?」と記入し、さらに以上の文の上に「?「世界史」の方向感覚!」と書く。さらに、「西田の基本的志向の中に和辻と通ずるものがあったことは疑いえない。西田もまた、和辻と同じく、外に向って日本を代表する日本の哲学者たる自負をもっていた人物である」のうち、「また」を囲んで、「どうして西田の禅的主著が戦争協力者というレッテルをはられることになるのか」と書き入れる。「まかりちがえば、西田と和辻が戸坂潤や三木清の運命をたどる可能性もなかったとはいえない」とする箇所につき、「まかりちがえば」を円で囲み、「自由主義やマルクス主義を国家主義に抗して主張しないかぎり、西田・和辻が、(あるいは他の誰でもが)戸坂・三木・河合の運命を辿ることはほとんどありえなかった」と記す。また、和辻を含めた「岩波文化人グループ」は、社会科学的思考方法の訓練を欠き、西田もその点では同じであり、彼らは政治と文化を直結させるきらいがあり、「その間にある複雑な社会科学的諸問題について十分な分析ができない傾向があ」り、おそらくそこに「近代日本の哲学を挫折させた理由の一つも求められるであろう」とあるうち、後者の傍線部に「Ja」と書き込む。唯物論哲学者の思考は価値判断の尺度を「政治状況」に求める傾向に陥りやすいとする箇所につき、「あまりに単純な表現」と、「いわば永遠の学である筈の哲学」が転変する「政治状況」からたえず揺さぶられるとする記述の傍線部につき、「マルクス主義はまさにこの命題を否定する」と書き込み、社会科学的分析により「正しい政治的判断も可能になるであろう」という箇所につき、「和辻の政治的判断は正しかったか」と記す。

b　和辻哲郎と原型論

丸山が原型論に進んだ大きな契機として、マルクス主義的な発展段階説から脱却して、「構造論的なアプローチ」へと進んだことが挙げられる。そこからは日本の地理的位置とそれに関連した「日本の「風土」」が射程に入ってくる(『集』⑫131)。そして「風土」といえば和辻哲郎である。

丸山は一九六四年度講義の原型論で和辻の『風土』の内容の概略を紹介し、モンスーン型についての叙述を、「受容性の二重性格」と「忍従性の二重性格」とまとめ、前者について、「変化において持続する感情」であり、たとえ台風のような突発的な「感情の昂揚」があっても持続しない、と説明を加えている(『講義』④42f.)。六七年度講義でも簡単に同様の紹介をして、「戦闘的恬淡」、「変化において持続する感情」という特異な捉え方を例示し、「風土が日本的現実に媒介されて如何に日本人の意識に影響しているかを見るという、日本文化論上の視角は素晴らしい」と絶賛に近い言葉を捧げている[16]（『講義』⑦16f.）。これが「変容性と持続性との逆説的な結合」、変化にもかかわらず持続するという「執拗低音」に通じることはいうまでもない。

祭祀共同体

そしてここから丸山がレヴィ＝ストロースの人類学にいう「共時性」へと進んでいったことは、すでに見た通りであるが、こういう一種人類学的な描写もある。古代エジプトやメソポタミアの太陽神観は「砂漠にたいする太陽」で日本とは違う。東アジアでは「天」は雨で地を潤し、「地」は豊穣で稲を成長させる。地母神である。

かんかん照りつける太陽じゃなくて、柔らかく照らして稲の生育を助ける。それが同時に、生むものと生まれるものの連続性の考えと結びついて、日本の君主の性格、つまり単独支配《モナルキア》という面よりも君臣協議みたいな政治形体というものと、どうしても対応しているのじゃないかと思うのです。しかしそれはデモクラティックだったということではないので、慈恵主義とか慈民主義とか、上からいつくしむというイメージです。だから君主支配を逆転した下からの人民支配の観念としての人民主権も生まれにくいという一面があるのではないかな。

（「日本神話をめぐって」〈1965〉『座談』⑤39）

座談であることを割り引いても、このおおらかな口吻は、人類学的というよりもむしろ和辻的といった方がよいような印象を与える。というよりも、丸山はここで実際に和辻を意識していたのではないかと思われる。これについては第4章でもう一度触れるが、和辻は「危険思想を排す」（一九一九年）で、「国体擁護運動」に対して論陣を張った際、万世一系の天皇が決して専制君主とならない「国体」とは、「政体」と区別された悠久の存在であり、したがって民本主義を包容するだけでなく、むしろ歴史をたどれば、皇室こそ古代以来「衆議」を基礎にして「民の福祉」を慮る民本主義の体現者であったとしていた（『全集』㉒147ff.)。ひょっとすれば、このような和辻の主張が念頭にあって丸山は、日本の君主制が「デモクラティックだったのではない」と釘を刺したのかもしれない。もっとも、天皇制が民衆を慮るという意味で（つまり慈恵主義）という意味で「民本的」であるという主張は、和辻以前に、その師で同時に仇敵となった井上哲次郎が展開しており（『増訂　国民道徳概論』三省堂〈1918〉293：『社会と道徳』弘道館〈1915〉263：『我が国体と国民道徳』広文堂書店〈1916〉36：「研究ノート」③『岡法』㊺95f.)、また君主親政論をとって吉野作造と対決した憲法学者上杉慎吉も井上の説を継承していた（今野元『吉野作造と上杉慎吉』名大出版会〈2018〉81f.）から、必ずしも和辻が標的であったとは限らない。

松沢弘陽（「解題」『集』⑫381）によれば、「古層」論の一角を占める論文「政事の構造」（一九八五年）には、一方でマルクス主義の古代国家論・絶対主義国家論・アジア的専制主義論に対する、他方で和辻の「天皇を「祭り事の統一者」とする日本全国の「祭儀的統一」という考え方」（『日本倫理思想史』〔一九五二年〕上、第一章）[17]に対する批判があるという。同論文で丸山は、祭政一致を日本の国体とする戦前の考え方を批判している（『集』⑫212f.）が、一九六七年の講義では、祭政一致説に対して、「政事」と「祭事」は区別されており、両者は「「まつる」＝奉という「奉仕」「服従」を意味する観念を媒介としてはじめて連結させられている」としている（『講義』⑦90, 102）。さらに後には、『古事記』の葦原中国の国譲りの解釈について、和辻が柳田國男とともに「政事」＝「祭事」という前提から、「祭事の統一」＝「統治の統一」と見るのに対して、自分は逆に大和朝廷が祭祀権を土着の首長に委ねて統治権を簒奪したと考えると語っている（『自由』215）。あるいはいう。[18]

和辻さんが古代日本国家を祭祀共同体といわれましたね。このお祭の共同体で、大事なことは、みんなが祭に参加するということです。このパターンがまたデモクラシーの解釈まで綿々とつづいて、「みんな主義」として現われる。［中略］翼賛会はファッショには違いないが、そこには、みんなが参加する、という参加デモクラシーが流れこんでいる。本来、ナチズムもファシズムも、政治的参加は非常に強調したのであって、［……］参加デモクラシーこそ、積極的な、本当のデモクラシーだと、ファシストはいったんです。だから日本古来の祭祀共同体の「みんな参加主義」は民主主義のこういう解釈の仕方にうまく癒着するところがある。

和辻の古代論はファシズムに適合的なところがあったといわんばかりだが、無論そうはいっていない。(19) ここでは憶測をたくましくして問題をイデオロギーに収斂させるよりも、具体的に古層＝原型論をめぐる和辻と丸山の関係を確認することにしたい。

「重畳性」

一九六五年の座談で丸山は、日本人が、転変する状況や雑多なものを「団子みたいにまとめ」て一種の変種を作り出してゆく「秘密」について語った際、飛鳥文化も決して津田左右吉のいうように直輸入ではなく、「和辻さんなんかの方が正しいと思う」と述べている。(20) 建築などにも見られる日本人の modify の能力を評価するのである。【補説1】しかも、一般に日本人の「知的好奇心の高さ」は驚くべきものであり、たえず「習得、learning したいという」欲求をもつ「凄い国民」だとすらいう（『続話文』①97）。そして、日本人には、人口稠密や土地の狭小といった状況、さらには中国との適当な距離があったこと（朝鮮の「洪水型」に対する日本の「雨漏り型」〔『集』⑫141f.：『話文』②111f.：『話文』③315f.：『集』⑯59：cf.『座談』④206〕）が近代化やそのための勤勉な労働にとって有効に働いたと評価し、文化的にも日本人は creative で「割合優秀な民族」であることを認め、伊勢神宮の外宮や桂離宮などには、宣長のいう simplicity のもつ高貴さと美しさが見られるという（『続話文』①99ff.：cf. 和辻哲郎『桂離宮』〈1955〉『全集』②「丸山文庫」［資料番号 01925072］259）。日本の「風土」を問題にし、そのうえ日本人の「美的」創造能力を称揚するのである。これまた和辻と見まがうばかりである。

しかし、丸山にとって重要なのは、日本人が外来の文化に対して非常に敏感で「好奇心」が強いという側面と、逆に「うち」の自己同一性を頑強に維持するという側面との二面性が、日本の地政学的要因＝「風土」に強く規定されているということである（『集』⑫142）。そのことは、日本が高度工業国家でありながら、同時に「「未開民族」の特徴といわれた驚くべき民族等質性」を保持しているという両面性としても表現される（同 143）。この後者の点、すなわち「われわれの「くに」が領域・民族・言語・水稲生産様式およびそれと結びついた聚落と祭儀の形態などの点で、世界の「文明国」のなかで比較すればまったく例外的といえるほどの等質性《ホモジェニティ》を、遅くとも後期古墳時代から千数百年にわたって引き続き保持して来た、というあの重たい歴史的現実」（『集』⑩7：『話文』②109f., 127f.：『集』⑨372：『講義』④45：『集』⑯81f.：『話文』②168, 170：『別集』③200ff.）という観点は、ポスト・モダン派や石田雄などから「国民主義者・丸山」という批判を招くことになる（cf. 間宮陽介「ポストモダン派の丸山批判」〈1998〉『手帖』⑤42ff.）が、いうまでもなく、日本人の「民族的等質性」という観念だけを捉えて俎上にのせれば、それは昔からある単純な日本人論になってしまう。しかし、丸山はそのことを百も承知のうえで、[21] 等質性・同質性をいった。そういう想定があってはじめて「日本的なるもの」としての、外来思想の「修正」のパターンを探究することが可能となるからだ。

いずれにせよ、日本人の「等質性」、「日本的なるもの」の存在、あるいはその論拠としての「風土」の引証は、「原型」、「古層」、「執拗低音」という仮説を立てるための必須の条件であったから、主張はどうしても和辻に似てこざるを得ない。この構想全体が和辻の「影響」によるものであったかどうかは、具体的な資料がない以上、未決のままである。上述のように、原型ないし古層の探究にあたって和辻の見方——とりわけ「変化」と「持続」の絡み——を評価したことははっきりしているが、内容については同じ地平で捉えることはできないし、まして意図ということになれば、安易に平行性をいうわけにはいかない。とはいえ、ここに一つ、丸山の原型論と和辻を繋ぐと推測される具体的な接点がある。「重畳性」概念である。

戦後比較的早い時期に丸山は、明治維新を単純に絶対主義として近代的なものをオブラートとして捉える発想についてこう語っている（「新学問論」〈1947〉『座談』①50）。

日本では近代的なもの、アジア的なものが封建的なものの登場によって消滅されないで、重畳的に支配する。同じように、近代的なものが出て来ても、封建的なものを排除しないでただその上に乗っかって行く古代的なものが今日まで一貫している。そういう重畳性ということが一応問題になるのではないですか。

これは、対談相手である、「近代主義」ないし「戦後民主主義」の盟友でありながら、講座派の明治維新絶対主義革命説に相当近い姿勢をとったいわば「経済派」の川島武宜や大塚久雄に対する「文化派」としての（みずからも基本的には講座派的であった）丸山の自己主張である。清朝の李鴻章の洋務運動がオブラートの近代化にすぎなかったのに対して、近代日本はやはりヨーロッパ的なものと東洋的社会の中間にあり、さもなければ漱石のような文学者が生まれるはずはない、というのである（『座談』①52）から、上部構造の独自性の主張といってよいかもしれない。

さらにその二年後の田中耕太郎・猪木正道との対談「現代社会における大衆」ではこう述べている。日本は世界史的に見ても「一つの独立の型」をなすようだ。東洋で自主的にヨーロッパ文明を取り入れ、植民地化ないし半植民地化を免れた最初の近代国家である。無論、そのために生活様式なども洋服を着て畳で生活し、割箸もフォークも使い、あるいは渋谷駅前の赤旗をもった演説や日蓮宗の布教、いかがわしい薬売りに見られるように、文化的に「きわめて多元的な構造」をもっており、宗教も「高度のものから最も原始的魔術的なものまでが重畳的に存在」し、経済でも最高度の技術をもつ近代企業形態から自家生産まで、あらゆる生産形態が「同時的に併列」している。「悩み」も深刻であるが、しかしそれだけに日本は「異なった文化圏から生れる異なった意識構造について内在的に理解し、それを相互に媒介して行く条件が比較的備っているのじゃないか」（『座談』①235）。ここには原型論、というよりもむしろ古層論に繋がる発想がある。第一にすでにマルクス主義的な普遍的発展段階説を相対化して、日本の独自性を認めており、第二にその観点から日本文化の「多元的な構造」、宗教の「重畳的」並存、新旧の生産形態の並列をいっているからである。

これらの発言は、日本と西洋の問題を一面的に「近代化」、「西欧化」という方向だけで理解しようとせず、日本文化の特異性とその意義を強調する点で古層論の原像のようなものである。この議論と古層論との間には、「精神的雑居性」という病理現象に対する問題意識が介在していた。しかし、ここで丸山は、日本の文化・経済・宗教の「重畳的」性格について、「悩み」の深刻性を認めながら、それを積極的に生かしていく期待も示唆している。「この［異文化媒介という日本の］使命は、ワン・ワールドの形成の上には決して軽視できないと思うのです」と（同235f.）。つまり、かの「日本の思想」における精神的雑居性のネガティヴな規定は「悩み」の方を前面に押し出したものであり、それが古層論に繋がっていったのである。

さて、これらの発言の中で出てくる「重畳性」、「重畳的」という言葉は、和辻哲郎に由来するものと思われる。丸山は、ここにいう「重畳性」（近代的＝西欧的と、古代的封建的＝アジア的なものの重畳性や、生活様式・文化・宗教の重畳性）の概念を一九六四年度講義[22]でも使っている。そこでは、日本文化・思想の出発点の独自性について注意すべき点として、第一に日本人の高度の民族的同質性、第二に生産様式・共同体的規制・宗教儀式の持続性および等質性（石器・銅器・青銅器・鉄器の大陸における段階性と比べた「重畳性」）、第三に「後続するヨリ高度の文化形態の重畳的累積および基底との相互作用」（基底は根本的に変革されないが、上層は各時代の最も先進的な文化と接し、テクノロジー・政治・経済制度がこれに適応して変化すること）、「持続性と変化性の二重構造」（たとえば封建制から資本主義への移行に際して「資本制が〝半封建的〟基盤の上に発展」し、「同族団的パターンがさまざまなヴァリエーションで近代国家にも現われる」こと）を挙げている（『講義』④45f.：cf.『講義』⑤33：『講義』⑥14f.：『講義』⑦36f.）。上掲座談の観点を引き継いでいることは明白だが、ほぼ同じ内容の主張は六五年度の講義でも繰り返され（『講義』⑤31f.）、六六年度講義に至ってついに種明かしをする。ここでも石器と鉄器の併存、農耕の水田耕作の持続に言及し、文化形態について、「日本では、持続する所与の上にヨリ高い文化が重層的に積み重なり、その間で相互作用を起す。これが和辻哲郎のいう「日本文化の重畳性」である」と[23]（『講義』⑥14）。

生産様式等に関する「重畳性」という表現については別のソースがあったのかもしれない（上部構造・下部構造というマルクス主義的枠組もイメージとして影響した可能性があり、ほかにもゲルマン法における「重畳的所有権」、民法の「重畳的債務引受け」などがある）し、他の文脈で単に普通名詞として使った例もあるが、少なくとも「文化」に関して丸山が和辻から一定の示唆を得て、それを「古層」論──「古層」とは「つぎつぎと外から入ってきた文化が多層化されて一つの構造をなす」ことである（『集』⑪181）──に生かしたと見てまずまちがいない[24]。ところが、その示唆がどの程度のものであり、どのような経緯で影響を受けたのかということは、必ずしも明らかではない。

【補説1】『古寺巡礼』『全集』②（「丸山文庫」［資料番号 0192507２］114, 115, 190）（傍線丸山）中の、「日本人の独創は外来文化に対立するものではなく、外来文化のなかから生まれたものなのである。自国の言葉で文書の作れなかった時代と、作れるようになった時代と、──その間には確かに大きい進歩が認められる。しかしこの進歩は自国文化の独立のための努力によって得られたというわけではない。［中略］自国の言葉の使用は宣命や和歌に限られていた。ということは、それが新しい思想や制度に対して役立たぬものと認められていた証拠である。［中略］すなわち平安朝の和文は漢学の素養の少ない女の世界から生まれ、漢字まじりの文は漢文を作る力のない武士の階級から生まれ、口語体は文章体をさえ解し得ない民衆の間から生まれた。このように、自国文化の独立というごとき意識によってでなく、やむを得ぬ必要から押し出されてきたというところに、日本人の創造としての意味があるのではなかろうか」の一節の上段に「◎日本的特性が目的意識的な産物でないこと」と書き込みがある。ほかに傍線箇所として、「外来の様式を襲用することは、それ自身恥ずべきことではない。その道において偉大なものを作りだせさえすればよいのである」とか、（時々ひらめいて出た偉大なものがあったとしても）「それが一つの大きい潮流となることはなかったのではないか。従ってわれわれの文化には開展の代わりに変化が、いわば開展のない Variation が、あったに過ぎないのではないか」がある。なお、このくだりには、日本文化が自生的ないし自主的な「開展」による創造ではなく、外来思想の受容と修正によって「変化」させる創造だという発想がある。これは丸山の見方（「底辺の「原型」とそのうえに重なった外来思想との間に相互交渉がおこる」

〔『集』⑫147〕）と重なる。しかし、後述のように、和辻はここから「おのれをむなしうする」日本人の性格や風土の宿命論的把握を引き出したが、丸山は、「目的意識的」に西洋の普遍主義を摂取することで古層を乗り越えようとした。だが、いま一度反転していえば、和辻も、「真の」西洋文化を「目的意識的」に摂取して普遍的理念の日本における実現を目指した（IV-1-b）。

和辻の「日本文化の重層性」

何よりも、「日本文化の重畳性」が和辻のどの著作によるのかが明示されておらず、そのため探究の糸をたぐることができない憾みがある。だが、つぎのような事実がある。和辻は「献身の道徳とその伝統」（一九四〇年）（『岩波講座倫理学』第三冊、岩波書店〈1940〉18f.）で、実質上の中央政府である鎌倉幕府と名目上の中央政府である朝廷との並立・両立についてこう述べていた。

こゝに我々は日本文化の一つの特性としての「重層性」を明白に看取し得るであらう。がこの重層性は、止揚せられたものが単に滅却せられるのではなくして保存せられるといふことを示すのであつて、その保存せられたものが、止揚せられた契機であることを否定するのではない。

これは戦後の『日本倫理思想史』にそのまま引き継がれている（『日本倫理思想史』上〈1952〉『全集』⑫234）。表現が少し違うので、念のために引用しておく。

ここにわれわれは日本文化の一つの特徴としての「重層性」を看取しうるであろう。この重層性は、克服せられたものが単に滅却せられるのではなくして、新しい立場で生かされ保存せられるということを示すのであって、過去のものが克服せられずにただ生き残っているということではない。

丸山がこの部分を読んでいたかどうかはわからない[25]。しかし「献身の道徳」には何度も言及しているので、「献身の道徳とその伝統」は読んでいたとみなしてよい[26]。しかも、助手時代の和辻・倫理思想史聴講ノートには、やはり鎌倉時代における「実質上の政権（鎌倉）と形式上・名目上の政権（京都）との分裂・並立」と記した後に、こうある（「文学部和辻哲郎教授「日本倫理思想史」聴講ノート」「丸山文庫」［資料番号 493100］35）。

これはあまり外国に例のない、日本文化の重畳性の一つといへる。Aufheben されたものは、単に vernichten されるのでなく aufbewahren されるのである。

ここに「畳」とした元の文字は判読しにくいものであるが、「層」でないことは明らかであり、「畳」の旧字「疊」か、その略字「叠」、もしくは誤字ではないかと思われる。無論、「重畳性」であるとしても、和辻が実際にそのようにいったのか、それとも丸山の誤記であるのか、判断を下すことはできない。

ともあれ、丸山が自分の講義で触れた「日本文化の重畳性」が和辻の『日本倫理思想史』（その原版ともいうべき「献身の道徳とその伝統」もしくは日本倫理思想史講義）に由来するものだという推測は十分成り立つ。しかし、そうだとしても、これは朝廷と幕府の二重構造といういわば陳腐な「政治上」の歴史的事実に関する記述であり、「日本文化」一般の重層性について和辻はここで何も語っていない。とはいえ、丸山が依拠した和辻の著作についてはいま一つの傍証がある。

丸山は「日本思想史における「古層」の問題」（一九七九年）で、「家永三郎君の「外来思想摂取〔ママ〕史論」。今、絶版になってしまったかな。非常によい本です」と述べている（『集』⑪185）が、家永はその本（『外来文化摂取史論』）の中で、支那文化の享受は貴族階級に限られていたとする津田左右吉の説を批判して、仏教文化や支那文化の摂取は国民生活の向上、日本文化の発展に一定の役割を果たしてきたのであり、「日本の地理的位置」が仏教文化や支那文化に接触せざるを得ない運命を前提とする限り、摂取の歴史的意義を肯定せざるを得ないけれども、ただ我が固有の文化は朝鮮や安南ほど仏教文化や支那文化に圧倒されなかったとし、その際、註で、「外来要素と伝統的要素とが永く並立し一方が他方を圧倒消滅せしめることのないのは日本文化の大きな特色であるが、和辻哲郎博士は之を日本文化の「重層性」と名附けその重要性を強調して居られる（日本精神、続日本精神史研究所収）」（傍線丸山）と記しているのである[27]（家永三郎『外来文化摂取史論　近代西洋文化摂取の歴史的考察』岩崎書店〈1948〉「丸山文庫」［資料番号0183143］22f.）。

この家永の論述の文脈からは、明らかに「古層」に繋がるラインを読み取ることができる。それゆえ、丸山のいう「日本文化の重畳性」は、和辻の論文「日本精神」に登場する「日本文化の重層性」に由来するとみなしてまずまちがいないであろう。では、その内容は如何なるものであったのか。

「日本精神」は、初出が『岩波講座　東洋思潮』第四回（一九三四年九月）で、『続日本精神史研究』（一九三五年）に収録された。後者の序言で和辻は、前著『日本精神史研究』が刊行された時はマルキシズムの流行が急激に高まりつつあったが、現在は「日本精神」の声がしきりに聞こえてくるけれども、変わったのは「時勢」であって著者の研究ではないと断ったうえで、近ごろ時々「日本精神とは何であるか」という問いが投げかけられるが、「自分はこの問に対して簡単明瞭な答えをすることが出来ない」と述べ、しかも本書のうちの「日本精神」ほか二篇は「岩波君の講座の事業の有意義なるを思ひ準備の不充分を冒して敢て執筆したもの」だと重ねて断りを入れ（『全集』④275f.／『続日本精神史研究』岩波書店〈1935〉序言1f.）、論文冒頭でも目下の流行語である「日本精神」の意味は誰にとっても明白ではなく、「少なくともこの問題についてこゝに何かを書かされる自分は、実のところ好くは解つてゐない」にもかかわらず、この問題を割り当てられたのは『日本精神史』の著者であるからだと思われるが、この著書は「日本精神」の歴史研究ではなかった（『全集』④281／『続日本精神史研究』1f.）と都合三度も断り書きを記している。

マルクス主義が弾圧された後の一九三四年（昭和九年）という時期は国体明徴運動―天皇機関説事件（昭和一〇年）を眼前に控えていたが、和辻の論調は比較的平静である[28]。この論文も、「目下の普通の用法では、日本精神といふ言葉は右翼的、反動的、保守的といふやうな標識を持つたものとして理解せられてゐる」というところから出発しており（『全集』④282／『続日本精神史研究』3）、いささか剣呑のようにも見えるが、和辻は「日本精神」を政治的観点から論じることをしりぞけ、むしろ「日本文化として「発露」せるものを通じてそこに己れを表現せる主体的なるものに迫る」という方法で「日本精神」を捉えようとしている（『全集』④298／『続日本精神史研究』31）。したがって丸山のいう「文化史」の、あるいは「日本《精神史》」の観点を堅持しており、結論としても、「日本精神が日本文化の主体であり、この主体が右の如く重層的な日本文化を通じて把捉せられるのであるならば、それは否定的に連関する多くの様相の動的統一であつて、単純な、一面的な「魂」の如きものではない。従つて日本精神といふ標語を政治的運動のたゞ一つの方向にのみ独占することは、日本精神の把捉を誤らしめる最も大きい原因となる」（『全集』④321／『続日本精神史研究』71）と、時流に対してきっぱり「否」の姿勢を示している。

さて、ここにいう「日本文化の重層性」とは、新しいものを志向しながら、超克されたものを生かしていくという性質であるが、和辻はそれについて、衣食住の様式を例に引き、こう説明する。日本人は三百年前の着物の様式をいまもだいたい保存しているだけでなく、武士階級と庶民階級の別個に発展した様式をも一つの生活の中で重層的に統一し、洋服がさらにもう一つの層を加える。日本人はそのどれをも廃棄せず、また折衷もせず、「二重生活」として日常生活の全体において「統一」してしまう。住宅にしても同様であり、いわゆる「和洋折衷」は一つの新様式ではなくて、二つの様式の二重的結合であり、重層性を示す。西洋料理も日本人の食事の様式に一つの層を加えたにすぎない（『全集』④314ff.／『続日本精神史研究』60ff.）。以下、宗教と芸術の例が続くが、要するに、そこにおける様々な様式もまた、「特殊性に於て対立しつゝも一つの生活の中で共に生かされ」、「重層的に一つの生に於て統一せられてゐる」というのである（『全集』④317, 320／『続日本精神史研究』64, 69）。

和辻のいう「重層性」は朝廷と幕府の並存と同じく（あるいはそれ以上に）ごくありふれた認識である。夏目漱石は明治三四年四月以降とされる「断片」（『全集』㉔67f.）で、現在の日本人はすべてを西洋化できず、やむを得ず日欧の衝突を緩和するために「混融」しようとしながら、「日本服に帽子は先づ調和せられたりと云はん洋服に足駄は遂に不調法と云はざる可らず美術に文学に道徳に工商業に東西の分子入り乱れて合せんとし合せんとして合する能はざるの有様」と見た。これは後に「内発」、「外発」の言葉によって「上滑り」を指摘する元になった「悲観的」観察である。漱石自身は（丸山が指摘するように〔『講義』⑥18〕）「内発」を望んだのだが、それはいまさら実現しようもなかった。ただ、漱石は「重層」を「重層」として見ずに、むしろ混融できない不調和として見た。これは、和辻が引くあるドイツ人の日本についての評言＝「並在（Nebeneinander）の国」（『全集』④314／『続日本精神史研究』59）と同じく、和辻からすれば、表層的な理解であった。[29]

とはいえ、和辻も重層性を手放しで礼讃したわけではない。和辻は、洋行から帰ってきた印象を記した「日本の珍しさ」を一九三〇年に『改造』に発表し、後に『風土——人間学的考察』（一九三五年）第三章（二）の(ロ)「日本の珍しさ」にそのまま収めたが、そこではこう述べている（『全集』⑧156ff.／『風土』岩波書店〈1935〉260ff.）。ヨーロッパに行って「珍しい」という印象はもたなかったけれども、帰朝してみると逆に日本が「世界的に珍しいもの」だということを痛感した。それは、ヨーロッパの道路や電車が高層の建物と調和しているのに対して、日本の場合は多数の密集した小さな家の中で道路や電車が異常にのさばっているという印象を指すのだが、そこから和辻は、西洋の公共空間と日本のそれとの異質性を、「個人」を基礎にした社会と「家」を一つの単位とした社会との相違として説明し、さらにいう。日本社会ではたしかに「欧米化」の現象が顕著だが、「家」が頑強に根を張っているために、「世にも珍しい不釣合い」が存続している。日本人は洋服を着て、アスファルトの道路の上を靴で歩き、自動車や電車に乗り、洋風建築内の、洋風家具と電灯と蒸気暖房を備えた事務所の中で万年筆で洋式帳簿に記入して仕事をするが、帰ってくる家は、洋風建築かもしれないけれども、伝統的な性格を失っていない。しかも、日本人は、家の外に属する、「他人のもの」である公園には無関心であり、そこから公共問題にも関心を抱かず、多数の不正直な政治家に任せてしまう。洋服とともに始まった日本の議会政治がひどく「滑稽」なのも、人々が公共問題を自分の問題として関心をもたないからである。日本では家さえ守ることができれば、どんな支配者をも受忍し、その結果公共的なものへの無関心を伴った忍従が発達したが、西洋では城壁内部において忍従はすべてを奪うことになり、共同により「争闘的に」防ぐしかなかったので、公共的なものへの関心・関与と自己主張の尊重が発達した。「デモクラシーは後者に於て真に可能になるのである」（『全集』⑧166ff.／『風土』277ff.）。

つまるところ、和洋重なった日本の文化は「我々がもう古くより感じてゐた日本現代文明の錯雑不統一」（『全集』⑧159／『風土』265）なのだ。「錯雑不統一」とは漱石のいう「東西の分子入り乱れて合せんとし合せんとして合する能はざるの有様」にほかならず、どこから見てもネガティヴな評価である。ところが、論文「日本精神」ではこうした認識と評価は後景にしりぞき、むしろ「重層性」として積極的な位置づけがなされる。「さまざまな様式は、重層的に一つの生において統一せられてゐる」といい、「矛盾せるあらゆる契機をそれぞれ固有の生命において生かせるところに真に具体的な統一がある」というように、重層性をもつ日本精神はいわば弁証法的に肯定され、しかも「かゝる重層的構造に於て日本文化は世界に比類がない」とすらいう（『全集』④320／『続日本精神史研究』69）。

他方、丸山自身も、日本思想史を統一的なものと把握しようとするみずからの立場を、「矛盾したものを統一的に把握する、これが大事なんです」と表現し、「矛盾したものを盾の両面として同時に捉えていく」ヘーゲルの発想や「善悪不二」という仏教における「弁証法」を引き合いに出している（『話文』②327）から、その点では似たところがある。これが如何なる意味をもつのかということはすぐ後に見ることにして、ほかにも論文「日本精神」に示された様々な視角は丸山の原型＝古層と重なるところが多い。たとえば、和辻は「日本人ほど敏感に新しいものを取り入れる民族は他にないと共に、また日本人ほど忠実に古いものを保存する民族も他にはないであらう」（『全集』④314／『続日本精神史研究』60）とするが、これも、丸山のいう、外来の文化に対して非常に敏感で「好奇心」が強い面と、「うち」の自己同一性を頑強に維持する面があること、「「新しがり」ということ自身が伝統的思考様式のなかにある」（『講義』⑤40）こと[30]、「等質性の二面としての拒絶反応と同調反応」、「思想の下部構造の持続性のゆえの、上部構造の変移のあわただしさ」（『講義』⑥20f.）、「日本ぐらいいつも最新流行の文化を追い求めて変化を好む国はないという見方と、日本ほど頑強に自分の生活様式や宗教意識（あるいは非宗教意識）を変えない国民はないという全く正反対の見方」の並存（『集』⑫132）、あるいは端的に、「東亜新秩序」になびく「日本の新しがり」（『話文』②443）といった見方と相応している。[31]

さらに、和辻は、欧化主義や反伝統主義は一面で日本的伝統を含んでいる（マルクス主義者の運動における犠牲的精神や全体の権威への服従）ばかりか、それ自体として「日本的特性を否定するといふ日本的特性」をもつとして、古来日本人が外国文化を寛容に受け入れてきたことを「日本的特性」としての外国崇拝と捉え、外国文化の摂取を日本人の「己れを空しうして外国文化を受容する」謙虚な態度とし、また世界における日本の使命をよりよく遂行するには、国民的自覚を、少なくとも、「己れを空しうして他国文化を受容する」ことが「特殊日本的である自覚」をもつべきであり、「いかに己れを空しうしても、その空しうすることに於て民族的特殊性を脱することが出来ぬのである」という（『全集』④307ff.／『続日本精神史研究』47ff.）が、これまたその宿命論的な――にもかかわらずそれを積極性に転化しようとする――ニュアンスを除いていえば、丸山の描く外来思想の修正の精神構造に驚くほど重なって見える。すなわち、「一定の変らない［……］あるパターンのゆえに、こういう風に変化する」（『集』⑫155）とか、「あるものの考え方のパターンがあって、［……］その型が執拗に残存しているが故に、その型自身のために非常に変化を好む」、「あるいは、外の世界の変化に対して敏感である」、つまり「不変なある契機のために見事に変身していく」といった見方、一言でいえば、「外来思想を変容する日本的なもの」（『話文』②81, 113）、あるいは「国民的伝統」とか「国体の精華」という場合の、「変化にもかかわらず変わらないもの」、「ある変わらない契機があるからむしろ非常に変わる」といった具合である（『話文』②80）。

錯雑不統一・雑種文化・精神的雑居性

和辻は一九二九年に洋行から帰ってきた時の日本文化の印象を「錯雑不統一」と表現した。それから二十数年後に加藤周一は、やはり西洋留学から帰ってきた時に、山水の「古く美しい日本」と工業化された「近代的」な日本を目の当りにした「印象」に発して、積極的な意味の雑種文化論を提唱した。加藤は、発展段階論から日本を「西洋化」しようとする傾向（近代主義）と「純日本化」の方向との「悪循環」を止揚しようとするのだが、その際西洋文化がすでに日本に根づいている証拠として、反西洋の日本主義者がことごとく精神主義者であり、文章をペンで書き、洋風の本をこしらえ、その売行きを資本主義機構に任せ、議論の材料は西洋伝来のものであることを挙げている（「雑種文化論」〈1955〉『加藤周一著作集』⑦平凡社〈1979〉8, 10ff.）。これは、丸山の〈深層的伝統〉の「突然変異的」思い出し、後にいう擬似普遍主義と土着主義との悪循環という視点と重なり[32]、また「日本の思想」（一九五七年）で蓑田胸喜によるヴントやローゼンベルクの援用を指摘して「雑居」を抉り出した（『集』⑪189：II-1-b）のと平仄が合う。だからこそ、丸山は加藤の雑種文化論に「大方の趣旨は賛成」（II-2-c）とエールを送ったのだ[33]。

和辻の「錯雑不統一」と加藤の「雑種文化」と丸山の「精神的雑居性」は、影響関係は不明だが、内容においてかなりの程度重なり合う。ただ加藤の「雑種文化」はポジティヴな提案である。たしかに丸山もその提案を受容したが、それは留保付きであり、丸山は「雑居」を「雑種」に高めるためのエネルギーを近代的「主体」の創出に求めた。他方、丸山の「雑居」は、和辻の「錯雑不統一」、漱石の「東西の分子入り乱れて合せんとし合せんとして合する能はざるの有様」と同じく、ネガティヴな性格をもつ。ところが、和辻は「錯雑不統一」をある意味でポジティヴな「重層性」にいわば高めようとした。これは丸山の「雑居」から「雑種」へという志向と重なる。そして、この志向は「日本の思想」以前の丸山に別の形で存在していた。

先に一部触れたように、田中・猪木との対談「現代社会における大衆」（一九四九年）で丸山は、日本の文化的な多元性、経済・宗教の「重畳的」性格を認め、その「悩み」の深刻性を認めながら、それが異なった文化を理解し、

「相互に媒介」する条件となり、この「使命」が「ワン・ワールドの形成の上には決して軽視できない」と語った(『座談』①235f.)。その具体的な意味について同年の講演「ヨーロッパと日本」ではこう説明している。一九世紀ヨーロッパのイデオロギーの核心は「多様性の中における統一(Unity in Variety)」であるが、それに対する挑戦としてファシズムとボルシェヴィズムが出てきた現代の「世界情勢」の中で、「日本の役割」ないし「使命」は、近代市民社会を絶対化して、異質的なものを排除するアメリカと、近代市民社会の内面的意味を経験しなかったロシアとを媒介することにある。日本の精神的な構造では「アジア的なもの」と「ヨーロッパ的なもの」が絡み合い、「異質的な文化構造」と「異質的な社会構造」が同時的に存在しており、そのために我々は苦しんでいるが、しかし他面では「異質的な社会構造の間の思想的な内面的な媒介」を行うことが容易な地位にある、と(『別集』①353ff.)。

さらに座談「被占領心理」(一九五〇年)でも、田中・猪木との対談における描写と同じように、日本では料理・衣服・住宅で東西入り乱れ、宗教でも「古代の呪術的宗教」と「最も高度の宗教」が並存し、渋谷駅前には日蓮宗、赤旗、キリスト教、怪しげな透視術の物売りが並び、思想的文化的にはコミュニズム、アメリカニズム、西欧主義があり、ニーチェ、ドストエフスキー、『チャタレー夫人の恋人』が読まれていると指摘し、「シュトルム・ウント・ドラングもきわまれり」といったこの世界的にユニークな現象と「民族の運命」との関わりを問うて丸山は、この日本の特色を徹底させていくより「ほかに方法はない」としている。すなわち、封建社会ぬきに近代社会から出発したアメリカと市民社会を経ずに社会主義社会になったソ連との間に挟まれて、「近代化と現代化」の問題を二つながらに解決することを迫られている日本の立場は、世界史的に見て非常に重要な意味をもっており、日本としてはこうした現象に見られるような「皮の厚さ」を「プラスに転化して行く」しかないと述べている(『座談』②19f., 21)。

こうした議論は日本の世界的使命を主題とし、それがある意味では、大正教養主義の刻印を帯びており、それゆえ丸山はそれを振り切って「主体性」論に突き進むことになるのだが（IV–3–b）、それはともかく、右に示された日本の文化と社会構造の重畳性は、「負」の面を抱えながらも、加藤の「雑種文化」、和辻の「重層性」と同じく、「正」の意味を付与される。すなわち、かの「東西融合論」などと反対に、「雑種性を良い意味で「積極的」に肯定」しようとするのだ。しかし、繰り返していえば、重畳性は「日本の思想」において「精神的雑居性」という病理現象として現れ、さらに原型＝古層に姿を変え、克服の対象に変じた。[34] つまり、和辻は一九五〇年ごろの丸山と同じように、ネガティヴな「錯雑不統一」を「重層性」へと高め、伝統の積極的評価に転じたのだが、逆に丸山は雑種の伝統の積極的利用を諦めたのである。かりに和辻が「錯雑不統一」の認識を維持し、拡大していったならば、それが古層の発見に繋がっていた可能性はあるだろう。だが、和辻は現実をあるがままに「重層性」として捉え、日本人の特性とした。[35] それに対して丸山は病理現象の構造分析に集中し、また心情倫理なり主体性なりの「思想」を維持し続けたのだ。

丸山は原型＝古層論において和辻から多くの刺激を受けた。一方で、古代天皇制の構造やその政治的、倫理的な意味、あるいは武士の「献身の道徳」をめぐって丸山ははっきり和辻と対峙した。そこに学説の対立の皮をかぶったイデオロギー的角逐を見つけ出すことは困難ではない。他方で、丸山は「風土」や「日本文化の重層性」といった、原型＝古層論の基底もしくは前提をなす視角を和辻から受け継いだ。これは、事実史に対する思想史の強調と並んで、いわゆる学説の「継受」と見てよい。丸山の説く、学問に必須の「価値の蓄積」である（I–3–a：cf.『座談』④43）。もっとも、「事実史」に対する「思想史」の意義については助手時代の講義聴講に端を発しており、その限りで「師」ないし「先達」としての和辻という枠に収まるのに対して、風土論や重層性論の方は、これも戦前から知っていた可能性が高いけれども、それを講義や論文で利用するようになったのは、やはり原型＝古層の構想の過程、早くとも南原古稀記念論文執筆期であり、おおむね一九六〇年以降のことである。

第3章　丸山の欧化主義——「思想」としての原型突破

原型論とは、「外来」思想を「日本化」させ、修正ないし変容させる日本固有の思想構造を闡明しようとするものであり、基本的には〈学問としての思想史〉に属するが、現代にもなお執拗に持続する原型を突破する目的をもって「日本の主体性」を提起するのは「思想論」の範疇に入る。ここでは「日本の主体性」だけではなく、「日本人」の（すなわち個人の）主体性も関わってくる。もう一度引用すれば、一九六四〜六六年度講義で丸山は、現代において「世界の中の日本」を自覚し、自己の意識の底にある思考様式を対象化・客体化し、「異質性のなかに身をさらし、主体的な決断能力・選択能力を練磨すること」の必要性について語った。これは、思考様式の問題に関わっており、必ずしも全面的に「思想論」ということはできない[1]が、しかし丸山は、原則として講壇禁欲を守ったとしても、世の多くの大学教師と同様に、様々な契機で墨染めの衣の下の鎧を垣間見せたから、これもその一つと見ることはできる。総じて「思想論」は、ジャーナリズムから撤退してゆくにつれて、必然的に講義、座談、ヒアリング（聞書き）、あるいは他大学のセミナーなどの場で表白されるほかなかった。敗戦後丸山の執筆活動の中心を占めていた「時事論文」の最後を飾ったのは「憲法第九条をめぐる若干の考察」（一九六五年）であり（III-2-c）、その後、講義でしゃべるチャンスは、六八年に退職するまで、六五年度から六七年度までの三度しか残されていなかった。そして、後で触れるように、〈原型的思考様式〉の突破にとって重要な要素となる「内村的コスモポリタニズム」はたしかにこの三度の講義に登場している。

本書は丸山の「思想」、とくに政治思想の内容を論評することを課題とはしていないが、前章で麻生書評から「日本の思想」を経て原型論に至った過程を見てきた以上、〈原型的思考様式〉を克服しようとする主体性の「思想」に立ち入らないで済ますわけにはいかない。そのため、本章では、「丸山の欧化主義」というフレイムワークを設定し、第一節で欧化論の思想史的位置づけを瞥見した後、第二節において戦後の「精神的鎖国」という問題状況への対処から主体性の「思想」が醸成されてくる過程を考察する。そして、それがまさに「思想論」であるがゆえに主体的「決断」として位置づけられたことを明らかにし、「丸山の欧化主義」、その核心をなす「普遍主義」の思想の痕跡を「夜店」から撤退後の知識人論に探ることにしたい。なお、最初に断っておくが、ここで「丸山の欧化主義」という表現は、「西欧近代主義」と不可分の関係にあるけれども、これに代わるレッテルとして使おうとするものではない。

第一節　イデオロギー鎖国から「精神的」鎖国へ

丸山の「思想」としての欧化主義を考察するために、まず思想史上の欧化主義の位置づけから出発することにしよう。麻生書評（一九四二年）で丸山は、「物質文明」と「精神的文化」の二元的把握を前提にして、後者の「欧化」が前者のそれと同じレベルに留まり、内面化されなかったと捉え、そこから〈表層的欧化〉と〈深層的伝統〉というもう一つの二元的把握を導出した。これが原型に通じる道は第2章で確認したが、それ以前の段階で「欧化主義」そのものを思想史的問題として捉えた時に、丸山がそれをどのように把握したのかということはまだ見ていない。「物質文明」と「精神的文化」は、ひらたくいえば、「和魂洋才」を二つに分けただけのことである。したがって、欧化主義についての丸山の切り口も最初は「和魂洋才」を換骨奪胎したものであり、他の問題で見せたほどの犀利な切れ味を感じさせないが、一九六〇年代において問題は「国内鎖国」に転換し、それを克服しようとする「思想論」が展開されることになる。

a　「御製」の思想——天皇制の欧化主義

丸山は「近代日本思想史における国家理性の問題」（一九四九年）で、幕末にヨーロッパの技術の優越を眼前にした、佐久間象山の「東洋道徳西洋芸術」や橋本左内の「器械技術彼に取り、仁義忠孝我に存す」に触れている

（『集』④16）が、維新以後の欧化論には言及していない。しかし一九五一年の二論稿（「日本におけるナショナリズム」と「戦後日本におけるナショナリズムの一般的考察」）になると、ブルジョワジーを担い手とする「近代的ナショナリズム」と対比して、ヨーロッパの外圧によって喚起された「前期的ナショナリズム」という枠組（『集』②244ff.／『日本政治思想史研究』338ff.）の下で、その担い手である旧特権階層が、ヨーロッパ文明の摂取によって旧世界を防衛しようとしながら、文明の「全面的」摂取が旧体制の変革をもたらすというパラドックスに直面して、「物質文明」だけを採用し、キリスト教・個人主義・自由民主主義といった「思想的政治的諸原理」の浸潤を最小限にとどめるという「使い分け」を行おうとし、これが維新後に引き継がれ、天皇の権威の下に富国強兵策となっていったとする[1]（『集』⑤63ff.：『集』⑤91f.）。「使い分け」は和魂洋才のことであるが、丸山によれば、この「使い分け」による日本の近代化の急激な成功は、「頂点」では世界先端を競いながら、底辺では伝統的様式が強靭に根を張る日本社会の不均衡性と対応しており、したがってまた知識層の「教養」が圧倒的に西欧的なものであったのに対して、庶民大衆は「国体」教育によって国家的忠誠と産業＝軍事的知識を兼備した「帝国臣民」になったことと無関係ではなかった（『集』⑤67ff.）から、レーヴィットの二階建て論とも連続性をもっていた[2]。ただし、いうまでもなく、戦前の麻生書評と違って欧化は、何の憚りもなく天皇制や国体に関連づけられる[3]。

さらに一九五七年の講演「思想と政治」では、説明に明治天皇の御製（明治四二年）が登場する。

よきをとり　あしきをすてて外国《とつくに》に　おとらぬ国になすよしもがな

丸山は、この歌が新興国家の「激しい積極的な意欲」を表現しているが、同時に国体的正統性の確立をも表明しており、そこに示された「採長補短」を決める判定権者が誰であり、また基準が国体であるということも決まっていて、それを問題にすることがタブーになっていたとし（『集』⑦127）、五八年の座談では、「第二の開国」＝維新の際には、徳川時代のように全面鎖国ができないので、「使い分け」を行い、「物質文明」については開国してヨーロッパの技術を取り入れて富国強兵を行ったが、イデオロギーの面では鎖国にし、国体を強化するものは取り入れつつ、国体に反するものを異端として締め出したという（「平和と民主主義のとりで　憲法」『平和と民主主義』㊽〈1958〉13：『講義別冊』②75）。「御製」は「使い分け」のための原理＝採長補短を表しているが、それが実質上、物質文明＝開国、イデオロギー＝鎖国という和魂洋才的「使い分け」となって現れたということである。

ここまでは、「使い分け」＝和魂洋才の維新後の展開としておおむね常識的な理解を超えていないようであるが、丸山の独自性は、天皇制の確立に伴って、欧化が国内政治ないし「体制」にとって重大な意味をもっていたことの指摘である。論文「日本の思想」（一九五七年）の「おわりに」で丸山は、近代天皇制は、権力の核心を同時に「精神的「機軸」」として維新以来の精神的雑居性に対処しようとしたが、国体が「雑居性の「伝統」自体を自らの実体とした」ために、思想の整序の原理として働かず、「否定的な同質化（異端の排除）作用」の面だけで強力に働き、「人格的主体」の確立にとって桎梏となる運命をはじめから内包しており、戦後の変革はこの「エセ精神的機軸」を一挙に顚落させたために、一層雑居的無秩序性が顕わになったと捉えている（『集』⑦242）。

例によって凝縮された表現で理解しにくいので、本文の記述を参照することにしよう。天皇制が権力の核心を同時に精神的「機軸」としたというのは、伊藤博文が帝国憲法制定にあたって、日本伝来の宗教が内面的機軸となる伝統ではないことを承知のうえで、キリスト教の代用として我国の機軸を皇室と定めたこと、つまり開国による国家生活の統一的秩序化とヨーロッパ思想の無秩序な流入との矛盾を、「国家秩序の中核自体を同時に精神的機軸とする方向」で収拾したことを意味する[4]（同198, 214f.）。また、国体が「雑居性の「伝統」自体を自らの実体とした」というのは、国体が「固有信仰」（国学）以来の無限定的な抱擁性（神道の「無限抱擁性」と「思想的雑居性」）（同207）を継承したということであり、「否定的な同質化の作用」とは、国体は特定の学説や定義により理論化されなかったが、いったん反国体の烙印を押した内外の「敵」に対しては峻烈な権力体として作用し、ファシズム段階でイデオロギー的同質化を迫ったということを指す（同217f.）。

これでもなかなか頭に入りにくいので、座談「現代日本の政治と教育」(一九六〇年) の平易な解説を紹介しておこう。教育勅語の制定者は、勅語を儒教やキリスト教といった特定のイデオロギーと結びつけないことに腐心し、総じて天皇制は自己を何か一つの実体的なイデオロギーと同視することを避け、それによって、あらゆる政治イデオロギーに対する優越性を固持し、それを包容したが、どうしても包容できないもの (一部のクリスチャン、社会主義者) に対しては容赦ない態度を示した (『座談』④296)。つまり、天皇制ないし国体論は、特定の実体的イデオロギーとの同化を避けつつ――伝統的な雑居性を容認し (『続話文』④86)、「寛容」の姿勢をとり (cf.『講義』⑥118) ながら――、排除の論理としては特定のイデオロギーを抑圧するという、「寛容」と「不寛容」の共存 (『別集』② 242f.:『講義別冊』②74) ないし「パラドックス」(飯田『戦後精神の光芒』142) を抱えていた。「日本は寛大さと苛酷さを同時に示すことがしばしばある」というのだ (「日本人の倫理観」〈1959〉『別集』②243)。

ここに示された天皇制・国体によるイデオロギー鎖国の構造は後にも維持された。一九六六年の二つの座談では、天皇制はキリスト教や儒教といった一定のドグマによる基礎づけを避ける「「プラグマティック」な機会主義的性格」ないし「一種の政治的功利主義」の性格をもち、天皇を頂点とする権力体系の持続を至上目的とし、権力の正当性を問うことをタブーにした (天皇制に挑戦するものには不寛容であった) と指摘し、それがかの「御製」[5]と同断であるとしている。つまり、天皇制は、状況の都合によって (天皇制に有利なものであれば)「近代的」な思想や制度も東西から広く取り入れるけれども、良き悪しきの判断基準を普遍的理念ではなく権力体系そのものの中に置くものであり (『座談』⑥45:『座談』⑦95)、「異端は何か」はこれまた状況しだいでそのつど定義された、というわけである (『座談』⑥49)。

このように戦前の欧化問題は、天皇制・国体によるイデオロギー鎖国の構造と、特殊には思想の雑居性の伝統と関連づけて理解された。ちなみに、一九五九年の書評では、日本における開国を区分して、第一の開国はキリシタン渡来によるもので、全面鎖国に終わり、第二は明治維新で、産業技術の開国とイデオロギー的鎖国、つまり「使い分け開国」に終わり、第三は大戦後ではじめて「全面開国」に至ったという（『集』⑧10）。この区分（『集』⑧47）は六六年度講義でも踏襲しているが、維新の「使い分け鎖国」を、国体に抵触する思想を締め出す「イデオロギー鎖国」と、近代化のための「テクノロジー開国」の使い分けと特徴づけ、敗戦後はイデオロギー、テクノロジーともに「全面開国」だとする[6]（『講義』⑥23 : cf.「福澤諭吉」〈1968〉『続話文』②222／『別集』③144）。さらに、一九六〇年の講演では、「御製」を引いて、日本の近代化の目標は「模範国としての「外国」」であり、政府側がプロイセンを、自由主義運動ないし民主主義運動の側がアメリカをモデルにしたといっている（『別集』②320f., 329）。

一九六〇年代後期でいったん欧化論の歴史的分析は途切れるが、七九年には日本を「つまみ食い」の得意な国とし（『集』⑪177, 185, 206）、八三年にも明治以降の近代化を「テクノロジー開国、イデオロギー鎖国」の使い分けとい い（『話文』②236f.）、またもや「御製」を引く。「原型・古層・執拗低音」（一九八四年）では、開国をやはり三期に分け、第一期に続いて全面鎖国が登場し、第二期の後は「イデオロギー的鎖国、技術的＝テクノロジー的開国」の「使い分け」となったとして「御製」を引き、また「西洋イコール物質文明」という根強い等式は実は日本の近代が「自分で西洋に投影したイメージの反射」、あるいは「つまみ喰い」の輸入の「逆投影」であるとする[7]（『集』⑫115f.）。違いは、摂取したテクノロジーが「物質文明」と説明され、転換の時期が明治二〇年代以降と特定されていることである[8]。したがって一九五〇年代末以来、欧化の位置づけ自体はほとんど変化していない。

〈テクノロジー開国、イデオロギー鎖国〉の図式は和魂洋才も包摂しているが、〈イデオロギー鎖国〉は、「御製」に象徴される明治以降の、国体を基準とした「外来文化」の摂取の仕方＝「使い分け」を批判的に見て、論文「日本の思想」にいう「否定的な同質化（異端の排除）」を浮かび上がらせようとするものであり、「エセ精神的機軸」およびその前提としての「精神的雑居性」とほぼ同じ内容である。つまり、丸山は和魂洋才という幕末以来の西洋文明摂取の一般的パターンから出発しながら、「魂」は「和魂」一辺倒ではなく「洋魂」（「近代的な思想」）も含み、その「洋魂」の取捨選択の基準として「国体」があったということを明らかにした。それは、明治維新、ことに帝国憲法発布と教育勅語の煥発によって明治二〇年代から敗戦まで続いた「病理現象」を暴こうとするものであった。(9)「つまみ食い」(「西洋＝物質文明」)の逆投影という見方にもそれが現れている。

さらに、「日本の思想」で丸山は、日本の思想の「伝統」の両面である「新たなもののすばやい勝利」と「過去のズルズルな潜入・埋積」の現れ方として、ヨーロッパの哲学・思想が「部品」として取り入れられたことを指摘し、一例として、ドイツ観念論の倫理学説を「人以って舶来の新説とすれども、是れ古来朱子学派の唱道する所に係るなり」と解し、「東西文化の融合」を高唱した「井上哲次郎的折衷主義」の「伝統」(『集』⑦201)を挙げている。【補説1】丸山はかつて「徂徠学」論文で、「朱子学をあまりに近代的に、例へば井上哲次郎博士のやうに独逸理想主義哲学と類比させて考へることは多分に問題であつて、むしろ超越性と内在性、実体性と原理性が即自的に(無媒介に)結合されてゐるところに朱子哲学の特徴が見出されるのではなからうか」と控え目に批判していた(『集』①145／『日本政治思想史研究』22f.)。無論次元は異なる。(10)「日本の思想」で問題にしたのは「東西文化の融合」、西欧倫理と伝統的教説の――厳密にいえば天皇制を軸にした(『集』206)――「こね合わせ」、つまり折衷主義であり、広くいえば精神的雑居性であった。

ちなみに、井上哲次郎は、丸山のいうように、ドイツ観念論哲学と朱子学を融合しようとしただけでなく、たとえばこう述べている(『巽軒講話集　初編』博文館〈1902〉序2)。

余、窃に思ふ、東洋古来の宗教、倫理、教育等は最早今日に用あるなし、然れども其精神に至りては、未だ必ずしも棄つべからざるものあり、之れに反して西洋の思想は、一日も早く之れを輸入して、已れに資する所なかるべからず、然れども批評的精神を以て之れを迎へず、徒に生呑生剝するが如きは最も非なり、之れを要するに、東西両洋の思想を執《とら》へ、之れを洪鑪中に入れ、鎔鑄陶冶し、打ちて一丸となさゞるべからず、果して然らば、其結果として、新宗教、新倫理、新教育等必ず勃然として起るものあらん。

同様の発言は枚挙にいとまがない[11]が、要するに、「折衷主義者」ないし「東西文化融合論者」井上は、融通無碍で「時勢」を敏感に察知して流行の思想を貪欲に吸収しようとしたのであるが[12]、丸山の叙述との関連では昭和期の東西融合論が参照されるべきであろう。一九三四年に井上は、日本は東の果てに位置して西洋の文化を融合調和すべき地位を占めているが、しかし坐して融合調和を待つのではなく、「今後は日本民族が「神ながらの道」に拠って自主的に積極的に東西洋文化を融合調和すること」に努力し、日本が融合調和を推進する主体とならなければならないと論じている（『日本精神の本質』大倉広文堂〈1934〉74f.）。この本は「丸山文庫」所蔵であるが、書き込み等はない。ただ、先に引いたように、「日本の思想」の末尾で、雑種性を悪い意味で積極的に肯定した「東西融合論あるいは弁証法的統一論の「伝統」」はもうたくさんだと述べた、その「東西融合論」者の一人が井上であった[13]。また、ここに「弁証法的統一」とあるが、これは、丸山が、日本において思想の伝統化を阻んだ要素として進化論と並んで弁証法を挙げ、後者が「反動派あるいは現実追随派」によっても利用され、その際、「東西文化の綜合」とか、資本主義と社会主義の対立の止揚という形で「日本的使命」と結合されたとしていること[14]（『集』⑦209f.）に対応している[15]。

さて、以上に見たように、丸山は戦後ほぼ一貫して、維新以来の欧化主義、なかでも戦中の欧化問題を、ファシズムないし軍国主義に導いた天皇制・国体の病理現象として捉えた。もっとも、原型＝古層論に重心を移した一九六〇年代後半以降の丸山にとって、「御製」に象徴される〈天皇制の欧化主義〉の病理現象の解剖は、以前の探究の成果を反芻して見せたにすぎないように見える[16]。〈イデオロギー鎖国〉は敗戦に伴う天皇制国家の解体によってとっくに消滅していた。戦後しばらくは天皇制・国体の余韻がここそこに見られ、その構造を解析することは有意味であったとしても、「精神的スランプ」を経た後の丸山にとって戦前の〈天皇制の欧化主義〉は、基本的に歴史上の病理現象の認識対象以上の意味をもたなかったからである。

【補説1】 ドイツ観念論の倫理学説を「人以って舶来の新説とすれども、是れ古来朱子学派の唱道する所に係るなり」と解したという文には「日本朱子学派之哲学、六〇〇頁」と典拠が明記されているが、同書初版では「ドイツ観念論の倫理学説」ではなく、「西洋理想派の倫理説」となっている（『日本朱子学派之哲学』冨山房〈1905〉600）。丸山の戦中の東洋政治思想史講義原稿の参考文献では、「特殊的なれど徳川時代思想史上とくに重要」として井上の三部作（『日本朱子学派之哲学』、『陽明学派之哲学』、『日本古学派之哲学』）を挙げ（『センター報告』⑧〈2013〉79）、一九四八年度講義の参考文献では、同三部作につき「徳川儒教史研究としては古典的位置を占める。徳川儒教史に近代的学問の方法論を一応適用した最初の試みである」とあり（『講義』①53）、五六年度講義では、「儒教に限定され、またその解釈には首肯しがたいものが含まれているが、何といっても日本の儒教思想の研究史上画期的業績である」とする（『講義別冊』①25）。後年に至っても丸山は、自分がこの三部作（『日本折衷学派之哲学』を含めて四部作ともいう）から日本思想史の勉強を始めたことを認め、これらは「ヨーロッパの哲学的範疇を用いて日本の儒学史を書いた最初の著作」であり、「経学の伝統から離れたという意味ではやはり画期的なもの」だと思うと評価した（「正統と異端」〔石田雄・飯田泰三を聴き手として〕〈1988〉「丸山文庫」［資料番号 572］81f.）。ちなみに、丸山がすでに大学生時代に『日本朱子学派之哲学』を読んでいたという証言がある。丸山によれば、大学二年の時（一九三五年）に蠟山政道教授出題の緑会懸賞論文「デモクラシーの危機を論ず」に応募するつもりで、一高以来の友人猪野謙二（後に神戸大学教授、国文学者）と夏休みに東北の越河にこもり、デモクラシー関係の本（J・ブライス『近代民主政治』一九二八年、H・ラスキ『理論と実践における国家』一九三五年等）を読んだ（『座談』⑦136：『続話文』①201, 226f.：『集』⑪156：『回顧談』上155f.：『続話文』①12, 29）。ところが、猪野の回想によれば、その時丸山は午前中はブライスの『モダーン・デモクラシーズ』をひもとき、午後は井上の『朱子学派之哲学』に取り組んでいたという（猪野謙二『日本文学の遠近』II、未来社〈1977〉303f.：目黒安子「越河の山寺にて」〈2011〉『手帖』㊾83）。丸山は、助手になった時にヨーロッパ政治思想史を専攻するつもりが、南原から日本政治思想史をやるようにいわれたけれども、当時「日本精神」論が猛威を揮っていて、「そんなの、とてもやる気がしない」といって断ったが、そういう風潮に対して日本思想史を「科学的にやっていかなくてはならない」と諭され、「いやいやながら日本思想史を始めた」と回顧している（『集』⑪159：『続話文』①25：『続話文』①251：『聞き書　南原回顧』239）から、それ以前に専門色の強い井上の本を読んだとは考えにくい。猪野の記憶違いかもしれないが、猪野のいう通りなら、なぜ丸山が学生時代に井上を勉強したのかわからない。なお、丸山は大学一年の夏には『明治文化全集』を読み、また丸山文庫には『哲学雑誌』第五七三号（一九二四年一一月発行）が所蔵されており、所載文のうち、井上哲次郎「哲学界の追懐談」、谷本富「回顧半世紀」、深作安文「加藤弘之先生の利己主義」の文中には多くの傍線が引かれている（「丸山文庫」［資料番号 M011272］）。

b　戦後の鎖国

敗戦後、「思想的な鎖国」は解け、「思想的な開国」が始まった（『集』⑫113）。「全面開国」である。丸山は、『日本の思想』「あとがき」（一九六一年）で、『日本の思想』は、「われわれの現在に直接に接続する日本帝国の思想史的な構造」をできるだけ全体的に捉えて、「現にわれわれの当面しているいろいろな問題――知識人と大衆、世代、思想の「平和共存」、伝統と近代、転向、組織と人間、反逆や抵抗の形態、責任意識、社会科学的思考と文学的思考など――がそのなかで発酵し軌道づけられてゆくプロセスなり、それらの問題の「伝統的」な配置関係を示そう」とする試みであったとしている（『集』⑨116）。これに照らしていえば、〈テクノロジー開国、イデオロギー鎖国〉は、「伝統と近代」や「転向」に関わっているとはいえ、それ自体としてはもはや「現にわれわれの当面している問題」ではなくなっていた。天皇制国家の「エセ精神的機軸」は敗戦によって潰え去ったのだから、少なくとも〈イデオロギー鎖国〉は問題とならない。[補説1] だが、「鎖国」は戦後、別の衣装をまとって現れた。

【補説1】 ただし、「日本の思想」（一九五七年）では〈テクノロジー開国〉に触れている。丸山は、思想の実践化を阻む類型として、「理論信仰」（「既製品」としての理論・思想の物心崇拝）と「実感信仰」（伝統的心情・美感への傾斜）との分裂を挙げて、それがあたかも日本における「ヨーロッパ」対「伝統」の問題のような形で現れたという（『集』⑦225, 234, 237f., 241）。〈表層的欧化〉と〈深層的伝統〉のヴァリエーションだが、それだけでなく、丸山によれば、「理論信仰」の基底には、政治や経済や法の「制度」をあたかも「物質的」なもの、すなわち「普遍的」なものとして――思想や理論を「既製品」として扱うのと同様に「制度をつくる主体」から切り離して――「制度の西欧化」＝「普遍的近代化」を肯定し、それゆえ「精神」は「日本的、伝統的」であり続けるという発想があった。これに対して丸山は、「制度における精神」、「制度をつくる精神」、「制度をつくる主体」と制度の作用の仕方との内面的な結びつきこそを問題とすべきだと論じる。「機械それ自体は世界共通であっても、人間関係が介在した制度はすでにカルチュアによって個性的な差を帯びる」というのである。これまた当然、「伝統」と「欧化」の問題に関わっていた（『集』

⑦219f., 225 :『講義別冊』②20)。つまり、「洋才」ないし〈テクノロジー開国〉にあたる、制度としての「物質文明」の輸入もまた〈表層的欧化〉の運命を免れないとしたうえで、それに対して「精神」と連動した制度の輸入というあるべき「欧化」像を提示したのである。〈テクノロジー開国、イデオロギー鎖国〉の図式、総じて欧化論の分析は歴史上の認識であったにもかかわらず、現代的な意味をもっていた。「制度」を民主制や議会制に置き換えれば、現代的含意は明白である。維新時および戦後の改革は社会の現実と乖離した「法律革命」として捉えられたことを想起されたい（II-1-b 補 こ）。

〈一九六〇年のドグマ〉

丸山は、『近代日本思想史講座』全八巻（筑摩書房、一九五九年以降）の企画・編集に携わり、うち第二巻「正統と異端」の編集を担当したが、他の巻が一九六一年までに刊行されたのに対して、第二巻は未完のままになっていた（詳細は石田『丸山眞男との対話』36ff. 参照）。丸山は、石田雄らとともに同巻刊行のために晩年に至るまで中断をはさみながらも検討を重ねたが、ついに完成に至らなかった。その結果、膨大なメモ・資料と録音テープが残された。そのテープの一つの中で（以下『別集』④47-56）[17]、「昔、この研究会で「正統と異端」をやった、筑摩の会でですけども、まだ藤田［省三］君のいた頃だと思いますが」と前置きして、その折に基本的な視点をまとめ、福澤諭吉のいう「文明の精神」を「今日的に読みかえて、それをわれわれのオーソドキシー」にし、「L正統」としては「日本国憲法の、とくに人民主権と基本的人権」を課題とするという結論を出し[18]、さらにそれを分節化した「われわれのオーソドキシー」の主要ポイントを列挙している（以下要約）。

(イ)　人間の精神を、文明開化のようにレディメイドの輸入品としての「開化精神」、あるいは「開けた精神」ではなくて、「開かれた精神」、あるいは「開く精神」として捉えること

(ロ)　「目にみえない普遍的真理と正義に対するコミットメントを伴う」こと、そのコロラリー（そこから出てくる「当為」）としての「精神的鎖国性の打破」と「特定の歴史的宗教との合一化を拒否すること」（「歴史的

宗教」には、たとえ普遍主義的であってもキリスト教やマルクス主義も含まれる）

(ハ)　評判は悪いが、「歴史の進歩観に立つ」こと（過去の誤謬を含めて歴史を人類の経験の蓄積として将来に生かすこと、なぜなら歴史とは人類の経験に対する「意味付与」の歴史であるから）

(ニ)　「人民に対する信頼観に立つこと」（「物質的および生産の主体的担い手」としての人民ないし「コモンマン」を信ずること）

(ホ)　福澤のテーゼによる「一身独立して一国独立す」（ただし「一国」とは、「主権国家」が崩壊しつつあるのだから、主権国家に限らない。個人の独立の精神があらゆる社会的集団の創造的エネルギーの究極の源泉であるという「信仰」に立つこと）

(ヘ)　「個人の基本的人権の理念の永久革命的な性格の承認」（自発的集団を含めて集団を単位とせずに「個人単位」とする。いわゆる個人主義ではない[19]。なぜなら、個人の基本的人権のイデーは、「超個人的な、個人をこえたイデー」であるから）

(ト)　「O正統の受肉として」の「L正統の成立」（文明の精神の受肉としての日本国憲法の精神[20]）

ついで、「われわれのオーソドキシー」に対する両極の「異端」として、

第一に「テクノクラシー信仰」（技術文明信仰、科学技術文明信仰）と「共同体主義」

第二に「制度信仰」と「アナーキズム信仰」（反政治主義を含む）

第三に「イデオロギー主義」と「現実主義」（日常主義、世間主義、マイホーム主義）

第四に「文化主義」ないし「学問・芸術至上主義」（学問のための学問、芸術のための芸術）と「文化の社会的＝政治的実用主義」

第五に「異端好みと特定集団の正統化」（これはL正統だが、同時にO正統になる）

第六に「外なる世界主義と内なる日本主義」（「外と内」）の悪循環。「内なる日本主義、特殊主義」と「外なる世界主義、国際主義、普遍主義」の両極を排することで「開かれた精神」、「開く精神」が確立されるを列挙し、正統はこれら「両極異端」の「谷間の間にそびえる非常に険しい細い道」だと述べている。

これは「共通の了解事項」として「六〇年の初めのころ、第一次安保の後のころ」に構想されたらしい。「われわれのオーソドキシー」とは奇妙な表現だが[21]、「オーソドキシー」＝「O正統」とは「世界観的正統性」を意味する（前註4）ことからすれば、「われわれ」（丸山、石田、一九六七年までは藤田も含む）の、「宗教」ならざる[22]「世界観的正統性」、すなわち「思想」、「ドグマ」、あるいは「イデオロギー」の核心であったと理解してよかろう。そういうと、何やらセクトの教義めくようだが、もちろんこの〈一九六〇年のドグマ〉は、L正統（レジティマシー）に関わる限りで明確に「政治的」目標を含んでいるとはいえ、しかし何らかの政治活動を目指すものではなく、他の現代思想、特殊には（政府を含めた）政治的な言説・行動に対峙するための思想的ケルンであり、同時に学問的研究にとっての思想的出発点（「価値関係づけ」の「価値」、「意味付与」の「意味」）にあたるもの[23]、丸山のいわゆる「超学問的動機」、こういってよければ、「丸山学派」の実践的綱領である。

ここには学問的研究に関する限り、丸山の晩年まで続いた「正統と異端」探究の出発点となるべき動機が示されているが、しかし同時に原型＝古層の研究へと進む契機も含まれている[24]。その点でさしあたり我々の関心を惹くのは、(ロ)の「精神的鎖国性」である。ところが、これについては何もコメントがない。手がかりになるのは、それが普遍的真理・正義に対するコミットメントのコロラリー、そこから生じる「当為」だとされていることである。つまり、「精神的鎖国性」の打破は、普遍的価値を追求する心情倫理の貫徹を含意しているということだ。もしそうだとすると、想起されるのは「原型」と「原型突破の原理」の対である。もちろん、時期を考えれば、原型論はまだ端緒にも就いていない。そこからするならば、精神的鎖国とその打破という主題は、『日本の思想』の問題意識やその周辺に関わっている可能性が高い。

とりわけ、福澤の文明の精神の「読みかえ」という表現は新しい思想史方法論（II-1-b）とぴったり一致する。実際、『近代日本思想史講座』の趣旨説明で丸山は、「私達の父祖の思想的模索を、たんに現在の地点から結果論的に審判せずに、そこに含まれた豊富な可能性を、どこまで私達の将来の方向決定のための栄養素として活かすことができるかを確かめたい」としている（『集』⑯230）。そうすると、ここに並べられた〈ドグマ〉は「日本の思想」（一九五七年）における新しい伝統としての「座標軸」の発見という構想と重なって見えてくる。[25] とくに、福澤の「文明の精神」に見出される「開かれた精神」、「開く精神」は、少なくともこの時点では、丸山が発掘しようとした新しい伝統の候補に擬せられた可能性がある。とはいえ、それは想像の域を出ない。

ともあれ、〈ドグマ〉の中核中の中核である「開かれた精神」、「開く精神」は、(ロ)の普遍的価値へのコミットメントとともに、「精神的鎖国性」の打破に資すると考えられていた。いま一つ、「異端」の第六として挙げられた、「外なる世界主義と内なる日本主義」（「外と内」）の悪循環も、「開かれた精神」、「開く精神」に対置されており、それゆえ打破すべき「精神的鎖国」のコロラリーとして理解されていたようである。そして、この問題領域は、すでに一部見た南原古稀記念論文「近代日本における思想史的方法の形成」（一九六一年）や、一九六〇年代半ば以降の原型論（とくに講義）で具体的に俎上にのせられることになるのだが、ここではまず五〇年代末から六〇年代前半の、精神的鎖国に関わる発言に探りを入れてみることにしよう。

「内外」論理

「精神的鎖国」という言葉は「タコツボ型」と関連していた。友人の劇作家・木下順二との対談（一九六一年）で、「菅季治事件」（シベリア抑留者帰国をめぐる政争に巻き込まれた菅が自死した事件〔一九五〇年〕）（cf. 鶴見俊輔『戦後日本の精神史』岩波現代文庫〈2009〉159ff.）を寓話化した木下の戯曲「蛙昇天」の内容について、丸山は、「蛙」という主題が「開国」問題に関わっているという観点から、徳川時代は物理的鎖国であったのに対して、明治の天皇制の鎖国はイデオロギー鎖国（目に見えない精神的な鎖国）であったが、敗戦によって一気に「精神的開国」になり、政治的事件が国際政治の状況によって直接規定されるようになったけれども、それでいて「蛙」の住む池の底は「閉鎖的」であり、いまも「国内鎖国で蛸壺的で、閉鎖的だと思う」という（『座談』④252）。「国内鎖国」の意味は明示されないが、「蛸壺的」の表現はそれを十分に物語っている。「タコツボ型」の定義は、会社や大学等の日本の近代化された機能集団がメンバーを「まるがかえ」にしており、そのため組織の「内」（内輪）と「外」（よそ）が峻別されているというものであった。そしてその問題性の一つとして、日本が「クローズド・ソサエティ」ではなく、世界に開かれた「オープンド・ソサエティ」となり、タコツボ化した集団が世界と繋がっていながら、各集団間では意思疎通が欠けていることが挙げられていた（「思想のあり方について」〈1957〉『集』⑦163ff.）。他の場所でも、各集団に属している人間を「まる呑み」にして摑んでいて、その内と外が断絶している状況を「タコツボ的な封鎖性」と表現し[26]（「安保闘争の教訓と今後の大衆闘争」〈1960〉『集』⑧334）、さらに別の座談では、敗戦後の第三の開国を「蜂の巣型開国」と呼んでタコツボ論を深化させたが、そこでは労組などの指導者のものの考え方が「もう少し鎖国的でなくならないといけない」としている（「現代はいかなる時代か」『朝日ジャーナル』〈1959. 8. 9〉16f.：『座談』⑦265：cf. 松沢「解題」『集』⑦404）。

「内」—「外」思考は、「タコツボ」という名の「国内鎖国」を生み出すというのであるから、「異端」第六の「内なる日本主義」とは「タコツボ」＝「国内鎖国」のことであった。一九六〇年の講演「内と外」で丸山は、「内」と「外」が、「閉じた世界」と「開かれた世界」の対だけでなく、「内輪の道徳」と「よそに対する道徳」との二重道徳とオーヴァーラップすると指摘している（『別集』②349ff.）。これは、日本社会は、組織外において近代社会（「する」社会）でありながら、組織内では「である」社会であり続けているという、「「である」ことと「する」こと」の構図と重なる。つまり、「内」＝「タコツボ」＝「国内鎖国」は「である」社会である。

では、この戦後版鎖国＝「精神的鎖国」という病理現象の克服は如何にしてなされるのか。講演「内と外」では、「内輪の道徳」が基盤とする集団の閉鎖性が崩れ、個人にとっての状況が複雑化し、変化するようになると、何が伝統であるかが不明瞭になってきて、自分で状況を判断し、選択し、決定しなくてはならなくなるが、こうした「状況を自分で判断して自分で決定する能力」、「自主的［に］判断する能力」、これこそが「近代的な人間といわれるものの理想型」であり、自分のイメージの中で自分の属している集団に寄りかかっていては「自主的な方向決定」はできないのではないか、といっている（『別集』②356ff., 362, 371）ように、「である」社会（閉じられた社会）から（近代的な）「する」社会（開かれた社会）への「近代化」に即した思考様式の転換が必要だというのである。必要なのは、一般的にいえば「近代的」な自立思考であり、福澤の「すること」に繋がる「状況的」思考である（『集』⑤211：『集』⑦354：『座談』③150f.：cf. I-2-a：西村『福澤諭吉』32ff.）。こうした姿勢を「西欧近代主義」と呼んだとしても、何ら違和感はないし、丸山自身もそれに反対しないであろう。この点は後でもう一度振り返ってみることにして、ここではひとまず一九六〇年の時点で丸山が精神的鎖国を克服するために「近代的」思考を推進しようとしていたということだけを確認するにとどめ、つぎに、「内外《うちそと》」論が、「異端」第六において「内なる日本主義」（国内鎖国）と「外なる世界主義、国際主義、普遍主義」とされていたこと――つまり「内外」論が国内の思想の「近代化」だけで片づくものではないという論理――に着目し、それがどのように展開されていったのかを探ってみたい。

内村的コスモポリタニズム

丸山は木下順二の戯曲「沖縄」の上演についての感想「点の軌跡」（一九六三年）でつぎのように語っている（以下『集』⑨138ff.）。従来の「インターナショナル」というのは「内外論理」であり、「外にいかれる」ということは「土着ナショナリズム」の裏返しであって、内実はアメリカやソ連や中国などの特定の外国に「いかれること」にすぎない。だが、内村鑑三が「日本の中に世界がある、隣の八さん熊さんが人類なのだ」と考えたように、「内外論理」に立つ「島国ナショナリズム」を克服して「精神的に自立したナショナリズム」、すなわち「われわれは日本に生まれたんだという宿命」から出てくる「本当のナショナリズム」に立たなければならない。

インターナショナルになるということは、平凡なことです。普通の人間として隣人を愛することです。［中略］アメリカ人は人類で、熊さん八さんは人類でないみたいなんです。戦争中、内村鑑三の言葉に出会って、本当にハッとしましたね。福澤諭吉は、ヨーロッパ文明の第一の紹介者ですが、「理のためにはアフリカの黒奴にも恐入り、道のためにはイギリス・アメリカの軍艦をも恐れず」（学問のすゝめ）と言っています。僕の一番好きな言葉ですが、まるで、今日にもぴったりあてはまる。精神的にアメリカ・イギリスの自由と独立の伝統をとり入れようとした。そういう主体性、それがナショナルなものです。

ここで丸山は、一方で土着ナショナリズム・島国ナショナリズム（〈一九六〇年のドグマ〉にいう「内なる日本主義」）に対して「本当のナショナリズム」を突きつけ、他方で前者と対になっている「外にいかれるインターナショナル」（「外なる世界主義」）に対して内村の「日本の中に世界がある」（人類としての「熊さん八さん」）という発想を対置するのであるが、翌年の一橋大学学生によるヒアリングでは、白樺派のコスモポリタニズムを「日本的」だと決めつけ、「世界の市民であると同時に日本人であるという二重性において、コスモポリタン＝人類の一員でありうる」と述べ（「普遍の意識欠く日本の思想」『集』⑯59：『集』⑨337f.）、一九六五〜六七年度講義でも、明治末期から大正期のコスモポリタニズムは、「世界市民の自覚」ではなく、見知らぬ国、西欧への憧憬にすぎず、内村が「日本人には隣の八さん、熊さんがほかならぬ人類の一員であるという意識がうすい」といったように、「本来のコスモポリタニズム」の感覚では、「普遍」、「国際」が「外」にあるのではないと述べている（『講義』⑤36：『講義』⑥16：『講義』⑦30：cf.『集』⑩359）。あるいは、六七年の鶴見俊輔との対談では、「東洋対西洋とか、日本対外国という発想はわたしはきらいです[27]」と感情を剝き出しにして語り、コスモポリタニズムは日本では今も昔も評判が悪いし、これほど異質的な思想はないけれども、白樺派のコスモポリタニズムなどは、「外国崇拝と日本的なものがくっついている妙なもの」であり、むしろ道元や親鸞の方にコスモポリタニズムのようなもの、普遍宗教として直接個人が向き合う一種の世界市民主義のようなものがある、といっている（『座談』⑦113：cf. 苅部『丸山眞男』31）。

日本と外国、東洋と西洋、総じて「内」と「外」を対置し特定の「外」に「いかれる」というのは、後にいう「擬似普遍主義」のことである。一九七七年に丸山は、「よそ」を理想化する擬似普遍主義とそれに反撥する「うち」の強調（土着主義＝土発主義）との悪循環に対して、「本当の普遍主義」は産地を問わないし、また内村のいう人類＝「隣りの八さん熊さん」というのがヒューマニズムだとし（『集』⑩265）、七九年には、「外の世界」に「イカレる」という、「外の普遍」と「内なる特殊」の反動、「外発」対「内発」、「ウチ・ソト」の悪循環に対して、人類とは「隣の八っつあん、熊さん」だという内村の意識こそが「本当の普遍」だと繰り返している[28]（『集』⑪218：『続話文』②161）。

このように、丸山は、外国（とりわけ特定の国）に普遍性を見出し、それに「いかれる」擬似普遍主義（外発）と、それへの反動として「伝統」を担ぎ出す土着主義（内発）との対立の基礎にある「日本対外国」という発想の悪循環、ないし国粋と欧化、排外と拝外の「振り子運動」（『講義』⑤39）を断つべく、「本当の普遍主義」もしくは「本来のコスモポリタニズム」（『講義』⑦30）の立場を標榜し、そのために内村の言を何度も動員した。そこにはきわめてラディカルな姿勢が含まれていた。擬似普遍主義批判の一部は、「いかれインターナショナリズム」という語が示すように、マルクス主義者のソ連・中国崇拝を念頭に置くと同時に、それに対抗する土着主義や伝統主義を射程に入れたものであった（cf.「現代日本の革新思想」〈1966〉『座談』⑥33f.）けれども、一九七九年の丸山にいわせると、「ソ連イコール社会主義」だけでなく、「欧米イコール自由主義」、「欧米イコール民主主義」も「ウチ・ソト思考」に基づく土着主義の裏返しであり、擬似普遍主義であった（『集』⑪218）から、批判の射程は西欧近代主義擁護者にも及んだ。だが、もしそうだとすれば、擬似普遍主義批判は、先に紹介した講演「内と外」（一九六〇年）に見られた丸山自身の「近代化」の姿勢と相容れないのではないか。丸山は「近代化」路線を捨てたのであろうか。

さらにいえば、丸山は、コスモポリタニズムの唱道にもかかわらず、ナショナリズムをしりぞけていない。「内外」思考の否定はむしろ、「インターナショナル」と「ナショナル」を結びつけることを意味する。「点の軌跡」ではそのことを、内村の「本来のコスモポリタニズム」ないし「普遍主義」が「精神的に自立したナショナリズム」、つまり日本に生まれたという「宿命」から出てくる「本当のナショナリズム」の基礎になる、と表現しているが、一九六四年の南原繁との対談でも、敗戦による愛国心の崩壊について、過去を断つ必要を認めつつ、「われわれがタコの糸がきれたように、祖国と祖国の歴史から離れて空中に飛んでゆくわけではない。愛国心というのも、平たくいえばこういう宿命の自覚に帰着する」と語っている（『座談』⑤30）。また、同年のヒアリングではこう説明する。「戦前の愛国心が、たった一度の敗戦でマッカーサー万歳となるほどもろかったのはなぜか」、つまり「日本のナショナリズムがどういう構造をもっていたか」を考えたうえで「新しいナショナリズム」が問題となる。「世界市民主義つまり普遍者へのコミット」を欠いたナショナリズムは成り立たず、「異質的なものとの接触」を経ていない愛国心は実にもろく、「主体性」というのは「外とぶつかりあうときの態度」をいうのであって、単なる「内発性」ではない、と（『集』⑯66f.）。この「新しいナショナリズム」＝愛国心は、いったい「近代」ナショナリズムと差異があるのであろうか。

第二節　原型的思考様式とその克服

a　精神的鎖国から原型的思考様式へ

ウチ的ナショナリズム

「外とぶつかりあうときの態度」としての「主体性」が新しいナショナリズムの内実であるとすれば、それは、一九六四年度講義でいう、外来文化の受容についての「日本の主体性」――「自らの前におかれた多元的価値からの自主的な選択能力」――の要請と重なる。これを主張した六四年度講義には、前にも一部を引いたが、こういうくだりがある（『講義』④51）。

これまで長く日本人を取り巻いてきた自然的条件は、テクノロジーの飛躍的発展により急速に変化しつつある。いまやわれわれは、世界の中にある日本を自覚しなければならない時にまで至っている。このときにあたり、われわれが自らの思考様式に内在する被規定性を自覚しないならば、主体性と信じているものが、じつは形を変えた鎖国主義、あるいは絶望的悲観主義となりかねないであろう。そしてその自覚こそが、一種の居直り的伝統主義か、さもなければ宿命的悲観主義かという、悪しき二者択一に堕することから、われわれを救ってくれるであろう。

これは、戦後〈テクノロジー開国〉がとめどなく進行していく中で、従来の地理的＝空間的条件がもはや所与ではなくなってきた現状に鑑みて、それに対処するのに思考様式の転換を迫っているように見えるが、力点はそこにはない。我々の思考様式が従来の条件により「規定されていること」を自覚することが、すなわち「世界の中の日本」の自覚に繋がる主体性を生み出し、逆にこの「被規定性」の無自覚は、戦後型の「鎖国主義」＝「タコツボ」に陥る、というのであるから、問題はあくまで地理的＝空間的条件に規定された「原型」にある。事実、こう述べる前に丸山は、日本の空間的所与とそれに規定された文化的発展の型が「外来」と「土着」、「内発」と「外発」、「日本」と「外国」という形で現れ、また自然的所与に基づく「国」の観念（所属感を基礎にした日本的なナショナリズム）に結びついていると指摘していた（cf.『講義』⑤36f.:『講義』⑦22f.）から、「形を変えた鎖国主義」とは、つまるところ「内外《うちそと》」思考、したがってまた――講演「内と外」（一九六〇年）に照らせば――「前近代」社会の思考様式（「であること」）を意味していた。だが、忘れてはならないのは、「内外」思考が〈原型的思考様式〉でもあったということである。

同じ一九六四年度講義で、日本の特殊性である「社会結合における同族団的結合」が時代を超えて執拗に現れる例として、近代的機能集団における、「うち」―「そと」意識により規定された「企業一家思想」を挙げている（『講義』④48f.）が、これは「精神的鎖国」と関わっている。六七年度講義ではこう説明する。日本には地理的位置からくる外来文明の刺激と古来の民族的等質性の持続によって、'open society' と 'closed society' の両要素がある。日本は「開いた「共同体」社会」、つまり「外」に対して開かれながら、内部は等質的で閉鎖的な集団分化の傾向をもち、この閉鎖性が「外」一般に対する閉鎖性に拡大される社会である。コミュニケーションが発達した今日でも、こうした社会の性質が「ものの考え方」に影響を与えている。すなわち「日本の島国的位置に起因する精神的閉鎖性」である（『講義』⑦27f.）。講演「内と外」と同じく、「である」社会と「する」社会の混合としての日本社会、外に開かれつつ内に閉鎖的なタコツボ型社会であるが、「内外」思考は、時代を超えて繰り返し現れる以上、同時に現代における「原型」、すなわち〈原型的思考様式〉でもある。

一九六七年の鶴見俊輔との対談で丸山は、コスモポリタニズムが出てこなければ、「「ウチ的」ナショナリズムでないナショナリズム」は日本に根づかないとし、国際感覚を身につけた若い世代でも私生活ではマイホーム主義だが、この、滅私奉公と並んで太古から続く「ウチ」の流れ（会社では「ウチの会社」—「ウチの課」）に対して、今後は「ウチ・ソト」の発想が急速に変化していかざるを得ないという意味で「開国」を主張し、それは、海外交流のような空間的開国と違った「精神的開国」、つまり「自分の精神のなかに、自分と異質的な原理を設定して、それと不断に会話する」ところの「自己内対話」だという（『座談』⑦113f.）。「自己内対話」は、「他者感覚」を欠く自己中心的な「ウチ的」ナショナリズムの払拭を訴えたものであろう。[1]ここでも、「ウチ的」ナショナリズムは、はるか太古から続いている以上、〈原型的思考様式〉と無関係であるはずがない。

「ウチ的」ナショナリズムは、国家に限らず階級や企業や家の閉鎖性と重なる精神構造のことであり、一九六八年の座談では、日本人は同質性に基づいて自分と日本と世界、あるいは自分、階級、世界の三つを「同心円」のイメージで描く傾向があり、そこからナショナリズムも出てくると指摘し（『座談』⑦196）、「日本思想史における「古層」の問題」（一九七九年）では、日本人は同質性のゆえに西欧人と違って「他者感覚」が稀薄であり、認識論の問題として、やはり自分を中心とした家や「くに」を中心とした世界像から離れることが必要だという。[2]現代ナショナリズムに関わる議論では、「会社一家」、「企業一家」の「集団所属主義」、「集団エゴイズム」をやはり「同心円型」と規定している（『集』⑪176, 207, 209）。鶴見との対談では「鎖国」への言及はないが、「精神的開国」の反対が「精神的鎖国」であるとすれば、こうした「ウチ的」ナショナリズム、それを構成するマイホーム主義、集団エゴイズム、企業一家等はだいたいにおいて精神的鎖国のコロラリーと見てよい。そうだとすれば、これらもまた「国内鎖国」=「タコツボ的な閉鎖性」、「である」社会と通じ、同時に〈原型的思考様式〉でもあった。

いま一つ、「コンフォーミズム」も「精神的鎖国」の一端を占める。丸山は一九六六年に、「われここに立つ、自分はこれ以外はできない」という武士道的精神が、「大日本帝国の忠良なる臣民のコンフォーミズム」の大海に没した後では、進歩主義も「大勢追随主義」であり、大正の社会主義運動も「世界の大勢」へのもたれかかりが強かったと語っている（『座談』⑥102f.）が、ごく一般的にも、日本は「大衆の合意」より「随順（conformity）」が伝統的に天皇制支配の精神的基盤をなしてきた国であると見ている（「政治学事典執筆項目　政治的無関心」〈1954〉『集』⑥118）。「忠誠と反逆」（一九六〇年）では、日露戦争ごろを境に「内面的な被縛感」や「忠誠の自発性」が「忠君愛国象徴」の普遍化に比例して弛緩し、「体制への大量的なコンフォーミティ」が造り出されるようになったとして、三宅雪嶺の思想に、「他人志向的なコンフォーミズム」と対決する「ノンコンフォーミズム」を見出している（『集』⑧253, 260f., 272）。「コンフォーミティ」は、思想史的には天皇制的支配構造と密接に関連していた。だが、丸山は「現代における態度決定」（一九六〇年）で、政治的争点になっている問題に対して「選択と決断を回避する」態度は、日本の精神的風土では「伝統的な行動様式であり、それに対する同調度の高い行動」だとしている（『集』⑧306：cf.『別集』②53）。決断回避的態度への同調はコンフォーミティに通じるが、ここではそれが日本人の行動様式に関する一般的な認識として述べられている。【補説1】現代日本人の「コンフォーミティ」は、――アメリカ的な企業の歯車の一つになるという側面と並んで――「家族主義的、あるいは部落共同体的な調和、企業一家と云う考え方」の所産であり（『別集』②161f.）、「ウチ的」ナショナリズムに通じるものであった。

「方法論・思想史・ファシズム」（一九八五年）で丸山は、「日本人の価値体系は、われわれがコミットしなければ続かない」と論じ、現代には昔のファシズムと違った別の意味の「大勢順応[3]」、「新しいコンフォーミズム」があると指摘している（『話文』②369）。この新コンフォーミズムを支えているのは日本人の等質性ないし同質性であり、したがってそれは〈原型的思考様式〉の一つである。実際、「大勢順応」は古層の「つぎつぎになりゆくいきほひ」（『集』⑩45）と響き合う（「いきほひ」とは「世の中のなりゆきへの追随」、「状況追随的オポチュニスティックな態度」である〔V-2-b〕）。新コンフォーミズムは、ファシズムや近代天皇制支配の時代をはるかに超えた「原型」に根ざしていた。しかも、それは相変わらず「精神的鎖国」として捉えられた。これより三年後の座談でも丸山は、日本の二一世紀の展望について、もはや江戸時代からの文化的貯蓄で「追いつけ追い越せ」でやれる時代ではなく、日本自身が目標設定していく時代であり、日本人のエネルギーから考えてさほど悲観していないけれども、「精神的に鎖国」であるということが桎梏であり、日本民族の等質性、日本の政治の基盤である「コンフォーミティ、同調性」が崩れてゆき、根回しなどの効かない状況になると、精神的のみならず「政治的危機」になる恐れがある、という意味のことをいっている（『続話文』②45）。

したがって、「精神的閉鎖性」、「精神的鎖国」という一九六〇年ごろに始まる枠組は、本来、戦後日本社会になお残存している「前近代性」の認識・分析に由来するものであったが、それを丸山は、古代以来現代まで続く〈原型的思考様式〉として捉えるに至った。

【補説1】こう述べる前に丸山は、現代の集団の多層性のために、たとえばインテリがあるサークルで同調性に反撥して、自主独立の意識をもっていたとしても、別の社会的文脈でははるかに広範囲の「社会的な同調性」に竿さしている例を挙げている（『集』⑧305f.）。これはいわゆる「本音と建前」という日本人の行動様式に関わる。丸山は、近代的制度の「タテマエ」とその枠の中で実際に働いている人間関係との「ズレ」の例として、典型的な伝統主義者とされる人間の日常的行動様式がいちじるしく個人主義的で、「西欧化論者」が行動様式では「伝統型の大勢順応主義者」である場合とか、保守的な政治的見解の持ち主が家庭では妻の自主的な考え方に寛容であり、社会的活動ではラディカルな進歩主義者が家庭の中では時に「悪評高い「天皇制絶対主義」の実践者」である場合などを挙げ、さらに、急進的社会主義の知的指導者の行動様式には、「大勢順応主義者にすぎない自称西欧的個人主義者」よりもかえって自立化→民主化の発展がしばしば見られる、という（『集』⑨380, 411）。他面、「西欧的な教養をもち、西欧的な環境に育った人」で、日常の行動様式は非常に非近代的な人は少なくない（『座談』②300）という認識は、思想が内在化していない〈お化粧的なヨーロッパ的教養〉＝〈表層的欧化〉、思想の非実践性という観点と連動しており、また——日本人の「雑信」（信仰の混合）が日常行動の次元に翻訳されると「場」に応じた行動様式の使い分けになる（『講義』⑦61）という発言が示すように——、精神的雑居性＝原型の分析にも繋がり、さらに一般的に、「旗印としてのイデオロギー」と「思考様式」との、あるいは「日常的な行動様式」と「狭義の政治的実践」との齟齬に鑑みて、思想家の社会的機能の評価は容易ではないという見方

（『集』⑥150）となって現れている。丸山の「応用力」をまざまざと見せつける例である。ついでにいうと、現代人は無数の場で違った役割を演じており、どういう場でどういう役割を果たしているか心得ていないと責任を果たし得ない「宿命」を背負っており、「これは実に厄介で、いやなことなんだけれど仕方がない」（『座談』③126）というのは、日本人に限定されない。様々な「役割」を演じなければならないのは「する」論理の支配する近代社会にとって自明である（cf.『集』⑧29）。家庭の例は、父がリベラルでありながら家庭では封建的、家父長的であった丸山自身の経験（『別集』②174）に基づいている可能性がある。

「近代主義的」克服策

だが、丸山がその克服策として示したものは、内容上依然として「近代的な人間」の自立的思考であった。ナショナリズムにしても、天皇制支配が崩れた中でなお〈原型的思考様式〉が持続しているという状況認識から、「近代的」ナショナリズムを繰り返し持ち出している。丸山は、すでに学生時代の緑会懸賞論文「政治学に於ける国家の概念」（一九三六年）で、個人が国家を媒介としてのみ具体的に定立することができ、同時に国家に対して「否定的独立」を保持するとする「弁証法的な全体主義」（『集』①31）を唱えることによって、事実上「一身独立して一国独立す」の論理を推奨し[4]、「福沢に於ける秩序と人間」（一九四三年）では「一身独立して一国独立す」を引いて、個人的自主性を媒介とした国家的自立を主張していた（『集』②221）が、戦後になると、「近代日本思想史における国家理性の問題」（一九四九年）や『福沢選集』第四巻解題」（一九五二年）で個人主義と国家主義、国家主義と国際主義の「見事なバランス」を称揚し（『集』④24：『集』⑤232：『講義』②114ff.）、「近代的ナショナリストとしての福沢先生」（一九五〇年）では、「個人と国家、国際社会」の三つは「一つの同じ原理の関係」にあると論じた（『別集』②13）。つまり、「一身独立して一国独立す」という個人主義と国家主義の結合に、戦後は国際主義を加えたのであるが、それは、「内外」の区別を払拭した内村的コスモポリタニズム（インターナショナリズム）とそれに基づく精神的に自立したナショナリズムとなって現れた（「個人がインターナショナルになることなしに、ナショナルなものは生れない」『集』⑨134f.）。これは、個人、国家（民族）、世界の三位一体のナショナリズム（「近代的ナショナリストとしての福沢先生」〈1950〉『センター報告』⑨〈2014〉145, 148）という点では以前と異ならず、その限りで前近代的社会意識である精神的鎖国を克服するための自立的思考という処方箋とほぼ平行した（丸山が理解した意味での）「近代的」ナショナリズムである。

上述した、集団所属主義、集団エゴイズムの「同心円型」の構造は、翼賛型の「政治意識の「原型」」から帰結するリーダーシップの欠如と相俟って、集団を「くに」に統一する、「国体」に代わるシンボルがなくなってしまったという認識に通じていた（「日本思想史における「古層」の問題」〈1979〉『集』⑪207ff.）。つまり、現代では戦前のようなナショナリズムが成り立ちにくいという。[5] 丸山にいわせると、「御製」の時代には色々な外来思想を「こね合わせる」際に天皇制が一つの「軸」になったけれども、いまその機軸自体が強固でなくなった以上、「ただの日本」というだけでは、「島国的所属主義」としてはまとまっても、それだけで政治的に成功するかどうかはおぼつかない（『集』⑪206 : cf.『話文』②369）。あるいは、「みんな一緒に」という集団的方向性、つまり「くに」だけでなくあらゆる集団にある、「いきほひ」、「天下の大勢」に便乗する方向が依然としてあるが、「国体」なき後は「大勢」がわからなくなり、状況追随主義のヴァリエーションのようなナショナリズムが出てくる可能性があるともいう（『集』⑪214）。[6] だが、こうした――陳腐な通俗的発想を交えた――認識の装いの下で丸山が提示した処方箋は、「リーダーシップ、主体的な決断」であり、あらゆる集団の所属ナショナリズムを「一身独立して一国独立す」のナショナリズムに切り替えてゆくという方向であった（『集』⑪212ff.）。だからこそ、福澤の「個人の独立なくしてなんの国民的独立ぞや」という、（「所属的、もたれかかり的「くに」意識」と反対の）パトリオティズムを、「永久革命的課題」として提起するのだ（『集』⑪221）。要は、「ひとりひとりが自分の肩に民族の運命を背負い、民族の方向を決定する主体だという自覚」（「日本の近代化と土着」〈1968〉『集』⑨372）をもて、というのだから、「一身独立して一国独立す」そのものである。

かくして、戦前の〈イデオロギー鎖国〉は戦後の「精神的鎖国」に変換され、さらに〈原型的思考様式〉として位置づけられたけれども、その克服策ないし突破策の内実は原型論以前とほとんど変わらなかった。それは、〈原型的思考様式〉に対する闘いが一九五〇年代末から六〇年代初頭にかけての、「である」ことや「タコツボ型」といった日本社会の病理現象の個別的側面に対する闘いから発酵したものであったためかもしれない。個々の術語について見てみても、この克服策はかの〈一九六〇年のドグマ〉の(ロ)（普遍的真理と正義へのコミットメント）および(ホ)（「一身独立して一国独立す」）に対応しており、また、精神的鎖国とその延長線上にある、現代の〈原型的思考様式〉（「所属主義（所属ナショナリズム）」、「ウチ的ナショナリズム」、「いきほひ」、「状況追随」、「オポチュニズム」、あるいは「共同体的（集団的）功利主義」〔『講義』④59f.：『講義』⑥29：『講義』⑦65f.：『話文』②229ff.：『話文』②166f.：『別集』③213, 217〕）は、「異端」第一（「共同体主義」）および第六（「外と内」の悪循環）を敷衍したものであった。また、この第六の「外なる世界主義、国際主義、普遍主義」と「内なる日本主義、特殊主義」との両極のうち、前者が擬似普遍主義、後者が土着主義に変換され、前者に対して「本当の普遍主義」、「本来のコスモポリタニズム」が、後者に対して「本当のナショナリズム」が対置されたのである。

これを欧化論の観点から見ると、こういうことになる。〈イデオロギー鎖国〉は歴史的範疇であり、原理的には戦前にしか適用されないが、その基盤（とくに天皇制の「エセ精神的機軸」）が瓦解した戦後日本に丸山は「国内鎖国」、「精神的鎖国」を見出した。〈イデオロギー鎖国〉が〈天皇制の欧化主義〉という病理現象の分析道具であったとすれば、「精神的鎖国」や「国内鎖国」は、最初は戦前から続く前近代的な思考様式を暴く役目を果たしたけれども、しだいに、古代から現代にまで及ぶ〈原型的思考様式〉の病理現象の描写に使われるようになった。丸山は、思想の原産地を問題にするような「内外」思考を認識の方法論としてしりぞけ、ほかでもないこの「内外」思考こそが、原型の地理的＝空間的条件の持続性を示す「思考様式や発想の仕方」だと喝破した（『講義』⑥15）。「内外」思考を〈原型的思考様式〉の現代的な現れとして把握したのである。繰り返せば、「日本人の意識の底」にある「原型」は「思考様式としては神話から今日までずっと続いて」いる（「日本神話をめぐって」一九六五年）。それゆえ、現代の〈原型的思考様式〉である、「欧化主義」（擬似普遍主義）と「島国ナショナリズム」（土着主義）の悪循環、つまり「内外」思考は、〈現代の欧化主義〉と〈現代の鎖国主義〉といいかえることができる。[8] これに丸山が対置したのは「本来のコスモポリタニズム」・「本当の普遍主義」と、「本当のナショナリズム」であった。

しかし、如何に力をこめて「本当の」や「本来の」という形容詞を添えようとも、突き放して見れば、内実はかつてとほぼ同じ「西欧近代主義」である。「普遍主義」や「コスモポリタニズム」、「主体的」ナショナリズムや「主体的な決断」は西欧近代をモデルにした「近代主義」的性格を強く帯びていた。そして「西欧近代主義」とはとりもなおさず「欧化主義」である。換言すれば、〈現代の欧化主義〉（「外なる世界主義、国際主義、普遍主義」）としての「擬似普遍主義」を克服しようとする丸山の「本当の普遍主義」や「本来のコスモポリタニズム」と、〈現代の鎖国主義〉（「内なる日本主義、特殊主義」）を乗り越えようとする「本当のナショナリズム」とは、〈本当の（本来の）欧化主義〉でもあった。

たしかに、内村的コスモポリタニズムとそれに基づく新しいナショナリズムという考え方は、洋行以前にはなかった。前述のように（II-2-c）、丸山はロンドンと違って日本の国電には日本人しかいないとして「等質性」を強調し、この認識が原型探究の一つのきっかけとなった。ところが、一九六五年のヒアリングで、質問者が帰国した丸山につき、「洋魂洋才」の人だと思った、という感想を洩らしたのに対して、丸山は「洋魂なのかね」と首をひねり、自分は外国人から「実に western で、しかも徹底的に日本人だ」と評されたと語った。さらにこのやりとりの前にも質問に答える形で、自分が universalistic であることを自覚したのは外国に行ってからであり、「外国に行って自信をつけて、非常にコスモポリタンな人間になったと思う」と述べている（『続話文』①92f.）。この、ひょっとすれば戯言ではないかと疑わせる発言をまともに受け取るとするならば、丸山はもともと western な「日本人」であったが、それが universalistic ないしコスモポリタンな人間という自覚に結びついたのは海外経験においてであったということになる。[9] 実際、内村的コスモポリタニズムが「思想」として頻出するのはおおむね洋行以後のことで

【補説2】ある。丸山は戦争中に内村の「熊さん、八さん」に出会って感動した経験を語ったが、「熊さん、八さん」が公に出てきたのは、管見の限りでは、当の戦前の経験を語った「点の軌跡」が最初である。そして「点の軌跡」は帰朝の年、つまり最初に講義で原型論を講じたのと同じ年に出ている。それゆえ、福澤的なインターナショナルなナショナリズムは丸山の年来の主張であったが、隣人こそ人類であるとする内村的コスモポリタニズムは海外経験以外に確かな淵源を見出すことができない。

ただ、海外出張以前の〈一九六〇年のドグマ〉の定式化に際してすでに、「外なる世界主義、国際主義、普遍主義」と「内なる日本主義、特殊主義」の悪循環の克服が課題とされていたことを想起するならば、欧化主義の構造転換としての〈原型的思考様式〉とその克服策について、その後の海外経験だけを過大評価することは戒めなければならない。海外経験は原型論と原型克服論に進むのに大きな刺激ないし契機となったとしても、準備は渡航以前から始まっていた。

【補説2】　ただし、「忠誠と反逆」（一九六〇年）で丸山は、内村が「うち」と「よそ」という遠近的な区別と使い分けを拒否したため、世界と日本、人類と日本人は内村においてつねに「二重像」として存在し、人類愛か祖国愛か、世界主義か国家主義か個人（人格）主義かという択一はあり得ず、どこまでも「日本と日本」が闘い合い、神の恩寵の下で天職を果たすべき日本と、腐敗と虚飾と偽善に満ちた日本、この「二つの日本」に「離れがたく属している」という内面的意識があったとしている（『集』⑧233）。これは、白樺派の人類愛―祖国愛との差異を強調するために、「熊さん、八さん」の由来と思われる「車夫と雖も牛馬にあらずして人類なれば」云々を引いた（III-1 註28）際の説明であり、洋行以前に内村的コスモポリタニズムの構想があったことを示している。後に丸山は読書会向けのメモで、この箇所に関連して、Ⓐ「ナショナリズムの日本的構造」、「うち→日本」、「よそ→外的な世界」、「「世界と日本」といういい方」、「「世界における日本」ではない」、「「よそ」→人類（熊さんではない！）」、「うち―村・会社・学校」、「よそ→同じ会社の中のほかの課」という側面と、Ⓑ「うち→「うち」の世界の自由」、「よそ→政治的・社会的・世間的」という側面を指摘している（「88年の会『忠誠と反逆』読書会用メモ」〈1993〉「丸山文庫」［資料番号905-1］5f.）。Ⓐはおおむね「点の軌跡」その他の議論と符合する。なお、右の「二つの日本」のアイデアは、沖縄対日本の問題は「われわれと隣人の問題」として捉えるべきだ（『集』⑨137）とする「点の軌跡」の主張となって現れている。

b　主体的決断

「幕末における視座の変革」（一九六五年）で丸山は、「歴史的な欧米文化の中にある普遍的な価値を認めることにおいて私は人後に落ちぬつもりです」（『集』⑨248）と「私」を登場させて「思想」を吐露している。これは居直り的発言ではなく、すぐ後で、「近代日本がいわゆる欧米文明から汲々として学んだもの、あるいは今日でも学ぼうとしているものが、ヨーロッパ文明に内在する普遍的な価値であるならば結構の至りです」（『集』⑨249）というように、西欧の思想なら何でもありがたく拝んでいてはだめだということ、欧米の文明だからといって普遍的とは限らないということ、つまり「擬似普遍主義」を否定する主張の前置きである。学術論文では「一人称」は控えた方がよいとする丸山があえて「私」を持ち出し、擬似普遍主義批判を行うことで、真の欧米文化の「普遍的な価値」の意義を強調する姿は、以後の丸山が赴く方向を暗示している。

丸山は一九六四年のヒアリングで、戦前の天皇機関説を例に引いて、日本の知性は「魔術的なタブー」の前に実にもろいが、そういう「マーギッシュな考えを我々の下意識から追放しなければならない」としていう。

僕がそういうと、「近代主義」といわれます。しかし僕は、そういった「近代化」のみが「永久革命」に価すると思う。社会主義が永久革命だなんてとんでもない。それは歴史的状況のもとにおける体制にすぎない。〔……〕普遍的なものへのコミットだとか、人間は人間として生まれたことに価値があり、どんなに賤しくても同じ人は二人とない、そうした個性の究極的価値という考え方に立って、政治・社会のもろもろの運動・制度を、それを目安に批判してゆくことが「永久革命」なのです。[10]

（『集』⑯60）

以前には、「状況を自分で判断して自分で決定する能力」を「近代的な人間の理想型」と呼ぶことを憚らなかったが、ここではその「近代化」をあえて超歴史的な「永久革命」として位置づける。「永久革命」という言葉は、かつては「民主主義」について使われた[11]（II-1註6）が、ここでは「普遍的なもの」へのコミットに関係づけている。その「普遍的なもの」に民主主義を含めてもよいかもしれないが、いまや丸山にとって重要であったのは、かの〈一九六〇年のドグマ〉にいう「個人の基本的人権の理念の永久革命的な性格の承認」、あるいは普遍的真理・正義へのコミットメントおよび「一身独立して一国独立す」であった。丸山は一九六〇年に、「近代主義」といっても、「近代精神」を、「近代社会をいわばたえず再生産して行く主体として理解する」という方向か、それともすでにできあがった「近代社会のなかにあぐらをかく精神」かによって違うと述べている（「丸山眞男との一時間」『座談』④38）が、前者は、「個性」としての基本的人権という発想や自主独立の気概に基づいた、「永久革命」としての近代化を意味していた[12]（cf. 笹倉『丸山眞男の思想世界』361）。

こういう議論には、「普遍主義」に拠って「近代主義」というレッテルを跳ね返そうとする強い意思を見てとれるが、それを支えたのは丸山自身の、「主体的」決断であった。座談「現代日本の革新思想」（一九六六年）で丸山は、土着主義は「外来的な天降りしてくるもの」に対して「主体性」＝「内発性」を強調するけれども、しかし「主体性」は我々の行動と「決断」のプロセスで試されるものであり、近代科学も民主主義も原理自体、「外来的なもの」で、発生地は西欧であるけれども、「そのことで卑屈になったり、コンプレックスをもつ必要はちっともない」（『座談』⑥91）と息巻いている。主体的な「決断」は、例の「観念の冒険」のことであるが、ここからは丸山自身がこの決断を実行に移す主体となるという強い使命感をうかがうことができる。

事実、内村的コスモポリタニズムは、普遍的な価値をもつ思想として丸山がみずからの主体的「決断」＝コミットメントによって選び取ったものであった【補説1】。隣人としての人類（熊さん八さん）とは、つまるところ、「二人とない」個性の究極的価値、別言すれば、普遍的な「個人の基本的人権」に収斂する。そして「コミットする」ということは「賭けるということ」である（『集』⑦145）。「現代劇における方法意識」（一九六一年）で丸山はこう述べていた（『座談』④258 : cf.『講義』③26f.）。

［……］そもそも認識というものが、過去から現在への認識であるのに対して、行動にはいつも知られざる未来に向って飛び込むという賭けの要素がつきまとうからだ。どんなに精密な理論でも、行動する立場に立った瞬間に、次の状況というものをすみずみまで規定することはできない。最後のところは自分の決断の問題になる。それを賭けといえば非合理的にきこえるし、自由な選択といえば合理的にきこえるけれど同じことだ。

意図するところは、ウェーバーの「価値自由」論の基底をなす「神々の争い」を想起すれば、十分すぎるくらい明瞭である。[13] 前にも触れたように、ウェーバーもまた、認識から価値判断を導き出すことなどできないがゆえに、主体的に価値を選択しなければならないと主張した。すなわち「価値への自由」、丸山の言葉でいう、「積極的な価値の選択の態度」（『集』⑦31）である。丸山は古層論に限らず、可能な限り「価値自由」な認識に努力し、したがってまた認識と価値判断ないし「思想」との混同を避けようとした。無論、「価値関係づけ」なり「意味付与」なりを認める以上、認識の枠組（方法や範疇）それ自体、あるいはまた「素材の構成」に価値判断＝「思想」が含まれていることは繰り返すまでもない。[補説2] そもそも原型＝古層という枠組が病理現象の分析のために作られた範疇であり、究極的にはその「突破」を射程に含んでいた。[14]

しかし、「決断」の対象はいわば個性的に選び取られるものであって、それを他者に押し付けることなどできない。反対に、それは「思想」の世界に属する以上、自分が普遍的とみなす対象が近代西欧の価値であってもとやかくいわれる理由はない。一九六七年の鶴見俊輔との対談「普遍的原理の立場」でいう（『座談』⑦111ff.）。

おまえはヨーロッパの過去を理念化してそれを普遍化している、と言われたら、わたしはまったくそのとおりと言うほかない。他の文化に普遍性がないというんじゃもちろんないですよ。ただ、わたしの思想のなかにヨーロッパ文化の抽象化があるということを承認します。わたしは、それは人類普遍の遺産だと思います。［中略］過去のなにかを理念化するのがいけないというのなら、いっさいの思想形成自体が不可能になっちゃう。［……］そういう意味で、わたしがヨーロッパ思想史や文化史からわたしなりに最大に学んできたことをすこしも否定しません。同様に中国の勉強から学んで、判断の軸をつくったっていいじゃありませんか。

「中国の勉強」は儒教を含意しているのかもしれないが、【補説3】ヨーロッパだけが格別模範となり得るのではないという主張を額面通り受け取るとすれば、日本の過去（伝統）からも何らかの理念を引き出してもよいことになる。もちろんそれは普遍的原理でなければならないが、悪くすれば「国体」思想も「判断の軸」となり得る。これは、揚足を取るためではなく、(15)ここで語られているのがあくまで「わたしの思想」であり、「思想形成」に関わっていること、そして「思想形成」とは歴史的思想を素材として自分の哲学を展開する「思想論」に属し、〈学問としての思想史〉ではない(16)ということをいま一度確認するためである。「思想形成」のためにことさら日本の伝統から理念をとってくる必要はなく、したがってまたそのために日本の歴史を探索する必然性は微塵もない。逆に、それはヨーロッパであっても中国であってもよいわけである。ここでは内発性の発想など歯牙にもかからない。(17)いいかえれば、内発性論を払拭した時はじめて、このような判断が公然と語られることになったということである。

丸山は一九六八年の司法修習生との座談で、天皇制のおしきせでも占領軍のおしきせでもないような「オーソドックスな規範」、「思想的正統」が欠如していることを慨嘆しつつ、六三年度講義と同様、「伝統」の種類を論じ、支配的潮流を伝統とする観念について、祖先崇拝とか和辻哲郎の「献身の道徳」や「国体」観念など、日本の歴史を通じて（実際にはある特定の時代の）支配的な考え方を伝統と見るような、伝統復活論者によく見られる「ドグマ」に対し、少数派の考えの中にも「今日われわれの思想というものを鍛錬する」うえで汲むべき「源泉」はいくらでもあり、それもまた「伝統を今日生かす」という意味をもっていると述べている（『集』⑯90, 94f.）。これは、少数派の「伝統」を発掘すべきだと主張しているわけではない。こう述べた後で丸山は、「過去の思想の中の何をわれわれの伝統として定着させるべきか」ということは「現在におけるチョイスの問題」であり、我々の「自由な選択」に委ねられており、「伝統」というのは我々の「創造力の源泉」になるものであって、「何を源泉として生かせばいいか」という場合、「長い歴史の中から自由に選択すべき」であるとして、さらにいう。「伝統」と「外来」の区別はある特定の時期やその長短によってなされる相対的なものであり、外来文化だからといって、それを伝統から排除する理由にならず、「幕末以来輸入したヨーロッパの文明や思想」も「伝統」と呼ぶことができないわけではない。東洋に興ったキリスト教が西洋の伝統になったように、「伝統」とは「われわれが主体的に自分の人類の過去の遺産から選択して、それがわれわれの栄養となり、血肉と化したもの」[19]をいうのである、と（『集』⑯95f.）。

誤解のないようにいっておくと、これは、「輸入品」としての西欧思想を「伝統」として捉えて「思想形成」に生かすことができる、といっているだけであって、西欧思想がすでに定着しているということを根拠にして「伝統」とすべきだ、などと主張しているわけではない（それなら内発性論に逆戻りすることになる）。かつて「日本の思想」で丸山は新しい思想史の方法を媒介にして座標軸となる「伝統」を探ろうとしたが、ここでも同じ問題意識に立ちながら、違いは「学問」の介在する余地がなくなったというところにある。すでに『日本の思想』「あとがき」でも、これまで背中に引きずっていた「伝統」を前に引き据えて、「将来に向かっての可能性」をその中から「自由」に探っていける地点に立つことができるようになった、といっていた（II-1-b）ように、可能性の中からの選択は歴史探索の後の判断（主体の価値判断）に委ねられていたが[20]、そのためには新しい方法による歴史研究が必要とされた。何を伝統として「定着させるべきか」という問題に光が当てられる。「チョイスの問題」、「自由な選択」とはそういう意味である。つまり「賭け」である。

こういう立場からすれば、「近代主義」と呼ばれても、いささかの痛痒も感じる必要はない。「日本の近代化と土着」（一九六八年）では、「私自身、いわゆる西欧的近代主義者というレッテルをはられることには、一面では光栄でもあり、他面では抗議したいけれど、過去の自分の考え方が、［……］擬似普遍主義から完全に自由であったといいきるほど傲慢ではないつもりです」（『集』⑨374）と控え目に語っているが、草稿では、「ぼく自身も、過去、ヨーロッパ的なものを学んできましたから、ヨーロッパの思想のなかに普遍的なものがあると固く信じて」おり、戦後「外から入ってきたデモクラシー」（そのデモクラシーには人民民主主義もマルクス主義も含めてよい）に「いかれ、それを擬似普遍化した」とある[21]（『未来』「日本の近代化と土着」（速記要約）」「丸山文庫」［資料番号101-1］11f.）から、かつて「擬似普遍主義的」なところがあったことを認めたうえで、いまこそ「本当の普遍主義」（あるいは「本当の欧化主義」）に立って西欧的価値を何の衒いもなく擁護するというのである。そして「日本思想史における「古層」の問題」（一九七九年）では、植物主義的伝統観念に対して、「外に「生えた」ものをとってきて何が悪いのか」と開き直り、「何を伝統とすべきかというのはわれわれの主体的な決断の問題」だ、といま一度断言している（『集』⑪219）。キリスト教はオリエントに発してヨーロッパの伝統になり（『集』⑪212 : cf.『集』⑪268）、ヨーロッパ文化は決してギリシャ文化の内在的発展ではなく、「決断を通しての受容の結果」として形成された（『講義』④51）のだとすれば、我々もまた発生地など意に介さず決然と普遍性のあるヨーロッパ文化を選び取ろうではないか、というわけである（cf. 近藤邦康「一九八九年三月二〇日　丸山眞男・李沢厚対談」『センター報告』⑩〈2015〉111）。

以上のような過程は、丸山が「夜店」から「本店」へと重心を移そうとしていく中で、内発性的発想から離れて、新しい思想史の方法に基づいた試行によって「新しい伝統」の探索への道をたどりながら、結局、〈学問としての思想史〉としてはそれを示し得なかったことと関連している。講義において、普遍性に繋がる「原型突破の原理」の探索はなされたけれども、それが「新しい伝統」となり得るということは、講義によっても論文によってもついに立証されないままに終わった。再三指摘するように、「観念の冒険」は異質の文化の受容の方法として〈学問としての思想史〉の限界内において提示されたが、その延長線上にある「主体性」ないし主体的決断が学問化されなかったのは——良い意味でも悪い意味でも——丸山の「学問的」思想の限界であった。もしそこに踏み込めば、

「学問」の原理（価値自由）を侵すことになるが、踏み込まなければ「原型」はいつまでも廃棄されないというディレンマの中で、丸山は「近代化」を「永久革命」とする自家撞着をあえて引き受け、それを「決断」、「チョイス」として正当化し、「思想」を救済しようとした。

最初にいったように、以上は「近代主義」に代わる新しいレッテルを丸山に貼ろうとするものではない。繰り返せば、〈本当の（本来の）欧化主義〉は、内容上、従前の「西欧近代主義」と大幅に重なるが、丸山は、「わたしの思想」として「普遍主義」を標榜することによって、「近代主義」のレッテルを返上し、その代わりに「永久革命」としての近代化を唱えた。丸山は、日本人の「前近代的」な意識や思考様式（精神的雑居性、「である」こと、「タコツボ」、「伝統的」ナショナリズム、共同体志向等々の病理現象）を〈原型的思考様式〉としてトータルに把握しようとした。「前近代」は、封建時代を超えて古代にまで延長され、そこから逆に現代的な〈原型的思考様式〉としての〈現代の鎖国主義〉と〈現代の欧化主義〉が浮上し、俎上にのせられることになった。それが丸山における〈本当の（本来の）欧化主義〉ということをわざわざ指摘することの意味である。「丸山の欧化主義」とは、原型論を通じて〈現代の鎖国主義〉と〈現代の欧化主義〉の克服を目指したものであった。

ただ、丸山が近代主義的な内容をもつ原型克服策を「永久革命」とすることによって意図的に近代主義を乗り越えようとしたのかどうかは、定かではない。しかし、〈一九六〇年のドグマ〉を定式化しようとした時にすでに、歴史（思想史）を通じて何らかの実践的要求を基礎づけようとする方向が後退していく過程は始まっていたかもしれない。この方向は、新しい思想史方法論によりなお追究されたが、原型論によって発展段階説がなし崩し的に放棄されていくに従って、「「大上段」に構えた進歩主義（いわゆる近代主義）の題目の羅列」（中田喜方）（「解説」『別集』④450）となっていった〈一九六〇年のドグマ〉の基底にある「近代化」という進歩主義的「思想」もまた、ほとんど必然的に「決断」に座を譲らざるを得なくなった。それが意図的に仕組まれたという証拠はない。しかし、事実として丸山の「学問」（歴史）がしだいに「遊び」へと傾斜を強め（V-2-b）、それに応じて、変革を求める

「思想」は——中身は何ら変わらないままで——「学問」（歴史）から離れていったことは否めない。

普遍的価値をもつ西欧思想の選択が主体的「決断」によりなされるべきだという「思想」は、講義のほかは、ほとんど座談や聞書きや講演で示された。「本店」へと重心を移動させてゆくなかで、とりわけ座談の意義は大きい。座談は丸山にとって「裏芸」だと鶴見太郎（『座談の思想』新潮社〈2013〉251）はいうが、それは縦横無尽に論じ、博識を披露し、巧みな機知と表現力を駆使する談論のスタイルの特徴づけであって、中身でいえば、学問的な話題も現代政治論も雑談も包み込んだ座談[22]は、時に「思想」のアリーナであり、思想史研究や講義で付された「カッコ」がはずされる場であった。[23]座談は、時事論文ないしジャーナリズムから撤退した丸山にとって自由に発言できる「思想」の場であるとともに、控え目ながら「思想」の普及の場でもあった（座談は雑誌媒体などにより公刊され続けた）。座談は「学問」を普及する場でもあったから、その側面も探究するに値するが、これは最終章で見ることにして、ここでは、一九六五年に終焉を迎えることになる「時事論文」がいま一度姿を現して、「内村的コスモポリタニズム」＝普遍主義に迫ろうとした局面を見ておきたい。

【補説 1】 それは、「日本の思想」で指摘されたように、「ミネルヴァの梟」の発想がややもすると、理論と現実の安易な予定調和の信仰を生む素因となったという認識（II-1 註 9）と無関係ではなかろう。この点も実はすでに戦前に意識されていた。丸山は、北畠親房の、「代下れりとてみづから賤むべからず。天地の始めは今日を始めとする理あり」という言葉を、史的叙述を「行為主体により未来に転換されるべき過去」とするものだと解釈し、親房の哲学とは、「現実の成熟を俟って之との融合を試みるミネルヴァの梟的意味の哲学とはまさに反対に、「末世」としての現実に鋭く対立し、是を改変せんとする主体的意思に裏づけられている」と見た（「神皇正統記に現はれたる政治観」〈1942〉『集』②166）。ちなみに、一九六五年度講義では、親房の与する南朝の政治的立場が明らかに「後向き」であったにもかかわらず、その思想は、既成事実や特定勢力の弁護・合理化、過去のノスタルジアを超えた「政治理念」を提示し、また「過去の伝統を未来への展望にまで旋回し、末法的なペシミズムと諦観を行動と実践へと転換する、歴史哲学的構想」孕んでいたと評する。それは、現在を過去と未来に延ばす「永遠」という古代的時間観念を基礎にしながら、支配的な絶対的現在主義ないし「オポチュニスティックな態度」と対立した、「瞬間瞬間の創造の論理」、「永遠が時間を断ち切る「永遠の今」」の歴史哲学であり、そこから親房は現実に対する主体的な働きの論理化を図ったというのである（『講義』⑤298ff.）。

さらに六七年度講義では、「天地の始め」云々につき、「原型」のオプティミズムが最も悲観的な状況の中で親房の「主体的な支え」になったと解し、これこそ「持続における変化」として混沌からの再出発を可能にする基本論理だとする（『講義』⑦95）。これについては色々な解釈があり得るが、ここから「原型」そのものにポジティヴな主体性を読みとるという発想（つまりあの「内発性」論）を引き出す解釈は疑問である（戦中の場合は別である）。丸山は、右のような親房評価にもかかわらず、五七年の座談では、『神皇正統記』には末法思想があるが、基本は伊勢神道であり、古代神話の「万物が太陽のめぐみで生々発展する」という発想で非常にオプティミスティックだとし（『別集』②132）、後には、日本的世界像（歴史意識の古層）の典型として親房の「天地の始め」云々を引いて、「適応性」の史観を説明している（『集』⑪200f.：『話文』③204）。

【補説2】吉本隆明は、丸山において「西欧」という虚構から対象の構造を分析するという「方法」が「立場」と等価となっている（「本質的には虚構の極限に「立場」があるために、「方法」それ自体が「立場」と化している」）と批判したが、丸山はこの指摘につき、「するどい！」としつつも、「西欧的風土でも育った↓ウェーバー」と書き込み、さらに吉本が「丸山政治学はこの虚構の「立場」をたんに「学問」の方法の次元にとどめるだけでなく、その人間的な実存の次元にまで深化し、根拠づける課題をになっていたといいうる」とするのに対して、「カッコに入れる」、「カッコをはずすのは具体的個別的決断だ」と書き込んでいる（傍線丸山）（吉本隆明「丸山真男論」一橋新聞部〈1963〉「丸山文庫」［資料番号 0210006］30）。都築（『戦後日本の知識人』427f.）によると、梅本克己は、「本質論のカッコづけ」という言葉によって丸山の実質的価値の議論の禁欲を特徴づけ、しかも六〇年安保の際の丸山の発言（「現代における態度決定」）に「カッコはずし」とともに「カッコ」の意味（「ウェーバー的認識と決断の論理」）を見出したという。丸山は後にこのことに言及し、梅本は、丸山がしきりに「カッコに入れろ」（「条件付命題であるということをはっきりさせろ」）といっていたけれども、六〇年安保の際には「カッコをはずした」と述べたことを伝えている（『座談』⑧184）。ただし、丸山はあくまで「カッコ」＝世界観と学問を分離して捉えようとし、「人間である以上、ときには心情告白をします」という形で、問題をやりすごしている。ちなみに、「カッコに入れる」例としては、前にも触れたが、思想史は、「歴史的体験によっていったんカッコに入れ、われわれを過去のなかに置くことによって逆に過去を現代に生きかえらせること」だとか、「私の試みは一応そうした世界観的立場や本質論を括弧に入れた上で［……］」（『集』⑥219）とか、「状況認識というものは、いわば主体的な立場というものを一応カッコに入れて言えるが［……］」（『座談』⑤77f.）というのもある。なお、吉本は、丸山による封建的忠誠の分析に、「空想された「箱」のなかで全容積を満たされないままでひしめき合っている日本の封建的実体のイメージ」を見て、「そこでひしめきあっている実体が価値の基礎ではなくて、空想された「箱」こそが価値構成の規範となっている」と論じ、「ひしめきあった欠損した実体を存在として握るのでなければ、どのような空想の「箱」を想像することもできないのであり、それがわたしたちをとらえている思想の現実的な根拠にほかならない」としているが、丸山は傍線部分につき「内容主義！」と記入している（「丸山文庫」［資料番号 0210006］26f.）。吉本のいう「箱」とは、都築（『戦後日本の知識人』425）によれば、ウェーバーの理念型とほぼ同じであり、吉本は文学的、詩的な表現ながら、丸山の認識方法を正確にいいあてていたという。これは実質上、「方法」が「立場」となっているという側面と重なる。「内容主義」についてはV-1-b, c参照。

【補説3】 しかし、これは、丸山の親しい友人であった竹内好の考え方が念頭にあったのかもしれない。都築（『戦後日本の知識人』75, 81f.）によれば、戦後のいわゆる「近代主義」が欧化主義や西欧崇拝主義と同一視されるのに対して、丸山や大塚久雄などの場合は「市民社会」そのものに「普遍的価値」を見出すものであり、したがってそのための素材として西欧近代を使ったのはさして重要ではなく、むしろ竹内のように素材を中国史に求めて普遍的なものを抽象するということがあり得たという。ちなみに、松沢弘陽（「近・現代批判と伝統」294ff.）によると、竹内は、丸山が日本と中国の「後進国の近代化の過程」の質的差異を看過したことを批判し、J・デューイを引いて、中国では伝統が根強かったために、近代化が遅れたけれども、変革を徹底することができたのに対して、日本は伝統の脆弱性のゆえに容易にヨーロッパの技術を摂取できたが、そのためにかえって伝統を温存した、と論じたことを紹介し、そこに丸山が「伝統の批判と継承とのディアレクティーク」に開眼した一つの契機が見出されるという（cf.『集』⑤289f.／『日本政治思想史研究』「あとがき」7）。これは少なくとも部分的に丸山の思想史の方法論ないし「視角」に対する竹内的「中国モデル」の影響を推測させる。たとえば、「私達の伝統的宗教がいずれも、新たな時代に流入したイデオロギーに思想的に対決し、その対決を通じて伝統を自覚的に再生させるような役割を果しえず［……］」（『集』⑦242）とか、日本では、「思想的伝統（中国における儒教のような）の強靭な機軸を欠いていた」ために起こった、近代的制度の急速な整備と欧米の思想文化の急激な流入からくる「問題性」（『集』⑦198 : cf.『講義別冊』②201f., 245f. :『集』⑪200f.）という発想はほとんど竹内と同じである。

c　普遍主義の行方

丸山は一九六四年のヒアリングで、なぜ最近ジャーナリズムで発言しないのかという質問に対して、「どうして発言しなけりゃならないのですか。しかし別に発言しないというタブーを決めたわけではありませんから、また発言するかもしれませんせん」と断りながら、「しょっちゅう発言していたら勉強できないじゃないですか」と怒ったように突き返している（『集』⑯67）。いうまでもなく、後にいう「夜店」から「本店」への移行について語ったのだが、この発言の翌年に出た「憲法第九条をめぐる若干の考察」（一九六五年）は、「国民の一人として」考えた見解（I-4 註 17）であり、雑誌『世界』に載せられた論稿であるから、形式的にも実質的にも〈知識人の社会的使命〉の遂行であり、「時事論文」に属する「夜店」活動であるが、これが、――後年（一九八一年）の証言によれば――「現代のことを書いた」時代の掉尾を飾る論稿であった（『話文』③311）。すなわち、一九六五年以降、丸山は「本店」に居を移し、原則として時事論文に手を染めなかった。しかし、何事にも例外はある。

丸山は一九八二年に、『『現代政治の思想と行動』追補』なる副題をもった『後衛の位置から』を出版したが、その際、『増補版　現代政治の思想と行動』公刊以後、同書が主として対象とするような「現代政治に直接関連した問題、あるいは政治学原論に当るテーマに」については、「ほとんど論文らしい論文を書いていない」と述べている。そして、その『後衛の位置から』に収められた論稿がほかでもない右の憲法九条論であった。だが、丸山によると、九条論一篇だけでは貧弱なので、「比較的に現代政治の主題に近いもの」として、「近代日本の知識人」をこの本に加えたという（「『後衛の位置から』著者あとがき」〈1982〉『集』⑫54f.）。いいかえれば、「近代日本の知識人」は九条論以降にものした時事論文の唯一の例外であった。

この論文は、丸山が一九六六年に来日したサルトルとの対談をきっかけに『レ・タン・モデルヌ』に「日本の知識人」につき執筆を依頼されたものの、健康のため完成にこぎつけることができず、七七年六月に学士会夕食会でこのテーマにつき行った講演を基礎にして一部加筆修正した――講演では省いた種々の「中途半端な草稿」（『学士会会報特別号』㉑〈1977〉20）を復活させたため「かなり大幅に殖えた」（「「近代日本の知識人」追記」『集』⑩266f.）――稿を、後に『後衛の位置から』に収録したものである。したがって、通例なら八二年刊とされるはずであるが、『集』では七七年刊とされている（本書でも支障のない限り、引用の際には七七年の論文と表記する）。問題は、この論文が如何なる意味で「現代政治の主題」と関わっていたのかというところにある。丸山は六五年以後時事論文を書かなくなった中で、座談や聞書き等で内村的コスモポリタニズムや福澤的ナショナリズムに言及していたから、座談と同じく「思想」の場である時事論文としての「近代日本の知識人」がこうした動向と無関係ではないと思われる。とりわけ、この論文は日本において「知識人」がもはやほとんど存在する余地がなくなっているという絶望的な状況認識の下で書かれただけに、丸山の「思い入れ」がどのように出てくるのかを探る価値はある。だが、詳しい検討はここでは略して、重要と思われるポイントだけを摘記しておきたい。

丸山は、『政治の世界』（一九五二年）や「現代文明の政治の動向」（一九五三年）で、大衆化と専門化という現代の不可避の運命の下に知識人が自立した政治的社会的判断力を喪失しつつあることを、専門分野では偉くても一般的な政治的社会的な判断力では「街のあんちゃん並」の学者（『集』⑤188f.）、あるいは総合的判断力では「子供」のような不均衡な精神状態の人間が大量に生産されている（『集』⑥33）と表現し、「思想のあり方について」（一九五七年）では、専門化がいちじるしく進んだ日本のタコツボ型社会の帰結としての、「共通のカルチュア（ないしインテリジェンス）で結ばれたインテリ層」の不在について語るに至った。もっとも、この時点でまだ丸山は、自主的集団を通じて知識人の結集を図ろうとしていたから、絶望していたわけではない。とはいえ、戦前の〈お化粧的なヨーロッパ的教養〉を克服すべき知識人の理想型（あるいは思想史上の理念型）として期待された、K・マンハイムの「自由に浮動する知識層」は、一九五〇年代の日本にとって非現実的であり、丸山も、五六年の石田雄・藤田省三との鼎談および『現代政治の思想と行動』「補注」で、戦前の「旧インテリ」像（「大卒＝インテリ」）の崩壊や文化人と芸能人の流動化などの変化を認識せざるを得なかった（I-1-a, b）。さらに六七年の加藤周一・石田雄との鼎談（これは論文「近代日本の知識人」執筆のためであったと思われる）では、戦後の変化の特徴として、大学と大卒者の激増が知識人の変質をもたらし、大卒者はエリートではなくホワイトカラー要員であるということを認めた。ただ、大卒の学歴は依然として官庁・企業では尊重されていることを指摘している（『別集』③65）。

二つの知識人類型

こうした経緯を受けて、論文「近代日本の知識人」で丸山は、現代日本の二つの知識人類型を挙げる。一つは形式的意味の知識人である。これは、高等教育を現に受けているか、またはそれを経た人を指す（ここでは便宜上〈学歴インテリ〉と呼ぶ）。高等教育とは、明治末年までは中学校以上の、それ以後から第二次大戦末までは高等学校・専門学校以上の教育である。高等教育の学歴を経た者は、卒業後、彼らの「知性」をどのように使うかに関係なく、生涯インテリに帰属するとみなされる（学歴社会）。ヨーロッパで官庁やビジネスの技術者やホワイトカラー層まで intellectuels の考察範囲に入れるようになったのは比較的新しい現象だが、日本では明治中期以後にすでに高級官吏やビジネスの頂点の管理者、公私のビューロクラシーの圧倒的多数の成員が高等教育の学歴をもっているという理由で「学識者」、「有識者」、「知識階級」といわれ、これがやがて「インテリ」のイメージの中に流れ込んでいった。インテリないしその大部分は「オーガニゼーション・マン」であり、「組織の中のエリート」である（『集』⑩226ff.)。これは、かつてマンハイムの理念型の堕落形態とされた「所属主義」の拡大版である(24)。

二つ目は実質的意味の知識人である。これは、学歴のない庶民の会話に出てくる「お前なかなかインテリだな」という表現に象徴されるものである【補説1】（以下〈物知りインテリ〉と呼ぶ【補説2】）。この種のインテリには、「特定の職場に密着した技能・知識を越えて、多少とも一般的普遍的な事柄について論議する能力ないし傾向」があり、しかもこの場合の「インテリ」の語は「西欧世界の intellectuels の定義」により近い用法であるという。その原型は古典落語に出てくる「物知り」（長屋の家主や隠居）であり、特定の社会層を指示する意味合いは薄い。日本では、「普遍的知識に対する好奇心」が第一の意味のインテリに限らず、庶民を含めた一般社会に共有されており、それゆえ「一億総評論家」ということになる（『集』⑩230：「「日本の知識人」草稿」「丸山文庫」［資料番号 269］28f.)。

さて、この論文で丸山が描こうとしたのは、近代日本において「知識人が職場のちがいをこえてひとつの知的共同体を構成しているという意識」が未成熟であったにもかかわらず、そうした意識が高まった三つの例外的ケース

（維新知識人〔明六社〕、昭和初期のマルクス主義運動、敗戦後の悔恨共同体）（『集』⑩238ff.）の興廃の歴史である。明六社が丸山の描いた思想史の中でマンハイムの理念型の代表であったことは繰り返すまでもない。敗戦後の悔恨共同体は丸山の分身のようなものであり、〈知識人の連帯〉を象徴する存在であった。それに対して、マルクス主義運動に「知的共同体を構成しているという意識」を認めるというのは、現代から見れば理解に苦しむ人が多いのではないかと思われる。丸山の主張の詳しい内容は省略するが、簡単にいえば、戦前の日本においてマルクス主義は、ロシアや中国における社会主義経済が果たした機能に似て、知の「近代化」に寄与しただけでなく、その「階級」概念を通じて知識人の連帯意識を作り出し、普遍的価値の信仰（心情倫理）によりキリスト教的信仰集団に比すべき知性の王国を築いたというのである（「研究ノート」⑥『岡法』㊻548）。

しかしいずれにせよ、これらは過去の事例であって、現代には直接関係しない。現代の知識人は如何なる状況にあると丸山は見たのか。インテリ層の不在を指摘した二〇年前よりもはるかに絶望的であることはいうまでもない。論文の元になった学士会講演と同じ一九七七年の大佛賞受賞インタヴューで丸山はいう。

つまり、全部が軌道ができてしまって、オーガニゼーション・マン、組織人になってしまった。これは専門化・技術化が進みますから、不可避なのだけれども、では放っておけばいいのか。やはり知識人というもののもっと活発な交流が必要だと思いますね。これは大学間の交流なんて狭いことではないと思うのです。研究者とジャーナリストとの交流の問題でもあるし、もっと広い知的な共同体の形成の問題であると思うのです。でなければ、知識人不在ですよ。大学教授はいます。新聞記者もいます。法律家も弁護士もいます。だけどそれを共通に括る知識人はどこにいるのか。（『話文』②176）

知的共同体が形成できなければ「知識人不在」だというのだが、これはトートロジーである。あるべき「知識人」さえいれば「知的共同体」は簡単に形成できるだろう。「知識人不在」は「連帯する知識人不在」のことなのだ。

もっとも、丸山にいわせると、知識人不在の一因は遠く明治時代にまで遡る。一九八〇年の聞書きでは大略こう述べている。日本ほど早く身分制がなくなった所は少ない。イギリスには身分制があり、オクスブリッジで大学教授がラーメン屋でラーメンをすすっている姿は想像できないが、日本では生活形態において極度に「平等主義」が形成された。したがって、問題は「知識人と大衆との乖離」ということではない。安易に知識人と大衆の区別などできない。日本では学制が早く整い、識字率が非常に高くなった。帝国大学は、伊藤博文の息子でも試験に合格しなければ入学できなかったが、逆に試験に合格しさえすれば、寒村の農民の子でも帝国大学を出て出世コースを歩むことができた。そういう意味で日本は「社会的な身分制度」が非常に早くなくなった特殊な国である。だから、かりに知識人と大衆を区別していうならば、きわめて早期に「知識人の大衆化」が起こったということになる。[25] その意味で区別は不毛なのだ[26]（『話文』①126f.）。

「知識人の大衆化」とは、インテリの知的レベルの低下ということではなく、「大衆の知的水準」が高いから、かえって知識人と大衆との区別が曖昧になる、というのである（『話文』③155 : cf.『話文』④355）。いいかえれば、戦後の経済発展による高学歴化の原点は明治時代の「平等主義」にあった。しかも、この「平等主義」は立身出世志向と表裏の関係にあり、【補説3】その帰結として当然〈知識人の連帯〉もなければ〈知識人の社会的使命〉も生まれないということになる。一九八八年には、「大衆社会が極まった現象」が日本であり、日本は「知識人不在」だと繰り返し、明治初期と昭和初期と終戦直後との三つの例外的時期を除くと、後は「普通の社会層」に解消してしまい、知識人が「層」をなしていないと慨嘆している（『話文』③423）。

「知識人不在」という現代の病理現象は、遅くとも明治中期に胚胎していた。三つの「例外」を別にすれば、近代日本は最初から「知識人不在」であった。だが、丸山は諦めなかった。一九七〇年代後半期の丸山は、「本店」への回帰によって時事問題について公に語ることを原則として避けたけれども、時事問題や現実政治に対する関心がなくなったわけではなく、七〇年代以降になっても、七四年「「靖国神社法案」に反対する政治・公法学者の声明」をはじめとして、学者・知識人による「政治的」声明に何度か名を連ねている。これもまた、「不作為の責任」を痛感して「決断と行動」の「社会的義務」を訴えたかつての思想（『集』⑧313）を意識した、一種の〈知識人の連帯〉の実行であろう。その意味では、晩年に至っても丸山が「知識人不在」に悲嘆の声を上げ続けたのは、「老いの繰り言」ではなかった。だが、いったいどこに知識人の復活の道があったというのか。もう一度論文「近代日本の知識人」に戻ってみよう。

【補説1】 戦前インテリの特徴づけや戦後におけるその変容についての丸山の主張は、講演、座談等が多いことを割り引いても、ほとんど実証的なデータを提示していない（cf. 竹内『丸山眞男の時代』279ff.）。わずかに、戦後高等教育のインフレに関しては大学数および学生数についての統計表のメモが残されている（「戦後の大学に関する統計メモ」「丸山文庫」[資料番号 87-2]）。「日本ファシズムの思想と運動」（一九四八年）のインテリの記述にしても、身近な大学教授や学生に関する事実や新聞報道から得られるような情報が主になっている。少なくとも「擬似インテリ」と「本来のインテリ」の範疇は、自分の「直接の見聞」から得たものであることを丸山自身が認めている（『続話文』①202）。論文「近代日本の知識人」では個人的経験が四度引かれている（学歴に関する軍隊での経験、大学生時代のタクシーの運転手の発言、父の職業である新聞記者についての世間の低い評価、「職業」より「所属」を重視する習慣に関する、人名簿の勤務先質問〔『集』⑩226f., 234f., 237〕）。こうした傾向は「時事論文」の場合には違和感がない。しかし、学術論文についても、そもそも丸山が、具体的「経験」からの「抽象化」が政治学や社会科学、ひいては学問一般にとって重要なプロセスであると考えていたことを考慮に入れなければならない。丸山は、戦前のマルクス主義の「理論信仰」が、「日常的観察における例外的事態から仮説を作っていく科学的思考過程」を欠き（『集』⑧137）、既製品としての制度の輸入と同じように、「現実からの抽象化」よりも「抽象化された結果」を重視したと指摘し（『集』⑦238）、すでに戦前に、西田哲学以来、純粋哲学者の関心が具体的な歴史的＝社会的存在に集中する顕著な傾向に触れ、「哲学的思惟が社会科学の立場より得られた成果を飛び越して、社会科学の対象そのものに直接結びつくとき、そこに悪しき意味に於ける哲学の現実化、政治化の危険が胚胎する」と論じ（「新刊短評：務台理作『社会存在論』」〈1939〉『集』①113, 114）、後にも、京都学派や西田の社会的、政治的発言に「非常に反発を感じていた」のは、「直接的な政治的な現実と哲学的な構想みたいなもの」がくっついているからであり、それに対して「社会科学的範疇」の場合、「現実に日常的に自分が見聞していることからの抽象化という面」があると述べ、さらに、「経験の抽象化」を清水幾太郎から学んだと語っている（『続話文』①113f.）。また、丸山は哲学の「専門化」（タコツボ化）を論じた際、ヘーゲル哲学と比べて、「日本でいちばん独創的な哲学といわれる西田哲学が社会科学の各分野を基礎づける原理としてどれほどの有効性を持ったでしょうか」と疑問を呈し（「思想のあり方について」〈1957〉『集』⑦159：cf.「「日本浪漫派批判序説」以前のこと」〈1986〉『集』⑫262）、「非常に抽象的な思考をしている人が、社会科学的なことを無媒介に生々しい現実に登場すると、ああいうこと［ハイデガーとナチとの繋がり］になってしまい、京都学派も同断だとしている（ただし西田哲学は「中庸」だとする）（「翻訳をめぐって」〈1995〉『話文』続④45）。たしかに、一般的にいうならば、具体的「経験」からの抽象は、日本の学術用語がしばしば日常言語からかけ離れているという事態（『話文』①125）だけを見ても、おろそかにすることはできないであろう。しかし他方、丸山は、問題意識先行型の議論を展開することが多く、そのためにしばしば実証的根拠を欠くことがあった。丸山はそれを十分自覚していた。R・N・ベラー『徳川時代の宗教』の書評（一九五八年）でいう。ベラーの作品のような「方法主義的」アプローチをとる研究では、理論的分析を自己目的とする「抽象的」研究と違って、「実証性」の裏づけが重要であるけれども、しかしベラーの場合、「個別的事実の叙述の正確度や引用史料の多寡」よりも、著者の基本的な問題関心が当該歴史的対象の解明にとって意味があるかどうか、著者の用いる概念的スキームがその問題意識にとって道具としての適合性をどれくらいもつか、その道具の適用により著者の作業仮説がどこまで「検証」されたかということが評価基準になる。つまり、歴史や制度の「対象主義的」研究では、著者の問題意識が必ずしも十分に叙述内容に貫徹せず、著者の用いる概念が多少曖昧で混乱していても、全体としての研究の評価には必ずしも大きな影響をもたないが、「方法主義的」研究の場合、「問題意識の妥当性」と「分析上の概念の有効度」が研究の価値にとって「致命的」に重要である。ウェーバーの『儒教と道教』が資料上の制約にもかかわらずなおアジアの社会・文化の研究者にとって古典的地位を失わないのが成功例だ、と（『集』⑦255f.）。自身について語っているかと見まがうばかりである。

【補説2】〈学歴インテリ〉の系譜は、「日本ファシズムの思想と運動」（一九四八年）にいう「本来のインテリ」（これは実質上学歴に依拠する）に端を発し、マンハイムの「自由に浮動する知識層」の理念型の対極に析出された「所属主義」によりマイナス・イメージを付加したものである。それに対して〈物知りインテリ〉は、「断片的ではあるが、耳学問などによって地方の物知りであり、とくに、政治経済社会百般のことについて一応オピニオンを持っている」とされた「疑似インテリ」をベースとするようだが、さらに上述のように（I-1-b）、学歴のない勤労者層の組合活動などによる「実質的インテリ」の成長という見方も関わっているかに見える。「近代日本の知識人」の草稿の一つでは、大学と大学生のインフレーションが、同世代の「非大学生青年」との間に均質化をもたらしたことを指摘し、戦後日本の民主化は政党、とくに左翼政党および労働組合「書記」、地方支部の「オルグ」、平和運動の「アクチヴ」、さらに農業協同組合や青年団の幹部などの中に、学歴がなくてしかも「知的道徳的判断力において、大量的に生産される都市の大学生よりもはるかにすぐれている人々」を輩出するようになり、かくして「知識人」＝「高等教育の学歴者」という戦前まで通用してきた方程式は、現在ではかなりの程度で崩壊しつつある（つまりそれだけ知性が「実質的意味」で定義されるようになった）というのと対応している（「戦後の教育改革と大学生の変化に関する草稿断片」「丸山文庫」［資料番号87-1-1］6ff.）。戦後日本の知識人に関するメモでは、（文脈はわからないが）インテリ概念と「職業」との分離につき、「A平和運動家（地方！）、B地域活動家、C読書や定期討論グループの組織者、D自治体の問題（世界）、E政党、労組書記局」とある（「「日本の知識人（続、本稿）」草稿・メモ」「丸山文庫」［資料番号275］3）。

【補説3】この「平等主義」は、身分や家柄に関わりなく大臣・大将への階梯を開放した「明治体制的な立身出世」のmobility（垂直的モビリティ）として、あるいは「立身出世デモクラシー」として捉えられる（『講義』⑤254：cf.『集』⑤169f.：『集』⑨156：『手帖』㉜6f.）。丸山は「立身出世デモクラシー」の平等に対して、本来の「水平的平等」は神＝絶対者へのコミットメントが必要だとし、また「出世の平等」は「市民的な平等」ではないともいう（『集』⑦128）。先にも触れたが、一九六四年度講義では、道元の純粋出家主義と易行の否定に「精神的貴族主義」の色彩を認めつつ、それが「社会的貴族主義」と対立する行動論理を内包し、それゆえ「仏道の前には一切の社会的・世俗的特権は意味を失うという平等主義」と結びつく契機を孕んでいたと見ている（『講義』④255f.）。ちなみに、丸山は「東大紛争」時に東大教授の「権威」や「特権」を持ち出して批判されたことに激しく反撥した。ある人間の思想・学説・評論を批判する時、「オックスフォード（or ケンブリッジ）大学教授の特権によりかかって」とか、「オックスフォード大学教授の、「権威」と「虚像」」といった形での批判が、ほとんどステレオタイプになるまで通用することがあるだろうか、と。丸山は、この種の批判の原因として、およそ身分的特権のない、「立身出世の平等」が早くから実現された日本で、まさにそれゆえに、「地位・肩書への羨望と嫉妬が大きいという事情」、あるいはもっと単純に、ジャーナリストの同業者としての有力な「競争相手」たる東大教授という事情を挙げている（『対話』189f., 270）。「出世デモクラシー」の裏返しとしての、「あいつ、うまいことやってる」という「引きずり降ろしデモクラシー」である。「出世デモクラシー」とは、ハーヴァード大学が「お金」で、オックスフォード大学は「身分」で入れるのと違って、科挙に似た、帝国大学入学試験・高等文官試験を経る平等な立身出世システムのことだ（『話文』④186ff.：『集』⑭162ff.：『別集』①327f.：『座談』③39：cf.『集』⑦211）が、このシステムからはずれた「ドロップ・アウト」（cf.『話文』①281）から発せられた丸山批判が「引きずり降ろしデモクラシー」（あるいは「引下げ平等主義」、「引下げデモクラシー」［『集』⑬104］）だということになる（cf. 竹内『丸山眞男の時代』298ff.）。これは、政治的ラディカリズムに見られる、「俺は一流大学を出て本来は大学教授（？）とか、もっと「プレスティジ」のある地位にある能力をもちながら、「しがない」「評論家」や「編集者」になっているという、自信と自己軽蔑のいりまじった心理」（『座談』⑥181）であり、福澤でいえば「怨望」、別言すれば「ルサンチマン」である（cf.『集』⑮286f.）が、同時にクラシック音楽に民衆歌を見出して喜ぶ「知識人の間に支配的な日本の「庶民主義」」としても現れる（『対話』125）し、なおまた「ひきずりおろし史観、最低平等史観」（『座談』⑤314）にも通じる。なお、丸山は早くに、日本人の権威信仰から発生する病理現象として、「自由競争の倒錯的形態」（権威接近のための競争から「人を引き下げようと」すること）と「抑圧委譲の原則」（上の圧迫の鬱憤を下への圧迫で果たすこと）を挙げていた（II-2 註5）。いずれも丸山のジャーナリスティックな嗅覚を感じさせる。

知的共同体の再建？

丸山は「近代日本の知識人」で、悔恨共同体に関する叙述を、「知識人はふたたび各職業領域のタコツボに入ってしまった」という文で締め括った。ところが、その後で、これまで見てきた維新以後の知識人のイメージの変遷を振り返ってみると、江戸時代が身分社会でありながら、知識人（儒者）の間に知的共同体の共通の成員であるという意識があったという「歴史的逆説」が見出されると指摘し、庶民の社会でこれに対応したのが「物知り」であり、ここには「近代知識人の原型」があるとすらいう。近代知識人の歴史を描き終わった後であるのに、如何にも唐突な挿入である。しかも、その後さらに付け加えて、「後ろむきの予言者」＝歴史家として「知的共同体の今後の再建」について「将来の可能性と動向」を語ることはここでは行わない、とわざわざ断りを入れる（『集』⑩263）。この断り書きは、今後の「再建」となると、どうしても実践的判断に関わる「思想論」になるから、「後ろ向きの予言者」として——つまり未来を見据えつつも「日本思想史の一介の研究者」に徹する立場（V-2-c）を持して——考察してきた以上、知識人の赴くべき方向には触れないという意味であろう。だが、この論文が「現代政治の主題に近いもの」、つまり「夜店」の一時的再開であったということを考慮に入れるとしたら、そこに「思想論」も混じっている方がむしろ自然である。

はたせるかな、丸山は右の断り書きで論文を終わりにしないでさらに、「ただ最後につぎのような「問題」を提起しておくことにとどめます」として、こう論じる。サルトルなどの西欧知識人たちは、知識人の根底的基盤である「普遍性の追求」に対して「ブルジョワ的」限界や偽ヒューマニズムという批判を投げかけるが、日本の「知性」にとっての「普遍主義」の問題は、むしろ「よそ」を理想化する擬似普遍主義と「うち」を強調する土着主義との対立および悪循環にある。「本当の普遍主義」は「うち」と「そと」とは無関係に、「真理は真理、学問は学問だ」というところにはじめて成り立つものであり、ヒューマニズムもそれと同様、——「人類というのは、隣りの八さん熊さんのことだ」という内村鑑三の言葉が示すように——隣の八さんを同時に人類の一員として見る目だ、と（『集』⑩263ff.）。

これは、現代の〈原型的思考様式〉に対処すべき「思想論」で一再ならずお目にかかった論理であり、したがってはっきり「現代政治の主題」に属している。それは知的共同体の話と直接関わっていないように見えるが、丸山は、これを「「知性の王国」に関係づけていうならば」と称して、「よそ・うち」思考は外来普遍主義と固有土着主義の対立という形で知識人を分断するだけでなく、擬似普遍主義の想定する「模範国」の分裂が普遍主義そのものの分裂をもたらし、知的共同体形成の阻害要因となってきたのであって、それゆえこの悪循環を断ち切ることこそ、普遍主義のブルジョワ的性格よりも「日本の知識人の当面するヨリ切実な課題」だといって憚らない（『集』⑩265f.）。

これは如何にも苦しいいわけのように見えるが、まるでこの疑惑に応えるかのように、この論文の「追記」（一九八二年）で重ねて丸山は、論文の主題は知的共同体の形成・解体であるが、「日本の知識人の思考様式にまつわる歴史的ディレンマ」に触れないならば「知識社会学的考察としても不十分だ」と当初から感じていたので、擬似普遍主義と土着主義の悪循環の問題に説き及んだと記している（『集』⑩267）。これもまた弁解めいた言い草にしか聞こえないが、しかし丸山その人にとって——一九六八〜七七年当時の——「当面する」知識人の課題が普遍主義の貫徹にあったというのはまぎれもない事実である。「擬似普遍主義」と「土着主義」は、現代の〈原型的思考様式〉としての〈現代の欧化主義〉と〈現代の鎖国主義〉であり、この悪循環の克服こそ、丸山が以前から（とりわけ洋行から帰ってきた六三年以降に）積極的に取り組んできた実践的課題であったからだ。

その意味では、日本における普遍主義の問題が丸山の知的共同体「再建」構想にとってアルキメデスの点であった可能性は高い。実際、丸山は論文を構想した当初からこの問題について論じるつもりであった。草稿の一つで丸山は、「さまざまのえせ普遍主義、およびその反動としてのうちわ（ins）の特殊主義的土着文化への里帰り」という悪循環を断ち切って、「日本の知識人が、真の普遍主義の担い手となる途は、この百年前の思想家のテーゼの、永久革命的性格を帯びた実践以外にはありえないであろう」（「日本の知識人（続、未定稿）擬似普遍主義と「自然と文化」草稿」「丸山文庫」［資料番号 271］26）と、まさに実践的に語っているのだ。百年前の思想家とは福澤のことであり、そのテーゼとは、「日本は諸政府をもったが、古来ネーションを形成したことはない」というショッキングな事実認識のうえに立って、「個人の精神的独立の前提のうえにはじめて、ネーションの独立がきずかれる」（同 25）というものだ。(27) この福澤の思想の引証から我々が想起するのは、「日本思想史における「古層」の問題」（一九七九年）で語られたように、「主体的な決断」によって、あらゆる集団の所属ナショナリズムを「一身独立して一国独立す」のナショナリズムに切り替えてゆくこと、「永久革命的課題」としてのパトリオティズムであり、別言すればインターナショナルなナショナリズムであった（III-1-b）。

丸山がこうした「普遍主義」に知的共同体の再建の梃子の役割を期待していたことは、右の福澤を論じた部分の欄外に「知的独立と連帯の恢復」と記していることからも明らかである。ただ、その具体的な実現方法についてははっきりしない。続いて丸山はいう（「日本の知識人　擬似普遍主義と「自然と文化」」「丸山文庫」［資料番号 271］27f.）。

日本では、自然の世界でも人間の世界でも一つのものと他のものとの間の応々反対のもの〔ママ〕とさえ、境界が画然としないで、一方から他方へなだらかに移行する。大きな平野がなく、中央の山岳地帯から海岸線のすぐ近くまで大小の丘陵はつづいているが、そのわりには海面からそそり立つような断崖絶壁はすくなく、陸地はゆるい傾斜をなして、遠浅の海につづいている。晴れた日にも遠くの山々はかすんで、長い尾根と青空とをわかつ稜線はぼんやりとしていることが多い。日本の家屋や室内装飾のなかに自然がそれと目立たぬように侵入していることはよく知られている。

この（ことによればフランス人の読者を意識した）和辻風の叙述から、丸山は、自宅の近くにある「自然文化園」（井の頭公園）を引き合いに出しつつ、日本人は「自然」を愛するのではなくて「自然文化」を愛する民族だといい、さらにこうした「思考様式」のゆえに日本人は異質な文明を鷹揚に受容し、様々な世界観を同居・共存させ、それが異なった思想へと葛藤なく変化してゆくのであり、したがって家・村・職場・郷土といった特殊的なものが感覚的に近い空間にあって、普遍的なものは自我から遠い外の世界にあるという固定観念が日本の地理的位置と民族的同質性に制約されており、「普遍的知識の探究者である知識人の精神の深層は、この点でも非知識人大衆と共通している」と述べている(28)（同 28ff.）。つまり、「原型」ないし「古層」が現代まで続き、大衆ばかりか知識人まで浸潤しているというのである。いいかえれば、知識人もまた〈原型的思考様式〉に冒されており、したがって〈現代的欧化主義〉と〈現代的鎖国主義〉の徒となっている。だが、そういいながら、ここでもそうした知識人を「真の普遍主義」に転向させる方法を示すわけではなく、まして新たな「知的共同体」の像を示唆することもない。ただ、丸山は、「近代日本の知識人」で挙げた三つの例外のうちの明六社とマルクス主義運動のほか、現代の知識人類型のうちの一つである〈物知りインテリ〉にまで、「普遍性」ないし「普遍主義」の要素が大なり小なり存在していることを指摘した（「研究ノート」⑥『岡法』⑯557ff.）。これについても詳しい検討は省くが、丸山が「本店」時代のほとんど唯一の例外であった時事論文においてなお普遍主義の理念を執拗なまでに追求しようとしたことは、ここから十分にうかがうことができるであろう。

第4章——欧化論と教養思想

丸山は、三谷隆正をめぐる座談会（一九六六年）で、倫理問題をめぐる夏目漱石と漱石門下（教養派）との世代間的差異を際立たせた（I-2-b）が、欧化問題に関しても、漱石や森鷗外の「東洋と西洋」をめぐる「ホンモノ」の苦闘[1]、内村鑑三が漱石や鷗外と共有した「日本が異質の文明と接触した時の思想的な苦悶」に言及した（II-1）。あるいは、戦中の家永三郎宛書簡でも漱石と鷗外に「西欧的なものに対する対決の二つの型」があると指摘していた。おそらく、一辺倒に西欧を担ぐことも、日本の伝統に凝り固まることもともに忌避しつつ、なお日本の歩むべき道を模索した漱石と鷗外に[2]、安易な東西融合論に流れない姿勢を見たのであろう。他方で丸山は、維新以来の知識人・学者の〈表層的欧化〉、〈お化粧的なヨーロッパ的教養〉、〈教養主義的インテリ〉の問題性を抉り出した。そこからすれば、欧化論に関して、丸山は、唐木順三と同じく、「教養の世代」よりも「修養の世代」を評価したのではないかと憶測することが許されるかもしれない（丸山は唐木の『現代史への試み』〔一九四九年〕を所蔵していたが、書き込み等はない）。

たとえば、唐木は「近代日本の思想文化」（一九五三年）で、明治の思想家はほとんど「二生相比す」という位置にあって西洋文明の摂取において激しい「葛藤」を経験し、福澤諭吉は国際的な文明と現実的な西洋の国家主義との矛盾に苦しみ、現実家として国の独立を強く説き、また内村にあっては、「二身一体の苦しみ」は「二つのJ」（ジーザスとジャパン）およびキリスト教と進化論の関係の問題であり、彼は「クリスチャン・サムライ」の二身を激烈な戦闘的生涯において統一したとする（『全集』③245f., 248）。福澤は明治二〇年ごろに「天保の老人」といわれた「志士の世代」であり[3]、維新直前に生まれた内村とはおよそ一世代離れているが、それにもかかわらず唐木は二人に共通の地平を見出し、「修養の世代」の葛藤を「明治の先達」にまで拡大した。福澤と内村の二人を引き合いに出すことによって、欧化問題の背後にある教養思想の実践性の欠如ないし伝統喪失性、民衆からの疎隔という問題（唐木もレーヴィットの二階建て論を引証する〔『全集』㉖235f.〕）を炙り出そうとしたのである。唐木はまるで丸山に成り代わるかのように、「明治の一流の思想家にあつては、思想は決して教養のためのものではなかつた。単なる博識が求められたのではなく、あれもこれもの装飾品ではなかつた」と述べている（『全集』③249）。

世代についていえば、丸山から見て「教養の世代」は、直接接触のあった——おおむね親の世代にあたる——「明治・大正人」であった（I-1 註4）。そこには御多分に洩れず世代間ギャップがあったが、しかし親子間の世代的確執は必ずしも遺産の継承を妨げない。既述のように（II-3）、丸山は和辻哲郎にイデオロギー的に反撥を覚えながらも、その学説・方法論や発想を取り入れて思想史を豊穣化し、原型＝古層論を構築する一助となした。だが、原型＝古層論の基底を占めていた欧化論の系譜をたどっていくと、大正教養主義とその思想が学説や理論の継受関係にとどまらない影響を丸山に与えていたという印象を受ける。そこで、我々は、これまで追究してきた、戦後の丸山における「思想」と「学問」の連関を探るという課題からいったん離れて、時代を遡り、教養思想（大正教養主義）と丸山との関係を思想史的に検証する旅に出ることにしよう。その過程でも、「思想」と「学問」の連関が問われることになるはずである。それを踏まえて、戦中と戦後の丸山自身の教養思想を可能な限り再現してみたい。

まず、阿部次郎に即して、大正教養派の原像（自己陶冶と教養思想の伝道）とその欧化論的展開（東西文化融合論）を瞥見し、ついで和辻が阿部の志向を引き継ぎつつ、昭和期にそれを拡大発展させていった過程を戦後まで追究したうえで、和辻に重点を置いて大正教養思想の特徴を剔抉する（第一節）。その特徴のうちいくつかは、和辻と同世代であり、丸山の師にして同僚であった南原繁や田中耕太郎にも見出すことができ、この「法学部教養派」を媒介として大正教養思想は丸山に一定の影響を及ぼしたと考えられる。我々はそこに若き丸山の教養思想を垣間見ることができるであろう（第二節）。最後に、「政治性」もしくはディレッタント的な政治理想をめぐる南原と丸山の確執、そして原型論に繋がる欧化論に関する両者のアンビヴァレントな関係を摘出する（第三節）。

第一節　大正教養主義

a　原点——阿部次郎

大正教養主義が生まれた明治末期から大正初期にかけての時期に、先頭を切って走っていたのは阿部次郎（一八八三～一九五九年）である。阿部は、すでに中学時代に貧富の差を憂慮して「愛は人類最大の道徳なり」と叫び、また労働者の地位を高めるために「高等なる趣味」と「智識」の拡大を説き（『全集』⑫12f.）、「無知の下民に品性修養智識集積の要を悟らしむる」（『全集』⑫17）必要を論じた。山形中学で校長排斥運動をしたため放校処分を受けたが、東京の私立京北中学を経て明治三四年に第一高等学校に入学した。そして『校友会雑誌』で健筆を揮い、「勤倹尚武といふが如き人性の一傾向道徳の一箇条」に絶対的権威を付与するような校風は個性の抑圧、自由の拘束だとして、「内各人をして内心の命令に帰らしめ、外之をして人生の理想に奮進せしむ」ることを校風の理想とし（『全集』⑫29）、「所謂時代の輿論が大胆なる自由思想に加ふる迫害を悲しむや久し」と悲憤慷慨した（『全集』⑫31）。これは、当時の一高のバンカラの気風＝「籠城主義」に対する批判であるが、阿部は帝大生になってからも、反籠城主義の一高生に掩護射撃をし、藤村操が自殺した時にその「煩悶転転」の情に深い理解を示した（『全集』⑫37f.：『全集』⑭119）。「煩悶青年」の引率者のような位置を占めるようになっていったのである。六歳年少の和辻にとって阿部は憧れの的であった(1)。

自己陶冶から教養思想の伝道へ

大正初期以後の「学生文化」としての教養主義にとってバイブルとなったこの阿部次郎の『三太郎の日記』（以下『日記』とする）は、「第一」が大正三年四月、「第二」は大正四年二月に東雲堂から、「第三」（第一、第二を加えて合本とする）は大正七年二月に岩波書店から刊行されており、それぞれ阿部が満三〇、三一、三四歳になる年にあたる。作者はもはやとっくに青年を超えていたが、「自分にとつて興味ある対話の題目は唯自己と自己に属するものとである」（『全集』①31／『合本　三太郎の日記』角川書店〈1950〉24）と嘯き、「自己」をめぐる葛藤、懐疑、利己、享楽、反省、慨嘆、告白、懺悔、傲慢、羨望、名声、軽蔑、愛、自己憐憫、羞恥、露悪、偽善、思い上がり、プライド、エゴイズム、ディレンマ、逸脱、迷い、憧憬等々を満載した『日記』を青少年に提供したのである。だが、同じく「自己」を相手にしていても局面は一様ではなく、変化を孕んでいた。できるだけ簡潔にそのエッセンスを見ておこう。

阿部は『日記』「第一」序文で、主観的な自己をめぐる「少年の厭世主義」から「根強き局面開展」への「転向」を口にしている（『全集』①15／『三太郎』12）が、それは具体的には、「自己の権威」から、自己を充たすものとしての「客観的、形而上的、宇宙的、人類的内容」への、「実在」や「神」や「真理」への、「神と真理と愛」への転轍を意味する（『全集』①183f.／『三太郎』142f.）。自己をめぐる煩悶はここに一筋の光明を見る。「普遍的教養」＝「普遍的内容の獲得」を目指した「自己教養」（『全集』①196／『三太郎』152）である。そして、これを獲得する媒介となるのが、「人生そのもの、宇宙そのもの」を経験させてくれる「宗教、哲学及び芸術」（『全集』①253／『三太郎』197）、古今東西の古典に接して「大家の思想と生涯」を研究すること（『全集』①249／『三太郎』192）、すなわち「読書」である。『日記』の教養思想とは、古今東西の哲学・文芸・聖書等の読書によって自己を豊かにし、「普遍」との繋がりを獲得するべく「自己教養」＝〈自己陶冶〉に努めることであった。

自己教養＝〈自己陶冶〉という発想は『日記』の至る所に登場するが、『日記』以前の阿部はしばしば「自己教養」の代わりに「修養」の語を使った。(2)『日記』にも、「自ら養ふ」(『全集』①375／『三太郎』287)とか「人格の修練」(『全集』①288／『三太郎』222)といった表現のほか、たとえば、自己を「精錬」して自己の中に「規範(道、理想、信仰)」を発見し実行するという目標を立て、如何にしてこの「道」を発見し、自己の内面世界を建設し、「道」を実現できるように自己を「鍛錬」するのかと自問して、努力の焦点を自己の内面に置き、「経験の蓄積と内化と、人格の精錬と強化」以外に自己を善くする道はない、と自答し、しかもこれを「求道者として生きる」と表現する(『全集』①361, 371／『三太郎』277, 284f.)時、「修養」(『全集』①44／『三太郎』34)観念との繫がりを想起させる。教養派といっても、阿部は漱石門下の一人であり、修養の世代から強い影響を受けていた。【補説1】

だが、阿部が「自己教養」ないし「修養」の「師」と崇めたのは漱石個人ではなかった。阿部によれば、現代では、人と人との精神的信頼が内面的に崩れたために、子弟の関係はもはや成り立たない。我々の「師」となり得るのは「古人」とその「書籍」だけであり、「師」をもつとは「一人の人の生涯の著作を通じて、その人の内面的経験に参すること」である(3)(『全集』①465f.／『三太郎』357f.)。無論、一人と限るわけではない。逆に古今東西の古典こそ師である。そこから、阿部は Syntheseist を自称し、そのことを「あれかこれか(Entweder-Oder)」ではなくて「あれもこれも(Sowohl als auch)」と表現した(『全集』①394／『三太郎』303)。

一切の存在の中にその存在の理由を――その固有の価値を認めて悉くこれを生かすこと、個々のものを真正に認識することによつて普遍に到達すること、凡てのものと共に生きて而も自ら徹底して生きること――自分は自ら修養することによつて Sowohl als auch のこの途を進んで行くことができると信じてゐる。

ここからは、ニーチエとトルストイがたがいに批判し合っても、「俺がニイチエとトルストイと両方の弟子であることを妨げない」という破天荒ともいえる発言が飛び出す(『全集』①318／『三太郎』243)。こうしたところを捉えて唐木順三は、教養派を、「一種の享受者、鑑賞家として西洋とともに東洋を、古いものとともに新しいものを、あれもこれもとりいれてゐる態度」、「単なる博識」、「あれもこれもの装飾品」などと酷評した（『全集』③253, 249）。ただし、この評は必ずしも公平とはいえない。阿部は、「自ら修養する」ために「あれもこれも」摂取しようとしたのであり、ニーチェとトルストイの「綜合の核」はあくまで自己の人格・思想にあるのだから、「享受」や「鑑賞」を自己目的としたわけではない。無論、芸術は「実現せられる可き人生」、「理想的本質的人生」の表現（『全集』①384／『三太郎』294f.）であるから、享受や鑑賞を抜きにして学ぶことなどできない（「美的享楽」は「美食」よりも我々の「人格」にとって必要不可欠である〔『人格主義』〈1922〉『全集』⑥275〕）が、古今東西の古典の「あれもこれも」を取り入れようとしたのは、阿部の主観的な意識では、漫然とした享受・鑑賞ないし「享楽」に留まるものではなかった。まして「博識」や「装飾品」としての教養をひけらかす気はなく、「僕は自分の良心にかけて云ふ、僕には「物知り」を誇りとする気は毛頭ない」と語っている（『全集』①274／『三太郎』211）。読書の目的は、単に「珍らしい知識や豊富な記憶や博学の誉」を得ることや「暇潰しの道楽」でなく、とりわけ哲学や文芸の書物を通じてみずからの「体験」と「思索」と「内省」とを結びつけることにあった（『全集』⑥290f.）。

だが、阿部は、内村鑑三やトルストイからの影響もあって、「隣人愛」や「伝道」を論じ、「読書と修業（行法）とのデイレンマ」（『全集』①325／『三太郎』243）に悩んだ。「考察・観想の瞑想」の生活と「事業・実行」の生活の二つ、あるいは人間生活の理想としての「思想」と「実行」のいずれもが必要であり、宗教では「信」は、神から受けた愛を同胞に広める「行」とならなければならない（『全集』①171ff.／『三太郎』132ff.）。「道そのもの〻内容」と考えることができるのは、キリスト教の教えによれば、神への愛と隣人愛であるが、両者は重なり得るのか。学者や芸術家は他者への奉仕の信念をもたないがゆえに、救われないのか。——こう煩悶するが、答は出ず、ただ自己の生活においてこれらの問いに「断案を下した人」の前に跪こうとするのみである（『全集』①375ff.／『三太郎』288f.）。だが、こうした逡巡の中にも、「伝道者」への道を歩む方向はしだいに固まってゆく。

早い時期（明治四三年ごろ）に書かれた草稿「青年の自衛」で阿部は、「自己を反省し、自己を拵上げて行くこと」、「内なる世界を建設すること、内なる人を完くすること」を除いて思想の世界における積極的事業はないとして、「社会を相手にした論文」は書かないつもりだといいながら、「自ら味ひ占めたる世界の味を他人に分与することの外に社会的運動の意義はないと思ふ」として（『全集』⑬345f.）、「求道」の成果を文筆により他者に伝達すること＝「伝道」の意義を否定しなかった。ただ、「第一の任務」はあくまで自己の世界の建設であった（同 347）。しかし、そこからは、「人類を愛するために」、「俺自身の生活を活きて、俺から生れた思想を彼等に送る」という使命が生まれ、「俺は表現の道によつて、俺の生活を尽して之を人類に寄付する」ということになる（『全集』①237f., 241／『三太郎』183, 186）。

かくて阿部は、「自己教養」を追求しつつ、それが同時に社会・他者を「教養すること」になるという方向、すなわち「求道」と「伝道」のジンテーゼを目指し、さらにそれは他者の救済という方向に進んでいく。「自分のこと」と題するエッセイ（初出『思潮』大正六年四月）では、自分の心を占領しているのは依然として「自分の魂の救ひ」だが、しかし「自分の魂を救ふ道」の発見は同時に「他人の魂を救ふ道」の発見であるという（『全集』⑦113）。また、「奉仕と服従」（初出『思潮』大正六年六〜八月）では、「自己に対する奉仕」を出発点として措定しつつ、我々は真に他人や社会に奉仕するためには人々の「普遍的自我」（人格）を喚起し、彼らを助けて「普遍的自我」の道を実現させ、あるいは彼らの「己れ」（欲情と福利）を克服して彼らの「迷蒙」を払拭するようにしてやらなければならず、それこそが最終的に「人類」＝「神」＝「道」への奉仕となる、と説いた（『全集』①444ff.／『三太郎』342ff.）。

『三太郎の日記』を書き続けていくうちに阿部のたどった道筋は（必ずしも時間的推移と重ならないが）こういうものであったと考えられる。最初「普遍的内容の獲得」のための〈自己陶冶〉＝求道を目指したが、同時に隣人愛＝伝道の必要を感じ、両者の要求を満たすために、〈自己陶冶〉＝求道の「表現」そのものが伝道となるという解決策を見出し、ついで〈自己陶冶〉とは別に他者の陶冶（人格形成）を助けたいと思うようになった。

しかし、〈自己陶冶〉の「表現」による他者の陶冶は、そもそも阿部が文筆によって世に出た時から、企図していたことではなかったか。〈自己陶冶〉は本来個人的な事柄であり、他人に語る必要などなく、ただ「日記」に書かれるだけのことである。だが、その日記が公に「表現」されたとたん、それは他者を意識した行為となる（阿部自身、「三太郎の日記は三太郎の日記であつて、その儘に阿部次郎の日記ではない」と断っている〔『全集』①9／『三太郎』二〕）。たしかに、その「表現」自体は、他者への奉仕ではない。むしろ、はじめに「表現」（創造）の欲求ありきというべきかもしれない。だが、いまや阿部は、〈自己陶冶〉を踏まえつつ、他者の陶冶に的を据えた伝道を目指した。それは、〈自己陶冶〉そのものの表現＝伝達から他者の陶冶のための伝道への進展である。いずれも〈教養思想の伝道〉だが、とりわけ後者の伝道こそその名にふさわしい。

阿部の関心が求道から伝道、それも他者の陶冶のための伝道へと傾斜したのは大正六年前後のようである。阿部は、「合本」を出した時の序（大正七年二月二四日付）で、「自分は次第に此の種の告白、若しくは告白めきたる空想及び思索をしてゐる」ことに我慢できなくなってきたことを認めている（『全集』①9／『三太郎』ニ）が、これは求道から伝道への重心の移動と無関係ではない。だが、それよりも右の二つの文章の掲載された雑誌『思潮』の発刊はもっと如実にこの移動を物語っている。

大正六年四月、阿部はみずから主幹として仲間（和辻、安倍能成、石原謙、小宮豊隆）とともに『思潮』を立ち上げた。知識集団としての「教養派」の成立宣言である。[4] それは〈教養思想の伝道〉の機関の発足であった。発刊にあたって阿部は、我々は、優れた文明を建設し、豊かな生活を展開するための基礎を築くために、「狭隘なる国粋主義」と「徹底せる理解と批評を欠ける外国模倣」の誤謬に対抗して、祖国とともに世界のこと、「自家のこと」とともに「他人のこと」について、博大かつ深遠な興味と同情と理解をもたなければならず、また多くの知識を提供するだけでなく、その知識を「味解」し、それを読者に「伝へる」ことによって読者の「生活形成」に貢献するという使命を達成すべく、「自己の修養と努力」を怠らないようにする、と宣言した（『全集』⑦108f.：『全集』⑬385f.）。

ここでは自己のみならず「他人」への同情と理解を前提として、知識とその解釈の読者への「伝達」を目標とし、そのための「修養」が語られている。まさに〈教養思想の伝道〉である。

ここには政府や保守派の欧化論に対する批判が登場しているが、雑誌が二年後の大正八年一月に終刊を余儀なくされた際にも阿部は、「愛国を装ふ危険思想」（侵略的帝国主義・利己的国家至上主義の残党）を撃破しなければ、日本は「文化の大道」を堂々と闊歩することができないと表明している。ただ、こうした利己主義と戦うにはいまだ「自分の中にある利己主義の処分」がきわめて曖昧で、現実に対する知識がひどく貧弱であり、それを支える「宗教的哲学的信念」も曖昧であることを痛感し、「新しき文化」を根底から建設しようとする事業のために労苦を求めて、「自ら養はむとする」のだと語っている（『全集』⑦246f.）。国家的「利己主義」という敵に対して新しい文化を建設するという目標のためには、かえって〈自己陶冶〉が必要だというのである。元の木阿弥の観があるが、しかしここから「人格主義」への道は遠くなかった。

『思潮』の創刊は、大正四年春に阿部が企画し、安倍および上野直昭とともに編集した「哲学叢書」全一二篇の趣旨を雑誌の形で継続するためであった（『全集』⑬385）が、阿部自身はこの叢書の第六篇として大正五年にテオドール・リップスの『倫理学の根本問題』の「縮訳」を上梓し（大正五年）（翌年第九篇として同じくリップスに拠る『美学』を刊行）、さらに一般読者を念頭に置いてリップスの思想を補説して、人格主義を「宣伝《プロパガンダ》」（『全集』⑥331）するために、満洲・朝鮮の満鉄読書会（大正九年春）で講演を行い、その講演集『人格主義の思潮』（大正一〇年）と、同趣旨で新聞雑誌に載せた論文集『人格主義』（大正一一年）の公刊によって、「人格主義」の幟を高々と掲げるに至った（『全集』⑥7f.）。「人格主義」は、他者の陶冶＝〈教養思想の伝道〉を目指すものであったが、そこには政治的、社会的な要素が盛り込まれていた。満洲・朝鮮の講演旅行は吉野作造の勧めによるものであり（『全集』⑭280, 281, 285）、また阿部は吉野から、彼の主宰する黎明会（大正七年一二月創設）への参加を勧誘されて入会している（大正八年六月）（同 286, 287）。人格主義の教養思想の重心は、個人の陶冶から「政治的」、「社会的」色彩を帯びた「新しき文化」の構築という方向に推移していったのである。

「人格主義」の詳しい内容は省略し、一部だけ紹介しておく。阿部によれば、人格の自由と愛を根本原理とする理想社会を準備するための制度は、専制主義とも貴族主義とも相容れず、「デモクラティック」でなければならない（『全集』⑥118）。ただし、この人格主義のデモクラシーは、「輿論もしくは多数決」という「変形せる専制主義」の制度ではなく、万人が「良心」に従って生活することを保障され、自己の人格を育て、伸ばす機会をそれぞれの「才能」に応じて与えられる社会、万人を「自由な人格を持つ者」として平等に扱う社会である（『全集』⑥118f.：『全集』⑥410f.）。多数者専制の拒否は「教養の特権」の承認となる。理想社会のデモクラシーは、「高きものに対する敬愛の情」、ニーチェのいう「距離の感情《ディスタンツゲヒュール》」を要求する。そこでは、「価値の優れた人格」は「価値の低い人格」を導くべき義務を負う。それは「賤民の放恣なるデモクラシー」の反対物である（『全集』⑥120：『全集』⑦281）。社会生活では「分担」として他者への命令が必要となり、「人間らしく」服従させるためには「道徳的の貴族」＝「君主人」でなければならない（『全集』⑥407）。しかし、それはインテリの自己正当化に繋がる。阿部は、「インテリゲンチアの一人」として精神労働に生きることは「自分のやうな天分と使命を与へられた者にとつて、少しもやましい処がない」と豪語した（『全集』⑦101）。絵に描いたような「教養貴族的」イデオロギーである。[5]

労働問題・社会問題についての発言についてもごく一部だけ見ておこう。阿部は、経済問題あるいは階級闘争の解決策が、人格としての生活の最低限（生存権）の保障、財産の公共性の観念、労働の「享楽化、芸術化、人格化」、贅沢心の抑制と生活の単純化にあるとする（『全集』⑥58ff.）ばかりか、みずから「精神的労働者」として、「自分の素質と精神とに最もふさはしき精神的価値創造の方向の分担」を通じて労働運動に参加する意思を表明する（『全集』⑥305f.：『全集』⑦100）。「愛」と「正義」の理念の実現を展望して、労働者の堕落、階級闘争の利己主義を打破するための論陣を張る、というのである。『北郊雑記』（大正一一年）所収の「ブールジョア」（『全集』⑦98ff.）の草稿にはこうある。プロレタリアに向かって「隣人に対する愛」、「自然の美に対する感覚」を貧困の中でも維持せよと勧説するのは、「彼等に対する愛」である。私のような「精神的労働者」は物質で隣人を助ける余裕はなく、わずかにもっている「霊魂の平和を人に伝へる」のが、私のような者に許された「殆ど唯一の愛人の途」である、と（『全集』⑬408)。これまた掛値なしの（あまりにも率直な）「教養貴族的」思想である。

阿部の教養思想は、反抗＝自我と「愛」の自覚に始まって「自己教養」に進み、そこから他者の陶冶の必要を感じとることによって、利己主義の克服を説く「坊主の説教」（『全集』⑦223, 231)、つまり「社会性」を帯びた〈教養思想の伝道〉となった。人格主義は、「理屈」と素朴な「教養貴族」意識に基づいており、――リップスに依拠して「合目的性（Zweckmässigkeit)」と現実配慮を認めることでリアリズムを肯定している[6]（『全集』⑥38f.）とはいえ――総じていえば理想主義の範囲を出なかった。

【補説1】明治末から大正にかけて、「修養」と「教養」の語は互換的であった。筒井清忠（『日本型「教養」の運命』岩波書店〈1995〉3, 19, 37, 84f.）は、「教養主義」は、武士道的エリート主義から学歴エリートへと展開した旧制高校生の中核的文化であり、「修養主義」は明治三〇～四〇年代に修養運動として展開された大衆文化の中核であるが、いずれも「人格の向上」を目指しており、「教養」理念は「修養」観念に包摂される一ケースであるとして、唐木順三の「明治の修養主義から大正の教養主義へ」という類型的な変動図式を批判し、竹内洋（『教養主義の没落』中公新書〈2003〉179f.）も、教養派の「教養」は「ハイカラ」であったが、明治末期から登場した修養運動と同じような「刻苦勉励的」要素が含まれていたとする（なお竹内『教養派知識人の運命』筑摩書房〈2018〉373参照)。ちなみに。漱石は、文学青年には「充分なる修養」（「高くして且つ博い見識」を養うこと、「多くの経験」、「精緻な観察」、「深い学問」、「博く学問をすること」）が必要だとし（「文学者たる可き青年」〈1906〉『全集』㉞104)、「中学生は教育を受けて最も立派な人間に成り得る修養をつむに最も幸福な重大な時期にあるのです」（講演「無題」〈1911〉『全集』㉟155）と語っていたが、「私の個人主義」（大正四年）で「人格の修養」をテーマにするに至った（『全集』㉑156)。「修養」観念は元来儒教に由来している。丸山によれば、朱子学では「個」が「本念の性」と「気質の性」に分裂していたが、これは聖人と普通の人間との違いであり、本念の性に帰るために「修養」すべきだとされた。そういう儒教の考え方を通じて日本では「修養とは克己」だとされた（「丸山眞男先生を囲む会」上〈1993〉『手帖』㊶23f.)。ただし、これより前に丸山はこういっている。徳川時代の心学などで、「本心に帰る」、「本然の性に帰る」ようにすることが教育だと考えられたが、これが「個人の修養」ということになってゆき、白樺派にある「社会性」を欠いた「個性」の発想に繋がっていくが、他方で儒教には職分観念（分限思想）があって、これは忠良なる臣民の系列に発展していった、と（「教育の本質」〈1959〉『続話文』①428f.）。

教養思想の条件――文筆家から教授へ

阿部次郎はいったい何者であったのか。竹内洋は、明治の末に師の大塚保治（東京帝大美学教授）が「阿部君は堕落しましたねえ」といっていたというエピソードを引いて、これは阿部がジャーナリズムで雑文を書きすぎだという非難であるが、この時期（大正三年ごろ）に「美学」の本を書こうとしていた阿部にとっては美学こそ、丸山のいう「本店」であり、新聞雑誌の論稿は「夜店」であったと評している（『教養派知識人の運命』172f.）。だが、その生涯の業績から見ると、阿部は東北帝国大学の美学教授職を二十有余年務めたけれども、「本店」よりもむしろ「夜店」の方で活躍した「文筆家」ではなかったか。

阿部の「創造」の意欲は強かった。晩年の随筆集『残照』（昭和二四年）の自序で、自分は元来「表現の動機」は旺盛で、つねにいいたいことがあり、いってきたけれども、他人の同感・共感を得たいと思う「伝達の欲望」はあまり強くなかったとしている（『全集』⑪9f.）。だが、はたして「表現の動機」と「伝達の欲望」を完全に分離できるのであろうか。既述のように、『日記』で「俺は表現の道によつて、俺の生活を尽して之を人類に寄付する」として、求道の「表現」により「伝道」を行おうとしたが、これが「伝達の衝動」でなくて何であろう。

それはともかく、阿部の創造の大部分は、ゲーテその他の西洋思想の研究・解説・翻訳のほか、「趣味」から発した日本文化研究や外遊印象記、時代の状況に反応した「政治的、社会的」評論、あるいは「軽い用意と気楽な筆とを以て書き流した閑談」（『全集』⑬151）に属する――『北郊雑記』、『秋窓記』、『残照』等に収められた――私生活の日常些事や個人的な感懐に関わる「断簡零墨」（『全集』⑪10）であり、これらを括る職業といえば、「文筆家」ということになる（以下詳細は竹内『教養派知識人の運命』195ff. を参照されたい）。

阿部は大正二年四月に、「真正に生きること」と「食ふ為に働くこと」の、つまり「創造の要求」と「金銭」との葛藤について語り、「生きる為の職業は魂の生活と一致するものを選ぶこと」を第一とし、さもなければ「全然魂と関係のないこと」を選んで職業の量を極小に制限することが賢明であり、「魂を弄び、魂を汚し、魂を売り、魂を堕落させる職業はもっとも恐ろしい」と語っている。恐ろしい職業とは「牧師」、「教育家」、「通俗小説家」である（『全集』①99ff.／『三太郎』79ff.）。自筆年譜の大学卒業（明治四〇年七月）の項には、「在学中常に学資に窮し、或ひは家庭教師となり、或ひは僅かの原稿料によりてしばらく生活をつなぐ」とある（『全集』⑰520）が、卒業後もしばらく無職で、アルバイト（書道団体「斯華会《このはなかい》」の会誌編集）と新聞・雑誌の原稿料で家族を養いつつ、明治四四年読売新聞客員のほか、大正二年慶應義塾大学講師、大正六年日本女子大学校講師を兼務するに至っている。これらは今日いう非常勤講師にあたり、通例の職業別でいえば、やはり「文筆業」である。「文士生活」と題する未発表のエッセイでは、深く考えないうちに世間から「半分文士」になりかけだとみなされるようになったが、それは、卒業後もろくな職業がないながら、何か書くと多少の金になり、友人のコネで新聞雑誌から原稿依頼があるからであり、これまでの文章は九割がた書く必要のないものであって、もっと内部から発する原稿を書きたい、と告白している（『全集』⑬355）。

ところが、阿部は満三二歳になったばかりの大正四年一二月二日の日記に、「四十になるまでの事を考へる」としてこう記している（『全集』⑭135f.）。

一、四十になるまでは出家又は伝道者となる事を予感せざること――故にその間の問題は自分の修養のことと経済の基礎を固めることを主とすべきこと。／二、その間社会と接触する方面は教育者若くは批評家たるべし、（岩波から出る雑誌の主幹となること）／三、貯金と保険を恥とせざること、／四、五年の間に西洋文明史の概観を得るやうにすること（慶應の講義）、／五、［略］／六、千円の貯金が出来るまで片手間に翻訳をして、それが出来たら日本美術史（九鬼への良心の負債）にその時間を向けること、／七、学者になるか、出家になるか、伝道者になるか、一生の仕事は四十以後に定めて可なり。

当面、「学者」、「出家」ないし「伝道者」になりそうにないので、「自分の修養」にこだわって生きていくつもりだが、四〇歳まではモラトリアムで（「魂」を売るような）「教育者」（慶應の美学講師）と「批評家」を続けていくというのである。「出家」、「伝道者」とは、おそらく「社会的」使命を自覚した文筆活動や講演等、他者の陶冶の「伝道」にあたるのであろう。だが、「学者」の見込みについてはものみごとに「予感」が的中した。大正一〇年三月一六日の日記には「京都の田邊［元］より来書、東北大学美学講座担当のことにつきて内報あり」と記し（『全集』⑭395）、二カ月後の五月二八日には「東北大学行承諾の手紙」を認めた（『全集』⑭403）とあるが、正式発令は大正一二年一〇月二七日、右の日記の八年後のまさに満四〇歳の時であった。(7)

もっとも、大正四年の「予感」はある意味で余裕の現れであった。「教育者」と「批評家」として八年先まで現状のままの生活を続けるもくろみがあったからである。阿部はかつて生活苦に煩わされない純粋な文士を目指したが、大正四年の時点で、原稿料だけでなく、『日記』「第一」、「第二」、『阿部次郎論集』（新潮社）のほか、いくつかの翻訳書による印税収入があった。実は、大正四年の日記文の本当の狙いは「経済の基礎」を固める算段にあり、前掲文に続いて、翌年一月と二月の収支の予想表を書いていた（『全集』⑭136f.）。内容は省くが、収入の予定は当時四人の家族を養うのに十分な生計費であったと推測される額である。

阿部は大正一三年三月に仙台に移り、翌年一月に家を新築したが、昭和五年九月には那須に別荘地を購入し、九月三〇日の日記にこう書いている。別荘地を買うのに借金をしたので三年間は一定額を稼ぎ出すために計画を立てなければならない。大学卒業前後はひどく金に困っていたが、「月末の勘定」さえ合えば、とくに問題はなく、家庭をもってからもこの「無頓着」は続き、「必要な金策以上に金の苦労を知らずに貧に処して来た」。そのうち本が売れ出して必要以上に金が入ってきた。別に贅沢をしたくもなかったから、予算なしに使いたいだけ使っても金が余り、しだいに貯まってきたので、現在の家や土地、骨董を買うことができた。「この苦労を知らぬ時期がほゞ去年の秋まで続いた」。だが、不景気で本は売れなくなるし、学校での仕事を主とし、またくよくよ悩む癖が増長して、新しい原稿は書けなくなる一方、生活に自然に贅沢が侵入してきた。その結果、来春別荘が建つと、残金がなくなり、その後三年間一五〇〇円ずつ償却し、しかも家庭の不時の用に備えるための金を稼ぎ出さなければならなくなった。かつてない経験である。「さうして世間の不景気と年齢に伴ふ Unproduktivität を勘定に入れるとこれは当分自分にとつて相当の重荷となるであらう」。「併しそれもよからう！　金をとるために働け！」「始めて知る金の苦労がもう一練り人間を練る力となるまいものでもない」（『全集』⑭571f.: cf. 竹内『教養派知識人の運命』285f.）。

だが、これ以後の Unproduktivität（寡作）は、少なくとも学術研究について否定すべくもない。その原因は色々推測できる。一つは「美学」という専攻にあったと思われるが[8]、おそらくそれよりも、阿部が初期の「西洋文化」への傾倒によって〈自己陶冶〉を中核とする教養思想を育み、〈教養思想の伝道〉に歩を進め、「人格主義」によって社会的、政治的な領域に踏み込み、さらにその後、「日本文化」と「西洋文化」の融合による普遍性の獲得の必要性を強く感じるようになりながらも、はかばかしい成果を挙げることができなかったという事情を考慮に入れなければならないであろう。

阿部は「日本と親しくなつた話」（昭和八年）で来し方を振り返り、こう語っている。私は、子供のころに受けた教育の「外硬内空な愛国主義」のために愛国心の順調な発展を妨げられ、しらずしらず日本文化の軽視、「外国崇拝」に陥った。その後、理論的に普遍主義や外国文化摂取による世界文化創造を構想したが、理論的問題を解決しても、日本への愛や親しみは生まれなかった。私は、東北の田舎に育ったためあまり日本文化に接触できず、大学時代にようやく日本の「芸術」（義太夫、旧劇、奈良朝前後の仏教芸術）に触れて日本にも「愛すべきものや尊崇すべきもの」があることを教わったが、しかしこの「愛」はいわば「心やすだての友達付合ひ」にすぎず、いまだ「教養の意志と使命の自覚」に結びつかなかった。ところが、ヨーロッパ留学（大正一一～一二年）により、彼我の違いを実感するに至り、日本についての無知、日本文化の体得の努力の懈怠、「人間形成の養分」としての日本文化尊重の欠如を反省し、帰朝の船中で私は、日本文化は欧米人を含めた「人類の幸福」のために不可欠であり、これを維持発展させ、宣揚し、「世界的融合」の重要な契機として成熟させることが我々の義務であると感じた。この「世界的使命」に堪えられる日本の育成のために「日本をいかにすべきか」という問題を考えようと決意した。私の本来の責務である「普遍人間的原理の問題」を完全に果たすためにも、日本文化に関心をもち、活力の源泉を日本への愛と使命から汲み出し、「自分の体得し得たものを日本に――日本を通して世界に――寄与すること」を願った、と（『全集』⑩11ff.）。

ところが、日本文化研究は遅々として進捗しなかった。阿部は昭和九年に『世界文化と日本文化』を上梓し、その序にいう（以下『全集』⑨7ff.）。東北帝大教授に就任以来十年間に『徳川時代の芸術と社会』（昭和六年）と『游欧雑記』（昭和八年）の二著を世に問うたが、いずれも学術界への責務からすれば「道草」にすぎず、本書の、日本詩歌に関する三篇を除く五篇のみがこの十年間の「研究成績」である。残り五篇の論文も内発的な研究の成果ではなく、「外面的強制」によるもの（注文原稿？）であることを「恥」と感じている。また、『徳川時代の芸術と社会』に付した「補遺」でも阿部は、この「補遺」が「日本文学の専門学者を刺激するという効用」をもつということだけが、「本職の余暇にするこの素人の（しかしまじめな）仕事」が頼みとするところであり、「日本に生れた一人の男子」として「趣味もしくは教養のために読んできたもの」は徳川時代の文芸に限らないが、少しでも先人の糟粕以上に出て、思いつきに終わらないような自分自身の言葉を語ろうとすれば、「現在の自分にはこの時代以外については全然自信がない」と告白している【補説2】（『全集』⑧161f.）。

いったいに阿部は「懺悔の名人」であった（cf.『全集』⑧161f.：『全集』⑨391：『全集』⑪259）が、河合榮治郎の「学生叢書」第七巻に寄せた「研究生活の内的障礙」（昭和一四年）でもいう（以下『全集』⑩508ff.）。自分は、学術的研究の出発点にあたって、テーマに含まれる「客観的要求」と「私自身の底から求めているもの」との不整合に悩み、そのため「顕著な研究結果」が挙げられなかった。したがって、私の研究回顧は、なぜ「碌な研究」ができなかったのかという懺悔になる。研究者にとって「致命的な恥さらし」をあえて行うのは、それが後進の諸君に教訓になるからである。少年時代以来今日まで私の関心の的はつねに「いかに生くべきか」という問題にあり、研究や認識はすべてそこに収斂し、トルストイ、ニーチェ、ダンテ、ゲーテ等の生涯と作品が研究テーマとなっていったが、トルストイについては一篇の論文も書かず、ダンテについては二、三の小論文をものしただけで、ニーチェはまだ研究し続けているが、ずっと研究してこれからも完成を目指すのはゲーテである。しかし、これについても性急な「体験の共鳴」を求める余り、まだ十分な研究成果を挙げていない。「私の専門とすべき義務を負ふ美学」についてここで語ることは「遠慮」する。私が近来自分の研究テーマに加えてきているのは「日本文化」である。その動機の一面は、ゲーテ等と同じく、日本文化を理解して「自らを教育する」ためだが、もう一つは、「日本に働きかけむと欲する」ことである。この分野では芭蕉の俳諧研究を挙げることができるが、しかし結局、日本詩歌の分野では「素人芸以上の研究成果」を挙げられなかった、と。

こうした赤裸々な懺悔や告白は、和辻の（少なくとも学術論文・著書の数のうえでの）「成功」と好一対をなすかもしれない。阿部は、〈自己陶冶〉の「表現」から始まって〈教養思想の伝道〉へと進み、文筆家としても成功したかに見えた（またそれだけの収入を得た）。しかし、そこから先の、〈自己陶冶〉の深化と東西文化融合の展望を胸に抱いた日本文化の探究において挫折した。阿部は昭和七年に「人類的文化の融合」の可能性について語り（『全集』⑨263ff.）、上掲の「日本と親しくなつた話」（昭和八年）では、「民族主義」の「真実」は認めるに吝かではないが、世界的パースペクティヴの欠如は日本を破滅に陥れる危険があるとして、「右翼のファッショ」に「世界と人類に対する愛」の観点から批判を投げかけつつ、こと国内と東洋の問題に関する限り、ファッショに「多くの同感」をもつことを認めている。そこから引き出された、現在の日本が果たすべき「世界的使命」は、第一に「日本的にプロレタリア解放の問題を解決して範を世界に示すこと」、第二に「現在の英米中心世界秩序の下に不幸なる存在を続けている東洋諸国の解放を指導すること」、第三にこれらの努力の基礎として「東洋的伝統の十分な顧慮の下に世界文化の問題に向つて進むこと」であった（『全集』⑩8, 22）。

このような志向は、後で見るように、大正期および昭和期の和辻とそれほど異ならなかったが、和辻が、『思潮』に取って代わった『思想』の編集を担当し、日本の文化や倫理思想について成果を挙げていったのに対して、阿部は、帰朝以来「「道楽」と自称しつゝその実次第に真剣に日本文化の研究」に取り組もうとしながら（『全集』⑩21）、「日本に働きかけむ」とするための実績の方はほとんど挙がらず、ただゲーテや芭蕉につき、「自らを教育する」ための思想を示そうとし続けた。阿部は、河合が昭和一二年から一六年にかけて編集した「学生叢書」全一二巻のうち八巻に論文を寄稿したが、そのうち第二巻において、かつては必ずしも「教養」の言葉で語られなかった思想を「教養の問題」（昭和一二年）として真正面から扱うことによって、「自己教養」という初期以来の〈教養思想の伝道〉に対する衰えぬ熱意を示した。

【補説2】『徳川時代の芸術と社会』自序で阿部は、この本の目的が第一に「現代生活に最も親密に喰ひ入つてゐる近き過去を清算して、将来の日本文化を築造する事業」に貢献し、第二に「私の人格主義的見地」の働きを示すことにあるが、第一の任務の基準は人格主義にあるから、結局、この本は「未来に対する意志を持つ者の、人格主義的見地に立つて書いた歴史」であり、同時に「人格主義自身の広さと細かさと深さとの検討」であり、帰朝の際に誓った「日本をいかにすべきか」という課題を果たす一環だとしている（『全集』⑧9）。ところが、この本の過半は遊里・色道の芸術の分析にあてられ、阿部は、たとえば浮世絵がヨーロッパの芸術のような「erhebend（高める力のある）」ものではないと評し（『全集』⑧27, 454）、「恋愛による性欲生活の倫理化」とその「美化」という観点から、遊郭における「性欲生活の美化」を断罪し、徳川時代の男女関係を規律した「嗣を立つるのみ」という教えをトルストイの「絶対貞潔」の教えにより批判し（同 55, 157）、結論部では、「私の大観は、引導を渡す目的のための大観だつた。私は初めから引導を渡すためにこゝに来たのだつた」とする（同 460）。いわば反面教師の研究であった。みずからいうに、この研究により明らかになったのは、徳川時代の芸術研究が、現代の混乱を抜け出て前代の回顧に美しい夢を結ぼうとする道楽であってもならないし、また現代に徳川時代を復活させようとするものであってもならない、ということであった（同 462）。丸山流にいえば、これは日本芸術の「病理現象」に関する歴史研究であり、「人格主義」の実現に資するにはそれだけでは不十分であった。だが、この作品には一部に高い評価があるようだ（竹内『教養派知識人の運命』298）。なお、丸山は講義で、江戸時代の芸術の末梢における様式化と形式的洗練を論じた際、阿部がドイツ婦人から浮世絵が「心をなごませるが高揚はさせない（nicht erbebend, sondern anmutend）といわれた」とする箇所を引用している（『講義』⑥175）。ただし、これはドイツ婦人の感想ではなく、阿部の意見である（『全集』⑧27, 454）。講義録では書名が『江戸時代の芸術と社会』となっており、また erbebend は erhebend の誤植である。

b　和辻哲郎の欧化論

敗戦前の和辻哲郎と丸山の学問的接点はごく限られている。直接的な接触は、丸山が学生時代に和辻の倫理学の講義を自主的に聴講し[9]、助手になってからは南原繁の命により倫理思想史の講義を聴いたことしか知られていない。とはいえ、丸山は、和辻から様々な学説上の刺激を受け、とりわけ原型＝古層論の構築にあたっては和辻の風土論や日本文化の「重畳性」という視角を継承した。だが、ここでは、学説・理論の具体的内容の継承関係ではなく、最終的に丸山にとって克服すべき敵となった〈原型的思考様式〉の一部である〈現代の欧化主義〉の淵源を大正教養思想の欧化論に探ることにしたい。阿部次郎は、古今東西の古典による自己陶冶という教養思想を定礎したけれども、実際には西洋思想の翻訳・紹介を中心とした研究にほぼ終始し、日本文化の本格的探究に進むことができなかったために、東西文化の融合はスローガンにとどまった。それに対して、和辻は、一方で自己陶冶の思想から遠ざかりながら、他方で東西文化の融合という王道を歩み続けた。そこで、以下では、阿部に見られた、欧化論以外の要素も踏まえつつ、和辻の欧化論を教養思想と絡めて考察したい。

西洋の真正な文化と政治的経済的科学的文化

和辻哲郎は最初期の作品『ゼエレン・キエルケゴオル』（大正四年）の序で、日本はいまだ真に日本的なものを「予感する」のみで、それが何であるかを知らないとしつつ、いま眼前に栄華をほしいままにしているのは「悪しき西洋文明と貧弱な日本文明との混血児」であるけれども、西洋文明を拒絶することによってではなく、「偉大な西洋文明」を真髄まで吸収し尽くした後に、はじめて「真に高貴な日本的がその内に現はれるではないだらうか」という期待を洩らした（『全集』①411／『ゼエレン・キエルケゴオル』内田老鶴圃〈1915〉自序6）。これは、昭和期に至るまで保持された東西問題・欧化問題に対する和辻の基本姿勢を表しているようであるが、問題は、若き和辻にとって「悪しき西洋文明」、「貧弱な日本文明」、「偉大な西洋文明」とはどのようなものであったのか、あるいは「真に高貴な日本的」は如何なる形で発見されることになったのか、というところにある。

大正五年に雑誌『新小説』に発表した「文化と文化史と歴史小説」の冒頭、和辻は、目下哲学界で流行のテーマとなっている、経験的事実に対する自然科学的見方と歴史学的ないし文化学的見方との区別に言及し、それが文芸界にも思想界にも十分に浸透していないのは「真の文化」に対する無理解に由来するとして、一方で自然科学とその応用の発達、つまり化学工業の勃興、貿易の隆盛、軍備の盛大を文化の「増進」と見る考え方、他方で日本魂《やまとだましい》と日本史によって日本文化を世界最高のものとして見ようとする潮流を槍玉に挙げる。前者は一民族の「主我的欲求」や「排他的な矜持」を動機として国運伸張、富国強兵を唱える方向であり、後者は忠孝を日本特有の道徳として誇示する「国民道徳の主張」や、『古事記』から日本人の生活規範を探し出そうとする人々である。この二つの敵に和辻が対置するのは、文化とは「人類」がより高い精神生活の構築を目指す道程だと見る立場である。「真の文化」を顧慮しない民族の経済的努力は、「精神の教養」を顧慮しない個人の金儲けの努力と同断であり、忠孝を日本特有の道徳とする者が担ぐ外形的な「型」は具体的な「生」に触れ得ず、『古事記』から得た抽象的概念で現在の生活を規律しようとする者は、民族の虚栄と物質的膨張欲に阿諛するにすぎない、というのである（『全集』㉑

89ff.／『全集』⑰233ff.)。

要するに、「真の文化」を構築するために立ち向かうべき相手は、西洋から輸入した物質文化によって国家の繁栄を推進しようとする維新以来の富国強兵論と、日本文化を至上のものとして忠君愛国を唱道する国民道徳論（穂積八束や井上哲次郎）や本居宣長の系譜を引く「古神道」の主唱者（おそらく筧克彦〔cf.「本居宣長の神道的情熱」〈1917〉『全集』㉑209ff.〕）であり、[10]この二者の結託こそ、あの「悪しき西洋文明と貧弱な日本文明との混血児」であった。同じころ『思潮』に載った「近事二、三」（大正六年）で和辻は、日本はいまよりもっと根本的に世界文化の影響を受けるべきだという立場から、徳川時代の忠孝を現代に説く国民道徳論者[11]に対して「真の道徳」である「自律的な道徳」を突きつけ、またこの種の伝統主義の掩護者として、古神道を「万邦の精華」と誇称して日本文化の優越を「国体の無比」によって証明しようとする学者にまたもや筆誅を加えた。結論はこうである。文化内容なき伝統の謳歌は結局、盲目的愛国主義に媚びる、「国家的利己主義」の唱道にすぎず、「真に意義ある教養」を国民に与えるために「高貴な人類の文化」を摂取すべきである（『全集』㉑302ff.)。

「日本は何を誇るか」（大正五年）でも和辻は、日本民族は四、五〇年の努力でやっと一人前になったとはいえ、まだ優秀の域に達しておらず、一方で「自然の征服」についてもっと「自然科学的あるいは経済的発展」のために努力すべきだという声が聞こえ、他方では「精神生活」について、「古代文化の教養」を結実させるにせよ、「新来の文化の精髄」を体得するにせよ、「真の文化」のために努力すべきだという要求が出てきているとする。そして、日本は「政治的軍備的経済的勃興」につきヨーロッパ諸国に劣っているのに、日本を誇る多くの者はこの劣位を認めようとしないと断罪するとともに、日本文化がインドとシナの文化により育成されながら、それらの文化を十分に咀嚼できなかったことを遺憾とし、我々は「西欧の真正な文化」によって自己を培うべきであって、「希臘や希伯来《ヘブライ》や基督教などの文化を精神上の祖先とするに何の恥づべき所をも知らない」と断じる。和辻にいわせると、憂うべきは、西欧文化の表面に現れた「浅薄な政治的経済的科学的文化」によって我々の精神が腐蝕されることだけであった（『全集』⑰270ff.／『偶像再興』岩波書店〈1919〉421ff.）。ここで「古代文化の教養」の結実と「新来の文化の精髄」の体得が「真の文化」の標的として挙がっているのは、キルケゴール論自序の展開と見てよいが、それは同時に東西の差異を超えた人類普遍の地平への展望を示唆する。我々は、西欧文化の偉人のうち、時代の潮流に逆行し時代の文化を痛罵したような人々にこそ「真正の文化」の進展を見出し、「人類の宝たる高貴な事業に対しては民族的差異の如何を問はず、常に謙虚な心を以て跪く」というのであるから。

普遍的な「真の文化」を求めようとする姿勢は和辻の強い芸術志向の表れであるが、その「敵」として措定された富国強兵論と国民道徳論・国体論は、丸山のいう〈テクノロジー開国、イデオロギー鎖国〉を内蔵していた。[12] 富国強兵論批判は〈テクノロジー開国〉批判に通じる。和辻は、第一次大戦が国家的利己主義、あるいは一般に一九世紀後半以降活発化した「物質的欲望」のなせるわざであると捉え、その真因が自然科学の発達と「人間の自然的性質（欲望）の開放」を惹起した文芸復興期にあるという見解を披露する（『全集』㉑132：『全集』㉑183）。ルネサンスのヤヌスを引き裂いて、精神＝個性と文化科学の立場から自然＝欲望と自然の征服としての自然科学・技術を消極的に評価したのである。他方、キリスト教は〈イデオロギー鎖国〉の対象＝異端の代表であったが、和辻は一高時代に『校友会雑誌』で、「われは限りなき「神の愛」を思う」とか、「新渡戸先生が与えられし霊的興奮」を想起し、「籠城主義は新渡戸先生のソシアリティを迎えて狼狽措く所を知らず」と語っていた（『全集』⑳41f., 51：cf『全集』⑱451ff.）。そして、「内村先生は米国にキリスト教はないといわれた」として教会の権威を否定するとともに、「綱島［梁川］先生の「神を感ずる」といわれた事」に理解を示し、トルストイの人類の宗教に対して「個性の宗教」を論じ（『全集』⑳138f., 146）、後には、国民としての義務とキリスト教の神の信仰は両立し得ると説いた（「危険思想を排す」〈1919〉『全集』㉒146）。

キリスト教と並ぶもう一方の異端の代表である社会主義に関していえば、少年期に『平民新聞』を購読した経験があったとはいえ、青年・和辻にとって社会主義や労働運動は、物質主義の資本主義と同じく「我欲」に駆られたものであり、無産階級がたとえ資本家階級を倒しても、「人類の高貴な文化生活」を破壊する社会的混乱を招くはめになると考えた[13]（「天才性の覚醒」〈1919〉『全集』㉒174f.）。阿部次郎と同じである。とはいえ、阿部が筆禍を被った森戸辰男を擁護したように、和辻にも異端排除の発想はなかった。「ギリシア人の特性と日本文化」（大正九年）では、日本では、古代にギリシャ精神が乏しかったために合理的精神や「自由」の欠如が生じ、「自由の愛」の乏しさのために国民は奴隷化して、個性の解放が不可能になり、科学は自由討議を許されず、芸術は為政者の偏見に束縛され、政治は自治の伝統ではなく、「警察政治と盲従」の伝統を作ったとする（『全集』㉒240ff.）。昭和期にも和辻は、科学的社会主義をしりぞけつつも、共同体的な社会主義を肯定し[14]（「普遍的道徳と国民的道徳」〈1937〉『全集』㉓174f.）、また津田事件の弁護に見られるように、蓑田胸喜等に触発された異端狩りに反撥した。[15]

では、はたして「真に高貴な日本的」は首尾よく発見されたのであろうか。阿部とまったく同様に、和辻にとっても自己の内部のあらゆる「芽」に対応した多様な「食欲」を満たすために多種多様な書物を読む必要があり（「読書について」〈1917〉『全集』㉑387ff.）、したがってニーチェは「個人主義」を守り、「人類を愛する情熱」を擁護するための有力なソースであり、トルストイに結びつけることはごく自然なことであった（「既に一転機、到れり」〈1917〉『全集』㉑143）。たしかに、総じて大正期、とくにその前半において和辻には阿部より享楽主義的な色彩が濃かった（苅部直『光の領国』創文社〈1995〉38ff., 53）。『古寺巡礼』は大正六年に奈良を旅して見て回った古代美術に関する「印象記」である（『全集』②3）が、その中で和辻は、古代美術の鑑賞と享受に明け暮れる自己の態度を、まるで「放蕩者」のように美術の「享楽」に向かって急ぐ「Geniessen の生活」と表現した。もちろん「享楽」だけではない。「古美術の力を享受することによつて、自分の心を洗ひ、さうして富まさう」と考えていたからである（『全集』②18f.／『古寺巡礼』初版、岩波書店〈1919〉16ff.）。和辻は『偶像再興』で、芸術作品（美）の「享楽」によって全人格が生かされるとするリップスの言を引き（『全集』⑰177／『偶像再興』265）、「思潮雑記」（大正七年）では、「古代の研究は、まず第一に自分の教養になればいい」と嘯いている（『全集』㉒85）。目的が鑑賞・享受とそれによる

〈自己陶冶〉にある以上、対象は洋の東西、時の古今を問わない。『原始基督教の文化史的意義』（昭和元年）序文では、この著は、六、七年前に「自らの教養」のためにヘレニズム時代の文化に関する文献に親しんだ際の「関心」に基づくものである、と明言している（『全集』⑦3）。

しかし、鑑賞に耽り、〈自己陶冶〉に勤しんでばかりいては、容易に「真に高貴な日本的」に到達できない。『日本古代文化』（大正九年）もまた、古事記を「一つの文芸作品として理解」し、記紀中の歌謡を「純粋に歌謡として鑑賞」し、「考古学的遺品に於ける形象創造力の特性に注意する」という方法で上代人に迫ろうとした作品である（『全集』③7／『日本古代文化』改版、岩波書店、〈1929〉序3）。それゆえ、姿勢は変わっていないかに見えるが、同時に和辻は、この本が仏教や飛鳥奈良朝仏教美術に驚嘆し、そこから「この種の偉大なる価値を創造した日本人は抑も何であるかといふ疑問」を感じたことの延長線上にあるともいっている（『全集』③6／『日本古代文化』初版、岩波書店〈1920〉序二）。たとえ芸術作品の鑑賞を主内容としていても、そこには客観化された日本の「文化」への、さらには倫理・道徳へのまなざしが兆していた[16]（『全集』③279f.／『日本古代文化』初版429）。一般に和辻の「日本」再発見は昭和二～三年のヨーロッパ留学の経験を待たなければならなかったとされる[17]（苅部『光の領国』131f.）が、すでに「危険思想を排す」（大正八年）で和辻は、教育勅語に普遍的道徳（「人間の人間たる道」）があることを認めて、「特殊ならざる道を実現することによって、特殊なる天壌無窮の皇運を扶翼し得るのである」とし（『全集』㉒141ff.）、以後赴くべき方向を示唆していた。ここでも和辻は、国体擁護、国民道徳振興を叫ぶ人々に対して論陣を張り、国体は危機に瀕していないし、国民の道徳思想は頽廃するどころか、いまようやく「内面的な深さ」が加わろうとしているのに、この健全な状態を不健全だと喧伝することは、文化の発達を阻害するばかりか、皇室に累を及ぼす恐れがあると主張した。和辻の日本志向は、旧来の日本理解に対して新たな日本（伝統）を発掘しようとするものであった。

教養思想と政治

ついで昭和期の和辻に進む前に、欧化論と直接の関係はないが、教養思想の十全な理解のためにどうしても触れておかなければならない問題がある。大正教養主義と「実践性」、とりわけ「政治性」との関係である。

阿部次郎が〈教養思想の伝道〉の過程で展開した人格主義の「宣伝」は、吉野作造との関係からうかがうことができるように、大正デモクラシーや大正リベラリズムと呼ばれるものと関わっていた。後世から見れば、大正デモクラシーは、戦前の日本にも民主主義の伝統が根づきつつあったことの、つまり「戦後民主主義」や日本国憲法の精神の「内発性」の証左であった（松尾尊兊『大正デモクラシー』岩波書店〈1974〉VI：三谷太一郎『大正デモクラシー論』第三版、東大出版会〈2013〉34, 178：今野『吉野と上杉』328：cf. II-1-b）から、その限りで阿部もまた内発性の証人の一人となった。南原繁は、敗戦後の改革がアメリカの強制だけによるのではなく、すでに自由民権運動や大正デモクラシー、労働・社会運動などがあったと主張する文脈で、教育・思想界における自由思想の普及の例として、一高では新渡戸校長のヒューマニズムに基づく教育方針や「阿部次郎教授の人格主義の哲学」が大きな感化を与えたと述べている（「明治百年とその後」〈1968〉『著作集』⑩95：南原「日本の土壌とヒューマニズム」198f.）。丸山も阿部の教養主義を大正デモクラシーと同腹と見たが、その評価は「ハイカラで偽善的」な「教養主義」というものであった。[補説1] そうなると、大正教養主義は結局のところ、明治維新以来の〈お化粧的なヨーロッパ的教養〉の一齣にすぎないということになる。しかし、ここではそれよりもむしろ、大正期の和辻の「実践的」関心がどの程度の「政治的」射程をもっていたのかを探ることによって、その教養思想の特徴を押さえておきたい。

阿部は中学時代から高校時代にかけて権威や形式主義に対して反抗し、『日記』でもそれを引き継ぎ、さらに雑誌『思潮』に拠って国家主義に対して批判的に対峙した。それを積極的な理想社会の実現へと結びつけたのが「人格主義」であった。和辻の場合も事情は異ならず、国民道徳や「国体」論、あるいは富国強兵策を「敵」とする批判的観点から出発したが、それが積極性を帯びてくると理想論として現れることになった。

和辻は『偶像再興』（大正八年）所収の短編小説「デモステエネスの没落」で登場人物の一人に、古代アテネの自由な個人からなる国家＝「民本政治」の讃美と、東洋の民衆を奴隷にする専制主義への批判を語らせている。民本主義へのコミットの表明である。だが、如何にして民本政治を実現するかという段になると、こういうことになる。狂暴な専制政治と愚劣な輿論政治を考えれば、民本主義か専制主義かという議論は無意味であり、「重大なのは政体ではなくて、各個人の自覚である。民衆全体の教養が高まりさへすれば、政治は美しくなる。要するに「人」の問題である」。「我々に残された事業は、たゞ理想国の建設である、哲人政治の実現である。それは哲学者の夢であるかも知れない。しかし現実の政治に携はるよりも遥かに高貴であることを失はない」と（『全集』⑰262, 268／『偶像再興』407f., 418）。また、「民本主義哺育の二法」（大正八年）では、普通選挙ばかりか婦人参政権にも賛意を表しているが、ここでも政体の問題よりも、「世界改造の根本」は「人間の改造」であり、これは「宗教や道徳や芸術の問題」であって、人類が「真善美の理想」により協同するに至らない限り、どんな政治的革命も中途半端にすぎない、と断じ（『全集』㉒165ff.: cf.「人間の改造」〈1919〉『全集』別巻②289ff.）、「天才性の覚醒」（大正八年）では、社会主義や労働運動は物質主義の資本主義と同じく「我欲」に駆られたものであり、無産階級がたとえ資本家階級を倒しても、「人類の高貴な文化生活」を破壊するような社会的混乱を招くはめになるだろうと予測している（『全集』㉒174f.）。

こうした和辻の主張に、阿部の場合と同じように、吉野を代表とする大正デモクラシーとの関連をうかがうことは不当ではないが[18]、その点は後で触れることにして、ここではさしあたり、和辻の政治論が、眼前の政治の腐敗・専制、輿論政治、物質文明に毒された社会を唾棄して、真善美の理想の実現を目指す「理想主義的」政治論であり、同時に民衆の「教養」の向上、「人間の改造」を要請するという点では、阿部の「人格主義」と同じく――阿部もまた「心情の革命」＝宗教の必要を唱えた（『全集』⑦282）――、「教養主義的」政治観という性格をもっていたということを確認しておきたい。こうした政治観は、丸山のいう「倫理的なものの芸術性への融解」の延長線上に位置し、あるいは武田清子のいう「知的、観照的個人主義」の現れであるといってもよいが、我々の観点からすると、教養思想の重心が芸術鑑賞や読書による〈自己陶冶〉から、文化・道徳の「客観的」対象の探究へと移動していったことと平行関係にある。

文化・道徳の客観的対象との取り組みもまた「教養主義的」色彩を保持していた。日本文化を自覚的に研究対象として扱うようになると、理想を尺度とした歴史解釈が入り込んでくる。たとえば「日本文化史（仏教渡来後）」ノート（大正一一年）では、大宝令では、天皇は立法の全権を握るが、それは「道によつて政を行ふ」ことを標榜する「哲人的専制」であり、太政大臣が「哲人政治家」＝「徳ある人」の理想を体現して天皇に道を教えることが理想とされたけれども、現実には哲人を見出すことは困難であり、また民衆の「教養」は低かったので、「道」を行うことを心がけて民衆の福利に尽くす政治家によって君主の権力行使は必要でなかったとする（『全集』別巻①327f.）。「日本文化史（仏教渡来後）」（2）ノート（大正一二年）では、法隆寺造営と大仏鋳造による「改革」を今日の時勢に翻訳すれば、「今、社会の不安をのぞいて調和を実現するものは、人類生活の意義、愛の意義についての一般人の深き理解である（この理解あれば資本主義はなくなる、プロレタリアの無責任、悪徳もなくなる）。然らばキン［ママ］急なのは教育、それによつて人間を改造すること」だということになると記している（『全集』別巻①355）。依然として「哲人政治」や「道の政治」を理想とし、実現手段を「人間の改造」に求めながら[19]、その理想像を歴史の中に見つけ出そうとするのである。和辻は、文化史研究者へと変身してゆきながら、「教養主義的」な政治観を維持した。その点では阿部と同じである。【補説2】

ちなみに、昭和期に入っても理想を歴史の中に求める和辻の姿勢は変わらなかった。歴史研究は、一面では、丸山も指摘するように、国民道徳論に通じるような伝統主義的な解釈をもたらすが、他面ではなお大正期の余韻を引きずっていた。和辻は「「祭政一致」と思慮の政治」（昭和一二年）で、時の政権を担っていた「平沼内閣一派」の祭政一致論に「力の支配」、「力の政治」を見出し、『古事記』、聖徳太子の憲法、『愚管抄』、『神皇正統記』に見られる、「道理」を実現すべき政治、「思慮の政治」を日本の伝統として対置した（『全集』⑭390, 396）。また、「人倫国家の理想とその伝統」（昭和一六年）では、大宝令に関わる職員令の規定から、上代の「神聖なる統治者」＝天皇が「道の師」＝哲人の把捉した「道」を実現する（その機関が太政官である）という理想を導き出し、聖徳太子の憲法に「国家が人倫の道の実現である」という思想を読み取り、これが伝統となっていった以後の歴史展開を、やはり『愚管抄』、『太平記』、『神皇正統記』などに探っている[20]（『岩波講座　倫理学』第六冊、岩波書店〈1941〉24, 46, 64ff.：『日本倫理思想史』上『全集』⑫145, 378ff.：cf. 苅部『光の領国』108f.）。政治を「道」という観点から捉え、それを歴史に探るという点で、大正期からの連続性は見まがうべくもない。だが、和辻は同じところに留まっていなかった。

【補説１】丸山と石田雄と藤田省三の三人による「正統と異端」研究会（一九六七年）で、報告を担当した藤田が、明治末期における「異端」の類型として、永井荷風の「隠遁」、大杉栄の「騒擾」、内村鑑三の「運動」の三類型と、大正時代に生じたそれらの堕落形態である、隠遁のインテリ的堕落（「人格的教養主義」）、大衆の現世的道徳への埋没（「修養主義」）、騒擾の堕落（「本能主義」・「衝動」）の三類型を挙げたのを受けて、丸山は、右翼には左翼の場合よりも「ピュア」なところがあり、杉浦重剛の塾に通っていた叔父の井上亀六には、教養としての仏典をよく読み、それが「血肉」になっているという意味での「教養主義」、「普通の意味での「人格高潔」」、「ほんとうの「修養主義」」があったが、それと比べて「阿部次郎の「人格主義」なんかから来た普通いう「大正デモクラシー」」、あるいは「ハイカラで偽善的な」大正リベラリズムの「教養主義」の方は「あやしい」と評した（『藤田省三著作集』みすず書房〈1997〉⑩62ff., 93f.）。別の場所で丸山は井上を古い言葉でいう「人格者」と呼んでいる（『続話文』②18, 27：『続話文』④42：「丸山文庫」［資料番号 578］30）が、いずれにせよ、井上の「教養主義」ないし「修養主義」に対する高い評価は阿部の「教養主義」への批判と対になっている。どちらについても「教養主義」の語を使っていることからすると、これは、知識が血肉になり人格＝「人となり」になっている「真の教養主義」＝「修養主義」の立場からする、浅薄な「教養主義」批判ということになる。その限りでいえば、ここでの丸山の主張は、唐木の教養派批判とみずからの「あるべき教養」像との対置に近い。唐木によれば、教養派に実践的な修養、「型」が欠けていた大きな原因の一つは、彼らが西洋の教養観念を正しく捉えなかったことにある。すでに古代ギリシャにおいて教養は「身体的鍛錬」を必須としており、ルネサンス時代には教養が服装、言葉遣い、行住坐臥から祭礼まで、国家そのものに至るまで「芸術化といふ外への実践」を伴っており、また手工業時代の Bildung の概念は「手仕事」を通じて人間としての教養を積むという意味であり、ゲーテにも見られるように、人格は行為を通じて形成され、経験を積むことによって深められてゆくものであった。さらに初期資本主義の事業家たちも科学の実践を追求し、教養を「ヴィルトゥス、能力」として捉えた（『現代史への試み』97f., 118ff.）。ここから、唐木は、一般に「教養」とは、元来「各人の身についたたしなみ、品《ひん》とか品《しな》とかいふ観念」に近く、二四時間の行住坐臥に渉るものであるが、それが各人の「ものの見方、考へ方にも、くらし方、行ひ方」にも現れるようになり、集団もしくは階級では「気質とか風《ふう》」となり、社会では「礼とか慣習」として現れるとしている（「教養といふこと」〈1952〉『唐木順三全集』③258f.）。これは「修養」そのものである。

【補説2】 阿部次郎は『日記』所収の「思想上の民族主義」（大正六年）の草稿で、民族への奉仕を究極の義務とする民族主義を「愛国主義」と名づけ、それに対して「真正の愛国」とは、個々の民族や政治家の欲望に仕えるものではなく、民族の欲望と行動を「道」に合致させるところにのみ成立するという。如何なる帝王も、自己と民族を繁栄させるためには、この「道」を遵奉しなければならず、究極の「忠君」とは「君をして道に従はせ奉る」ところにのみ存在する。この意味の愛国と忠君をなすには、君主に対して「苦諫」し、俗論と戦う覚悟が必要であるが、我々の祖先はこうした忠君、「愛国のこゝろ」を知っていた。だが、現在の忠君愛国の思想は、忠君の名を借りて非を行い、国民の口を封じ、愛国の名によって自分の野心を押し通そうとするような、貪婪な利己主義を取り繕う「偽善」となっていないか。我々は、愛国主義の観念を純粋にするために、まず「忠君愛国の思想を祖先の古へに復す」必要がある（『全集』⑬389ff.）。この考えを阿部は『人格主義』や「思潮雑記」（大正七年五月）でも語っている。日本は権力者の専制を唯一の原理とする絶対主義の国ではなかった。聖武天皇がみずから「三宝の奴」と称されたのも、明治天皇が教育勅語で「朕爾臣民と共に拳々服膺して皆厥徳《その》を一にせむことを庶幾《こひねが》ふ」といわれたのも、主権者が「道」に従おうとする意志を明示されたものである。帝王が「道」に従うことによって神と祖先に対する義務をまっとうするというのは、崇高な「理想主義」であり、これを除去して日本を権力絶対主義の国にしようとするような者は、彼らの愛用する言葉を借りれば、「わが国体」を変更しようとするものであり、「不忠」である、と（『全集』⑥134f.：『全集』⑦201f.：cf.『全集』⑥423）。天皇＝主権者がみずからの上にあるものを戴いたというところに理想主義を見出し、国家の道徳的偉大とは、「国家が自己以上に更に権威あるものを認めてこれに服従すること」（『全集』⑥138）であり、我々自身が、「神であれ、道であれ、人類であれ、社会であれ、とにかく自分自身を自己以上のものの下僕として自覚する」ことだというのである（『全集』⑥417）。まるで丸山の「普遍的なもの」ないし「超越的なもの」への「被縛」を想起させるような口ぶりであるが、もちろん直接的影響関係はない。さらに阿部は、「陛下のお言葉と雖も「道」に照らしてこれを闡明し奉るのが却て陛下に忠なる所以」だとする（『全集』⑦202）ことによって、天皇を輔弼すべき、「愛と公正の精神」（『全集』⑦26）に則った政治家の責任を示そうとした。これらの発言で阿部が「道」と称するものは、おおむね「人類の普遍的な道」＝「愛」であり、「反利己主義」でもある。阿部にとってのあるべき「忠君愛国」は「愛」を原理として国を導くということになるが、国を愛するためには、労働者階級も軍人も官僚も貴族も富豪もすべて「その利己主義を投げ出さなければならない」(『全集』⑦243)。その意味では、阿部の「愛国は全く非政治的で、教養の問題としての愛国」(林竹二)(林他「座談会　木曜会の思い出」『全集』⑧「月報」63)であった。しかも、阿部が教育勅語と並んで聖武天皇の「三宝の奴」を引き合いに出したのと同じように(あるいは阿部からの影響の下に〔竹内『教養派知識人の運命』326〕)、和辻もまた勅語を普遍道徳視し、君主自身もこの「道」を服膺すべきだと論じ(「危険思想を排す」〈1919〉『全集』㉒144)、『日本精神史研究』(大正一五年)では、推古時代に「徳の支配」が樹立されて、主権者の権威が道徳的理想の権威と合致したと述べた際、そこには「後に聖武天皇が自ら三宝の奴と宣言せられたような、主権者の権威を永遠の真理によって基礎づけるところの決然たる言葉」はないけれども、その思想はすでに現れているとしている(『全集』④14f.:『全集』別巻②88:『全集』別巻②198)。

「全体性」の理念と東西文明の綜合——昭和期の和辻

和辻は昭和五年の「日本文化史」および「国民道徳論」に関する二つの講演でこう論じた。西洋人は、世界史への日本の出現以降、歴史や哲学において西洋と東洋の二つを意識するようになったが、日本人の方は「日本の世界史的意義」を自覚せず、ルネサンス以降の資本主義の合理化(「文化に根を持たない文明」、自然科学・技術)をそのまま「輸入」し、その結果ロシアに勝利したけれども、西洋文化の「精神的、古典的、哲学的教養」はまったく顧みなかった。文化の「根」を取り入れずに、「実用の文明」=「枝葉」のみを育て、「自分らの根」まで擲ってしまった、と(『全集』別巻②151f.)。「自分らの根」とは、もちろん古神道による国体の無比の唱道でもなければ、国民道徳論の忠孝の倫理でもない。それはたしかに天皇と不可分の関係にあるが、天皇は、政治的に主権者であると同時に、道徳的に「精神的全体としての国民の統一者」、「生きた国民の全体性を表現している一つの権威」として捉えられる(『全集』別巻②68:『全集』別巻②166)。ここに「国民」=「全体性」の倫理学が登場する契機が明瞭に現れている。

この「全体性」の倫理学も、大正期以来の西洋の普遍的理念を抜きにしては存在し得なかった。『偶像再興』で和辻は、旧道徳の自然主義的な「破壊」を卒業して「道義」と「愛」を説く意図を明らかにしていた(『全集』⑰16

／『偶像再興』序言14）が、『日本古代文化』でも、「この書は建設の書であつて破壊の書ではない」と強調した後で、「がまた在来尚ばれた価値を文へやうとするものでもな」く、自分がこの書を捧げたいと思うのは、「人類を愛するが故に日本人を愛する人々であつて、人類に害をもたらすために日本を愛する人々ではない」と語っている（『日本古代文化』初版序2）。もっとも、この「人類愛」＝ヒューマニズムはそのままの形では持続しなかった。昭和五年の講演では、「人間」を、個別態（個人）、多数態（家族その他の関係）、全体性（国家）の三相で捉え、人間の「全体性」は個々人の総計ではなく、人格的統一、すなわち国家・国民の概念として表されるけれども、人類全体はこうした統一をもたず、国民を超えた高次の全体性は「普遍者としての人間性（Humanity）の理念（Idee）」だとしている。「普遍者」（仏教では「自他不二」、絶対無差別の「空」、キリスト教では「神としての全体人格」）はあくまで国民・国家において実現されるのである（『全集』別巻②65ff., 69）。

それと同時に倫理思想史の構想もここに胚胎する（和辻はこの時すでに「倫理学助教授」になっていた）[21]。和辻は、日本人が普遍的な原理を特殊な仕方で実現することを「日本人の任務」として捉え（『全集』別巻②74f.）、日本の各時代の「特殊な道徳思想」（『全集』別巻②144）の展開を明らかにしようとした。第一は明治維新の動機となった「尊王」（「忠義」ではなく「国民的自覚」のこと）（『全集』別巻②80ff.：『全集』別巻②166ff.）、第二は戦国時代の武士道の本質をなす「自敬の精神」、「尊卑」ないし「廉恥」の道徳観念（『全集』別巻②82ff.：『全集』別巻②172ff.）、第三は武士階級の勃興期（鎌倉仏教）の「慈悲の精神」（『全集』別巻②85ff.：『全集』別巻②181ff.）、第四は大化の改新に社会全体の慈悲として現れた「社会的正義」の観念（『全集』別巻②87ff.：『全集』②197ff.）、第五は記紀の伝説に現れた「自然児の道徳と君主神の信仰」（尊卑〔高貴〕と慈悲）（『全集』別巻②89f.：『全集』別巻②200ff.）である。要するに、普遍性は「全体性」＝国民の自覚という概念により表現され、しかも古代と連続性をもって語られる。たしかに神話には国民的自覚はないが、「国民の全体性」を自覚する形式が神話として現れており、明治維新の際には、「この伝統がよみがえってきて、日本の全体性」を自覚し、それが日清日露のころに明確に現れた。「忠君愛国」という言葉は適切ではないが、その言葉で表されたものはこの「神話の精神」であった[22]（『全集』別巻②171）。ここには、忠君愛国を喧伝する国民道徳論への批判を持続しながらも、歴史を媒介とすることによって伝統主義（cf. 松沢「近・現代批判と伝統の問題」314, 375）へと転回していく姿勢を見てとることができる。

ただ、ここで和辻はひたすら日本の伝統を称揚したわけではない。和辻には、西欧の真正な文化を摂取することによって真の「日本的」なものを明らかにし、さらにそれを通じて普遍的文化を実現しようとするもくろみがあった。日本文化史に関する講演ではそれをこう表現する。日本の「世界史上の任務」は、できるだけ高い文化を生産する共同社会を理想的に実現することにあるが、そのためには日本の過去の「根」＝文化と西洋の利益社会の「根」＝文化を発見して、未来に展開していかなければならない。日本文化の価値を知るには、世界文化を真剣に摂取しなければならない。日本人は「おのれをむなしうして」他を取り入れることができる。西洋の根底になっている精神文化を取り入れてわがものにすることにより、いわば弁証法的に「共同社会」を完成していくという日本人にしかできない仕事を行い、それを通じておのずから「東洋西洋両文化の統一」ができあがる。「西洋のものを日本人がすっかり取り入れて初めて統一が出来る」というところに世界史上の日本の任務があるのだ（『全集』別巻②160f.）。

西洋文化の摂取により、東西文化を統合しようとする姿勢は論文「日本精神」（昭和九年）にも登場する。ただ、そこでは、日本民族は、外国文化の摂取を「己れを空しう」して行おうとする態度があったために「東洋文化と西洋文化の綜合を否応なしに実現すべきやうな状況」に置かれた（『全集』④309／『続日本精神史研究』50）と宿命論的なニュアンスで語っている。だが、その宿命をプラスに転化することは和辻自身の使命であった。『風土』中の「芸術の風土的性格」（昭和四年稿）の末尾ではっきりいう（『全集』⑧204／『風土』343）。

> 変化に富む日本の気候を克服することは恐らくブルジョアの克服よりも困難である。我々はかゝる風土に生れたといふ宿命の意義を悟り、それを愛し［ママ］なくてはならぬ。かゝる宿命を持つといふことはそれ自身「優れたこ

と」でもなければ「万国に冠」たることでもないが、しかしそれを止揚しつゝ生かせることによつて他国民のなし得ざる特殊なものを人類の文化に貢献することは出来るであらう。さうしてまたそれによつて地球上の諸地方がさまざまに特徴を異にするといふことも初めて意義あることとなるであらう。

日本の風土を何もかも称揚するのではなく、「宿命の意義」を悟って愛するという抑制された姿勢である。だが、和辻はこの「宿命」をプラスに転化すべく、日本の「世界史的使命」を前面に押し出すことによって、「万国に冠たる」方向に傾斜していった。

和辻は、一方で「国民道徳論」（昭和七年）で、旧国民道徳論が三つの「生きた歴史的な力」（尊皇心、反ブルジョワ精神、国民的自覚）を圧殺したと批判しつつも、忠君愛国のスローガンに「全体性への帰依」という性格を明確に認めるに至った（『全集』㉓98f.）が、他方では「国民主義と世界主義」（昭和一二年）や「普遍的道徳と国民的道徳」（同年）で、白人だけを人類同胞主義に算入するヨーロッパの「白人国民主義」や資本主義の利己主義に対して、日本においてこそ人間同胞の理念は国民の同胞性において実現される（『全集』㉓150ff.：『全集』㉓171ff.）とすることによって、日本文化の優位を主張した。人間同胞主義、つまりヒューマニズムという普遍的理念が日本でこそ実現されるというのは、教育勅語に普遍的道徳を見出すという大正期の考え方にも出てきていた。また、白人の利己主義に対する批判は、和辻によれば、すでに二〇歳のころに兆しており（対談「日本文化の検討」〔抄録〕〈1940〉『全集』㉒「月報」2f.：『全集』別巻②145ff.）、それが第一次大戦によって増幅され、たとえば大戦後の「労働問題と労働文学とについて」（大正八年）では、有色人種を犠牲にすることを当然の権利のように考える白人の横暴＝「白禍」を指弾し、これに対抗し得るのは世界中で日本だけであり、「日本は人種平等の主張を以て人類の過半を救わねばならぬ」（『全集』㉒189）という主張となって現れていた。

総じて戦前昭和期の前半の和辻には大正期教養思想からの継続性をかなり濃厚に認めることができるが、丸山が指弾した『尊皇思想とその伝統』（昭和一八年）で和辻はいう（『全集』⑭235／『尊皇思想とその伝統』319）。

民族の生ける全体性は最初いづこに於ても神聖なるものとして自覚される。さうしてその神聖性の伝統は、民族を遊離することなく、国家国民に即して展開すべきものなのである。然るに我国を除いては、世界到る所にその遊離が行はれた。我々はその遊離の原因をもそれぐ〱指摘し得るであらう。して見れば、我国にのみ正しい伝へがあり、外国はみなその伝来を失つたといふ主張は、歴史的事実によつて証明し得られるのである。

ここでは、日本だけが民族の全体性の現実態である国民国家の「伝統」をもつというのであるから、世界に冠たる日本精神を外に押し広げようとする「八紘一宇」的色彩があることは否めない。[補説3] こういうところが、丸山が「かなわん」と嘆じ、「国民道徳論の一変種」、「国体論のリヴァイヴァルの相」とか、「天皇制的正統性に吸収されてしまった」といった評価を下したゆえんであろう。

もっとも、もし和辻に弁明させたならば、——論文「日本精神」について語ったように——変わったのは「時勢」であって著者の研究ではないというかもしれない。和辻にとって「全体性」の理念は、元来古代ギリシャに発する普遍的な道徳原理であるから、世界各国において「全体性」が様々に（歴史的風土的に）特殊な形で実現されるはずであるが、西洋では資本主義＝利己主義や「白人国民主義」の跋扈によりその実現が妨げられ、ただ日本だけがその実現において各国に抜きん出た存在だということになる。したがって、「全体性」は東西文化の統一の理念を表しつつ、同時に尊皇思想＝日本思想の、世界の中での先駆性を示すための装置となった。これは日本の世界史的使命という以前からあった観念の延長線上にあり、その限りで「八紘一宇」の時代がすり寄ってきて、和辻はそれを鷹揚に受け容れたことになる。

だが、たしかに明白な変化がある。特定の時代の道徳（古代や徳川時代の道徳）を現代に蘇らせる古神道論や国民道徳論に対して激しく反撥した大正期と違って、昭和期の和辻は、国民道徳論に対する反撥こそ残しているものの、敵と同じ穴の狢＝伝統主義に滑り落ちていった。伝統の「よみがえり」についての昭和五年の発言は右に引いたが、『風土』第三章（二）の(イ)台風的性格（昭和六年稿）では、古代における全体性の把握は歴史の中で生き続け、明治維新における尊皇攘夷という形の国民的自覚は「日本を神国とする神話の復興の精神」に基づいており、「原始社会に於ける宗教的な全体的把握が千何百年の後になほ社会変革の動力となり得たといふやうな現象」は「世界に類がない」といい、明治維新において国民の全体性を表現する天皇の権威が示されたことを、「原始的な信仰は決して死んではゐなかつた」と表現する（『全集』⑧147, 153／『風土』245, 256）。丸山風にいえば、「全体性」＝国民的自覚は、歴史の様々な時代において弱まった時があっても、底流として持続し、時に隆起してきて、維新では決定的にその意義を顕わにし、和辻自身は——根強くあった悲観的宿命論を払拭して——その「思い出」を昭和期に自覚的に駆使しようとしたのである。

しかし、和辻の旅はこれで終わらなかった。和辻は戦後に『倫理学』上・中巻の改訂（いわゆる「改竄」を含む）を行うとともに、下巻（昭和二四年）では大正期を髣髴とさせる議論を展開した。和辻はいう。明治以来日本人は、学問を技術の習得や立身出世のために行い、ヨーロッパから研究の成果だけを「輸入」し、真理探究、合理的思考力、発明力、すなわち近代文明の根本的推進力である学問的精神をおろそかにしてきたばかりか、「みづから考へ、る力」を養うことを怠ってきた。こうした観点を国民の間に浸透させれば、「自ら考へ自ら判断する力を持つた市民」は、もはや思想上の附和雷同に陥ることもなく、「思想統制」などに屈せず、作為的宣伝を行う政治家を信じることなく、かくして政治家は「誠実な政治」を行うことになる。学問的精神の徹底が「実践の場における真理の支配」をも実現できるようになるために国民は努力しなければならない（『全集』⑪378ff.／『倫理学』下、岩波書店〈1949〉539ff.）。「自ら考へ自ら判断する市民」の唱道は、戦中の諸発言と比べるならば大変貌であり、戦後民主主義の高揚を踏まえた発言である。【補説4】これは大枠において丸山の目指したところと一致する。とはいえ、大正期の和辻も国民道徳論に対して「自律的な道徳」を突きつけていたし、合理的精神や「自由」の欠如を嘆じ、「婦人の教養について」（大正一二年）では、「教養教育」の目標が「考へられた結果」ではなく、「いかに考へるか」の方法、「自分自身の力で考へること」を教えることにあるとしていた（『全集』別巻②334）。まして芸術となると、大正期との間に差異はない。芸術の進歩は国民の関心にかかっており、芸術を尊重する社会では、芸術は市民の「教養」を高め、「よりよき人倫」の実現を助けるが、日本では町人階級の芸術が退廃的傾向を帯び、明治以後も国民は学問や芸術を低く見て、芸術家も「公共的任務」を果たさない者が多い。これを変革するには国民が「おのれの教養」の基礎としての芸術を要求し、それに応える芸術家を輩出し、国民の「自ら味ひ、自ら理解する力」を養成しなければならない、という（『全集』⑪381ff.／『倫理学』下543ff.）。文字通り大正教養主義「復活」である。戦後の和辻は新思想（民主主義）に敏感に反応しつつ、過去の思想（大正教養主義）、それも〈自己陶冶〉を「思い出」したのである（ただし〈自己陶冶〉すべきはいまや和辻ではなく、もっぱら国民であった）。ここでも和辻にいわせるならば、変ったのは「時勢」だけだ、ということになるかもしれないが。

『倫理学』下巻で和辻は、明治以来の軍事や産業のための科学技術を偏重した欧米文化の摂取の仕方、精神文化についてもヨーロッパ文化の「根」である学問の統一の理念を無視した摂取の仕方を指弾したうえで、「おのれの伝統を捨てることなく、しかも謙虚に外なる価値高きものを受け容れ」ることによって、「新らしい国民的性格の創造、新らしい文化の創造」に邁進するように鼓舞し、「すでに聞くこと久しい」が、実を結ばないうちに古びようとしている「東西文化の綜合」という掛け声を、敗戦後の状況に鑑みて、あらためて強調した。そして、日本がインドとシナの古い文化を存在の奥底に沁みこませていることは、「厄介な制限」であると同時に欧米人にはない「有利な点」であるから、その地盤の上に牧場的文化や砂漠的文化を「思い切り摂取して」いけば、欧米人のなし得ない「独自の創造」をなし、「新らしい国民的性格」を創造できるという甘美な期待を吐露するのである（『全集』⑪411ff.／『倫理学』下586ff.）。

これを大正期や昭和初期の「教養主義的」発言（「人間の改造」！）と見たとしてもほとんど違和感はない。[23] キルケゴール論序に倣っていえば、いまこそ悪しき西洋文明と貧弱な日本文明との「混血児」の立場を乗り越え、「偉大な西洋文明」を吸収して、「真に高貴な日本的」を目指すべき時であった。だが「時勢」に合わせて少し内容を変えれば、これは「日本文化の重層性」論、さらには『尊皇思想とその伝統』の八紘一宇的論調とすら相容れないものではなかった。和辻は主観的にはほぼ同じ姿勢を貫いたが、批判的に見れば、丸山のいうように、「既成事実になったものを合理化するという人」であった。しかし逆に、『偶像再興』と『尊皇思想とその伝統』との間には「直接の論理的連関は見出されない」（「「正統と異端」草稿」「丸山文庫」［資料番号 672-3］4）という丸山の判断は見直す必要があるだろう。直接の論理的連関はなくても、「真に高貴な日本的」を追求しようとする姿勢において一貫しているからだ。

【補説3】和辻は、ルース・ベネディクト『菊と刀』（昭和二一年）が「国粋主義的軍人の型」を根拠にして「日本人の型」一般を論じたことに、こう反論した。「八紘一宇」や「各得其所」は戦争指導者が振り回したものにすぎず、大多数の日本人はそんな言葉は知らず、「わたくしなども勿論知らなかつた人の一人」であったが、念のために調べてみると、「八紘一宇」は侵略主義と無関係で、「四海同胞主義」の意味をもつことがわかり、「各得其所」も、「それぞれのものがその本来の意義を、或は当然の価値を、発揮する」という意味で、各個人が人格の権利を保証され、自由を得るということをも意味し得る。どちらも侵略主義者が標語に使ったからといって、その語自体に侵略主義的な意味を付与するのは強弁であり、ましてその標語が日本文化の型の核心である階層制度の表現であるというのははなはだしい独断だ、と（『全集』③356ff.／『埋もれた日本』新潮社〈1951〉82ff.）。だが、和辻は、国民学校の低学年児童とともに「八紘一宇」の非侵略的意味を知っていたであろう（昭和一八年発行の『初等修身教科書』［国民学校三年生用］海後宗臣編『日本教科書大系　近代編』第三巻［修身三］講談社〈1962〉454ff.）は「八紘一宇」の四海同胞的な意味を説明している）、またみずから「青年学校普通学科要目」に関する草稿（昭和一四、五年ごろ）（『全集』別巻②416ff.）で、日本人が東洋八億の民衆を自覚させ、東洋の文化を新しく西洋の文化との綜合において作り直していくならば、「我々は真に皇威を八紘に輝かせたと称し得る」としていた。この東西文化綜合論も四海同胞主義に通じる。ただ、すぐ後で、この使命を果たす一歩として満洲国の建設や日支事変を挙げ、神武天皇の八紘一宇は仁政の理想の宣揚だと述べている。さらに、「戦時教学の根本方針」（昭和一七年）では、「今や御稜威が八紘に光被せる時に当り、大東亜建設の雄渾なる気宇を挙揚することこそ臣子の勤めであり」とか、文武の調和は資本主義文明と相容れず、「武」を支える「文」とは、「万邦万民をしておのおのその所を得しむる八紘為宇の大理想」だとしていた（『全集』㉓246, 255）。「各得其所」については、昭和一七年の企画院の求めに応じた大東亜建設に関する意見書で、「万邦をして各々その所を得しむるといふ民族指導の方針」が道義的頽廃にある民族を助長するようなことがあってはならず、「各々の民族を甘やかし或は物質的に満足せしむる事」だけを目指してはならないとし（『全集』別巻②458）、『倫理学』中巻では、「万民をして各〻その所を得しむる」という人倫の道は、「個人の生命と財産との安全が保障されるといふことではない」と断ったうえで、「これらの民族に各〻その所を得しめ、その特殊な形態に於てそれぞれ固有の国家を形成せしめることは、正義即ち仁愛を世界的に実現する所以である。この実現の努力はそれを拒む国家との衝突を惹き起すであらうが、その場合にはこの国家との戦争が万邦をして各〻その所を得しめるために不可欠の要件となるであらう。国家は己れの人倫の道を踏み行くためにこの戦争を避けてはならない。さうしてこの戦争のためにはあらゆる力が動員されてよいのである」と断じている（『倫理学』中、岩波書店〈1942〉507ff.）。問題は、和辻の「変節」や「改竄」、「無責任」や「知的誠実性」の欠如ではなく、「東西文化の統一」という錦の御旗の下に、「献身の道徳」も「八紘一宇」も「市民の自律」も時に応じて包摂されるという和辻の「理論」の（その点では師の井上哲次郎を引き継いだ）融通無碍なところである。

【補説4】 たとえば『倫理学』下、第四章第五節「国民的当為の問題」（『全集』⑪345ff.／『倫理学』下492ff.）で和辻は、第四節で見た、世界史における諸国民の業績を総括し、今後諸国民はとりわけ「一つの世界」の形成のために努力しなければならないが、そのためには「歴史的・風土的負荷」を時に投げ捨てる必要もあることを示唆したうえでいう。世界の諸々の国民の「既成道徳」は外形上異なっていても、本質的には異ならない。重要なのはその相違を認識し、各国民がその個性的存在を反省することである。「文明の遅れた国民は、その道徳の特徴に反映した後進性を自覚し、文明の獲得の努力によってその道徳を革新しなくてはならぬ」。国民は自己の風土的な特性が「人倫の道」の実現にとってプラスかマイナスかを反省し、制約の「超克」に努めなければならない、と（『全集』⑪348／『倫理学』下496）。ただし、和辻は過去の自分の学説を「反省」し「超克」しようとしたのではなく、従来通り人倫的組織の枠組（家族、地縁共同体、経済組織、文化共同体、国家）に即して右の課題を果たそうとした。それゆえ、「わが国において家の制度が導き出した最も大きい弊害は、公共道徳の未発達である」と述べた際、和辻は註で『風土』二六九～二八二頁を指示し、「この損失の叙述は二十年後の今日に一層よくあてはまると思ふ」としている（『全集』⑪356／『倫理学』下508）。該当するのは、『風土』第三章（二）の(ロ)「日本の珍しさ」の日欧の家の構造とその風俗の差異の記述で、日本人の公共意識の欠如を指摘していた。和辻はいわば戦前のアリバイを持ち出して倫理学理論の継続性を誇示したのである。なお、昭和五年の講演でも、風土的に発達した家族主義の歴史的伝統には「長所美点」のみならず「短所欠点」もあり、日本では「うち」―「そと」の関係から家庭以外は「そと」であると考え、公園などの公共物をたいせつにしない傾向があるのに対して、西洋では「そと」も個人のものであるから大事にすると述べ、さらに、「風土の束縛を省み、風土を乗り越えねばならぬ」としていた（『全集』別巻②66：

『全集』別巻②224f.)。ただし、『風土』第三章（二）(イ)では、「家」を基準とした「うち」と「そと」の区別が日本独自の「間柄」の内外を意味するとしつつ、そこから「家」の存在の仕方が「全体性」を自覚する日本人の特殊な方法であると捉え、「忠孝一致」の家族的国家観の――現代におけるその把握を批判しつつも――「歴史的」意義を承認する（『全集』⑧144／『風土』240ff.)。和辻自身、揺れていたのだが、後者は、丸山が批判した「内外」思考に通じる。

欧化論の教養思想的特徴

和辻に対する丸山の関心のうち「正統性」に関わる部分はここでは触れないが、しかし同じ観点から出された、「審美的立場」から「倫理学」へというシェーマ（II-3-a）については、少し立ち入って検討しておかなければならない。

この転換説が大筋であたっていることは、和辻の著作を時間軸でたどってみれば、明白である。しかしそれには留保を付けなければならない。「審美的立場」というのは作品に即した位置づけであるが、同じく芸術・文学等を対象としていても、大正前期の和辻は、『古寺巡礼』（大正八年）に典型的なように、主として芸術鑑賞・享受とそれによる〈自己陶冶〉が目的であったのに対して、『日本古代文化』（大正九年）には芸術鑑賞と並んで、文化史の一部として道徳思想史が登場してきており、『日本精神史研究』（大正一五年）は芸術・文学・宗教等を中心とした（その限りで「審美的」色彩を伴った）文化史によって構成されており、さらに『風土』や『続日本精神史研究』になると、一部に「審美的」部分を残しながら、過去および現代の日本文化の構造の解明に重心を移しつつ、道徳思想史的部分を含み[24]、その後、本格的な倫理思想史と哲学的な倫理学の研究が登場することになる。

ここからうかがうことができるのは、和辻は「審美的立場」から倫理学へと進んだのではなく、倫理・道徳への――審美的観点に解消できない――関心はすでに大正後期に芽生えていたということである。逆に、審美的観点そのものは、丸山も認めるように、昭和に入って以後も続いていた。そこで、注目すべきことは、芸術鑑賞による〈自己陶冶〉（丸山流にいえば倫理的なものの芸術への融解）が大正中期ごろから後退してゆき、文化・道徳思想という「客観的」対象に探究の重心が移動したということである。そしてこの転換は、和辻が遅まきながら――ここでも阿部次郎の驥尾に付すかのように――「著作家」ないし「文筆家」への道を諦めて「研究者」の道を選択したことと関わっている。

和辻は、前述のように、『原始基督教の文化史的意義』（昭和元年）の序文で、この著が、六、七年前に「自らの教養」のためにヘレニズム時代の文化に関する文献に親しんだ際の「関心」に基づくものだとしていたが、続いてこういっている。『思想』創刊時（大正一〇年）に、著者は、当時なお内心に強く動きつつあった右の「関心」により「著作家らしい気軽さ」でこの論文を連載した。「この気軽い著作家」は、文献について十分顧慮するという「研究者としての当然の学問的義務」を果たさず、この義務を著者が怠ったことは本書から「厳密な学問書としての資格」を奪い去るものである、と（『全集』⑦3）。〈自己陶冶〉と連関して生じた「関心」に従う気ままな「著作家」から、文献を踏まえた「研究者」への転換を物語る証言である。序文の日付は大正一五年一一月、大正の御世の最後を飾る月であるが、これより一年半ばかり前（大正一四年三月）に和辻は京都帝国大学文学部講師に着任、七月には助教授に昇進し（七月）、倫理学講座を正式に担当していた。つまり、すでに「研究者」になった立場から、以前に書いた『原始基督教』の執筆姿勢を「著作家らしい気軽さ」と呼んだのである。

もっとも、和辻の「関心」の的は大正中期以降――東洋大学で日本倫理史（大正九年）、法政大学で日本思想史（大正一一年以降）の講義を担当したことも相俟って――しだいに日本文化史研究に傾斜してゆき、それが『日本精神史研究』にまとめられるに至った。京都帝大の倫理学担当の職に就くにあたって、波多野精一に宛てた大正一三年三月三一日付の手紙（下書または未投函）で和辻は、「私は、生涯の間に自分の力で幾分かでも学問に寄与し得るだらうと思へるのは、日本及び東洋の Kultur の研究だと今では思つて居ります」と述べている[25]（『全集』㉕129）。以後和辻は、「研究者」として日本文化史とともに日本倫理思想史および倫理学の研究に勤しむことになるが、しかしそうかといって「気軽い著作家」としての活動を金輪際止めたわけではない。『面とペルソナ』（昭和一二年）（所収稿の半分弱は大正期初出）の「跋」で和辻は、「大正十二年関東大震災の折に、些か感ずる所があつて、書かないで済むものは一切書くまいと決意した」と語り（『面とペルソナ』岩波書店〈1937〉「跋」）、ジャーナリズムでの評論活動をやめて、アカデミズムの内部に活動を局限したといわれる（生松敬三「大正期の思想と思想家たち」『文学』㉜〈1964〉1323）。しかしその後も、やはり「研究の名に価するほど」ではないと称する（『全集』⑮5）『鎖国』（昭和二五年）、「気軽に書いた私信」の「収録」、「印象記」である（『全集』⑧259）『イタリア古寺巡礼』（昭和二五年）、その他『埋もれた日本』（昭和二六年）、『桂離宮』（昭和三〇年）などで一般読者に「文筆家」和辻の存在感を示した。無論、これらは原則として〈自己陶冶〉とはもはや関わりがなかった。

興味深いことに、和辻は大正期の著書の重版の機会に色々言葉を添えている。『偶像再興』の再版（昭和一二年）にあたっては、この「幼稚な、拙ない感想文の集」がこれほど生き残る価値があるとは思いがけないことであり、一時は「慙愧の情」なしにこれを見ることができなかったほどで、「今でもそれらが何らかの優れたものを持っているとは思わない」と語り（『全集』⑰3）、『ニイチェ研究』改訂第三版（昭和一七年）序では、「なにぶん三十年前の労作で、幼稚というほかはない」とか、ニーチェ研究から久しく遠ざかり、考えもまるで変わっており、いまこの書を見ても「異様な感じを抱かずにおれない」という（『全集』①3）。また、『日本古代文化』の「昭和十四年改稿版」では、初版時の疑問が「今から考へれば誠に幼稚な疑問であり幼稚な答案であつて汗顔に堪へない」と述べ（『全集』③7／『日本古代文化』改版序3）、『古寺巡礼』改版（昭和二一年）序では、関東大震災後の新版では旅行当時の印象を後から訂正するわけにもいかず、「学問の書ではないということを標榜して」手を加えなかったと断り、都合三度もかつての作品を「幼稚」と呼んでいる（『全集』②3ff.）。功なり名を遂げた碩学が過去の作品を「幼稚」と呼ぶのはありふれた謙遜かもしれないが、それにしてもこれほど頻繁な例は珍しいのではないか。

それはともかく、『古寺巡礼』や『日本古代文化』は、〈自己陶冶〉との関わりから出てきた「関心」に基づいていたのに対して、『日本精神史研究』は東洋大学・法政大学の講義案の「副産物」であった（『全集』④5／『日本精神史研究』岩波書店〈1926〉序言一）から、文化史の「研究」に重心を移した成果を含んでいる。ただし、この本でも和辻は、所収論文が「未定稿の如き状態」であると二度繰り返し、またうち二篇を除いてすべて関東大震災以前に『思想』に発表したものであり、その二篇も「講案及び覚え書に基づいたもの」にすぎないことを強調しており[26]（『全集』④6／『日本精神史研究』序言3）、「歌舞伎劇に就いての一考察」に付された短文「唄と踊」に至っては、「舞踊に就いて全然素人である自分の印象」を記したものだと告白している（『全集』④271／『日本精神史研究』430）。「印象」は例によって「非学問的」ということの謂である（序言は大正一五年九月付、「於洛東若王子」とある）。このあたりは阿部次郎の「懺悔」と似ており、「研究」に対する敏感さをうかがうことができる。では『風土』はどうであろうか。これは冒頭、流行の哲学（ハイデガー）を引いて現象学的議論を展開しており、学問的香りが馥郁として漂ってくるようにも感じられるが、第二章の三類型（モンスーン、沙漠、牧場）の内容と叙述はエッセイ風であり、ことに第三章（二）の(ロ)「日本の珍しさ」は洋行から帰ってきた時の印象を書いたものであり（II-3-b）、スタイルもくだけたものである。これらに対して、『続日本精神史研究』は内容的には日本文化論、芸術論、道徳思想史によって構成されており、全体として学問的研究の枠内に留まっているようである。

和辻は「気軽い著作家」から「研究者」へと重心を移していきながら、しかし芸術・文学への――〈自己陶冶〉と離れた形の――「審美的」関心は衰えることがなかった。その意味で「倫理学教授」になることによって、和辻は「本業」としての倫理学者と「副業」としての「著作家」との二つのペルソナを使い分けるようになった。その使い分けが首尾よく行われたかどうかは問題ではない。我々にとって重要なのは、もう一度確認すれば、和辻において教養思想は芸術の鑑賞による〈自己陶冶〉から客観的文化の研究に推移してゆき、道徳・倫理も、最初は個人の自律道徳＝〈自己陶冶〉として意識されていた――それが国民道徳論への反撥として現れた――のがしだいに客観的文化の一部をなすものとして理解され、さらに「倫理学教授」となったことと平行して、倫理思想史研究として独立化し（その過程で『尊皇思想とその伝統』を生み出し）、倫理学へと転換していったということである。したがって、戦後の『倫理学』下巻で和辻が大正教養主義に先祖帰りしたことは、既成事実の合理化＝正当化という和辻の体質と無関係ではないとしても、それのみで説明し尽くせるものではない。

ここで、以上の考察をまとめておこう。

第一に、和辻の教養思想は、芸術鑑賞による〈自己陶冶〉から客観的な文化（倫理・道徳を含む）へとしだいに重心を移してゆき、またその推移は「気軽い著作家」から「倫理学教授」への——大学卒業後も親からの仕送りと私大非常勤講師職と文筆で糊口をしのぐ高等遊民から【補説5】「学者」の定職への——転換によって拍車をかけられた。ただし、文化史的研究一般は、大正期の自己教養のための芸術探究からの連続性をもち、教養思想として捉え得るが、『尊皇思想とその伝統』を含めた倫理思想史研究がどの程度まで教養思想と連続しているのかという問題には、ここで立ち入る余裕はない。

第二に、和辻の思想には、精神文化の立場からする、国民道徳論＝富国強兵の路線への敵対、あるいは「我欲」の追求である資本主義・社会主義への反撥という形の、反「物質文明」の発想が初期以来『倫理学』に至るまできわめて色濃く刻印されており、それに対置されたのがほかでもない芸術＝「文化」であり、それゆえ和辻において反「物質文明」は教養思想の一つの重要な構成要素であったとみなすことができる。【補説6】

第三に、和辻は、若いころから、「真の」西洋精神の理解と受容を通じて「真の」日本文化を発見しようと努めたが、それは、西洋文化の「根」にある普遍性の認識・摂取による「東洋西洋両文化の統一」という構想として結実した(27)。これまた、芸術から文化一般へと押し広げられたとしても、教養思想に属するといってよい。和辻の場合、戦中期には、イデオロギー的に普遍性が日本においてのみ実現されてきたという発想が強く出てきているが、これも白禍論を想起するならば、大正期に根ざしていたと見ることができる。

だが、第四に、このことは大正教養主義の「政治性」という問題と絡んでいる。この問題にはすでに触れたが、ここではいま少し考察の幅を広げ、大正デモクラシーの「政論」との関わり、さらには丸山によるその評価という視角から探ってみることにしたい。

この問題を最初に強調したのは三木清である。三木は「教養論」（昭和一二年）で、「この頃また教養論が流行している」が、かつて大正時代に流行した教養観念は、「文化」（哲学と芸術）を拠り所にして、「文明」（科学と技術）を貶下し、とりわけ「政治」と対立し、意識的に排除したが、今日の教養論もかつての「教養論時代の思想を無批判にそのまま踏襲しているにすぎないように見える」と批判した（『三木清全集』⑬岩波書店〈1985〉311f.）。さらに三木は「読書遍歴」（昭和一六年）でいう。自分の中学時代には、学生の政治的関心が強く、雄弁術が流行したりしたが、その後は逆に内省的で懐疑的な時期が登場し、そこから「教養」という観念がインテリゲンチャの間に現れた。したがって、この教養の観念は、その由来からして「文学的乃至哲学的」であり「政治的教養」を含んでおらず、むしろ意識的に政治的なものを外面的なものとして軽蔑し、「文化」を重んじる「反政治的乃至非政治的傾向」をもっていた。「科学」や「技術」も「文明」に属するものとして軽んじた。教養観念は、主として漱石門下でケーベル博士の影響を受けた人々により形成された。阿部次郎の『三太郎の日記』がその代表的な先駆である。この流れとは別に、しかし様々な接触点をもちながら教養観念の拡充と積極化に貢献したのは「白樺派」の人々であり、このようにして「日本的なヒューマニズム」が形成されたが、それはしだいに「文化」という観念に中心を置くようになっていった、と（『全集』①〈1984〉387ff.）。そして三木に私淑していた唐木順三もおおむねこの主張を踏襲した（西村稔「教養と作法」『法学会雑誌』㊾〈2000〉612ff., 634）。

しかし、大正期の阿部と和辻の教養思想は全面的に「反政治的乃至非政治的」であったとまではいえない。「道の政治」や「哲人政治」として表現された、教養思想の「政治性」は、政争に明け暮れ物質的利益の追求に走る既成政治家への「軽蔑と憎悪の念」（阿部『全集』⑦178）や、権力闘争・階級闘争を超越し（その限りで「反政治的」に）民衆の「教養」の向上（「人間の改造」）という手段によって（その限りで「非政治的」に）、理想的な政治を構想したという意味で――もしくは「権力構造」や「状況」を含めた「政治的現実」の分析や政策論の検討にほとんど踏み込まなかったという点で[28]──いわば「非政治的政治性[29]」という性格をもっていた。

このことは、大正期の「政論」の特徴と関わっていた。阿部や和辻は大正期前半に私大の教師になり、大なり小なり文筆によって口に糊していたが、いまだ専門「学者」として自立せず、そうかといって本物の「文筆家」や「評論家」でもなく、まして政治家ではなかった。彼らは、その意味で「ディレッタント」として政治に口出ししたのだが、それは大正デモクラシーの構造と無関係ではなかった。三谷太一郎（『大正デモクラシー論』17, 123）は、大正デモクラシーとそれを媒介とした無産政党運動を、既成の「政治的職業人《プロフェッショナル》」に対する「政治的非職業人《アマチュアー》」の挑戦と呼び、吉野作造を、そうした知識人や青年により担われた「政治的アマチュアリズム」の最も有力な代弁者として特徴づけているが、この定式を借りるならば、阿部や和辻は、吉野の政治論や黎明会の活動などから刺激を受け、文筆を通じて大正デモクラシーのアマチュアリズムをバックアップしたと見ることができる。

ところが、戦前・戦中期に丸山が大正教養主義の「政治的」思考にさして深い関心を示した痕跡を見出すことはできない。丸山は、戦前のことを聞かれて、河上肇には関心があったけれども、「吉野さんは歴史的人物で、あまり遠くて、よく知りません」と取りつく島もないような答え方をしている（『回顧談』上163）。なるほど、戦後まもなく政治学の「再建」、あるいはむしろ「新創造」を課題として意識した時に、丸山は吉野に何度か言及したが、そこにポジティヴな評価を見出すことはできない。丸山は「科学としての政治学」（一九四七年）で、「我国の政治学は極言すれば、「復活」すべきほどの伝統を持っていない」として明治以来の日本の政治学の未成熟を俎上にのせ、その第一次的原因が「「政治学」と現実とが相交渉しつつ発展した」経験をもたないところにあると断じたが、その際、吉野の「学説」が時代に対して最大の影響を与えたことを認めつつ、その民本主義論は「理論的というよりむしろ多分に啓蒙的なもの」であり、吉野の「学問的業績」としては政治史（とくに日本政治史）の方が重要だと述べている（『集』③135f.）。また、早稲田大学自治会設立記念講演「現代政治学の課題」（一九四七年）でも、吉野の「政治学の革新」（一九二〇年）に、伝統的政治学への訣別と新政治学の黎明の待望があったことを認識しながらも、吉野がアカデミーよりもジャーナリズムを活躍の舞台とし、その大部分の論稿が「時事論文的」なものであり、「啓蒙活動」への集中のため「新しい政治学理論」をついに樹立できなかったとしている（『別集』①248f.）。さらに、日本政治学会と『年報』の発足にあたって行われた討論会「日本における政治学の過去と将来」（一九五〇年）では、吉野の名前こそ挙げないものの、明治一〇年代と大正デモクラシーの時代には「政治的思惟」が活発になったが、それは「ジャーナリズム」ないし「論壇」でのことであって、「政治的理論、体系的理論」ではなく、「アカデミックな研究」との関連が稀薄であったと主張した（『政治学会年報』①〈1950〉38f.）。

これは丸山の偏見ではなく、吉野自身、民本主義を唱えた「憲政の本義を説いて其有終の美を済す途を論ず」（大正五年）の意義は「その学問的価値」ではなく、「巧みに時勢に乗つてその要求に応ぜんとした点」にあることとを後に認めた（「民本主義鼓吹時代の回顧」〈1928〉『選集』⑫73）。この論文は『中央公論』の編集者滝田樗陰の勧めにより口述筆記したものであり、以後吉野は没するまで同誌に五百篇の論稿を寄せ、みずから評するに「半分雑誌記者見た様な人間」になったとしている（『吉野作造選集』⑫岩波書店〈1995〉154：岡義武「解説」『吉野作造評論集』岩波文庫〈2006〉305f.）。

大正デモクラシーの政論に対する丸山のこうした評価は、すでに我々が見た『現代政治の思想と行動』の「夜店」（「政治学原論」と「時事論文」）の位置づけ（I-4-a, b）を想起させる。丸山は、「夜店」を開いた理由として、専門の政治学者が少なかったという事情を挙げたが、これは主として「政治学原論」に関わる弁明である。ジャーナリズムに拠る「時事論文」を含むと解することもできないではないが、時事論文は基本的に「知識人」としての活動であり、政治学者の不足と論理的に必然的な関係にはない。しかも、丸山は、『増補版　現代政治の思想と行動』でジャーナリズムからの撤退をほのめかし、徐々に「本店」＝政治思想史研究へと移動していった。つまり、吉野の政論が「時事論文的」、「啓蒙的」なものであり、政治史・日本政治史に関わる研究だけが「学問的」業績だとする位置づけは、丸山がみずからに適用した評価基準と同じものであった。逆にいえば、丸山は戦後〈知識人の社会的使命〉を強烈に意識し、盛んに時事論文を書いたが、それが、吉野の（ひいては和辻や阿部の）政論の轍を踏むものだということを十分意識していたと推測される。事実、後年のヒアリングで丸山は、東大政治学の鼻祖・小野塚喜平次の「純アカデミズム」が弟子の南原繁に受け継がれ、同じく小野塚の門弟の吉野も最初こそ南原と同じであったけれども「時局発言」をするようになり、吉野の後を継いだ蠟山政道は吉野から「政治学をやっているものは、象牙の塔ではだめだ」といわれたというエピソードを紹介している[30]（『回顧談』下 59）。そして丸山自身も、象牙の塔にこもることを忌避して時事論文によって論壇で活躍した。

こうした事情から、あるいは小野塚の政治学を「リベラリズムの政治学」（岡義武「小野塚先生と南原先生」『聞き書南原回顧』426f.）と規定し、そこから小野塚の弟子たる南原、吉野、岡義武、矢部貞二などを経て、さらに孫弟子ないし曽孫弟子にあたる丸山や蠟山、辻清明まで（あるいはそれ以降にも）、つまり丸山のいう「直系卑属」（『回顧談』上 207：『話文』①310）に及ぶ東大政治学（学科）の――ということはある程度までは日本の――政治学の「伝統」像を描くことは、たしかに蠱惑的なテーマであるが、なお慎重な検討を要する。【補説7】少なくとも、吉野への距離に見られるように、丸山はみずからも「直系卑属」の一人であることを認めるほど軽率ではなかった。

それはともかく、ここには教養思想と「学問」の関係について一つの見方が示されているようだ。吉野の政論に対する消極的評価は、丸山が教養派的なディレッタント的政治論に政治学＝「学問」のステイタスを認めようとしなかったことを示している。つまり、教養思想に担われた政治論は「時事論文」であり、「ディレッタント的」＝「非学問的」であり、研究者ではなく〈知識人としての学者〉の職掌だということになる。だが、はたしてそのように一般的にいうことができるであろうか。以下では、いささか回りくどいが、いま少し射程を広げ、若き丸山が思想形成の緒についたころの思想的「環境」として、阿部や和辻よりも丸山に近い関係にあった南原と田中耕太郎の思想に着目して、丸山と大正教養主義との連関を探ることにしたい。

【補説5】「気軽い著作家」は、「浪人であるから至極自由である」（『全集』別巻①102）という心境を生み出したから、まさに自由な文筆家の境遇と対応しているが、「浪人」とは、正規の職業をもたず、妻子（明治四五年大学卒業と同時に結婚、大正三年長女誕生）を抱える不安定な生計を意味していた。大正四年五月二四日の父宛の手紙では、欧州大戦によって出版界が不景気のために印税の支払いが滞っているので、今後は「自分の真面目な研究にあまり邪魔にならない限り、毎月別に少しずつ書いて、金を取る工夫をしようと思います」と、窮状を訴えて「学資」を続けるように頼んでいる（『全集』㉕62：cf.勝部真長『青春の和辻哲郎』中公新書〈1957〉180ff.）。ただし、後に妻照が述べたところでは、新婚時代には実父のみならず、岳父からも援助を受け、照自身もアルバイトをしていたので、「つましく不自由なく暮らせる」程度であり、そのうえ同年九月からは鵠沼の岳父の持家に移った（和辻照『和辻哲郎とともに』新潮社〈1966〉53, 68）。それでも生活費が不足したのか、同年一一月一六日の父宛の手紙で、「私も和辻の血を継いだためか、金銭を得ようとする熱意が他人ほどないように思うけれども、「せめて一家を支へる収入をどうかして得ようと心掛けて」いるが、就職といっても中学の語学教師以外にはあまりなく、「また卑しい暗中飛躍をやつて職にありつかうとするのも嫌なため、つひ現在のやうな状態を続ける事になりました」とこぼし、「学資減額のお願い」に至った生計改善の事情を伝えている（『全集』㉕67f.）。したがって、文筆業といえるかどうかは別にして、ニーチェの手紙の翻訳（『ニイチェ書簡集』大正六年）などは、阿部と同じように、「糊口のため」であった（『全集』㉕85）。また、大正一五年（つまり京都に着任して以後）に、「来年からは三冊の新刊の印税で暮らしを立てる予定にしてゐる」といっている（『全集』㉕160）。一冊は芭蕉の俳句に関する阿部などと共著の続編で、もう一冊は『日本精神史研究』だが、その一部は、「ほとんど未定稿のごとき状態のままで」過去の論稿を集めたもので「未熟な研究」であるとしている（『全集』④6）。三冊目は『原始基督教の文化史的意義』で、これは前述のように、「厳密な学問書」としての資格をもたないとされたもの、つまり「気軽い文筆家」の余禄である。

【補説6】 和辻は『原始基督教の文化史的意義』所収の一文（初出『思想』大正一〇年）で、古代ギリシャ人と古代ローマ人と現代アングロ・サクソン人を、「たましい」と「知力」の、あるいは「文化（Kultur）」と「文明（Zivilisation）」の違いとして捉え、古代ローマ人と現代アングロ・サクソン人（とくに米国人）が「野生的」で「実際主義的実用主義的」な点で類似していると述べ、シュペングラーなどを引用しながら、ローマ的＝アングロ・サクソン的「文明」は、富と力、肉欲と色欲、大都市と商業・工業、「金」、機械、模倣、法律・交通網・水道、武力と科学だと断罪している（『全集』⑦二）。この主張は、おそらくトーマス・マンの『非政治的人間の考察』（一九一七年）における「文明」と「文化」の対置を踏襲したものであり、アングロ・サクソン的文明の批判は後の「アメリカの国民性」（昭和一九年）に繋がってゆくが、西洋物質文明＝「我欲」と真の西洋精神＝「洋魂」を対置し、後者を優位に置こうとする点で教養思想として位置づけることができる。ちなみに、内村鑑三も「新文明」（昭和元年）と題する記事で、これまで人々は「東西両文明の融合」について語ってきたが、シュペングラーのいうように、いまや西洋文明は頽廃文明で、近い将来に死滅する運命にあり、東洋文明の方はすでに「死んだ文明」であるとし、西洋のキリスト教文明を「偽文明」として否定し、日本は、膨大な軍事予算を伴うこの西洋文明を完全に放棄し、神の予言により宣言された神の政策によって「新文明、真に文明である文明」、「戦争なき文明」を作り出さなければならないと論じている（『全集』㉙446ff.／道家弘一郎訳『内村鑑三英文論説翻訳篇』下、岩波書店〈1985〉296ff.）。丸山は「「福沢・岡倉・内村」の草稿らしいもの」（「丸山文庫」［資料番号497-1］1）で同じ引用文を抜き書きしている（シュペングラーの箇所は省かれている）が、そのうち、「我が祖国日本が、五十年前に武士の武装解除を宣言した如く、その主権による宣言に依て、国家の武装解除を宣言し、斯して全世界に新文明を招来するとせば、それはなんと光栄ある日本となるであらう」という部分（『全集』㉙450）につき「晩年の予言！」と頭書している。

【補説7】とりわけ「学問と政治」ないし「学者と政治」の関係が、小野塚から「直系卑属」に至るまでどのように理解され、またそれが実行に移されたのかという問題は、本書にとってもきわめて興味深いが、ここでそれに立ち入る余裕はない。そこで、この問題を考えるための一つのヒントとして、「学問と政治」と題する丸山と南原の対談（一九六四年）の論点を整理して、若干のコメントを加えておきたい（『座談』⑤3ff.）。

①南原によると、小野塚は、丸山のイメージ通り、基本的に「学究の徒」であり（他の場所でも南原は、小野塚が「大学教授として終生学問の世界にのみ閉じこもった」としている（『聞き書　南原回顧』357：I-3 註12）のであり、政治的発言は、ⓐ「学問」と関連づけた形でか、ⓑ「一学究」とは違った意味の（総長職からくる？）「義務感」からなされたという。

②以上の点において、南原は小野塚と同じ立場にあった。

③南原は、自分を含めて一般に、「学問」と関連づけられた政治的発言が人類・社会の進歩に貢献する義務意識（丸山はこれを学問の「社会的責任」といいかえる）からなされるものだとする。

④丸山によれば、明治時代には学問と政治が共通の目標を追求する余地があり、小野塚も一枚噛んだ日露戦争前夜の「七博士事件」のように、学者が政治的発言をするのは「あたりまえ」という雰囲気があり、その「伝統」が吉野、美濃部まで続いたが、戦後、憲法により学問の自由が保障された段階でかえって学者（公務員としての国立大学教授）の政治的発言が抑圧されるという逆説が生じた。南原は、こうした事態につき、やはり学問による現実批判が「国民から付託された責任」であるという論拠を持ち出して、丸山に同調している。

⑤丸山は持論を控えているが、南原ははっきりと、「学者は何よりも自分の学問の研究に没頭」し、結果を公表してその理論や思想について世の批判を求めることが「根本の任務」であるから、「ジャーナリズムが本職となったり、政治の実際運動に没入しないように」自戒する必要があり、政界の方も、政治が理論や英知に基づくもので、そうした立場からの批判により進歩するものだということを承認する必要があると主張する。政治家も学者の批判を「空論」とせず、謙虚に受け止めるべきだ、と。「空論」

とは、吉田茂の、「曲学阿世」、「学者の空論」という南原批判（一九五〇年五月）を指しており、南原はそれに対して同年の東大五月祭で、大学は理性と批判の府として「善き人間社会をつくるがために、時代の現実の問題と取組み、それを科学的に批判し検討する社会的責務を自ら担っている」が、それにもかかわらず「政治家」と称する「実際的専門家」が、「現実政治」は彼ら独自の領域だとして「理論家」=「学者」の「立入禁止」を要求しかねない現状を批判していた（『著作集』⑦344f.）。

以上の議論からは、「学問と政治」の関係について、丸山と南原の間でおおむね共通の理解があり、とくに丸山のいう〈学問自身の社会的使命〉は、南原の人類・社会の進歩に貢献する義務、あるいは国民に付託された責任という観念によって肯定されている。というより、これは、南原の影響が丸山に及んだものだと見るべきであるかもしれない。この限りで丸山は小野塚から南原、そして自分へと連なる系譜を肯定したといってよい。他方、丸山は、大学の自由にもかかわらず制約を受ける学者の政治発言への抑制という戦後の状況を批判するために、明治時代の政治権力と学問のいわば牧歌的な共存を想定し、それが吉野、美濃部に及んだことに言及したけれども、南原はこれにつき何も語らず、むしろ、学者がジャーナリズムを「本職」としてしまいかねないことに相変わらず警告を発した。そのことは、すでに見たように、丸山も決して否定しなかったのだが、南原の方がリゴリスティックであった。そして丸山も、この対談の後しばらくして、ほとんどジャーナリズムに書かなくなった。したがって、対談は、「学問と政治」=〈学問自身の社会的使命〉のみならず、「学者=知識人と政治」、つまり〈知識人の社会的使命〉にも及んだといってよい。

第二節　法学部教養派と丸山

a　南原繁・田中耕太郎の欧化論

物質文明批判と東西文化の融合

内村鑑三は米国留学以来「物質文明」を拒否し続けた。キリスト教精神からすれば、「物質文明」は「霊」の対極にある（「文明は肉の事なり、基督教は霊の事なり、故に文明と基督教との間に深き関係あるべからず」〔「文明と基督教」〈1905〉『全集』⑬224〕）。反「物質文明」は信仰の必然的帰結であった。そこから内村は拝金宗の教祖福澤諭吉を忌み嫌い（『全集』④134：『全集』④146, 154f., 156, 159f., 163／亀井俊介訳『内村鑑三英文論説翻訳篇』上、岩波書店〈1984〉123, 127f., 129, 131f., 133）、町人根性を唾棄し（『全集』⑪241）、「我欲」を徹頭徹尾排除した。そして和辻哲郎もまた大正初期に富国強兵策と国民道徳論・国体論に噛みつき、昭和期に入っても、精神をおろそかにして「物質文明」のイデオロギーである「功利主義」と「個人主義」の輸入に勤しんだ維新以来の歩みを批判し、町人根性と福澤を並べて断罪した（『全集』④447f., 484ff.／『続日本精神史研究』287, 347ff.）。もっとも、この点につき和辻がどの程度まで内村から（あるいは一般にキリスト教から）影響を受けたかは定かでない。だが、南原繁の場合、功利主義や物質文明への批判は、疑いもなく内村から直接引き継がれた。

丸山は、南原が功利主義的個人主義を批判し、世界観として自由主義を否定したが、内村や矢内原忠雄も同じ立場であったとしている（『回顧談』下28 : cf.『集』⑩141）。南原は、英米は功利主義哲学の国だといったが、功利主義とは損得で動くという悪い意味であった(1)（「丸山眞男先生を囲む会」上〈1993〉『手帖』㊶17）。南原はイギリスの功利主義、経験主義、プラグマティズムが「大嫌い」であったともいう（『続話文』①46）。功利主義は「物質文明」の哲学、「我欲」の哲学であった。南原は、福澤の功利主義的宗教観ないし「無神論」を指摘し、内村がその「物質文明主義と功利主義」を激しく攻撃したことを紹介している（「福沢諭吉の宗教観」〈1967〉『著作集』⑩147ff.）。丸山は後に、明治の後半以後に青年期を送った人の福澤イメージはほとんど否定的であり、南原のそれは内村に由来しており、南原は、福澤は偉い人だが、「あの功利主義ではもう駄目じゃ」と漏らした、と伝えている（『座談』⑨74）。

「時代の危機」の意味」（昭和九年）で南原はいう。西欧近代文化の主流は、経験的事実に基礎を置き、もっぱら因果的必然法則を支柱として、道徳・宗教・学術などいっさいの文化を確立せんとする一九世紀の「実証主義」であり、これが現実的な政治社会生活に影響を及ぼした結果、資本主義組織や議会制度などが生まれたが、この実証主義の基底をなすのは、精神的価値・永続的生命を拒絶する「自然機械的世界観」、「功利主義的世界観」であり、これによって個人主義は個人の自由、市民の解放を推し進めたけれども、極端な個人主義＝利己的個人主義に堕した。日本が維新以来ヨーロッパから取り入れた制度文物はこうした思想に基づき、いわゆる「文明」の急速な進歩を促したが、正しい意味の「文化」はまったく深化されず、功利的な道徳観が支配的になり、人々は自己の利益と幸福を追求しようとし、日本在来の国民的共同体精神から分離して、主として個人主義の原理の上にすべての法律制度が作られるに至った（『著作集』③62f.）。功利主義的個人主義と「文化」との対置は和辻と異ならず、正しい意味の「文化」は「真の」西洋文化、西洋文化の「根」にあたる。

さらに、「現代の政治理想と日本精神」（昭和一三年）で南原は、「西洋＝物質文明」説が一九世紀の実証主義を捉えたもので、西洋文化の本質を穿っておらず、かつてインド仏教やシナ儒教に対した如く、今後は日本文化の創造発展のための普遍的基礎となるように、西洋的で世界的な文化の最奥の精神と「対決」することが課題だという

（『著作集』③121：『著作集』③81：『著作集』①244）。仏教や儒教の日本への定着をモデルにして西洋文化の摂取を説くのは、欧化論の一種としての東西融合論である。また、南原は物質文明＝功利主義批判の見地から唯物論的社会主義を忌避しつつ（『著作集』③96ff.）、個人主義・自由主義・社会主義の弊害を是正すべき「社会共同体」の構想を肯定する（『著作集』③44：『著作集』③55）が、これも「ゲゼルシャフト」（利益社会）に対して「ゲマインシャフト」（共同社会）の意義を強調した和辻（『全集』別巻②154ff.：『全集』④505／『続日本精神史研究』382）と異ならない。

物質文明の拒絶は戦後まで続いた。東大総長になった時の「所信表明」である（『聞き書　南原回顧』309f.）紀元節演説「新日本文化の創造」（昭和二一年）で南原は、祖国再建のために「新たな国民精神の創造」、「わが国民の改造」を訴え、学生の奮起を願って、従来から日本でも流行していた「功利主義思想」とその兄弟である唯物論的無神論がさらに勢いを得て我々の頭上に滔々と押し寄せつつあることに鑑み、かつてイギリス功利主義に対決した「オックスフォード＝ムーヴメント」に倣って、新たな理想主義的運動の開始を訴えた（『著作集』⑦23ff., 31）。後年南原はこのくだりを説明した時、「功利主義思想」を「滔々たる功利主義的アメリカニズム」といいかえている（『聞き書　南原回顧』311）。『政治理論史』（昭和三七年）でも、かつての「日本精神」論は、戦争のイデオロギー的基礎づけを動機としていたとはいえ、明治以来の一九世紀の科学的実証主義と西洋文明の移入に対する「反動」としての意義」があり、現代ヨーロッパでも「技術的・機械的な近代文明の発達の頂点」にあって「真の文化」の危機と没落が叫ばれていると指摘している（『著作集』④18）。

それゆえ、思考様式や思考枠組のうえで南原と和辻との距離はかなり近かった。もとより、南原には宗教と信仰があった。南原は、「近代文化」が高い精神と内面性を失って皮相化、一面化し、「機械的物質文明と非人間性」の特徴を露呈するに至ったと見て、その克服を宗教に期待し（「現代世界の問題と日本」〈1952〉『著作集』⑧35）、丸山との対談（昭和三九年）でも、ヨーロッパ文明を中心にした近代文明が「行き詰まり」に直面し、今日の極端な機械文明や技術文明の中で「精神の世界」の影が薄くなってきているとして、宗教の意義を説いている（『座談』⑤22：cf.

『著作集』⑧192f.：『著作集』⑧229)。しかし、同じく宗教的でありながら、欧化論にとってより重要なのは、南原が「地歴哲学」に基づいた〈日本の世界史的使命〉という観念を内村から引き継いだことである。

日本の世界史的使命――日本的キリスト教

内村は、アメリカ留学中にいわゆる「真の回心」を経験した時のことを、明治一九年一二月五日の日記にこう記した（『全集』③124／鈴木俊郎訳『余は如何にして基督教徒となりし乎』岩波文庫〈1958〉172f.)。

> 神ノ摂理ハ我ガ国民ノ中ニアルベシトイフ思想ニヨリ多大ノ感動ヲ受ケタリ。モシ凡テノ善キ賜物ガ神ヨリ出ヅルナラバ、然ラバ我ガ同胞ノ賞讃スベキ性格ノ中ニモ至高《いとたか》キ処ヨリ来リシモノモアルニ相違ナシ。我々ハ我々自身ニ特有ノ天賦ト賜物ヲ以テ、我々ノ神ト世界トニ仕フベク試ミザルベカラズ。神ハ二十世紀間ノ鍛錬ニヨリテ達セラレタル我ガ国民性ガ、欧米思想ニヨリコトゴトク乗取ラルルコトヲ欲シ給ハザルナリ。基督教ノ美ハ神ガ各国民ニ与ヘ給ヒシ凡テノ特殊性ヲ聖メ得ルコトナリ。福《さいわい》ニシテ奨励的ナル思想ナル哉、Ｊ―モ亦タ神ノ国民ナリトハ。

このような旧約的＝ユダヤ教的な発想（cf.『全集』③108f.／鈴木訳 149ff.）から、内村は「日本国の天職」（明治一五年）において、地理・歴史のうえから必然的に日本は東西文明の媒介者となり、東洋文明の開化を図り、同時に西洋文明の欠点（器械的西洋、傲慢な欧米）を是正する使命をもつと主張した（『全集』①290ff.)。これは「地理学考」（明治一七年）でもっと大規模かつ詳細に展開されることになるが、だいたいの趣旨は同じであり、西洋文明の「分離と競争」、「自由と独立」と東洋文明の「一致と合同」、「和合と従順」がいずれも長短あわせもつものだとしている（「欧の長は亜の短にして、欧の欠は亜の有なり」〔『全集』②451f., 468〕)。採長補短的発想をベースにしながら、東西両文明の長所を一身に引き受けることのできる日本こそが世界を変革する資格と使命をもつ、と説くのである。これも一種の東西文明融合論である。

明治二九年には、「日本は世界に対して重大なる責任を負ひ、世界は将さに日本に負ふ所甚だ多からんとす、東西両洋の間に介し、西を招き、東を弁じ、前者の暴を和らげ、後者の迷を解き、二者の配合を計るは日本を措て他に国民あるを知らず」といい（『全集』③263）、大正一三年にもこう論じる。日本は平和によって人類に貢献する。明治大正の物質的文明は一時的現象である。日本は軍事国でもなければ商業国でもなく、日本人はユダヤ人と同じく「宗教の民」である。「所謂西洋文明」は頂点に達してこの世を滅ぼしつつあり、物質文明の頂点に立ったアメリカ人は暗黒を求めるのみであるが、日本は、かつて支那で衰えた儒教を闡明し、インドで亡んだ仏教を保持したように、欧米で棄てられたキリスト教を闡明して、復活し、あらためてそれを世界に伝播すべきだ、と（『全集』㉘400ff.）。

「地歴哲学」に支えられた日本国天職観は、「日本」こそが世界を変革する使命をもつという〈日本の世界史的使命〉の確信を南原にもたらすことになる。しかも、南原は内村のこうした発想から「日本的儒教」と「日本的仏教」に倣った「日本的キリスト教」というテーゼを引き出した。

南原は戦前に公刊した唯一の著書『国家と宗教』（初版、昭和一七年一一月）で、現代カトリシズムの運動を復古主義として捉え、ファシズムに繋がることを指摘した（『著作集』①106ff.）が、それに対して法学部の同僚であった田中耕太郎はカトリックの立場から『国家学会雑誌』（昭和一八年五月）で噛みついた。南原のキリスト教信仰の核心は「ルッテル的」で、「我国では其の影響の下に故内村鑑三師に依つて強調せられた人間の救済は信仰のみに依り（sola fide）、善業に依らぬものとする信仰」であり、南原は「真の意味に於ける「日本的キリスト教」」論を唱えるが、文化と信仰は別問題である、と（「南原繁教授『国家と宗教』〔昭和十七年〕」『国家学会雑誌』㊼-5、111, 113）。キリスト教と民族問題との結合をしりぞけるのである。南原の「日本的キリスト教」論とは、こういうものである。日本が千年の歴史を通じて仏教を中心として東洋文化と融合し、日本仏教と日本文化を創り出したように、わが国の将来の重要問題の一つは「真の意味における「日本的キリスト教」」の育成と「新日本文化の展開」にあり、それにより日本は「新たな意味において世界性を獲得し、普遍的にして且つ特殊的な、それ故に具体的な根拠を一層鞏固にし」、日本国家の世界精神的意義の闡明もさらに深化されるであろう（『著作集』①275）。

田中の批判に対して南原は間髪をいれず同じ『国家学会雑誌』（同年八月、九月）に反批判文「カトリシズムとプロテスタンティズム」（一）、（二）を載せた（後に『国家と宗教』第三版に「補論」として収録）。南原は、田中の「日本的キリスト教」批判に対してまず、プロテスタンティズムでは、キリスト教が世界・人類の普遍的救済であることと歴史的＝国民的性格をもつことは矛盾ではなく、如何なる人間も民族的＝歴史的共同体の一員として生きるのだと反論した。ついで、プロテスタント教会一般にも批判の矢を向け、欧米のような教会の歴史と伝統をもたない日本では、君臣・父子との間の絶対的忠信と信従の関係という固有の道徳的基礎を踏まえて、イエスの人格に象徴される神的絶対理念との内面的結合という方法によって、国民的共同体が真の精神的生命により満たされる神の国の実現を目指すことが「日本的キリスト教」、つまり内村の説く「「無教会」(Unkirchlich) 主義」であり、内村は教会の権威に反抗し、純粋福音主義のために闘ったが、決して「個人主義者」ではなく、その信仰は「神の前に真の「日本人」たること」を教える祖国愛に裏打ちされていたとして、「日本的キリスト教」論を繰り返した。日本民族は、これまで世界的宗教である仏教を摂取し、「勝れて日本的なもの」に創り上げた。西洋では宗教改革によってゲルマン的ドイツ民族がローマ的＝ラテン的キリストから独立して、人類のために普遍的なキリスト教共同の使命を確保し、同時に古代ドイツ人に存在していた「異質的なもの」を排除することによって「ドイツ的キリスト教」を完成したが、いまや日本民族によって「第二の宗教改革」が行われるべきである、と。そのうえでいう（『著作集』①329ff.／『国家学会雑誌』57-9、88ff.：cf.「個人主義と超個人主義」〈1929〉『著作集』③58f.）。

日本が将来、世界の精神界に寄与し得る大なる一つの道は、この本来東洋的にして世界的なキリスト教の東洋的還元と日本化にあると思はれる。そして、そのことが完成された暁に、それを核心として、新たなる意義において世界的なる新日本文化の展開を期待する者は、ひとりわれわれのみであろうか。

内村の「日本的キリスト教」あるいは「キリスト教の日本化」は、「日本のキリスト教化」という（一般的にいえば）欧化を目的とした伝道戦略としての側面をもっていたが[補説1]、南原はこれを踏襲し、そこから内村の「地歴哲学」に支えられた〈日本の世界的使命〉の構想を打ち出したのである。

【補説1】「キリスト教の日本化」を内村は早くから意識していた。アメリカ留学時に内村は、「日本の福音化」のためには、どんな外来のものであれ、日本に同化させる前に、日本人の手になる「大きな修正」が必要であることを認識すべきであり、現在日本で流布している仏教宗派の中で最有力のものが日本起源であることに示されるように、「国民化」、「日本化」の傾向（日本人は「学習者」であるが「模倣者」ではないこと）を踏まえなければならないとしている（'A Church Question in Japan, 1886–1887'『全集』①159／亀井訳 35)。「日本国の天職」（明治二五年）では、日本人は「二千年来一系の天子を戴き同一の国語 習慣風俗を有することによって一貫して一つの国民であり、また国民の気質からいえば、「外物に感染し易きもの」であり、「他国の文明を吸収する」点では日本人に勝る国民はなく、東洋国民の中で日本人のみが欧米の文明を了解でき、また文明国民の中で日本人のみが東洋の思想をもっているという（『全集』①290f.)。ただし、内村は、国家権力との摩擦を避けるためにキリスト教を修正しようとしたわけではなく、「最も多くの日本人は基督教を日本化せんと努めて、日本を基督教化せんとはしない」として、「愛国者」のキリスト教をしりぞけている（『全集』⑫349)。南原は基本的にこうした内村の論理を引き継いだ。南原の「日本的キリスト教」は内村の摂理観からくる〈日本の世界史的使命〉と一致するが、より特殊には、内村の『代表的日本人』（明治四一年）に示されるように、武士道などの日本の伝統の中にキリスト教精神を見出すこと、あるいは、こういってよければ、「日本の精神のキリスト教化」とそれによる「日本のキリスト教化」を意味していた（南原も内村の「日本的キリスト教」の説明に『代表的日本人』を引いている〔『著作集』⑥89〕)。これについても内村は、米国滞在時に新島襄に宛てた手紙（明治一八年）で、「純粋の大和魂をもった人はしばしばキリスト教徒に非常に近づく」と述べ、「我々の大和魂をキリスト教化することができないでしょうか」と問いかけ（『全集』㊱164：鈴木俊郎『内村鑑三伝』岩波書店〈1986〉572)、ずっと下って明治三五年にも、「日本の武士道の基督教化せられしものが我が理想なり」といっている（『全集』⑩454)。

田中耕太郎――カトリック的教養思想

南原繁はこの〈日本の世界的使命〉についても、戦後同じ立場を堅持したが、その点は後で見ることにして、ここでは、南原の論敵であった田中耕太郎も実はまた広い意味で大正教養派であったということを見ておきたい。

田中は、かつて内村鑑三の門弟でありながら、カトリックに改宗し（大正一五年）、「無教会主義の背教者」（『話文』①318）になった後に、内村・南原を含めてプロテスタンティズムやそれと同種のものとみなした教養主義や個人主義に対して激しく牙を剝いたが、しかし教養主義を何から何まで拒否したわけではない。[2]

田中もまた、明治時代以降の日本は欧米の「物質文明」の成果の移入に力を注ぎ、その「根柢」となる「精神生活」に無関心であり、ヨーロッパの社会思想の「根柢」であるキリスト教と切り離されて、プロテスタンティズムも表層的に輸入されたという。そしてこの一般的図式の下に、道徳・法律・経済・政治に関しても物質文明崇拝に適合するもの、自然科学的「実証主義」が受容され、とくに新カント学派が隆盛を極め、またマルキシズムの浸透を許したことを指摘して、それに責任があるのは主観的な、社会性をもたないプロテスタンティズムの個人主義的信仰であると責め、トルストイや無教会主義者の「自己法王主義」、「日本的基督教」、カントの心情倫理を批判した（「現代の思想的アナーキーと其の原因の検討」〈1932〉『教養と文化の基礎』4ff., 10f., 22ff., 36ff.）。

田中の場合、カトリックに改宗する前はトルストイに傾倒し、そこから物質文明に「反感」を抱くようになったという（『生きて来た道』三木書店〈1950〉25）事情があるが、内村からの影響もなかったとはいえない。しかし、改宗後の田中は、明治以来の欧化路線を批判しながらも、「物質文明」そのものを否定しないようになる。田中は、立憲政治や資本主義的経営のような「社会的技術」、あるいは一般に自然科学や技術（「物質文明」）はそれ自体中立的であり、問題はそれを運用する人間の道徳的欠陥にあると見た（「現代の思想的アナーキーと其の原因の検討」〈1932〉『教養と文化の基礎』18f.）。とはいえ、改宗後も田中は依然として、明治以来の「物質文明」の輸入に代表される〈表層的欧化〉に反撥し続けた。

「物質文明」批判は南原や和辻の専売特許ではなかった。それは、丸山が指摘したように（III-1-a）、「つまみ食い」輸入の逆投影としての「西洋＝物質文明」という観念が戦時中に流行したことに現れている。田中にいわせれば、こうである。「伝統的道学者乃至国粋論者」は、明治以来の日本が物質文明の輸入に汲々として古来の国民的道徳を破壊したことを慨嘆し、また学生の左傾を問題視する者は、その原因の一つを明治以来の知育偏重に帰し、あるいはキリスト教徒は、為政者が物質文明を歓迎しながら、その根底となるキリスト教信仰を歓迎せず、物質文明教育のみが跋扈して有害な果実を生み出したと主張するが、これらの背後にある「世界観的立場」への批判はさておき、その「穏健」な内容（現代文明の欠陥の批判）は首肯できるものだ、と（『教養と文化の基礎』3f.）。このような主張によって田中は、「国粋論者」も含めた時代の思想の最大公約数を示した。それは、戦後に南原が「日本精神」論に、科学的実証主義と西洋文明の移入に対する「反動としての意義」を認めたことと対応している。

とはいえ、南原にとって、ヨーロッパ文化に「物質文明」や「個人主義文化」の烙印を押すのは「笑うべく、また危険なこと」であり、そのような一時期の形態ではなく、文化の「根元において生命を付与する「精神」」を吟味することが重要であった（『著作集』①244）。そして田中も、物質文明が生み出したマルクス主義や極右国粋主義が道徳や法律を相対化してしまったと批判した（『教養と文化の基礎』24）。また、戦後のことだが、極端な国粋主義者や東洋主義者が、日本を毒したのは物質文明たる西洋文明とその個人主義的思想だと主張するのは、西洋の技術文明やプロテスタント主義を西洋文明と同一視したためであり、日本は西洋から技術文明や個人主義的思想だけを受容し、「精神的な伝統的基督教的文明を全然無視して来た」とした（田中編『続　若き日の信仰』三笠書房〈1956〉171）。そして、国粋主義者は精神主義を標榜して西洋文明＝物質主義に反感を抱きながら、その実、権力政治・軍国主義の代表者、すなわち「世界観的な実証主義者」であり、まさにそれゆえに西洋の物質文明を批判する資格などない、と論じた（『カトリシズムと現代』公教社〈1949〉226）。

それゆえ、全体として見れば、南原と田中は、和辻と同様、「物質文明」＝西洋文明の表層的輸入をしりぞけて、

「真の」西洋精神、西洋精神の「根」、あるいは西洋文化の「普遍性」こそ輸入すべきだと考えた。

ただし、田中と南原の間には宗派とは別に大きな隔たりがあった。南原は初期のカント論で、「近く世界の大戦後に感傷的なる人道主義或は宗教的独断に依りて唱道せらるゝ如き平和論」を批判した（「カントに於ける国際政治の理念」『小野塚教授在職二十五年記念　政治学研究』①岩波書店〈1927〉523：『著作集』①154）。これは第一次大戦後の協調主義的平和論のコスモポリタニズムへの批判であったとされる（cf. 苅部直『歴史という皮膚』岩波書店〈2011〉82f.）が、「宗教的独断」は暗にカトリシズムを指しているように見える。もしそうだとすれば、むしろ田中の方が、人類と個人しか知らない典型的な大正教養派だということになる。とはいえ、南原が否定したのは、個人と世界を両極として民族共同体・国家の固有の秩序を認めず、ただちに人類国家を想定する「世界主義《コスモポリタニズム》」（『著作集』①169：『著作集』③117）、「個別的存在が種を媒介することなくして、直接的に普遍に結合する思想形態」[3]としての、抽象的個人主義に連なる「抽象的な普遍「世界民主義（Weltbürgertum, Cosmopolitanism）」」（『著作集』⑤326）であって、世界共同体一般ではなかった。

他方で田中も単純なコスモポリタニズムの徒ではなく、その世界法の観念もつぎのようなものであった（『世界法の理論』初版序文〈1931〉『田中耕太郎著作集』春秋社〈1954〉①5f.）。

私は人類の法律的生活に於ける国家の意義を軽視するものではなく、更に又現在の国家が世界国家の中に融合埋没し去るものと認むるものでもない。国家は正義の実現自体を其の本質的任務とするものである点に於て無数の他の社会と異る特色を有する。［……］又私は人類社会に於ける正義の実現が一国のみの関心事ではなく、普遍人類的性質のものであること［……］を指摘するに止まる。個人主義的なるコスモポリタニズムは拙稿の立場ではない。国家及び民族の道徳的及び文化的使命は明瞭に之れを認めつつ、国家及び民族の使命の真の成就への一道程に就き考察することが拙稿の立場に外ならぬ。国家主義と国際主義、民族主義と世界人類主義との調和の要求は其の基調でなければならぬ。

南原の立場との間に基本的な違いはない。これ以前にも田中は、自分は決して何もかも「平坦」にしてしまう「所謂世界主義《コスモポリタニズム》」に左祖するものではなく、「民族の特性」、「日本的なるもの」や「独逸的なるもの」を通じて「全人類的」たり得るのであると主張し、ただしこれは利己主義や狭隘な排他的民族主義とは区別されねばならないと釘を刺していた(4)（『法と宗教と社会生活』改造社〈1928〉204f.）。日本文化は、世界人類文化の一部を「分業的に分担」すべきであり、「普遍的精神」は民族文化を可能ならしめるものであった（「文化問題の世界観的基礎」〈1935〉『教養と文化の基礎』84）。

たしかに、自然法やカトリシズムの立場を強調した田中より南原の方が民族共同体に肩入れした度合は強かったようである（「われわれは人類であるためにも先ず民族として生きなければならない」〔『著作集』⑤328〕）が、普遍主義と結合した形で東西文化融合を説いた点では同じである。田中によれば、道徳の基本原理は古今東西不変であり、「在来の道徳」だけでは不十分であって、「西洋の道徳及び法律概念」の長所で補い、「在来の道徳、日本精神を完成すること」が必要となる。「自然法の思想は我が古来よりの伝統的道徳思想の中にも存在してゐた」というのだ（「現代の思想的アナーキーと其の原因の検討」〈1929〉『教養と文化の基礎』20, 52：「文化問題の世界観的基礎」〈1935〉『教養と文化の基礎』81ff.）。カトリック自然法は田中にとって「真の」西洋文化であった。それゆえ、和辻、南原、田中の欧化論は、おのおのその「信条」や強調点などを異にしながら、「物質文明」ならぬ「真の」西洋精神を普遍的なものと捉え、日本においてそれを実現し、東西文化の融合、普遍性の獲得を目指す、という思考様式において一致していた。

個人的教養から政治的教養へ

欧化論をめぐって和辻哲郎について確認した教養思想の四つの特徴のうち、第二の物質文明批判と第三の東西文化融合論は南原繁と田中耕太郎にも認めることができた。では、第一の〈自己陶冶〉から客観的文化の探究へという展開についても同じことがいえるのであろうか。

南原と田中は和辻と同世代、同学歴で、日露戦争から第一次大戦後終わりごろまでの青少年期の経験を和辻と共有した。ことに一高での体験は二人にとってもきわめて印象深いものであった。田中は、日露戦争後の藤村操に代表される「煩悶青年」を生み出した一高時代を、「高貴なるものを求めながらそれを摑み得ず暗中模索する誠に重大な危機の時代」、「知識欲に目覚め、純真なる感情の赴く儘に、死を賭しても悟りの彼岸に到達せんとする浪漫主義的煩悶の時代」と呼び（『教育と権威』岩波書店〈1946〉170）、南原は、一高時代に我々は「より内面的な深い道徳的至善」を求めて、「どんなに煩悶し、苦闘しましたことか」と回顧している（『著作集』⑩139：『著作集』⑩246）。ニュアンスは違うが、一般化すれば、「自己」と真善美の理想との、あるいは現実世界との相克をめぐる「煩悶」が中心問題であった。その具体的な様相はあらためて指摘するまでもなく、阿部の『三太郎の日記』に綿々と綴られている。そして、田中もまた、一高から帝大にかけての時期に翻訳者として既成道徳を批判する教養派の片鱗を見せていた。[補説2] しかも田中は、『三四郎』の「偉大なる暗闇」（広田先生）のモデルとされる一高の哲学教授岩元禎に親炙した「哲学青年」であり、法律哲学をやりたいと岩元に相談したところ、それよりも「法律」をやれといわれて、結局商法を専攻したといういきさつがある[5]（田中『生きて来た道』20f.：cf. 丸山『回顧談』上130）。

だがいうまでもなく、彼らはいつまでも煩悶し続けたわけではないし、また自分一個の陶冶にこだわり続けたわけでもない。和辻の例を引くと、東洋大学・法政大学での教歴を経た後、京都帝大講師となった過程で、遅まきながら「気軽い著作家」から「研究者」へと転身していったが、作品についていうと、大正中期ごろから客観的文化としての日本文化の探究を始めていた。どちらの面から見ても、「青年」からの、したがってまた教養主義からの

「卒業」について語ることができる。(6) 他方、大学を出ていったん内務省官僚となった田中は一年半ほどで職をなげうち、東京帝大助教授となり（大正六年）、南原も六年間の内務省勤務の後に大学に戻った(7)（大正一〇年）。二人は法科大学出身であるから、和辻とは事情が異なるが、官僚になった時、あるいは大学に戻った時には、教養主義から「卒業」していたと想像される。無論、重要なのはその「卒業」の意味である。

南原において〈自己陶冶〉としての教養思想が「客観化」へと向かったことは「学的世界観」としての政治哲学の位置づけに現れている。個人の「体験的世界観」（自分ながらの人生および世界に対する見解や信念）は「素朴」な前学問的なものであるが、それに対して「学的世界観」はギリシャ以来の真理探究に基づくものであり、したがって政治哲学は固有の価値体系をもち、世界の全的意味連関の中に位置づけられ、正確な批判的方法と厳密な概念構成によらなければならない（「政治理論史の課題」〈1941〉『著作集』③148）。あるいは、同じことだが、南原は、リッケルトの価値関係的な文化科学を乗り越えて、価値を主観的判断や「信仰」としてではなく、客観的価値体系として考え、その体系における政治的価値の位置を究明する「批判的政治哲学」の構築を目指し、各人の主観的な個人的世界観ではなく「理論的な学」としての「世界観の学」を通じて政治の目的や理念を闡明しようとした（『政治理論史』〈1971〉『著作集』⑤19, 28, 30）。南原は、トルストイ、ドストエフスキー、樗牛、蘆花、紅葉、鷗外等の読書（『わが歩みし道　南原繁』香川県立三本松高等学校同窓会〈1996〉248）による「陶冶」、自己をめぐる「煩悶」、その解決としての信仰（体験的世界観）を、「学的世界観」に、つまり「世界の全体的統一ならびに世界における人生の全体的意味」を明らかにする「哲学」（『著作集』③149）に変換したのである。

南原は「政治哲学への道」（昭和三四年）で、政治の哲学的考察が、政党的利害関係と並んで「宗教的信条や熱情」からも超越しなければならないとして、「真理を真理として承認する義務」を負いながら、それを燃えるような熱情によって遂行する「無情の情熱（Pathos der Pathoslosigkeit）」を説いている（『著作集』③138f.）が、この、宗教的「熱情」の学問的「熱情」への変換は、南原のたどった道を暗示している。南原は同じく無教会派の矢内原忠雄と違って伝道活動はせず、自分は「信仰と学問」を分けて考えると折に触れて語り（「南原先生と私」〈1977〉『話文』①291：「聞き書　南原『理論史』」〈1973〉『話文』④381f.：I-2-b）、説教はおろか、「政治学の論文で神という言葉を使ったこともない」とまで語っている（山口『南原繁の生涯』30）が、実際には講演のみならず学問的著作でも宗教や信仰に頻繁に触れており、とくにキリスト教を積極的に肯定した箇所は枚挙にいとまがない。そもそも、「およそ国家の問題は、根本において全文化と内的統一を有する世界観の問題であり、したがって、究極において宗教的神性の問題と関係することなくしては理解し得られない」という確信（『著作集』①13）の下では、内村の「日本的キリスト教」の擁護ですら南原にとって学問の範囲内であった。

南原の政治哲学は煩悶の解決ないし昇華としての信仰を内蔵していた。端的にいえば、政治的価値としての「正義」は信仰レベルの「心情倫理」の客観化である。それは、宗教の彼岸的＝超越的な要素はあらゆる文化的努力の源泉となり、個人の信仰を通して、国家と民族はその力を永遠的なものと形而上学的なものから汲み取ることができるという論述（『著作集』③79）からもうかがわれる。「信仰」は「体験的世界観」とともにいわば「職業としての学問」＝政治哲学に昇華されたのである。

南原における〈自己陶冶〉・個人的信仰から「客観的」世界への転移は、新しい「教養」観念によっても示されている。南原は「「時代の危機」の意味」（昭和九年）で、ファシズムや「日本精神」論に見られる古い民族的共同体思想への復帰運動をしりぞけ、現代の課題は、全体的世界観（国家は人類世界の全体的共同生活体の成員である）を把握して、近代文化の成果である「個人人格」と「国民的共同体」との結合ないし綜合を行うことにあるが、それは学者の専門的課題であるだけでなく、民衆が実生活の中で認識すべきことだとして、そのことを、「人間の真の「教養」の必要と高い意味においての公民の政治的教育の必要」と表現した（『著作集』③68ff.）。また「現代の政治理想と日本精神」（昭和一三年）では、西洋的で世界的な文化の最奥の精神と対決することは「一般国民の教養」の問題であり、教養の意義は「人格の形成と人間性の発展」を知性によって企てることにあるが、「人間自由の自覚と合理的精神」の養成は文化、とりわけ政治社会の進歩の基礎的条件であり、これまでの「個人的人間教養」に対して「政治的教養」が必要となり、それにより「政治的真理や正義に対する国民大衆の関心と情熱」が喚起されなければならないと強調し（『著作集』③121）、「政治理論史の課題」（昭和一六年）でもいう。人格形成は「自己の身を打ち、鍛錬すること」によってではなく、学問的真理や芸術的理想の「客観的文化の作業」に精進努力することによってなされるのであり、そこに「真の「教養」」の意味がある。教養とは、政治的＝社会的実践から逃避して、歴史的文化の研究によって趣味と同じように「個人的教養」を身につけるものではなく、政治的社会生活において我々の「人間個性をいかに生きるか」の問題に関わり、政治的＝社会的実践と深く結びつき、内面的な人間個性と政治的国家生活との結合を考えなければならない。孔子が「政を為すに徳を以てす」、「これを道びくに徳を以てし、これを斉えるに礼を以てす」というのは、政治家や指導者だけでなく、一般に国民公衆の「政治的教養」の問題だ、と[8]（『著作集』③155f.）。

南原は、政治的＝社会的実践から逃避した趣味としての「個人的教養」、あるいは「自己の身を打ち、鍛錬する」〈自己陶治〉から、政治的＝社会的実践と結合し得る、「政治」の「客観的文化」の探究――「政治」は学問・芸術と同じく「客観的文化」であり、「人類の全生活の完成を内容とする文化理念」に繋がる（『著作集』⑤324）――に進むべきだとして、一般国民の実践的課題にまで及ぶ「政治的教養」を要求したのである。[9]

【補説2】 田中耕太郎が青年期にまぎれもない教養派であったことについて、一つのエピソードを紹介しておこう。田中は高校時代から大学時代にかけて友人たちと、ロシア生まれの画家ヴィルヘルム・フォン・キューゲルゲン（Wilhelm von Kügelgen, 1802–67）の自伝 *Jugenderinnerungen eines alten Mannes*, 1910 を翻訳し、出版した（『生ひ立ちの記』興風書院、大正三年）が、その際、新渡戸稲造の紹介で森鷗外に訳稿の一部を見てもらった（明治四四年六月三〇日の鷗外の日記に、「第一高等学校の田中耕太郎、植野勲、大澤章、川村貞四郎、伊藤元治 Kuegelgen の書を訳して閲を乞ふ」とある〔『全集』㉟岩波書店〈1975〉527〕）。さらに田中らはこの本の序文を鷗外に依頼した。旧鷗外全集の編者である森於菟によれば、この序文は、訳者の筆であって鷗外の文ではないが、大正三年二月六日の日記に「Kuegelgen 自叙伝序を校す」（『全集』㉟620）とあるので、少なくとも鷗外の校閲を経たものとして全集に収めたという（『全集』㊳690）。同年二月二七日の日記に、「Kuegelgen を訳せし学生四人来話す」（『全集』㉟624）とあるのは、出版された本を携えて礼に訪れたものであろう。しかし、問題は序文が鷗外の案によるものかどうかというところにある。比較文学者の平川祐弘は、鷗外作という前提で、この序文が、教養ある妻（家庭）への鷗外の憧れを示していると見る（『和魂洋才』下、平凡社〈2006〉142ff.）とともに、白樺派の青年や「大正教養主義の中核をやがて形成するであろう若き学士たち」に清新な魅力をもって訴えたであろうと推測する（「鷗外の母と鷗外の文学」平川他編『講座　森鷗外』①新曜社〈1997〉184）。また、日本近代文学を専攻する紅野謙介も、この訳書が一高の名物教授岩元禎に捧げられ、しかも鷗外が序文で「教養ある家庭」に適した書としていることから、「まさに岩波書店を生み出した「教養」の共通土壌から生まれた翻訳書であった」とする（『物語　岩波書店百年史』①岩波書店〈2013〉197 : cf. 紅野謙介「教養主義のゆくたて」『日本古書通信』1012 号〈2013〉2ff.）。しかし、この序文に出てくる、「吾人は何時までも偏狭な、頑陋な、死せるが如き習慣や道徳を墨守して世界の生きた潮流に逆らふことは出来ない」とか、維新の躍進を担った「ちよん髷」には「教養」が不足しているから、いまや第二の躍進を担うべき青年に期待すべきであり、「新なる道徳、新なる宗教、新なる文学」を創造すべく、「今の急務は愈多く西洋文明の果実を取つて偉大なる精神的刷新に資する」ことにあり、「余は世界のあらゆる国民の優れたる点を包容した、一個の新しい国民が出現する日を待つものである」といった主張（『全集』㊳275f.）および表現はおよそ鷗外に似つかわしくない。「新なる文学」はよいとしても、「新なる道徳」、「新なる宗教」、「新しい国民」をこの時期の鷗外が求めたと考えることはできない。また、西洋文明の「果実」を貪っているだけではだめだというのが初期以来の鷗外の一貫した姿勢であった（たとえば「洋学の盛衰を論ず」〔明治三五年〕〔『全集』⑬73ff.〕）とすれば、いまさら西洋文明の「果実」をとって偉大な精神的刷新を望むなどというであろうか。逆に、序文が田中たちの手によるものであったならば、この引用文はまことに大正教養派にふさわしい。たしかに田中はある対談で、翻訳につき新渡戸に序文を書いてもらい、さらに新渡戸の紹介で鷗外のところに行って、序文や原稿の訂正を依頼したことを認めている（『生きて来た道』22）。だが、別の回顧では、「鷗外、新渡戸両先生の序文は承諾を得て、我々において代作し」たと明言している（『私の履歴書』28）。加えて、右のように於菟の証言がある。なお、訳者の一人である大澤章（一八八九～一九六七年）は、南原繁の友人であり、東京帝大を卒業して南原と同じく内務省に勤務した後、外務省嘱託を経て、九州大学教授（国際法）となった。若いころにはプロテスタンティズムに心を寄せたが、後にカトリックに改宗した（南原繁「大沢章君」〈1967〉『著作集』⑩349ff.）。

職業倫理の発見

他方、田中耕太郎の思想的展開は、内村鑑三に反抗し、カトリックに改宗したことが決定的に重要なモメントとなっている。田中は「文化問題の世界観的基礎」（昭和一〇年）で、教養ないし文化を自己目的とした「文化至上主義」をプロテスタンティズムもろとも否定し、教養・文化の意義は人類の道徳的使命に奉仕することにあり、その使命を示すのが宗教であり、「人間本来の道徳的使命の完成」と絶縁された「文化及び個人的教養」は、無意味であるばかりか、社会・国家を毒するものだ、と断じた（『教養と文化の基礎』87, 95f.）。「主観主義的信仰、芸術家的感情、個人的教養」により支配されている者は、法や国家に反感を抱懐し、トルストイ的な「倫理的、宗教的、或は芸術的のアナーキズム」に陥る危険がある、ともいう（「法と道徳」〈1933〉『法と道徳』春秋社〈1947〉8）。大正教養主義ないしそのバックボーンの一つとなった内村の思想の全面否定である。だが、田中にとっては、「人類本来の道徳的使命の完成」、つまり社会公共に裨益する教養・文化こそが重要であり、これまた客観的文化の肯定に繋がる。

しかも、田中はこのように考えるようになった後も、青年期の教養思想に一定の意義を認めた。後年、田中は、一高時代の我々の関心事は「人生問題」で、法・政治・経済には無縁であり、我々は魚住影雄、安倍能成、阿部次郎の伝統を引く「一種の精神的個人主義者」で、そこには「主観主義、独善主義の危険」もあり、教養の目的も漠然としていたが、しかし「人間は広い外界に、客観的精神に眼を向ける前に、一度は主観的精神に目覚め、徹底的に自己に沈潜する過程を体験する必要がある」と述べている（『私の履歴書』20）。これはよくある類の懐旧的な旧制高校讃美ではない。田中にとって、煩悶と〈自己陶冶〉の評価は、みずから法律学（商法学）という、およそ芸術的美とも煩悶とも信仰とも個人生活とも無縁であるかに見える干からびた客観的世界に歩を進めるための重大な決断と関わっていた。[10] 田中は『法と宗教と社会生活』（昭和二年）の序文で、

主観主義的の心持から法及び法学に対し消極的の意義の外に認められないで長い間苦しんだ私が、此処三四年来の信仰の転換と共に漸く法及び法学に積極的の意味が認め得られ、自分の専門が自然に生活の一部分に成り、殊に技術的なる法の一局部の研究にも感激を覚えつつ没頭し得るやうになつた喜び

を率直に披露している（『法と宗教と社会生活』序2）。

同書所収の「法律学徒の任務」（大正一三年）で田中はより詳しく解説する。高等学校の生徒は「一度個人主義主観主義懐疑主義の洗礼を受け、其の鉄門を通過しなければなら」ず、それがトルストイの倫理的宗教的立場からの法律否定観であってもかまわない。真剣に自己観察しようとするならば、必ず「人間性」に迫ることができ、理想家でありながら自己と世間を「リアリスチック」に見ることが可能となり、そこから「凡そ存在するものは合理的なり」という言葉の真の意義を会得し、社会生活の伝統や形式が自己の生活と無関係ではなくなってきて、客観的に存在する法律に向かうことが可能となり、「空なるコスモポリタニズム」を去り、「自己」のみを世界観の中心としていたのが、それと並んで「家族、国家、民族、人類」の意義を知り、個人の人格・尊厳・価値とともに「団体」の意義・価値に目覚め、これらによって「完成せられる自己」を見出すことができるようになる、と（同324ff.）。みずからの経験に即して政治・社会・民族等、とりわけ法の客観的世界に進んだ過程を、スコラ哲学への屈従→個人の自覚（啓蒙時代）→団体と歴史の意識（一九世紀）へと至る歴史的展開に照らして――いわば個体発生は系統発生を繰り返すというヘッケル的論理で[11]――、青年学徒に示して見せたのである[12]。それは、大正教養主義的な「煩悶」の階梯を経ることによってはじめて青年は「大人」になり、「職業人」になることの[13]自覚、いわば「職業倫理の発見」（半澤孝麿『近代日本のカトリシズム』みすず書房〈1993〉140）であった。

田中の論述は、アルベルト・シュヴァイツァー『私の幼年時代と少年時代[14]』がしりぞけた、円熟した人間が青少年期の理想主義や感激を懐かしく振り返りながら、それがいずれ大人になって幻想として捨てられるのだと語る「大人の説教」（「丸山先生に聞く」〈1958〉『別集』②160）に似ている。たしかに青少年期の理想主義からの「卒業」という点では同じである。しかし、田中はこれを語った時に弱冠三四歳の少壮教授であり、理想が幻想だと若者に向かってしたり顔で教訓を垂れたのではなく、「リアリスチック」に客観的世界を見据えて、その価値を認識し、それを通じて「職業人」として自己を完成せよというのが本旨であった。丸山も、カトリックに至る田中の「内面の精神遍歴」は単なる「通過駅」ではなかったことを認めている（『座談』⑧131）。南原繁もまた、もっぱら「人格の完成」のために闘うのではなく「自己に超越し客観的秩序の中に身を委ね、運命的必然にさえ喜び従うことによって、かえって人格の発展を見出し得る」と述べている（『著作集』③44）。これが教養思想（大人の教養思想）でなくて何であろう。田中の語ったのはまさに Bildungsroman の名に値する。

ここから我々は、たった二人だけであるが、仮説的に東京帝大「法学部教養派」の存在を想定したいと思う。こうした位置づけをするには、なお他の法科大学（法学部）出身の教養派（河合榮治郎、矢内原忠雄、蠟山政道等）を含めて詳細な検討を必要とするが、ここではそのためのパースペクティヴを示しておこう。

南原と田中は特定の教養思想を共有していたとはいえず、またまとまって行動したわけではない。前にも触れた（I-3 註 11）ように、和辻哲郎をはじめとする大正教養派は、戦前に田中と共同した「同心会」グループの延長で、戦後『世界』の創刊に影響を及ぼすとともに、独自の機関誌『心』に結集したが、南原と同心会グループ（とくに田中、安倍能成）との間には反目があったという（「同心会のグループのアンチ南原というのは、想像を絶するものです」〔『回顧談』上 292ff.〕）。また、和辻、阿部、安倍、天野貞祐等の大正教養派はすべて文科大学哲学科に学び、大正期に雑誌『思潮』を拠点に文学・哲学の分野で活躍したのに対して、同じ帝大でも南原や田中は法科大学に進学し、彼らとの間に距離があった。他方、これも前述のように、武田清子は内村および新渡戸との関連から、キリスト教的な教養主義の代表として南原と矢内原・三谷隆正を挙げてその実践性を強調し、和辻や阿部などの非実践的な観照的教養主義と対置した（I-2-b）。とはいえ、田中も青年期に内村と新渡戸から強い影響を受けており、決して非実践的ではなかった。また、新渡戸の薫陶を受けた河合は、「学生叢書」の刊行により数多くの教養論を生み出し、「昭和教養主義」として位置づけられる。河合と親しい関係にあり、いわゆる平賀粛学【補説3】に際して法学部を辞職した蠟山（明治二八年生まれ）も、「学生叢書」に「教養としての社会科学」を寄稿して、人間の個性や国民性を軽視するマルキシズムと、国民的存在を強調して個性や階級を無視するファシズムとの思想的圧迫の中で、ヒューマニズムとしての教養を擁護し（『学生と教養』日本評論社〈1936〉219）、また法学部の政治学特別講義（昭和一二年）においてヒューマニズムの源流としてのルネサンスの政治思想を論じて講義録を公刊しており（『ヒューマニズムの政治思想』講談社学術文庫〈1977〉5）、南原はその書評を書いている（cf. 前註9）。そして、南原・田中・三谷・矢内原・河合・蠟山はすべて、一高を経て東京帝大法科大学（蠟山は法学部）を卒業し、三谷を除いて法学部か経済学部の教授になっている[15]。河合の卒業年次は田中と同じである（ちなみに南原・河合・田中は「銀時計」組である）。彼らは、哲学・文学に拠る「文科風教養派」である大正教養主義の典型に対して、より法・政治に傾斜した「法科風教養派」としての顔をもっているのではないか。ただ、南原は政治哲学の専攻であり、法学部では主流ではなく、カント学者としては「文科風教養派」と繋がるところがあった。また、田中は商法専攻であるから、民事法の中心学科であるが、しかし同時に法理学の講義も担当していた[16]。

ちなみに、竹内洋は、フランスの国立行政学院（エナ）＝「権力の学校」と高等師範学校（エコール・ノルマル・シュペリユール）＝「知識人の学校」をモデルにして、日本の大学編制の中で法学部が官僚やビジネスエリート、法曹のための「権力の学校」であるとはいえ、ジャーナリストや学者も輩出し、外交史や政治思想のような「文学的」学科を講じ、文学部は逆に、「知識人の学校」でありながら、セミ・テクノクラートを生み出す社会学や心理学を抱えていることを指摘した。そしてそのうえで、総じて政治学は法学部の周辺に位置して「非法学部的」＝「文学部的」であり、とりわけ丸山の担当した政治思想史は、丸山の「大衆インテリの間の覇権」にとって、法学部の「実践活動」の余地を残しつつ、文学部的「アカデミズムの香り」を湛えているという「絶妙のポジション」にあったとしている（『丸山眞男の時代』183ff.）。ことはそれほど単純ではないと思われるが[17]、ここではごく一般的に政治哲学や政治思想史、あるいは「法理学（法哲学）」や「法制史」などの学科が法学部の「主流」ではなく、直接の実用性をもたない、哲学や歴史学という「文学部的」学科に通じ（かつて「法科風法制史」に対して「文科風法制史」なる呼称があった）、その限りで「教養」の色彩を帯びているということだけを指摘するにとどめたい。

さて、南原と田中は、宗派を異にするばかりか、性格も異なり、政治的にも大きな差異があるものの[18]、学生文化としての教養主義を体験した後に、職業なり専門なりを意識した、「客観的」対象の研究者へと進みながら、なお「大人」として教養思想を温存していた。それは、和辻について確認した、芸術による〈自己陶冶〉から客観的文化の探究へ、「気軽い著作家」から「倫理学教授」へという推移とほぼ平行した現象であり、その限りで教養思想の展開として捉えられる。彼らの間に何らかの連携があったわけではないが、こと欧化論に関していえば、彼らは三人とも維新以来の物質文明の輸入を断罪し、それに「真の」西洋文化＝精神的文化の輸入を対置した。それと同時に、彼らは若いころに、丸山のいうように日露戦争の第一次戦後派として伝統的価値にことごとく歯向かったが、「大人」としては、浅薄な欧化論に対抗して日本文化・日本民族・日本国民の意義を積極的に認めた[19]。要するに、彼らは、「真の」西洋文化、すなわち西洋文化が内蔵する「普遍性」の輸入とその日本における実現を、つまり個人的「煩悶」からの解放を超えて客観的世界における理想の実現を、一言でいえば、「東西文明の融合」による普遍性の実現を希求したのである。

【補説3】昭和一四年、法学部長田中耕太郎が平賀譲総長と組んで、筆禍事件を引き起こした経済学部の河合榮治郎と当時「革新派」と呼ばれたファッショ派の土方成美を休職処分にした事件を指す。その際、南原は学部自治を楯に河合を擁護したが、その姿勢につき後に丸山は、田中が横田喜三郎や我妻栄といっしょに、南原の議論は純粋だけれども河合擁護論は通らないという「現実」の上に立って、河合だけを切るか、ファッショ派も同時に切る喧嘩両成敗にするかしかないと考えた、と説明したが、それに対して南原は、「いや、私のは現実論ですよ。私はイデアル・リアリストなんだ」と反撥し、河合処分を「マキャヴェリズム」と非難した（『聞き書　南原回顧』209f.: cf.『回顧談』上 216ff.）。平賀＝田中の解決策は、経済学部が派閥抗争のため自治能力を失っていたという事情（『大学の自治』朝日新聞社〈1963〉170f.）を考慮に入れるならば、「見上げた戦術的才覚」（竹内洋『大学という病』中央公論新社〈2001〉214）であったかもしれないが、南原は向こうを張って「リアリスト」を自称した。根拠はいわないが、たしかに南原は現実を見ない能天気な理想主義者ではなかった。丸山も別の機会に、平賀粛学事件当時に南原が経済学部の動静をうかがっていたことを、南原の「リアリズムというのは相当のものです」と評価し（『回顧談』下 63）、また一般的に、「現実と厳しく、しかも真正面から向き合う先生を措いて、南原先生の理想主義というものは語り得ない」としている（『集』⑩192: cf.「研究ノート」④『岡法』㊿378ff.)。なお、丸山は「東大紛争」の折の大学改革論で、加藤一郎の総長代行体制に関して、「ある学部ないし研究所が、内部分裂等の事情で、自治能力を失った場合」、「緊急事態（Ausnahmezustand）」の判定権が誰にあるのかを決めておくべきだと論じた（「大学問題シンポジウムにおける発言」〈1969〉『別集』③158）。まずまちがいなく、平賀粛学事件を念頭に置いた提案であろう。

b　戦中・戦後の丸山

助手に就任してから敗戦まで東京帝大法学部の先輩・師かつ同僚であった南原繁や田中耕太郎の教養思想的な欧化論は若き丸山にとって如何なる意味をもったのか。ここまで三つの点について和辻哲郎と南原・田中との共通性を見てきたが、第四点である「実践性」ないし「政治性」についてはまだ言及していない。ここでは行論の都合上、この点をあわせて教養思想の四つの特徴と丸山との関わりを見てみよう。第四点についてはさらに次節で、南原との関係に即して詳しく述べることにする。

南原・田中と戦中の丸山

南原繁、田中耕太郎の欧化論の中核は何よりも反物質文明であったが、丸山自身は物質文明をあからさまに唾棄するような言辞を吐いていない[20]。むしろ、南原の反功利主義については批判的であったようだ。マルクス主義＝唯物史観に傾斜し、大塚久雄の著作にも親しんでいた若き丸山にとって南原の物質文明批判にあきたらない部分があったことは、想像に難くない[21]。

しかし、そもそも麻生書評で丸山は、「精神的文化」と「物質文明」の二元的対立を前提として、前者が後者と同じような形で輸入されたことを指弾した。つまり、精神的文化の〈表層的欧化〉というのは、「物質文明」の輸入に即して提出された視点であった。そこには物質文明の摂取＝輸入の方法に対する批判が控えていた。この点についてはすでに田中が明瞭に語っていた。田中は、（前にも引いたが）「「教養」と「文化」の時代」（昭和三年）で、現代において「真面目」な教養の追求が稀であるのは、明治初期以来、西洋の物質文明の輸入に汲々とし、精神的文化を輸入しても、それが「生え出した地盤」と無関係に形骸のみを断片的に移植しただけであったからだ、と断じ、さらに、それゆえ第一次大戦後の「文化の洪水」は決して真摯な要求に基づくものではなく、それは「明治の前半期に於いて物質文明が移入せられた如き状態に於て取り込まれたのだ」と論じていた（『教養と文化の基礎』451f., 462)。精神的文化の輸入を物質文明の輸入とパラレルに捉える（つまり〈表層的欧化〉を指摘する）点で、丸山は田中の教えに従ったことになる。

もっとも、この捉え方については、南原からの影響の可能性の方が高いように思われる。丸山は麻生書評で「西洋と物質文明とは今日でも屢々等置されている」と指摘した（『集』②181）が、もちろんそういう見方を踏襲しようとしたわけではない。丸山によれば、維新以後の日本が輸入したもののうちで「最も精神的内面的」なものは、その時代にヨーロッパの精神世界を席捲していた実証主義、功利主義、自然科学的唯物論、進化論といった精神、すなわち「物質文明の哲学」であり、それは資本主義化推進にとって恰好のイデオロギーとなったかもしれないが、しかしこの哲学の輸入は、江戸時代の「形而下的なるもの」（新井白石）や「西洋芸術」（佐久間象山）といった伝統的なヨーロッパ認識の再確認であり、だからこそ「西洋精神と功利主義との同視」は今日でも決して稀ではないのだ（同 190f.）。これは、南原が、一面で「西洋＝物質文明」説の立場から実証主義・功利主義を批判しながら、他面では一九世紀の「物質文明」と違った西洋文化があることを強調したことに相応している。事実、丸山もこの点で南原からの影響を認めている。[22] のみならず、ここから丸山は、西洋文明の外形だけの模倣を戒めて「精神」を学ぶべきことを力説した福澤諭吉ですら、「結果本位的＝功利主義的思惟」のために独立自尊の真の内面化ができず、一方で西洋盲信が東洋盲信の変形であるとして、近代ヨーロッパの自律的人格や批判主義の精神を受容しながら、他方でその実学は東洋的プラグマティズムとさほど距離がなかったと捉えた（『集』②191：cf.『座談』①158f.）。丸山は戦後になって、福澤の「実学」を高く評価することになる（I-3 註 14）が、麻生書評の時点では、南原の功利主義批判に与していたのである。

だが、かりに南原、田中の欧化論が存在していなかったとしても、丸山は麻生書評を書いたかもしれない。麻生書評で丸山は、明治以来の欧化路線の延長線上に戦前昭和期の国粋主義や国体論、あるいは「近代の超克」論を位置づけることによって、その構造〈表層的欧化〉と〈深層的伝統〉に迫ろうとしたが、この点については南原や田中から何かの刺激を受けた痕跡を見出すことはできないからだ。とはいえ、南原や田中は「近代の超克」論を直接標的にしなくとも、ヨーロッパを物質文明と見て安易に否定する国粋主義に危険を感じとり、西洋文明の輸入を追求しようとしたから、欧化論について一定の方向性を示す思考様式を共有していた。そして丸山もその「仲間」に加えることができる。田中、南原、丸山の三人に共通しているのは、欧化問題を時代の思想のアキレス腱の一つと見て、「真の」精神的文化＝西洋文化の移入にその解決策を展望したところにある。つまり、影響関係は別にして、我々は丸山（麻生書評）と南原・田中の欧化論の「同時代性」について語ることができる。

これに対して、南原・田中の欧化論の第二の構成要素である東西文化融合論については、戦前の丸山はほとんど関心がなかったようである。東西融合論は、反物質文明論と同様、説く人によって違いがあるが、『日本の思想』の言葉でいえば、井上哲次郎のように、雑種性を「悪い意味で「積極的」に肯定した東西融合論」＝折衷主義や総じて和魂洋才的色彩の融合論[23]は丸山にとって論外であり、南原の東西融合論も眼中になかったらしい。南原や田中の、あるいは和辻の東西融合論は、「真の」西洋文化に普遍性を認め、それを特殊性（日本文化）において実現しようとする限りにおいて、後の丸山の内村的コスモポリタニズムと重なるところがある[24]が、和辻や南原の場合、日本こそが西洋的普遍性を実現する槓杆となるという強烈な思い入れがあった。この発想は、原則として——日本の雑種性を冷戦世界の克服に利用しようとする戦後しばらくの間の志向と憲法第九条＝非武装国家論の世界への普及という構想（IV-3-b）を除けば——丸山に認めることはできない。戦前の丸山には「普遍性」や「普遍主義」に対する関心が弱く、むしろマルクス主義からくる発展段階説にとらわれていた。そこには東西文化融合論への通路はなかったと見るべきであろう。

さらに、田中・南原に共通する、〈自己陶冶〉から客観的文化への展開について考えてみよう。竹内洋は丸山を、「戦後的な、旧制高校的教養主義の典型的な人間」と評している（「教養の復権と河合榮治郎」河合榮治郎研究会編『教養の思想』社会思想社〈2002〉160）が、丸山自身が学生文化としての旧制高校的教養主義にのめり込んだ様子はない。たしかに、中学時代に戯曲を書き、高校時代に日本や世界の古典文学を「人並み」に耽読し（「わたしの中学時代と文学」〈1993〉『集』⑮237f.：『回顧談』上27f.）、ニーチェは旧制高校の学生にとって一種の必読書のようなものであり、自分もそういう意味で読んだと証言している（「『著作ノート』から」〈1988〉『続話文』②9：「リッターリッヒカイトをめぐって」〈1988〉『話文』②419）が、大正教養派のような「煩悶」とは無縁であったらしく、むしろ早くにマルクス主義の洗礼を受けて社会科学に関心をもっていたことからすると、教養思想の原点である〈自己陶冶〉から出発したとはいえない。

丸山にとっては、そもそもの出発点が客観的文化の探究であった。この意味では南原・田中と若き丸山はやはり「同時代人」であって、継承関係を云々することはできない。ただ、丸山が大学で独文学を専攻しようとしたけれども、漱石の友人として有名な一高のドイツ語教授・菅虎雄の「説諭」によりやめて、法学部政治学科に進んだというエピソード（『続話文』①183f., 194：『回顧談』上181f.）は、田中が法哲学を志望しながら岩元禎の忠告により、商法学を専攻した経緯と似ている。独文をやってどういう職に就こうとしたかはわからないが、独文志望をやめて政治学を専攻し、ジャーナリストを志望しながら、結果的にせよ大学に残ったのは、阿部が「伝道者」としての文筆家になりかけながら「研究者」になり、和辻が「気軽い著作家」から「研究者」に移ったことと対応する。しかも、和辻は就職してからも翻訳料を生活の資に充てていたようだ（IV-1-b 補5）が、戦後の丸山も、「超国家主義の論理と心理」の原稿料がほとんど月給と同じくらいの額であったことや、雑誌等に書いたのは「稼がなければいけない」という気持ち（それと「ジャーナリズムを撃退しなければならないという、そのジレンマ」）、あるいは「生活のため」であったということを率直に認めている（『回顧談』下 141, 143, 146）。時論を数多く含んだ『現代政治の思想と行動』（上一九五六年、下一九五七年）が増補版出版（一九六四年）までにそれぞれ二七刷、二九刷を数えた（竹内『丸山眞男の時代』177）ことからすると、丸山は意外に阿部や和辻などと似た境地にあったのではないか。ちなみに、福田歓一は、小野塚喜平次が他校に出講せず、ジャーナリズムに書かなかった一つの理由は、「俸給を上回る恒産からの収入」にあったとし、南原は、官吏を辞して俸給が半減したのに「恩師の格律」を守ったけれども、この点で「超国家主義」以来の丸山の言論活動はいちじるしく対照的であった、と述べている（「兄弟子　丸山先生」〈1999〉『手帖』⑨50）。丸山は南原を裏切った、というのであろうか。

それはともかくとして、南原と田中の欧化論が教養思想と不可分の関係をもっていたとすれば、「同時代人」丸山の欧化論も教養思想との強い関連があったのではないかと考えてみる余地はある。それは、物質文明の輸入様式に対する批判が同時に〈表層的欧化〉への批判であったからだ。この点は資料的に確かめることができる。

「折たく柴の記」の昭和一八年六月二日の項で丸山は、「社会――人間と人間との関係のしかた――を通しての自己完成」（ゲーテ、シュヴァイツァー）という「組織化」の力を重視する西洋の立場と、「社会性」を欠いた「修身」に示される「東洋的自己完成」（芭蕉、釈迦）の立場を対置し、後者からすると「シュヴァイツァー的な生き方」は一段低いものとみなされるが、それは表面的な克服にすぎないとし、「捨身にならない」鷗外よりも「static ならざる」ゲーテの諦観を評価したうえで、こう記している【補説1】（『対話』3ff.）。

若いうちに、感受の弾力性のあるうちに、異質的なものと対決せよ。Stirb und werde! 日本思想はやはりどこか自分の本来的な傾向を再確認するといふところがあるから、あまり日本の古典ばかりやるのは危険だ。採長補短なんて言つてゐる程呑気な事態にあらず、採長補短では主体は動かないままでゐる。主体が客体に対して捨身になつてぶつかる事が重要だ。西洋的なもののなかに身をさらせ。Sturm und Drang. 強靭な日本精神はそこからのみ生れる。(25)

ここで丸山は、自分一個の完成に向けられた東洋的「自己完成」=「修身」思想——これはあるいは大正教養派の〈自己陶冶〉=修養も念頭にあったかもしれない——に対して、社会に向かって働きかける西欧的な主体的能力を突きつけるだけでなく、同時に東洋精神ないし日本精神を温存する「採長補短」(和魂洋才、〈テクノロジー開国、イデオロギー鎖国〉、井上流の東西文明融合論)をしりぞけようとした。主体=日本人が「捨身」になって客体=西洋文化にぶつかるというのは、(同じく六月八日のメモにいうように)歴史を動かす主体性、変革の意思、「過去よりの断絶」(『対話』6)を前提として、麻生書評(昭和一七年)や家永宛書簡(昭和一九年)にいう、〈表層的欧化〉を乗り越えてヨーロッパ精神と「対決」するということであり、これは後年の南原古稀記念論文などの主体的欧化論=「捨身の観念的冒険」へ、さらにはかの「主体的」決断へと繋がっていくことになる。

この「シュヴァイツァー的な生き方」は、上述の「大人の説教」批判ではなく、よく知られたアフリカでの献身的な医療活動のことであり、「社会性」、ひいては「実践性」を意味する。それは、発想としては、田中の教養思想の展開(「煩悶」を乗り越えて法や国家などの客観的世界によって「完成せられる自己」)に近く、南原の、政治的=社会的実践から逃避した趣味的な「個人的教養」から、「客観的文化」の探究と繋がる「政治的教養」の要求への展開とほぼ平行関係にあるといってもよい。すなわち、戦中期の丸山は、南原や田中を直接模範としたかどうかはともかく、同時代人として、欧化について彼らと同様の問題意識をもち、客観的世界において「自己完成」を遂げるという志向において、彼らと教養思想を共有したのである。ただし、丸山は、南原や田中と違って、本来の(大正教養派の)自己陶冶を思想的に経ることなしにこの「社会的」教養思想に到達した(cf. IV-2 註 11)。

【補説1】田中耕太郎がラートブルフなどによりながら説明するところによれば、『ヴィルヘルム・マイスターの遍歴時代』は、「個人の限界の自覚、諦念（Entsagung）、具体的仕事への献身および仕事の上の労働的協同体［……］による個人主義と団体主義との対立の克服」を根本思想としており、「汝の義務とは何か。日々の勤めである」とか、一般教養ではなくて「一つのことを正しく知り且つ実践することは、百の事を半端にやるよりも、もっと高い教養を与えるものだ」という言葉に表現されているという（『現代生活の論理』春秋社〈1957〉266ff.）。これはウェーバーのいう「ザッヘに就け」という要請である。ウェーバーによれば、「専門の仕事への専念と、それに伴うファウスト的な人間の全面性からの断念は、現今の世界ではすべて価値ある行為の前提であって、したがって「業績」と「断念」は今日ではどうしても切り離しえないものとなっている」。そのことを、ゲーテもまた『遍歴時代』によって我々に教えようとした（大塚久雄訳『プロテスタンティズムの倫理と資本主義の精神』岩波文庫〈1989〉364）。他方、阿部次郎は昭和二年に行った講演でこういっている。他者の教育であれ、「自分自身を育てる」のであれ、「教養」の目的は「完き人」になることである。また、教養の過程（「完き人」になること）は、理性によって自己を支配して「心の欲する所に従つて、矩を越えぬ人間」になるだけでなく、「心の欲する所そのものが力強く豊富な人間に」なることだという。つまり、外面的行為を自己規制するだけでなく、生活全体を貫く根本的行為を正しくすること、そのために「心情」を「教養する」ことが必要である。「心情」を「教養する」ことは、芭蕉の「地を調へよ」に倣って「心の地を養ふ」こと、すなわち「腰の据え処」をまちがわないように「心の修練」をすることであり、その点で「東洋流の修養」に繋がるが、我々は昔からの修養法を新しく補って、社会や世界や人生を心の中に取り入れ、咀嚼吸収して、心の内容を豊かにしなければならない。したがって、「完き人」になるには「同情」、「社会に対する義務」にも配慮しなければならない（以上『全集』⑰182, 186, 191, 194f., 197ff.）。基本的な姿勢は大正期とさほど異ならない。ただ、ここで阿部は、我々は「普遍」を目標とするが、出発点は各人各様であり、ゲーテのいわゆる「諦念」が教えるように、すべてのことをやろうとすれば結局何事も遂げることはできないから、「集中して一つのことをなし得る人間」となることが肝要だと主張している（『全集』⑰189f.）。「ゲーテへの感謝」（昭和七年）では、ゲーテはいわゆる「一般的教養」にあきたらず、「事業によつて一点から全体に奉仕する道」に精進したとし（『全集』⑩331）、「教養の問題」（昭和一二年）では、「一般的教養」から出発しつつ、「心身を打ち込んで汝の職務に生きよ」とする「一面的教養」の意義を認めている（『全集』⑩409ff.：『全集』④309, 316）。これは、発想は違うが、田中やウェーバーのいおうとしたことと無関係ではないであろう。

敗戦後の丸山の教養論

丸山は教養観念の「実践的」契機を敗戦後も維持し続けた。「若き世代に寄す」（昭和二二年）で丸山は、やはりシュヴァイツァーを例に挙げて、「真に内面的な人間は真に行動的な人間である」という命題を提起し（『集』③90ff.）、「二つの青年層」（昭和二三年）では、「自分の内面性の確立」が外部的環境の変革と無関係に行われるという幻想を抱く「反政治的」青年に向かって、そういう発想の根底には「修養」による「東洋流の自己完成」という考え方があり、「対象にぶつかつて行つて」自分自身を鍛えていく「近代の自己完成のモラル」が必要だと強調し、シュヴァイツァーが『わが生涯と思想より』で、自分がアフリカ人のために尽くしているのは「単に白人が数世紀の間犯してきた罪悪を償っているにすぎない」と述べていることを紹介している[26]（『続話文』③128ff.）。上述のように、「自己完成」とは、個人の〈自己陶冶〉を超えた、客観的世界＝社会における「実践的」教養の謂であり、この点について丸山と南原繁・田中耕太郎との間に大きな差異はなかった。だが、「実践性」に関して溝がなかったわけではない。

すでに引用したように、丸山は戦前に務台理作の新刊書を、「化粧品的な「教養」の書」ではなく、「文化と世界に関心をもつ人士の血となり肉となるべき営[ママ]養剤」と評していた。これは旧制高校的教養主義の非実践性への批判を含意していたが[27]、この方向は戦後の教養論ではっきり出てくる。

「何を読むべきか」（昭和二一年）で丸山は、自分の経験から、学生の時にしか読めないような大部の名著（たとえばウェーバーの『社会科学と価値判断の諸問題』の邦訳）は、社会科学の「「主食」中の主食」としてよく咀嚼すれば全編すべて「栄養分」になるとし、法経の学生にはトルストイ、ドストエフスキー、ロマン・ロランと並んで漱石を推奨し（「漱石ほど近代日本の持っていた矛盾と懊悩を自らのものとして苦しんだ作家を私は知りません」）、漠然たるディレッタンティズムからではなく、作家と社会との関わりを作品の内面から探り出すことによって、「教室の「勉強」」と「自宅の「教養」」との「不幸な分裂」を打開する一つの道が開けるとしている（『集』③37ff.）。これは、自宅における〈自己陶冶〉を念頭に置く限りで、〈教養思想の伝道〉である。ただし、丸山は、「一般教養のために、汜濫する現在の図書」の中で読むべき本を指定するような「読書指導」などできないし、他人からの指導で読んだ本で「自分の生活原理」とか「生き方」を得ることができるかどうかおおいに疑問だ、としている（「緑陰に語る」〈1949〉『座談』①208）。

昭和二二年の『毎日新聞』のインタヴューで丸山は、「政治を通じて人間性をつか」みたいという発想から、政治学の解説書よりもバルザックやドストエフスキーを読んだ方が勉強になるといっており（『手帖』⑲218）、「政治学入門（第一版）」（昭和二四年）では、「政治学は究極において「人間学」である」[28]、あるいは「政治も芸術も全くちがった方法によってでは」あるが、「人間をトータルに捉えようとするもの」だ、という観点から、広範な人文諸科学・社会科学だけでなく、文学などもディレッタント的な興味で読まなければ、しばしば最も良い政治学の勉強になると述べて、トルストイ『戦争と平和』、ドストエフスキー『悪霊』等の文学作品を推奨している（『集』④253f.）。政治学もしくは政治・社会の理解への誘いである。こうした考え方自体は、丸山自身後に認めたように、マルクス主義の影響からきている（「丸山眞男先生を囲む会」上〈1991〉『手帖』㉛15）が、一般的にいえば、古典の自由な読み方、すなわち「社会科学の書物のなかに文学的問題を、逆に文学のなかに政治学や経済学の問題を発見してゆく、そういう読み方」の推奨である（「読書の姿勢」〈1967〉『座談』⑦133）。

さらに、昭和二一年秋の座談で丸山は、基礎がないから古典的な名著を読むのを躊躇するという学生の意見について、自分たちの学生時代を顧みても古今の名著を本当に読んだかどうか怪しく、古典に関する知識でも「セコンドハンド」流が昔の学生の「教養」の大部分を占めていたのではないか（「学生の表情」〈1946〉『座談』①5f.）と述べて、旧制高校的教養主義の皮相化を指摘するばかりか、学生の実生活の技術と下宿で夜に読む「西田哲学の「絶対矛盾的自己同一」」がどういう関係にあるか、と疑問を呈している（同9）。さらに「勉学についての二、三の助言」（昭和二四年）では、新制大学の教養課程の学生に向かって、外国語の勉強に関して哲学書よりも歴史書を読むことを勧め、実証的学問を学ぶ前に哲学書を読むことに反対し、従来の「日本の哲学者先生」の多くは大学の哲学科に入っていきなりカント、ヘーゲルにとりつき、「ついぞ社会科学を本格的に勉強したことがない人達」であると揶揄している（『集』④160ff.）。旧制高校的教養主義にどっぷり浸かった「哲学青年」（『集』④161）への批判であるが、[29]同時に帝国大学文科大学哲学科卒の面々や西田哲学に対するあてこすりでもある。

丸山は南原や田中から大正派の「実践性」や「社会性」の息吹をなにがしか受け取ったが、彼らの教養思想を鵜呑みにしなかった。「若き世代に寄す」（昭和二二年）で丸山は、戦後学生の「非政治化」の例として『善の研究』や『三太郎の日記』といった「時代ばなれした、少なくとも今日の政治的現実とは縁遠い「哲学的」なもの」が人気を博していることを挙げ、ニーチェの「個人的内面性」への沈潜はよいとしても、それが現実の政治に圧殺されてしまう危険性を説き、ハロルド・ラスキとトーマス・マンに依拠して政治意識の深化の必要を訴えている（『集』③83ff.）。「教養」という語こそ使わないが、旧制高校的教養主義の「哲学的」教養観が孕む「非政治性」を衝いたのである。[補説2]ところが、大正教養主義と旧制高校的教養主義はいわば親子の関係にあり、旧制高校的教養主義批判は、少なくとも部分的に法学部の教養派にも妥当した。

南原は、大学教育の一般論としては「教養」教育の中に社会科学・自然科学をも包括していたけれども、内面的人格形成としての教養観念（「教養」の真の意義は「自己自身を断えず内面的に向上し純化する人間として、自らを形成すること」である）を堅持した。そして「哲学」は教養の不可欠の要素であった。南原は、「政治理論史の課題」（昭和一六年）で、人間形成を教養の中核と見て「哲学」の意義を強調し、全人格との関わりという点が「科学」と異なると述べていた（『著作集』③155）が、敗戦後の「大学の理念」（昭和二一年）でも、大学の「全人」教育は国家・社会の改造を企てる「選良」を育て、学生のみならず教授もまた「一般の哲学的教養」を身につけるべきだと論じている（『著作集』⑦46f.）。こうした大正教養派的な教養観念は、丸山の「社会科学的」教養論と相容れなかった。それは、一面では、南原が「政治哲学」を専攻し、丸山が経験科学としての歴史学の一部を占める思想史を専門としたという違いを反映していたが、しかしおそらくそれを超えた両者の対立と関わっていた。

【補説2】 ここで丸山は「非政治型」学生の堕落形態を「感覚的享楽派」(『集』③89) と呼んでいる。また――後にみずから「音楽を出汁に使った一種の社会批評」(『回顧談』上 112) と称した――「盛り合わせ音楽会」(昭和二三年) と題するエッセイで、G・ラートブルフ『社会主義の文化論』が「精神的文化の無差別的享受性」を現代の特徴として挙げ、「朝にトルストイを読むかと思うと夕にニーチェを迎え、今日はハウプトマンを愛読するかと思うと、明日はホフマンシュタールに耽溺する」ように異質の思想文化の流行を追っては呑み込む人間は「完全な無良心」であり、何でも入れる「容器」であっても「人格」ではないと批判したのを引いていう。日本の音楽会にはバッハとベートーヴェンとショパンとドビュッシーとラヴェルを同時に聴いて同じように享受するような「教養の無政府的受容の傾向」があるが、音楽だけでなく、明治以来ヨーロッパの新知識をつぎつぎと詰め込んできた日本の「小市民インテリ層」はサーベルの力で閉ざされていた「教養」の水門が終戦で一気に開かれたとたんに、マルクス、サルトル、キリスト、ヤスパース、親鸞、ウェーバーを手当り次第にがつがつと呑み込んでいる。「教養の断片性と総花的性格」は日本では後進国根性や敗戦の劣等感により増幅されているとしても、問題は、教養の無政府的氾濫、「文化の洪水」によって、ナチズムに道を開くような「救いのないニヒリズム」が生み出される恐れにある、と (『集』③340ff.)。ここで丸山が撃とうとしたのは、大正教養主義よりもむしろ、戦後の「文化の洪水」による小市民インテリ層の「教養」の無秩序であり、したがってまたファシズムの再来を招く〈お化粧的なヨーロッパ的教養〉であった。再三引くように、田中耕太郎は「「教養」と「文化」の時代」(昭和三年) で欧州大戦後の「文化の洪水」について語っていた。第一次大戦後の日本の戦勝の結果としての「文化の洪水」と第二次大戦後の敗戦の結果としての「文化の洪水」という表現の一致は偶然かもしれないが、矢内原忠雄は昭和一四年に、日露戦争後の青年は個人の自覚、人格の価値といった個人主義的内省に赴き、「「修養」といふ名で Culture のことが多く論ぜられ、考へられ、読まれた」として、明治時代の思想史を「民権論―国家主義―修養論」と表現し、さらにこれが第一次大戦後に繰り返され、マルクス主義、国家主義、そして「現在の「教養」に関する出版物の洪水的再現」に至っているとし (『全集』㉑378)、南原も昭和一六年に、「洪水のように氾濫して」、いずこともなく流れてゆく多くの新しい著作に学ぶよりも、むしろ「古典的述作」に親しむべきだと述べている (「政治理論史の課題」〈1941〉『著作集』③157)。表現はともかく、田中の「文化の洪水」批判は、丸山の麻生書評における、物質文明の受容と平行した、精神的文化の〈表層的欧化〉批判と重なっている。なお、ラートブルフは、田中が「世界観」の違いにもかかわらず早くから親炙したドイツの法哲学者で、丸山にとっても「ぼくらが最も好きで、かつ愛読した」存在であり (『回顧談』上 249)、また主題が「音楽」であることは田中の存在を連想させる。戦中期の丸山はクラシックのピアノ演奏、レコード鑑賞を介して、比較法学者・野田良之とともに、田中と親しく交わっていたからである (『集』⑫310)。田中のベートーヴェン論が南原の学問の自律性とともに、丸山の〈学問自身の社会的使命〉に影響を与えたことはすでに述べた (I-3-b)。

第三節　南原繁の影響と確執

a　南原政治哲学

我々は、和辻哲郎の教養思想から四つの特徴を引き出し、この特徴を共有した南原繁・田中耕太郎と丸山との関係について考察してきた。ただし四つの特徴のうちの一つ、教養思想の「実践性」ないし「政治性」についてはまだ南原・田中に関して考察していない。田中については他日の課題とし、ここでは、丸山との直接的関係を顧慮して、南原に的を絞ってその教養思想の「実践性」ないし「政治性」がどのようなものであったのか、それに丸山がどのように対峙したのかを見ておきたい。

政治理想

南原繁の政治理想には和辻哲郎の「哲人政治」に似たところがある。もちろん、西洋政治哲学史の専門家として南原は、大正期の和辻のように素朴にプラトン的哲人政治を是認したりしない。南原は『政治理論史』（昭和三七年）で、プラトンの哲人王、哲人政治が「開明専制君主の政治」であり、「法」と「自由」の否定であると位置づけている（『著作集』④63）が、この書の原型である「政治学史」講義（昭和一一年、丸山筆記）でも、哲人支配は「一つのフィクション」にすぎないと断じている（『集』⑩139）。だが、南原によれば、国家の危機の際には必ずプラトンの国家精神が語られる（『著作集』④67）けれども、それは現代では「個人主義より超個人主義へ、実証主義より形而上学へ、文化の分析より文化の綜合へ」という契機を孕んでおり（『集』⑩139）、その意味では「問題」そのものは南原自身と重なっていた。

たしかに南原は、近年のプラトン復興の動機を、現代政治の混沌と国家の危機、つまり啓蒙精神に発する善・美の否定、功利的人生観、機械的国家・社会観、実証主義哲学の跋扈といったところに見出しながら（『著作集』①18f.）、危機に発する「ゲオルゲ一派」のプラトン像の「神話的」要素に見られる「保守的・反動的」性格を指弾し、哲人政治に関しても「一人の偉大な英雄像」という側面をしりぞけ、わずかにカントに従って哲人政治の中核を「理性の支配」に見ようとした（同 34ff., 48f.）。だが他面、南原はプラトンに「正義」、「理想国家」の原理を求め（『著作集』①56）、したがって「洞窟の比喩」に正義と徳を具えた智慧ある人の理想、哲人政治の理想を見出し、そのイデアの世界が「正義の国」の、さらには「神の国」の理想的国家に繋がることを強調している（『著作集』①56, 57ff.）。

だから、南原は和辻と同じ意味で哲人政治を評価したわけではないけれども、その政治哲学の根底にある「政者正也」という確信（『著作集』③87：『著作集』⑤126：「聞き書　南原『理論史』」『話文』④381）は、和辻の「道による政治」とそれほど遠い距離になかった。和辻にとっても「道」は「シナの先王の道」であった（IV-1 註 19）。しかも、和辻が「道」の理想の実現の方途について制度改革よりも「民衆全体の教養」の向上＝「人間の改造」に期待したところも、南原の「政治的教養」の提唱と重なる。上述のように、南原は戦前から、孔子の言が政治家だけでなく、国民公衆の政治的教養とならなければならないと考え、従来の「個人的」教養に対して国民公衆の政治的教養の意義を強調していたが、昭和二一年紀元節演説では（すでに一部引用したが）、戦前日本は維新以来国家権力の確立と膨張に勤しみ、文化はそれに従属し、そのため「内的教養」が欠けていたのに対して、いまやヨーロッパの「ルネッサンス」と「レフォーメーション」に倣ってわが国でも人間性の解放を推し進めるとともに、「普遍人類的なる世界宗教」に挑戦し、祖国再建のために「新たな国民精神の創造」、「わが国民の精神的革命――国民の改造」、政治社会制度の変革以上に重要な「内的な知的＝宗教的なる精神革命」を唱道し、そのためには儒教・仏教の外国文化を摂取してそれを日本固有の文化に作り変えた祖先の営為に倣うべきだと説いた（『著作集』⑦23ff.）。例によって「日本的キリスト教」の発想である。

したがって、南原の政治哲学もまた「理想主義的」であり、なおかつ国民の「精神的」改造を目論んだ点において「教養主義的」であった。しかも、南原は歴史、とくに日本史とは無縁であったが、神話の再構成において昭和期和辻に近い発想を披露している。南原によれば、いわゆる「日本精神」論は、古代人の「神話」に基づいて、天皇を中心とした国家的全体主義の世界像をもち、「家族的全体国家」、「祭政一致」を理想としている。つまり、天皇の地位を「王道」思想や「哲人政治」の理想と区別して理解するのである。だが、家族共同体のような自然的＝血縁的紐帯は「人格的＝精神的なもの」に変える必要があり、民族共同体ないし国民共同体も自然的＝生物学的な種族的結合を超えて、「内面的＝精神的紐帯」による結合としての「文化民族」に高められなければならず、そして「神話」は、国民生活の「原型」としての意義があるとはいえ、そのまま「学的世界観」にはなり得ないから、批判的基礎の上に理論的に再構成しなければならず、如何に光輝に満ちた歴史があっても、歴史的現実の中から理念を導き出すことはできない、というのである（「現代の政治理想と日本精神」〈1938〉『著作集』③110ff., 118, 120）。ここで南原が主張しようとしたのは、記紀の「神話」は人類の普遍性に向かう方向を「政治理念」として為政者に示し、天皇の地位はそうした理念の表現だ（苅部『歴史という皮膚』97）ということであったとすれば、和辻の「道の政治」との類似は否定すべくもない。【補説1】

だが、南原はいやしくも「政治哲学者」であり、その政治的思考ないし政治理想を和辻等と同じようにただちに〈ディレッタント的〉と呼ぶことは憚られる。そして和辻の場合も、大正期でこそ「哲人政治」は明らかに「文筆家」がものしたディレッタント的政治論であったが、昭和期の「道の政治」を叙述した「人倫国家の理想とその伝統」は、「道」の「思想」を内蔵しているとしても、倫理思想史の学術論文であった。[2] それは、教養思想が「文筆家」の「鑑賞」と〈自己陶冶〉から、「研究者」の客観的文化へと移動した結果である。いまや和辻にとっては文化史が、南原の場合は西洋哲学が、叙述の「客観性」を支えていた。しかしそれにもかかわらず、かりに丸山が敗戦後の「夜店」の理由として挙げた、専門の政治学者の稀少性（I-4-a, b）、あるいは、丸山が嗟嘆した、明治以来の日本の政治学の不毛ないし未成熟（IV-1-b）を信じるとするならば、戦前昭和期において、和辻はもちろんのこと、「政治哲学者」南原の政治論も〈ディレッタント的〉な色彩を帯びていたといってもよいのではないか。少なくともそれは、丸山のいう「思想家」南原が構想した「思想論」に属していたとみなすことができる。

では、丸山はこうした南原の政治観にどのような姿勢で対したのであろうか。

丸山は後年の回想で、戦後南原が東大総長としての卒業式講演[3]でフィヒテの『ドイツ国民に告ぐ』を引用して、日本国民は敗戦に打ちのめされて「誇り」を失ってはならず、この機会を捉えて日本の再生のために、「精神的な改革」、「精神的な革命」を行い、それを通じて日本の自由と独立を確保すべきだと説いたことを紹介している（「南原先生と私」〈1977〉『話文』①308）。フィヒテはカントと並んで南原が「もっとも年季を入れた研究対象」（『集』⑧105）であったが、丸山自身も、敗戦後間もない昭和二〇年一一月一日付の「草稿断簡」で、フィヒテが『ドイツ国民に告ぐ』において、単にプロイセンの封建的制度を打破しようとしただけでなく、「制度を担ひ動かす人間の改造、新らしい人間の型の育成」を唱えたことを強調し[4]、敗戦にあたって「外国」から強制された「自由」に対して、「自由を内面的な自由に高める」べく、「国家の運命を自らの責任に於て担ふ能動的主体的精神」（同184）の創出を訴えたから、二人の志向はほぼ一致していた。[5]

ただ、丸山は、当時の南原の主張が内村と同じものであり、時代を超えた「真理と正義」に基づいたデモクラシーの擁護、つまり世の中の流れから独立して、「いつも第一義的に何が真理か、何が正義かを考える」という考え方であり、それこそ「私が先生から学んだ最大のこと」であったと告白している（『話文』①308f.: cf.『回顧談』上246）。

つまり、丸山は、南原のナショナリズムに裏打ちされたデモクラシー論が時勢によって変化するような性質のものではなく、普遍的な正義・真理の理念に基づくことを強調し、そこに相続すべき最大の遺産を見出した。その遺産とは「心情倫理」である。すでに引用したが、こう述べる前に丸山は、戦前の南原や矢内原のルター的「心情倫理」による抵抗に言及し、それが「何が真理であるか、何が正義であるか」という基準を第一にして態度決定したものだと表現し、それこそ「先生から教わった」ことだと繰り返し強調していた（『話文』①302f., 305, 306, 307／I-2-a）。

かくして、丸山は心情倫理――とりわけ政治における「正義」の普遍性信仰――を南原から継承し、それが敗戦後の南原の精神的革命に対する共感を惹起した。丸山は、「断簡」と同じころ（昭和二〇年一一月四日）のメモに、デモクラシーの精神構造として、第一に人間一人ひとりが「独立の人間になること」、「他人のつくつた型に入りこむのでなく、自分で自分の思考の型をつくつて行くこと」、「間違つてゐると思ふことには、まつすぐにノーといふこと」（この「ノーといひうる精神」は孟子の「千万人といへども我行かんといふ精神」である）、第二に「他人を独立の人格として尊重すること」を挙げ、近代デモクラシーがギリシャのデモクラシーと違うのは「宗教改革を経てゐること、換言すれば人間の内面的独立の認識の上に立つてゐること」にあると記した（『対話』10f.）。これは、戦中期から日本民族による「第二の宗教改革」、「レーフォメーション」を唱道した南原とまったく同じ立場ではないにしても、たがいに響き合うところはある。孟子の言葉はルターの「我ここに立つ」と同じく心情倫理を表す。フィヒテを引証した「人間の改造」論もまたこうした自主独立の精神の創出を意味していた。[6]

だが、一致はそこまでであった。とりわけ南原の政治哲学は丸山の受け容れるところではなかった。丸山は、大学生の時に受けた南原の政治学史の講義の冒頭で、「政治学史は人類が政治に関し思惟せる道程の綜合的観察をいふ。然らば、政治とは何か。政治とは創造である。文化的創造の業である」というのを聞いて、「政治が文化的創造の業とは何という観念的なたわごとか！」と思ったという。政治学は半宗教的な阿片にすぎないというG・ザロモン流のリアリスティックな見方（『集』①7）が身に染みていたからである。丸山は新カント派の価値概念を知っていたが、「政治それ自体が諸文化価値の中で独自の一領域をなすという考え方」など知らなかった。というよりも、それは南原独自の哲学であった（『集』⑩131f.）。右の南原の命題が、「文字通り日々のアクチュアルな政治的出来事」への南原の関心とどんな「精神内面の「配線」」で繋がっているのかずっと理解できなかった（『集』⑩133）というのは、事実上の南原批判である。丸山は、南原からマンハイムの「存在拘束性」という方法では思想史はやれないといわれたが、従わず、「僕は僕流でやったって別にどういうことないし、僕は大学時代だって、もし田中先生なら破門されているようなことをかなりやってますね、南原先生に」と居直っている（『集』別集②188：『集』⑩339f.：『回顧談』下74f.：cf.『集』⑩179）。丸山は南原の「学問上の弟子」であって、「決して全面的な弟子と称する資格」がないことを強調し（『話文』①291）、南原の手引きで「はじめて学問することの何たるかを学ぶことができた」が、南原自身の「哲学的立場と信仰には今日に至ってもなおついて行けずにさまよい歩いている不肖の弟子」であったという（『集』⑧110：『集』⑩172）。「信仰」についていけなかったというのは率直な告白だとしても、「哲学的立場」に従うことができなかったというのは韜晦に近い[7]。

【補説1】ただし、和辻と違って南原の場合には、神話の「歴史的」内容は問題ではない。南原はここで、今後の課題は「西洋的で世界的な文化の最奥の精神」と対決し、それによって日本文化の創造的発展のために普遍的基礎を得ることにあり、日本精神の精華は過去の歴史ではなく将来の発展に見出されねばならないとしている（『著作集』③121）から、神話は、人格と精神の自由と結合した普遍的な「文化民族」の要請を根拠づけるにすぎない。戦後になって、重要なのは、神話に盛られた「わが民族の世界観的意味内容」で、それはすなわち神話を作った人々が「自己の民族の永遠性」を信じ、その「天的使命」を意識していたということであり、「民族の発展を庶幾《こいねが》い、世界に貢献せんとする」国民ならば、「自己の神的使命と悠久の生命」を理想とし、そのために努力するはずだと述べている（『著作集』⑦21f.）ように、神話はナショナリズム、民族共同体の意識を鼓舞する機能を付与されたのである。とはいえ、南原は象徴天皇制を、歴史を貫通した、「君民一体の日本民族共同体そのものの不変の本質」ないし我国古来の「君民同治の精神」として捉え、しかも象徴とは現実との関連において理想を具体化・対象化することであるから、天皇は率先して「あまねく国民の規範たり理想たるべき精神的道徳的」責任を負い、内閣その他の要職にある者はこの道理をわきまえて輔弼の任を全うすべきだとする（「天長節」〈1946〉『著作集』⑦58f.：「新憲法発布」〈1946〉『著作集』⑦90）。これまた和辻の描く大宝令の世界（IV-1-b）や和辻＝阿部の「三宝の奴」（IV-1-b補2）とほぼ完全に一致している。また、日本の「世界史的使命」や「世界史的民族」といった観念は、理想の内容を別にすれば、和辻の全体性の倫理学と見まがうばかりである。

政治の本質――「善悪」をめぐって

南原繁によれば、「政治」の本質を「悪しきもの」と見るのと、「善きもの」と見る二つの見方があるが、どちらも正しく、「獣的」存在と「神的」存在という人間の本質に由来している。そしてこの両要素を結合ないし綜合するのが政治の「真の意義」であり、「人間は政治的動物である」というのは、「政治的共同体としての国家生活において、初めて人間性の完成が期せられる」ことを意味する。さてその二要素の結合ないし綜合は、人間の社会生活において利害・感情に基づく対立・抗争を克服して、「規律ある理性的社会秩序」を樹立することによって成し遂げられる（『著作集』③82ff.：『著作集』④11：『著作集』⑤126, 387）。理想主義者・南原といえども、人間と政治の「悪」の面に目をつぶるわけではない。だが、目指すところは「悪」の克服である。前述のように、南原は、政治を「善きもの」と見る例として、孔子の「政を為すに徳を以てす」、「これを道びくに徳を以てし、これを斉えるに礼を以てす」やプラトンの「哲人王」、「哲人政治」を挙げたが、同時に二つの見方を結合・綜合する視点として、プラトンの哲人政治の思想である「洞窟の比喩」を持ち出し、政治はこの理念《イデア》にまで経験的現実の社会を高めることだとする。ということはつまり、「神的」と「獣的」の綜合といいながら、「神」の立場から「獣」を規制し、「神」へと高めるというのが南原の論理であった。それゆえ、南原にとって「獣的」存在としての人間、「悪しきもの」としての政治思想は克服対象として考察されても（cf.『話文』①311：『続話文』①51）、「悪しきもの」を生じさせるメカニズムや過程に深入りする必要はなかった。

これに対して、丸山にとっては、「政治」は権力や支配と結びついており、「悪いイメージ」とくっつき（『話文』④402, 415）、ネガティヴにしか捉えられないものであったから、「政は正なり」という南原の政治観には最初から

「違和感」があった（『回顧談』下298）。丸山は「政治とは何ぞや」（昭和二一年）で、「政治とは権力をもった指導者が集団をある全体的な理念にもとづいて組織化していくための技術である」と定義したうえで、こうした政治が前提とする「人間性」に論及し、性悪説をとりながら、その意味は倫理的な悪ではなく、「善人にも悪人にもなる」ということであり、まさにそれゆえに政治＝国家によって秩序を維持するという。政治が前提とする人間像は「神と悪魔の中間」だというのである（『別集』①145ff.）。一見、南原の政治哲学と同じ枠組のようだが、丸山はここから、政治の責任は「結果責任」であることを強調し、外面にのみ関わる「政治道徳」の存在を指摘した（同150f.）。あるいは、丸山は、「学問・文化の自律性」の担保としての普遍的「真理」を説いた南原の論稿（昭和一四年）と奇しくも同じ表題の[8]「人間と政治」（昭和二三年）で、「人格的内面性の立場」に立つ無教会主義者を称揚しながらも、同時に宗教・道徳の内面性と政治の「全面性」（政治に固有の領域はないこと）を指摘し――これは間接的に南原の「政治」価値論の批判である（cf.『回顧談』下299：「聞き書　南原『理論史』」〈1973〉『話文』④385, 402）――、政治家の結果責任を強調し、性悪説とは人間が状況によって「天使になったり悪魔になったりする」存在であり、そこに「技術《アート》としての政治」が発生する基盤があるとした[9]（『集』③208ff.：cf.「旧制第一高等学校における政治学講義草稿」〈1947〉『センター報告』⑥〈2011〉41ff.）。「政治」が「アート」であるというのは、「天使」にも「悪魔」にも仕えるということであり、したがって南原の政治哲学とは相容れなかった。だが、丸山は決して師の教えに全面的に歯向かったわけではない。

丸山は「政治学入門（第一版）」（昭和二四年）で、政治は「権力」、「倫理」、「技術」の三つの側面から考察すべきであるとして、「倫理としての政治」に'Politik als Gerechtigkeit, political justice'の欧語を付した。「倫理」とは「正義」の謂であった。「正義」は責任倫理に尽くされない。事実、そこではマキャヴェリだけでなく、レーニンの『国家と革命』のリアリズムにも、未来の社会における真の人倫の実現に対する渇望とそれを目指す実践へのエネルギーに転換するという側面、つまり「政治の倫理的契機」を認めるとともに、一般に如何なる政治権力も「客観的正義」としての倫理的価値の前に頭を垂れなければならない、と主張した[10]（『集』④243f., 245）。丸山は、政治が支配の技術であることを承認しつつ、なお「正義」と結びついていることを明言した（「政治嫌悪・無関心と独裁政治」〈1948〉『別集』①296f.）。だが、こうした「心情倫理」をどのようにして政治学に組み込むのか。丸山にとって「主体性」とは「新カント派的な主体性」であり、「価値」は「存在」に吸収されない（「社会主義のために命を投げ出す」行動は科学的認識からは導出できない）（『座談』⑧174）のだとすれば、レーニンに見られるような「社会主義の倫理的要素」（『座談』①128：『座談』①60）は政治学の中に如何なる位置を占めるのであろうか。換言すれば、本来「個人倫理」であるキリスト教的＝ルター的心情倫理をどのようにして学問的に「政治倫理」にまで高めることができるのか。

丸山は『政治の世界』（昭和二八年）では、「政治権力」を主題とし、「政治技術（Politics as art）」に言及しても（『集』⑤142）、倫理や正義には触れていない。しかし、その後ふたたび「価値」の問題に力を入れるようになり（清水靖久「政治学と教養」『社会科学』㊵〈2010〉6ff.）、あらためて「正義」＝倫理的価値を組み込んだ技術学、すなわち「アートとしての政治（学）」の構想を展開するようになる。人間は「善い方にも悪い方にも転び、状況によって天使になったり悪魔になったりするところに、技術《アート》としての政治が発生する地盤がある」（『集』③212）というところからすれば、「アートとしての政治」は、本来、善悪の彼岸にある。事実、「政治学入門」では、「技術としての政治（Politik als Kunst, political technique）」は一七世紀以降のヨーロッパで絶対主義国家の支配技術＝「国家術数（Staats-klugheit）」であり、現代まで続いているとされた[11]。ところが、丸山はこの「技術」に、政治における「権力」（現実）を「倫理」（理念）に媒介する働きをさせようとした[12]（『集』④246ff.）。その結果、自己の「好悪や偏見を抑制した非人間的なまでに冷たい状況認識」と「「よい社会」に対する燃えるような情熱」＝「政治的正義」とを結びつけるのが、「技術としての政治学（Politics as art）」だとする新定義が生まれる。すなわち、指導者の立場からする「国家経綸の術（Staatskunst, statecraft）」を「市民の立場から、状況を操作する技術としての政治学」へ、あるいは「かつてとは逆に、もっと「ヨリよい社会」をつくる技術としての政治」へと転換する、というのだ【補説2】（「政治学の研究案内」〈1960〉『座談』④99, 100f.：松沢弘陽「解題」『集』⑭379）。早い時期の言葉でいえば、「いわゆる権謀術数を人民が心得ることを可能にする政治学（「現代政治学の課題」〈1947〉『別集』①278）、あるいは、一九六〇年度の講義でいう、「日常性の世界に、政治によって生きているのでない一般市民が自分を政治に関係させる」ような、「一般市民の日常的立場からの操作的 operative な政治学」（『講義』③40, 210）である。

だが、この構想は具体化されなかった。何よりもこの構想は、結局、心情倫理＝正義がどのようにして政治学の中に位置を占めるのかという難問に答えることができなかった。それゆえ、政治における心情倫理の問題もまた主として一九五〇年代に活発に意識されるにとどまった。それは、五〇年代の丸山にとって、「心情倫理」の堕落と「権力」主義の跋扈、あるいは「心情的ラヂカリズムとマキャヴェリズムの同居」と「主体的決断のない、現実の流れのままにという機会主義」（『対話』145）を阻止することが眼目であったからであろう。ただ、丸山は五〇年代末以降、「アートとしての政治学」の一部を「パート・タイム参加」としての政治論として展開し（I-3 註7）、また「心情倫理」を――「心情主義」と区別する形で【補説3】――歴史の中に探るという営為を続けた。(13) しかしそれにもかかわらず、丸山は、カントのような「道徳的」政治論を、あるいは南原のような心情倫理の政治哲学（cf.『聞き書　南原回顧』145ff.）を生み出すことはできなかった。

南原の政治的思考の全体をここで扱うことはできないし、またその必要もない。我々にとっては、南原の教養思想が一定の「実践性」ないし「政治性」を帯びており、丸山がそれをある程度まで引き継いだということを確認することができればよい。南原の教養思想の核心は「正義」＝心情倫理であったが、政治学者としての丸山は、「正義」一辺倒という立場をとらず、「悪魔」や「状況」を考察の範囲内に入れようとしない南原の「理想主義的」思考に批判的であった。だが、それでもなお丸山は「正義」の政治学ないし思想史の可能性を追究しようとした。とはいえ、思想史における心情倫理の追究は、最初「内発性」探究の形をとり、一定の成果を挙げたが、『日本の思想』あたりを境に新しい思想史方法論を展開し、また「植物主義的」伝統観の拒否を通じて「内発的」主体性論を批判する過程を経て、原型論では「原型突破の原理」は主役の位置を占めなかった。そして丸山が受容した「精神的革命」や「国民の改造」もまた、「正義」の政治学とともに、「丸山政治学」を構成するに至らなかった。いずれも「時論」もしくは「思想論」の枠を超えなかったというべきであろう。

こうした点を踏まえ、また本章第一節末尾の考察を敷衍して、ここで大正教養主義と丸山との関係について一つの仮説的な——ということは必ずしも十分な実証的根拠があるとはいえない——見取図を示しておきたい。大正期に和辻哲郎が「文筆家」として、南原が「哲学者」として提出した「理想主義的」政治思考は、〈ディレッタント的〉色彩を帯び、丸山のいう「思想論」に属していた。すでに見たように、丸山は、その内容のすべてを引き継がなかったものの、一面では〈ディレッタント的〉政治論の系譜上に位置していた。和辻や南原の〈ディレッタント的〉政治思考は、学問の衣装を纏っていても、実質上、吉野作造の政論と同様の、「知識人」の時論にあたり、丸山はまさに〈知識人としての学者〉の立場から時論を展開した点において、大正教養主義のエピゴーネンであった。「洞窟の哲人」南原は戦前にジャーナリズムを嫌ってほとんど新聞雑誌に書かず、戦後は丸山に対してもジャーナリズム活動の抑制を迫った。だが、時論は一般の新聞・雑誌を舞台にするとは限らない。かの「日本精神」論に対峙した南原の「現代の政治理想と日本精神」（昭和一三年）は、「某県教育講習会における講演」とされるだけで、媒体は明らかではない（I-3-b 補こ）けれども、内容は時論とすれすれであり、また、『国家学会雑誌』における南原と田中の論争は、政治と関わらないが、どう見ても無教会派とカトリック派との宗派論争であり、現代の感覚からすると、学術研究の枠を超えている。和辻の論文「日本精神」にしても、今日ならまちがいなく「評論」に属するであろう。それゆえ、厳密な区分はできないが、少なくとも、政治学の未発達という状況を背景として展開された教養派の政治論は、中身はさておき、知の枠組として戦後丸山の「夜店」における知識人としての活動に受け継がれたと見ることができる。つぎの阿部次郎の発言（昭和六年）（『全集』⑩304f., 306f.）は、象徴的な意味においてではあるが、大正教養派と「戦後知識人」丸山との関係を暗示している。

> インテリは搾取被搾取の経済的見地から云へば、両者の中間に立ってブルジョアとプロレタリアとの色彩が比較的最も稀薄なところにその特徴を持ってゐるのである。これは果して単純な消極的性質であるか。むしろこゝにインテリの積極的使命が胚胎し、現在と将来とに対する重大な任務が潜んでゐることはないか。
> 現在の社会の中に将来の社会の原型を見出し、これに出来得る限り完全な姿を与へることは、インテリの重大な任務である、［……］将来社会に対する準備として、全人類の未来を建設すべき礎石および展望として、決して自卑するを許さぬ責任がインテリの双肩に負はされてゐるのである。
> 一つの高処と展望を持つことこそ――闘争の真只中にあっても全人類的見地を確乎として持ち続けることこそ、インテリの特殊な任務に属してゐるのである。

阿部のこうした微温的な階級超越論は、すでに大正時代に左翼陣営から厳しい批判に曝された（竹内『教養派知識人の運命』231ff.）けれども、そのインテリ観は、マルクス主義をくぐりぬけ、敗戦後マンハイムから知識人の「普遍的」立場を学んだ丸山（I-1-b）の〈知識人の社会的使命〉に結実したと見ることができる。

だが他面、和辻や南原は「学問」の領域でも丸山に大きな刺激と影響を与えた。和辻の場合は主として個々の学説や理論が丸山の思想史なり原型＝古層論なりに少なからぬインパクトを与えたが、南原から丸山に受け継がれた学問観として特筆すべきは「学問の自律性」の観念である。丸山の〈学問自身の社会的使命〉はおそらくこの観念を抜きにしては語ることができない。「学問の自律性」は、極論すれば、「学問至上主義」であり、「学問の自己目的化」に通じる。もちろん、丸山は「学問至上主義」や「学問の自己目的化」という意味のアカデミズムをそのまま受容せず、〈一九六〇年のドグマ〉ではむしろそれに、「文化の社会的＝政治的実用主義」と並んで「異端」のレッテルを貼ったが、しかし一方で通俗的アカデミズムの有閑的性格をしりぞけ、他方でジャーナリズムに擦り寄るような「民衆べったり」の学問を乗り越えるべく、田中の〈あるべき民衆〉を自家薬籠中のものとして、〈学問自身の社会的使命〉を確固として基礎づけた。[補説4]

したがって、南原・田中は、その教養派的＝ディレッタント的政治論や「正義」の政治哲学によって、丸山の「知識人」としての活動の先駆となり、「思想」の普及と活性化に寄与したが、他面、彼らの学問観は、丸山の「学問」の純化をバックアップし（それが吉野評価に現れたことは明らかである）、みずからの知識人的な教養思想の実践＝時論からの離反（「本店」回帰）を招いた。とはいえ、丸山はこれにより教養思想と金輪際縁を切ったわけではない。教養思想は、一九六〇年代後半に、あたかも時論からの撤退と平仄を合わすかのように、「遊びとしての学問」という形で甦ることになる。しかし、その前に南原の欧化論に対する丸山の批判を見ておかなければならない。

【補説2】 丸山は、「「可能なもののアート」としての「政治」」は、ある意味で「本質的に保守的なところ」があり、「歴史における思われざる変化の感覚」に通じるものだとする（『座談』⑤311）から、主として国家経綸の術を指すようだが、国際政治とも無関係ではない（cf.「現代はいかなる時代か」『朝日ジャーナル』〈1959. 8. 9〉17）。「可能なもののアート」とは、有名なビスマルクの「政治とは可能なものについての技術である」からきている（『集』③146：『集』⑦303：『集』⑦319, 322：『集』⑭320：『講義』③10, 19）が、「アートしての政治（学）」の由来は詳らかにしないけれども、マンハイム『イデオロギーとユートピア』の可能性がある。マンハイムは芸術教育論を展開した後、「芸術（arts）」に関する論述は必要な変更を加えるならば、相当程度政治学にも応用できるとし、これまで「「アート」としての政治学」は、チャンスがあった時にただ偶然に教えられ、伝達されてきただけだが、「芸術家の仕事場が創造芸術にとってもつ意味、アトリエが工芸にとってもつ意味は、クラブという社会形態が自由主義的－ブルジョワ的政治学にとってもつ意味と同じである（What the studio has meant to creative art and the workshop to the handicrafts, the social form of the club has meant to liberal-bourgeois politics）」としている（下線丸山）（Mannheim, *Ideology and Utopia*「丸山文庫」［資料番号 0182479］162.／cf. マンハイム、鈴木二郎訳『イデオロギーとユートピア』未来社〈1971〉185）。丸山は、『イデオロギーとユートピア』の原書を大学三年の時に読み、戦後になって英語版を入手したが、その第二章「学問としての政治学は可能であるか」（英語版では第三章「科学的政治学の展望」）における政治理論の具体的考察から学んだところも大であると述べている（『集』⑩

324, 346 : cf.『集』⑫90)。上掲部分はこの章に含まれているから、「アートとしての政治学」の構想は戦前に兆していたかもしれない。また、この書き込みは、丸山が、「クラブ」をヨーロッパの自発的結社の一つとして挙げ、結社を知識人の拠点、さらには「非政治的」市民の政治活動の拠点と捉え、またそこに社会教育の場を見出していることから見ても、きわめて重要な意味をもつ。なお、丸山の蠟山政道「政治学」の聴講ノートには、「政治の技術」に関する部分があり、そこには「Art of Politics」とあって、「政治的観念論→政治を理想・規範として見る」、「政治的現実論→政治を法則と見る」、「その中間論→政治をアート、行動と見る」とあり、縷々説明が記されている(「蠟山政道教授　政治学ノート」「丸山文庫」[資料番号 52] 42ff.)。

【補説 3】 丸山によれば、日本の思想史を貫いている一つの大きな傾向性として「動機主義」(「純粋な動機から出た行動は善である。善と言わないまでも、それには高い評価が与えられる」)がある。福澤のいう「一心一向」である(『続話文』②200／『別集』③120)。あるいは倫理意識の古層についていう。「倫理意識」のキーワードの一つは「キヨキココロ、アカキココロ」である。これが最高の倫理的判断であり、良き、悪しきは二次的である。後者は中国から来たものである。古層では善悪の判断が「美的な判断によって代位される」。清いか汚いかというのは、「心情の純粋さ」を基準にしているということである。「心情純粋主義」がここから出てくる。たとえば「直情径行」(『話文』②226f. :『講義』④60)、あるいは「純粋動機主義」(『講義』⑥29)ともいう。この「動機主義」や「心情純粋主義」は「心情倫理」に由来する(「純粋に内部的なものの発露という動機主義的理解」は、「行為の結果の比較考量」に基づく選択を不純とし、「結果が社会にどういう意味をもとうと純真な動機から出ていれば是認する傾向」[『講義』⑤273])が、しかし政治的実践における「心情主義」と同じく、ネガティヴに位置づけられる。純粋動機主義は、絶対性をもつにもかかわらず、共同体的功利主義と結びつくことによって、普遍的な倫理規範、「自然法」観念への「昇華」を阻まれる(『講義』⑦66 : cf.『対話』173)から、本来の心情倫理と対立するのである。なお、丸山は歴史上の主従関係に関しても、和辻哲郎の解釈を「動機主義的解釈」と、津田左右吉や家永三郎の解釈を「功利的・結果主義的解釈」と、前者の説に含まれる要素を「心情倫理的要素」と呼んでいる(『講義』⑤89)。

【補説 4】 大正教養主義と丸山との関係についての坂本多加雄の独自の構想は、以上の叙述にあまり活かすことができなかったので、ここでまとめて若干のコメントを付しておきたい。坂本の図式の大枠は、丸山や大塚久雄などの戦後民主主義の旗手たちは、青年時代に教養主義の学生文化の環境の中で育ちながら、同時にマルクス主義からも強い影響を受け、それゆえ戦後の変革が始まった時、講座派的な発展段階説に依拠して「ブルジョワ革命」を完遂すべく、「近代化」を推し進める「近代的人間類型」の実現を目標として闘ったが、この類型は基本的に大正教養主義を引き継いだものであった、というものである(坂本多加雄「「戦後知識人」とは何か」〈1999〉『坂本多加雄選集』①藤原書店〈2005〉298ff.)。その論拠は多岐にわたり、すべてを取り上げることはできないが、つぎの二点については十分検討に値する(なお、丸山と教養主義の親縁性の原因を青年時代の環境に見出そうとする試みは、必ずしも十分な根拠をもっておらず、同意することができない〔IV-2-b〕)。

第一に、坂本によれば、南原が人格主義・教養の立場から出発しながら、「政治」を独自の文化価値とみなしたのは、大正教養派の「非政治的乃至反政治的傾向」への批判を意味しており、また南原が人類と個人との間に「民族の文化共同体」を置き、「共同体的社会主義」を提唱したのは、教養派や白樺派のコスモポリタン―個人という人間観に対する批判を含意していた。南原の政治＝文化的価値説は、政治の道徳からの自立を推進し、丸山は、それを受け継いで発展させ、(徂徠学のテーマに明らかなように)政治的価値の優位を導出したが、しかし必ずしも政治一辺倒の姿勢をとらず、また南原の社会性・共同体志向に対してむしろ社会契約説的な「個人」の立場を強調したのは、むしろ教養派の人間像に立脚するものであった(「知識人」〈1996〉『坂本選集』①429ff., 549f.)。第二に、坂本は、いわゆる主体性論争において丸山が、マルクス主義の歴史の必然性の論理に対して、社会主義の実現には、その前提である価値意識(社会主義の倫理的要素)を明確にすべきだとして、それを、「人間性の全面解放」、「内面的自我の実現」、「内部的な、究極においては精神的な諸々の価値、およそ人間を人間たらしめているところの精神的なもの」、「現にある人間、既に存在としてある人間にとどまらず、あるべき人間」の要請として打ち出した(「唯物史観と主体性」〈1948〉『座談』①120, 126f.) ところに、「人格主義」を含めた大正期の問題意識をあらためて捉え直そうとする姿勢を見出す(ただし丸山は、阿部次郎のように人間理想像を「道徳」レベルに留めず、客観的な「制度」形成の問題に関わらせた)(「知識人」554ff., 568f.：竹内『教養主義の没落』63f.)。

第一点につき、南原の「民族共同体」や「共同体的社会主義」を教養派批判とする説には同意できない。同様の見方は昭和期の和辻にもあったからである(IV-2-a)。南原の共同体主義は、カトリック的コスモポリタニズム批判に繋がるけれども(cf. IV-3-b)、大正教養派の原点としての「個」と「普遍主義」の批判まで及ばなかった(南原は田邊の「種」の論理を批判していた(IV-2 註 3：cf. IV-1 註 22)。しかし、興味深いのは、コスモポリタニズム―個人という立場は、まさに丸山が現代の〈原型的思考様式〉を撃つための「思想」であった(III-1-b)ということである。丸山の一貫した白樺派批判を念頭に置くならば、それを教養派の立場と同一視することはできない。ただ、第二点にも関わるが、丸山の「近代人」理想がマルクス主義的発展段階説の影響を受けていたとするならば、丸山が発展段階説を放棄して原型探究に乗り出し、しかも歴史(学問)による〈原型突破の原理〉の基礎づけを諦めた後に、「一身独立して一国独立す」や内村的コスモポリタニズムを「永久革命」の課題としたこと(III-2-b)は、坂本の主張を応用して理解することができるかもしれない。丸山がみずから「近代主義」として位置づけた思想的課題を「永久革命」と表現するようになり、それを「決断」として位置づけたことは、発展段階説から脱出して「あるべき人間」像を示したものと捉えることができるからである。

第二点はかなり説得力があり、いま少し実証的な裏打ちがなされるならば、本書にとっても受容することが可能となるかもしれない。大正期の阿部や和辻は理想的人格像を槓桿として新しい社会を展望するという政治思考を披瀝したが、それは、「人間の改造」や「哲人政治」という道徳的な手段しか提示することができない〈ディレッタント的〉なものであった。南原については、坂本の主張にもかかわらず、他の教養派と同じく、丸山や大塚に認められるような「制度」形成への具体的展望が欠けており、その政治＝文化価値説は、政治の道徳からの自律を基礎づけたというよりも、現実政治への通路を欠いているために、丸山に受容されなかった。丸山にとってはむしろ、南原から引き継いだ文化＝学問の自律性の観念は、安易な実用性を忌避する〈学問自身の社会的使命〉をバックアップすることになった（I-3-b）。

しかし、丸山の「あるべき人間」という発想は、ほぼ同じころに田中から受容した〈あるべき民衆〉という観念と関連していたとすれば、刺激的な推論が可能となる。田中の〈あるべき民衆〉は経験的な民衆におもねることを拒否する一種の貴族主義であり、丸山も、民衆はベートーヴェンのシンフォニーや『資本論』を理解する努力を払わなければならないとする精神的貴族主義を肯定したから、その点で、我々が見た、阿部の「教養貴族的イデオロギー」と異なるところはなかった。もとより、「思想」と「学問」の二つの地平を混同するわけにはいかない。阿部の「教養貴族的イデオロギー」は〈ディレッタント的〉であるとはいえ政治論であり、その「人格」像は丸山の「あるべき人間」論と比較されるべき「思想」であるが、両者の政治論の間に大きな落差があることは明らかである。丸山は、「である」ことと「する」ことで卑近な実用性を排する「教養」＝学芸という観念を「ラディカルな精神的貴族主義」として表現することを通じて、〈文化から政治へ〉という政治戦略を構想した（I-3-a）が、そこに〈あるべき民衆〉は関係しない（ただし戦略のバックにある民衆の「社会教育」論には関わっている）。〈あるべき民衆〉は、学問がただちに民衆に裨益するような実用主義をしりぞけ、いつかどこかで社会の役に立つ〈学問自身の社会的使命〉の基礎としての学問至上主義に関わるものであった。坂本は幕末維新以来の日本の知識人にとっての重大問題＝欧化問題にはほとんど言及しなかったが、「あるべき人間」という観点は、麻生書評における表層的欧化論批判、つまり「内面化」されない欧化論という視角に繋がる。和辻哲郎が戦後『倫理学』下巻で大正期と同じような（あるいは丸山と見まがうような）「人間」像と教養思想を打ち出したこと（IV-1-b）は、坂本の仮説から説明可能となる。

b　日本と世界——欧化論

丸山は、南原繁を含めた大正教養派の「物質文明」拒否や、東西文化融合論を受け容れず、他方で戦後の精神革命論と連動して「人間の改造」というコンセプトは南原と共有したけれども、その「正義」論を半分しか継承しなかった。同様のことは、南原の欧化論についてもいえる。南原は、和辻哲郎と似た〈日本の世界史的使命〉や「日本的キリスト教」という観念を内村鑑三から受け取った。丸山は、敗戦後しばらくは南原の欧化論とほぼ同じ路線をとったが、原型論を構築する過程で決定的に南原から離反した。いいかえれば、丸山自身の「欧化主義」は、ある意味では、南原批判を踏み台にして、完成することになった。

「開化の精神」

南原古稀記念論文「近代日本における思想史的方法の形成」（一九六一年）で丸山は、田口卯吉や岡倉天心の有機体的「内発性」の発想に対して福澤諭吉の「観念の冒険」、すなわち「主体的」欧化論を提示した（II-2-b）が、それと同時に、宗教や政治イデオロギーなどすでに客観的形態となっている思想と、自己変革とそれによる人心の変革を伴った、福澤や門下の藤田茂吉の思想との差異につきこう論じた。後者は、「「交通」において思想が自らを「開き」、それがまた他の生活諸関係を主体的に変革する」というダイナミックスをもつ啓蒙思想であったが、歴史的にはそれが、「すでに「開けた」西洋思想」と「すでに造られた西洋制度」の輸入を主題とする前者の啓蒙思想に取って代わられることになった。しかも福澤や藤田にとって「文明」は「歴史的な「西洋」の普遍化」ではなかったし、彼らには「西洋対日本（東洋）」という固定的イメージもなかったが、文明の普遍性という観念は、変革のダイナミックスを喪失するにつれて、西洋の「実体的な普遍化」と日本・東洋の「特殊性・個別性」へと分岐していった、と（『集』⑨106ff.）。

この議論は、レディメイドの西洋の思想・制度を丸呑みにする「開化先生」への福澤の批判（『学問のすゝめ』〔『全集』③125／岩波文庫 136〕）と重なるが、丸山の場合、ポイントは、「西洋対日本（東洋）」を基礎にした「開けた」西洋思想・制度の輸入と、主体的変革を可能にする福澤・藤田の「開く」精神との対置にある。術語からわかるように、この議論は、〈一九六〇年のドグマ〉(III-1-b) における、「開化精神」、「開けた精神」と、「開かれた精神」(「文明の精神」とそれを体現した「一身独立して一国独立す」) との対置に関連していた。[14] しかも、「開かれた精神」、「開く精神」の確立のためには、「外なる世界主義、国際主義、普遍主義」と「内なる日本主義、特殊主義」の悪循環の克服が課題となっており、この悪循環は、後に「擬似普遍主義」—「土着主義」の対、つまり「内外」思考＝〈原型的思考様式〉として表現された。いいかえれば、すでに南原古稀記念論文で丸山は、「西洋対日本」という「内外」思考を、一方では「観念の冒険」という主体的欧化論によって、他方では「開く」精神の強調によって克服する道を示していた。もっとも、丸山は「西洋対日本」という思考枠組を批判しながら、「世界と日本」という枠組には肯定的であった。

丸山は慶應義塾大学での講義「福澤諭吉」(一九六八年)(以下「慶應福澤論」とする) で、福澤にとって東洋になくて西洋にあるものは人民の独立の精神と数理学であったと説明した際、こう述べている。現代では、あれこれが日本や東洋にないというのは「欠如理論」としてマイナス評価され、日本人の自信喪失を招くとされる[15]が、しかし「国民の可能性を信ずるからこそ仮借なく自国の欠点を指摘する」という行き方もある。内村鑑三は福澤よりも仮借なく日本を批判した。二人はナショナリストであり、「日本という国の存在理由はどこにあるのか」、「日本という国はそもそも何をもって世界に貢献するのか」、「人類の共同体において日本はどういう役割を担っているのか」、「世界のなかでの日本の役割は何か、日本の使命は何か」と問うたのであって、「八紘一宇」の命題、あるいは「自己増殖的」ナショナリズムのように、日本の内にあるものが世界に広がっていくのではなかった、と(『続話文』② 207f., 213／『別集』③128, 135)。

ここで丸山は、内村と福澤が日本の「世界への貢献」、「世界のなかでの日本の使命」を具体的にどのように表現したのかを示さない。ところが、これに関わる主題は実は「慶應福澤論」より一〇年も前の「福沢・岡倉・内村」(一九五八年) で展開されていた。そこで丸山はこう主張していた (以下『集』⑦349ff.)。

この三人はいずれも国際的教養を身につけた知識人として東と西の世界のたんなる啓蒙的媒介人となることに甘んぜず、日本にたいする自己の使命と、世界にたいする日本の使命とを不可分に結びつけ、そうした「天職」の強烈な意識で生涯を貫いた思想家であった。「開国」が必然的にもたらすものに対する深刻な危機感と、日本ならびにアジアの独立と保全へのパセティックな渇望が、ひとしく彼等の思想的発言の主要動機をなしている。

こう述べた後、丸山は、福澤の『文明論之概略』第十章における自国独立とそのための愛国心＝偏頗心の義認、独立の精神としての「瘦我慢の精神」を引き合いに出し、岡倉天心のアジア讃歌とその底にある普遍的人類の理念、あるいは白人によるアジア併呑に対する福澤の危機意識、内村の「骨を刺すような帝国主義の弾劾」を挙げ、さらに開化の皮相な外面性への批判という三人の共通性を指摘したうえで、彼らの場合、世界に対する日本の自己主張は、「世界における日本という意識」により抑制されており、「日本ははたして何を通じて世界に貢献するのか」というのが彼らの使命感に共通する問いであり、「独立」の理念のコロラリーをなしていた、という。ここでも「世界への貢献」が後年の国家主義者たちの「「自己増殖的」な皇国使命観」と対立するものだとする（『集』⑦151）。

ここから察するに、日本の「世界への貢献」、「世界における使命」とは、欧米列強の苛烈な圧迫を受けたアジアの中の日本という状況の中で、福澤や内村のナショナリズムが日本の独立のみならず、アジアに対する使命感を基礎にしていた、という意味であったようだ。だが、これよりさらに八年前の「近代的ナショナリストとしての福沢先生」（一九五〇年）で丸山は、福澤が封建的な攘夷論や島国根性から脱却するために「世界のなかにおける日本」という自覚を日本人に植えつけようとした、と位置づけていた（『別集』②9）。この自覚は封建的な井の中の蛙を脱して、世界的な視野をもったナショナリズムを育てることである。つまり、あの、個人、国家（民族）、世界の三位一体のナショナリズムである。そうすると、「世界への貢献」、「世界における使命」とは、ナショナリズムの構成要素としての「国際主義」を含意していたことになる。[16] 換言すれば、「世界への貢献」、「世界における使命」とは、インターナショナリズムに繋留されたナショナリズムの謂であった。福澤において「個人的自由と国民的独立、国民的独立と国際的平等は全く同じ原理で貫かれ、見事なバランスを保っている。それは福沢のナショナリズム、いな日本の近代ナショナリズムにとって美しくも薄命な古典的均衡の時代であった」（「『福沢選集』第四巻解題」〈1952〉『集』⑤232）。

ただ、この福澤のナショナリズムを「世界への貢献」、「世界における使命」と呼ぶのは、いささか大仰であるような印象を与える。福澤には丸山のいう「国際的平等」の思想があったが、積極的に「世界」に貢献する意図、あるいは使命感があったようには見えない。それは措くとしても、「世界への貢献」とか「世界における使命」という言葉、まして「人類の共同体」や「天職」という表現は、「状況的論理」の福澤には似つかわしくなく、心情倫理家・内村にこそふさわしいように見える。内村と福澤という、多くの部分で共通性をもたず、むしろ相反するところがあった二人の思想家を、「日本と世界」という構図で結びつけようとした時に、丸山の念頭にあったのは主として内村だったのではないか。

〈日本の中の世界〉と〈世界の中の日本〉

丸山は「日本（東洋）と西洋」の対を嫌って、〈日本の中の世界〉、〈世界の中の日本〉という枠組で欧化問題（したがって原型問題）を考えようとした。それは、すでに見たように（III-1-b）、「点の軌跡」（一九六三年）で、内村のコスモポリタニズムを、「日本のなかに世界がある、隣の八さん熊さんが人類なのだ」と表現したことにも示されている。丸山はこのコスモポリタニズムを説明する際、福澤の「理のためには云々」というインターナショナルなナショナリズム論を引き、また後には「一身独立して一国独立す」の主体的パトリオティズムを持ち出した。さらに、一橋大学学生によるヒアリング「普遍の意識欠く日本の思想」（一九六四年）では、「世界」という普遍概念は場所ではなく、「日本は世界の中にあるのだし、逆にいえば、世界は日本の中にあるのだという観念」は日本では定着しにくいとし、「開国」の思想史的意味は、「世界対日本」でなく、「日本の中に世界があり世界の中に日本がある」ということであり、「世界市民主義つまり普遍者へのコミットがないナショナリズムは成り立たない」と論じた（『集』⑯56f., 66）。

ここからすれば、内村的コスモポリタニズムとは、いったん国家や民族をぬきにして、「個」と「世界」との関連を確保しようとするものであったと解される。力点の置き所によって分けるとすれば、〈世界の中の日本〉は、主として（福澤の論理に従って）国際的なナショナリズムと日本の「主体性」を確保しようとする視点であり、国家（愛国心）を内蔵しているのに対して、〈日本の中の世界〉は、主として（内村に基づいて）国家を超えた、個人と世界（普遍）が直接向き合う地平を示すための装置であった。そしてこの理想に到達するためには、「擬似普遍主義」（〈現代の欧化主義〉）と「土着主義」（〈現代の鎖国主義〉）という〈原型的思考様式〉、すなわち「内外」思考を撃たなければならなかった。その萌芽は南原古稀記念論文に登場していた。だが、丸山の欧化主義のいわば「仕上げ」として、南原繁その人との直接対決というプロセスが残っていた。それは、逆説的にも、内村的コスモポリタニズムによる内村的〈日本の世界史的使命〉観の打破として展開されることになる。

すでに一部触れたが、「点の軌跡」の一年後の丸山との対談「戦後日本の精神革命」（一九六四年）で南原は、キリスト教も仏教も儒教もすべて東洋に発しているから、それを日本の伝統として新しい精神を組み立てていく基盤になると述べたが、これは丸山からすると「植物主義的伝統」の発想であり、丸山はそれをやんわりと批判し、南原はそれを受け入れて、いったん日本の伝統を切ったうえで他のものを「接木」するという比喩を持ち出し、「日本的儒教」、「日本的仏教」、そして内村のいう「日本的キリスト教」の意義を強調した。これに対して丸山は南原の「内発性」論を衝くべく、「捨身の観念的冒険」論を提起したのだが、ここで南原はさらに、支配者の歴史に残っていない民衆の伝統、「隠れた伝統」に言及した。そこで丸山はいま一度「内発性」の発想を批判し、支配階級の作った政治的伝統という考え方に対して、仏教や芸術における「精神的な創造としての伝統」の意義を強調した（『座談』⑤22ff.）。「日本的キリスト教」の主張に見られるように、南原の発想は戦前とほとんど異ならない。しかも、南原はさらに、日本には「世界に先がけてやるべき課題がある」と主張する（同27）。すなわち、〈日本の世界史的使命〉である。

南原は、アメリカの人文科学顧問団が来訪した折の挨拶（昭和二一年）で、明治以来の欧米文化の摂取は「きわめて表面的且つ糊塗的」であり、わずか七〇年で自国文化の優越を僭称し、そこに極端な民族文化や国粋主義を唱道したことが今日の不幸の原因であるから、新日本の建設にはあらためて「普遍人類的基礎」を学問・文化に与えることが肝心だとして、「わが国特殊の歴史的地理的関係」から、我々が「東西文化の会合の場所」として、米国と全世界からあらためて「善きものを学び取り」、将来新日本文化を創出し、世界人類に寄与しようとする我々の理想を理解して指導・助言を与えていただきたいと述べた（『著作集』⑦273f.：cf.「日本における教育改革の理想」〈1949〉『著作集』⑦315）。内村の「地歴哲学」をそのまま踏襲し、日本の使命を強調したのである。その後も、南原は、「われわれの民族の世界史的使命はむしろ将来にある」と宣言し（「現代の政治と思想」〈1954〉『著作集』⑧191）、敗戦を転機として「世界と人類に寄与するところの世界史的民族」になり得る期待を表明し、「世界は一つ」であることを自覚し、米ソの対立を克服して「人類の融和と世界秩序の建設」のために努力することが「日本民族の新しい使命と理想」でなければならないと力説した（「日本は世界に何を寄与し得るか」〈1955〉『著作集』⑧51, 59ff.：cf.『著作集』①13：『著作集』⑧241）。敗戦という決定的な変革の契機や国際情勢の変動を持ち出すものの、思考の基本線は戦前と少しも変わらない。各国民・民族はその風土や歴史的環境に従って個性をもち、その民族的個性を通して各民族が真理と正義、平和と文化の「普遍的人類目的」に寄与するところに、民族の真の使命がある、というのである（「私の教育観」〈1967〉『著作集』⑩143：cf.『著作集』⑧189）。これは宗教色を帯びていないが、別の場所で、人間性の回復と人格の完成のためには近代ヒューマニズムは不十分であり、「人間を超えた絶対者・永遠的者《ママ》」と結びつかなければならないとしている（「現代世界の問題と日本」〈1952〉『著作集』⑧35）ように、普遍的な人類の目的は「神」と不可分であった。

さて、対談に戻れば、「世界に先がけてやるべき日本の課題」という南原の主張を受けて、丸山は、そうした課題を我々の責任において遂行するためにも、「日本と世界」ではなく、「日本は世界のなかにある、同時に日本のなかに世界がある」という考え方をしなければならないと反論し、「国際的」とか「世界的」が特定の国や国家群と結合される危険を指摘した（『座談』⑤27）。南原の「日本と世界」の枠組に擬似普遍主義の危険を嗅ぎつけたのである。

日本が主体となって「人類」と「世界」の変革に貢献するという〈日本の世界史的使命〉の観念を支えたのが「日本と世界」という枠組であった。だから南原は、丸山のコスモポリタニズム的発言の驥尾に付すかのように、いまや「世界は一つ」であり、各民族の「個性的な文化的・政治的共同体」が一つの普遍的なものに結ばれるのであり、これは「昔からの課題」であったが、とくに第二次大戦後の対立を踏まえて、「日本民族はどうして人類に貢献し得るか」という、明治の国民的使命や戦時中の大東亜共栄圏と違った「ほんとうの意味の民族の使命」を考え、民族共同体と連なる「神的秩序」としての「世界共同体」の実現を展望するという議論を展開した[17]（『座談』⑤27, 28）。まさに「わが民族の世界史的使命」（『座談』⑤9）である。内村と同様、南原にとっても、日本（民族）の「使命」はキリスト教的普遍理念の世界における実現にあった。そう見るならば、対談で丸山は、内村の一方の立場（コスモポリタニズム）＝〈日本の中の世界〉に拠って、もう一方の立場である〈日本の世界史的使命〉（南原の「日本と世界」は実質上「日本から世界へ」であった）から距離をおこうとしたことになる。

後年のヒアリングで南原は、みずからの祖国愛が日本国家主義とは違うが、他方でカトリックと違って「私は世界主義者にはなれない」と明言している（「聞き書　南原『理論史』」〈1973〉『話文』④395）。そしてカトリック的「世界国家」ないし「世界主義《コスモポリタニズム》」を南原が嫌ったのは、「民族的国家の理想」が「不変の礎石」として「あくまで維持されねばならぬ」と考えたからであった（『著作集』①165：『著作集』③117）。丸山も、南原の普遍主義的傾向を認めつつ、南原が国家の意義を強調したことを受けて、南原の立場は、同時に民族国家を生かさなければならないので、「個人が直接単位になる、ヴェルトライヒの、個人を単位とした世界帝国」、「コスモポリタニズム」ではないことになる、と念を押した[18]（『話文』④408）。これは、カトリック的普遍主義に対立する南原の立場を説明しただけのように見えるが、その実、「個」を単位とする内村的コスモポリタニズムの立場から、南原の「民族共同体」観念をしりぞけるとともに、「内外」思考に通じる南原の反コスモポリタニズムを炙り出そうとしたものであろう。【補説1】

他方で、丸山は南原の「日本と世界」に対して〈日本の中の世界〉だけでなく、〈世界の中の日本〉も突きつけた。しかし、これが国際的ナショナリズムを意味するのだとすれば、南原の、世界共同体と繋がる民族共同体論と必ずしも矛盾しないが、それにつき丸山は何もいわない。

しかし、それ以前に、実は丸山自身、戦後しばらくの間、「日本と世界」という枠組で〈日本の世界史的使命〉に近いことを考えていた。

先に一部見たが（II-3-b）、丸山は座談「現代社会における大衆」（一九四九年）で、日本の文化・経済・宗教の「重畳的」性格を積極的に生かそうとし、その使命が「ワン・ワールド」の世界の形成にとってもつ重要性を指摘し（『座談』①235f.）、講演「ヨーロッパと日本」（一九四九年）でも、日本の精神的な構造は「アジア的なもの」と「ヨーロッパ的なもの」が絡み合っており、「異質的な社会構造の間の思想的な内面的な媒介」を行うことが容易な地位にあるとして、ロシアとアメリカとの媒介が日本の使命だと述べた（『別集』①353ff.）。さらに座談「被占領心理」（一九五〇年）でも、日本の文化・宗教等の雑居性という特色を徹底して、米ソの異質な勢力の狭間で日本の立場を積極的に生かしてゆく方向を提案していた（『座談』②19f., 21）。丸山は、日本が新たな世界状況の中で「ワン・ワールド」のために果たすべき使命、すなわち内村＝南原と同様の〈日本の世界史的使命〉を模索していたのだ。それは、後に精神的雑居性という病理現象として示されることになる「日本的」要素を世界のために積極的に活用しようという楽観的な見通しに現れている。

だが、この日本の特殊性（雑居性）の積極的活用という志向、つまり――「日本の思想」にいう雑種性を「悪い意味で「積極的」に肯定」するのとは反対の意味で――「良い意味で「積極的」に肯定」しようとする発想は長続きしなかったようである。

丸山は一九五九年の座談「日本人の倫理観」で、「日本は東西の間で調停的な役割を演ずる国にならなければならないという漠然としたスローガン」に懐疑を示し、「今日の世界における日本の地位は、はなはだ漠然としている」と語り、異質性に対する日本独自の「寛容」と「不寛容」の共存の指摘（『別集』②242f.）によって、雑居性の影の面を強調している。そして、座談「非西欧世界の近代化」（一九六一年）では、日本は大陸から一定の距離があり、優れた外国文明は「いつもタラタラと天井から降って」きたから、支配層が取捨選択する（たとえば天皇制を作り上げるのに都合の悪いものを危険思想とする）ことができたけれども、この状況は遠からず変化し、これから「世界の中における日本」の歴史が始まると述べている（『座談』④205f.）。「タラタラと天井から降ってくる」とは、後に朝鮮の「洪水型」に対比して日本の「雨漏り型」とされたものであり（II-3-b）、同質性を維持しつつ外来文化を修正する、という原型論的分析を表すが、ここではそうした環境が支配層の取捨選択（〈イデオロギー鎖国〉）を可能にしたとしつつ、「雨漏り型」の外来文化の輸入という状況が変化していく中で「世界の中における日本」という展望を示したのである。それはまさに過渡的に、以前には積極的可能性を託していた日本の特異性を清算して、腰を据え直して〈世界の中の日本〉に処していこうとする意気込みを感じさせる。座談「政治の頽廃に抗するもの」（一九六一年）でも丸山は、「世界の中の日本」の歴史は非常に新しいから、これから国民一人ひとりが選択を迫られる状況が出てくるはずだという見解を「持論」として披露している（『座談』④226）。

ここから原型論まではもう一歩である。再三引くように、丸山は一九六四年度以降の講義で学生に向かって、テクノロジーの発達により地理的＝空間的条件が宿命でなくなった状況の中で、「世界の中にある日本」を自覚し、

「異質性のなかに身をさらし、主体的な決断能力・選択能力を練磨すること」、逆に自分たちの意識の底にある思考様式を対象化・客体化することを要請した。「である」型の思考様式を含めた現代における原型的思考の払拭を念頭に置いた発言である。[19] したがって、六四年の南原との対談で示した〈世界の中の日本〉という枠組がこの講義の発言と同趣旨だと解してよいならば、丸山は、日本人の同質性を自明の前提とする〈原型的思考様式〉の克服のために、かつて自分も同意していた「日本と世界」の枠組に対して、隣人こそが人類であると見る〈日本の中の世界〉＝内村的コスモポリタニズムを突きつけると同時に、原型の前提たる同質性が今後解消されてゆく状況を引き合いに出して、〈世界の中の日本〉＝福澤的主体性論の自覚の必要を突きつけたことになる。

丸山は、内村や南原と普遍主義を共有したが、「日本的キリスト教」により世界を変革するという発想や、普遍的理念の特殊民族による実現という意味の普遍主義（「個人と世界との中間」に位置する「具体的普遍」、「民族的国家の特殊的普遍」〔南原『国家と宗教』『著作集』①164〕）をとらなかった。南原古稀記念論文で丸山は、「西洋対日本」の固定観念に陥らなかった福澤的普遍主義が、その後、「「西洋」の実体的な普遍化」と日本（東洋）の「特殊性・個別性」へと分岐していったことを批判的に描いた。この分岐は直接には〈テクノロジー開国〉と〈イデオロギー鎖国〉の悪循環を意味しているけれども、同時に南原の「日本と世界」という枠組への反逆という面をももっていた。「外来文明摂取が日本の伝統である」とする欧化主義（『講義』⑤39）の像は、儒教・仏教摂取の伝統を引き合いに出して「キリスト教の日本化」を推進しようとした南原＝内村の欧化主義と重なる。その意味で彼らもまた〈原型的思考様式〉の影響を免れなかったのだ。[20] しかも、古稀記念論文で植物主義的内発性論を批判して「観念の冒険」を強調したことを想起するならば、この論文は南原の古稀を寿ぎながら、南原に対する惜別の辞となり、時あたかもこの原稿を置き土産に丸山はアメリカへと羽田から飛び立った（『集』⑨369）。そして、「世界市民主義者」ないし「普遍主義者」の衣を纏って一九六三年春に帰国し、年末に「点の軌跡」で内村的コスモポリタニズムを提示したが、翌六四年の南原との対談で日本的キリスト教と植物主義的伝統の観念ににべもない態度をとり、「日本と世界」

の枠組に叛旗を翻したのは、内面的な意味での出発《たびだち》前の訣別を再確認する行為ではなかったか。

【補説1】 丸山は、戦後の新憲法制定をめぐる議論で南原が「国民共同体」を持ち出したことに「ちょっと違和感」があり、その考えは「ポジティブではあるけれども、当時の感覚からいって、［……］保守的な感じ」があったと遠慮気味に語っている（『聞き書南原回顧』340f.）。他方、南原追悼講演で丸山は、昭和一六年一二月八日に南原が詠んだ歌「民族は運命共同体といふ学説　身にしみてわれら諾《うべな》はむか」を評して、「先生の内面の世界における民族と祖国というものが持っている比重、それは先生の「ふるさと」への感覚と相俟って私などからはもっとも遠いものでありました」と告白している（『集』⑩195）。この発言などから、加藤節（『政治と知識人』岩波書店〈1999〉143：cf. 同『南原繁』岩波新書〈1997〉178）は、丸山が、南原の否定した啓蒙的個人主義を「価値化する」方向を探ったという観点をベースにして、「ここには、間違いなく、南原の民族国家論が「近代の超克」論につながる危険性を秘めていることへの丸山の微妙な、しかし鋭い直感があった」と解している。なるほど、丸山は、「所属的、もたれかかり的「くに」意識」に対峙するパトリオティズムの立場をとっていたから、南原の民族共同体や国民共同体の「保守的」な発想には違和感があった。あるいは、丸山によれば、「近代の超克」には、「明治時代が個人主義の時代で、啓蒙主義の時代で、今やそれはもう済んだんだ、それをもう超克したんだ」という発想があり（『続話文』①81）、南原の方も個人主義、功利主義的個人主義や自由主義を「克服」しようとした（cf.『回顧談』下28：『続話文』①46）。しかし、「近代の超克」は、「近代文化に対する近代以前の立場からの反対も、すべて「近代」の弁証法的な止揚の努力の様に思い込む危険性」（『集』②181）のことだとすれば、南原は、一面で「君民一体の日本民族共同体」を肯定した（IV-3-a補1）が、他面ファシズムや「日本精神」論に見られる古い民族的共同体思想への復帰運動をしりぞけていた（IV-3-a）から、どちらともいえない。だが、そもそも丸山はこの歌に南原の思想のマイナス面を見ようとしたわけではない。南原回顧で丸山は、枢軸が勝ったら世界の文化はお終い、という南原の感懐が、アウトサイダー的な傍観でもなければ、ひとり真理と正義の護持者を誇る、他の日本人への弾劾や告発でもなく、「祖国の罪」をわが身に引き受けて「耐える」という姿勢であり、それはあたかもナチを拒否しながら亡命せずドイツ国民と運命を共にしようとした数少ない知識人の生き方に近かったという意味で、右の歌を引いたのである。そしてこの評価は、福澤の「日本には政府ありて国民なし」のテーゼの解釈としての、「治者と被治者が共に運命共同体を感ずるところに国民がある。そういう国民のないところには愛国心もない」（『別集』①327）という丸山自身の見解と重なる。なお、後に丸山は、福澤の「国体」= Nationality 説に「近代のナショナリズム」の特質を見出し、「痩せ我慢」やE・ルナンの「日々の投票」を引いて、「所属意識にとどまらないネーションの意識」に言及した際、福澤のいう「懐古の情」が「運命共同体」のニュアンスを含むとして、南原の同じ歌を引き、「空襲のときなど、私もとくにそれを感じました」と述べている（『集』⑬154f.）。丸山のこの共感は、すでに引用したが、南原との対談で述べた、「われわれがタコの糸がきれたように、祖国と祖国の歴史から離れて空中に飛んでゆくわけではない。愛国心というのも、平たくいえばこういう宿命の自覚に帰着すると思います」（『座談』⑤30）というものに近く、「われわれは日本に生まれたんだという宿命」から出てくる「本当のナショナリズム」（「点の軌跡」一九六三年）にも通じる。これは「まことに、どんな人もその生まれた国土、祖先以来歴史と運命を共にして来たこの祖国を愛しない者はいないでありましょう」（『著作集』⑨274）とか、「われわれが特殊の民族のうちに生れ来たったのは、単なる偶然ではなく、それ自身事物の永遠の秩序に属する問題である」（『著作集』⑦67）としつつ、民族の人類への寄与を説いた南原とある部分で繋がっていた。ただ、早くに丸山は、郷土愛＝環境愛は自己の外なるものへの伝習的な依存だが、「国民の国家への結集はどこまでも一つの決断的な行為として表現されねばならぬ」（『集』②228）として、「主体的」愛国心を示唆しており、また後には、故郷愛を基盤にした南原の祖国愛に対して、内村のは故郷愛をこえた「本当の祖国愛」だ（『回顧談』下67：cf.『話文』①419）とすることにより、内村的コスモポリタニズムの立場から南原を批判している。ちなみに、座談「現代日本の革新思想」（一九六六年）で丸山は、ナショナリズムには、人種・言語・宗教・地域の共通性に基づいて「自然発生的」に形成された共属感情と、「くに」の運命を自分たちが担うという、自発的な決断、意識的な選択という二つから成り立っており、ルナンは後者を強調したのであり、おおむね近代ナショナリズムも後者の契機が前面に出てくる、といっている（『座談』⑥21）。

憲法九条と日本の存在理由

ただ、丸山がこうした推移を経た後の「慶應福澤論」（一九六八年）で依然として日本の「世界への貢献」、「人類の共同体における役割」、「世界のなかでの日本の使命」、「日本の存在理由」への問いを内村や福澤に見出そうとしたのはなぜかという疑問が残る。平石直昭は、この「世界への貢献」論には「憲法第九条の平和主義と、それが内包する国家概念の意味転換こそ日本の存在理由だとの理解があったと思われる」という推測を披露している（「解説」『別集』③392）。「慶應福澤論」は平和主義にも国家概念の転換にも言及していないが、たしかに丸山の憲法九条論には「日本の存在理由」、「世界への貢献」、「世界のなかでの日本の使命」という発想が存在していた。

丸山は戦後早い時期に平和憲法の「世界史的な意味」に触れていた（「現代政治学の課題」〈1947〉『別集』①280）が、後の、憲法問題研究会の報告に基づく「憲法第九条をめぐる若干の考察」（一九六五年）では、日本国憲法前文の国際主義が、「普遍的理念へのコミット」、あるいは植民地主義の廃止や人種差別の撤廃などを「平和的に実現する使命を日本に課している」と解し、前文と第九条に盛られた理念の思想史的背景としてサン・ピエール、カント、ガンジーに至る恒久平和や非暴力思想、横井小楠、植木枝盛、北村透谷、内村鑑三等の平和主義を挙げている（『集』⑨268ff.：『別集』③26）。憲法問題研究会の「第九条に対するわれわれの態度」を発表する際の議論の叩き台となったペーパー（一九六四年）の中の、「「独立国家の理念」、「自衛権」の意味」の項には、「今や、「主権国家」、「自衛権」等の観念そのものが変りつつあるのではないか（国家観そのものの変化）」、「国家の raison d'être 国家の定義をかえる実験」とある[21]（『別集』③18f.：cf.『集』⑨246f., 249f.）。日本の「存在理由」は、独立した主権国家ではなくて「平和主義の最先進国」（『集』⑨293）として、「平和」を世界に普及にすることにある、というのだ。

こうした発言から見て、丸山が非武装国家の理念による日本の「世界への貢献」を考えていた可能性は、かなり高い。もしそうであるならば、丸山は一九六五年においてもなお、南原と同じ「日本と世界」の枠組を維持していたことになる。南原は戦前からカントの永久平和論を高く評価し、戦後にも平和主義の実現こそ日本の世界的な使命であると認識していた（『聞き書　南原回顧』355）が、当の憲法問題研究会でも、戦争廃棄を世界に訴えるのは「日本民族の新しい世界史的使命」だと明言していた（『著作集』⑨134）。これまた、日本は平和によって人類に貢献するとした内村の主張の継承である。だが、丸山自身もかつてはこれと似た発想をしていた。敗戦後の平和問題懇談会では、「今や身に寸鉄を帯びない日本が、世界に対して何を貢献できるのか」と問うて、「平和問題」で貢献するほかない、と考えたという（『話文』①284）。あるいは平和問題談話会の法政部会で第九条を議論した際には、「日本は国家概念を革命したらどうだ、非武装国家という新しい国家概念をつくったらどうか」という意味のことを考えていたともいう（「近代日本思想史における国家理性の問題」〈1991〉「丸山文庫」［資料番号 678］45, 68）。さらに、雨漏り型の衰退から生じる「世界の中における日本」の歴史の開始を告げた座談「非西欧世界の近代化」（一九六一年）で丸山は、「非武装国家の建設」という地平で「国家の定義」を変え、日本が非武装国家の理念を主体的に押し出していく方向性を示し、従来の国際政治の見方では、日本は世界に貢献できないではないか、という問いを突きつけていた（『座談』④200f.）。

欧化論の原型論へのシフトもこの点についての変化をもたらさなかった。一九七九年になっても丸山は、日本の政治における「現実主義」を basso ostinato として、それに「理念」を対置し、第九条は戦後民主主義の「ヴァンガード的な理念」であり、世界に先駆けた武装なき国家という、従来の国家定義を変える憲法の前衛的理念によって日本は「列強」に精神的に対峙することができる、と言い放った（『集』⑪216）。そして八八年にも、従来主権国家だけを国際社会の構成員としてきたのに対して、「個人、社会諸集団その他が国家を媒介にしないで国際社会の構成員になる」方向、つまり「コスモポリタン、世界市民」が直接国際社会の担い手となる方向（世界人権宣言やアムネスティ）が有力になってくるという見通しを語っている（「正統と異端　国際社会での国家L正統根拠」〈1988〉「丸山文庫」［資料番号 693-1］49f., 52 : cf.「人権からみた日本」〈1993〉『続話文』②148f.）。おそらく、〈一九六〇年のドグマ〉の㈹で「一身独立して一国独立す」を掲げながら、「主権国家」が崩壊しつつある中で「一国」は主権国家に限定されないとして、このテーゼを「個人の独立の精神が社会的集団を活性化する」というように読みかえようとしたこと（III-1-b）の三〇年後の帰結だといってよいであろう。[22]

かくして、丸山は、現代の〈原型的思考様式〉を打破するために、内村＝南原的な〈日本の世界史的使命〉の観念を、したがってまた「世界と日本」という思考枠組をしりぞけ、それに〈世界の中の日本〉―〈日本の中の世界〉という枠組を対置し、福澤的ナショナリズムと内村的コスモポリタニズムを唱道したが、平和主義＝非武装国家論の「輸出」の一点に限って〈日本の世界的使命〉を承認した。だが、〈日本の世界的使命〉は、内村＝南原の「日本的キリスト教」の世界的普及や和辻の世界に冠たる「全体性」の倫理の輸出など、背後に「東西文化の融合」という教養思想を抱えていた。その意味では、丸山の、原型克服の思想的営為は、南原との対決に如実に示されたように、教養思想に対する叛乱であり、逆にそれにもかかわらず残った非武装国家輸出の「使命」の観念は丸山における教養思想の出自を示す蒙古斑のようなものであった。ただ、翻ってみれば、欧化論や東西論は、幕末維新以来の日本の思想にとって避けて通ることのできない巨大な問題であり、それを教養思想の一断面だけで切り取るのは、いささか偏頗であり、とりわけ〈日本の世界史的使命〉という観念については、いわゆる京都学派の「世界史の哲学」との関わりを考えなければならないが、これは他日の課題としたい。

第5章　知識人から学者へ——撤退の構造

我々は、丸山が一九五〇年代末ごろに「夜店」から「本店」へと転換しようとし、それが〈ジャーナリズム離れ〉を伴いつつ、時事論文からの撤退をもたらし、総じて〈知識人としての社会的使命〉から〈学問自身の社会的使命〉への重心の移動を意味していたこと（第1章）、この変化が新しい思想史の方法の模索を経て原型＝古層の探究に繋がった（第2章）が、しかし「原型突破」の意図は〈学問としての思想史〉によっては達成されず、むしろ「思想論」の独壇場となっていったこと（第3章）を見た。原型＝古層については、一九六〇年代の講義で詳しく取り上げられたが、学術論文として日本語で公表されたのは、わずかに「歴史意識の「古層」」（一九七二年）と「政事の構造」（一九八五年）の二篇だけであり、他は座談やヒアリングやセミナー等での口頭の発言に委ねられた。そこでは古層の構造についての学問的分析とともに、原型を克服するための内村的コスモポリタニズムや福澤的ナショナリズムが「思想論」として語られた。

だが、ここに至る過程で「本店」に居を構える準備がひそかになされていた。それを象徴するのが、「変革のための学問」に対置された〈遊びとしての学問〉という構想である。これは、著書・論文はもちろんのこと、座談等でもほとんど公に語られず、没後『春曙帖』の公刊によってようやく一般に知られることになった（一九六八年末に書かれたと推測される）学問論であるが、「本店」における思想史研究を支えるべき後期丸山の学問についての思想の最重要の側面を示すものである。

「遊び」という言葉はおよそ「学問」と無縁であるように見えるが、実践性をもたない、「道楽」ないし「趣味」としての学問を「遊びとしての学問」と呼ぶことにはさほど違和感がない。すでに見たように（I-4-a補□）、一九四七年の座談で飯塚浩二は、江戸時代の好尚的、文献学的学問を「有閑階級の純然たる遊びとしての学問、ないし道楽」と称していた。これは、あらゆる領域で変革を求める敗戦後のはつらつとした息吹を受け、実践性を組み込んだ「新しい学問」を創造しようとする議論の中で登場した語句であり、当然、無条件に克服の対象であった。その克服すべき「遊びとしての学問」がいまや「変革のための学問」に対置され、肯定されるに至った。この百八十度の転換をもたらしたのは、「夜店」から「本店」への回帰、「知識人」から「学問」への重心移動である。これは「思想」それ自体の後退を意味しないが、「思想」の働き方の変化をもたらす。「思想」は、かつて知識人・丸山を介して時事論文として公然と姿を現したが、いまや「学問」の中を潜行する。たとえば、原型＝古層を描いても、原型突破の原理は背後に隠れ、原型＝古層には良い面もあれば悪い面もある、といった説明となる。さらに、「思想」は、世界観やイデオロギーではなく、「面白さ」に代表されるマイルドな姿をとる。それは「思想」（プラクシス）よりも「学問」（テオリア）を重視しようとする姿勢の表現である。要するに、「道楽」や「趣味」、あるいは「遊び」の積極的評価は、「文化の社会的＝政治的実用主義」に対して「学問・芸術至上主義」、「学問の自己目的化」を優位に置くということを意味していた。いわゆる「アカデミズム」への傾斜である（ただし、この選択は絶対的なものではなく、原理的には「状況的」判断に基づいていた）。

本章は、敗戦後に〈知識人としての学者〉の立場から「思想」に依拠して、時事論文という表現形態を駆使してきた丸山が、一九六〇年代半ば以降、「学問」へと軸足を移すようになっていった過程を、原型に定位した第2章および第3章とは違った角度から、考察しようとするものであるが、この過程には多様な問題が絡み合っていた。丸山は五〇年代末から、江戸時代の規範意識の欠如、他律的強制の支配という位置づけを修正し、「しつけ」＝「作法」の存在を認めるに至り、総じて通例ネガティヴに評価される「型」、「形式」、「秩序」の「光」の面を強調しようとした。そこから丸山は、「型」が道徳・秩序のみならず文化（学問・芸術）にとって有する意義を浮かび上がらせた（第一節）。文化の「型」の評価は、「思想」や「評論」に対する「学問」の意義の強調となって現れ、「遊びとしての学問」に繋がっていった。そこには、学問の必須の要素として「好奇心」、「面白さ」などが登場し、「デイレッタンティズム」にすら学問を活性化する役割が与えられた。こうした転換は、全共闘の出現（専門バカ批判）、東大退職、ジャーナリズムや思想家・評論家への批判と平行していたが、敗戦後の「思い出」も折り重なっていた（第二節）。だが、どれほど専門バカを批判しようとも、知識人の没落は押しとどめようがなく、もはや〈知識人の社会的使命〉を真正面から課題とすることはできなかった。とはいえ、丸山は戦後一貫して〈教育の社会的使命〉を意識し続けていた。それは一般的には制度外の「社会教育」に関わっていたが、丸山自身、学術論文・講義のほか、〈知識人としての学者〉の立場から、「丸山塾」などにおける対話を通じて、「学問的思考」の流布を行おうとした（第三節）。

第一節　「しつけ」と「型」

戦前の欧化問題に関わる病理現象の焦点は明治以来の〈テクノロジー開化、イデオロギー鎖国〉であった。〈イデオロギー鎖国〉は敗戦に伴う「エセ精神的機軸」の崩壊によって終焉を迎えたが、それによって戦後の新社会にふさわしい精神的機軸が構築されたわけではなく、「戦後」が終わってからも依然として精神的無秩序が続いていた。この敗戦に伴う「エセ精神的機軸」の崩壊という認識は、すでに高見順との対談「インテリゲンツィアと歴史的立場」（一九四九年）で、天皇制国家の崩壊後の、「社会教育」を欠いた「全く無定形《アモルフ》な、ただ量的な大衆」の登場として描かれていた（I-3-a）。こうした状況を克服すべく、丸山は、単なる「感覚的な解放」ではなくて「規範的自由」の必要を説いたが、その際注目すべきことに、戦後の精神的無秩序は幕末維新の精神的構造とダブル・イメージになっていた（『回顧談』下 50：『集』⑫113ff.：『話文』③211）。

丸山は「日本における自由意識の形成と特質」（一九四七年）で、徳川時代において儒教的規範が「他律的拘束」としての性格を強め、「私的内面性」はいっさいの規範的拘束性を離れた「非合理的感性」に満たされ、明治維新はこのアンシャン・レジームにおける規範意識の崩壊による「人欲」のなしくずし的解放を一挙に推進し、それが「人間の感性的自然の手放しの氾濫」となって現れたと論じ（『集』③156f.：「一九四七年度・一九四五年度「東洋政治史思想史」講義原稿」『センター報告』⑨〈2014〉73）、「自由民権運動史」（一九四八年）では、自由民権運動の「自由」は多分に「快楽主義的な意味での自由」、「自然のままの人間の本性を、できるだけ拡充するという感性的な自由、感覚的な自由」として考えられていたとしている（『集』③243f.：cf. 苅部『丸山眞男』145）。このような内面的規範性の欠如は、思想史上は、徂徠学に胚胎し、宣長の国学に引き継がれた[補説1]（『集』①225ff.／『日本政治思想史研究』106ff. : cf.『別集』①175）が、幕末維新の動乱と変革はそれを一度に顕わにした、というのである。後の「開国」（一九五九年）でも丸山は、徳川時代の文化と行動の「定型性」＝「礼」は維新時に解体が一気に進み、「道徳的アナーキー」や「自由の名による官能的アナーキー」が出現したけれども、そうした「官能的欲望の無恥な追求」は行動様式の「強制的なステロタイプ化」というメダルの単なる裏面にすぎなかったとしている（『集』⑧69ff.）。

要するに、ダブル・イメージというのは、徳川時代の他律的拘束下における内面的規範意識の欠如が強制から解放されると、一挙にアナーキーを噴出させたが、それとまったく同じように敗戦後の天皇制国家の崩壊によって、明治以降の他律的拘束からの解放が道徳的無秩序を招来したということである。(1)

ところで、すでに見たように、丸山は敗戦後から一九五〇年代末に至るまで、ササラ型の自発的集団に期待を寄せ、〈文化から政治へ〉という戦略を展開したが、自発的集団は同時にヨーロッパの「社会教育」の拠点としても高く評価された。そのことは、引用を繰り返すよりも、六〇年度の政治学講義のつぎのくだりを見れば一目瞭然である（『講義』③89f.）。

しかし群集（multitude）に混乱がおきないのは、個々の actor が成長する過程で身につけたヨリ大きな socialization（〝しつけ〟）・institution の規範がそこに作用しているからである。人は家庭・学校または直接社会から習得した〝しつけ〟によって、ある標準化された行動の枠をまもっている。そういう標準化された行動枠は、もともと個人の外に、または個人の前にあった規範が個人の無意識のうちに内面化されたものであって、この内面化を通じて、個人は広く社会生活にたいする適応能力を身につける。伝統・習俗・法律等はいずれも、こうして人々の行動様式を規範的に定型化する意味をもった制度である。

典拠は挙げないが、アメリカ社会学（とくにタルコット・パーソンズ）からきた発想であろう。(2)

しかし、丸山によれば、自発的集団は日本では未発達であり、しかも「大衆化」は押しとどめようもなく進行していったから、その意味では敗戦後の道徳的「アナーキー」に、さらには大衆化による文化・教養の画一化・均一化に対処する必要性は軽減しなかった。ここに二重の意味で「型」に対する要請が生じることになる。

【補説1】 内面的規範の欠如は、荻生徂徠における「政治性の優位」ないし「政治の発見」という丸山独自の積極的な位置づけに繋がるが、同時にそれと表裏の関係にある「徂徠的春臺的な規範の外面化」(「内心は如何にもあれ、外面の礼儀を守りて犯さぬ者を君子とす」(春臺)、すなわち「内と外との、私的内面性と公的制度との分離」)についても、丸山はその「近代的」な含意を評価した(『集』②56, 120／『日本政治思想史研究』247, 313 : cf.『講義別冊』①190f. :『講義別冊』②139ff. :『講義』⑦263f.)。丸山によれば、封建社会では社会＝自然秩序に「如何に適応し、如何に順応して行くか」を把握するのが学問の任務であり、それゆえ倫理学が重きを占めるが、その倫理学は、近代的倫理学のように倫理道徳を「内面的」なものと考えず、むしろ「内と外が一つに」なっていて、環境の中の「理法」を把握することを任務とした(『座談』①28)けれども、規範の外面化はこれを乗り越えるものであった。それゆえ、宣長における「人欲」の優位も積極的に評価される(『集』①285ff.／『日本政治思想史研究』169ff. :『講義』①185f., 209ff. :『集』⑮160)。だが、規範の外面化は近代的な内面道徳をもたらさない。維新における「人欲」の放恣はそのことを如実に示す。規範の内面性は「人欲」と対立するのである。なお、丸山は一九六六年度講義で、太宰春臺の同種の言葉(「聖人の道には心中悪念起りても、能く礼法を守て其悪念を育てず行はざれば、君子と申候」)を引いて、倫理の儀礼化、規範の様式化を指摘し、それをキリスト教の(情欲を抱いて女を見るだけで姦淫だとする)「絶対的モラル」と対比し、また江戸時代の倫理規範の峻厳なリゴリズムが、もし「普遍的な理念」であれば、「人格の内面に無条件な規範的制約」となるはずだが、規範が儀式化・様式化された場合には、「存在」と次元を異にする「当為」ではないから、裏口に抜け道を用意することが可能になるとしている(『講義』⑥170, 171 : cf.『講義別冊』①200f.)。前近代社会の道徳が外面規範であるとする点で変化はないが、以前には強制的規範により抑圧されているとされた「人欲」(「恋愛」と「蓄財」(『集』①251／『日本政治思想史研究』133))が、「道義」の世界と「利」および「色」の世界との「使い分け」として理解されるようになったのである。

a　江戸の再評価

丸山は「我が道を往く学問論」(一九五九年)で、生活様式やコミュニケーションの均一化・画一化の傾向は現代文明に共通しているが、明治維新以降、底辺にある部落共同体のステロタイプの生活基盤の上に、「帝国臣民的な画一化」が進行し、さらにその上に「大衆社会的なステロ化」が進み今日に及んでいるという日本に特異な状況を指摘し、こう続けている。

どこの国でも、ものの考え方や暮らし方の規準や尺度を「自分の内部から」打ち出していった「中核的な社会層」がある。イギリスでは貴族とミドルクラスがいっしょになったジェントルマン、フランスではプチ・ブルジョワ、アメリカではコモン・マンである。しかし、日本では封建時代に各身分(侍、公卿、町人、農民)がそれぞれ違った規準と生活態度をもっていたのが、維新で「ゴチャマゼ」になり、サムライ精神や町人精神が支配的になることもなく、両者の自主的混合により新しいタイプができたわけでもない。維新によって身分格差が撤廃され、立身出世の社会的流動性が生じたけれども、バック・ボーンとなる「社会層」を欠いたまま、近代国家を作り上げてきた。つまり、整然たる日本帝国と統一的な臣民教育の完成の陰には、実は「激しい精神的アナーキー」が渦巻いており、「外からはめるワク」はあっても、「内部からの規準の感覚」は徳川時代よりもむしろなくなっていった。いわゆる「もののけじめの感覚」というのは、国家教育ではなく、社会自体が与える持続的な「しつけ」によって養われるのだが、そうした「自律的社会」が国家に呑み込まれてしまったのが近代日本であった(『集』⑧98f.)。

ここでは上に見た規範意識一般に関する把握と同じく、他律的拘束の下での内面的規範意識の欠如とその後の拘束解除=自由から生じる道徳的、文化的混乱という図式がベースになっており、病理の本質は同じように「内部からの規準の感覚」の欠落とされている。(3) しかし、やや趣が違うのは、前の事例では維新期と戦後期の混乱がほぼ完全にダブル・イメージとして描かれ、とりわけ徳川時代と明治時代はともに他律的強制が支配する社会として把握されていたのに対して、ここでは徳川時代の各身分とそれが具えていた「内部からの基準の感覚」が積極的に評価されているというところである。ここには、徳川時代と比べて維新後はひたすら下降の道でしかないという（進化の反対という意味で）〈退化史観〉のような見方が出てきている。

たしかに以前にも丸山は、ヨーロッパではキリスト教が「規範の存在に対する内面的信念」を培ったのに対して、日本にも徳川時代に儒教によって同様の規範意識がいくらか形成され、また「明治人の性格の強さ」の中には、儒教的な「教養」によって養われた一種の「自然法的な規範意識」があったことを認めていた。しかし、その場合には、日本では規範的なものが独立の客観的存在とならずに上級者の「ペルゾーン」と合体して権威信仰となってしまうばかりか、儒教的規範意識には、君子と庶民の断絶を前提としていて大衆的な契機がないという致命的な欠陥があるとしていた（「被占領心理」〈1950〉『座談』②22f.）。別の機会にも、東洋社会では真善美といった価値が客観化されずに、「パースナルなもの」と結合している（「教育界における近代と前近代」〈1950〉『座談』②237）とか、儒教は日本の伝統思想において「唯一の自然法体系」であったが、その自然法思想では、中国における規範的、契約的性質と違って「権威（温情）と報恩の契機」が前面に出ると見ていた[4]（「日本の思想」〈1957〉『集』⑦208, 221）。

江戸時代の「自然法」に関するこうした見方は後まで維持された（『回顧談』上 260 : cf. 松沢「近・現代批判と伝統」456f.）。しかし、「けじめ」論で徳川時代における「内部からの基準」の存在を指摘した際には、こうした陰の面には言及していない。つまり、丸山は必ずしも前の見解を放棄したのではなく、それとは別に新しい観点を導入したのである。それは端的にいえば、一般に功罪あわせもつ歴史現象の「良い面」への着目である。欧米各国の典型的人間類型にしても、以前にはたとえば、イギリスのジェントルマン、日本の古武士、アメリカのコモン・マンといった人格類型は、ナショナリズムのイデオロギー的構成要素の一つである「国民的個性観念」の具体的人格化として捉えられていた（「ナショナリズム・軍国主義・ファシズム」〈1957〉『集』⑥311f.）が、いまやそれらに道徳意識ないし規範意識を支える社会層という位置づけが与えられ、そこから徳川時代の各身分における「基準」に対する積極的な視角が生まれたのである。[5]

江戸時代の評価で重要なのは、「けじめ」の感覚が社会の「しつけ」により養われるという点である。「けじめ」論よりおよそ一〇年後の一九六八年の司法修習生との座談ではいま一度「しつけ」に言及している。ヨーロッパで家庭、教会、地域集会で行われる、「社会のしつけを覚えて一人前になっていく過程」、すなわち「ソシアリゼーション」は、戦前の日本では家庭と学校が行っていたが、戦後はこの二つの権威が失墜したために、子どもの時から人間の行動様式を規定する社会の価値体系が失われ、何が正常な「社会のしつけ」であるか、一人前の社会人になるとはどういうことなのかという共通感覚がなくなった（『集』⑯84ff.）。一見、戦前は良かったといわんばかりの口吻だが、もちろんそうではない。ここでも「しつけ」の崩壊過程がすでに維新から始まっていたことが指摘されているからだ。そこで、またもや視線は江戸に向かう。文明開化以降、時代の変化を超えて人間関係における「コモン・センス」ないし「人間関係を律する根本規範のようなもの」、「よかれあしかれ江戸時代にまであったしつけ、人間と人間の間の作法」は瓦解していった。文明開化は、ヨーロッパ文明の制度的な「上から」の摂取であり、我々の生活の中から作り上げてきた規範意識による裏づけを欠いているため、「規範の内面的拘束力」が弱く、修身教育も物の役に立たなかった。古い規範意識が崩壊しながら「近代市民的」規範意識が生じない中で、上からの「おしきせ」（天皇制の教育）ができあがった。これが敗戦で瓦解して、ふたたび「アナーキー」が出現した。戦後の民主主義もまた占領軍の「おしきせ」で根づかない、というわけである（同88ff.）。

維新以後の内面的規範意識の欠如と上からの他律的拘束、その拘束の崩壊によるアナーキーの噴出という戦中期以来の図式は依然として維持されているが、江戸時代の「しつけ」の認識は、やはり江戸時代に「良い面」を見出そうとする姿勢を示すものである。[6]しかも、ここでは内面的規範意識だけではなく、その外面化ともいうべき「人間と人間の間の作法」という表現が登場しているのは注目に値する。すなわち「型」への新しい視線である。

この座談の前年の一九六七年に行われた鶴見俊輔との対談で丸山ははっきりと、江戸時代に確固として存在していた「型」ないし「形式」が明治維新以降――「アナーキー」に政治的に枠をはめる天皇制による彌縫はあったけれども――ひたすら崩れてゆき、戦後はさらにそれに拍車がかかっただけで、それに代わる「近代社会の新しい型」は生活の中から創出されなかったと述べている。それは単なる歴史認識ではない。ここで丸山は、江戸時代にわずかに例外的に支配的であった「型をしつけるという意味」に対して現代的な評価を与えている。「型へのシツケという意味、これが人生にとって、どんな意味があるかを考え直す必要があるんじゃないか、芸術でも学問でも」と（『座談』⑦120ff.）。

この江戸時代に支配的であった「型」のしつけは、先の「しつけ」論からすれば、礼儀・形式を重んじた儒教道徳とその担い手であった武士という「身分」と無関係ではないはずである。だが、丸山は明治中期から現代までの日本人の人間類型としての「サムライ」像に対しては終始疑問符をつけ続けた（cf.「『忠誠と反逆』合評会コメント」〈1993〉『話文』③215f.）。たしかに丸山には、「武士道的精神」が明治二〇年代まで生きていて、「主義にたいする節操」や「主義のために死も辞せ［ママ］ない」というような気概、あるいはかの「我ここに立つ」というルター的精神が自由民権運動を支えていたという認識があった（『集』③245：『別集』①215：『座談』⑥102）けれども、明治三〇年代の「武士道ブーム」は日清戦争後の国家的自負と軍国的色調を帯びた復古的風潮を反映したものとされ（「忠誠と反逆」〈1960〉『集』⑧239）、新渡戸稲造の『武士道』（一八九九年）は井上哲次郎の「武士道叢書」全三巻（一九〇五年）と並ぶ「二度目の武士道リヴァイヴァル」を生み出した帝国日本の文脈の中で理解された（『講義』⑤45f., 256：『集』⑪331：cf.『集』⑬147）（ただし新渡戸の場合は、外国人向けに英文で書かれており、「国内イデオロギー」の意味はない〔『講義別冊』①135〕）。

一九六〇年のある座談で、村松剛が、イギリス人のエリート意識の中には「愛国心と個人の理想の一致」があるが、日本の貴族には「ノブレス・オブリージ」などないにもかかわらず、個人倫理が独立せず愛国心といっしょになっていると述べたのに対して、丸山は、たしかに日本の場合、独立性の意識がなく、共同体的な国家のイメージと合体してしまうが、ただ、自由民権時代の「武士精神」や、武士や志士といわれる者のスピリットはある程度イギリスに似ていると応じた。そして、そういう武士の独立意識が「一君万民的な国体観念の成熟」やコミュニケーションの発達とか士族の没落などの様々な社会的条件で非常に早く「国民道徳に平均化され忠良な帝国臣民という人間像」に均されてしまい、日本の植民地化を防止した重要な精神力としての「武士の中にある自主独立の精神」は明治二〇年ころから急速に退化してゆき、結局官僚制のルートに乗っかるか、すねものになるか、つつましく生きるかという人間類型だけになり、(7)「いずれにしてもノブレス・オブリージ的な意識を持った人間」は急速に消えていったとしている（『座談』④34f.）。

ここでも江戸時代の「型」の喪失と同じような〈退化〉のプロセスが語られている。だが、これを含めて明治前半期における武士道の存続に対する積極的評価は、武士の内面的原理としての自主独立の精神、あるいは福澤諭吉に認められる「古風な武士的気質」、「非合理的なパトスと、その間歇的な爆発」（『集』⑦356）など、総じていえばパトス的な規範意識、つまり「心情倫理」に関わるのであって、「型」や「作法」、あるいはその「しつけ」を支えるエートス的な規範意識と必ずしも重ならない（cf. 苅部『丸山眞男』187）。

ところが、鶴見俊輔との対談より前の一九六五年度講義の第二章「武士のエートスとその展開」の序説では、武士の「しつけ」や「作法」に言及している。ここでも各国民の代表的人間類型（ジェントルマン、シトワイヤンないしプチ・ブルジョワ、フロンティア・マンないしコモン・マン、インテリゲンチャ）を挙げ、日本では「さむらい」、「武士」がそれにあたるとしたうえでいう（『講義』⑤41ff.）。

数からいえば、国民のきわめて一部分であった〝さむらい〟が、かくもある気象や生活態度の表示として普及化したのは、それだけの歴史的根拠があった。共通のあるしつけ《ディシプリン》、作法、モラルによって他からくまどられ、識別されると自他ともに考えられた歴史階級は武士以外にはなかった。五九年の「けじめ」論と違って、「さむらい」を欧米各国の代表的人間類型と同じものとして認めるのである。だが、残念ながら、「さむらい」の「しつけ」、「作法」、「モラル」の中身や位置づけには触れず、評価もなされていない。

この一九六五年度講義で実際に武士の「エートス」として描かれたもののうち、積極的に評価されているのは、初期の武士の「名誉感」に見られる「自尊心」すなわち「独立自由の「個人主義」」の契機に代表される内面的な規範意識であった（ただし名誉感には「他者志向性」もあった）（『講義』⑤76f.）。しかし、これはやはりエートスよりもパトスに近いように見える。[8] 逆に、鎌倉末期以降は内面的規範意識が微弱となり、たとえば室町幕府政所執事であった伊勢貞親の息子への「教訓」は、もっぱら処世の手段であり、社会秩序の「型」が失われた時に噴出するエゴイズムが「なんらかの普遍的理念による内面的被縛意識」の欠如（「見えざる権威——神・道理・普遍的理念」からの自由）のために世間や具体的勢力関係に依存することを示しているとされる（『講義』⑤149f., 177f.）。つまり、武士の行為規範は、心情倫理を尺度として消極的に位置づけられているのである（しかもこのような評価は、例の維新・戦後の道徳的アナーキーの位置づけと同じパターンであり、それゆえここではかのダブル・イメージはトリプル・イメージになっている）。[9] そして江戸時代の「作法」もこの年度の講義では特段の意義を付与されていない。「天下泰平」下における日常的作法の規制は、戦国時代と違って家産官僚の階層的体系に精神的支柱を与えるものであり、儒教的な礼節と恭敬の倫理によって武士の行動様式は「定型化・儀礼化」してゆくことになる、と（『講義』⑤196）。江戸時代の「型」に対する積極的評価は次年度の講義を待たなければならなかった。

一九六六年度講義の第三章第二節「社会生活と文化のパターン」では、江戸時代の社会の価値体系の特徴が他のあらゆる価値に対する「秩序価値の優位」にあり、秩序化とは「混沌を形式にまで整序すること」であり、それゆえ秩序価値の優位とは「一切の社会生活が形式を有し、人間の一切の行動が定型化されること」を意味するとして、社会生活・文化生活のあらゆる領域における様式化と儀礼化（武士の行儀作法の法令化、家元制度、「礼と格式」の規制の裏面等々）について詳述した後にいう（『講義』⑥162ff., 178ff.）。

日本の維新以後の近代化の歴史は、江戸時代が営々として築き、蓄積してきた社会生活と文化生活における一切の「型」が、西欧化の波濤によって砂のように崩れてゆく一方的なプロセスであったともいえる。「文明開化」は定型化された行動様式を崩したかわりに、新しい社会と文化の型を精神の内側から創出することにはついに成功しなかった。古い型の解体から生じた混沌は、社会生活と文化活動における型の生長によってではなくて、天皇制という国家体制のワクをはめることで収拾されたのである。

かくしてここでもまた、「一見整然とした国家体制の内面にはいたるところに野放しのアナーキー、社会的＝倫理的だけでなく、文化的アナーキーがとうとうと浸潤して」いった病理現象が指摘される。

そしてやはり「大衆化」の要素が登場する。ことに日本の近代化の混乱の縮図である東京では、明治末期からどの先進資本主義国よりもはなはだしい大衆化現象が進行した（cf.『集』⑨415f.）。山の手と下町の区別の崩壊、繁華街＝色町の拡散、駅前や国電の「あやしげな看板や週刊誌の広告」を子供が見ているという状況、服装の混乱、日本語の混乱（外国語をごちゃまぜにした広告文〔「バカンス・セールのアルバイト」〕や擬音の氾濫）【補説1】等々。さらに、例によってダブル・イメージによる、強制が除かれた後の混沌。――戦後の精神的「混乱」と人間行動の「型の喪失」は、実は維新の文明化以後の継続であって、ただそのアナーキーを隠蔽していた天皇制国家体制とそのイデオロギーが神通力を失ったために、一挙に爆発してしまったものであった。

江戸時代における社会的および文化的な「型」の存在、幕末維新の欧化によるその「型」の崩壊、天皇制国家の強制によるその彌縫、それにもかかわらず進行する「大衆化」による文化的アナーキーの瀰漫、そして敗戦による社会的、文化的アナーキー状況の本格的噴出など、基本線は以前とほとんど変わらない。ここで江戸時代の「型」は、「秩序価値」の優位下のまさに「古い型」に属しており、その実質的内容（様式化と儀礼化）のゆえに評価されるわけではない。むしろ、江戸時代の「型」は依然としてネガティヴに描かれていた。それゆえたとえば、江戸時代において社会生活・行動様式が峻厳に規律されながら同時に「人情自然の世界」が肯定されたこと、つまり「外面と内面の二重性」、「建前としての峻厳な規範と免れて恥じなきアモラルな「自由」」が共存していたことが指摘される[10]（『講義』⑥170ff.）。これは、すでに見たように、「他律的拘束」としての儒教的規範と「非合理的感性」の並存として捉えられていたもの（古くは「自然と作為」論文〔一九四一年〕で「徂徠的春臺的な規範の外面化」＝「内と外との、私的内面性と公的制度との分離」として描いた際の発想〔V-1-冒頭、補(二)〕の延長線上にあった。しかしその一方、明治以降あるいは敗戦以後のアナーキー・混沌の「型なし社会」との対比において江戸社会は「型の社会」として評価される。問題はその評価の意味であるが、この点は後回しにしよう。続いて重要な発言が登場するからだ。

右の叙述の最後に丸山はいう（『講義』⑥181）。

形式とか型とかは、今日ではそれ自体悪い意味を帯びて用いられる。形式的とは形骸的と同義であり、「型にはまった」行動は嘲笑され、「型破り」は喝采される。しかし、form とは元来 chaos に形を与え、秩序づけるものである。形づくることと形とは、同義または同根である。一切の型を欠いた行動とは恣意の乱舞を意味する。その意味で人間と禽獣の区別は礼を知るか否かにある。人間とは礼的動物であるという江戸時代の儒者の定義のなかには、その重大な歴史的制約をもこえて、一片の真実がある。それはたんに道徳の問題でなく、文化一般の問題である。文化は混沌を形式にまで整序するところに成り立つからである。その意味で「文化」は〝あそび〟の精神と関係がある。形式や型をそれ自身としてエンジョイするところに文化生活がはじまる。しつけとは型への訓練である。学問のしつけとは学問の型へ訓練することである。大学はそういうしつけの道場である。芸術も同様だ。道場破りという言葉があるが、道場の意味が社会的に定着しているところで、はじめて道場破りが位置づけられる。無調音楽は近代的調性の発展のなかから、それへの反逆として生れた。そうでなければ、それは単なる調子はずれにすぎない。学問や芸術の型を習得することは、必ずしも内容的にすぐれた学問や芸術を保証するものではない。［……］要するにあいてをやっつければいいというのなら、道場は不要である。［……］学校制度は「制度」としての短所と長所をもっているのである。日本の思考における支配的傾向からいえば、江戸時代はむしろ例外的に型と形式の意味が重視された社会といえる。

ここでいわれているのは、第一に「型」や「形式」には「悪い意味」と——この表現に即していえば——「良い意味」があること、第二に「良い意味」の一つは「恣意の乱舞」の抑制（道徳的な秩序づけ）にあること、第三に「文化」もまた、「混沌」の「形式」への整序であるが、「形式」をエンジョイするという意味で「あそび」の精神と関わること、第四に「型」や「形式」のもう一つの「良い意味」は、「しつけ」（「型」への訓練）にあること、この四つである。無論、これだけでは丸山が「型」や「形式」の意義を強調した理由は必ずしも判然としない。

【補説1】「バカンス・セールのアルバイト」は実際にあった広告文ではなく、丸山の創作である（『話文』②93）。擬音語の頻出もまた「型なし社会」の一例であった（『座談』⑦121f.）。丸山自身は「ズルズルベッタリ」という表現をしきりに使った（『集』③320：『集』④109：『集』⑤206：『集』⑨138, 143, 235, 249, 421：『集』⑮182, 195）が、これは擬音語というより擬態語であろう。もっとも、「ズルズルベッタリ」は丸山の専売でなく、「福本イズム」で知られるマルクス主義者・福本和夫の用語を借用したものらしい。丸山は、「福本イズムは、「結合の前の分離」の原則を説いて「ズルズルベッタリ」つまり「特殊な人的結合を惰性的に続けること」を激しく斥けた［……］」（松沢訳「個人析出のさまざまなパターン」〈1968〉『集』⑨408）とか、福本は、「一切の折衷主義やズルズルべっ《ママ》たり」の妥協から訣別して、厳格な理論と世界観で労働者階級を武装させることがまず先行すべきである」と主張しました」（『集』⑩248）というが、これは丸山の脚色ではなく、福本は実際に、「政治的闘争は、氏［＝山川均］にありては、畢竟単に、経済的闘争のズルズルベッタリな延長でもあり綜合でもあらうとする」とか、「従つてまた氏の政党組織のズルズルベッタリな延長であり［……］」とか、「氏は、組合主義的政治行動と社会主義的政治闘争とをズルズルベッタリに考へられている」と表現していた（北条一雄〔＝福本和夫〕「山川氏の方向転換論の転換より始めざるべからず」㈠『マルクス主義』④-2〈1926〉16, 35）のを受けたものにちがいない。

b　秩序と形式

全共闘と「六〇年安保」

苅部直（『丸山眞男』186）は、明治維新以来しだいに深刻さを増していった「形式の喪失」という丸山の観点が学生時代から愛読していたゲオルク・ジンメルの『現代《ママ》文化の軋轢』（一九一八年）からきていると指摘している。たしかに、「ジンメルは僕の最も尊敬する思想家です。〔中略〕僕の精神史から言うと、僕は本当に傾倒しましたね」と語っている（『話文』②431：『続話文』②10：『話文』③222）ように、丸山は早くも学生時代の緑会懸賞論文（一九三六年）において、社会的動揺期には文化の自律性が失われ、その基礎を神秘的な存在や生命力に求める傾向が出てくると論じた際、註で、ジンメルはこのような現象を「生命《レーベン》の形式《フォルム》に対する反逆という公式で説明している」と記しており、典拠として G. Simmel, *Der Konflikt der modernen Kultur*, 1921 を挙げていた（『集』①24, 25）。これは「合理主義的」な「近代的思惟様式」に対して批判的な立場をとりながら（それは新カント派の二元論への批判と繋がってい た）（『続話文』①17, 20, 24：『集』⑩176f.：『続話文』①274：cf.『集』①24）、返す刃で、その合理性を突き崩そうとする非合理主義的潮流がファシズムに至る危険性を指摘したものである。その意味では、近代批判の立場から「生命」の立場に理解を示しつつ、なお近代合理性にも一定の意義を認めようとしたのである。ついで、戦後の「肉体文学から肉体政治まで」（一九四九年）では、ジンメルが『近代文化の軋轢』で、「歴史の過渡期にはいつも生《レーベン》が自己を盛り切れなくなった形式《フォルム》を捨てヨリ適合した形式をつくり出すのだが、現代は「生」が古い形式に甘んじなくなっただけでなく、凡そ形式一般に反逆して自己を直接無媒介に表出する時代で、そこに最も深刻な現代の危機がある」といっているとして、ナチの形式憎悪について語っている（『集』④223f.）。講演「ヨーロッパと日本」（一九四九年）では、ジンメルの *Konflikt der modernen Kultur*（『近代文化の危機』［ママ］(11)）に依拠して、「生（Leben）」は「形式（Form）」に客観化されるが、「生」の要求が「形式」を破って新しい「形式」を創造してゆき（これはマルクスのいう生産力と生産関係の矛盾と相応する）、第一次大戦以後になると、「生」はいっさいの「形式」を否定するに至り、そこからファシズムへの道が開かれたとしている（『別集』①347ff.）。

笹倉秀夫（『丸山眞男の思想世界』20ff.）は、丸山の思想と学問を貫く問題枠組として「生と形式」を剔抉し、独自の丸山像を描き出したが、資料としては、右の一九四九年の発言以後、公刊された著作中にジンメルの「生と形式」の引証を見出していないようである。【補説1】だが、前項末尾に引用した一九六六年度講義の形式論は、ジンメルの主張を敷衍したものと見てまずまちがいない。しかも、さらにその三年後にジンメルの名がひそかに登場していた。『回顧談』によれば、丸山はいわゆる「東大紛争」の際、教室で全共闘学生に捕まり（一九六九年二月）、「形式的なことに拘泥する」と学生に批判されたのを受けて、「文化というのは形式ですよ」と反論したが、当時法学部生であった渡辺（浩）と宮村（治雄）からこの発言の意味について聞かれてこう説明した。あれはジンメルの『現代文化における葛藤』［ママ］に示唆を受けたものである。ジンメルによれば、「文化の変革期には必ず生と形式との間の矛盾が起きる。いままでの形式は、新しい文化を盛りきれなくなる。そこで古い形式をこわして、新しい形式をたてる。ところが現代文化の危機は、新しい形式を求めるのではなくて、一切の形式を離脱して生命の欲求だけを叶えようとする」と。(12)さらに、「制度」も同じことであり、それについては講義で、「何のために制度があるか。制度の反対概念はハプニングである。君たちのやっていることはハプニングの連続じゃないか」と批判したという（『回顧談』下257）。「制度」については別の機会にも同じ内容のことを語ったうえで、「制度というのは人間の恣意を、恣なる意志をコントロールする、制約する意味を持つんです」としている(13)（「方法論・思想史・ファシズム」〈1985〉『話文』②

350：「丸山眞男先生を囲む会」上〈1993〉『手帖』㊶22)。

ここで示された論理は、「生」の横溢と「形式」の唾棄、そこから生じるファシズムの危険性という戦前からの主張と基本的に変わりはない。というよりも、ファシズム再来の危惧がなくなった段階において、「形式」ないし「制度」の敵は「恣意」一般に変換されたようである。一九六六年度講義でもはっきり「恣意の乱舞」が形式の対極に置かれていた。また、同じ事件（学生の「追及集会」）に関して『春曙帖』にはこう記している。全共闘学生の、「形式」よりも「内容」の方を価値として重視する考え方（「内容主義」）は「伝統的」なものであり、彼らは、手続や形式が欠けた時、「恣意の乱舞」、リンチの日常化が起こるという「常識」を知らない。こういうことを強調するのは、「人を見て法を説け」という「教育方法」を想起するからだ。もし「［形式がしっかりしている］西欧だったら、いな、たとえば「型」があのように社会生活に意味をもった江戸社会だったら、むしろ私は逆に、「形式を大胆に破れ」、「型を突破せよ」と言ったかもしれない」と。ちなみに、すでに六八年一一月の記述に、「制度」もまた個人や集団の「恣意の乱舞をコントロールする」とある（『対話』196f., 217)。

「人を見て法を説け」というのは、ここでは「教育方法」として語られているが、一般化するならば、語りかける相手や場所や時を意識した一種の説得術（cf.『座談』⑤139）である。それは、ことによると「日本的説法」としてネガティヴに評価されることもある（西村「欧化と道徳」①『法学会雑誌』㊸〈2004〉421）が、丸山のここでの評価は、「関連的、文脈的」に理解した「政治的な判断」（『集』⑦144）、責任倫理を伴った状況判断、あるいは福澤的な状況論的発想と重なる。[補説2] 右の例では状況は「西欧」であり[14]、「江戸社会」であり、現代社会（全共闘学生）である。いいかえると、「型」や「形式」、あるいは「制度」は絶対的な価値を有するものではなく、むしろ「状況」（時代、場所、人）しだいで是非を判断しなければならないということである[15]。この姿勢は、一九六六年度講義で「悪い意味」を意識しつつ、「良い意味」の「形式」の意義を語り、「学校制度は「制度」としての短所と長所をもっている」といったことに通じる。

さて、全共闘学生の場合は「教育」的配慮が働いたとして、講義では具体的に如何なる意味で「良い意味」の形式・型を強調したのであろうか。「form とは元来 chaos に形を与え、秩序づけるものである」という言葉から推測されるように、形式、型、制度は「秩序」と不可分の関係にある。そこで、丸山の「秩序」評価がどのような機会に出てきたか、いくつかの例について見てみることにしよう。

かつて「六〇年安保」の渦中で丸山はこう語った。六月一八日の集会で混乱がなかったのは、民衆の間に「自発的」な秩序維持の気持ちがあったからであり、イギリスの法律が大部分慣習法であるのも、そうした秩序維持の意識があれば法は必要がないことを示している。しかし、日本では治安維持法以来「公共道徳」において秩序感が育っていない。群集の間に「横の秩序」を造ってゆくという気持ちが重要である、と（「六〇年安保への私見」〈1960〉『話文』①77f.／『別集』②295f.）。丸山によれば、前近代社会における道徳は、儒教道徳の五倫に典型的なように、身分に拘束された「縦」の関係を規制する「「である」モラル」であり[16]、そこには近代社会の「横」の関係に関わる「赤の他人同士の道徳」としての「公共道徳、パブリックな道徳」が存在しなかった（「「である」ことと「する」こと」〈1959〉『集』⑧28., 40f.: cf.『集』⑬84f.）。したがって、「公共道徳」とは近代社会における、「赤の他人同士」（家庭外）の平等な個人間の道徳・作法のことであり、それによって自発的な「秩序維持」が可能になる、ということになる。

同じころ、丸山は、やはりデモの内部秩序が保持されたことを参加者のセルフ・コントロールの意識の高さとして評価しているが、同時に、日本の「近代化」では、「異なったカルチュア」の上に西欧の制度が上から移植された結果、戦後の民主化の制度の建前とその制度を動かす人間の行動様式との間に食い違いが生じ、そこから法や制度は「レディメードのおしきせ」と考えられ、また他方では戦前の「統一的なカルチュア」が崩壊して、「社会的なコモン・センス」が定着していないために、若い世代の行動様式も必ずしもルール意識に結晶していかないとしている（「議会制民主主義のゆくえ」〈1960〉『座談』④290, 286:「日本人の倫理観」〈1959〉『別集』②244）。後段は「しつけ」の欠如という観点と重なる。後の一九六六年の座談で、満員電車内で足を伸ばして坐っている腹立たしい青年にかこつけて、「岸信介からぼくらまでも含めての戦前の世代」は個人的な狭いサークルでの振舞いについて「規範みたいなもの」をもっていると述べ[17]（『座談』⑦64f.）、さらにその一〇年後にもいう。家族のような小さな社会にはルールがなくてもよいが、ラッシュ・アワーの電車に乗り込む光景に見られるように、社会ではルールがなければ「強い者勝ち」になる。「ルールの感覚」と「自由の感覚」は相関関係があり、完全に「赤の他人同士の社会」になればルールを作らなければならず、ルールを作らなければ弱者の自由は守れない、と（『話文』①332）。

つまり、丸山は、デモや集会でのルールの自発的遵守[18]——戦中期の表現を借りるならば「秩序を単に外的所与として受取る人間」から「秩序に能動的に参与する人間」への転換（「福沢に於ける秩序と人間」〈1943〉『集』②220）——を目の当たりにしていささか慰められつつも、「社会」一般のルールについてはかえって若い世代の危うさを確認するはめになった。これは後に全共闘学生に対して感じたのと同じものであろう。しかし、それは同時に、丸山が戦後一貫して追求してきた自律的人間の育成に関わっていた。「型」の「しつけ」はソシアリゼーション＝社会教育による自律的人間の育成に通じ、それは（ヨーロッパの例に倣って）自発的結社により行われるべきものであった。別言すれば、丸山にとって敗戦後の道徳的アナーキーを克服するという課題（それは同時に「近代社会」を構築し、「近代人」を養成することでもある）は、六〇年安保その他の機会にルールの自発的遵守という形で意識されたが、ここに「秩序」、「型」、「形式」の意義を強調する一つの実質的契機があった。

しかし、この「実質的」な秩序評価は、「良い意味」と「悪い意味」の両面を自覚した、形式に対する「状況的」な評価と次元を異にしていた。

丸山は、左翼と右翼の違いは、「自由」と「権威」、「平等」と「差別」、「博愛」（インターナショナリズム）と「国家的な栄光」という価値観、要するにセオドア・ルーズベルトのいう「正義」と「秩序」という価値観の違いにある（「現代日本の政治と教育」〈1960〉『座談』④299）と見て、「秩序」より「正義」を優位に置いた。だが、一辺倒に「正義」を「秩序」の上に置いたわけではない。丸山は南原繁の政治哲学から「正義」の価値を学んだが、南原と違って、政治にとって「正義」と「秩序」の両方が必要だとみなした（IV-3-a）。したがって、たとえば一九六四年度講義では、一般的に、政治的価値は特殊集団を基礎としているから、particularism としての秩序価値を必然的にもつけれども、正義価値も政治的価値の重要な構成要素であり、「政治的リアリズムは、正義価値と秩序価値のバランスの上に成り立っている」としつつ、江戸時代を真理価値と正義価値に対して秩序価値が決定的に優位を占める社会と位置づけた（『講義』④292f.）。また、六六年度講義では、「型」への評価にもかかわらず、「秩序価値の優位」をもっぱら批判的な目で捉えている（『講義』⑥162）。政治にとって「正義」と「秩序」は二つながらに必要だが、「秩序」の一面的優越は危険であり、まして「正義」なき「秩序」など認められない、というわけだ。

とはいえ、丸山は「秩序」観念そのものに二つの性質を認めた。一九六七年度講義では、儒教の「秩序」観についてこう説明する。儒教的秩序観は、「正義」に基づく絶対的良心倫理を含まないだけでなく、人間の上下関係や親疎関係を機軸としたものである。そこでは、普遍的な平等と友愛理念を基礎として他者との間に関係を取り結ぶとか、自他の利害の対立を社会の出発点として、そうした特殊利害の間の抗争・妥協・調整のプロセスを通じて、「自発的に、いわば下から共同利害が形成されてゆく」といった秩序形成観がはじめから視野の外にあった。つまり、儒教政治思想の問題は秩序の過度の重視ではなく、「秩序そのものの考え方」にあり、そのため儒教思想は保守主義としても普遍性をもたず、倫理思想としても、家族・宗教、村落共同体を超えた広範な社会関係が形成されて、それを規律する「公共倫理」がますます必要となっていくのに従って、普遍的倫理としての難点を顕わにしてゆかざるを得ない。林羅山以下の儒者において「君父の階層的秩序が秩序一般と等視されるのは、経験的現世をこえた一切の超越者を否定した particularism の論理の必然的帰結である」と（『講義』⑦249f.）。

ここでは儒教道徳の秩序観念そのもの（秩序の実質的内容）を問題視し、それに対してもう一つの積極的な秩序観念、すなわち「平等」と「友愛」の理念に基づいた「赤の他人同士」の「下から」の自発的秩序形成を突きつける。「平等」と「友愛」はフランス革命の理念であるが、自発的な秩序形成は、例の、自主的組織によるモラルの形成、つまり西洋市民社会の「社会教育」に繋がる。最初に挙げた一九六〇年度の政治学講義でいっているように、群衆の混乱を制御できるのは「しつけ」のおかげであるが、それは「正義」に裏打ちされていなければならなかった。つまり、そこでは「正義」に対する「秩序」の優位ではなく、「秩序」の中身、「下から」の秩序ないし「横の秩序」という観念の欠如が問題なのである。江戸時代の社会構造への批判は、「秩序」を偏重する見方に対して「正義」の重要性を説く「状況的」論理であるのに対して、儒教的秩序観に対する批判は西洋民主主義ないし西洋市民社会の、いわば「正義」と合体した「秩序」を前面に押し出した「実質的」論理である。たしかに、この二つのレベルは交錯する部分を抱えており、厳密に区別するのは困難であるが[19]、いま少し例を探ってみよう。

【補説1】「福沢諭吉の哲学」（一九四七年）で丸山は、「その意味［福澤の主要な命題が条件的認識であり、括弧つきで理解されるべきだという意味］においては、人生は遊戯であるという命題は彼の付けた最大の括弧であるということが出来る。遊戯とはジンメルも述べている様に人間活動からそのあらゆる実体性を捨象して之を形式化するところに成り立つところの、最も純粋な意味でのフィクションである」といい、典拠として Simmel, *Grundfrage der Soziologie*, 1917 の 'Geselligkeit' の章を挙げている（『集』③200, 204)。この引証は、「文化」は〝あそび〟の精神と関係がある。形式や型をそれ自身としてエンジョイするところに文化生活がはじまる」という一九六六年度講義の句と響き合っているかに見えるが、重点は「遊び」よりも「フィクション」の方にあるようだ。ここでは『福翁百話』（一八九七年）の「人生戯」論ないし「人間蛆虫」論が「条件的認識」であるというために、ジンメルを援用したにすぎない。なお、丸山は「福沢諭吉の哲学」を、「福沢は人生の全体を「恰も」という括弧につつみ、是をフィクションに見立てたことによって自ら意識すると否とを問わずヒューマニズムの論理をぎりぎりの限界まで押しつめたのであった」という謎のような一文で結んでいるが、植手通有（「解題」『集』③373）によると、一八九〇年代の終わりごろに丸山はこれが「人間を超えた存在を信じる立場から、福沢の人間主義を批判したものだ」と語ったという。また、松沢弘陽（「解題」『集』⑭368：「解説」丸山眞男『福沢諭吉の哲学』岩波文庫〈2001〉332ff.）は、これが福澤における「「神も自然も借りない」、全くの人間の営みとしての「ヒューマニズム」――人間中心主義」に対する疑いと批判を示唆しており、このような「ヒューマニズム」と宗教観こそ、丸山が福澤につき「最も批判する問題点」であったと捉え、傍証として丸山がこの論文執筆に際して波多野精一『宗教哲学』に拠って書いたことや、主体性論争においてW・ジェイムズに依拠した、「タフマインディッド」―福澤、「テンダーマインディッド」―丸山という構図を示している（『集』③196：『座談』①136：cf.『座談』①59f.：『話文』①290f.）。いずれも丸山の「宗教性」

（「レリジャスな精神」の評価〔座談』①60〕）を示唆するのだが、植手や松沢よりもずっと早く、笹倉（『丸山真男論ノート』73ff., 123ff., 223ff.: cf. 同『丸山眞男の思想世界』25ff., 133ff., 170ff.）は、総じて丸山のロック論における「神への被縛性の意識」が、「丸山氏の御教示によれば」、南原繁『国家と宗教』や波多野精一『宗教哲学』から強い影響を受け、「人生戯」論を究極の人為的フィクション（ヒューマニズムの極致）と規定する見方の根底に、「絶対的な超越性の前にこの［科学により万物を支配できるとする］自我の自足性をも一旦否定する」人間観があったと見ていた。ただし、人生戯論についての後年の丸山の解説（『集』⑮312ff.:『座談』⑧190f.）も参照されたい。

【補説2】たしかに、福澤自身は『文明論之概略』で、「坐を見て法を説く」という策をめぐらすことは人間蔑視であり、人の愚を察し、誤解を憶測してことの真面目を告げないのは、「敬愛の道」を失し、君子のなすべきことではないとか、世の人を罪業の深い凡夫と呼ぶのは「坐を見て法を説くの方便」にすぎず、「其実は必ずしも然らず」としている（『全集』④88f., 101／岩波文庫 127, 145）。とはいえ、「人を見て法を説く」は、「説得の論理」として西洋にも存在していたのであり、すでにアリストテレスは話す相手によって弁論術の三種類を挙げていた（戸塚七郎訳『弁論術』岩波文庫〈1992〉41ff.）。そして福澤も『学問のすゝめ』で、日本にはスピーチの伝法はないが、寺院の説法などはこの類のものだろうといい（『全集』③102／岩波文庫 106）、日本に古来存在するスピーチの慣行として、「坊主の説法」、「寄席の軍談講釈」、「滑稽落語」を挙げていた（『全集』①59）。ちなみに武田清子は、「新渡戸的接木型」が原理を隠した「抱擁性の限界というか、あいまいさ」をもっており、新渡戸は「人を見て法を説く」という日本的説法で相手の問題意識や関心、経験などに応じてわかりやすく説いたとする（『土着と背教』57）。これは「無原則さ」とも表現されており、消極面を強調しているように見える。新渡戸自身は、「平民道」（大正八年）で、自分は武士道から平民道に立場を変えたのではないと述べた際に、「時代について用語が異なつたり又重きを置く所も異るのは至当の事である」として、こういっている。「恐らく昔の聖人と雖も時と場合によつて説き様を自在に変へたであらう。人を見て法を説くとは即ち此の謂である。同じ文字を使つても内容を変へれば一見貫徹して居る如く見えても意味が異る。其反対に用語を違へても思想に至つては一貫して居ることもある」と（『全集』④540）。

二つの動機

一九六一年の座談で丸山は、「形式的」を「形骸的」と混同して貶価する「内容主義」に対して、形式や手続は人間関係の「偶然的な恣意」を排除するところに本質的な意味があるのに、「内容主義」をとるとどうしても否定の対象を排除し、結果的に「恣意」が横行することになると述べ（『座談』④167）、六五年の座談でもまったく同じことをいっている（『座談』⑤117f.）。そして、この延長線上に全共闘学生に対する発言がある。無論、具体的文脈は異なる。六一年の場合は、安保闘争におけるいわゆるトロツキストによるスターリニズム批判の中に、「形式的民主主義」や「ブルジョワ民主主義の形式主義」を否定する「内容主義」を見出したものであり、六五年の座談では、新日本文学会の運営についての議論で、それが形式的民主主義に則って行われるならよいが、形式的手続を無視すると「恣意」や「暴力」による決定が横行すると論じたものである。ここでさらに丸山は、「明白なルール」による決定は「秩序的な決定」であり、そうでない場合は「恣意が乱舞する無秩序的な決定」だとし、やはりスターリニズムとそれへの反対を「内容主義」の典型例として挙げている（『座談』⑤118）。『春曙帖』でも学生の「内容主義」を批判しているが、次項で見るように、「内容主義」とは、端的にいえば、「イデオロギー優位」ないし「思想過剰」の姿勢を意味する。ここではそれに「形式民主主義」を対置するのである。この論理は「状況的」判断に属する。丸山は「思想と政治」（一九五七年）で、「法治国の国民である以上は、法に従わなければいけない」という命題は、誰に対して、何を狙っていっているのかを理解しなければ、「イエスともノーともいわれない」といっている（『集』⑦144）。これは、「関連的、文脈的」に理解した「政治的判断」の一例であり、やはり状況的判断である。

ところが、一九六五年の座談で丸山はさらに言葉を継いで、日本における「ルール感覚のなさ」の歴史的原因を、官僚制的法観念（律令以来徳川幕藩体制まで続いた日本の官僚制の伝統とドイツ的な法治主義[20]）と「共同体的な人間関係」（「暗黙の一致」による決定）との癒着に見て、法といえば刑法を連想させるドイツ的法治主義に対して、「横」に関する民事法を中心に法を考えるアメリカ的な法感覚を対置し（『座談』⑤119f.）、別の場所では、支配者＝権力に対する服従をベースにした「日本帝国的な法治主義」と権力をチェックする「ルール・オブ・ロー」を対比している（『集』⑧336）。日本＝ドイツ型法治主義と近代市民法的法治主義の対立図式は六五年度講義でも触れている。日本古来の法観念は上から宣布される「のり」であり、刑法と行政法規を典型としており、明治以後それがドイツ法の観念と結びついて「法秩序完全性」のドグマが支配的となり、紛争を秩序の撹乱要素と見る「官僚的合理主義」

ができあがったが、「市民法」の精神は民事法と訴訟法・裁判法規を典型とし、紛争解決を権利の侵害および回復として見るものである、と[21]（『講義』⑤120：cf.『自由』188：『座談』⑤120）。後者は部分的にイギリス的法形成に対する評価と重なる。後の表現によれば、伝統的な東アジアの法律観は、支配者が人民に対して命令するというものだが、法というものは、平等社会の紛争解決の道具であり、法は自由の保障のためにあるというのは英米では「常識」であった[22]（『話文』④112）。

丸山の立場からすれば、ドイツ＝日本流の「法秩序」とアングロ・サクソン流の「法秩序」は、「状況」によって是非を判断する対象ではなく、状況の如何にかかわらず、是非は覆らない。後者だけが「正義」と合体したあるべき法秩序なのである。換言すれば、二つの「法秩序」は「「である」モラル」と「赤の他人同士」の「「する」モラル」との関係に対応していた。断るまでもないが、丸山は「開かれた社会の新たな定型性」（『集』⑧76）を、つまり「新しい形式」を求めたのであって、過去の（たとえば江戸時代の）古い型の再来を願ったわけではない。もともと、近代的＝民主的な独立の精神にとって、「他人のつくった型」に入り込むのではなくて、「自分で自分の思考の型をつくって行く」ことこそが第一義である（『対話』10）以上、過去の社会的な「型」をそのまま現代に蘇らせるわけにはいかない。一九六八年になってもなお丸山は、前近代社会を「型にはまった社会」、近代社会を「赤の他人との交際」の支配的な社会として特徴づけている（『続話文』②212／『別集』③133）から、追求すべきはいわば近代社会における交際の「型」であった。

したがって、同じように「秩序」といい、「形式」といい、「型」といっても、レベルの異なった議論があり、一方では西欧市民社会型のモデルに即して是非の判断を下し、他方ではまさに形式的に「形式」や「型」の意義を認める状況的判断を示して見せたのである。

それゆえ、丸山が一九五九年の「けじめ」論における江戸時代の「内部からの規準」の評価を嚆矢とし、六〇年代を通して「型」、「形式」、「制度」、「秩序」に言及したことは、おおむね二つの動機によって説明することができる。

一つは、天皇制の崩壊後の道徳的混乱を克服し「近代化」を達成するための、自発的結社＝社会教育を媒介とした自律道徳の形成であり、それは「赤の他人同士」の公共道徳を日本に根づかせようとするものであった。そしてこれは同時に、とどまるところを知らない「大衆化」に対する処方箋でもあった。鶴見俊輔との対談で丸山は、明治以来の国民道徳論に現代の「期待される人間像」（一九六八年）を重ね合わせて、大衆社会化の進行に抗おうとする試みと捉え、「大衆社会というのはひとくちに言えば、型なし社会ということでしょう」（『座談』⑦121）と述べているが、丸山自身の「型」論も大衆化の歯止めを狙ったところがある。もう一つの動機は、「形式」や「秩序」を蛇蝎のように嫌う（とくにいわゆる新左翼系の運動に見られる）「内容主義」の跋扈という「状況」に直面して、時と場合によっては「悪い意味」も含み得る「形式」や「秩序」も「良い意味」をもつということを強調するところにあった。そして、「型」の評価が徳川時代の規範意識の新しい位置づけとして出現したことを考慮に入れるならば、ことは思想史的な方法と関わってくる。

丸山は一九六六年度講義で、ジンメル的な定式（秩序化とは「混沌を形式にまで整序すること」、「form とは元来 chaos に形を与え、秩序づけるものである」）に基づいて、「型」、「形式」の意義を認めながら、他方ではその硬直化も指摘した。「型がスタティックに固定化され、混沌からの形成という意味が見失われると、それは悪しき停滞的な形式」となり、江戸時代の場合も、最初戦国的混沌を型にまで組織化したのだが、その「原初点」がいつしか型それ自体の自己目的となったところに、「型のステレオタイプ化の因」があった、と（『講義』⑥183）。「型」そのものは「善」でもなければ「悪」でもない。だからこそ丸山は、江戸時代は社会と文化における「型」の意味と無意味をともにわれわれに教えている」（同）と語ったのである。儒教的な「礼」についても、丸山は六六年度講義で、禽獣と人間の差異を表す「礼」を強調する儒者の定義「人間とは礼的動物である」に一片の真実があるとしたのに対して、六七年度講義の末尾では、儒者の言説の陳腐化や権威主義的志向を指摘するのは容易だが、しかし儒者は

「礼」によって人間と他の禽獣との区別を行い、その差別にこそ、「人間の尊厳という理念がかかっていた」のだとしている[補説3]（『講義』⑦305f.)。「礼」＝形式のマイナス面（様式化、儀礼化、定型化）を知悉しつつ、そこに普遍的ヒューマニズムを見出そうとしたものであり、[23]一種の政治的リアリズムである。

こうした、歴史的な形象ないし観念の両義性の指摘は、丸山が一九五〇年代末以降に思想史について新しい方向を打ち出したこととパラレルに捉えることができる。「アンビヴァレントな可能性」や「読みかえ」という方法は、「反動的」なものの中に「革命的」な契機を、服従の教説の中に反逆の契機を、諦観のなかに能動的契機を見出そうとするものである。丸山はそうした方法によって従来マイナスの価値として捉えられていたものにプラスの面を見出そうとした。逆に儒教や武士道についても、もっぱら積極的に評価するのではなく、そのマイナス面も指摘することを忘れなかった。[24]とはいえ、「アンビヴァレントな可能性」という方法は、「過去の思想の中の何をわれわれの伝統として定着させるべきか」という問い（『集』⑯95）に基づくものであって、それを直ちに、江戸時代の「型」、「形式」、ないし「秩序」の両義性の指摘と同じ次元で捉えることはできない（cf. 苅部『丸山眞男』200)。しかし、丸山が現代という「状況」の中で「型」、「形式」の重要性を認識すべきだと考えていたのだとすれば、従来ほとんど消極的にしか位置づけていなかった江戸時代の「型」や「形式」のプラス面の指摘に現代的な契機を見出すことはできる。それは、右に見たもう一つの動機（自律的道徳の形成）によっても説明がつくが、他面で「状況的」には「学問」そのものに関わっていた。六六年度講義では、道徳の型よりも「文化」の型に対する関心が前面に出てきており、鶴見俊輔との対談でも学問、剣道、遊女、商家の例を引き、「型を磨き洗練することで、全体の文化体系をあれほどに完成した社会というのは、江戸時代以外にはない」とポジティヴな評価を与えていた（『座談』⑦120f.)。

【補説3】『春曙帖』でもいう。江戸時代の儒者が「人は礼をもつことによって禽獣と区別される」と説いたのは、キリスト教的な原罪の思想からすれば、「人間性に対するナイーヴな楽天性」を表現していることになるけれども、そこには「人間の尊厳の根拠」への問い、人間と禽獣との間の紙一重の差の意識があり、現代ではこの差がほとんど自覚されず、「人間存在の危機一髪的性格」

が切実に意識されず、そのため現代人はその行動様式においてますます動物的になりつつある、と（『対話』159）。これまたヒューマニズムに力点を置きつつ、「礼」の対極に「動物的」＝非理性的を置く発想である。こうした議論の仕方は、「偽善のすすめ」（一九六五年）で、偽善は善の規範意識を前提とするから、善の意識がないよりましであり、「偽善こそ人間らしさ」の表徴であり、たとえ偽善に無理があるとしても、その無理がなければ「人間は坂道を下るように動物的「自然」に滑り落ちていたであろう」という（『集』⑨325：「丸山眞男先生を囲む会」〈1985〉『手帖』⑳27）のと似ているが、他方で日本の道徳規範は外来の教義に由来するため、かえって「官能」を称える偽悪こそ「倫理的規範意識の根強いカルチュア」の偽善に相当するという（『集』⑨327）のは、外在的規範から解放された明治維新や敗戦後の「自由の名による官能的アナーキー」の噴出という認識と対応する（cf. 間宮陽介「「偽善のすすめ」を読む」〈1998〉『手帖』⑦40ff.：苅部直「政治と偽善」『大航海』㊵〈2001〉138ff.）。

c　文化と型

丸山は一九六六年度講義で「型」、「形式」の現代的意義を、「道徳」もさることながら、すぐれて「文化」の地平で捉えた。「文化は混沌を形式にまで整序するところに成り立」ち、「その意味で「文化」は〝あそび〟の精神と関係がある。形式や型をそれ自身としてエンジョイするところに文化生活がはじまる」という一句は、江戸時代の歌舞伎などの芸能を想起させるが、現代とも無関係ではない一般的な考察である。事実、その後で学問の「しつけ」や芸術の「型」について一般的に語っていた。だが、それ以上詳しい説明はなされていない。そこでここでは、現代の芸術と学問における「型」、「形式」の意味を考えてみたい。

『春曙帖』にこういうくだりがある。身分は「関係」ではなく、「特定の資格が特定の人格に帰属することである」。身分は名誉感を伴い、身分的特権は名誉感に裏打ちされた義務意識（ノブレス・オブリージュ）を伴う。トクヴィルによれば、フランス革命は貴族がノブレス・オブリージュを失って、単なる特権に堕したために起こった。「身分への教育」はこの特定の名誉感の培養である。身分は本来パティキュラリスティックなものであるから、普遍主義的な市民《シトワイヤン》の世界も一君万民的な平等主義的「民草」社会も身分になじまない。職人の特権、仕事への誇り、排他的閉鎖的性格、「一定のしつけによる行動様式の陶冶」は、貴族や「さむらい」の身分を特徴づける諸要素と共通している。逆にいうと、単に身分的なるものの否定は、画一的な平等社会しか生まない。近代市民社会は、各職業にパティキュラリスティックな名誉感を培養し、他者との「けじめ」を一人ひとりの「かけがえのない個性」(ジンメルのいう Individualismus der Einzigkeit) に分解することにより画一化を食い止めようとした。しかも、トクヴィルによれば、(「量的個人」ではなく) 個性の砦になるのは身分＝自主的集団 (ゲマインデ) であった[25] (『対話』156f.)。

これは、身分制社会において身分への帰属 (「である」こと) が名誉感とその教育 (「しつけ [socialization]」) を媒介としてノブレス・オブリージュ (「する」こと) と繋がっていたとする構図[26]を前提として、平等を旨とする近代市民社会や絶対主義国家にあってもなお「である」ことを生かす方法として、身分的集団に代わる自主的集団における教育、さらには身分的差異に代わる「個性」の確保を指摘したものと思われる。ここで自主的集団を引き合いに出しているのは、ササラ型や「結社形成的個人主義」という類型 (『集』⑨384) と関わっているが[27]、ここではそれよりもジンメル的な「かけがえのない個性」に、平等社会の弊害である画一化を阻止する役割を与えようとしていることが注目される。「かけがえのない個性」とは、「普遍的理性によってくられない個、ギリギリの、世界に同じ人間は二人といないという個性の自由」、「啓蒙的個人主義に抵抗したロマン主義が依拠した「個」」(「梅本克己の思い出」〈1979〉『座談』⑧181 : 「十九世紀以降欧洲社会思想史」〈1946〉『話文』①200f. : cf. 苅部『丸山眞男』192f.) のことである。丸山は、福澤が「日本の武人」に欠けているとした「独一個の気象 (インヂヴヰヂュアリチ)」がJ・S・ミル『自由論』に由来し、さらにミルの Individuality はW・v・フンボルトの Individualität からきたものであり、同時にトクヴィルからの影響もあったとしたうえで、そうした「個性」が一八世紀の啓蒙的個人主義ではなく、「ロマン主義的自我」に発する「個性的個人主義」、ジンメルが「唯一性の個人主義」と呼んだものだと説明している[28] (「『概略』を読む」〈1986〉『集』⑭196ff.)。

ロマン主義は芸術運動であり、したがって近代の平等社会、さらに大衆化によって画一化がますます進む現代社会において個性を救済することはほとんど必然的に芸術の救済の要請に繋がる。丸山は、ロマン主義について、政治的には「封建的反動の正当化」（『講義』②196）なり「保守主義」（『話文』③264）の側面を見出し、音楽に関しては、「内容」に傾斜したロマン主義よりも「形式」を重視するベートーヴェンやブラームスを評価したが[29]、他方で、一九六四年のヒアリングでは、「個性の究極的価値」という観点から、政治・社会の諸々の運動・制度を批判していくことを「永久革命」と呼び（III-2-b）、また後には、ほかでもないトクヴィルを引いて、イギリスにおける「ゼクテ」を砦とした個人主義的人権思想を積極的に評価している（「歴史意識とは何か」〈1979〉『話文』③274f.）から、「個性」尊重に人権尊重を重ねて理解していたと見られる（cf. III-2 註 12）。

とはいえ、ジンメル的な「個性」はもう一つの地平をもっていた。それは、他者との区別＝「けじめ」と不可分であり、芸術や学問の自律と関わっていた。

すでに紹介したように、「我が道を往く学問論」（一九五九年）で丸山は、現代文明における生活様式やコミュニケーションの均一化・画一化の傾向に加えて、日本における部落共同体、帝国臣民的画一化、大衆社会などによるステロ化を指摘し、それに対して欧米の伝統に倣った自律的社会（自発的結社）による「しつけ」、つまり「型」の教育（社会教育）を推奨し、その際こうした教育こそが「けじめ」を教えるものだとしていた。もう少し詳しくいうと、内容はこういうものであった。現代では、芸術と娯楽の区別は旧い意識であるとか、学問は大衆のためのものだから大衆にわからないような学問は無価値だというような、ものごとの差別と境界をとりはらって「ゴチャマゼ」にするのが「民主的」だという意見があるが、これは「独立の個性の自由な声」を圧殺しようとしているように見える。「ゴチャマゼの無秩序性」と画一性の支配が相互に対応しているように、「けじめの感覚」と「個性の成長」は対応しており、「学問や芸術の各領域の自律性」、それら文化の政治にたいする自主性、あるいはまた学問なり芸術なりの内的抑制――それが謙虚にとどまらざるをえない限界の自覚――そういったものが僕のいうけじめの感覚なんです」と（『集』⑧101f.）。ここで、「けじめの感覚」は、特定の歴史段階に属するものではなくて、「私がいま言ったことは大衆社会論の特徴として早くからトクヴィルなどが指摘している事でもある」といっているように、我々がたったいま見た『春曙帖』の記述と関連していた。

すなわち、丸山は、個人の道徳的自律を――「個性」を媒介にして――文化（学問と芸術）の自律に読みかえようとしたのである。そこには、芸術と娯楽の同一視、学問と大衆の直接的結合に反撥する「精神的貴族主義」、あるいは「個性」に基づく一種の「芸術至上主義」を垣間見ることができる。丸山は早くに高見順との対談（一九四九年）で、欧米の自主的組織と違って戦後日本では「無定形な大衆」が登場したために芸術上の価値が大衆的な「量」（浪花節や俗悪な歌謡曲）によって圧倒されている事実を指摘し、「個性的な価値の貴族性」を評価していた（I-3-a, b）。もっとも、それはことの一面にすぎない。丸山は、ラディカルな精神的貴族主義をラディカルな民主主義に結合しようとした（〈マルクスがヘルダリンを読む〉）。いったん切り離した「文化」と「政治」を再結合することによって〈知識人の社会的使命〉の遂行を可能にしようとした[30]。その意味では、ジンメル的「個性」は始まりであっても到達点ではなかった。そして我々にとって重要なのは、こうした問題が学問に関しても存在したのかどうかということである。

芸術と学問は「「である」ことと「する」こと」では「学芸」として一括され、直接民衆に「媚びない」という点では同じ地平にあった。何よりも、「けじめ」という観点からすれば、学問の各分野相互の間の独立、政治に対する学問の自律性、あるいは学問と大衆との距離は芸術の場合と異ならない。しかし同時に、各分野の自律という観点からは、学問は芸術と区別されなければならない。したがって、丸山は講義で、「型」についても芸術と学問をひとからげにした（「型へのシツケという意味、これが人生にとって、どんな意味があるかを考え直す必要があるんじゃないか、芸術でも学問でも」、「学問のしつけとは学問の型へ訓練することである。大学はそういうしつけの道場である。芸術も同様だ」）けれども、学問には学問固有の「型」があるはずである。丸山は一九六七年の鶴見俊輔との対談で、

「アカデミーというのは、まさに学問の型をしつける場所」であり、「もしアカデミーに存在理由があるとしたら、徹底して学問の型を習練すること」だとして、こう述べている（『座談』⑦122f.）。

たとえば、博士論文は、こういう風に書くものだという、型があるんですよ。それは論文の内容と独立してそれ自体意味がある。およそ、博士論文というのは、こういうもので、註というのは、こういうふうにつけるんだ、というふうにしつけていく。

米原謙（『日本的「近代」への問い』新評論〈1995〉112）は、こうした発言が芸術・学問における「である」価値の評価と対応すると解している。たしかに芸術・学問はそれ自体「である」価値である。学問そのものは芸術と同じく「教養」の範疇に入る（「「である」ことと「する」こと」〈1959〉『集』⑧42f.）。しかし、この場合の「教養」は「内面的な精神生活」（「自分について知ること、自分と社会との関係や自然との関連について、自覚をもつこと」）とされているから、「習練」によって身につく外面的な「型」＝作法とは別の地平にある。そうだとすれば、ここでも道徳規範についての内面と作法の関係と同じ疑問が生じる。なぜ丸山は学問における「型」の意義を（一九六〇年代後半に）ことさら説いたのか。これもまた「人を見て法を説け」式の「状況的」判断であったのか。

丸山は鶴見との対談で、最初民間のアカデミズムとして期待していた「思想の科学研究会」が「型とか形式を蔑視する内容主義」になってしまったことを批判している（『座談』⑦123）が、その具体的な意味は『春曙帖』で明かされている。すなわち、「アカデミズムは学問についての「型」、「形式」、それへの訓練としつけの場である。（だからそれが堕落すると儀礼主義になり、ステレオタイプの累積だけが再生産される）」。『思想の科学』は反アカデミズムの旗の下に「型、規律、しつけ」を嫌う人々を参集させたが、マス・メディアも「型」を崩す方向に働いたために、結局マスコミに対する抵抗力を失い、タレントの登竜門になった（以上につき「昭和四二年」と記載）。また、自分は、もし大学人でなかったら、『思想の科学』の「アンチ官学アカデミズム」に魅力を感じなかったし、そこから養分を吸収しようとも思わなかった。『思想の科学』は、特集「論壇への果し状」（一九六四年一〇月号）に示されたように、「学者」の思想批判に方法的に弱く、「「研究」は第一義的に対象の研究であって、自己の思想の表現ではない」こと、「不可避的に研究に表現される「思想」と、思想の直接的表出とはレヴェルがちがう」ことをわきまえず、そのため谷川（雁）・花田（清輝）への批評が甘く、大塚（久雄）に対しては「実もふたもない」ということになる、と（『対話』240f.）。

ここからすると、『思想の科学』が官学アカデミズムを相対化する契機を孕みながら、「内容主義」に陥ったことが、丸山をして学問における「型」や「しつけ」の重要性を説かせる（少なくとも一つの）契機となったらしい。この場合、「内容主義」とは、学問的な方法やスタイルを無視して、何が何でも「思想」ないしイデオロギーの観点を前面に出して論じるような、「思想の過剰」、「思想の氾濫」といった方向（すでに一九六一年に丸山は「生の流れみたいなもの」を自分の責任で断ち切る時に、学問の理論を含む「形式」が生まれるとしていた〔『座談』④182：cf. 笹倉『丸山眞男の思想世界』65f.〕）、とくにそうした方向とマス・メディアおよびそれに拠る「思想家」との吻合を指すと見てよい。しかも、他方で丸山は、――江戸時代の場合（一九六六年度講義）とまったく同じように――「型」や「形式」の堕落形態（儀礼主義、ステレオタイプの累積）にも批判の矢を向けた。つまり、学問の「型」もまた、「形式」や「秩序」一般と同じく、「状況」に応じて否定もされれば肯定もされるのである。いいかえると、ここには官学アカデミズムに対する反撥とアカデミズム擁護（ただし「いったいアカデミズムといったものが日本にどの程度存在するかという疑問はあるにしても」と留保を付けているが[31]）の両極が描かれている――その意味ではあの『増補版現代政治の思想と行動』「後記」（一九六四年）に登場したアカデミズムとジャーナリズムの相克の別ヴァージョンである[32]――のだが、丸山はここでも「人を見て法を説け」の格率に則って、「「思想の科学」主義」からする「型」の破壊批判には一理あるけれども、「現代のように、型の意味、シツケの意味が忘れられている時代」にあっては、それは時流に乗った「時局便乗」となる（『座談』⑦123）がゆえに、あえて「型」の意義を強調しなければならぬ、と「状況的」に考えたのである。

だが、この議論には、「研究」と「思想」との差異（研究は「不可避的に「思想」を表現する」けれども、それは「自己の思想」の「直接的表出」と区別されなければならない）という、丸山にとって――『思想の科学』との対決という局面を超えた――原理的な視角が与っていた。『春曙帖』には『思想の科学』を批判する文章に続いてつぎの一句が出てくる（『対話』241）。

持続的関心とものへの好奇心と、これが学問を支える二つの柱である。前者だけで後者を欠くと、停滞と自家中毒がおこる。後者だけで前者を欠くとディレッタンティズムに陥って学問的人格が解体する。

この「アフォリズム」と呼んでもよい短句は様々な解釈を許容するが、まず「型」との連関を考えてみよう。学問の二本柱が「持続的関心」と「好奇心」だとするこの主張は、「型」と無関係のように見えるが、『思想の科学』論との連関から捉えるならば、「持続的関心」はアカデミズムの「型」に、「好奇心」は『思想の科学』に託された丸山自身のアンチ官学アカデミズムの精神に対応させることができる。「好奇心」を欠く「持続的関心」が陥る「停滞と自家中毒」は、「型」に凝り固まった、官学アカデミズムの儀礼主義やステレオタイプにあたり、「持続的関心」を欠いた「好奇心」がディレッタンティズムに堕し、「学問的人格」の崩壊を招くというのは、『思想の科学』の「内容主義」（「自己の思想」の優位、思想の直接的表出）への批判と相応する。――こう解するならば、丸山はこと学問に関しても、もっぱら「型」批判にのめりこんだわけではないが、逆にまた「型」一辺倒の姿勢を貫いたわけでもないということになる。つまりたしかに、是非は「状況しだい」であった。

しかし、いま一歩踏み込んで考えるならば、「持続的関心」は、アカデミズムの「型」に尽くされない――もしくは学問の「型」の底にある――意味を表しているように見える。一九六三年ないし六四年に書かれたと思われる、[33] 吉本隆明への反批判中の、「思想家」（＝吉本）に欠如している、「ザハリヒな認識、鉱物質のようにつめたい認識への内的情熱」（本書「はじめに」／I-4-b）のことである。あるいは、ジャーナリストであった父丸山幹治についての評言[34]を借用するならば、「もの（Sache）に対する情熱」である。丸山は、芸術家と違って「学者」の業績はその人の「人間や生活」に還元することはできず、また「学者」がナマの自分を語ることを忌避するのは、「「事柄」に仕えるという学問本来の「非人格性」」に根ざしているとして、「とかく学問をすべて「思想」に還元し、「思想」を「人間」に還元する」現在の風潮に対して、「学問の非人格性」という側面を強調したいと述べている（「一哲学徒の苦難の道」対談を終えて」〈1968〉『集』⑨364f.）。「事柄に仕える」学問を「思想」優位＝「内容主義」の風潮に対して突きつけたのである。ここでいう「非人格性」はナマの人間と関わらない（つまり「即物性〔Sachlich-keit〕」）という意味であり、表現上齟齬するけれども、「学問的人格」と同じことである。

「ものに対する情熱」、「事柄に仕える」とは、マックス・ウェーバーの「Sache に就け」（尾高邦男訳『職業としての学問』岩波文庫〈1980〉7）[35]という専門科学（丸山幹治でいえば記者という「専門職」）に要請されるエートスのことである[36]。ウェーバーは『職業としての学問』でこう語っている（同 22）。

本当に重要でしっかりした業績は、今日ではつねに専門家的な業績である。だからこそ、いったんいわば馬の目隠しをつけて、自分の魂の運命はこれこれのことを、例えばこの写本のこの箇所を正しく判読できるかどうかにかかっているという観念にのめりこむ能力をもっていない人は、学問には近づかないことである。そういう人は、学問の「体験」と呼ぶことのできるものを決して身をもって経験することができないだろう。もしも部外者なら誰でも笑うようなこの奇妙な陶酔、この情熱〔……〕がなければ、この判読に成功できるかどうかということについて、学問への使命を感じていないということになるのだから、その場合には別のことをおやりなさい。なぜなら、情熱をもってなすことができないことは、人間にとって何ら価値がないからである。

そして、ウェーバーが現代のような普遍的な専門化の時代において「人格（Persönlichkeit）」となるためには

「Sache に就く」専門人になるしかないという逆説を唱えた（西村稔『文士と官僚』木鐸社〈1998〉441）とするならば、「持続的関心」なきところに解体の危険を孕んだ（逆にいうと「持続的関心」こそが確保することのできる）「学問的人格」とは、「専門人」の謂であった、ということになる。二〇年も前だが、講演「ヨーロッパと日本」（一九四九年）にはこういう叙述がある。ウェーバーのいう「Fachmensch（専門人）」は、「特殊化」[37]と合理化を宿命とする近代世界において、「自己の Sache（ことがら）への没入のうちに、自己の生きがいを見出していく人間」のことである。これはピューリタニズムに根ざすが、東洋的世界における儒教的人間像は「君子人」＝「全人」の理想であり、ウェーバーによれば、近代世界では無数に複雑な社会的機能の分化があり、君子人を目指すことが不可能であるのみならず、「もっとも悪しき意味におけるディレッタント──自己の没入するところのザッヘ（Sache）をもたないもの」だということになる、と[38]（『別集』①340f.）。これは、ウェーバーを借りた歴史叙述だが、「好奇心」だけで「持続的関心」を欠けば「ディレッタンティズム」に陥るという「アフォリズム」の主張と部分的に重なる。

それゆえ、〈持続的関心―好奇心〉の対は、丸山が『思想の科学』の「批評」、あるいはマス・メディアに拠る「思想」＝「批評」、さらに吉本隆明を含めた「思想家」一般との対決という「状況」の中で、「学問」に不可欠なエートスを抽出したものとして理解される。同様のことは、一九六三年の東大教養学部自治会の求めにより開いた座談会のつぎのような発言についてもいえる（『別集』③6f.）。

学問にはルールがあり、約束がある。従って、如何なる思想を持ち合わせようと、徒弟的な修業をしなければ、理論をつくりだすことは出来ない。これにひきかえ、「思想」は誰でも持って居るので、〇〇イズム、主義だけが思想ではない。［……］また科学の発達は、しばしば単なる非現実的な好奇心、オモシロイナという気持から起る。対象に対する curiosity から出発して、分からないものの間に関連をつけて行くわけである。対象に対する直接的な利害とアタッチメントがありすぎると分析はできない。当面する問題に一々答えようとして居たら、理論はできない。従って学問は、leisure が無いと発展しないものである。[39] そして理論は誰に役立つか分からぬものである。そこが世界観や思想とちがうところである。

「思想」（世界観）と対比して「学問」に固有の性格として、第一にルール・約束、したがって徒弟的修業、第二に「好奇心」＝「オモシロサ」、そして第三に「利害とアタッチメント」の抑制（好悪の感情、広くは価値からの自由）、あるいは「当面の問題」ないし実用性からの距離を挙げるのであるが、このうちルールと徒弟的修業（つまり「型」とその訓練）と「好奇心」は、〈持続的関心—好奇心〉の対を先取りしたものであり、その点ではこの学問論も「思想」と「学問」を明確に区別しようとするもう一つの「状況的」な発言であった。前にも触れたが、この自治会座談発言も時期的に見て吉本隆明『丸山眞男論』（一九六三年）に触発された面がある（I-4-b）。また、批判の的になった『思想の科学』は一九六四年一〇月刊であり、それへの批評は「昭和四二年」と記されていた。その限りで、「型」、「形式」の積極的評価が六〇年代後半に登場した契機は、「思想」ないし「内容主義」との対決、あるいはそうしたものを育むジャーナリズムへの距離という問題状況にあったと推測される。

しかし、これらの議論をすべて「状況」に帰するのは早計である。自治会座談発言にせよ、「アフォリズム」にせよ、「思想」と「学問」の区別が主たる関心事であったとすれば、学問における「型」やルールの修業を強調することがたしかに重要な論点になるけれども、「持続的関心」がウェーバー的な専門科学の要請としての性格をもつという推測が的をはずしていないとすれば、それは「型」に尽くされないように見える。また、学問における「好奇心」という要素が如何なる意味をもつのかということについては、まだ何もわかっていない。

第二節　遊びとしての学問

丸山は一九五六年一一月に『婦人公論』に掲載された座談で、医学の専門化とそれにもかかわらず他の隣接医学分野との協力が必要だという主張が社会科学の場合と似ていると語った際、J・S・ミルの「真の教養人とは何事かについてすべてを知り、すべてについて何事かを知っている人間である」という言葉を引き、こういっている（「結核療養者より医師への注文」〈1956〉『座談』②116）。

　すべてについて何事かを知っているというだけならディレッタントで、何も専門がないことになる。何事かについてすべてを知っているだけだと、目かくしをつけた馬車馬のように隣接領域のことは分らなくなる。

さらに、同じころに丸山はなお三度ミルの箴言に言及している。この座談より少し前に発表された[1]「政治学」（一九五六年）では、政治学は人間生活のあらゆる領域に関係するので、包括的な知識を必要とし、それだけに「ディレッタンティズム」に堕しやすいが、しかしだからといって隣接領域に無知ないし無関心な「プロフェッショナリズム」に陥ってしまうと有効性を発揮できないから、その意味で政治学研究者は――「ロブスン教授が言っているように」――ミルの定義した意味の「教養人」（「あらゆることについて何事かを知っており、何事かについてはあらゆることを知っている人」）を志さざるを得ないとして、それをオーケストラの指揮者にたとえている。指揮者はあらゆる楽器の専門奏者にはなれないが、各楽器の性質や奏法を全部知っていなければならず、指揮法については精通していなければならない、と（『集』⑥195f.）。

ついで、『現代政治の思想と行動』「後記」（一九五七年）では、謝辞として、色々な人から教えられることがなければ、「すべてについて何事かを知り、何事かについてはすべてを知る」（ミル）という「恐ろしく困難な努力を宿命的に課せられている政治学の途」を歩み続けることは困難であっただろう、と記し（『集』⑦54）、最後に、「E・ハーバート・ノーマンを悼む」（一九五七年）では、幅広い学殖をもちつつ、日本史に造詣が深かったノーマンについて、「私は誇張なしにそこにJ・S・ミルのいう完璧な「教養人」を見た」としている（『集』⑦61）。

ミルのものとされる箴言は、社会科学、とりわけ政治学が幅広い領域に及び、なおかつ専門性を要求されることを表しているのだとすれば、それは、ふつう現代人の解する「教養人」と「専門人」(2)の綜合の要求のように見えるけれども、しかし丸山は両者の綜合を「真の教養人」と称している。だが、すぐ後で見るように、これは表現の問題にすぎないと思われる。

この箴言がはたしてミルのものかということについては色々議論されてきた[補説1]が、典拠の方はわかっている。「政治学」（一九五六年）の発言に「ロブスン教授が言っているように」とあるのは、「一九五二年ハーグの世界政治学会議のためにロンドン大学のロブスン教授が書いた報告《ペーパー》」（『集』⑥178）のことである。すなわち、*The University Teaching of Political Science*, A Report prepared by William Robson Professor at the London School of Economics and Political Science of the University of London on behalf of the International Political Science Association UNESCO, Paris 1954 である。そして、その九〇頁には、

> John Stuart Mill's dictum that an educated man is one who knows something about everything and everything about something, applies within the field of political science itself.

とある。(3)

ここからわかるのは、この箴言の全体が 'an educated man'＝「教養人」の理想を表しており、丸山はそれを引き写

したにすぎないということである。つまり、丸山は、箴言の内容が「教養人」とされていることにさほど違和感を覚えなかったのかもしれない。(4) だが、右の文に続いてロブスンは、‘A well-equipped teacher combines a wide general knowledge of the whole subject with a specialized knowledge of one or more branches of it’ としているから、丸山のいう「すべてについて何事か」が広範な一般的な知識、つまり通例いう「教養」であり、「何事かについてすべて」が「専門知識」であることはまちがいない。しかも、ここでは ‘A well-equipped teacher’ が主体となっているから、結局、‘an educated man’ は、「教養人」ではなく、「熟練の教師」とでも訳しておけば、十分な教養知と専門知を兼ね具えていることが理想だというのだから、とりたてて問題は生じない。そのうえ、ロブスンはこの後で、‘the dangers of dilettantism on the one hand, and exclusive concentration on a narrow part of the field on the other hand’ に触れているから、丸山のいう「ディレッタンティズム」と「プロフェッショナリズム」の危険もロブスンの受け売りであったということになる。

しかし、この「ミル箴言」（と便宜上呼んでおく）は、一般的にいえば、丸山自身の「学者」と「知識人」とのディレンマを孕んでおり、『春曙帖』の「アフォリズム」の〈持続的関心—好奇心〉の対の堕落形態としての、「停滞と自家中毒」と「ディレッタンティズム」の対、あるいはその背景をなす『思想の科学』や吉本隆明との確執で顕わになる、「学問」（アカデミズム）と「思想」（ジャーナリズム）の相剋、そして『増補版　現代政治の思想と行動』（一九六四年）における〈ジャーナリズム離れ〉と関連するだけでなく、「本店」への重心移動の結果生じてくる一九七〇年代の「専門バカ」と「ディレッタンティズム」の対置図式にも繋がっていく。しかし、その前に、まず丸山の新しい学問観を見てみなければならない。

【補説1】 竹内洋は、丸山の「政治学」および「『概略』を読む」の「ミル箴言」引用を引いて、それがロブスンからの孫引きであること、またJ・M・ヤング『ある時代の肖像』（一九三六年）にも同じ文句が「おなじみの標語」として出てきていることを指摘し、由来はともかくこの箴言がミルの見解と実質的に一致しているという（「解説」J・S・ミル、竹内一誠訳『大学教育について』岩波文庫〈2011〉159f., 174f.: cf. 松沢弘陽「解題」『集』⑬449：松本礼二「編者注」丸山眞男、松本編『政治の世界』岩波現代文庫〈2014〉450f.)。ちなみに、新渡戸稲造は明治期に 'Something of everything and everything of something' を「イギリスの諺」として引き、「一般教養」と「専門訓練」といいかえて説明し（Special training and general culture, in: *Thoughts and Essays*, 1969〔original: 1909〕『全集』⑫194／佐藤全弘訳「専門訓練と一般教養」『全集』㉑175: cf.「教育の目的」『随想録』〈1907〉『全集』⑤228)、昭和期にも、「すべてのことにつき幾分かを知り、何かについてはすべてを知ることが、完全な教育の理想である。前者は広い一般教養（general culture）を、常識に対する健全な基礎を与える。後者は特殊な専門知識を与える」('An ideal education, 1932', in: *Editorial Jottings*, 1969〔original: 1933〕『全集』⑯329f.／佐藤全弘訳「理想的教育」『全集』⑳435）とか、「大学といふものはサムシング・オブ・エブリシング、エブリシング・オブ・サムシングといふことをもつて理想とする。何事についても、何かしら知つてゐる。〔……〕しかしながら、それだけでは、たゞ物知りで、しかも生物《なまもの》知りで、却つて役に立たない。新聞を読めば、それくらゐの学問は出来る。しかしその外になほ自分は或るものを持つてゐる。その一つのことなら大抵のことはわかる。そこが即ちエブリシング・オブ・サムシングである。これが真の学問である。一方のサムシング・オブ・エブリシングは、普通一般の高等なる常識を養うといふことである」(『内観外望』〈1933〉『全集』⑥434）と説明している。田中耕太郎は一高時代（明治四二年前後）に新渡戸から、「教授としての条件」として Everything of something とともに Something of everything、つまり「特殊のことについてはそれに関する全部のことを、次に何ごとについてもいくらかを知っていること」が必要だと教えられたという（『現代生活の論理』春秋社〈1957〉136)。

a 「遊び」の意味

『春曙帖』には「大学は何を学ぶところか」について論じた箇所があり、

(イ) 「遊び」としての学問、遊びに専念する場としての大学

(ロ) 専門化し、分化した知識の市場としての大学

の二つを提示したうえで、こう説明している。

(ロ)に属するのは、「知識」の価値基準を現在または近い将来における「有用性」に置いた、「問題解決の具として、の学問」であり（「変革のための武器としての理論」も例外ではない）、従来の学部学科制で対応できないような「interdisciplinary の分野」（都市問題、公害問題、国際関係論、人種問題、学生問題、平和問題など）の研究・教育も「いわゆる liberal education」ではなく(ロ)に属し、逆に(イ)は「問題を前提としない学問」である。ギリシャ劇、『枕草子』、唐詩の研究教育の場は大学しかない。もっとも、「遊びとしての学問」はこれらの対象だけに関わるわけではない。「どんなに切実な現代性をもつようなテーマ」であっても「アカデミック」な研究には「あそびの精神」が必要であり、かつ意味がある。問題解決の具としてではない学問、「ただ無限の対話（自己内対話をふくむ）、ないしだべりとしての学問」は「どこか分らぬ時と場所で生きて来る」。かかる学問は「デカダンス」と紙一重の差しかないが、しかしその危険を冒さないでスケールの大きな学問的業績は生まれない（『対話』216f.）。

「遊びとしての学問」にはエキセントリックな響きがある。しかし名称はさておいて、まずごく一般的な観点からその位置を考えてみよう。

(イ)と(ロ)の区別は、研究・教育の対象や「問題解決の具」という点からすれば、だいたいにおいて人文科学系学問と自然科学系・社会科学系中の「技術的」学問（時に「実学」と称される）との区別に対応している。そうだとすれば、丸山が専攻する政治思想史は、日本では通例法学部に属することもあって社会科学系とされるけれども[5]、歴史学の一部でもあるから、〈遊びとしての学問〉に属する。その点では、〈遊びとしての学問〉は自分の専攻のあらまほしき姿を一般化したものだといってよい。他方、「教育」という観点からすれば――ここでのテーマは「大学は何を学ぶところか」である――、右の区別は現代日本でいう「教養教育」（一般教育）と「専門教育」の区別と相当程度重なるようであるが、しかし現実にはむしろヨーロッパ型（厳密には英米型）と日本型の大学教育の方に対応していると思われる。ササラ型はヨーロッパの文化的伝統に基づいた大学の学部編成と関連づけられ、タコツボ型は日本の大学教育の早期の専門化の帰結として説明されていた。もう一度引けば、日本の総合大学では「綜合的な教養が与えられるわけでもなければ、各学部の共同研究が常時組織化されているわけでもない」のだ。[6] (イ)の例としてギリシャ劇や『枕草子』を挙げていることや、「interdisciplinary の分野」の研究・教育を(ロ)に分類し、わざわざ「いわゆる liberal education」ではないと断っていることから逆推論するならば、(イ)は教育に関して日本の「教養教育」ないし「一般教育」よりも英米流の「教養教育」に近いようである。

こういう一般的な性格づけが一応可能であるのに対して、特異なところは、〈遊びとしての学問〉が「対話」ないし「だべり」としての学問とされていることである。「だべり」としての学問は、――「おしゃべり」をこよなく愛した丸山自身のイメージを反映させた――教師と学生の対話や議論と関わっていると思われるが[7]、ここでは触れていない (cf. V-3)。「対話としての学問」は、教育思想史でいえば、研究と教育の一致を理想に掲げた一九世紀初頭ドイツのいわゆる新人文主義 (Neuhumanismus) を髣髴とさせる。そこでは旧式の教師による一方的な講義に対して、「対話形式」による知識を駆使する技法や判断力の使用の技法 (J・G・フィヒテ)、教師と学生の垣根を超えた「教養人」が学問のために生きるような一種の「心情共同体」(W・v・フンボルト、F・シュラエルマッハー) の理想が追求された (西村『文士と官僚』335ff.)。そのうえ、こうした改革は、一八世紀の啓蒙絶対主義に潜む卑近な有用性・実用性を排して高度の判断力を具えた人間 (ただし実態としてはシュタイン＝ハルデンベルクの改革を実行する高級官僚ないし政治家) を養成しようとするものであり、この点でも、「どこか分らぬ時と場所で生きて」くるという規定と部分的に重なる。もっとも、丸山はドイツの新人文主義にはどこにおいても触れておらず、大学教育に関して多少なりとも念頭にあったのはむしろイギリスであったと思われる。[8]

他面、〈遊びとしての学問〉が「有用性」を基準とした「問題解決の具としての学問」に対置され、それゆえ実用性ないし実践性をもたないという性格づけは、丸山が早くに語った、「卑俗な意味での日常的実用性」から解放された、高度の「科学の実践性」[9]という観念に対応している。もっとも、「科学」ないし「学問」が直接的な目前の実用性にいたずらに引きずられることなく真理の探究に勤しむべきだというのは、我国でも現代に至るまでごく常識的な見解である。この点に関する限り、〈遊びとしての学問〉も、表現が喚起するほど、エキセントリックなものではない。一九六三年の東大自治会座談で、科学は対象に対する「直接的な利害とアタッチメント」、「当面する問題」から離れて「好奇心」から出発すべきであり、「理論は誰に役立つか分からぬものだ」といっていたのも同様である。ここでは、卑近な実用性を排する学問観を、――実用的、技術的科学を除くという意味で――〈基礎科学モデル〉と呼んでおこう。もっとも、たとえそうしたモデルの影響があったとしても、〈遊びとしての学問〉はそれに尽くされるわけではない。

〈遊びとしての学問〉論は厳密にいつの時点に書かれたのか確定することはできないが、直前に記されている大学改革構想とともに、「東大紛争」時の一九六八年一一月ないし一二月のものであると推測される（苅部直「「教養」と「遊び」」『政治思想学会会報』㉝〈2011〉4）。もっとも、だからといって〈遊びとしての学問〉の発想を「東大紛争」だけに関係づけるのは性急である。すでに六五年の座談「民主主義の原理を貫くために」で丸山はこう述べていた（『座談』⑤141f.）。

ぼくは政治的な価値の基準と文化的な価値の基準はどうしてもちがうもんだという考え方なんです。［……］とにかく文化というものは、「観念の冒険」によって飛躍しながら発展してゆくものです。ところが政治というものは、本来的に保守的なものです。これは、だから悪いという意味じゃ必ずしもない。大勢の人間の毎日の散文的な要求にこたえてゆかねばならない。しかも一つ決定を間違えば、膨大な数の人間に迷惑がかかり、極端な場合には生命の危険となる。［……］政治上の判断には有害無害という功利的立場がどうしても出てくる。だからすぐ、これは頽廃だとか堕落だといいたがる。しかし、文化はむしろデカダンスへの危険を冒さないでは前進できない。ちょうど悪への自由があってはじめて自由なんで、善だけあってそれだけをとる自由なんてものは、そもそも善の自由な選択とはいえないのと同じですね。学問でいうと、学問には問題意識とか目的意識のない、ただの「遊び」の要素がある。パズルを解くような面白さ、あるいは歴史でいえば、べつにそれを解明しても現在の社会をよくすることとは何の関係もない小さな実証への興味がある。それを問題意識とか、変革の要求に答えろとかいうことばかり言っていると、大きくのびない。だから革命的大変動の時には、実践的な要求の圧力がつよすぎて、学問はとくに基礎科学はとかく進歩しない。しかし同時に、まさにその「遊び」の精神が学問を堕落させる要素でもある。

一般に学問には「問題意識」や「目的意識」（あるいは「変革の要求」とか「実践的な要求」）と「遊び」との二つの側面があって、「遊び」の方こそ重要だというのであるから、『春曙帖』の〈遊びとしての学問〉と「問題解決の具としての学問」の対を先取りした発言であることは疑いを容れない。また、「遊びの精神」が学問の堕落を招く危険があるというのは、「観念の冒険[10]」に伴う「デカダンスへの危険」と同じことだとすれば、これまた〈遊びとしての学問〉の説明と一致する。そのうえ「基礎科学」への言及もある。

ところで、『春曙帖』の記述は「遊び」の具体的な内実についてほとんど説明しない。示されているのは、「対話」ないし「だべり」という方法とギリシャ劇、『枕草子』、唐詩という対象の例だけである。前者はさておき、後者についていえば、たしかにこれらのいわば「無用の学問」では、座談にいう「遊び」の要素（「パズルを解くような面白さ」、「小さな実証への興味」）が比較的大きな位置を占めているように見える。しかし、この要素は学問一般に含まれているものであるから、「問題意識」や「目的意識」に駆られた研究にも妥当する。[11]『春曙帖』でも、「どんなに切実な現代性をもつようなテーマ」であってもアカデミックな研究には「あそびの精神」が必要で有意味だといっているから、この点でも共通している。

だが、はたして『春曙帖』の「あそびの精神」と座談の「遊びの精神」は同じものだと考えてよいのであろうか。

座談の「パズルを解くような面白さ」や「小さな実証への興味」というのは、先に引用した一九六六年度講義中の、「文化」は〝あそび〟の精神と関係がある。形式や型をそれ自身としてエンジョイするところに文化生活がはじまる」というくだりと関わっている可能性がある。これは直接には江戸時代の芸能の洗練に関わるようだが、学問においても「形式や型」そのものをエンジョイするという「あそびの精神」が含まれていると解するならば、そこに、一定のルールに則って行われる研究過程に見出される「パズルを解くような面白さ」、「小さな実証への興味」を含めることができるかもしれない。他方で、『春曙帖』にいう「あそびの精神」も、——「内容主義」に傾斜した全共闘学生との対決を顧慮すれば——同様に解することができないわけではない。ただ、いずれの解釈も、説明の中に「型」や「形式」、ルール、訓練に類することがいっさい出てこないのが難点である。

しかし、乏しい言説によって「遊び」の中身をあれこれ詮索してみても生産的ではない。【補説1】それよりもまず、『春曙帖』と一九六五年の座談（以下「六五年座談」とする）で「遊びの精神」が標的とした——いいかえると「遊び」の対極に置かれた——共通の問題に焦点を絞ってみよう。すなわち学問と「実践」との結びつきである。

【補説1】 苅部直は、〈遊びとしての学問〉について、「丸山文庫」に二種の翻訳が収められているヨハン・ホイジンガの『ホモ・ルーデンス』初版（一九六三年）と中公文庫版（一九七三年）に「とても多くの書き込みがあり、熱心に読んだことがうかがえる」ことから、戦争を「遊びの規則」と見るホイジンガの見解がカール・シュミットの「友敵」関係としての政治観に反しているところが丸山の関心を惹き、さらに鶴見俊輔との対談にいう江戸時代の「型」の評価が学問における「遊び」の評価と対応していると推測している（「「教養」とは何か」『長野大学紀要』特別号③〈2011〉262ff.）。別の論稿（苅部「「教養」と「遊び」」4ff.：「政治の為の教養——丸山眞男百歳」（『センター報告』⑩〈2015〉16ff.：「「遊び」とデモクラシー」『年報政治学』2016-I〈2016〉112ff.）も同趣旨だが、「丸山文庫」所蔵本の書き込みへの言及はない（事実所蔵本には書き込み等はない）。なお、苅部は、一九六五年度講義録中の、鎌倉武士において「戦闘はまさに互いに武者としての身分的均質性を意識しあったものが対等に、一定の手続きにしたがって行うところのゲーム——しかし、生命をかけた厳粛な遊戯であった」（『講義』⑤71）というくだりもホイジンガが念頭にあると推測する（「政治の為の教養」18：「「遊び」とデモクラシー」114）が、この言葉は、すぐ後に出てくる、ウェーバーの『経済と社会』におけるヨーロッパの騎士に関するSpielの叙述（『講義』⑤72）と対応するように見える。いずれにせよ、丸山の〈遊びとしての学問〉の明確な淵源は確定することができない。「丸山文庫」の蔵書からすれば、ホインジンガのみならず、ロジェ・カイヨワ、多田道太郎・塚崎幹夫訳『遊びと人間』増補改訂版（講談社、一九七一年）や安田武『遊びの論』（永田書房、一九六八年）なども射程に入るが、いずれも書き込み等はない。安田武は思想の科学研究会に属し、丸山とも交流があり、しかも丸山の弟である丸山邦男と共著で『学生——きみ達はどうするか』（日本文芸社、一九六九年）を上梓しているが、安田の「遊び」論は内容上丸山の学問論とまったく触れ合わない。

テオリアとプラクシス

「遊びの精神」は「六五年座談」と『春曙帖』のどちらにおいても、「実践」を目的とした、もしくは実践を前提とした学問と対置され、しかも「遊び」への集中から生じる「デカダンス」の危険は学問の進歩のためにあえて目をつぶるとされていた。この点で注目すべきは、〈遊びとしての学問〉を説明した文の最後に、ただ一行、「ハンムラビ法典の研究。テオリア（＝観照）とプラクシス」と記されていること（『対話』117）である。これは何を意味するのか。言葉にこだわっていえば、解答は十数年後に明示されることになる。

一九八三年の早稲田大学自主ゼミナール（第一回）で丸山は、「学問とは何か」と大上段に振りかぶって問い、「学問はテオリア（見ること）」、つまり「見ることの面白さ」だと自答したうえで、そこには「深い頽廃、深いデカダンス」があるけれども、デカダンスは「かなわん」という「倫理主義者、まじめ主義者」には学問は向かないのであり、「面白いなこれは、という知的好奇心」こそが学問だといい、また学問は「役に立つことを第一にしてたら駄目で」あって、ニュートンのように「ただ見ることの面白さ」から出発して、結果として実用に貢献するものだと述べ、さらにその後で、自然科学における基礎科学の重要性を指摘していう。明治以降現在に至るまでの日本は、自然科学の技術＝「上澄み」だけをとろうとした。如何に「よきを取り、悪しきを捨てた」のかは帝国大学レベルで工学部が最初からできたのは、日本が一番早いことに示されている。(12)それに対してイギリスでは戦後になってはじめて工学部が大学にできた。元来オクスブリッジでは古典と歴史をやれば経営学などやらなくても企業の経営はできると考えられていた（しかしアメリカはＭＩＴに見られるように実用主義である）、と。しかも、ここではオクスブリッジの考え方に「ある正しさ」があることを認め、また実用学をやらないという点では「大学ってところは、役に立たないものをやるんだ」といいきる（『話文』②232f., 238f.）。

なお、ここで丸山は、「見る立場」と「行動する立場」との関連について、自分の考え方は良かれ悪しかれヘーゲル（「トータルに現実を認識できるということは、現実を変革できる条件ができる」という見方）に影響を受けたことを認め、「僕はどちらかというとデカダンスの方が好きなんだけれど、しいて、弁明するならば、ヘーゲルなんです」と語っている（『話文』②234）。「デカダンスの方が好き」が本心かどうかは確認のしようもないが、丸山のいわくいいがたい微妙な意識を表しているかに見える。それよりも興味深いのは、「トータルに現実を認識できるということは、現実を変革できる条件ができる」というヘーゲルの見方である。

丸山は「日本思想史における「古層」の問題」（一九七九年）で、執拗低音の前提である日本の歴史的地理的条件がテクノロジーとコミュニケーションの発達によって急速に解体しつつあり、古層が持続する条件がなくなっていくだろうと予想しつつも、なお「自分は何であるか」ということの認識によって無意識を対象化するならば、「あるとき突如として無意識なものが噴出して、それによって自分が復讐されること」[13]がより少なくなり、古層的な「思考様式」をコントロールし、その弱点を克服することが可能になると説く。そしてこのことを説明するのに丸山は、ヘーゲルの「ミネルヴァの梟」の逆転としてのマルクスの、「ある時代をトータルに認識することに成功すれば、それ自体その時代の終焉に近づいている兆候を示す」というカール・シュミットの解釈[補説2]を引き合いに出し、「日本の過去の思考様式の「構造」をトータルに解明すれば、それがまさに、basso ostinato を突破するきっかけとなる」とか、「過去をトータルな構造として認識することそれ自体が変革の第一歩」だと述べている（『集』⑪222f.：「方法論・思想史・ファシズム」〈1985〉『話文』②319f.）。敵の全体像が見えなければ、局地戦ばかりで勝利しても完膚なき殲滅戦など期待できない、というところである。

ここでは原型突破の「主体性」に言及しないが、それは、あくまで議論を「認識」の範囲内に留めようとするからである。その意味では、丸山は「学問」の側に立って実践からの撤退を表明しつつ、どこまでも〈学問自身の社会的使命〉に繋がる地平を示唆したのである。

一九八五年の自主ゼミナール（第二回）で学問と価値判断の関係が話題に上った際にも、問題はウェーバーやカントよりもむしろアリストテレスのテオリアとプラトンの実践の対立にあり、自分やヘーゲルがアリストテレス的であるのに対して、マルクスはプラトン的であると説明したうえで、「そんなことをやって何の役に立つんだという卑近な実用を断つところから、学問的認識は始まる。「面白いな」という［こと］、［……］それが学問の出発点だ」と繰り返している。社会科学は実践的性格を帯びるが、「それを目的としたら、駄目だ」というのである（『話文』②340f.）。

この地点からかつての「遊びの精神」を振り返ってみるならば、丸山の意図はおおむね明瞭となる。それは、一九六三年の自治会座談の〈基礎科学モデル〉と重なり、さらには敗戦後の〈学問自身の社会的使命〉や「科学の実践性」にまで遡る観点である。共通点をいえば、学問は卑近な実用性を追求するのではなく、ただ結果として、いつかどこかで役に立てばよい、ということだ。それゆえ、「遊びの精神」とは、換言すれば、学問的認識の原点としての「見ることの面白さ」、「知的好奇心」のことであった。

【補説2】 これは Carl Schmitt, *Die geistesgeschichtliche Lage des heutigen Parlamentarismus*, 2. Aufl. München und Leipzig 1916 からの引用である。丸山はこの論文をすでに戦前に原文で読んでいて、当該箇所に下線を引き、右側に「ミネルバの梟の意味！」と書き込んでいる（「丸山文庫」［資料番号 0182574］75）。なお、末尾には、'ausserordentlich scharf! Es sieht äusserst schwer aus, gegen seine Argumentation der Parlamentarismus zu verteidigen. Die Analysis von 1. bis 3. Kapital ist besonders treffend, d. h. wenn der Autor die politische Idee, die er hasst, behandelt. Dreimal durchgelesen in 1938, 9. M. M.' とあるが、後年の丸山自身の訳によると、「彼の議論に対して議会主義を擁護することは非常に困難に見える。第一章から第三章までの分析は特に適切である。ということは、著者（シュミット）が自分が憎んでいる政治理念を取り扱う時には特に鋭利である」となる（『続話文』①193）。また、同書の翻訳（カール・シュミ

ット、堀眞琴・青山道夫訳『国家・議会・法律』白揚社、一九三九年所収）の当該箇所にも傍点と傍線を付し（「かくてブルジョアジーの時代の上に黎明が現はれる、ミネルバの梟が羽ばたきはじめる。これは芸術と科学が栄えるといふ意味ではなく、没落する時代が新しい時代の歴史的な意識の客体となつてゐるといふ意味である――」）、末尾には「このScharfな理論と真向から対決せずには議会主義は生き残れない。一九三九、八」と書き込まれている（「丸山文庫」［資料番号0193253］120, 145）。なお、一九六五年度講義では、第二章（武士のエートスとその展開）の第五節（戦国武士道の形成）第四項（武士道のイデオロギー的修正）の冒頭、ヘーゲル『法哲学』序文からミネルヴァの梟の段をエピグラフとして引き、本文で『葉隠』を解説した際にそれに言及し、「武士道の哲学化に関するかぎり、ヘーゲルの命題は完全に正しい。葉隠武士道は、武士のエートスの時代が完全に過去のものとなったとき、成立したのである」としている（『講義』⑤215, 229）。

面白さ

「見ることの面白さ」、「知的好奇心」という要素は「六五年座談」には出てこなかったが、そこにいう「パズルを解くような面白さ」や「小さな実証への興味」との繋がりを推測することはできる。裏付けとなるのは、座談と同じ一九六五年のヒアリング「生きてきた道」に出てくる発言である。ここで丸山は、内村鑑三の、信仰から生まれる科学という面を探究し、そこから学問へのパッションを得たいという質問者の発想に対して、「僕はその点、反対だな、全く。もっとディレッタント的に追求する。ディレッタント的というのは、いろいろなこと〔に興味《マ》がある《マ》〕っていう意味じゃなくて、学問に対する姿勢そのものの中にありますね」（『続話文』①66）と語っている。これは「政治」、「政治学」に関する質疑の中で飛び出した発言であって、ディレッタント的姿勢一般を推奨しているわけではないが、「学問に対する姿勢そのもの」に「ディレッタント的」なところがある、というのは、総じてディレッタント（素人・好事家）がもっぱら好奇心＝面白さを探究の槓桿とすることと関係がありそうである。ちなみに、このヒアリングでも「面白い」、「興味がある」という表現が頻出している。これは如何にも興味を惹くことであるので少し例を引いておこう（『続話文』①54–69）。

［学生時代には］まあ、政治学ということを言うと、政治学が何かってことは、本当に僕は分からなかったですね。また興味もなかった。政治、そして政治思想は面白いと思った。

そういう system analysis というのは、別にむずかしい数学を使うからというんじゃなくて、数学なんかないのも含めて、あんまり面白くないですね、ああいうアメリカの政治学というのは。［……］オークショットの“Rationalism in Politics”なんていうのは、本当に面白い。Das Politische という点から言うと、伝統的なイギリスの政治学、バークなんていうのは、非常に面白いですね。［……］元来僕は、「機構論」っていうのは、あまり興味がないのかもしれないですね。「イデオロギー論」に興味があるのかもしれないですよ、政治学でも。

親父の影響もあるかもしれないけれど、政治行動を観察すること、それ自身に非常に興味があるんです。

日本の政治概念というのは、デモとか革命とか、何か非常に非日常的なものが政治だというわけだ。アメリカのは逆でね。非常に Betrieb になっちゃってる。そこがまた面白いところで、［……］。つまり、極限状況としていつもそういうものをやることを予想しているところの、日常的行為であるという、そういう逆説的なものを持っている。そこに政治の面白さがあるんじゃないかと思うんですよ。

僕のはもっとこう、何と言うか、「無責任な観察者」っていうふうになるんですよ。面白いなっ！という。そういう点が実にあるな、僕の中には。無理して「戦後に賭ける」とか、いろいろなことを言っているけども、どうも、そんなことはどうも言えねえ……なんていうね。人間喜劇というかな……。

だから、ウェーバーがナチの源流になったなんていうのは、大塚［久雄］さんによれば許し難いことですよね。あり得ないんだ。僕は、いいんじゃないかと思う。［中略］ウェーバー自身はもっと多様な面があるけれども、たしかに大塚先生の方に近いと思うんですよ。［……］やっぱりドイツの真面目主義ですよ。非常な真面目主義ですよ。[14]どうも、その、ヨタなところがあるんですね、僕は。

本当にあれ［大塚が戦前からひたすら倫理的で一途であること］に比べると、浮気だな。てんで面白いんですよ、森羅万象が面白い。女の子が電車の中で話していることまで面白くてしょうがないんだけれどね。ただ、それは徹底的に眺める立場だから、involve されるのは実に嫌ですね。だから、学部行政とかは、かなわない。

政治学、政治学者は［……］もう少し森羅万象に興味を持ってもいいんじゃないかと思うんだけれど。そう政治ガクガク言わないで。そういう意味で割合、面白がることが狭いような気がする。つまり、アメリカの政治学がつまらないと言うのは、それなんですね。

碁もできない、将棋もできないってんで、全然ダメなんだ、そういう方は。［……］政治が面白いし、しかし、それは同時に至る所にあるという――森羅万象みんな学問だ。

きわめつきは、「政治的なもの」に対する興味を語って、「人間の政治行動とか、政治的動機とか、非常に面白いですね。僕には。セックスと宗教と政治というのは、一番面白いんじゃないかと思っています。人間を突き動かす一つの動力として」という発言（『続話文』①120）であろう。

ここには、どんなことにも貪欲に関心を抱く、つまり如何にも「好奇心」に溢れた（「そんなことはどうも言えねえ」とべらんめえ調で語られるのにふさわしい）丸山みずからがいう「ヨタ」な気質[15]が出てきているようだが、しかし丸山はここでそうした「いろいろなこと」に興味があるということよりもむしろ、「学問に対する姿勢そのもの」を問題にしている。つまり、「面白い」、「興味深い」とは、「政治行動を観察すること」、「徹底的に眺める立場」などの言葉[16]に示されるように、まさに、「プラクシス」から距離をおいた「テオリア」に属しており、また「真面目主義」をしりぞけ、[17]「無責任な観察者」を標榜していることからうかがわれるように、「遊びの精神」に通じる。それが学問に対する「ディレッタント的」な姿勢ということの意味ではないか。そうだとすれば、「パズルを解くような面白さ」や「小さな実証への興味」も範囲内に入る。

したがって、自治会座談に示された「非現実的な好奇心、オモシロイナという気持ち」と同じように、丸山は、直接「実践」に関わらない（あるいは卑近な実用性を排する）「面白さ」、「興味深さ」、「好奇心」などを、――〈基礎科学モデル〉を勘案しつつ――学問一般の一つの中核として考え、それを「遊び」として、あるいは「テオリア」として表現したといってよい。

だが、それはことの一面である。「好奇心」や「面白さ」は丸山の学問論において如何なる位置を占めるのか、またなぜ丸山は一九六〇年代後半に唐突に――と我々には映るのだが――学問における「遊び」の側面を強調する議論を提起したのかということを明らかにしなければ、〈遊びとしての学問〉の十全の意味を理解したことにならない。

b　「変革」から「面白さ」へ

学問と実践との関係に対する丸山の基本的な考え方についてはすでに瞥見した（I-3-c）。そこで確認できたことは、第一に、丸山にとって「価値判断排除」は学問的認識の客観性のために「不可欠の要請」であったが、しかし同時に「価値判断」=「思想」は学問のために「不可避の要素」でもあったということである。丸山は学問における「価値自由」を承認しつつ、同時に主体の「価値関係づけ」や「意味付与」の意義を認めた。第二に、価値問題は「学者」と「市民」のヤヌスに関わっていた。丸山は、学者が「市民」として世界観や政治的立場を表明することを積極的に肯定し、「傍観者的」態度をとることをしりぞけた。そこで問題となるのは、第一の姿勢が〈遊びとしての学問〉と関わっていたのかどうかということである。すなわち、「価値関係づけ」や「意味付与」という時、学問において多くの場合に自覚的な「問題意識」とされるものが念頭にあるが、しかしその「価値」や「意味」には、「好奇心、オモシロイナという気持ち」といった、漠然とした関心の方向まで含まれているのかどうかという問題である。

好奇心

〈遊びとしての学問〉は、何らかの実践的問題を前提としないという意味で無前提であるが、学問一般と同様、研究者の価値関心まで排除するものではない。ところで、価値関心について丸山はつぎのように説明している（『対話』116f.）。

見ようとしなければ観察できない。ものが眼に映じているということは観察ではない。すべての観察は観察対象に対する観察者のインタレストに発している。しかしまさに一定のインタレストに発しているゆえに、観察の「客観性」は両義的となる。インタレストがあるからこそ、単なる路傍の人よりもものがよく見えると同時に、インタレストによってその認識は一面的となる。あばたもえくぼに映る。一面的というのは、あらゆる観察が一定の角度からの照明であるという意味で一面的であるだけでなく、インタレストによって像が一定の方向に偏差ができるという意味でも一面的である。いわゆる認識と価値判断との問題は、こういうヨリ大きな問題の特定の側面にすぎない。

我々がものを「見る」のは、近視、遠視、老眼、乱視等々の歪みを（それどころか「無視」までも）含んだ「眼鏡」ごしにすぎないのだが、「関心《インタレスト》」とはその眼鏡だというのである。同様のことは「遊び」を論じた「六五年座談」

でも語られている。社会的事象は、意味連関の世界であるから、何らかの価値序列を前提としなければ、およそ認識することなど不可能である。しかし、その価値意識が認識を歪めることになる。つまり、「関心」は認識を深化するところがあるが、「アバタもエクボになる」という欠陥をもつ（「両義性」ないし「弁証法的な性格」）。これは認識の党派性という問題に関わるが、それよりももっと広く、「偏向なしにものを認識することはできない」というべきだ、と（『座談』⑤130）。

丸山において学問の「超学問的動機」は一般的には「政治的なもの」ないし政治イデオロギーであり、個別的にはその時々の世界と日本の政治・社会の動向（その底流にある思想）に触発された、さらには個人的「経験」に発する何らかの「関心《インタレスト》」であったとすれば、それを「遊び」と重ねるのは、「真面目主義者」から不穏当の誹りを招くかもしれない。しかし、「価値関心（Wertinteresse）」は、端的に「興味を惹く（interessant）」＝「面白い」ことであり、これも「超学問的動機」、「超合理的感性」の一種であることに変わりはない。この面から見れば、「遊び」は「興味を惹き」、「面白い」もの、あるいは「好奇心」といいかえることができる。(18)

丸山は『春曙帖』でも、「あらゆる学問の源泉は「他なるもの」への好奇心だ」とし（『対話』160f.）、またカール・シュミットからの孫引きの形で、マンハイムの言葉として、「学問的自由の前提」は他の集団、他の人間を「その他在において把握しようとする根本的な好奇心」にあると記している(19)（『対話』57, 254）。この場合、「他在において把握する」というのは政治的含意があるが(20)、それとは別に、学問、とくに歴史学における「理解」の構造にも関わっている。(21)「日本思想史における「古層」の問題」（一九七九年）でも丸山は、右とまったく同じことを語りながら、マンハイムの「他者に対する好奇心（Neugierde）」を引いて、「好奇心」とは「きわめたい」という意味であり、「他者を他者として「何」だろうという気持ち」こそが学問の始まりであって、「役に立つとか実践に意味があるというのは、結果としてでてくるのであって、はじめから実用を目的とすると、むしろ他者意識にならない」としている（『集』⑪172f., 176）。この点において、つまり「好奇心」＝面白さを起爆剤にし、卑近な有用性を排する点において、東大自治会座談発言や「テオリア」論との関連、あるいは〈遊びとしての学問〉への通路をはっきりうかがうことができる。

もっとも、『春曙帖』の〈遊びとしての学問〉はこのような意味の「好奇心」、「面白さ」を明示していない。「六五年座談」の「パズルを解くような面白さ」、「小さな実証への興味」も、「面白さ」、「興味」の要素を含んでいるとはいえ、それが学問の初発において動機ともなり得る「好奇心」と一致するものだと断定する根拠もない。

そう考えると、〈遊びとしての学問〉の学問論的ルーツは、学問は実践と一線を画すべきであるが、「結果として」実践に裨益するという〈学問自身の社会的使命〉の観念に見出さざるを得ない。「価値関心」、「意味付与」、「他者感覚」、〈基礎科学モデル〉はまちがいなく〈遊びとしての学問〉の構想に反映している。しかし、〈遊びとしての学問〉と「問題解決の具としての学問」（これには「変革のための武器としての理論」が含まれていた）の対は、認識と価値判断の相克に代表される、学問と実践との間の糸を極限にまで張り詰めたような緊張関係――つまりどうしても「実践」をぬきにしては学問は成り立ち得ないという観点――をいくらか弛緩させて、「面白さ」と「問題意識」、あるいは「遊び」と「実践」＝「変革」との二項対立に還元し、「面白さ」と「遊び」の方を優位に置こうとするものであった。したがって、丸山は決して〈遊びとしての学問〉だけが学問であると考えたのではないのだ。しかしそれにしても、なぜ丸山は「遊び」を強調したのだろうか。

時事論文から〈遊びとしての学問〉へ

先にも触れたが、一九八八年の座談で丸山は、敗戦直後の「無責任体制」論が「政事の構造」（一九八五年）における「権力と権威の分業」論へと変化したのではないかという質問に対して、前者は「悪い意味」、後者は「いい意味」になるかもしれないが、基本的にはそれほど変わっていないとして、こう述べている。歴史家は起こった現象をできるだけ包括的に説明しなければならない。過去を説明すると「是認」と受け取られる危険があるけれども、学問には「面白いな、これをどうやって説明したらいいかな、と思うからやる要素」と、「自分の問題意識からして、問題の複雑な側面を自分の問題意識を貫徹するためにある側面を抽象して意識的に切っていく側面」との二つがある。自分の場合、戦争直後は後者の面が強かったが、一九六三年度以降の政治思想史の講義で古代から始め、包括的に説明しなければならなくなったので、正統性＝権威の源泉と権力の源泉の区別の伝統というような仮説を立てざるを得なくなった。こういう視角は「日本の文化論」になり、したがって歴史的には「こういうふうに現ればプラス、こういうふうに現れればマイナスになる」というしかない。家永三郎などはある時期以降価値判断が直接出てくる。そうすると「弁証法的」でなくなる。「プラスの面とマイナスの面がこういうふうにくっついているのが歴史」なのだ、と[22]（『続話文』②53：cf.『続話文』④175f.：『別集』③303）。「六五年座談」に倣っていえば、「アバタもエクボ」一辺倒になるのを回避する両義性の承認である。

すなわち、一九八五年の丸山にとって、学問（歴史）は、「問題意識」に発し、それゆえある程度まで一面的な方向を追究する要素と、直接実践に繋がらない「面白さ」を追求し、したがって正負の両面を包括する要素からなっていた。そしてこの二類型は、卑近な「有用性」を念頭に置いた「問題解決の具としての学問」（「変革のための武器としての理論」を含む）と「問題を前提としない学問」＝〈遊びとしての学問〉と相当程度において重なる。それはまた「夜店」（時事論文）から「本店」（原型論）への移動を物語っている。すでに見たように、敗戦直後から一九五〇年代半ばまでの丸山は、「問題意識」が現実世界の変革を見据えた、戦前および戦後の病理現象とその克服に向けられていたが、五〇年代末以降は新しい思想史方法論に基づく論文を書き[23]、さらに六三年度講義以後は原型論を展開した。もちろん、原型論もまた変革を展望した「原型突破の原理」を価値関心として抱えており、また原型論にこめられた内村的コスモポリタニズムや福澤的ナショナリズム、あるいは主体的決断の要素は、後に至るまで座談等で開陳された。しかし、原理的にいえば、原型論は、——ミネルヴァの梟のマルクス的読みかえや〈基礎科学モデル〉に示されるように——結果として実践に役立つというすぐれて「学問的」な性格を具えていた。

このことはいま一つの地平（「プラスの面とマイナスの面がこういうふうにくっついているのが歴史」であるという「文化論」の地平）からも確認することができる。

丸山は一九八一年に、執拗低音（原型＝古層）という日本的なものには「良い面と悪い面」があると指摘しながら、「こういうことはすべて価値判断抜きに言っているのです」とわざわざ断っている（『話文』②81, 115）。これは、一見、矛盾したことをいっているように聞こえる。「良い」、「悪い」は価値判断ではないのか。しかし、「良い」、「悪い」は、丸山自身の価値判断ではなく、客観的に見て、もしくは中立的な立場から見て、「良い面と悪い面」があるという意味である（『話文』②82）。同種の発言を二つばかり見てみよう。

丸山は、執拗低音が「悪いふうにも現れるし、良いようにも現れる」のであって、全部が悪い意味をもっているわけではないけれども、マイナス面もあるということを認め、たとえば執拗低音の「いきほひ」――「歴史意識の『古層』」にいう「つぎつぎになりゆくいきほひ」（『集』⑩45）――という要素は、「時勢に対して断固として普遍的な理念を守るという態度」が弱い「状況追随主義」（「状況追随的オポチュニスティックな態度」、「なりゆきの現実主義」）となるが、他面「元気」としてのエネルギー主義という形で現れるという。あるいはまた、日本はかつて中国、後には欧米を模範国として仰いで努力し、ついには欧米を追い抜いたから、そこには模範生として模範答案を書く目標達成能力（たとえば「キヨキココロ」、「アカキココロ」で会社に奉仕する）がまちがいなくあるが、その反面新しい目標を設定する能力は劣るから、「多元的な目標」の中から我々の目標を選び出す能力、「問題をつくる能力」を培う必要があるとしている（『話文』②126f., 130ff., 133：『講義』⑦76：cf.『続話文』①98）。

よく見ると、どちらの例でも「良い面」というのはかつてネガティヴに描かれた事柄であり【補説1】、したがってあくまで価値判断と認識を峻別したうえで単に客観的ないし中立的な立場から、「良い面もありますよ」と語って見せたにすぎない。いってみれば、「善悪不二」の弁証法的統一としての古層のうちの「善」の部分を摘出して披露したのである。逆に、「悪い面」の克服策として提示されたものは、普遍的理念といい、目標選択能力（これは「決断」

の能力のことである）といい、丸山が座談だけでなく、論文や講義でも示した積極的な価値である。

いま一つ興味深い例を引いておこう。丸山は「正統と異端」研究会で、「古層」が「世界観を融解する要素」を含んでいるという問題に関していう（「正統性と合法性」〈1985〉「丸山文庫」［資料番号 568］31f.）。

ぼくの倫理的な解釈は、つまり古層を前提として、はじめて戦後の民主主義の、つまりプルラリズムというものが、わりあい――もちろん敗戦の結果ということはあるけれども、わりあいスムーズに受容されたということも、一つの根拠になるんじゃないかと。つまり、伝統的正統性を解体する民主主義というのは、そもそも、さっきいったとおりのものでしょう？　うまく、ある意味では適合してたんです。日本における雑居性と、その意味では。日本的寛容と民主主義的寛容との間に共鳴現象が生じたということで、戦後日本はある程度説明できないかという…。

「良い面」、「悪い面」という言葉はないが、「日本的寛容」ないし「日本的プルラリズム」（同 32）、つまり「雑居性」の病理現象は、自由主義的民主主義の基礎である本来のプルラリズム（同 28）の立場からすれば、「悪い面」にあたるけれども、民主主義の受容ないし天皇制的正統性の解体という「良い面」をもっているといいつつ、しかしもちろん後者を全面的に肯定するわけではない[25]。

こうした二面性の提示[26]は、学問方法論でいえば、「価値自由」の要請に応えたものであるが、それにはもう一つの動機が含まれていた。ある手紙（一九八四年）の中で、「私は歴史的両義性（プラスにもマイナスにも働く要素）にもともと非常に興味をもっており、「古層」もそうした観点から書かれております」と語っている（『書簡』③199：cf.『続話文』④175f.）が、これは、学問には「面白いな、これをどうやって説明したらいいか」という面に関わっている。前項で見た一九六五年のヒアリング「生きてきた道」では、自分は戦後十何年間は戦前を全部否定する「真面目主義」であり、これまでの政治学を批判し、日本の精神革命を目指してきたし、いまでもそれはあるのだが、

「少し波長が長くな」り、百年位のスパンで考えようと思うようになった、と冗談めかして述べている（『続話文』①72）。「真面目主義」とは、まさに実践的関心＝変革志向に定位した「問題意識」を意味しており、いまやそれが減退したけれども、なおその方向を諦めたわけではない、といっているのであるが、他面、「真面目」は、あの大塚久雄＝ウェーバーにも見られた倫理的な学問的姿勢をも表すとすれば、言外に「変革」から「面白さ」＝「遊び」への重心の移動を語っているとみてよいであろう。分岐点はやはり、時事論文を終わりにした一九六五年にあった。

【補説1】たとえば、「いきほひ」は、「世界の大勢に乗る」という面と自己所属集団への純粋な同一化の心情（一生懸命主義）という面（『講義』④79）、あるいは一方では「時勢」、「情勢」、「世界の大勢」という発想における「世の中のなりゆきへの追随」、他方では「勢いがいい人間、元気な人間」という場合の「内から外への発露」としての主体的側面（『講義』⑥34）との両面、「状況追随的オポチュニスティックな態度」と「内なるエネルギーをしゃにむに奔騰させる主観（主情）的行動主義」とのアンビヴァレンス（『講義』⑦76, 83）を指摘する場合、「良い面」にあたる「主体的」側面は、内へのエネルギーの外への放出、「今日の内発性、主体性」という発想の根底にある観念であり、それは「多元的目的のなかから一つを選択する主体性」ではなくて、共同体の設定した目的に向かって「内発的」エネルギーで勢いよく邁進することである（『講義』⑦75）。つまり、福澤的主体性に対置された「純粋に内なるものを外部的に放出するという意味での、内発的主体」であり（II-2-b 補1）、決して手放しで評価されるものではない。あるいは、古層の「倫理意識」についていう。「キヨキココロ、アカキココロ」は最高の倫理的判断であり、良き、悪しきは中国からきたもので、二次的である。古層では善悪の判断が「美的な判断によって代位される」。清いか汚いかというのは、「心情の純粋さ」を基準にしているということである。「心情純粋主義」がここから出てくる（たとえば「直情径行」）、と（『話文』②226f.：『講義』④60：cf.『別集』③207ff., 213, 217）。これは「純粋動機主義」ともされる（『講義』⑥29）が、政治的実践における心情主義＝道徳的感傷主義と対応して、「責任倫理」と対立し、同時に普遍的倫理規範の実現を阻む側面をもつという意味で、本来の「心情倫理」とも対立する（cf. IV-3-a 補3）。なお、「オポチュニズム」は一般に日和見主義と訳され、ネガティヴな意味をもつ（日本のオポチュニズムの根本は、「今は民主主義の世の中だから」というように、世の中が変われば自分も変わるという「世の中主義」、「客観主義的情況主義」である〔『座談』④75, 302〕）が、丸山は「オポチュニズム」一般を否定せず、「形勢観望」ないし「大勢順応主義」としてのオポチュニズム（消極的機会主義）に対して、一定の政治原則を維持しながら、政治的状況に応じて原則の具体化のために転変自在の行動をとる「相対的オポチュニズム」を能動的性格をもつものとして評価する（『集』⑥86f.：cf.『集』⑧128：『講義』④77f.）。これは、その思想的嚆矢としてマキャヴェリを挙げているように、政治的リアリズム、「国家理性」、「責任倫理」の評価と重なる。

実践からの距離――「教養としての学問」

さて、ここまで見てきた錯綜した問題状況を整理するために、いま一度、「遊び」、「好奇心」、「面白さ」に関わる、一九五〇年代後半から六〇年代までの丸山の言説を時系列で確認しておきたい。

学問一般についていえば、一九五六～五七年に引証された「ミル箴言」は、「何事かについてすべてを知る」＝〈専門人型〉と「すべてについて何事かを知る」＝〈教養人型〉を綜合した学者ないし教師（あるいは政治学者）の理想を表し、前者の欠陥を「プロフェッショナリズム」、後者の堕落形態を「ディレッタンティズム」と表現するものであった（これ自体はさして重要ではないが、後の「問題」の萌芽をすでに含んでいた）。ついで、東大自治会座談（一九六三年）では、学問一般に、「非現実的な好奇心」と学問のルール・約束についての「徒弟的な修業」を要請し、〈基礎科学モデル〉に従って学問の直接的実用性を否定した。同じころ、吉本隆明への反批判では「思想家」吉本に対して「研究」の意義を強調し、六七年にはそれを追認するかのように、『思想の科学』のいわば独善的な「思想」の表現に対して「研究」の立場を擁護し、「アフォリズム」では、「持続的関心」だけの営為が「停滞と自家中毒」を引き起こし、「好奇心」だけだと「ディレッタンティズム」、「学問的人格の解体」に陥る危険を示した。最後に、八八年の座談では、丸山は、「問題意識」から発する研究から「面白さ」（歴史的両義性）を追究する研究へと重心を移したことを認めた。その時期は六〇年代前半と見られる。それは、六三年四月の洋行からの帰朝を境に、一方で原型論の講義を始め、他方で「点と軌跡」（同年）以後座談等で内村的コスモポリタニズムを提起したこと（III-2-a）、あるいは六五年の「憲法第九条をめぐる若干の考察」を最後に現代のことについて書かなくなったという証言（III-2-c）と符合する。

「遊び」に関しては、「六五年座談」では「政治的価値」と「文化的価値」を対置し、文化の一部としての学問には、「問題意識」、「目的意識」を優先する方向に対して、「遊び」（「パズルを解くような面白さ」、「小さな実証への興味」）が、「デカダンス」の危険を冒してでも必要だとする一方、「変革の要求」、「実践的な要求」の要素が強すぎると、学問、とくに基礎科学は進歩しないと主張した。一九六五年のヒアリング「生きてきた道」は、学問、とくに政治学における「ディレッタント的」姿勢を肯定し、政治的なものの「面白さ」を強調し、『春曙帖』の六八年の記述では、〈遊びとしての学問〉が直接的実用性をもたず、「どこか分らぬ時と場所で生きて来る」と述べ、また「デカダンス」の危険を賭すことなしに、スケールの大きな学問的業績は生まれないとして、実用性を基準とした「問題解決の具としての学問」（「変革」のための理論を含む）を相対的に軽視する姿勢を示した。そこに登場した「テオリア」と「プラクシス」の対置は、八三年および八五年の早大自主ゼミにおける、デカダンスの危険を冒してでもテオリア＝「見ることの面白さ」を、という議論に繫がっていた。

したがって、丸山は、おおむね一九六〇年代半ばごろから、原則として学問と実践を切り離し（しかしなお「デカダンス」の危険をたえず意識していたことに示されるように、実践に対する関心を絶やさず、後年に至るまで座談等でそれを開陳した）、その過程において学問の「遊び」、「面白さ」、「好奇心」、「見ること」といった要素を強調したことになる。単純化していえば、丸山にとって学問は、「変革」を含めた実践に関わる側面と「面白さ」、「好奇心」による側面との二重の性質をもっていたが、敗戦後には前者を意識した学問論（とくに価値判断、価値関係性の強調）を展開したのに対して、自治会座談あたりから、後者に傾いた学問論を展開し始めた。

ちなみに、「六〇年安保」時の講演「現代における態度決定」（一九六〇年）で丸山はこういっている。「行動者は常に非良心的である」（ゲーテ）という言葉には、我々が「観照者、テオリア（見る）の立場」に立つ限り「永遠の真実」がある。「純粋に観照者の立場、純粋にテオリアの立場に立てる」のは「神」だけであるが、行動者は、完全にわかっていなくてもわかっているとして行動し、対立する立場の双方に得失点があるのに決然として一方に与するのである。しかし、それにもかかわらず我々は日々無数の問題について「決断」を下しているし、また下さざるを得ないのであり、しかも行動することは社会的な責任であることからすれば、純粋に「見る」立場、良心的な立場が無責任な立場となり、それゆえ我々は神ならぬ「人間」として生きるには、認識と決断の矛盾の中に生きることの宿命を引き受けて、その結果の責任をとらざるを得ない、と[27]（『集』⑧308f.)。「テオリア」と「プラクシス」との矛盾という認識者＝学者の矛盾を前提としたうえで、あえて「テオリア」よりも「プラクシス」を優先し、その「社会的」使命を説くのである。これは、内容からすると、ほとんど「科学としての政治学」（一九四七年）の傍観者批判と同じことをいっており（cf.『集』③149f.)、〈知識人としての学者〉の政治へのコミットメントを説く「夜店」＝時事論文段階の典型的姿勢を表している。それゆえ、「夜店」から「本店」への重心移動は、学問論のレベルにおける、「実践」から「面白さ」への移動と重なる。つまり、〈遊びとしての学問〉は、「変革」（プラクシス）から「面白さ」（テオリア）への移り行きを象徴する記号であった。

しかし、もう一度繰り返しておいてもよいと思うが、「本店」へ移行した後も、丸山は決して学問と実践を無縁のものとは考えなかった。丸山は、「価値関係づけ」や「意味付与」の学問論を放棄せず[28]、また卑近な実用性をもたなくても「結果として」実践的な意味をもつという〈学問自身の社会的使命〉という考え方を堅持していた。〈遊びとしての学問〉もまた「どこか分らぬ時と場所で生きて来る」のである。「好奇心」や「面白さ」が「価値関心」、「超学問的動機」、「超合理的感性」の一種、広くいえば「思想」に属する面があるということを想起するならば、〈遊びとしての学問〉は、直接社会的、政治的な実践的意図をもたないけれども、時代や状況しだいで、何らかの実践性をもち得るということになる。だが、ここではもう一歩踏み出して、〈遊びとしての学問〉が「「であること」としての学問」であるということを指摘しておきたい。

〈遊びとしての学問〉は、一般的な枠組でいえば、「学問の自律性」、「学問・芸術至上主義」、「学問の自己目的化」に傾斜した学問像であり、論文「「である」ことと「する」こと」において、政治と再結合される前の、卑近な実用性を排する「教養」＝学芸像と重なり、その意味で「「であること」としての学問」、あるいは「教養としての学問」であった。もっとも、元来、「教養」の語は、ドイツ語の‘Bildung’に示されるように、「人間形成」ないし「人格陶冶」を含意している。南原繁によれば、「教養」は「全人の人格的向上、あるいは人間個性の形成を、知性の方法によって企てる」ことであった（『著作集』③155）。たしかに「遊び」の語にはそうした高邁な精神が含まれているようには見えない。それどころか、「遊び」としての教養といえば、趣味や道楽を想起させ、したがって唐木順三の大正教養主義批判に代表されるように、「鑑賞」や「享楽」に属することになる。だが、「遊び」は広い意味で「人間形成」と無関係ではない。それは、とりわけ、丸山の〈遊びとしての学問〉が「対話」ないし「だべり」と関わっているからである。詳しくは次節で取り上げるが、あらかじめ一つだけ例を示しておきたい。

丸山は、論文「「である」ことと「する」こと」が高校の国語教科書に採択された際に教師に注文をつけた一文で、この論文に限らず、自分の文章の「狙い」はつねに複数であり、必ずしも特定の価値判断や行動と結びつかない複数の「認識命題」を含んでいるとして、こう述べている（「「である」ことと「する」こと」について」〈1983〉『別集』③329f.）。

私達がごく身近に日常的に見聞し、それだけに格別に注意を払わないで看過してしまうような出来事や事柄について、一度立ちどまって「はてな」とその背後に潜んでいる象徴的な意味を問いかけたり、一見何の関係もなさそうな他の出来事とのつながりに思いをめぐらす習慣を養うというところに、学問的訓練の大きな意義がある。そこから何も一定の行動が導き出されるわけではない、という意味では、こうしたこころみは一種の「遊び」ともいえるが、そうした遊びを通じて学問的認識の面白さを学習者にいくらかでも覚らせないかぎり、とくにこの文のような文明批評を教材に用いる場合には、結局のところ一つの道徳的説教に終ってしまうのではなかろうか。

日常の出来事の中にふだんとは別の地平を見出す習慣を養う「学問的訓練」は、教育の一環であり、広い意味で人間形成の一端に触れる。そしてこの、実践に直接繋がらない学問的認識の「面白さ」がとりもなおさず「遊び」ということである。「学問的訓練」とは、「経験からの抽象化」（III-2-c 補 1）の訓練——したがって博士論文の書き方などの決まり事よりはるかに重要で基本的な学問的「型」の修練——であるが、他方では何でもない経験を学問的認識に高めることを可能にするのは、「はてな」に潜む「好奇心」であり、ニュートンのりんごである。一九六七年に出版社の編集者と対話した際に丸山は、「好奇心」とは、「非常に日常的な、平凡なものを眺めていて、面白いな、おかしいなと思う眼ですね。学問というものはそういうところから発達してくる」と述べている（『手帖』㉚ 19）。「「である」ことと「する」こと」が含む実践的な価値判断（端的には「近代主義」）とは別に提示された認識命題が何であったのかを丸山は明かさないが、あるいはその一つが「「である」こととしての学問」であったかもしれない。

〈遊びとしての学問〉は『春曙帖』で人目に触れない形で語られたものであり、丸山が「遊び」と「学問」の関係について公に触れたのは、「六五年座談」とたったいま引いた文の二回、ジンメル的な形式重視を説いた一九六六年度講義を含めてもわずか三回だけであるから、必要以上に重大視することは控えなければならない。いま一度繰り返せば、「変革」に傾斜した学問と「面白さ」、「好奇心」に力点を置く学問の二重性の中で、〈遊びとしての学問〉は、「本店」時代において実践から距離をおいた後者の側面を際立たせようとする丸山の志向の現れであった。そこに、六六年度講義にいう、「「文化」は〝あそび〟の精神と関係がある。形式や型をそれ自身としてエンジョイするところに文化生活がはじまる」という局面が関わっていたと解しても、それほど的はずれではなかろう。ただ、「形式」や「型」は基本的に「状況」によって評価が決まる。「思想」に惑溺して学問の本来の姿を見失うような（あるいは「思想」を拠点にしてアカデミズムを撃つといった）状況に対しては「型」や「しつけ」や「持続的関心」を強調するが、逆に硬直化したアカデミズムに対しては「好奇心」、「面白さ」の面を強調し、さらに「形式」や「型」それ自体も、状況に応じて「あそび」に繋がることもあれば、硬直化に堕することもあるというのが「バランシング・シンカー」[29]としての丸山の論法であった。

しかし、これも先に述べたように、すべてを「状況」に還元するのは危険である。〈遊びとしての学問〉の発想の出現、あるいは「変革」から「遊び」への重心移動は、「型」や「形式」の強調と同じく状況に左右されていたとすれば、その状況はいわば「大状況」である。おおよそ一九六五年以降、丸山は時に学問が「変革」に及ぼす意味を強調することがあっても、相対的に学問の「遊び」、「好奇心」、「面白さ」の要素を前面に押し出した。ことに丸山は、「テオリア」―「プラクシス」の対において、「デカダンス」の危険を知りつつ、あえて「テオリア」の意義を浮かび上がらせた。それは「本店」に居を構えるうえでの一つの決断であり、〈遊びとしての学問〉を提起したことと相関関係をもっている。「プラクシス」への逆戻りは原則としてあり得なかった。もとより、このことは、「価値自由」と連動した「価値関係づけ」や「ミネルヴァの梟」のような学問論を前提としての話であった。丸山は生涯、学問にとっての思想や世界観の意義を否定しなかった。だがそれにもかかわらず、丸山は、前に見たように（I-3-c）、「戦前における日本のヴェーバー研究」（一九六五年）で、敗戦後の〈知識人の社会的使命〉観を引き継ぐ形で、「没価値的」学問が「決断する人間」の側面を欠けば「デカダンス」に転落する惧れがあるとし、世良晃志朗との対談（一九八〇年）でも同じ考えを披露した。すなわち、「デカダンス」の危険とは、「学者」のもう一つの顔である「市民」＝知識人の使命感の表現であった。いいかえれば、丸山は、一貫して〈知識人の社会的使命〉を自覚して「デカダンス」に陥る危険を指摘しながら、あえて「遊び」、「好奇心」、「面白さ」を肯定する学問観を披歴したのである。しかし、それは決して予定調和ではなかった。〈知識人としての学者〉という問題は、丸山の「夜店」からの撤退と教職からの引退を通じて、七〇年代以降にふたたび姿を現すことになる。

c　ふたたび「知識人と学者」

「アフォリズム」における〈持続的関心―好奇心〉の対の堕落形態である「停滞と自己中毒」と「ディレッタンティズム」の対は、「ミル箴言」の「教養人」（あるべき教師、学者）の欠格条項である「ディレッタンティズム」―「プロフェッショナリズム」の対の系譜を引いているようにも見えるが、そもそも「アフォリズム」が『思想の科学』や吉本隆明との確執、あるいは『増補版　現代政治の思想と行動』「後記」（一九六四年）に見られた〈ジャーナリズム離れ〉と関わっていたとすれば、やはり「夜店」から「本店」への移行との関連も無視できない。そして、一九六〇年代末の全共闘による大学批判と定年を待たずに敢行された丸山の東大退職（七一年）という新たな状況の中で、ネガティヴな対として新たに〈専門バカ―ディレッタンティズム〉が登場してくる。それは、以前の問題意識からの連続性を孕みつつ、悔恨共同体の「思い出」とも絡み合って、「本店」時代の丸山の、ある意味で屈折した心境を映し出すことになる。

七〇年前後の「状況」

丸山は一九六九年六月二七日付の友人・安田武に宛てた書簡で、戦争体験に関する対談の要望を断わった際に、大病をしたので余命を「自分本位」に考えて、自分にとっての本格的な仕事（古代から江戸時代までの日本思想史の研究）に捧げたいとして、こう釈明している。従来からも「知的好奇心」と「義理人情」のために様々なテーマの問題に引っ張り出されてきたけれども、「丸山についてのイメージ」を振りほどくための一歩として現代のトピックについて「直接に語ること」を避けて「うしろ向きの予言者」（「日本思想史の一介の研究者」）に徹したい。このことは必ずしも「従来いわれている意味でのアカデミズム」に「空間的に立てこもる」という意味ではなくて、日本思想史の「一介の研究者」としての道を歩むということだ、と。そのうえでいう（『書簡』①185f.）。

私は、ずっと以前から「単なる研究者でなくて思想家としての丸山」などといわれるごとに、背筋が寒くなる思いをして来ました。人各々行く途があります。ジャーナリズム上の「思想家」になるのが日本くらい容易で、「単なる研究者」に徹することが、現在の日本くらい困難なところはないと思います。そもそも日本にはプロフェッションにあたる言葉がなく、プロというのは野球や芸能人の領域でしか使われません。昔の「職人」という言葉のもつ感じのせまさをとりはらって、職人倫理を徹底化するよりほかには、この国がサラリーマンと何でも屋評論家――つまり専門バカの反対物――の二種類の人種によって満たされる日もそう遠くないと思います。

「一介の研究者」に徹すること、つまり「夜店」から「本店」への移行の――私信上ではあるが――明確な宣言である。

もっとも、「うしろ向きの予言者」とは、決して「本店」移行が実践からの完全撤退を意味しないということを示唆している。それはここではじめて出てきたわけではない。一九六〇年の座談で丸山は、「過去をトータルに認識すること」が重要であり、すぐに実用的な指針を得ようとしてはならないとし、その際、歴史家は「あくまで「後ろむきの予言者」だという自分の宿命を自覚しなければならない」と述べていた。予言者であるから、「予言的な面」がなくなって骨董いじりのようになるのはだめだが、「後ろむき」という歴史的認識の性格を忘れ、歴史を感傷化することも避けるべきだ、というのである（『座談』④53）。また、埴谷雄高宛書簡（一九六一年）では、歴史家、とくに思想史家は「うしろむきの予言者」の宿命を背負っており、「うしろ向きっ放しの「実証的」な歴史的せんさくと、前に向きっ放しの想像力に富んだ予言」はそれぞれ適任者に任せて、自分はこの「宿命的な途」を歩んで行くつもりだ、といっている（『手帖』⑲165）。あるいは、『春曙帖』で「一九六八年（一九六七年三月の最終講義)」と題して、「今の日本に必要なのは「未来学」ではなくて、「過去学」だ。むしろ過去学を未来学に読みかえる努力だ」(『対話』251)としているのも同趣旨であろう。「うしろ向きの予言者」とは、要するに、「トータルな認識」＝「ミネルヴァの梟」と同様、すぐに役立たないが、いつか役立つことを見据えた歴史家の使命、つまり〈学問自身の社会的使命〉を表現したものであり、その意味でかねがね考えていたことをいまや本格的に実行に移すということである。

しかし、「専門バカ」に対置される「サラリーマンと何でも屋評論家の二種類の人種」の意味は必ずしも自明ではない。「サラリーマン」はプロフェッショナルな「職人」気質の欠如、あるいはサラリーマン・ジャーナリストを意味するようだが、「大卒＝サラリーマン」状況下での知識人の不在が念頭にあったのかもしれない。一方、「何でも屋評論家」については「近代日本の知識人」(一九七七年)の草稿の一つ(六八年ごろ執筆か)にこういう記述がある。ストライキ、交通事故、少年の非行などの新聞・テレビの放送に登場する「識者の声」の「識者」とは多くの場合、「全く専門をもたない何でも屋の社会評論家」か、「ジャーナリスト芸能人」か、あるいは「専門分野ではあまり評価されていないような大学教授」であり、彼らの「資格」は大衆への知名度が高く、わずか数十語であらゆる社会的出来事について意見がいえることであり、とくに政治的事件については新聞が中道主義の立場から「識者」を選定することもあるけれども、彼らの新聞・大衆週刊誌におけるレゾン・デートルは、独立の政論ジャーナリストが少なく、大学教授の多くが「人格ぐるみ専門家になっている事態」を補完することにあるのかもしれない、と(「日本の知識人　進歩的知識人・現実主義的知識人・識者の声」「丸山文庫」[資料番号275] 35ff.)。

ここからすると、「何でも屋評論家」とは要するに「専門」のない(その意味でディレッタントの)ジャーナリズム上の評論家のことであり、「人格ぐるみ専門家」である大学教授、つまり「専門バカ」の対極に位置するわけである。これをいいかえると、ただちに〈ディレッタント—専門バカ〉のネガティヴな対が生まれることになる。

逆にいうと、丸山は安田宛書簡で、ディレッタント的な「何でも屋評論家」と「専門バカ」のどちらにも堕さない、「プロフェッション」としての「単なる研究者」という「我が道」を示したのである。これは、「ディレッタンティズム」と「プロフェッショナリズム」をしりぞけた「ミル箴言」の思考パターンを踏襲しつつ、いまや積極的な選択肢として、専門バカに陥らない研究者という像を示したことになる。ただ、ここには、「何でも屋評論家」とは別に「ジャーナリズム上の思想家」が登場してきている。これは二年前（「昭和四二年」）の『思想の科学』をめぐる確執を想起させる（安田武は思想の科学研究会会員、一九六四〜六六年会長(30)）が、それと同時にかつての「思想家としての丸山」像を払拭しようとする意図をうかがわせる。この点は後で考えることにして、ここではさしあたり、書簡の背景をなしている、「東大紛争」をめぐる「反体制派」の評論家やジャーナリズムの姿勢に対する丸山の憤激を瞥見しておこう。

丸山は『春曙帖』に、「毎日［新聞社］、□□君らの「安保十年」を下田の書店で立ち読みして」と題して、ジャーナリストたちが丸山を盛んに利用しながら、嫌がっているのを承知のうえでジャーナリズムに引っ張り出そうとし、逆に知識人や大学教授が市民運動をリードする時代は終わったなどと書き立てることに対する怒りを露わにして、「今度こそ私は、ひとのためのサービスは一切ごめん蒙って「研究エゴイズム」に帰る。自分の好きな、そうして本来の持場である思想史の仕事に専念できるだろう」と記している（『対話』269）。「安保十年」とは、小尾俊人によれば、『安保　激動のこの10年』（毎日新聞社会部・安保学生班編、文藝春秋、一九六九年一二月）のことである（『対話』「注」xxiii）から、立ち読みは安田宛書簡以降のことだが、さほど後のものではなかろう(31)。安田宛書簡の時期に丸山はすでに東大辞職を決断しており(32)、それもあって「一介の研究者」として生きる覚悟を強調したのだが、同じ一九六九年の夏から秋にかけての別の書簡を覗いてみると、「反体制」を標榜する知識人がテレビの寵児となって、近衛新体制時代の「時局便乗」と同じことを繰り返しているとか、「東大紛争」をめぐって――福澤のいう「何ぞ事物を信ずるの軽々にして、亦之を疑ふの早急なる」――「評論家」の体質が相変わらずであり、左右を問わず精神的潮流へのコンフォーミズムが「インテリの世界」で跋扈しているとか、世の「評論家」たちがろくに調べもしないで、マス・コミの断片的報道からの憶測や「安田城攻防」のような事件に衝撃を受けて人をパリサイ人的にあげつらう軽薄さとコンフォーミズムに呆れる（『書簡』①189：『書簡』①91f.：『書簡』①194：cf.『書簡』①202：『書簡』①212）等々の、怒りに満ちた言葉が書き連ねられている。この怒りは、『春曙帖』に一九六九年五月と明記して綴られている（『対話』114f.）。

これほど「反体制」の言辞がブルジョワ出版物に氾濫し、これほど「反体制」を標榜する評論家・大学教授たちが、そういう言辞によって原稿料をかせぎ、すくなくともペンによって生きること——もっと現代的にはテレビ・タレントとなって生きること——の容易な国があるだろうか。［中略］けれども「反体制」の言辞がこれほど氾濫しながら、「現実」をかえる力がおどろくべくないという日本の反体制思想運動の歴史的な問題性を自分の問題として考えないで、いい気になって、マス・コミの需要に応じて注文生産している「自由」評論家や大学教授によって、日本の「現実」がただの一インチも変革されないことだけはたしかである。

『春曙帖』には同時期に書かれたと思われるこういう一句もある（『対話』232）。

「専門バカ」のインテリはたしかにいる。しかし「専門」さえももたない「インテリ」評論家の知性とはいったい何だろう。むしろ庶民バカの方がまさること数等である。

続いてこの後には、ほとんど八つ当たりのように、全共闘を支持する評論家がテレビの××ショーのタレントになっている例、逆に「東大出身」で売り出した歌手がモーニング・ショーで全共闘の闘士への愛情をこめたシンパであることを告白した例などが挙がっている。「インテリの芸能人化」と「芸能人のインテリ化」（『集』⑩233）である。さらに、一九七一年の手紙では、大学紛争に際して自分がマス・コミ向けの「個人プレイ」をしたり、「いゝ子」になろうとしなかったことにひそかに満足を感じているとして、「自己顕示病者の乱舞する「現代」に対してトータルに対立する生き方とは、マス・コミで発言しないことじゃないでしょうか」と述べている（『書簡』①242f.：『書簡』①246）。

「東大紛争」や全共闘運動をめぐる「評論家」、「大学教授」、「知識人」ないし「インテリ」、あるいは彼らが活躍するジャーナリズムやマス・コミに対するほとんど憎悪にも似た丸山の激しい批判は、ごくおおざっぱにいえば、「夜店」から「本店」へ、あるいは時事論文執筆者から思想史研究者への移動の現れの一つであり、東大辞職はある意味で画竜点睛であった。しかし、よく見ると、以上の言説では、「専門バカ」は直接批判の対象となっていない。それどころか、まるで知性なき評論家よりも専門バカの方がましだといわんばかりである。安田宛書簡でも専門なき「何でも屋評論家」の対極として専門バカを持ち出しただけであった。つまり、全共闘に関わる問題状況において浮かび上がってきたのは、ジャーナリズム上の「評論家」と「研究者・丸山」という対抗軸であった。これに対して、一九七〇年代になると〈専門バカ—ディレッタント〉の対抗軸が登場するが、それは「研究者・丸山」に尽くされない問題状況を顕わにする。

専門バカとディレッタント

「専門バカ」という語は安田宛書簡に登場するが、公的発言として〈専門バカ—ディレッタント〉の対は、一九七四年に、今日の大学論議は「「専門バカ」か、ディレッタント的「博学」か、という不毛な二者択一」に陥りがちであると述べた（「きれぎれの思い出」『集』⑩152）のが初出ではないかと思われる。[33] もっとも、これは民法学者・我妻栄の精緻な解釈学と専門を超えた見地を称揚した際に漏らしたものであり、かつてのノーマン追悼と同じく「ミル箴言」流の理想的学者像とそこからの逸脱を前提とした記述である。今日の大学論議とは全共闘の「専門バカ」批判のことを指しているが、「ディレッタント的博学」の方は、「専門バカ」の対極として丸山自身が設定したものであろう。

これに対して、すでに引用したように (I-3-b)、一九七七年の広島大学平和科学研究センターでの講演「一九五〇年前後の平和問題」では、かつての悔恨共同体には、知識人の社会的貢献の意識があり、専門化から生じる「何のための学問か」という問題を問い直し、「専門バカ」を避けようと思えば「ディレッタント」に陥ることを意識して、二つの谷間の非常に細い道を渡ってゆくのだという「空気」があったとの歴史認識を示した。だが、「何のための学問か」という問いは、額面通り受け取れば、ソクラテス以来の、学問の実践性の問題であるが、敗戦後の悔恨共同体において実際に問われたのは「何のための学者か」、もっと正確にいえば「何のための〈知識人としての学者〉か」ということであったはずだ。

それは、同じ一九七七年の大佛賞受賞インタヴューではっきりする。そこではやはり「夜店」時代の活動を振り返って、敗戦直後の状況の中ではたして専門バカでよいのか、世の中はどうなってもかまわないのか、隣の分野でどうなっているのかということに無関心でよいのかと考えて、「一方では研究者だけれども、一方では知識人なのだから、知識人としての連帯感情」をもって共通の問題に腕を組まなければ、様々な政治的反動に対して学問と文化の自由を擁護できないと考えた、と説明したうえで、こういっている。現代の知識人は「タコツボ」化してしまった。専門化は新聞社でも大学でも不可避の運命であるけれども、だからといって「ディレッタント、ディレッタンティズム」では何も解決しないのであって、「専門家［ママ］の不可避性を認めながら、それを超えて知識人の連帯の方向を求めていかなければならない」。ディレッタンティズムと専門バカとの谷間の狭い道を歩んで行くのが現代の知識人の宿命ないし課題だ、と（『話文』②176f.）。これは悔恨共同体についての歴史認識と寸分違わない。逆にいえば、このような現代の問題意識が〈専門バカ―ディレッタント〉の対による往時の悔恨共同体の性格づけに反映した可能性も否定できないが、それはともかく、丸山は、〈専門バカ―ディレッタント〉のディレンマが過去と現代とを問わず「知識人」の問題であることをはっきり認めたのである。

とりわけ、「専門バカ」の否定は、一見、研究者の使命に関わるようだが、現実問題としては知識人の課題として意識されていた。これについて挙がっている例は、一つには、「天下のことなんてどうなろうと、オレの知ったことではない」という専門人の「技術ニヒリズム」[34]であり（原子力の技術者は「原子力のもっている社会問題」に関心をもつべきだ）、もう一つは、戦時中にアメリカ軍の上陸と戦うために手榴弾を配れといった帝国大学助教授（『話文』②178：『手帖』㉔43：『聞き書　南原回顧』288）または工学部教授（「丸山眞男先生を囲む会」上〈1993〉『手帖』㊶37）の挿話である。[35]後者は研究者であるが、原子力の技術者との共通性は、理系「専門家」のいわば知識人としての「不見識」である。丸山は、専門バカとディレッタントの間の細い道を歩くことは「学問を職業とする者の宿命」だと表現する（『話文』①285）が、これも正確には、「学問を職業とする知識人」（あるいは「各分野の専門的・技術的知識人」〔『集』⑩255〕）の宿命というべきであった。さもなければ、原子力の技術者や研究者はすべからく原子力の「社会問題」を研究すべきであり、社会科学者はすべて「変革のための武器としての理論」の構築に努めなければならないことになるからである。[36]丸山がそうした――まるでかつてのマルクス主義者がするような――過大な要求を（自分も含めて）「研究者」に求めたとは考えられない。専門化を不可避の運命と見る以上、研究者にとって第一の要請は、専門科学者、つまり「何事かについてすべてを知っている」人間であった。

他方で、「ディレッタント」の忌避はやはり研究者への要求のように見える。しかし、右の議論ではそれについて踏み込まず、問題を自分に引きつけて、思想史の研究などでは、「本当の専門家からみればディレッタントの仕事とみられるし、今度はいわゆるディレッタント流に言えば、なんだ専門バカということになる」といった事態が集中的に現れると語り、こうした事態はどの分野でも生じることであるとして、編集者、新聞社の学芸部、政治部の例を挙げている（『話文』②179）。これは、一見、愚痴のように聞こえるが、しかし晩年の座談で丸山はイギリスとフランスの出版社の編集部長が「インテレクチュアル」であって、「専門家」ではないけれども、どんな問題についても一見識をもっており、「ジャーナリストはそうじゃなくてはいけない」と語っている（「丸山先生を囲んで」〈1995〉『手帖』⑲18）。理想のジャーナリスト（知識人）は、「すべてについて何事かを知っている」人間でなければならないということになる。

翌一九七八年の座談「文学と学問」で埴谷雄高を相手にその文学を論じた際に丸山は、社会の専門化と官僚化は現代の宿命であり、これを否定するだけでは、ウェーバーが専門バカの対極として批判したディレッタントが増えるだけであるから、やはり学問であれ実務であれ「それぞれ一芸に達する」という道をとるほかないことを容認しながら、しかしだからといって宿命として現代の傾向に流されるのではなく、専門化の傾向に対して「いわば勝目のないたたかい」を不断に挑んでいく必要があると述べている（『座談』⑧152）。専門化の運命を引き受ける覚悟をウェーバーと共有しながら、粘り強い抵抗を説くのである。それにしても、専門化に対する「勝目のないたたかい」とは何か。「革命」や「戦争」、「正義」や「自由」という問題がごみ処理や交通ラッシュや日照権という、専門化した世界における日常的な問題と関連づけられなければならないというのであるから、専門科学では対処し得ない視点によって学問ないし文学の実践性を確保しなければならない、ということであろう。これは「変革のための武器としての理論」を想起させる。もとより、「勝目のない」という以上、昔に戻ろうと一念発起したわけでもなさそうだが、逆に「ディレッタント」になろうというわけでもない。

ところが、同じ座談で丸山は、学問の専門化を認めつつ、またもや問題を自分に引きつけて、「思想史」は、「悪くいえばディレッタント的、よくいえば「学際的」」だから否応なく他の領域にも目を配らざるを得ないとして、自分は法学者や経済学者といった分類に入る学者ではないとまでいっている（『座談』⑧155f.）。戦後と違って他の専門分野と繋がりをもつ時間も関心もなくなり、自分の関心が広いというよりも、思想史という領域自体が「学問の世界の端」に位置している（政治思想史は政治学の中の「辺境みたいなところ」にあたる（『座談』⑧171））から、相対的に他の分野に近いだけだと卑下していうのである。しかし、大佛賞受賞インタヴューでも、思想史研究では、専門家からはディレッタントと見られ、ディレッタントの側からは「専門バカ」といわれるとこぼしながらも、実は、最近では政治学一般や社会科学が「学際的」になってきているが、思想史・政治思想史は「昔から学際的」だと

（誇らしげに？）いい（『話文』②175）、少し後には、「思想史」は限界領域があまりはっきりしない分野であり、自分も「研究者仲間からディレッタントと思われるくらい比較的に関心対象が広い方」だと認めている（『集』⑪324）。

最後に、一九八〇年の世良晃志郎との対談「歴史のディレンマ」で丸山は、「専門バカ」と「ディレッタンティズム」の谷間に落ちないようにその間の狭い道をゆく「社会科学者の課題の厳しさ」はウェーバーが力説したところだとしたうえで[補説1]、専門的分化は官僚化とともに避けられない近代の宿命であるけれども、だからこそ不断に自分の精神の内面でこれに抗しなければならず、そうした抵抗がないと結局「大きな問題」に口を出すのは論壇の「評論家」だけになってしまうのであって[37]、評論家という名の「ディレッタントになるか、しからずんば重箱のすみをつつくようなアカデミックな研究か」というディレンマが日本では悪循環を起こしやすいと述べている（『座談』⑧240f.）。〈専門バカ―ディレッタント〉の対を、重箱の隅をつつく「アカデミックな研究（者）」とディレッタント的「評論家」というように表現し、社会科学者はそのいずれの陥穽にもはまってはならないというのである。この場合、もちろん「研究者」の使命が問題となっているのだが、他面、すでに引用したように（I-3-c）、同じ対談で丸山は、思想史という学問は隣人を助けるのに無力だけれども、「人間として生きる意味と職業としての学者の義務」との分裂という「ウェーバーの問題」が深刻化し、「まるごとの人間としての責任」と「自分はこの分野で勝負するんだという学者としての責任」との隔たりが拡大化してきており、この問題の存在を忘失してしまうと「学問の退廃」だ、と論じていた。

【補説1】　ウェーバーが専門バカとディレッタンティズムの間の狭い道をゆく「社会科学者の課題の厳しさ」を力説したというのは、埴谷雄高との対談でいう、ウェーバーが専門バカの対極としてディレッタントを批判したという意味だと思われる。これは、学問の専門化を不可避の運命として受け止め、ディレッタントと専門家の違いは、「ディレッタントの方にはしっかり決まった作業方法が欠けていて、そのためたいてい思いつきの意義をきちんと追検証したり、評価したり、実行に移したりできないということだけである」という『職業としての学問』の発言（尾高訳 22, 24f.）を指す。丸山は『職業としての学問』の尾高訳を大学三年のころから読んでいた（『自由』118）が、所蔵本の当該箇所にはたしかに傍線が引かれている（尾高邦雄訳『職業としての学問』岩波文庫〈1936〉「丸山文庫」［資料番号 0189232］24, 26f.）。これは基本的に「専門科学」の立場である。ウェーバーは「宗教社会学序文」でも、「ほとんどすべての学問はディレッタントのおかげで何らかの、しばしば貴重な視点を得ることができる」が、「ディレッタンティズムが学問の原理となってはもはやおしまいであろう」としている（大塚久雄・生松敬三訳『宗教社会学論選』みすず書房〈1972〉26）。そもそも、『職業としての学問』は全編専門科学の義認といってもよい作品であるから、丸山の主張（二つの谷間の間の狭い道を行く）とは一致しないが、ただ、専門バカとディレッタントの二つながらの拒否は、『プロテスタンティズムの倫理と資本主義の精神』末尾の有名な「精神なき専門人、心情なき享楽人」（大塚訳『プロテスタンティズムの倫理』366）を想起させる。丸山は一九六九年に『春曙帖』にこう記している。「現在流行のウェーベリアンの盲点は、認識者と予言者――あるいは「専門」の微細な実証や発見へのよろこびを知らぬディレッタントへの軽蔑と、「魂なき専門人」化への警告といったような両極性にひきさかれたウェーバーを、もっぱら後者へのアクセントにおいて描き出そうとすることにある。それはちょうど、一昔も前のウェーベリアン、とくにアカデミーの研究者が、ヴェルトフライハイトという一方向性において科学的認識を強調した行き方を、ただ顛倒させただけのことである」（『対話』167）。ウェーバーという巨人が抱えていた二面性を理解しないで、流行を追って右往左往する「ウェーベリアン」を揶揄したのである。それはともかく、「専門」の「微細な実証や発見へのよろこび」とは、「持続的関心」、「ザッヘに就くこと」、「ザッヘへの没入」、「ザハリヒな認識、鉱物質のようにつめたい認識への内的情熱」、つまり専門科学のエートスの保持を通じて得られる「よろこび」のことであり、「パズルを解くような面白さ」、「現在の社会をよくすることとは何の関係もない小さな実証への興味」（「六五年座談」）を想起させる。そして、専門科学に内在するこの「よろこびを知らぬディレッタント」に対する「軽蔑」とは、かの「アフォリズム」が、持続的関心なき好奇心はディレッタントに堕して、「学問的人格」を解体するとしたことに対応する。「学問」のことなど意に介さず「思想」や「評論」にのめり込む学者・知識人への軽蔑である。「ディレッタント」批判の一つの淵源がここに見出される。他方、「予言者」としてのウェーバーが唱えた「魂なき専門人」（「精神なき専門人」）は、「アフォリズム」でいえば、好奇心なき持続的関心が陥る「停滞と自家中毒」、つまり「型」に凝り固まるような硬直化・自己目的化である。それは、『プロテスタンティズムの倫理と資本主義の精神』の大舞台では、本来の宗教的な禁欲倫理を忘失して一人歩きする資本主義機構（「鉄の檻」）、あるいは初発において「革命的」機能を果たした官僚制の形骸化であるが、我々が読み解こうとしている小世界では、「専門バカ」への警告にあたる。――以上の推論が誤っていないとすれば、丸山は、認識者と予言者に引き裂かれたウェーバー像の転変を批判しながら、認識者ウェーバーから「ディレッタント」批判の、そして予言者ウェーバーから「専門バカ」批判の立脚点を得たと見ることができる。なお、丸山は、「「魂なき専門人」化への警告」を予言者としてのウェーバーという捉え方をしたが、「近代日本の知識人」（一九七七年）では、帝国大学創設時にすでに工学部が設置されたことから、日本ではインテリの「専門化・技術化」が早期から進行し、そのため「専門的・技術的知識人」が「早期的に」登場したことを指摘し、それをウェーバーの「魂のない専門人」の輩出と表現している（『集』⑩244, 262）。日本における「専門バカ」のデビューは実に明治半ばであり、その意味では、ほとんど近代日本の宿命（「近代化それ自体の「原罪」」〔同244〕）であったが、丸山は、この宿命を一時的に覆すかに見えた悔恨共同体を、「過去と現在とを二重写しにして見」て（『話文』①258）、いま一度知識人の連帯を希求した。

社会的責任と専門科学

こうした検証作業はある意味では不毛であり、色々考えても丸山の思想について何か新しい知見が得られるわけではないように見える。総じて座談での発言記録は必ずしも正確ではなく、用語や表現についての厳密な分析になじまない。そこからすれば、以上の議論は、ごく一般的に、「本店」期に入っても丸山は、学問の専門化を不可避と見ながら、なおそれに抵抗して学問および学者の実践性を確保しようとする姿勢を崩さなかった、といっておけば済むことである。しかし、我々はあくまで「研究者」と「知識人」、〈学問自身の社会的使命〉と〈知識人の社会的使命〉を区別し、それによって一九七〇年代の丸山の問題意識に迫るという見地を堅持したい。そこで可能な限り不要部分を削ぎ落として、議論を整理してみたい。

まず、〈専門バカ―ディレッタント〉の対の系譜を考えてみると、「専門バカ」の否定は、社会的責任、社会的意識の自覚（「知識人の社会的使命」）を意味するから、敗戦後の悔恨共同体とその活動にとって最重要のポイントであった。当時の状況下で、「専門バカではファシズムを阻止しえない」という意味において「専門を超えて横に結集しよう」（『別集』③262）という機運が高まっていたことは、想像に難くない。「専門バカ」という語はなかったが、埴谷との対談で、敗戦直後の特殊な状況下で「知識人の自己批判」のようなものとして、専門ばかりをやっていてはだめだという「空気」が学者の中にもあって、専門以外の人々と交流する機会ができたとしている（『座談』⑧156）ように、アカデミズムの専門的視野の限界を意識して、専門分野や職業を超えた〈知識人の連帯〉を希求したのは事実であろう。

だが、対のもう一方の要素である「ディレッタント」については、敗戦後の時期にこれを忌避する「空気」があったとは、容易に想像することができない。たしかに、ディレッタンティズムが好事家的、趣味的というニュアンスを含み、それゆえ社会のことなど意に介さない非実践性を含意していたとするならば、それは「専門バカ」と同じく、〈学者としての知識人〉の社会的無責任の指弾に通じるものとして理解することができる。つまり、ディレッタンティズムは、丸山流の表現でいえば、「デカダンス」の危険を孕んでいる。丸山は敗戦後間もないころに、「有閑的散人趣味」、つまり無用の趣味的学問を奉じるアカデミズムを打破して、学問が実践性をもつには、ジャーナリズムからの刺激は不可欠だと論じていた（I-4-a）。「有閑的散人趣味」は非社会性、非実践性を含意しており、飯塚浩二が江戸時代の文献学的学問を「有閑階級の純然たる遊びとしての学問、ないし道楽」と呼んだように（I-3-a補1）、丸山のいう、「遊び」の堕落としてのデカダンスに通じていた。比較政治学的な研究が究極的に我々の国の我々の政治をどうするのかという問題に繋がってこないならば、結局「閑人の道楽」と選ぶところがない（「科学としての政治学」〈1947〉『集』③144）という、ある意味で「政治主義的」な過激発言も同じ文脈に属する。その意味で――つまり専門科学の立場ではなくて学問（学者）の「非実践性」をしりぞけるという意味で――、敗戦後に「ディレッタント」を忌避する「空気」があったとしても、おかしくはない。ただ、そうであれば、「ディレッタント」と「専門バカ」は同義反復で両極端を構成しなくなり、〈専門バカ―ディレッタント〉は標語としては説得力をもたなくなる。

しかし、「ディレッタント」の忌避は別の系譜から説明がつく。丸山は一九四九年にウェーバーを引いて、「専門人」の不可避性を認め、その逆である儒教的「君子人＝全人」の理想が、「もっとも悪しき意味におけるディレッタント――自己の没入するところのザッヘ（Sache）をもたないもの」だと論じたが、それは、「好奇心」だけで「持続的関心」を欠けば「ディレッタンティズム」に陥るという「アフォリズム」の主張に繋がっていた（V-1-c）。

この系譜を遡っていくならば、『増補版　現代政治の思想と行動』「後記」（一九六四年）における〈アカデミズム―ジャーナリズム〉の相克[38]は〈ジャーナリズム離れ〉と「本店」志向を促し、『思想の科学』や吉本隆明との対決は「思想と学問」のディレンマを意識させて「学問」への傾斜を生み出し、六〇年代末には学生運動に無責任に肩入れするマス・コミの評論家や大学教授に対する憤激を引き起こし、丸山自身はついに――「プロフェッション」、「職人倫理の徹底」、「一芸に達する」等の言葉で表現される――「日本思想史の一介の研究者」に納まる境地に到達した。この過程で「ディレッタント」、「ディレッタンティズム」は思想家、評論家もろとも葬り去られたのである。

一九七〇年代以降、丸山は「一介の研究者」＝専門科学の道を歩もうとした。「「太平策」考」（一九七三年）の砂を噛むような叙述は、――書誌学的研究であるから当然のことであるが――かつての思想史論文とは似ても似つかぬ体裁であり、「実践」とは縁もゆかりもないように見える。丸山はこの「書誌学者の仕事」に、「その苦労と同時にバカぐしさと若干の推理小説的興味」を感じたといい（『書簡』①266）、あるいはまたこの考証を「「太平策」のパズル解き」と呼んでいる（『集』⑩73）。これは例の「パズルを解くような面白さ」を想起させるが[39]、ともかくも、この作品はほぼ「実践」離れを体現していた。また、「「太平策」考」と同じく「日本思想体系」の解説として書かれた「闇斎学と闇斎学派」（一九八〇年）は、「正統と異端」と関わっており、「思想」と金輪際無縁というわけにはいかなかったが[40]、丸山にとって「最後の本格的研究論文」（石田『丸山眞男との対話』63）、あるいは六九年以来丸山の「もっとも力をこめた、最新の本格的な学術的労作」とされ（飯田泰三「解題」『集』⑪395）、詳細な「註」も付されている。そしてこうした専門科学的研究の対極に「思想家」が置かれることになる。かつて「思想家」は、（南原繁や森有正をそう呼んだように）なにがしかのポジティヴなニュアンスをもっていたのが、いまや「評論家」と同じ穴の貉として片づけられるようになった[41]。

大佛賞受賞インタヴューでは、「思想家」というレッテルは願い下げだとか、「思想家と評論家」は二つとも「わけのわからない言葉」だとすらいっている（『話文』②180f.）が、研究者の立場からする「思想家・評論家」批判は一九六〇年代後半以降に様々に表現された。前述のように、鶴見俊輔との対談（一九六七年）では、「もしアカデミーに存在理由があるとしたら、徹底して学問の型を習練すること」だとして、博士論文の書き方を例に挙げたが、竹内好追悼文（一九七七年）では、学問の世界の約束事は、「自分をナマに仕事のなかに出さない」ことであり、人文・社会科学の場合には結果として「学者の人間」が出てきがちだが、本来はあくまで客観的な事実連関を「一定の学問の約束事」に従ってどこまで解明しているかで勝負するといい、現代の日本ではなまじ「高級」な評論メディアが非常に発達しているために、「学問研究」と「評論」との境界線が曖昧になっていると指摘し、「ぼくは「思想家」なんていう、うさん臭いコトバもこの際廃語にした方がいいと思っている」と吐き捨てるように語っている（『別集』③232）。また、何度か引いたように、ある「素人」に対する七八年の手紙では、「一人称」を使わない等の「学問的論文」の要件を述べて、「評論」と「研究」との区別を際立たせた。さらにずっと後（一九八八年以降）の回顧談では、「評論」なら「われ思う」で書けるけれども、アカデミズムの場では「われ思う」では論文にならないとして、評論と専門論文の違いに言及し、現代では吉本隆明などを愛読して、それを模範にして書くからか、みんな評論になってしまい、論文の形式のようなものは「見事に崩壊し」たと述べている（『回顧談』下255）。

　したがって、〈専門バカ―ディレッタント〉という「負」の対は、時間的にも対象領域についてもねじれた位置関係にあった。「専門バカ」批判は悔恨共同体の「思い出」に発しつつ、いまなお〈知識人としての学者〉の「頽廃」を食い止め入ようとする〈知識人の社会的使命〉の立場を表し、「ディレッタント」批判は、デカダンス批判の含意を別にすれば、主として悔恨共同体以後にジャーナリズム、時事論文から撤退してゆき、〈学問自身の社会的使命〉を完遂しようとするものであった。「専門バカ」は、本来、時期を問わず、専門科学に不可避的に付随する現象であり、〈知識人の社会的使命〉の観点から批判の対象とならざるを得なかったが、「ディレッタント」は、専門科学の立場から拒否されなければならなかったけれども、丸山個人の性向、「思想史」という学問の性格、そして「遊びとしての学問」に内在する「好奇心」、「面白さ」等により義認された。

一九七〇年代に登場した〈専門バカ―ディレッタント〉の「負」の対は、それ自体としては、丸山の思想においてさほど重要な意味をもたないかもしれないが、それによって七〇年代の丸山が悔恨共同体の「思い出」をポジティヴに描こうとしたのは、ジャーナリズムの世界で飽くことなく再生産される「思想家」や「評論家」を横目に見て、みずから「一介の研究者」として生きる覚悟をもちながらも、なお本店段階においても〈知識人の社会的使命〉を果たそうとする気概を表していたといってよい。(42) 本店段階の〈知識人の社会的使命〉の行方については次節で見ることとして、〈学問自身の社会的使命〉につき、最後にエピソードを紹介しておこう。

丸山は一九七二年の年賀状（印刷文）で昨年三月に東大法学部を辞した旨を通知し、健康も回復したが、残された課題の重さに焦燥を感じるとした後にこう記している（『書簡集』①247）。

願くば老年や生理的条件を怠惰の口実とせず、「古之学者為己、今之学者為人」という古人の戒めにしたがい、「己の為にする」学問の遠く遥かな道のりを歩み続けたいと存じております。

「己の為」とは、一九六九年の安田武宛書簡にいう「自分本位」の覚悟と同じことを表していると見るならば、「本店」にこもる意図を辞任後あらためて宣言したことになる。「人の為」でなく「己の為」というのは、現代の話題について「直接に語ること」を避けて、「うしろ向きの予言者」（「日本思想史の一介の研究者」）に徹したいという意味である。論語の「為人」は他人からの評判（自分の名誉）のためという解釈もあるようだが、丸山の意図がそこになく、「人の為」は俗にいう「世のため、人のため、社会のため」という意味であることは明らかである。【補説2】もちろん、ここで丸山は「己の為」を標榜することによって、学問の「社会的使命」一般を否定したわけではない。丸山の〈学問自身の社会的使命〉は、学問自身の目的を追求する中で間接的に、あるいはまたいつかどこかで社会に役立つという意味であるから、それまでも放棄するという選択肢は原理的にあり得ない。むしろ「己の為にする」

は、〈知識人の社会的使命〉の遂行、ことにジャーナリズムでの活動からの撤退（放棄ではない）を語っている。

ところが、南原繁はこの年賀状に先立つこと四年、一九六八年一月に岩波の『図書』に「誰のための学問か」と題するエッセイを寄せ、

「古の学者は己の為めにし、今の学者は人の為めにす」とは、論語の一句である。私は青年時代にこれを読んでから長い間、疑問が解けなかった。というのは、われわれが学び、読み、また書くのは、少しでも人のため、世のためで、いやしくも自己自身のためではあるまい、と思われたからである。しかし、私も学問を業とし、人にも教え、ものを書くようになってみると、その意味がわかって来たように思う。

と述べて、こう続けている。一冊の本を著すことはただちに世人や社会を益するというよりも、「まず自分が苦しみ、突きつめて考えたもの、偽りない自分自身」でなければならず、そうした「真理のための真理の研究」の結果がはじめて国も世も裨益する。現代では本を書くのは人のためで、同胞や社会への効果を考えがちだが、やはり学問・芸術、文化に対する根本の精神と態度において孔子の言に従うべきだ、と（『著作集』⑩131f.）。

「真理のための真理の研究」とはまさに「学問至上主義」であるが、それが結果として（いつかどこかで）社会に裨益することを認める限り、丸山の〈学問自身の社会的使命〉に通じる。丸山がこの師のエッセイを知っていて年賀状を書いたのかどうかはわからないが、掲載誌からして、知っていてもおかしくはない。いずれにせよ、南原は、敗戦後に「ジャーナリズムにあんなに書いていてはいけないよ」といってから二十数年後にいま一度、期せずして丸山のジャーナリズムからの撤退、「一介の研究者」への道を後押ししたことになる。

【補説２】 夏目漱石は明治四四年八月の講演『道楽と職業』で、一般に開化が進むと「職業」が専門化・細分化してゆき、人は自分が得意とする「職業」に専心するけれども、それは、「自分の為」にしていながら同時に「他人の為」にすることを意味するとして、こう論じている。「人の為」とは、「人を教育するとか導くとか精神的に又道徳的に働きかけて其人の為になるといふ事」（道

徳問題）ではなく、「人に歓迎される」ということ（事実問題）である。「人の為」にする、つまり「他人本位」の職業は、やむをえず自分を枉げて人々の欲求に従い、社会の鼻息を窺う。これに対して、科学者、哲学者、芸術家などは「他人本位」では成り立たない職業である。彼らは「直接世間の実生活に関係の遠い方面」のみを研究する、「自我中心」、「道楽本位」の存在である。現代では、彼らは「職業」の性質をほとんど失うほど「割に合はない報酬」しか手にせず、たいていは政府の保護下で大学教授などとして露命を繋ぎ、極端な場合、禅僧の修行のような生活を送る。つまり、「物質的に人の為にする分量が多ければ多い程物質的に己の為になり、精神的に己の為にすればする程物質的に己の不為になる」という法則が支配しているのである。私自身は文学を職業とする「芸術家」の類に属するが、それは、「人の為」ではなく、「己の為」にした結果、つまり芸術的心術を発現した結果、「偶然人の為になつて、人の気に入つた丈の報酬が物質的に自分に反響して来た」ものであり、報酬は自分本位の趣味や批判を気にいってもらった「偶然の結果」である。自分は、「自分の好きな時、自分の好きなもの」を創造する「我儘な」存在、「道楽本位に生活する人間」であり、その職業は「道楽的職業」という「一種の変体」だ、というのである（『全集』㉑16ff., 26ff., 30, 31）。

ここには「芸術・学問至上主義」がある。ただし、漱石は小説家として「道徳問題」としての「人の為」を意識しなかったわけではない。たとえば『文学談』（明治三九年）では、小説家は作品により「凡人を導き、凡人に教訓を与ふる」義務があるが、自分の好悪を表現するのだから、世間の道徳そのままの場合もあれば、それに反対することもあり、要は自分の見識・良心に背かないように「勧善懲悪」を行いたいのだと述べて、たとえば「坊つちやんと云ふ人物は或点までは愛すべく、同情を表すべき価値のある人物であるが、単純過ぎて経験が乏し過ぎて現今の様な複雑な社会には円満に生存しにくい人だなと読者が感じて合点しさへすれば、それで作者の人生観が読者に徹した」といってよく、「作者は幾分でも文学を以て世道人心に裨益し」、「勧善懲悪主義を文学上に発揮し得たのである」としている（『全集』㉞85f.）。やや位相は異なるが、これは、南原の「己の為」に、さらには丸山の〈学問自身の社会的使命〉まで通じるところがある。

第三節　教育の社会的使命

丸山は、一九五〇年代という比較的早い時期から日本における「知識人不在」の兆候に気づき、また五〇年代末以降「夜店」から「本店」へと重心を移し、六〇年代半ばからは原則として――時事論文の媒体としての――ジャーナリズムと縁を切り、七〇年代には「単なる研究者」の城砦に立てこもり、「思想家」すら敵に回した。たしかに丸山は〈知識人の社会的使命〉の課題を諦めず、〈知識人としての学者〉（知識人の一部を構成する学者）に対して、「ディレッタント」と「専門バカ」の両極に落ちないように警告を発した。だが、この警告は〈知識人の社会的使命〉をいま一度自覚してほしいという、はかない願望以上のものではなかった。その意味では、社会に対する責任感のうち、いまや残されたのは〈学問自身の社会的使命〉だけであった。

すでに見たように、安田武宛書簡（一九六九年）で丸山は、「単なる研究者」に徹して生きることはきわめて困難である（そもそも「日本にはプロフェッションにあたる言葉」がない）(1)から、「職人」概念の狭さを払拭したうえで「職人倫理」を徹底化するほかない、と語っていた（V-2-c）。これは、「ジャーナリズム上の思想家」ないし「何でも屋評論家」を撃退するという観点からなされた主張である。つまり、ここでは、「プロフェッション」に対応する日本語の欠如という現象は、日本における、「思想家」、「評論家」の跋扈と、専門職としての「研究者」の存立基盤の脆弱性を象徴している。(2)したがって、「プロフェッション」は専門職としての「学者」の倫理、すなわち「職業倫理」、我々の言葉でいえば〈学問自身の社会的使命〉を内蔵する言葉であった。〈知識人の社会的使命〉が知識人の倫理であったとすれば、〈学問自身の社会的使命〉は学者の「職業倫理」を意味していた。

安田への手紙の一年前、一九六八年の司法修習生との座談で丸山はこういっている。プロフェッションにあたる日本語がないのはそれに相当する「社会的意識」の欠如を意味しており、たとえば「ジュリスト」とは、「学者」や「教師」や「芸術家」と同様に特殊な職業、つまり「なんのためにそういう職業があるのか、どういう社会的使命をもっているのか」と問われるような職業である。したがって、「社会に奉仕しない学問はなんの役にも立たないとか、労働者階級の解放に役立たないものは無意味だ」といわれるが、解放を目指すのなら解放運動家になればよいのであって、一つの特殊な職業に共通した「特殊な社会的使命」があることを自覚し、それゆえ、「教師は労働者である」という日教組の規定には賛成だけれども、では「なぜ自分は教育という職業を選んだのか、教育の社会的使命はどこにあるのか」と自問すべきだ、と[補説1]（『集』⑯97ff.）。これは「職業上の義務」ともいいかえられており、知識人ないしプロフェッション（知的専門職）一般ではなく（知識人は職業ではない[3]）、個々の職業につき〈社会的使命〉があるという一種の職業倫理論である。少し前に丸山はこういっていた。「文学者」とは「文学をやってる人」ではなくて「文学を職業としてる人」［ママ］であり、「学者」ないし「研究者」は「学問を職業とし、学問で飯をくってる」人であり、ここから「職業倫理」というものが生じてくる。「普通の人が文学をやるよりは一層厳しい基準が、文学を職業とする人に課せられなければいけない」と（「民主主義の原理を貫くために」〈1965〉『座談』⑤122f.）。教師も同じである。

では、丸山は〈教育（教師）の社会的使命〉をいったいどのようなものと考えていたのか。それについては直接参考となる発言を見出すことができないが、「教育」との関連で想起されるのは「学問」である。〈教育の社会的使命〉は〈学問自身の社会的使命〉に近いのではないか。〈学問自身の社会的使命〉は、学問は安易に民衆や社会に奉仕するのではなく、それ自身の課題を果たしてゆく中で、結果として社会に裨益する、というものであったが、それは、右の一九六八年の座談でいう、直接社会改革を目指すのではない、教育という職業に固有の社会的使命とパラレルである。ここで問題となっているのが「職業としての教育」であるとすれば、本書で何度か取り上げ、丸山も基本的に肯定していたマックス・ウェーバーの『職業としての学問』がいくらか参考になるかもしれない。

ウェーバーによれば、価値自由な学問が個人の実践的「生活」に対して提供することができる積極的なものは、①技術（実践的生活で外界の事物や他人の行為を「予測」によって支配する方法）、②思考の方法、そのための道具と訓練、③明晰性（目的と手段の関係、目的と付随的結果の理解、行為の究極的意味をわからせること）であった（尾高訳『職業としての学問』61ff.）。あるいは、ごく一般的に、「学問的問題を、訓練を受けていないが理解力のある学生にわかるように、しかも彼が――これが我々にとって決定的な問題なのだが――それについて自分で考えること（Selbstdenken）ができるように説明することは、おそらく教育上何よりも難しい課題であろう」という（同20）。無論、ウェーバーからの影響を示す証拠はない。しかし、〈教育の社会的使命〉という言葉によって丸山は、実用教育ではなく、間接的に生活・実践に役立つような教育のことを考えていたと思われる。しかし、その効用は学問の場合（「結果」として、いつかどこかで役に立てばよい）ほど迂遠ではなかったように見える。以下では、〈教育の社会的使命〉が〈学問自身の社会的使命〉に近いことを前提としつつ、それでもなお丸山が個人として最期まで固執した〈知識人の社会的使命〉にどの程度まで〈教育の社会的使命〉の課題を吸収させていたのかということを考察したい。

【補説1】 丸山はこの座談で、我々には「一個の人間、一個の市民、一個の日本人」としての側面があってその一部だけが「職業」にインプットされるけれども、両者の間にある矛盾や乖離の意識を忘れてはならないとしている（『集』⑯103）。「学者」もまた「職業」であるとするなら、そこからはかの、「学者」と「市民」のヤヌスが想起される（I-4-a）。しかし、このヤヌスは、「学者」が〈学問自身の社会的使命〉にとどまり、他は「市民」＝知識人の社会的使命に任せるという構造をもっているから、教師の場合には、「市民」＝知識人として労働者解放のための活動を担い、「教師」としては職業の枠内で使命を果たす、ということになる。ちなみに、「旧インテリ」の範疇では学生層の一部もインテリであったが、戦後、大学の大衆化とともに、インテリとしての学生という感覚はなくなっていったけれども、丸山はある意味でそれに抵抗し続けた。一九六三年の東大自治会の座談では、学生は社会に対して無責任であると断じ（『別集』③9）、六四年に東大新聞編集部が企画した対話で学生に向かって、「では何のためにあなたは、他の人をさしおき、国民の経済的犠牲において［税金の補助を受けた］大学に学んでいるのか」という問いを突きつけた（『集』⑯46）。いずれも、インテリの立場から、インテリたる学生に対して社会的使命を自覚せよ、と説いたのである。さらに時代が下って八〇年のヒアリングでは全共闘に噛みついていう。戦前に政治運動にコミットした学生は、自己を捨て、恵まれない人のために運動していた。彼らはたしかにエリートだったし、党内出世主義や自己顕示欲もあったかもしれないが、黙っていれば出世するのにあえて他者のための運動に尽くした。それに比べれば、全共闘がやったのは「自己解放」のための闘争であり、そのためフランスと違って労働者にシンパシーを得られなかった。彼らは日本の学生運動の歴史における、「他者のために献身する」という「良い方の遺産」を否定したのだ（『話文』①139f.）。学生は「職業」ではないが、丸山は学生に市民＝知識人としての社会的使命を課したのである。

a　社会教育

丸山は一九八〇年のヒアリングで「八つぁん、熊さんの方が叡知があるということがある、昔から」と述べたが、その前に、「知識人の大衆化」に関して現代の問題は、情報の過剰に対して、「本当の知識――事実と事実とを関連させてそこに意味を与えていく、そういう思考法をどうやって身につけさせるのか」にあるとして、こう論じた。「叡知」の領域で、教育のない庶民が大学の秀才よりはるかに優れていることがあるように、知識量は問題ではない。学校秀才＝「利口バカ」は、暗記能力だけで「叡知」はゼロであり、「物事の判断力」とか「ジレンマに面した時の選択」能力がない。戦前と比べても、大学生は中学レベルにまで落ちている。これは、誰もが上の学校に行くようになった「教育の民主化」の代償である。重要なのは「成人教育」と初等・中等教育であり、大学教育を行っても、みなサラリーマンになって「叡知」も「知識」も失ってしまう。

それは、知識人とは何かということなんです。旧帝大を出たやつが知識人と言えるのかどうか、と。難しい試験を受けてきたのですから、抽象的には頭がいいでしょうけれども、さっき言った物事の判断力とか、総合的なものの見方とか、方向選定能力とか、それらは、官僚を見ても分かるように、驚くほどない。そうすると、決して知識人対大衆という問題じゃないと思う。僕は、社会教育をどうやっていったらいいかということを考えるべきじゃないかと思います。(4)

（「聞き書き　庶民大学三島教室」〈1980〉『話文』①127f.）

「制度的」教育による知識の涵養に対して「制度外」の社会教育による思考法の訓練を突きつけるのである。

ここでは知識人の大衆化を前提としているが、翌一九八一年にはそうした前提を抜きにしていう。欧米の大学は専門知識を教える所であって、「人間の形成」は、第一義的には家庭、第二義的には教会や宗教団体、コミュニティ・地域団体、そして社会である。学校は、人間形成のうえではごくわずかな役割しか果たしていない。日本の場合、宗教教育はあまり期待できず、地域の文化活動も弱い。文化や教育はほとんど学校で行われる。小中学校には「人間形成」という重要な役目があるが、しかし日本のように、他の場合なら家庭や地域団体がやるべきことを学校にやらせるのはおかしい、と（『話文』②136f.）。この論述は、これより二十余年前にササラ型教養の類型を示し、「社会の自主的団体」における「自主的なコミュニケーションが教育の場だ」と語っていた（「教育の本質」〈1959〉『続話文』①435）ことの繰り返しである。六〇年代後半に、「型」のしつけを江戸時代に見出そうとした際の発想もここに胚胎するといってよい。ヨーロッパをモデルにして、国家ではなくて自発的結社（社会）による「人間形成」、つまり「しつけ」＝社会教育を行おうというのである。

もっと遡れば、一九四八年にすでに丸山は、義務教育段階で「主体的に社会を作りあげて」ゆく「人間の主体的な能動性」、つまり「自分で考え自分で判断する」こと（低学年の生徒では「自分のことは自分でやる」こと）（『続話文』①385）という考え方(5)を披瀝しており、また同年に、明治以来の試験制度と立身出世主義による日本の技術教育を批判して、アメリカでは「職業教育」に対してバランスをとるために「一般的綜合教養」、「ゼネラル・カルチュア」の養成が「社会教育」として行われていることを指摘していた（『座談』①151f.）。

さらに、こうした一般的な教養教育よりも狭い意味での思考訓練として、丸山は「問題発見」の訓練を提起した。大学教育の一つの意味は、ただ知識を受動的に覚えるのでなく、「問題の所在の発見の仕方を修練すること」だというのである（『講義』⑦8）。そしてこの「問題発見」の方法の修練という教育方法も戦後早くに意識されていた。一九八八年の回顧によれば、清水幾太郎の発想は哲学的にいうと、「プラグマティズムの発想」、「問題発見的」発想であり、自分が清水や鶴見俊輔から教わったのは、そういう「プロブレム・ソルヴィング的な考え方」であった（『話文』③450）。戦後の教育改革の議論ではアメリカが有力なモデルであり、「問題解決的」教育方法が紹介されていたが、丸山も参加した二十世紀研究所主催の座談会（一九四八年）では、当時の文部省教科書局事務官（後に東大教育学部教授）勝田守一や清水が「プロブレム・ソルヴィング（問題解決法）」に言及しており、丸山自身も教育方法を「プラグマティックにやる」ことを提唱している[6]（『続話文』①376, 396, 398）。もっとも、八九年の回顧によれば、丸山は戦争中にジョン・デューイの『哲学の改造』を読み、「プラグマティックな、問題解決的な学問の方法」を学んでいたという（『話文』④290）から、素地はあったということになる（cf.『続話文』①81f.：『集』⑮153）。

問題発見や問題設定、「問題解決的」方法というのは、学生や生徒が具体的に自分の身の回りの問題から出発してそれを解決していく中で社会なり政治なりの問題にぶつかり、それを解決していくという意味であろう。それは、既成の問題設定や問題解決のパターンの学習の対極にあり、したがってまた主体的な思考訓練といってよい。

丸山は一九六〇年の座談で、世の中に対する適合性によって行為を正当化する日本の「オポチュニズム」、「客観的情況主義」、「世の中主義」[7]に依拠した教育（大学を含む）が、情況に働きかける思考を教えず、そのため日常的な周囲の問題、職場の問題、そこでの行動様式に関してはひどく「伝統的」なのに、天下国家のことにはひどく「進歩的」という人間ができてくるとして、「自我からものを考えていくこと」、「自分が情況にはたらきかける考えかた」の意義を強調し、「自己と情況とのかかわりあいかた」についての思考を教えないことが公民教育の欠陥ではないかと指摘している（『座談』④302f.）。これが「近代的」思考の要請であることは、すでに引用したように（III-1-b）、同年の講演「内と外」で、「状況を自分で判断して自分で決定する能力」こそが「近代的な人間といわれるものの理想型」であり、自分の属している集団に寄りかかっていては「自主的な方向決定」はできないという趣旨のことをいっていることから明らかである。

同様の考え方は現役の大学生にも披瀝されている。これもすでに引いた（III-2-b）ので繰り返しになるが、一九六四年の一橋大学学生によるヒアリングで丸山は、西欧化された日本で、戦争中に「荒唐無稽な考え」が権力と結合して流布したのに対して抵抗できなかったのは、日本の知性が「魔術的なタブー」に弱いからであり、そうした「マーギッシュな考え」を我々の下意識から追放すること、たとえ「近代主義」と呼ばれようともそのような「近代化」こそが永久革命（「普遍的なものへのコミット」とか「個性の究極的価値」という考え方に立って、政治・社会の運動・制度を批判していくこと）に値するのであり、社会運動や集団の中で自明とされる様々な「言葉」、「物の考え方」を吟味して「因襲」から解放することに「私の任務」がある（「私は［……］言葉を検討する仕事をしているのです」）としている（『集』⑯60）。永久革命を標榜しつつ、内実としては「近代的」思考の推進を説いたのだが、しかもここでも丸山は学生に向かって、「我々が日常的に遭遇するもの」について「学問的に考えること」が重要であって、日本の大学生は知識量は世界的でも、日常的事件について「高尚な学問から得た概念」を道具にして考える姿勢を欠いていると指摘する（『集』⑯61）ことによって、学問を生活に活かすように説いている。

一九六四年の東大新聞編集部との対話でも、専門知識の修得だけなら独学で本を読んでもできるのであって、大学で重要なのは、「ディスカッションしながら学問的思考の手続を学ぶこと」であり、それを通じて「学問的な考え方」を「魔術的な考え方」と区別するものは何かを考え直すべきであると述べている（『集』⑯44f.）。また、後述する六七年の「共同セミナー」では、他大学を含めた学生に向かっていう。「ことばの中に真理がある」と考えると「ことばの魔術」に陥ることになる。「魔術的なことば」は「認識象徴」であり、「エモーショナルな響き」を感じさせるが、「科学的なことば」は「仮に与える定義」である。ベーコン、デカルト、福澤にしても同じ問題を新しい方法で考えた。つまり、「違ったことば」、「違ったアングル」でものごとを見るのが大切であり、自分の概念や視角が「実在と癒着しないようにしなければならない」。「集団のことば、世間のことば」ではなく、自主的・自立的に考えること、「ものごとを自分でみて、自分で考えること」、「違ったことば」で話すことが大切である。だから、たとえば「対立する立場から論理を構成する」こと、「いわば弁証法的な討論」が役に立つ云々、と（山口安昭「「日本の思想――『日本の思想』をテキストとして――」聴講記」〈1967〉『手帖』⑰38f.）。「タコツボ」と「ササラ」、「である」ことと「する」こと、「理論信仰」と「実感信仰」、「O正統」と「L正統」の対をはじめとして、数々の「自分のことば」をひねり出した「ことばの魔術師」丸山の面目躍如たる教育論である。

丸山の東洋政治思想史を聴講した学生の卒業後の会（「60年の会」）[8]の一九六六年の座談では、すでに触れたように、アメリカの大学生は知識の程度は低いが日本の学生より「自分の頭で考えている」と語っているが、同年の別の座談では、大学を出ると、知的関心や芸術的な参加・享受もともに卒業する「卒業現象」[9]を打破する必要、つまりどうしたら知的関心を「いわゆるせまい知識人の間だけでなく、本当に「社会化」できるか」という問題について論じている（『座談』⑤290f.）。論文「近代日本の知識人」やその草稿でも「卒業現象」に触れているが、ここではそれに対処するに「社会化」という観点を持ち出しているのは示唆的である。「社会化」とは socialization の訳であり、「制度外」教育を通じて知識や道徳を社会一般に普及するという意味であろうが、煎じ詰めれば社会教育＝「しつけ」のことである。

社会教育であれ大学教育であれ、丸山が目指した教育は、一言でいえば、「自分の頭で考える」ということである。これをいうのは簡単であるが、教えるのは容易ではない。丸山もその方法について詳しく語っているわけではないが、日常的な事件や生活の問題について「学問的」に思考するというのも一つの方法である。

丸山は、東大を卒業していく（つまり社会人になる直前の）学生に向かって色々な自己陶冶の方法に言及している。

一九五八年に卒業を間近に控えた学生に向かって丸山は、「もの（Sache）に対する情熱」をつねに失わないことがたいせつだとしつつ、同時に「デタッチトな興味」をもつように勧めているが、それに加えて、職業上の組織が人間を丸ごと呑み込みがちなのは、日本で教会・サロン・サークルなどの「職業と違った次元で人間を横に結合するだけの力を持ったソサイティ」が十分発達していないためもある、と、持論である、自発的結社による社会教育論を展開しつつ、就職しても多様な形で人と結びつくことで「組織化＝官僚化」に抵抗することができるといっている。あるいは、「大事に面したときには、逆にそれを小事と考えて軽く決断せよ」とする福澤の処世訓[10]を引いて、時間的、空間的な「距離」を意識的に設定すること、「自分を自分の場所から隔離する」ことによって、決断が容易になり、冷静な判断ができるとも語っている（『別集』②162, 165f.）。

ついで一九六六年度講義最終回でも卒業生に向かって、現代が組織化・専門化の時代であり、他方で単なるディレッタントはますます通用しなくなったという事態を前にして、何らかの「場」を通じて、しかも「場」に埋没しないで、職場的雰囲気から自己を隔離し、相対的距離を設定することによって、新鮮な imagination を職場に吹き込むことができると説き、手段は色々あるけれども、重要なのは「個別的知識よりも思考の訓練であり、そのためには読書にしても栄養になる読み方が大事である」といっている（『講義』⑥251f.）。また、六七年度講義の最後では、現在を相対化して、自分を現在の環境から隔離し、「自分の頭で、現在を対象として観察することを学ぶ」ことによってはじめて「自分の頭で考えること」が可能になると述べて、「この講義が少しでも諸君が自己の観点からものを考える際の一助となれば幸いである」と結んでいる（『講義』⑦305）。

卒業して社会に出てゆく学生に対して丸山は、一貫して環境からの「距離」の感覚の必要性を訴え、それによって「自分の頭で考えること」が可能になると論じた。そして自己と現在の相対化が丸山の講義の目標の一つであったことは、すでに見たところである（III-冒頭、註1）。

「社会教育」や「成人教育」の推奨は「制度外」教育への期待を表している。丸山は、大学が学問についてはコンサーヴァティヴでよい（大学は「過去の遺産」を蓄積するところであり、歴史的にも新しい学問は大学外から出てきた）が、新しい問題を提起し、それにつき研究を組織化するのは大学外の教育活動の目標であり、それによって民衆は「問題発見能力、問題設定能力」、つまり「叡知（wisdom）」を獲得することができる、といっている（「聞き書き　庶民大学三島教室」〈1980〉『話文』①132f., 136 : cf.『集』⑬444）。大学外の教育活動は、例として住民運動などの「民衆レベルの民主主義運動」を挙げているが、必ずしも政治活動だけを目指してのことではないと思われる。内容は、「経験を抽象し、隣接した問題との関連を考えていくこと」である。「経験の抽象化」は、丸山の学問論・思想論にとってきわめて重要なアスペクトである（III-2-c補こ）が、社会教育についてもそれを勧めるのである。それはとりもなおさず、丸山の意味における「学問の方法」を民衆に教えること、すなわち「学問の民衆化」であった。

こうした社会教育論＝制度外教育論は、一九八一年の発言で「人間形成」と呼ばれているように、一般的表現でいえば、おおむね「教養教育」に属する。もちろん、「自分の頭で考える」といったのは、丸山だけではない。日本でもたとえば和辻哲郎は、前述したように、「婦人の教養について」（大正一二年）で「教養教育」の目標が「考へられた結果」ではなく、「いかに考へるか」の方法、「自分自身の力で考へること」を教えることだとし（『全集』別巻②334）、戦後の『倫理学』下巻でも国民の間に「みづから考へる力」を培って、「自ら考へ自ら判断する市民」を育成するよう説いていた（『全集』⑪378ff.／『倫理学』下539ff.）。「自分の頭で考える（Selbstdenken）」は、上述のようにウェーバーも触れているが、元来はクリスチャン・ヴォルフ、クリスチャン・トマジウス、カントといった一八世紀ドイツの啓蒙主義哲学の基底にあった観点であり、とくにカントは「啓蒙とは何か」（一七八四年）で、民衆の「未成年」からの脱出、「各人が自分で考えること」の重要性を強調した（西村『文士と官僚』146f.）。講壇知と民衆との乖離を克服すべく、「学問の民衆化」を目指したのである。丸山自身の言葉でいえば、「思考方法の変革」としての「「本当」の啓蒙」（『座談』③30）である。「「本当」の啓蒙」とは、愚昧な大衆を教化しようとする通例の啓蒙（「開化精神」、「開けた精神」）に対置された、自分と他者を開く「開かれた精神」、「開く精神」のこと（III-1-b）

であり、「普遍主義」に繋がっていた。

b　学問の民衆化、もしくは民衆の学問化

よく知られているように、丸山は総じてその「啓蒙」的な姿勢のゆえに吉本隆明などの「大衆知の学問化」の立場から批判された（cf. 竹内『丸山眞男の時代』224）。丸山自身は、早い時期から「学問の民衆化」（「学生の表情」〈1946〉『座談』①20）を目指したが、民衆なり大衆なりに擦り寄ること（「経験的民衆に媚びる」こと）を拒否し（「新学問論」〈1947〉『座談』①84f.）、自分が民衆の一人であるなどと考えたこともない「日本のインテリのポピュリズム」（『対話』157）を唾棄した。丸山は吉本の批判に公式に答えることはなかった[11]が、その民衆観に対して現実の民衆を突きつけた。一九六五年の回顧談で丸山は、戦前の体験と重ねて、ナチの暴圧といっても、「民衆は暴圧もヘチマもなくて呑気に暮らしていたんじゃないか」、「民衆というのはいつもただ、バナナを売ったり、パチンコしたりしているんじゃないかという、そういう感じ」を、つまり自分の中の「民衆不信」を率直に認め、「土着趣味」、「いわば民衆美化はかなわんという気がする」といい、自分が鶴見俊輔の「プチブル的」家庭環境などと違ったところに育ったことを誇らしげに持ち出している[12]（『続話文』①86：cf.『対話』40, 65：『別集』②179）。当の鶴見を相手にした六七年の対談でも、その「日常的」発想を批判し、「知識人主義」を槍玉に挙げ、「あなたの感覚は、ひじょうに一般の日本人から浮いている。育った生活環境から言ってもわたしのほうがはるかにドロドロした「前近代的」なもの」だと述べ（『座談』⑦119f.）、後年にも、銭湯にも行ったことのない鶴見の「庶民主義」に庶民コンプレックス、「知識人主義」を見出し、やはり自分の方がはるかに「前近代的」だなどと息巻いている（『話文』③375：『話文』②381）。

このような民衆不信にもかかわらず――あるいはまさにそれゆえに――丸山は、どこまでも〈あるべき民衆〉

（I-3-b）を求めて、吉本と正反対のベクトルをもつ〈学問の民衆化〉の立場を固守した。だが、すでに吉本の丸山批判の時期（一九六三年）に、丸山自身の中で啓蒙から離れ、新たな対応をなす転機が近づいていた。一九五〇年代前半から丸山は、大衆化と専門化によって〈知識人の連帯〉と〈知識人の社会的使命〉の遂行がますます困難になってきていることを自覚していたが、『増補　現代政治の思想と行動』「後記」（一九六四年）ではジャーナリズムや啓蒙から距離をおき、あたかもその空隙を埋めるかのように、「坊主」が学問の発達のためにますます修業を積みながらも、「学問的思考」を坊主の専売から解放して「俗人」（学問の素人）のものにする学問的「在家仏教」主義の構想を提起した（I-4-b）。これもまた、学問的思考を民衆の間に普及することを願うという意味で〈学問の民衆化〉の意図を表しているが、〈学問の民衆化〉が大幅に啓蒙と重なるのに対して、学問的「在家仏教」主義は、学者が民衆に向かって直接語りかけるのではなく、民衆の方が自発的に学問的思考を自分のものにすることを期待するものであった（「ベートーヴェンのシンフォニー」もマルクスの『資本論』も「民衆の方から起ち上って、そこに接近して行くという意識的な努力」が必要だ（I-3-b））ということからすれば、〈学問の民衆化〉というよりも〈民衆の学問化〉の期待と表現した方が正確かもしれない。

いずれにせよ、丸山は一九七七年の講演「一九五〇年前後の平和問題」と大佛賞受賞記念インタヴュー以降、八〇年代の座談・ヒアリング等で繰り返し知識人の不在を確認するはめになったが、そこでは知識人と民衆の対置そのものがもはや無効を宣告された。そうなると、〈知識人の連帯〉はもちろんのこと、〈学問の民衆化〉すらおぼつかなくなる。極論すれば、啓蒙の主体と客体は混然一体となる。かくして、九二年に丸山は、かつて鶴見の庶民主義、大衆主義を批判したけれども、今日では状況は大きく変化し、「文化の拡散もいいところで、［鶴見のように］反知識主義とか、反エリートとかいくらりきんでも、その肝腎の知識人や知的エリート自体が見えなくなっている」と述べるに至った（『集』⑮170）。吉本や鶴見の丸山批判はもはや意味をもたない。だがその代わりに丸山の啓蒙戦略ももはや機能しない。啓蒙の主体である知識人そのものが「専門バカ」になるか、「芸能人」になるか、「大衆」もしくは「サラリーマン」になって、社会的実践の意識すらもたない。〈知識人の社会的使命〉は主体を欠いて実行不可能な夢物語となりはてた。

しかし、丸山自身は、「学問的思考」の普及としての〈民衆の学問化〉という願望を抱き続けた。ここでは「俗人」の学問的活動に関する二、三の事例を私信から拾ってみよう。

丸山は、安光公太郎なる人物（一九四九年東大卒、在学中丸山の講義聴講）から冷戦に関する翻訳を贈られたことに対する礼状（一九六四年三月三一日付）で、「貴兄のように、研究室生活をせず社会人として繁忙な日々を送りながら、いつも学問的情熱を燃やしつづけて行くこと」は日本のような環境では至難の、稀有な生き方であるが、自分は講義で仏教思想に触れる時につねに「在家仏教」という考え方を日本思想史における最も豊穣な可能性をもった観念として、ウェーバーの「世俗内禁欲」に比定しており、日本の学問の本当の将来は「在家学問――つまり職業的坊主（学者）以外の人々によって担われた学問」が根づくかどうかにかかっている、と述べている（安光公太郎「手紙の中の丸山先生」『集』⑥「月報」7f.）。『増補版　現代政治の思想と行動』「後記」における発言と平仄を一にして、直接「俗人」に語りかけたのである。

「在家学問」に対する期待はそれ以後も続いた。これより十数年たった一九七八年三月五日付の酒井文夫（一九四四年東京帝大卒）への手紙でも、丸山は、「狭い意味の学界に御関係のない職場」にいる人間が全力投球の論文をものしたことを賞讃し、『現代政治の思想と行動』のあとがきで、学問を職業としない「社会人」の学問的関心と活動に対して期待を語ったことを引き合いに出している[13]（『書簡』②243）。

さらに下って一九八三年一二月一日付の別の社会人（長坂勉）宛の葉書では、早稲田大学政経学部学生による自主的な「丸山ゼミ」に言及していう。「あなたの場合、御卒業後、八年にもなるのに、職場の御仕事と直接関係のない学問や文化さらに政治の問題への関心を持続されていることは、（つまり私が「近代日本の知識人」でのべたことですが、文化から「卒業」してしまわないことは）、日本では希少価値的な存在です」（『書簡』③176f.：『続話文』④138）。

また丸山は八月三一日付の長坂宛の葉書で、「私はああいう専門学者ならざる知的好奇心に充ちた人々と話すのが非常に楽しいのです」と語っている（『書簡』③200）が、長坂の方も、八九年に「丸山眞男先生を囲む会」において往時を振り返って、「あなたみたいに会社に入ってからも文化から卒業しない人は、稀有な存在です」と褒めてもらったと証言している（『続話文』④138）。

最後に、もう一人の社会人（大砂紀彦）に対する一九九一年六月一〇日付の手紙で丸山は、「あなたのような社会人が、直接職業に何の役にも立たない私の思想史的労作について、興味と関心を持たれているのは［……］、まさに私が『現代政治の思想と行動』のあとがきでのべた、学問的思考を坊主——つまり職業としての学者——の専売から解放することを信条とする私にとって、このうえない励ましです」と繰り返している（『書簡』④312）。

ここに登場した四人のうち、前二者は東大（帝大）卒であり、後二者のうち大砂は慶大卒で旭化成勤務の経験をもち、長坂は早大卒で住友商事勤務であったから、彼らはおおむね「近代日本の知識人」にいう〈学歴インテリ〉（大学〔とくに有名大学〕を卒業して公私の組織体に所属する者）にあたるが、丸山は彼らを「卒業現象」を乗り越えた[14]「社会人」として扱った。彼らは、形式上、大衆化と専門化、あるいは官僚化によってもはや「知識人」の名に値しないと烙印を押された存在であるにもかかわらず、丸山は彼らに「学問の俗人」という一筋の光明を見出したのだ。そこにかすかながらであれ現代における「知識人」の再生への期待がなかったとはいえまい。

振り返ってみれば（cf. III-2-c）、丸山は〈物知りインテリ〉、もしくはその原像としての江戸の「物知り」に対して限定付きながら一定の評価を与えていた。〈物知りインテリ〉そのものは「社会層」ないし「社会群」をなさないという点で、決定的にマイナス評価を下さざるを得なかったし、「物知り」それ自体は単なる博識であって、あるべきインテリ像にはほど遠い。しかし、そこに——「お前なかなかインテリだな」という俗言を根拠にしてかなり強引に——西欧知識人に近似した、職場の技能・知識を超えて「一般的普遍的な事柄について論議する能力」を見出したことは、「学問の俗人」への期待があってのことではなかったか。大学と大学生のインフレが進行してくると、大卒者はあたかもかつての「擬似インテリ」のような存在になってくる。実際、丸山は晩年に、戦後の特色は教育の普及で「擬似インテリが激増している」ことだという発言をしている（「丸山眞男先生を囲む会」上〈1993〉『手帖』㊶36）。ここでも、日本は元来インテリが弱くて、ファシズムを推進した擬似インテリに引きずられたとする旧説を繰り返しているが、戦後の「擬似インテリの激増」という表現は、実質上、丸山のいう〈学歴インテリ〉の空洞化、あるいは大卒者自身が〈物知りインテリ〉となったことを意味しており、そこからすれば卒業現象を乗り越えた社会人は、いわば良い意味の「擬似インテリ」、もっといえばかの、「知的道徳的判断力」において大学生より優れた労組の書記などの「実質的インテリ」（I-1-b：III-2-c 補2）の後裔ということになるかもしれない[15]。この推論には飛躍があるが、丸山が「学問の俗人」たちに〈民衆の学問化〉の実例を見たことはまちがいない[16]。

丸山が「学問」（学術論文や著作）から「俗人」に学んでもらいたいと思った「学問的思考」の一部は「政治的思考」であった。たとえば、「幕末における視座の変革」（一九六四年）で丸山は、「距離を置いた認識と分析」、「好悪を離れた冷徹な認識」、「国家理性に基づく打算」、「政治的リアリズム」、「可能性の技術」、目的と手段の適切な考慮、「原則の貫徹」と「転変する状況への対応」との橋渡し、「冷徹な知性的判断」、「主知的リアリズム」、「目的完遂のために生き抜こうとするねばり強さと、つねに目的のために相対的に有効な方法を選択する合理的な態度」との結合等、「責任倫理」を剔抉して見せた[17]（II-2-c）が、これらはどこから見ても「政治的思考」である。丸山は判断力や思考力の欠落の例として全共闘学生を挙げたが、その際それを「政治的思考」の未成熟と捉えるとともに、思考力や判断力のことを、「目的と手段との関係」の考慮といいかえていた（「聞き書き　庶民大学三島教室」〈1980〉『話文』①136ff.）から、「政治的思考」とは、ウェーバーの「目的合理性」、それに基づいた責任倫理の自覚であり、帰するところ的確な状況的判断による「主体的」思考と表現してよいものである。ついでにいえば、最終講義の餞に登場した、「距離をおく」姿勢や「もの（Sache）に対する情熱」もまた、ウェーバーが政治家に要求した資質であった。そして、あらためていうまでもなく、丸山は早い時期から「政治的思考」について語っていた。ざっとおさらいしておこう。

丸山は『政治の世界』（一九五二年）では、「政治家は不断に新しく生起する現実に対して、自主的に判断を下して行かねばならない。政治的叡智とはこうした、不断に変転する状況に即して、適切な判断と処置を下す能力に他なりません」といい（『集』⑤132）、「現代文明と政治の動向」（一九五三年）では、専門化による「総合的、社会的、政治的判断力」の解体の危機に対して、現実と意識的に距離をとって状況を全体としてつかまえる努力が必要だと説き（『集』⑥16）、ずばり「政治的判断」と題する講演（一九五八年）でも、職業政治家だけでなく非政治的団体の指導者、ひいては人民一般にも必要な政治的思考（「政治にたいするわれわれの思考法、考え方」）の核心が「リアリズム、状況的認識」、「方向性の認識」、「方向判断」にあるとして、その責任倫理的意義を強調した（『集』⑦305, 308, 310f., 318f.：『講義』③9ff.）。そのほか、「距離をおいて」見ること、「判断力を養い、かつそれを正しく行使する」こと（『集』⑯22）とか、「複数の目標やコースを前提として、不断に状況認識をしながら、自分でそのなかから選択するという意味の主体性」（『座談』⑥87）とか、決定に責任をもち、結果を自分で引き受ける「主体的」思想家（『続話文』②201）などの言葉も、同様の政治的思考を表している。[18]

政治的思考に含まれる「主体性」や「自主的判断」は文字通りSelbstdenkenであり、また状況的思考や「距離」の感覚はそれを下支えする（判断の誤りを防ぎ、心情主義に陥らず、責任を自覚させる）役割を果たす。それゆえ、丸山が民衆の間に育もうとした「学問的思考」をかりに「教養」と呼ぶとすれば、それは同時に「政治的教養」でもあった。[19] そこからすれば、丸山は大学教育でも種々の座談でも終始「政治的教養」の涵養を訴え続けたことになる。丸山は、「他人の行動に影響を与える行動は、全部政治的活動」であり、その点で政治と教育は似ているといい、また現代学生に判断力が欠けている原因は、文部省が「民衆の政治教育」を抑えたことにあると断言している（『話文』①137, 141）。

断るまでもなく、丸山はのべつ学生や社会人の読者の「政治教育」を狙って論文を書いていたわけではない。とはいえ、「夜店」段階であると「本店」期であるとを問わず、丸山は、――典型的には多くの福澤論に示されるように――「主体性」、「自主的判断」、「状況的」思考の意義をことあるごとに強調した。総じて一九七〇年代以降の丸山の学問的「生産性」の低下は蔽うべくもないが、しかしそのために「政治的教養」や「教養」一般が行き場所を失ったわけではない。これまで見てきた通り、座談やヒアリングを通じて丸山は「政治的教養」の流布に努めた。それは、ササラ型モデルに即した自発的結社による「社会教育」の実践と評することができる。

ただ、念のためにいっておけば、以上に見てきた、「近代的」思考を中核とした政治的思考ないし政治的教養が、丸山が俗人に「主体的」、「自立的」に学んでほしかった「学問的思考」のすべてであったのではない。その点は、東大の卒業生に対する餞の言葉や社会人教育論にも示唆されているが、より一般的に丸山が「教育」によって何を伝えようとしたのかを考究することによって明らかとなる。

c　丸山塾――教養思想の伝道

丸山は、知識人のほか、卒業生や他大学の学生や社会人（主婦、一般のサラリーマン）を相手にした読書会や勉強会、座談、セミナーなどで思想史や政治学、時事問題、音楽、文学、演劇、自伝的な経験、その他「森羅万象」について「だべり」、また様々な形で自分の「歴史的」経験を語る中で同様の――「日本三大おしゃべり」（他は桑原武夫と森有正）を自認するほどの[20]――饒舌を遺憾なく披露してみせた。それは同時に、Selbstdenken をはじめとする「学問的思考」を伝達し、あるいはそれを修得させるのに恰好の媒体となった。

もちろん、大学教師としても同様の活動を行うことができたはずであり、現に講義でも「学問的思考」について語っている。ところが、案に相違して、丸山は「教育嫌い」であった。一九八〇年のヒアリングでいう（『話文』①

143)。

これを言うといけないんですが、僕は教育が嫌いで、［……］教育に［対して］は偏見があって、教育学というのはもう、かなわないんだなあ、僕にとって。第一面白くないね。学問というのは、僕に言わせれば、自発的に「面白い」と思わせるのが第一なんですよ。それが、戦後すぐの庶民大学で経験したことの一つです。［中略］教育者の第一の資格は、学問って面白いな、ということを教わる人に思わせることですよ。

だが、こういいながら教育嫌いの理由は語らない(21)。一九八一年の講演では、講義は嫌いだけれども、セミナーのように少人数でディスカッションするのは非常に好きで、また車座になって座談するのも大好きで、その意味ではたいへん「おしゃべり」なのだが、「一方的な講義」というのは苦手だと告白している（「日本の思想と文化の諸問題」『話文』②61）。嫌いなのは教育一般ではなく講義であった。ここでは、自分はアリストテレス型の秩序だった講義よりも、プラトン・孔子型の対話、「ダベること」が好きなタイプだといっている（同62）。しかし単なる好みの問題ではない。どうやら学問の「面白さ」を伝えるということがネックのようである。丸山は、学問そのものが面白いという前提で、「教育者の一番大事なことは、学問というのは面白いものだな、ということを悟らせることだと思う」（「法学部学生時代の学問的雰囲気」〈1985〉『続話文』①203）とか、「やっぱり面白くさせなきゃいけない、教育というのは」（「戦争とオペラをめぐる断想」〈1994〉『話文』③370）と再三語っているが、ある機会にははっきりと、「学問というものは面白いもんだなと思わせるその能力」こそが教師にとって重要であり、それは大教室では不可能で、学問が面白いものだと思わせるのは「ゼミです」（「人権からみた日本」〈1993〉（『続話文』②183）と明言している【補説1】。

また、『春曙帖』の「一九六九年三月十六日（於武蔵野日赤）」と記されたメモにはこう書き付けられている。「私は、教育の理念にも制度にも、本来的に興味を示してこなかった。教育ときいただけで、何かウンザリしたものを感じ」、そのことを率直に何度か話して、宮原誠一のような教育学者や家永三郎のような教育問題に熱心に取り組んでいる人から「叱られて」きたが、叱られて当然である。過去三〇年近く、研究とともに、職業としての教育に従事してきたのだから。「にもかかわらず、私の「教育」への冷淡な感情もまた消しがたい事実なのだ。そうしていま——まさに東大紛争において私は、こうした私の性向にたいする手痛い懲罰を受けている」と（『対話』191）。だが、続いて丸山は、「しかし果たして本当に私は教育がきらいなのか」と自問したうえで、自分が「指導」した学生の意見を忖度してこう表現している。「私がきらいなのは実は教育よりも、教育の名における「インドクトリネーション」であり、また意識的な教育熱心であり、また「子分づくり」なのだ。本当は、私はひとと会話する瞬間に、教育者になっているのだ」と。さらに丸山は、「先生は東大をやめて丸山塾をひらくべき」だとか、「先生の言葉は、丸山塾の塾頭としてなら納得します。が東大教官としては……」といった学生からの批判が「私の胸にぐさとつきささった」ことを認め、「私は軍人としての死期を失した乃木希典のような姿で、「東大教授」として今日までとどまって来た。いまその不決断のむくいが来たのだ」と、（病床にあることも与ってか）やや感傷的に記している（『対話』192 : cf.『回顧談』下 255）。

実は、丸山は自分でも決して「教育者」として欠陥があると思っていなかったが、[22]しかしふつうに行われている教育の一側面が嫌いであり、その一側面とは「インドクトリネーション[23]」、「教育熱心」、「子分づくり」であった。これらはたがいに重なるところがある。たとえば、かりに学者として有名な、もしくは実力のある教授が自己の学説ないし「思想」を学生に教え込むことに腐心し、時に成績評価その他の「権力」をバックに受容を強要したり、ことによると「自身の政治的見解を学生に植えつけるために自分の地位を利用する」（「国際意識と世論」〈1964〉『集』⑨200）ようなことを平気でやってのけ、それを通じて「弟子」をたくさん作り、多くの大学に送り込むといった状態である。[24]その意味では、丸山の教育嫌いは原理的にウェーバーのいわゆる「講壇禁欲」に通じていた。ウェーバーいわく、「もし大学が個々人に大学教授の個人的理想、たとえば教師の政治的見解（それが右または左に「過激」であれ、あるいは「穏健」であれ）を「学問」として聞かせようと欲するならば、大学はイエズス会派の付属学校の下に立ちこそすれ、寸毫も上に出ることはないであろう」と（上山安敏・三吉敏博・西村稔訳『ウェーバーの大学論』木鐸社〈1979〉57f.)。

丸山は、一方的な講義は嫌いだが、少人数でディスカッションするセミナーは「非常に好き」で、座談は「大好き」であると何度も語っている（「日本の思想と文化の諸問題」〈1981〉『話文』②61：cf.『手帖』㉚11：『集』⑯70）し、またゼミや座談でこそ、学問の「面白さ」が本当に伝えられ、したがって教育者としての本務を果たすことができると考えた。それゆえ丸山にとって、「丸山塾の塾頭」になれといわれたことは——事実であったかどうかは別にして——、肯綮にあたるところがあった。『春曙帖』の同じく東大紛争時に書かれた〈遊びとしての学問〉の説明に出てきた「対話ないしだべりとしての学問」は学問論としてだけでなく、そういう背景の下で理解すべきであろう。

公式的には、丸山は、自分が「質問・討論」という形を好んだのは、与えられた命題の記憶に終始した明治以来の学問・教育の仕方に対抗して、「ディアレクティケ」という社会的習慣を養い、それを通じて「素朴な意味の民主主義の一番の基礎になそうとした」からであったと述べている（「丸山眞男教授をかこむ座談会の記録」〈1968〉『集』⑯79)。「ディアレクティケ」（弁証法）とは、いうまでもなくギリシャ哲学に由来する議論ないし論証の方法である(cf.『集』⑩291ff.) が、近代ではヘーゲルを介してマルクス主義によって「唯物弁証法」として展開され、丸山も戦後の早い時期に、一方で思想と社会的機能を媒介する「媒介性の論理」としてヘーゲルの Dialektik を高く評価し、マルクスにも同じ発想があるとして、人間的実践を通じて社会経済的なものと思想を繋ぐ「真の」Dialektik について語っている[25]（『講義』①12f.)。しかし、他方で同じヘーゲルについて、「ディアレクティケとは対話を意味する。対話は弁証法的発展を最もよく示す[26]」（「十九世紀以降欧洲社会思想史」〈1946〉『話文』①210：『集』⑧52）というように、「対話」の側面を強調しており、また、「「論争」はディアレクティークの原始的な形態である」（『集』⑦196）とか、人々の「自発的なコミュニケーション」から真理が発展していくという「ギリシャ的なディアレクチケ（対話）の考え方」が福澤の基底にあったといい（「福沢諭吉の文体と発想」〈1958〉③32)、「ディスカッション」の活性化を「弁証法的発展」と呼んだりしている（「『概略』を読む」〈1986〉『集』⑬83, 85）のは、「対話ないしだべりとしての学問」や「質問・討論」による教育と深く関わっていた。実際、かつて丸山は、「教育の原理」を「弁証法的」にすべきだとして、「反対者の論拠を十分にとり入れて、それと対決させて自分の考えをねってゆく」と語っていた（「現代日本の政治と教育」〈1960〉『座談』④306）。丸山のいう「自己内対話」（III-2 註1：V-1 註34：V-2 註7）である。

こうした討論や思考の訓練はまさに「丸山塾」によって成し遂げられるはずのものであった。ちなみに、一九六六年と六八年の四つの座談で丸山は松下村塾について語っている。

［活字文化による教育の力は］このごろつくづく知れたものだと思うのですよ、だんだんこのごろは松下村塾方式を信じてきたのですよ。

（「一哲学徒の苦難の道」〈1966〉『座談』⑤273）

こういう「ものの考え方」という点では書物や論文でいくら書いても、どうもむなしいという気がするな。むしろ直接の人間的接触を通じて細胞分裂的に広がってゆく方を信じたい。するとやっぱり松下村塾ということになるかな。政治的思考はいくら知識としておぼえても何にもならない。

（「丸山眞男氏を囲んで――著者と語る」〈1966〉『座談』⑤312）

［……］松下村塾てのはクチコミということですよ。そういうものがないと大会社、大組織の世の中では救いがないんじゃないか……。

（「丸山先生を囲んで」〈1966〉『座談』⑦74）

私は近ごろ雑誌に書いたり、ラジオやテレビでしゃべったりして人を啓蒙していくとか、そういうことの無力さというものを身にしみて感じるんですよ。ですから、だんだんミニコミ主義になってるんです。少数の人とひざをつき合わして長い時間しゃべらないとお互いの考え方というものは理解できない。本当の対話とならない。そういう意味で一方的な講演とか講義とかいうものは非常に無力ですね。いわんや雑誌に時事論文を書くということに、ますます疑問を感じています。純粋な研究は別ですよ。［中略］私は一対一じゃなくてもいいけれども、松下村塾的というか小さなグループでしゃべるなら、どこへでも出ていきます。

（「丸山眞男教授をかこむ座談会の記録」〈1968〉『集』⑯122f.）

ここでは大学の講義形式や論文・著書による教育に限界があるということが語られているが、それだけでなく、相手が学生であれ、主婦であれ、会社員であれ、「ものの考え方」や「政治的思考」を普及していくには――とりわけ大衆化、組織化、専門化の進行する中では――、松下村塾＝丸山塾（自主的結社）による社会教育しかないという想念が見えざる巨大な姿を現しているように見える。(27)

もっとも、丸山は既成の大学教育に失望し、みずからの教育活動にも限界を感じながら、制度的な教育にまったく無関心であったというわけではない。すでに引いたが、もう一度繰り返しておけば、「「である」ことと「する」こと」の高校教科書採択にあたって教師に注文をつけた一文（一九八三年）で丸山は、日常的ななんでもない出来事や事柄の背後に潜む象徴的な意味や一見無関係そうな他の出来事とのつながりに思いをめぐらす習慣を養うところに「学問的訓練」の大きな意義があり、それは一種の「遊び」であるけれども、そうした遊びを通じて「学問的認識の面白さ」を覚らせることが肝要だといっている（『別集』③330）。「学問的訓練」は「遊び」とも表現されるのだが、ここでいう「遊び」は、「好奇心」よりも「形式や型」そのものをエンジョイすること、あるいは「パズルを解くような面白さ」、「小さな実証への興味」（V-2-a）の方に近いかもしれない。しかし、「日常」から出発するところは「問題発見」や「問題解決」と、あるいはもっと一般化すれば、「経験からの抽象化」と同じである。(28)

「遊び」を組み込んだ大学教育は、一般的にいえば、〈教養人型〉教育理想と重なることになる【補説2】が、「だべり」を含んだ「遊び」が座談や読書会などの制度外の場で社会教育として行われた時には、それは古典的な意味の〈教養思想の伝道〉であった。丸山は「近代日本の知識人」の草稿の一つでこういうメモを残している（「「知的会話」に関するメモ」「丸山文庫」［資料番号 87-1-4］1)。

「知的会話」実用でなく、職場の話でなく、隣近所のうわさでなく、天下国家から、文学藝術、歴史にいたる話題や議論を、あそびとして楽しむ。(29)（原文横書き。傍線丸山）

無論、楽しむだけでは、単なる物知りの知的好奇心と選ぶところはない。こうした「知的会話」には、「あそび」を介して――あたかも「俗人」が「坊主」の学問的作品を読むことによるのと同じく――思考方法や論議の方法や経験の抽象化や事実と事実の関連づけの訓練を行うという、もう一つの、あるいは本来の意味の「教養」ないし「陶冶」の思想があった。日常的な出来事を「学問的」に考えることはまさに「経験」の抽象化に繋がり、問題発見的であり、問題解決的思考であった。丸山が吉野源三郎の『君たちはどう生きるか』（一九三七年）に見出した、「じかの観察から出発して、そこからいろいろな物事を関連づけ、その意味をさぐってゆく、という方法」（『集』⑪377）は、まさにこの陶冶思想を表現している。

ゼミ形式の教育は制度外の座談や読書会に似て単なる知識の伝達を超えたところがある。ゼミの意義を強調した一九九三年の座談で丸山は、明治以来の知育偏重に対して「自分で考える能力」を対置し、「知的に覚える」ことと「体で覚える」ことは同じことであり、「本当の理解は体で理解する以外に理解のしようがない」と述べている（『続話文』②165f.）が、こうした理解を助けるのが少人数の間の討論であり、対話であった。丸山は一九五〇年代から自主的結社による「自主的なコミュニケーション」こそ教育の場となるべきだと考えていた（しかも「異なった価値基準に立つ「知的サークル」の交流が「多様な経験からの抽象化」の錬磨を可能にすると論じていた〔II-2-c〕）が、六八年の司法修習生との座談では、「質問・討論」という形式を希望する理由として、個人的に講義が嫌いだということのほかに、（上で引用したように）民主主義の基礎としての「ディアレクティケ」という社会的習慣を養うべきだと考えるからだとしている。勉強は与えられた命題の記憶だという明治以来の発想に対して、自分の経験を「思想化」ないし「抽象化」していくことができなければだめだが、そのためには対話や議論が必要だ、というのである。あるいは、たとえ「実用的知識以外の教養」として万巻の書を読んでも、その教養は「自分の生産」、「日常生活」の中にインプットされることが少なく、「知識として覚えた思想の生産性」は低いともいう（『集』⑯79f.）。

丸山は、「日本の思想」をテーマにした、大学・学部を超えた「大学共同セミナー」の開会（一九六七年）にあたって、参加学生の「知的な交流の媒介者」としての役割をみずからに与え、しかも「諸君が社会人となってからも個人的な接触を持つように努めたい」という希望を開陳した（『集』⑨359）が、その中の学生の一グループが創刊した雑誌『アルス』に寄せたインタヴュー記事の中では、「知的交流の媒介者」の意図を敷衍して、学問や「自分の発展」のためには多くの師、「見えない師」があって、「僕が教えてあげられるの」は、マルクスとの対話も含めた、「我々の精神的成長を養ってくれる無数の目に見えない先生との対話」についてである、と述べている（「丸山先生に聞く」〈1968〉『手帖』㉟55f.）。「見えない師」との対話とは、あたかも阿部次郎が、現代では、人と人との精神的信頼が内面的に崩れたために、子弟の関係はもはや成り立たないがゆえに、我々の師となり得るものは「古人」とその「書籍」でしかなく、「我等が「師」を持つとは一人の人の生涯の著作を通じて、その人の内面的経験に参することである」と語った（IV-1-a）ことを髣髴とさせるが、しかし阿部は読書に沈潜することは教えても、「対話の仕方」を教えはしなかった。一方、丸山が望んだ、「社会人」になってからの交流は一九九三年まで続いた（長島幸子「大学共同セミナー」『集』⑪「月報」7f.）。

いま一つ付け加えるならば、丸山はこのセミナーの開講の挨拶で、例によって、日本の学生は量としての知識は豊富だが、身辺の日常的な判断は、知識の少ないアメリカの学生よりも劣っており、そのため学校を出ると学問が終わってしまうことに言及し、閉会の挨拶では、社会に出ても、「インテレクチュアル《ママ》を持ってほしい。真のインテリになってほしい」、「職場の仕事を通じて、職場を超えた展望をもってほしい。それが社会のインテリジェンスのあり方です」と語っている（山口「「日本の思想」聴講記」37, 43）。

丸山は社会人が「真のインテリ」となることを望んだ。いいかえると、丸山の営為は、既成の知識人が雲散霧消していく中で、「真のインテリ」を養成するという――既成の知識人不在の中で「再建」ならぬ「創造」を行うという――「教師」としての社会的使命感によって起爆力を与えられていたように見える。それは、最後まで放棄することのできない丸山個人の〈知識人の社会的使命〉の遂行であった。無論、それは大学におけるのと同様、「インドクトリネーション」とはほど遠いものであった。「真のインテリ」とは、「学問的思考」を日常生活や社会生活、ことによると職業生活の中で活かす人になることである。

「学問的思考」は、「自立的」思考であるという意味で、「近代人」の形成を促し、また「政治的教養」でもあるという意味――あるいは社会人（市民）の政治批判や政治参加を可能にするという意味――では、民主主義の活性化を展望したものであった。だが、丸山は政治のことばかり考えていたわけではない。学生のみならず社会人に涵養すべき「学問的思考」にしても、狭い意味の「近代的」思考に尽きるのではなく、「距離をとること」、状況的思考、日常からの出発、事実と事実の関連づけや既成の概念によらない思考、「経験」からの「抽象」、「問題発見」と「問題解決」、「遊び」と「面白さ」といった多様な側面をもっていた。これを一口にいうとすれば、どうしても「教養」（もしくはその基礎となる「教養としての学問」）ということになる。

学生文化としての教養の凋落は、知識人の終焉と相当程度重なっていた。学生はかつてと違ってもはや「インテリ」ではなかった。大卒者も同様である。それでもなお丸山は、「教養」の喚起によって「インテリ」の「創造」を行おうとした。それはシジフォスの神話を想起させる営為であったようにも見える。丸山の「思想」は少なからぬ数の信奉者たちによって再生され続けるだろうが、〈教養思想の伝道〉を引き継ぐ者はどれほどいるのであろうか。かつて坂本多加雄は、情報化と専門化の「多忙」の世界からしばし解き放たれて、余暇と「教養」の観点から知識に接することのできる現代では、誰もが「知識人」となり得るという期待を語った（『坂本選集』①296f.）が、はたして「教養」と「知識人」の蜜月はふたたびめぐってくるのであろうか。

丸山自身についていえば、東大教授を中退した後にも数多くの座談や勉強会などに「呼ばれれば自分のエゴイズムで出かけ」て行った（『手帖』㉟55）と語るのは、生来の「おしゃべり好き」の自嘲的表現であろうが、それにはやはり「学者」としてよりも「教師」としての使命感が与っていたと思われる。否、丸山の場合、それは使命感なくしても可能であった。

――「私はひとと会話する瞬間に、教育者になっているのだ」。

【補説1】 丸山の「アートとしての政治学」（「技術としての政治学（Politics as art）」）がマンハイムの『イデオロギーとユートピア』に由来する可能性があるということについてはすでに触れた（IV-3-a補2）が、マンハイムの立論の前提はこういうものであった（Mannheim, *Ideology and Utopia*「丸山文庫」［資料番号 0182479］159f.：cf. 鈴木訳『イデオロギーとユートピア』180ff.）（下線丸山）。近代社会において教育には二つの方法がある。一つは、近代主知主義と一致して、教育および知識の普及の形態を同質化し、主知化しようとする傾向であり、他は、旧式の原型に近い教育形態を望むロマン主義の方向である。純粋に分類的な知識の伝達に最も適したタイプの教育技術は「講義」である。知識を体系化し、類型に分類するなどして整序しなければならない場合には、講義を聴く際に示されるような特殊な服従を必要とする。これは純主観的な個人的要素の除去を前提とする。しかし、講義の主題は神聖な権威的テクストではなく、誰でも知ることができ、チェックできる自由独立の探求に委ねられた素材に関わっており、講義後の討議は可能である。「だからこそいわゆるゼミナール方式が正当だとされるのである。」（This justifies the so-called seminar procedure.）［中略］現代では、聴講者を講師に従属させる講義システムにより学生に知識を伝授するだけの教育システムは、「芸術」の分野では明らかに不適切である。ここでも組織されたアカデミーによる訓練が「アトリエ」を原型とする教師・生徒の結合の旧式の形態に取って代わっている。それにもかかわらず、アトリエの特徴であるこの結合の類型は、アカデミーによる訓練よりも、伝達すべき基体の性質にかなっている。「仕事場は、親方と弟子の間の相互参加の関係を生み出す。」（The workshop brings about a relationship of mutual participation between master and apprentice.）ここでは、伝達すべきすべての事柄が、機会があるごとに具体的状況において示される。「弟子と親方はいっしょに作業し、たがいに助け合い、どちらか一方が始めた創造的事業の完成にともに参加する。」（Apprentice and master work together, assist one another, and participate in common in the completion of those creative enterprises which may have originated with either one of them.）技術の伝達とともに、思想の伝達も行われるが、そのスタイルは理論的討議によってではなくて、「親方と弟子を結び付ける目的を創造的に共同で明らかにしていく過程に基づいている。」（in the course of creative collaborative clarification of the aim which unites them.）――丸山のゼミ形式評価は、主として自己の性格と経験に基づくものと思われるが、マンハイムの主張と無関係ともいいきれない。

【補説２】 丸山は、既述のように、『「概略」を読む』で、維新の知識人が「万能人」、「何でも屋」であったのは、後進国の近代化のためもあるが、他面では儒教の「読書人」の「君子器ならず」という江戸時代の伝統を継承したところがあり、その点で「専門バカ」の対極としてのルネサンス的「教養人」に通じるとしている（そこで〈教養人型〉に引き付けた形でミルの箴言を引いた）。その際、丸山はこの〈教養人型〉人間類型の基礎にある古典がヨーロッパでは「ギリシャ・ラテンの古典的教養」にあたり、たとえばオクスブリッジの学問の伝統には古典・歴史こそ企業経営に役立つとする「アマチュアリズム」があり、これはフランスおよび中国読書人と共通しているが、それに正反対の位置にあるのがアメリカのＭＩＴであり、日本の帝国大学が創立当初から「工学部」をもっていたのは、ヨーロッパ型ではなく、むしろアメリカ型に近いけれども、江戸時代の知識人は「君子器ならず」の伝統をやはり継承しているところがある、と述べている（『集』⑬50f.）。論文「近代日本の知識人」でも、日本における「閉鎖的職場」を繋ぐ「共通の知的言語」の衰退、漢学のような「古典的教養」の共通性の後退を指摘し、その際、これに早期の「インテリの専門化・技術化」の要素が加わるという文脈で、帝国大学の工学部設置に触れ（『集』⑩244）、同論文草稿の一つでも、アメリカよりも「先進的」な工学部設置に言及し、欄外に「(アメリカ) M. I. T. テクニカルスクール。オックスブリッジはいまでも［工学部が］ない」と記している（「日本の知識人（本編）」草稿」「丸山文庫」［資料番号 269］92）。したがって、丸山が、帝国大学工学部―ＭＩＴの〈専門人型〉教育と対比してオクスブリッジの〈教養人型〉教育を評価したことはまちがいない。実際、これも既述であるが、丸山は一九八三年の早稲田大学自主ゼミナール（先の葉書にいう「丸山ゼミ」）で、学問は「役に立つことを第一にしてたら駄目」であって、ニュートンのように「ただ見ることの面白さ」から出発して、結果として実用に貢献するものだとした時にも、帝国大学工学部の早期の設置やアメリカのＭＩＴに見られる「実用主義」と比較して、オクスブリッジの例を引いて、実用学をやらないという点では「大学ってところは、役に立たないものをやるんだ」と述べている（V-2-a)。

註

はじめに

（1）ただし、安藤信廣は別の場で、教養は「様々な異質な知識を統合し体系化する営み」なしには成立せず、また教養とは、丸山が福澤諭吉に見出した「認識・判断の方法」（「福沢諭吉と日本文化の近代化」序」『集』⑮209）の基礎をなすものであり、「多様な知識や思考法を結び合わせ、新たな認識を開く力とするという営為」の全体が「教養というにふさわしい」とも述べている（「二〇世紀における知識人と教養」プロジェクト・パンフレット）から、必ずしも新渡戸―南原―丸山の系譜だけが眼目というわけではない。なお、松沢弘陽「リベラル・アーツの系譜　新渡戸稲造―南原繁―丸山眞男」（東京女子大学『學報』619号〈2006〉）参照。

（2）しかし、マルクス主義もまた「教養主義」の一変種（「教養主義左派」）という側面をもち、他方で、一九三〇年代関東大震災後に登場した、古典を網羅した安価な全集・叢書類の流布（円本ブーム）や岩波文庫の創刊（一九二七年）は、三〇年代以降の教養主義の復活を準備していたとされる（竹内洋『学歴貴族の栄光と挫折』中央公論社〈1999〉237ff.：渡辺かよ子『近現代日本の教養論』行路社〈1977〉25f., 44ff., 96ff.：苅部直『移りゆく「教養」』NTT出版〈2007〉45f., 90）。丸山も中学時代の「円本時代」の経験を語っている（「わたしの中学時代と文学」〈1993〉『集』⑮236）。なお、竹内洋は、阿部次郎に代表される「社会を欠いた人格主義的教養主義」が教養主義右派で、旧制高校的マルクス主義は「教養主義左派」だとする（『学歴貴族の栄光と挫折』241）が、後には、河合榮治郎の（マルクス主義の洗礼を受けたという意味で）「社会的」教養主義を教養主義左派とし（『大学という病』中央公論社〈2001〉154）、別の場所では、大正教養主義が「人格主義的教養主義」＝教養主義右派で、河合に代表される昭和教養主義は「社会（科学的）教養主義」＝教養主義左派だと表現している（『教養主義の没落』中公新書〈2003〉59）。さらに、学生文化としての教養主義につき、第一にその原型は日露戦争後の「煩悶青年」にあり、第二にそれが大正時代に「人格的教養主義」に吸収され、第三にこれが昭和初期にはマルクス主義の影響の下に「政治主義的教養主義」に変貌したが、第一と第二は昭和初期にも持続し、それゆえマルクス主義の壊滅の後に、第一と第二への回帰がなされ、第四にマルクス主義という政治的教養主義の空白を埋めるべく右翼系の「国家主義的教養主義」が登場したという（『丸山眞男の時代』中公新書〈2005〉282ff.）。後者は「日本主義的教養」とも呼ばれる（竹内洋・佐藤卓巳編『日本主義的教養の時代』柏書房〈2006〉）。

（3）『「概略」を読む』の「序」は一九七七年九月に『図書』に発表されたものであり、それ以外の部分の元になった「講読会」が行われたのは一九七八年七月～八一年三月である（『「概略」を読む」『集』⑬6, 8f.）。

第1章第一節

（1）しかし、後に丸山は、日本の「右翼全体主義」は、ナチズムのようにゲーテやベートーヴェンを引き合いに出して知識人をゲルマンの文化的伝統への誇りに奮い立たせるという「有利さ」をもたなかったとしている。日本の知識人の「教養内容」は圧倒的に西欧の文化的産物に依存していたので、「皇道」や「日本精神」はインテリにとって魅力を欠いていたというのである（「近代日本の知識人」〈1977〉『集』⑩252）。ただし、丸山は、軍国主義に対する勇敢な抵抗を行った知識人は少なかったが、知識人が「皇道」イデオロギーにコミットした程度はナチズムにコミットしたドイツ知識人よりも低かったと念を押している。

（2）これは、丸山の類型化に従えば、「私化」および「原子化」にあたり（松沢弘陽訳「個人析出のさまざまなパターン」〈1968〉『集』⑨395f.）、「プライヴァタイゼーションの上に全体主義の花が咲くというのは十分あり得る」とか、「アトマイゼーション」は「全体主義の絶好の温床」となる（『話文』②331）というのであるから、近代日本の文学者・芸術家に共通する「反政治的もしくは非政治的態度」はファシズムに適合的な性格をもっていたということになる。

（3）丸山は、戦前には立憲君主主義肯定の立場から、「軍部ファシズム」対「天皇を囲繞するいわゆる重臣リベラリズム」の対抗図式を基本認識としてもっており、当時の自己の立場を「リベラルな天皇制のゆるぎない信者」と規定している（『集』⑮29f.）。

（4）後に丸山は、天保期に生まれ青年期に幕末の動乱を経験した「維新人」（福澤諭吉）、維新前後に生まれ、青年期に教育勅語・憲法の成立を実際に見た「明治人」（徳富蘇峰、北村透谷、高山樗牛、島崎藤村、田山花袋）、明治一〇～二〇年代に生まれて、日露戦争直後に青年期を迎えた「明治・大正人」という区分を提案している（「福澤諭吉」〈1968〉『続話文』②218f., 222／『別集』③140f., 144）。これによると、大正教養派は「明治・大正人」に属する。たしかに、「明治・大正人」は日露戦争の「第一次戦後派」（II-3-a）であり、「伝統的価値」への懐疑を抱いた大正教養派と重なる。なお、かつて丸山は、桑木厳翼（明治七年生まれ）に代表される、明治中期に「人と為つた」世代は明治文化が血肉化していたが、大正時代に社会人となった人々も、自分の育った時代に直接連続した過去として明治を身近に感じていたのに対して、昭和に入ってから社会的意識を持つに至った世代（丸山自身）となると明治時代は一つの歴史的過去としてしか意識されないと述べていた（「麻生義輝「近世日本哲学史」を読む」〈1942〉『集』②180f.）。

（5）これは、二つの世界の対立を「自由主義対共産主義ないし全体主義」の対立と見る立場のことであり、丸山によれば、和辻は、南原を「容共的」と評し、「丸山君、ソ連をそんなに信用できますか」と尋ねた（『回顧談』上204：『話文』①279：cf.『座談』⑦19）。

（6）この捉え方は、丸山の知識人像と理想像を区別していないので、明確性を欠く。石田は別の場所では、丸山が「自由に浮動する社会層」としての知識人に「全体的イデオロギー」を担う役割を期待し、「インテリ」と「亜インテリ」の役割を分析したけれども、後期の論文「近代日本の知識人」では、大衆社会化の中での知識人の芸能化を指摘していることから見て、今日の状況では「知性の機能を担う社会層を特定することが不可能であり、意味もなくなったとみるべきであろう」としている（石田雄『丸山眞男との対話』みすず書房〈2005〉113）。ただし、「インテリ」と「亜インテリ」という「社会層」はプチブル中間階級の一部であり、マンハイムの社会層とは別物である。丸山のインテリ像は、一応マルクス主義的な枠組を踏まえているが、サラリーマンないし中間層に定位した「社会学的」インテリ論や文学者・作家・評論家をインテリの代表と見る「文化主義的」インテリ論を厳しく批判した戸坂潤の階級史観（『日本イデオロギー論』岩波文庫〈1977〉303ff.）とはまったく相容れない。なお、後註12参照。

（7）マンハイム原著では「相関主義」と知識人像は直接に関連づけら

れておらず、これを結びつけたのは丸山の読解による（平石直昭編『定本　丸山眞男回顧談』上、岩波現代文庫〈2016〉395〔補注〕）。

（8）「学問と思想の自由市場」における競争による真理の発見という考え方は、他方で、マルクス主義政党や社会主義国家における競争の欠如（世界観と権力の結合）に対する批判に繋がる（『集』⑦22；『座談』⑥221f., 231）。

（9）後に丸山は、およそ明治二〇年代以降、公私の官僚制の中に編成された「制度的知識人」とその外にある「自由知識人」との分化が固定化し、しかも自由知識人自身がそれぞれ排他的な職業的空間に活動を限定していくようになり、「異なった領域の知識人」が集まって談論する場（フランスのサロン、コーヒー・ハウス、イギリスのクラブ）がまったく発達せず、「個々の閉鎖的職場」を繋ぐ「共通の知的言語」が衰弱し、さらに漢学のような「古典的教養」の共通性が薄れていったとしている（「近代日本の知識人」〈1977〉『集』⑩243f.）。これは「ササラ型」と「タコツボ型」の対置とほぼ重なる。

（10）丸山は上掲のように、「科学としての政治学」（一九四七年）では「社会的に自由に浮動する知識層」とするが、いつごろからか「自由に浮動する社会層」という表現を使うようになった。後の「近代日本の知識人」の草稿では、カール・マンハイムが「近代知識人の特徴としてあげた「自由に浮動する社会層（Die sozial-freischwebenden Sozialschichten）」」と書いている（「「日本の知識人」草稿」「丸山文庫」［資料番号 269］57）。この sozial と Sozialschichten の重複表記は、原語の記憶と訳語が混線した結果であろう。丸山は同じ草稿の中で、「社会的に自由に浮動する」（カール・マンハイム）近代アンテレクチュエル」とした際に、'Die sozial-freischwebenden Intelligenten' と書き添えている（同 24）。なお、「社会的に自由に浮動するインテリゲンチャ」なる概念は、アルフレート・ウェーバーに由来するという（カール・マンハイム、鈴木二郎訳『イデオロギーとユートピア』未来社〈1971〉146）。

（11）論文「近代日本の知識人」では、「所属主義」（組織への所属）の具体例として、名簿作成のアンケートで「勤務先」の項目はあっても「職業」の項目はないこと（自分は「なし」と書くけれども、「勤務先なし」というのは「「ブラブラしている」と同義である」）を挙げ、近代知識人を「社会的に自由に浮動する」ことで特徴づけたマンハイムがこれを知ったら「目を白黒させるのではないでしょうか」と述べ、明六社に「近代知識人――まさにマンハイムのいう「自由に浮動する社会層」としての知識人――の誕生」を見出している（『集』⑩237f.）。

（12）「プロフェッショナル・インテリ」という言葉は、藤田のいう「職業的インテリ」、石田のいう「プロフェッショナル・インテレクチュアル」を受けたものである（『話文』①433）。'professional intellectual' という術語が存在するかどうかは詳らかにしないが、そもそも〈旧定義〉の「自由知識職業者」なる生硬な表現も何かの訳語のようである。一九六七年の座談で丸山は「フリー・プロフェッション」という表現を使っており（『別集』③62）、これが原語かもしれないが、しかし 'free profession' という術語もどこかあやしい。『別集』の編者（平石直昭、黒沢文貴）はそれに「free-lance profession 自由業カ」という註記を付している。ちなみに、内田魯庵は一九一九年に、ロシアでいうインテリゲンチャは「学術知識を餌食とする自由職業者及び一般読書人」だが、日本では「筋肉労働に非ざる職業」の「中等生活者」を知識階級と呼ぶ場合があるとして、厳密な意味の知識階級を、学者、教師、「操觚者」、僧職、医師、弁護士、大学生、その他「一般読書人」等のグループを指すのだ、としている（竹内洋『革新幻想の戦後史』中央公論新社〈2011〉349）。いずれにせよ、丸山の「プロフェッショナル・インテリ」はおおむね、「職業」として「知的」なことに携わる人、「専門職に就いている知識人」という意味であろう。そうだとすれば〈旧定義〉にいう教授・弁護士が中心になるが、「自由（業）」という要素を入れるならば、「明治時代の思想」（一九五三年）にいう「学者、ジャーナリスト、文学者」と互換性をもつ。丸山は一九六六年の座談では、国際的には「知識人、インテレクチュアルズ」は大学教師、文学者、批評家といった「知的活動を職業とする自由職業者」を指すけれども、日本では伝統的にはインテリの語はそういう狭い意味で使われておらず、戦前なら大卒者をふつうにインテリといっていたし、戦後でもやはりかなり広い層を含むだろうと推測している（『座談』⑤292）。国際的な――実質は西欧の――「インテリ」、つまり自由知識職業者＝プロフェッショナル・インテリ像と日本の「大卒＝インテリ」像を対比するのであるが、これは、「学者、ジャーナリスト、文学者」から公私の組織人（所属主義）へという縦の歴史図式を西欧と日本の横の差異に置き換え、後者の組織人を学歴によるインテリと表現したものである。

（13）しかし、一九五四年に丸山は、保守派は知識人の「観念性」や「被虐的悲観主義」を批判するけれども、満洲事変以来、支配権力や「世論」に反対の立場をとってきた際の知識人の「観念性」や「被虐的悲観主義」は「正しかった」ことが証明されたとして（『別集』②67）、戦前のインテリを擁護した。

（14）丸山はインテリの性格を「インテリ・サラリーマン的な意識」と表現する。〈旧定義〉のインテリにも都市のサラリーマン階級が含まれていたから、中学校教師が、同じ高等教育を受けたインテリでも大学教授やジャーナリストなどと違ってサラリーマンに近いと考えたのかもしれない。いずれにせよ、「インテリ・サラリーマン」は「大卒サラリーマン」のことであり、〈旧定義〉を「学歴」によって換骨奪胎した結果である。

（15）鼎談では丸山は、戦前から戦後のもう一つの変化現象として総合雑誌の「国民雑誌化」（たとえばかつてインテリの雑誌だった『文藝春秋』が普通の読者に読まれるようになったこと）を挙げ、その変化を「旧インテリのマス・ソサエティ、ホワイト・カラー化に対応したもの」ではないかと推測し（『話文』①434, 437）、「補注」でも、『文藝春秋』の国民雑誌化や週刊誌の氾濫が講談社文化と岩波文化との断層の流動化を象徴していると述べている（『集』⑥257）。

（16）一九六八年のシンポジウムで丸山は、「戦前のインテリ」は大学卒業者と同義であり、だから日本ではサラリーマンがみなインテリなのだと語っている（『中国と日本』筑摩書房〈1968〉257／『座談』⑦292）。

（17）もっとも、たとえば「個人析出のさまざまなパターン」（一九六八年）では、「西欧か自国の西欧的な学校で高等教育を受けた弁護士・政治ジャーナリスト・大学教授・学生」（『集』⑨388）というように、「インテリ」ないし「知識人」の概念を使わないかと思えば、「急激に膨張してゆく都市化されたインテリ層の私化と原子化の傾向」、「学生や若いインテリの古い呼び方だった『書生』」、「自立化の傾向を示す少数のインテリ」、「恐慌は労働者、知識人、ホワイト・カラーに巨大な失業者をもたらし」、「ホワイトカラー知識労働者」、「西欧的教養を受けたインテリ」というように、何の断りもなしに「階層」としてのインテリについて語っている（同 396, 397, 399, 409, 410, 417）。

第1章第二節

（1）ただし、ずっと後に丸山は、松陰は「心情主義」を代表しているけれども、政治的行動人として状況認識をしているとも評価した（「歴史意識・政治意識・倫理意識」〈1983〉『話文』②266）。

（2）訳文は Max Weber, *Gesammelte politische Schriften*, 3. Aufl., München 1971, S. 505ff. により変更した（以下同様）。

（3）ただし、丸山は、「東京帝国大学法学部の学風」が右翼や軍部・政界・官界の勢力から反国家思想の元凶として「攻撃されるに値した」とは必ずしもいえない（「法学部にもいろいろな立場や考え方の人が居られました」）が、そういう「イメージ」が右翼や警察だけでなく権力中枢部のいくらかの人々にも現にあったということは、まちがいない、としている（『集』⑩18f.）。

（4）大正教養派は丸山の親の世代と重なる。丸山の父幹治は明治一三年生まれであり、和辻や南原や田中よりも一〇歳ほど年長だが、逆に阿部次郎と安倍能成は明治一六年生まれで、和辻や南原よりも幹治の方に近い。なお、大内兵衛は、自分や南原と、丸山との三〇歳の差を「半近代人と近代人」、「半分近代人と全近代人」の違いと表現している（「民主主義の後退を憂う」〈1959〉『座談』③54f.）が、三〇歳は「ワン・ゼネレーション」（丸山）の差であり、したがってまた親子の差にあたる。

（5）南原繁「新渡戸稲造博士のこと」（一九六九年）（『著作集』⑩275ff.）、同「われらの歩んだ道」（一九七一年）（『著作集』⑩242f.）、河合榮治郎「新渡戸先生の思出」（『新渡戸博士追悼集』〈1936〉『全集』別巻①358）、同「学生時代の回顧」（河合編『学生と教養』日本評論社〈1936〉293f.）などを参照。経済学部で新渡戸の植民政策講座の後継者であった矢内原忠雄については、「一高校長を辞められた時」（『新渡戸博士追悼集』274ff.）、『矢内原忠雄全集』㉔岩波書店〈1965〉所収の諸論稿参照。和辻哲郎は、新渡戸についてはほとんど書いていないが、わずかに『自叙伝の試み』（一九五七～六〇年『中央公論』連載）の「一高生活の思い出」の中で、「新渡戸崇拝」の一人であったことを認め、当時のことに触れている（『全集』⑱451ff.）。

（6）南原については後述IV-2-a参照。矢内原は、戦前に「産業立国」、「軍国主義」に対して、国民の文化的教養の向上、品性の陶冶を目的とする「教育立国」を対置した（「国防と教育」〈1937〉『矢内原全集』㉑〈1964〉8f.）が、戦後には、教養が学問に役立つ点が、第一に学問的視野を広くし、学問の根底を培養し、第二に人間を陶冶することにあるとし、教養の方法として古典の読書を薦め（「学問と教養」〈1953〉『全集』㉑418f.）、東大総長として入学式（一九五六年）で、戦前の大学が知的技術者を生産したけれども、人間形成については反省するところがあり、旧制高校の人間形成をいまや大学で引き受けるべきだと語っている（『全集』㉑613f.）。

（7）カント主義者は南原繁、カトリック自然法論者は田中耕太郎を指す（松沢弘陽「丸山眞男における近・現代批判と伝統の問題」大隈和雄・平石直昭編『思想史家　丸山眞男論』ぺりかん社〈2002〉287）。

（8）丸山は、ウェーバー＝ルターの「我ここに立つ」を評価したけれども、ルターの『キリスト者の自由について』が内面・精神的自由を重視し、「政治社会はどうせ奴隷の世界だってもんだから、もうデモクラシーも全体性《ママ》もへったくれも程度の差にすぎなくなっちゃうんです」と述べたうえで、無論精神的自由の侵害に対して抵抗する要因は福音教会にもあったが、今度の戦争を見ても、従順だったのはカトリックよりも福音教会であり、カトリックはナチに抵抗したと述べている（『自由』58）。ただし、カトリック＝中央党がナチの授権法に賛成したことも見逃していない（『回顧談』上247）。

（9）唯一、④は、学術雑誌（『名古屋大学法政論集』）に載せられ、註もついた論稿「思想史の方法を模索して」からのものだが、これも副題に「一つの回想」とある通り、論文というよりも学問的回想であり、丸山自身そこで、自伝や日記、回想メモなどが自己弁護になる危険があることを認め、故人（守本順一郎）に対する個人的な語りかけということもあって、「です」体」にしたと断っている（『集』⑩315）。ただ、後に丸山はこの論稿を「論文」と呼んでいる（『集』⑫111）。

（10）コミュニストの獄中十八年＝非転向における「自然法」ないし「自然権」の発見は、戦後になってからのことである（『回顧談』上204）。

（11）丸山は、田中の戦時中の姿勢に触れた際に、「戦争中の直接見聞」からしても、「自然法が持っている超歴史性というものの強さ」を感じたと述べ（『回顧談』上250）、また新カント派の「文化の自律性」や「学問の自律性」という立場の「強さ」をナチ・ドイツや日本の実例によって見たともいっている（『座談』④104）。新カント派というのは南原繁のことでもある。

（12）佐伯彰一（『日本人の自伝』講談社学術文庫〈1991〉100ff.）は、正宗白鳥が、内村が鷗外、漱石とともに「甚しい古さ」をもっていたのに対して「本当に頭の新らしかつた人」は福澤諭吉ただ一人であったようだと語ったのに対して、「鑑三に心ひかれ、諭吉に閉口する」のが「近代の日本文学の基本的な大前提の上にのっかった平均的な判断」だとしている。無論、丸山は戦後日本で福澤を最も高く評価した一人であるが、福澤よりも内村の心情倫理を評価する点では、佐伯の評言に近いところがある。

（13）福澤の状況的思考は「する」論理と密接に関わる。丸山は、福澤の思想に「である」価値から「する」価値への転換の範型を見出し（『集』⑧40）、福澤にとって「何であるか」よりも「何をするか」ということが重要であり、そのためにはまた「状況判断」が必要であったと解している（『集』⑦354）。

（14）「現代文明と政治の動向」〈1953〉『集』⑥16：『対話』38, 54：「断想」〈1956〉『集』⑥147, 148：『現代政治の思想と行動』第二部追記」〈1957〉『集』⑦29：「『現代政治の思想と行動』第三部追記」〈1957〉『集』⑦47：「思想と政治」〈1957〉『集』⑦146：「ベラー『徳川時代の宗教』について」〈1958〉『集』⑦288：『講義』⑤85：「法・政治・人間――丸山先生と語る」〈1977〉『話文』①347：「ウェーバー研究の夜明け」〈1979〉『座談』⑧199：「『概略』を読む」〈1986〉『集』⑬20, 245：cf.「如是閑さんと父と私」〈1985〉『集』⑯215. 福田恆存の「距離をおいた認識」の出典は詳らかにしないが、あるいは、福田が雑誌に連載した文章を単行本として出版した『幸福への手帖』（一九五六年）中の「教養について」の項で、「知識と自分との距離を測定する」と表現したもの（福田『私の幸福論』ちくま文庫〈2004〉84）を指すのであろうか。ちなみに、福田は、戦中に清水幾多郎から誘われて鶴見祐輔の太平洋協会の研究員になり、戦後も清水の二十世紀研究所に属し、丸山と知り合っている（『話文』③442：竹内洋『メディアと知識人』中央公論新社〈2012〉14, 181：同『革新幻想の戦後史』中央公論新社〈2011〉274：川久保剛『福田恆存』ミネルヴァ書房〈2012〉70f., 94f.）。なお、三谷太一郎は、福田の『近代の宿命』（一九四七年）を読むように丸山から「強く勧め」られたと証言している（『戦後民主主義をどう生きるか』92：cf. 松沢弘陽「解題」『集』⑦403：池田信夫『戦後日本の国体』白水社〈2018〉89：苅部直「政治と偽善」『大航海』㊵〈2001〉138ff.：同『ヒューマニティーズ　政治学』岩波書店〈2012〉77ff.：V-3 註 3)。

（15）丸山の所蔵本には当該箇所に下線が引かれている（Max Weber, *Gesammelte politische Schriften*, München 1921「丸山文庫」［資料番号0182055］436)。

（16）「リアリズム」や「冷徹な」認識（『対話』38, 54：『集』⑦312)、実証的、科学的な、しかし「傍観」と区別された認識（『集』⑦29：『集』⑦148）への評価もこの連関に属する。

（17）ただし、丸山自身、マキャヴェリやバークの「慎重」、あるいはウェーバーの「距離をおくこと」といった政治的倫理が「個人倫理」でもあるといっている（『集』⑦47)。

（18）ここにいうマキャヴェリズムは、政治的倫理（国家理性）を保持したマキャヴェリその人と区別された無制限の権力拡張の肯定という意味である（『集』④270）。

（19）晩年の丸山は、非転向＝獄中組ではマルクス主義が自然法になってしまったと相変わらずいっているが、しかしそのことを、彼らは「現実」を知らなかったというようにネガティヴに評し、そこからさらに戦後の共産党の「国体」に類似した体質を批判する（『著作集』と『講義』〈1995〉『続話文』④180ff.: cf.『話文』③208）。「左翼天皇制」という切り口である（II-1 註22）。

（20）丸山は、フルトヴェングラーの現代音楽論に託して、「法則的なもの、規範的なものがしっかり自分の内部にあるから、それを外部からの拘束と感じない」という（『座談』⑨61）。これは「文化の型」への評価（V-1-c）に繋がる。

（21）ここで丸山はウェーバーを引いて「責任倫理」という言葉を使いながら、それに対立する倫理としては「山上の垂訓」というのみで、「心情倫理」という言葉を出さない（cf.『講義』③34）。「心情倫理」が個人倫理であるという観念から、四海兄弟のような普遍的な「政治的」理念を表現するのに不適切であるとみなしたからかもしれない。しかし、福澤の側から見れば、四海兄弟の信仰は自然法信仰であり、心情倫理としても誤りではない。

（22）三谷隆正は、明治学院普通部を経て、明治四〇年一高入学（南原や森戸辰男が同級生）、大正四年東京帝国大学法科大学卒業後、岡山六高教授を経て、昭和二年一高教授となった。丸山も三年生の時に「法制経済」の授業を受けている。

（23）西村稔「「欧化」と道徳」⑤（『法学会雑誌』57〈2008〉544, 549）参照。

（24）丸山は南原繁へのヒアリングで、三谷をめぐる座談会の引用文とほぼ同じ内容の発言を行っている（丸山眞男・福田歓一『聞き書南原繁回顧録』東大出版会〈1989〉7ff.）から、文献上は、新渡戸を積極的に評価した回数は二回ということになるが、発言の重複度からすると、両者は同じソースによるようだ。座談会の方は『図書』（一九六五年九月）の再録であるが、『聞き書』の時期は明示されていない。いずれにせよ、『聞き書』しか読まない読者は、そこには武田が登場していないのだから、二つの教養主義という見方をもっぱら丸山に帰してしまうことになる。

（25）「現代の政治」〈1957〉『集』⑦181f.:「南原繁「フィヒテの政治哲学」を読んで」〈1959〉『集』⑧107ff.: cf.『南原繁著作集』第四巻解説」〈1973〉『集』⑩139ff.:「南原先生を師として」〈1975〉『集』⑩173f., 185ff.

（26）丸山は、この座談以前に、和辻の倫理思想史の非政治的ないし反政治的な「文化」概念を指摘しているが、イデオロギー批判には踏み込んでおらず、また『尊皇思想とその伝統』や『日本の臣道』などに批判の矢を向けることになるのはずっと後年のことである（II-3-a）。座談で丸山が、大正教養主義は倫理を芸術に解消したとしているのは、武田の観照的個人主義という規定と重なるが、丸山はそれをただちに和辻の戦中の姿勢に結びつけていない。

（27）これは三木清の説を踏襲したものである。『土着と背教』の「新渡戸稲造の人格教育――理念と実践」の原論文にあたる「教育者としての新渡戸稲造」（国際基督教大学『教育研究』⑦〈1960〉69f.）で武田は、三木清「読書遍歴」（一九四一年）を挙げて、ケーベル門下の教養主義が人格的実践的関心よりも「知的文化的関心」に特色があり、その人格主義も観念的な内面省察に終わり、歴史形成力としての実践へと主体をつき動かすような dynamic なタイプではなかったとし、それと対照的な新渡戸を中心としたキリスト教を含めた教養主義があったが、実践の具体的目標と方法はそれぞれの個人に任せたように思われる、としている（cf. IV-1-b 参照）。

（28）『土着と背教』では、後者の教養主義の説明で、「内村に見られるような、一面、「教養を断つ」といった要素をふまえながら、そこから新渡戸に見られるようなこの世の文化・教養への積極的なかかわり方を求め」とある（『土着と背教』新教出版社〈1967〉139）。原論文（前掲「教育者としての新渡戸稲造」）にこの表現はなかった。武田は後の「大正期の二つの教養主義」（『日本古書通信』758号〈1992〉2ff.）でも座談とほぼ同様の見解を披露するが、そこでは阿部や和辻の教養主義が「漱石の倫理性とはある異質性をもつ」といい、また内村は「美的価値に耽溺することにある頽廃性をかぎつけ、教養を断つ」というような厳しい信仰思想をもっていたとする。いずれも丸山の見解をなぞった感がある。武田清子「解説」（一九九一年稿）（三谷隆正『幸福論』岩波文庫〈1992〉285f.）も、「二つの教養主義」について座談と同じ見解を述べているが、安倍能成も阿部・和辻の教養主義の仲間に入れる。

(29) この種の潔癖は新渡戸にもあり、その典型は、自然主義の傍若無人・本能主義に対する批判（『全集』⑦23, 333：『全集』⑧114：『全集』⑩107：『全集』⑪45, 82）に現れているが、「我国では文芸そのものまでも専門になつてゐる。文芸家と云へば文芸を職業としてゐる、その看板には頭髪を長くするとか、寧ろ普通の人間趣味を脱するやうな傾がある」ともいっている（『全集』①370）。

(30) 丸山が大正教養派や白樺派がキリスト教にいったん入信したり、内村の門下に入ったという事実を指摘したが、武田はそれに触れない。詳論は控えるが、若き阿部や和辻が新渡戸や内村、漱石、あるいは白樺派の強い影響を受けて、「内面」を重視したことは、大正教養主義の成立にとって重要な要素である。一例だけ挙げれば、阿部は大正七年に、「義務の観念」、「先験的当為」を現実的国家＝「自国の利害」の上に置くべきであり、「世界再造の原理は、カント哲学の精神においてはじめて与へられる」と述べている（『全集』⑦258f.）。「心情倫理」である。

(31) 同じ場所で丸山は、大正末期の内村において「反政治的能動性」がしだいに「非政治的諦観」に推移していきながら、「宗教的「急進主義」」のみが亢進の一途をたどったとしている。「極左主義」、「急進主義」は「心情倫理」の謂であるが、「極左」という表現は内村自身のものである（『全集』㊱307f.／亀井俊介訳『内村鑑三英文論説翻訳篇』上、岩波書店〈1984〉65ff.）。

(32) 南原は、「ぼくはキリスト教を人々に信じさせることはできないが、学生たちをキリスト教の門前まで連れてゆくことができる。それから先はどうぞ、あなたがたが導いてほしい」と無教会派の伝道師たちによくいったという（池政人「詩人預言者・南原繁先生」丸山眞男・福田歓一編『回想の南原繁』岩波書店〈1975〉113）。新渡戸の姿勢を踏襲したのである。

第1章第三節

(1) 丸山はR・N・ベラーの書評で、タルコット・パーソンズに依拠したベラーの図式を説明する際、「属性（Quality）」に対する「業績（Performance）」の優位が年齢、性、身分、知性など「何かであること」よりも「何かをすること」でものを価値づけてゆく傾向を示し、また近代社会は、ベラーによれば「業績価値と普遍主義的基準」を原則とし、「形式的合理性」と、「「する」こと」に対する一般的関心が産業だけでなく、学問やクリエーションの領域にまで高度に波及しているという（『集』⑦264, 280）。「である」ことと「する」ことはパーソンズから借りてきた図式であった（cf. 松沢弘陽「解題」『集』⑧397：竹内『丸山眞男の時代』26）。ベラーの主張は、本来「属性」の領域に属する学問・芸術も「業績」により測る傾向、つまりアメリカ流業績主義である。別の場所ではやはりベラーに依拠して、「クオリティ・ヴァリュー」は、家柄、年齢、性別、「教養」という属性による価値判断であるとともに、資本主義精神＝「パフォーマンス・ヴァリュー」に対する身分社会の基準であるとしているが、同時に近代化をめぐって日本の武士の行動主義と中国の秩序維持的儒教道徳の差異をも指摘する（『集』⑧7f.）。坂東武者の名誉観と、江戸時代の、「教養」（中国古典の知識や詩歌・文章）に重きを置く「士大夫的」理想像との対照（『講義』⑤85）は、パフォーマンス・ヴァリューに基づく日本の武士のエートスと中国の「教養主義的」読書人との対比（『座談』④55f.）と重なる。この場合は「教養」＝「である」こと」のネガティヴな面が強調されている。

（2）この発言は、東洋のような後進地域では西洋民主主義がそのまま植え付けられるのではなく、西欧的自由による人格の解放（行動様式やモラルの共同体的規制からの解放という意味の「民主化」）の歴史過程がヨーロッパよりも「左」の力によって行われる、という趣旨の座談での発言（『座談』②51）の解説であり、そこでは「アソシエーション」はとくに話題に上っていなかったが、この意味の解放運動の担い手としての「アソシエーション」（労働組合等）が念頭にあったと思われる。

（3）丸山は、ヨーロッパでは家庭と教会が独自の教育権を握り、国家の教育権に対して熾烈に抗争したのに対して、日本では国家権力による教育の中央集権化が早期に進み、また「中間団体の自主性」が少ないので、むしろ西欧より早く大衆社会化した面があると推測する（『座談』④30）。大衆社会化が教育の国家的独占により拍車がかかったという認識は、丸山のいわゆる「立身出世デモクラシー」（III-2-c 補 3）と関わる。なお、丸山は、幕末において国民主義的理念は、「仲介勢力の自立的存在」が国家と国民の内面的結合の桎梏となっている状態を克服すべく、「中間勢力」を政治的集中と国民層へと分解させるはずであったが、実際には政治的集中が優位を占め、政治的関心を広範な社会層に浸透させ、それにより国民を受動的状態から脱却させ政治的に動員するという課題は脆弱なものにすぎなかったとしていた（「国民主義の「前期的」形成」〈1944〉『集』②264f.／『日本政治思想史研究』東大出版会〈1952〉359f.）。「仲介」は『日本政治思想史研究』では「中介」（cf.『集』①14）とあるが、「中間権力」（pouvoirs intermédiares）のことである（「昭和二十五年度　政治学史講義草稿」『センター報告』⑪〈2016〉97）。

（4）後年丸山は、デモクラシーを支えるべき自発的結社のモデルを労働組合としたことが「完全に間違い」であったことを認めた。それは組合官僚化と労働貴族化、さらに一般に高度成長の見通しを誤ったためであった（『自由』70）。

（5）木下順二との対談（一九六一年）でも丸山は、芸術や学問といった政治以外の「価値基準」の上に立って「政治的選択をして行く」というパラドックスを意識しながら、「政治が優位しているからこそ、まさに芸術の自立を主張しなければならない」という緊張関係を意識し、「政治主義」にも「芸術主義」にも陥らないように戒めている（『座談』④260）。

（6）丸山によれば、「非政治的」団体にも「政治的な思考法」が必要である。非政治的団体は政治的思考法を身につけなければ、自己の非政治的目的を実現することができないからであるが、しかしまたそもそも現代ではあらゆる行動が結果的に政治的状況に影響を及ぼすことになる、というのである（「政治的判断」〈1958〉『集』⑦313ff.：『集』⑯23f.）。

（7）〈文化から政治へ〉という戦略は、「文化」＝学問・芸術＝知識人に限定されない（「文化の（文化人のではない！）立場からする政治への発言と行動」）から、これを「非政治的な市民の政治的関心」、「「政界」以外の領域からの政治的発言と行動」としての民主主義という考え方（『集』⑧38）に繋げるならば、臨時の、または日常的な政治参加としての「パート・タイム参加」（『講義』③36：『話文』①345f.：『話文』①136）とか、「市民」の日常的な政治的関心と行動を表す「俗人」の活動＝「在家仏教主義」（『集』⑧314：『座談』④125f.）、あるいは「ノンポリの政治的責任」（『集』⑫175）という発想と関連をもつ。「自律的な個人と個人とが横につながって、社会とかアソシエイションを作っていく、これが市民概念になっていく」（『続話文』①429）というように、「市民」は自発的集団と切っても切れない関係にあった。

（8）しかし、丸山はソヴィエトの政治的現実とそのイデオロギーに対して批判的な姿勢をとり、芸術との関係でも、すでに一九五七年の段階で、マルクス・レーニン主義の「真理の独裁」＝プラトン的哲人政治が「勤労大衆の文化水準の質的な向上」の問題に画期的な解決の方向を示したことを認めつつも、ソヴィエトの音楽や映画の「完璧性」に模範的な「美の客観的様式化」の危険を見出し、さらに、古典だけでなくグレアム・グリーンやヘミングウェイを愛読し、ガーシュウィンの「ポギーとベス」に熱狂するソ連の若い世代の「教養財産」に触れて、共産圏における文化諸領域の自由化に言及している（『集』⑦23ff.）。

（9）同じ講義で、E・バークの一七七四年のブリストル演説を引いていう。「地方の郷紳が中央でクラブを形成し、そこで理性と教養のすべてを傾けて、国事を議する！ nobless oblige」。貴族・名望家はイギリスの政治的前衛であり、それが選挙区・選挙民からの独立の要請を含んでいる点で、レーニンの目的意識＝前衛とプロレタリアート＝自然成長性に対応する、と（『講義』③184）。

（10）いわく、廃藩置県に抵抗することができなかった日本の中間身分には、内乱を賭しても身分を守る気概が欠けており、それゆえまた民主主義にしてもマイノリティの権利を守るような気概（「千万人と雖も我往かん」）がない。それでは「精神的貴族、社会的貴族」などできない。「精神的貴族主義がなければ、日本のデモクラシーは多数という名の暴力の前に屈せられてしまう」（「一一月一一日　丸山眞男先生速記録」〈1959〉『別集』②197）。

（11）田中は、戦前から和辻哲郎や安倍能成などの大正教養派とともに「同心会」というグループを形成していたが、戦後同心会は雑誌『世界』の創刊（一九四六年）に協力し、その縁から田中が丸山を推薦して「超国家主義の論理と心理」の『世界』への掲載ということになった（『回顧談』上280：『集』⑮267）。だが、『世界』はしだいに丸山ら新世代の活躍する舞台となり、「同心会」は、雑誌『心』（一九四八年創刊）に拠って『世界』と対立する位置を占めるようになった（cf. 竹内『メディアと知識人』192ff.）。丸山は、『心』グループが「体制の安定を背景にして出てきたリベラル」であった（「知識人・東と西」『思想の科学』①〈1961〉20）とするが、他方で『世界』は「文化的な保守主義」だから宮本百合子も中野重治も載せるけれども、『心』は「進歩派への意識的なアンチ・テーゼ」が中核であったともいう（『座談』⑤321）。ちなみに、『心』の一九四九年新年号には、「生成会　心編輯同人」として五〇人の名前が挙がっているが、その中には、和辻、田中、天野、安倍などの大正教養派のほかに、谷崎潤一郎、高村光太郎、津田左右吉、永井荷風、長与善郎、武者小路実篤、小宮豊隆、小泉信三、斎藤茂吉、志賀直哉、鈴木大拙などの名が挙がっている。田中は、敗戦直後（一九四五年一一月）に、国民の教養の水準が高められたならば「文化国家」が実現するとするばかりか、この大転換期にあたって「我が国固有の醇風美俗」を涵養・発達させるべきであり、軍国主義や偏狭な国家主義を徹底的に払拭するとともに、「君臣、文学、師弟の道」のような美徳は以前にも増して尊重しなければならないと説いていた（『教育と権威』岩波書店〈1946〉231f.）が、『心』に載せた「教養について」（一九五一年）では、大正期の「教養」の意義を全面的に肯定し（「真の教養」とは、ドイツ語のBildungという言葉が示しているように、「人間を作ること」である）、「正しいヒューマニズム」、「愛」の必要を説いた（『現代生活の論理』春秋社〈1957〉39, 40, 42）。

（12）南原繁は東大総長としてマス・コミからも講演の依頼などを受けたが、故郷と母校に関わる場合を除き、もっぱら東大の講堂を通して「世間一般」に語りかけてきたといっている（『わが歩みし道』香川県立三本松高等学校同窓会〈1996〉71f. : cf.『回顧談』下 66）。事実、著作目録（『著作集』①359ff.）によると、総長在任中、学生向けと銘打ったラジオ放送二回を除いてマス・コミで発言していない。南原は、たしかに「世間的に「有名人」」（「断想」〈1975〉『集』⑩166）、あるいは「国民的指導者」になった（三谷太一郎『人は時代といかに向き合うか』東大出版会〈2014〉130）が、南原自身は、総長講演が新聞で盛んに報道されたのは、「私個人の説とか思想とかへの関心」よりも、戦後の民主的変革の中で大学の占める地位が高く、東大が全国大学の代表として扱われたためであった（『聞き書　南原回顧』317f.）といい、総長としての所信表明演説（昭和二一年の紀元節演説）が新聞で大きな反響を呼んだのは、「当時は日本中が全面的に混迷の状態にあったから、何か私の話の中に一つの方向を求めたということもいえるのではないでしょうか」（同 311）と控え目に語っている。ただし、総長退任後は、新聞や総合雑誌にかなり寄稿しているから、「大学」ないし「教育者」という枠が南原にとってジャーナリズムとの間の大きな隔壁になっていたと思われる。丸山によれば、南原は「単に研究者というのではなくて、やはり社会的に影響力をもった教育者」であった（「生誕百年記念会に寄せて」〈1989〉『わが歩みし道　南原繁』3／『集』⑯257）。なお、岡義武（「小野塚先生と南原先生」（『聞き書　南原回顧』428f.）は、南原がその師小野塚喜平次と同じく「ジャーナリズムと全く無関係」であったけれども、総長就任以後は、小野塚と違って「きわめて積極的に社会的発言を試み」るようになったとしている。

（13）丸山は「ヨーロッパと日本」（一九四九年）で、近代ヨーロッパの市民社会の原理たる Unity in Variety が文化領域に現れたのが、「文化価値の自律性の承認、いわゆる学問のための学問、芸術のための芸術という主張」、すなわち外部からの干渉・統制を排除して、学問・芸術の「社会的職分」を実現するための学問・芸術の独立の主張だと説明している（『集』別集①340）。これは〈学問自身の社会的使命〉そのものである。

（14）この「実用性」は「「である」ことと「する」こと」に登場したアメリカ的業績主義の背後にある、「学芸」の世界における「卑近な「実用」の基準」（『集』⑧42）と同じものだが、伝統的な生活態度を絶対視するような「東洋的な実用主義」に対する丸山の反撥（「教育の反省」〈1948〉『座談』①159）とも無関係ではない。丸山は、戦前には、東洋的実用主義と福澤の実学を同一視していた（「麻生「近世日本哲学史」を読む」〈1942〉『集』②191）が、戦後には、「倫理」を中核とする東洋的実学主義と「物理」を中核とする福澤の実学をはっきり区別した（「福沢に於ける「実学」の転回」〈1947〉『集』③123 :『続話文』①79f.）。

（15）丸山は論文「近代日本の知識人」で、「知識人の社会的責任」を動機とした「われわれ自身の「精神革命」」は悔恨共同体の推進力となったとしている（『集』⑩256）。これは「非協力知識人」の発想とされているが、論文の元になった講演では、「精神革命の問題」という意識の説明として、「私の先生の南原先生と接した感じでもやはりそうでした。先生なんかは最も便乗者から遠い人でしたけれども、それでもやはり、あえて言うならそういう意味での自己批判と悔恨をお持ちでした。非協力知識人でもそういう感情を持っていました」と述べている（「「近代日本の知識人」講演記録」「丸山文庫」［資料番号 266-1］63）。

（16）丸山は、例として、一九五〇年代にコミュニストないしその同伴者の集団と見られるようになった民主主義科学者協会（いわゆる民科）や新日本文学会に今日では驚くべき人々が名を連ねていたことを挙げる。後者の初期のメンバーには志賀直哉がおり、前者の創立者の一人は最高裁長官になった横田喜三郎であった。新しい日本の建設、ファシズムを繰り返さないという決意が幅広くあり、そういう「出発点」が我々にとっては戦後民主主義であったけれども、高度成長期の教育などで規格化され、押し付けられた型を民主主義だとして受け取った世代が「戦後民主主義クソくらえ」と思うのはもっともではないか、というのである（『話文』②163）。丸山も一九四七年に民科に加入し、四八〜五二年評議員を務めたが、後に語ったところによれば、当時すでに「民主主義科学などというものはない」とよくいったと回顧している（『集』⑮166f.）。

（17）ユネスコの八社会科学者の平和に関する声明について安倍能成、大内兵衛、仁科芳雄の主唱の下に五二名の学者（丸山もその一人であった）が検討した成果である「戦争と平和に関する日本の科学者の声明」は、たしかに、「われわれも夙にこの平和声明に含まれている如き見解を所有しておつたにも拘わらず、わが国が侵略戦争を開始した際にあたつて、僅かに微弱な抵抗を試みたに留まり、積極的にこれを防止する勇気と努力を欠いていた」ことを認めている（傍線丸山）（『世界』㊴〈1949〉「丸山文庫」［資料番号 M000076］6）。しかし、学者の間では必ずしも一致した「悔恨」は成立していなかった。一九四八年の平和問題談話会で羽仁五郎が、日本の学者の自己批判が必要だと主張して「学者の節操」を説き、「人民に対してこそ、学者は最も深き責任感をもつべきものだと思います」と述べたのに対して、安倍は、「考え方によつては、われわれここに集まった者が、学者としての節操を羽仁君から詰問されているということにもなつているわけでありますが［……］」と反撥した。その際、丸山自身は、詰問するという意味ではなく、「やはりわれわれは、日本の社会科学者が――個々についていえば過去においていかに良心的な人があり、いかに自分の立場を守り通した人があつたにしても――全体として結局、侵略戦争を防止することができなかつたということについて、全く触れずにすますということはできません」ととりなしている（傍線丸山）（同 54, 56, 59 : cf.『集』⑮325／『回顧談』下 226f.）。羽仁の主張は「消極的には自己批判、積極的には知識人というのは一体何で社会に貢献するのか」という問題意識に立っていた（『話文』①284）のだとすれば、丸山と同じである。

（18）続いていう。「民衆との結合」もたいせつではあるが、「まず手近かに社会科学者相互の横の連絡をつけ」て「一般民衆に訴える」ことが必要であり、同時に「社会科学の横の団結」を強化し、「社会科学者が一つの連帯組織をもつに至る」ことがとくに必要だが、戦前のマルクス主義者の抑圧に対して自由主義者は冷淡な傾向があり、その結果今度は自由主義が抑圧された、と（傍点丸山）。もちろんだからといって、丸山が民衆との結合をネグレクトしたというわけではない（cf.『座談』⑨110：都築勉『戦後日本の知識人』世織書房〈1995〉「丸山文庫」［資料番号 0210046］156）。

（19）丸山は後に、この創立宣言には「戦争とファシズムを阻止しえざりしオールド・リベラリストと訣別し」という勇ましい文句があり、自分たちには「被害者意識」があったことを認めている（『集』⑮168：『回顧談』下 26）。

（20）ただし、丸山は一九四七年度講義では、明六社の所説には、「距離のパトスに基く貴族性」が漂っており、ある場合には「殆どペダンティックな臭い」さえ感じられるが、それをもって『明六雑誌』が全体としてもっていた「デモクラチックな性格」を否定することはできない、と述べていた（『一九四七年度・一九四五年度「東洋政治史思想史」講義原稿』『センター報告』⑨〈2014〉85：『講義別冊』②281）。また、「軍人層の志士意識」も「距離のパトス」が強いともいう（『集』③291）。丸山は一九四五年の日記に、「Das Pathos der

Distanz なしには、より高き状態にたいする、一口でいえば人間というタイプの引上げに対する、継続された人間の自己克服にたいする、あの願望も生れなかった」と記している（『対話』27）が、翌年の「超国家主義の論理と心理」では、戦前の日本に合法性の意識が官吏の上層部にいくほど希薄になることを、国家社会的距離の基準が「天皇への距離」にあるとした際に、「ニーチェは、「へだたりのパトス」(Pathos der Distanz) ということを以て一切の貴族的道徳を特質づけているが、我が国に於ては「卑しい」人民とは隔たっているという意識が、それだけ最高価値たる天皇に近いのだという意識によって更に強化されているのである」としている（『集』③28：cf.『集』⑦44）。

(21)「一切の世界観的政治的闘争に対する単なる傍観者」という言葉は、マルクス主義的立場からする講壇学者批判を想起させるが、「傍観者的実証主義者」は「クソ実証主義」の批判と重なっており、「価値関係づけ」の欠如を指す。なお、丸山は、ウェーバーのいう「事実をして語らしむる」ことの陥穽も承知していた（『座談』⑤328）。

(22) 丸山は後にも、「価値判断排除」は学問的認識の客観性にとり「不可欠の要請」だとしている（「現代日本の革新思想」〈1966〉『座談』⑥44）。なお、松尾尊兊『大正デモクラシーの群像』（一九九〇年）への礼状で丸山は、「実証主義の名の下に、歴史的事象に対して無批判であることが学問的態度であるかのようにふるまう戦後派の歴史学者が少なくない中にあって、明確な価値判断を下すことを忌避しない学兄の叙述には感銘いたしました」と述べている（『書簡』⑤372）。実証主義批判は丸山の持論だが、価値自由論も受容していたのであるから、価値判断への「感銘」は社交辞令であろうか。

(23)『集』⑩318ff.：『書簡』①273：『集』⑪145：『集』⑮157：『座談』①217：『座談』⑨243、『書簡』①273：『書簡』⑤252：『自由』94, 98.

(24) これはカントの「内容のない思惟は空虚だし、また概念のない直観は盲目である」（篠田英雄訳『純粋理性批判』上、岩波文庫〈1961〉124）に由来するのであろう。

(25) 丸山によれば、「主体との関わり方なしには、対象の認識などできない」というのは、カントや新カント派もいっていることだが、マルクス主義の「党派性」という観念からも影響を受けたという。それがすなわち「いわゆる実践」とは違うけれども、「研究を通じての現実へのコミットメント」である（『話文』③206）。

(26) 丸山の「視座構造（Aspektstruktur）」はマンハイムに依拠したもの（『集』②160：『集』⑩325）だが、丸山によれば、マンハイムの知識社会学は「体系的には」ウェーバーに負うところが少なくない（『集』⑩339）。

(27) 丸山は、「歴史的時間」を「自然的時間」に解消する日本の「事実主義・感覚主義」の伝統について語った際、「歴史からわれわれが「学」びうるのは、現代から過去の出来事に意味賦与をして、歴史的状況や人物を一定の「典型」にまで抽象化することを通じてである」としている（『対話』118：cf.『講義』⑤18）。「意味賦与」する主体は、何らかの「思想」を前提としているが、それによって見出される「典型」は、如何に抽象化されても、その「思想」（つまり「価値判断（好ましいか好ましくないか、等）」（『講義』⑤13）の刻印を帯びざるを得ない。これは、H・G・ガダマーのいわゆる「解釈学的循環」に関わる問題であるが、丸山は、ハイデガー以降ガダマーへと展開する解釈学とその伝統について、「大よそのことを知っていた」が深くは読んでいなかったらしい（松沢「近・現代批判と伝統」381）。なお、丸山は、文学部出身の歴史家の中にある「根強い事実信仰」からくる「思想史に対する軽侮」に対して「事実としての思想というものをもっと考えてくれ、といいたい」（『座談』⑧249：『別集』③280f., 293）といっているが、これは津田左右吉に対して和辻哲郎を擁護する主張となって現れている（II-3-a）。

（28）『概略』を読む」（一九八六年）では、伝統社会の知識人を、「その社会におけるオーソドックスな世界観の独占的解釈者」＝「身分的＝制度的インテリ」として特徴づけた際、ここにいう世界観解釈とは、我々が住む周りの世界に対して「意味を賦与する仕事」であり、人間は「まったく無意味な混沌《カオス》の世界」には生きられず、我々は「自分では意識しなくても、自分について、自分の環境について、世の中について、なんらかの意味づけあるいは秩序づけを不断にしながら生きている」という（『集』⑬44f.）。

第1章第四節

（1）ただし、「権力と道徳」、「支配と服従」、「ファシズムの諸問題」には、すべて註（割註を含む）が付いているが、「日本ファシズムの思想と運動」には註がなく、逆に「軍国支配者の精神形態」には註があるから、スタイルと掲載雑誌が厳密に対応しているわけではない。ちなみに、欧文文献からの引用がある「日本におけるナショナリズム」（『中央公論』掲載）中の、日本国民の「無邪気なパンパン根性」（『集』⑤67）とか、後に『戦中と戦後の間』（一九六七年）に収録された、英語・ドイツ語も文中に挟む「政治学入門」（一九四九年）の「エゲツない」（『集』④250）、あるいは、「ですます」調だが、少なくとも部分的にはりっぱな政治学論文である『政治の世界』（一九五二年）の「ハッタリ」（『集』⑤143）といった表現は、いわゆる「焼跡闇市」の余韻を伝えるものかもしれないが、現代の通例の学術論文ではまずお目にかかることはないであろう。

（2）丸山は、ジャーナリズムとアカデミズムの思想的交流のためには、前者が自主的に鋭利な直観で現実の中から見出して提出した問題を後者が受け止めて、理論的に深化していくのが望ましいとしている（『集』⑦251）。ジャーナリズム、ひいては「思想」優位の発想である。

（3）丸山は、「超国家主義の論理と心理」が軍隊内務令や漱石の小説をどんどん資料に使うのは、それまでの論文のスタイルにはあまりなかったので、「その点ちょっと新しいという自信はあった」と語っている（『座談』②214）が、それは南原繁のような学者からは、「若い学者が書く論文にしては規格はずれだ」と受け取られたという（『回顧談』下93）。なお、『現代政治の思想と行動』は、対話体（「肉体文学から肉体政治まで」）や書簡体（「ある自由主義者への手紙」）の文章も含んでいる。後者は「フィクション」であった（『続話文』④152）。

（4）「俗人」とは、増補版に新たに収録された「現代における態度決定」（一九六〇年）で市民の日常的な政治的関心と行動の意味を「在家仏教」主義になぞらえたものを応用して、学界とも論壇とも無縁の階層に属する「学者以外」の人々、「学問上の俗人」、「市民的職業に従事している平信徒」（「学問と政治」〈1964〉『座談』⑤7：「民主主義の原理を貫くために」〈1965〉『座談』⑤123：「経験・個人・社会」〈1968〉『座談』⑦170）を指す。

（5）英語版は初版の抄録であるから、その内容に応じて、ジャーナリズムといわずに、「政治評論誌」という表現をとったものと思われる。「アカデミックな価値」が掲載雑誌との関連でいわれているのは、増補版「後記」で、やはり掲載雑誌を引き合いに出して、「学者以外の読者」を想定したと述べているのと対応する。

（6）増補版「後記」で、収録論文が「学界とジャーナリズムの「架橋」」ではなくて「学問的思考を坊主の専売から少しでも解放すること」を意図したというのは、初版「後記」の、政治学の「内」と「外」との「架橋」という表現を意識したものと思われる。そうだとすれば、最初から学問（坊主）と一般読者（俗人）との架橋を意図したのであって、学界とジャーナリズムとの架橋ではないということを強調もしくは弁解したことになる。

(7) しかしなぜ、「ジャーナリズムむき」の読みものとして書いたのではない、と強調しなければならなかったのか。これは、ジャーナリズムからの「注文」で書くはめになったという主張と対応するかもしれない。つまり、みずから進んでジャーナリズムに書いたわけではない、ということによって、丸山は、たとえ内容が「啓蒙的な読みもの」で、新聞・雑誌に掲載されていても、「学問的」＝「政治学的」な出発点があったということをいおうとしたのではないか。

(8) 増補版「はしがき」でも、大幅な書き換えをするのは「本書自体の資料としての意味を減殺する」と考えて、初版「追記」を残したとし（『集』⑨178）、『戦中と戦後の間』（一九六七年）も、みすず書房が「編者として作った一つの記録」であり、弁解や補記や感傷的回想を加えずに、「資料としての体裁」を損なわないようにしたという（『集』⑩215）。『忠誠と反逆』出版（一九九二年）の際にも丸山は、如何なる作品もそれがもつ「歴史的性格」があり、何らかの「偏向」を含むはずであるから、旧稿の無制限な加筆修正はしないとしている（『集』⑮195）。こうした姿勢は、松沢弘陽（「完結にあたって」『集』別巻⑰「月報」2）によれば、「自己の著作を「一括して社会の目にさらす」ことを通して「知識人」としての公的な責任を明らかにする」ことを意味していた（cf. 宮村治雄『戦後精神の政治学』岩波書店〈2009〉113ff.）。だが、これは「学者」としての責任感とは異なる。「学者」であれば、学問的真理のためにたえず修正し続けることが責務となる。なお、すでに吉野作造は、第一次大戦時の論説を「史家研究の一資料」として残す意志をもっていた（三谷太一郎『大正デモクラシー論』第三版、東大出版会〈2013〉125）。

(9) 続いていう。「ぼくにもタンカを切るぐらいの自由は許してくださいよ。べつに論文を書いたわけでもないのに、大熊信行氏なんかは、「賭ける」なんていい方は政治学者にあるまじきことだっていうんです」と。後述のように、丸山にとって「思想」は「決断」、「賭け」と不可分の関係にあり、検証不能の「公理ないし偏向」が研究を生み出すというのも方法論的意味をもつ。

(10) 「夜店」は、「現代政治の問題を対象」とした（『集』⑦37）探究といった方が正確であるかもしれない。『戦中と戦後の間』「あとがき」では、戦後、本来の専攻である日本政治思想史の研究に集中する代わりに「現代政治の諸問題について広く店を張る始末になった」と表現している（『集』⑩215）。もっとも、丸山は初版「後記」で「現代政治の諸問題に対する「政治学」的なアプローチ」という表現をし、「政治学」に傍点を振っている（後註13も参照）。また、後でも触れるが、『日本の思想』「あとがき」では、戦後には政治思想史の範囲を踏み越えて「政治学上の諸問題、とくに現状分析の領域」に手を広げたが、論文「日本の思想」（一九五七年）の前後から「戦線」を整理して、ジャンルとして政治思想史の系列に属する論稿を書くに至ったとしている（『集』⑨112f.）。「政治学原論」は無論「政治学」だが、現代政治に関する時事論文もすべて「政治学」に属するということになるのだろうか。

(11) ただし、丸山は、政治思想史と理論政治学の分野は、混同されてはならないと同時に、「全く他から離れて「独走」することはできない間柄にあるように思われる」としている（『現代政治の思想と行動』第二部追記」〈1957〉『集』⑦31）。

(12) 丸山は、『現代政治の思想と行動』所収の「超国家主義の論理と心理」（一九四六年）が「夜店」に属するのかという質問に対して、「夜店」と「本店」の未分化の段階だとお茶を濁しながら、自分としてはこれは「日本政治思想史とまでは言わないにしても、思想という問題になるべく引きつけて書こうとし」たのであり、同じく同書収録の「軍国支配者の精神形態」（一九四九年）、「日本ファシズムの思想と運動」（一九四八年）などでも「夜店に属するテーマもなるべく本店のアプローチに引きつけて書くという意識があった」としている（『座談』⑨291ff.）。「思想という問題」とは、政治思想史＝学問に関わるという意味であろう。

（13）丸山は『現代政治の思想と行動』初版を出した時点で、「今度未来社から政治学関係の論文を集めて出した」のを機会に、「政治学の方は手を抜いて日本思想史の仕事に専念したいと思っております」と述べていた（埴谷雄高宛書簡〈1956. 12. 21〉『手帖』(69)170）が、一九五九年の『北海道新聞』のインタヴューでは、今年あたりから「古巣へもどって、日本政治思想史に本腰を入れられるんじゃないかと思っている」が、「政治学者」として「周囲の日常現象の中にころがっている」政治を無視することはなかなかできず、政治思想史にばかり沈潜していられないと語り（『集』⑯336）、『増補版 現代政治の思想と行動』では、初版を出した前後から「日本の思想史関係の仕事にふたたび精力を集中するようになっていた」と述べている（『集』⑨161：cf.『集』⑫54）。なお、丸山は一九五七年には「日本思想史との「兼業者」」を名乗り（『集』⑦34）、後にも、『戦中と戦後の間』に載せた論文は「政治学」と「思想史」の「兼業時代」の作品だとしている（『話文』②156）。丸山は、東大全学教官研究集会（一九六〇年五月）の準備段階で、「神皇正統記から安保条約までとてもカバーできない」と語り、当時から「現実政治の問題に引っ張られるのはもうかなわない、いつまでたっても日本政治思想史の研究ができない」と強く感じていたと述べている（『集』⑮338／『回顧談』下242：『書簡』③204）。

（14）増補版以後、丸山は全体としてしだいに寡作になっていったから、以前と比較することはできないが、雑誌・新聞に載った「学術的」内容の論稿は比較的少ない。一九六〇年代に限っていえば、『展望』等に載った講演「幕末における視座の変革」（一九六四年）と『図書新聞』掲載の「戦前における日本のヴェーバー研究」（一九六五年）くらいしか挙げられないであろう。

（15）たとえば、「安保闘争の教訓と今後の大衆闘争」（一九六〇年七月）、「選択のとき」（同年八月）、「復初の説」（同年八月）などを指すのであろう。

（16）一九六〇年九月のインタヴューで丸山は、安保闘争時の言動について、元々人の目に立つような「実践」は性に合わないが、「今度だって仕方なく動いた」と語り、闘争時のような形でない「実践」はこれまでも自分なりにしてきたつもりだが、「社会的活動に精を出した」という点で、今回に比べられるのは敗戦直後の三島庶民大学での活動だけだと述べている（『集』⑯27f.）。

（17）一九六四年の憲法問題研究会例会での報告について、丸山は、「国民の一人として」考えた見解を披露するといっている（『集』⑨251）。そもそも憲法問題研究会は、「純粋に学問的な会」であることを標榜しつつ、「国民のための会」であり、「啓蒙的活動」は辞さないとしていた（都築『戦後日本の知識人』288）から、一面的な性格づけになじまない。

（18）ことに憲法問題研究会や東大の全学教官研究集会での講演は〈知識人としての学者〉の活動であった。後者での講演「この事態の政治学的問題点」（一九六〇年）は、「政治学」を標榜し（ただしこれは『朝日ジャーナル』掲載時に「何かのまちがい」で「この事態の政治的問題点」に変わった（松沢「解題」『集』⑧411）、しかも丸山自身、その集会自体が「研究集会であって、何か直接に政治的な意見を表明したり、主張したりすることを目的とした会合ではない」ことを認めつつ、強行採決という事態を前にして、「今日ほどもっとも原理的な事情が、じつはもっともなまなましいアクチュアルな意味を帯びている時期はこれまでなかった」と述べており（『集』⑧284）、また前者での講演「現代における態度決定」（一九六〇年）では、私たちは客観的認識を目指す「研究者」として具体的問題についてできるだけ多面的かつ豊富な認識に到達しようとするものであり、それゆえ完結的な理論や学説など存在せず、「完結的でないところにこそ学問の進歩」があるとはいえ、「私たちの認識はつねに一定の偏向を伴」い、「偏向を通じないでは一切の社会事象を認識できない」と論じ（つまり「認識」と「決断」の相克を認め）、聴衆に向かって「決断」の必要を説いている（『集』⑧307ff.）。これは（たとえ研究者・学問を引き合いに出し、相手が「教官」であっても）、「知識人」による「啓蒙」である。

（19）これより前の一九四〇年に『公論』という雑誌に匿名で載せた「或日の会話」と題する一文がある（『集』①309ff.）。これは対話スタイルであるが、こちらの方が学者になってから最初の「時論」と呼ぶのにふさわしいように見える。内容は統制経済批判であるが、近衛新体制に少し迎合めいた発言をした後に末尾で、「同じ時代、同じ社会情勢を背景とした夥しい論策のなかで、あるものだけが後世まで広く伝えられるというのは、やはり何かその内容に普遍性があるからだよ。単なる時事論議はやがて「時」によって淘汰されてしまうのだ」としている。みずから「時論」をものしながら、その拠って立つ視点の普遍性を誇示しているのだから、植手の主張と重なるようだが、しかしこれが学術論文の性格を帯びているとはとてもいえない。

（20）「時論」と「学術論文」の境界は、丸山自身が意識していながら、容易に線引きできないものであった。これを、カール・マンハイムのいう「学問のジャーナリスト」と呼ぶ（植手通有「解題」『集』③358：同『丸山真男研究』あっぷる出版社〈2015〉100）としても、問題にすっきりした解答を与えることにはならないであろう。

（21）道元の「純粋出家主義」と易行の否定には「精神的貴族主義」の色彩があったという（『講義』④255）が、その対極にあるのが在家仏教主義である。

（22）丸山によれば、「セオリー」は日本でふつう「政治学史」や「政治思想史」の講義を含んでいる（『集』⑥172）。

（23）だからここで丸山は、「究極の考えを言え」としばしば迫られるが、日本人は告白を好み、内面性を尊重する気構えに乏しく、「このように不断に信条告白を強いられる社会は、自由がない社会であるだけでなく、そのためにかえって信条が安売りされる」とし、それと「学問」との、あるいは「実践」との区別を主張している（『別集』③7）。増補版「追記」でも、ほぼ同じことを述べて、究極の立場は何かと聞かれたら、「丸山イズムです」と答えることにしている、と述べている（『集』⑨172）。もっとも、自治会座談では、「私は社会主義者ですよ」、それも「どちらかと言えば個人に重点を置く方であると言ってよい」が、しかし「私が自分の信条について詳しく語っても始まらない」と述べている（『別集』③7：cf.『話文』④251）。

（24）丸山はここで、そもそも学問は万人に必要なものではなく、学者に限らず、誰でも、「生きて行く上で出会《でくわ》す汎ゆる問題に答えてくれる何らかの self-evident truth 即ち経験的には証明不可能の形而上学にコミットする」けれども、これを学問と区別しなければならない、としている（『別集』③8）。例の「超学問的動機」である。

第2章第一節

（1）これは丸山所蔵本であり、多数の傍線と若干の書き込みがある。漱石に関しては、「現実との対決が最後［?］まで諦観的性格を脱しなかった事」とする叙述につき、「漱石に於ける東洋精神、キリスト教的なものの欠如」と書き込んでいる（『日本思想史に於ける宗教的自然観の展開』創元社〈1944〉「丸山文庫」［資料番号 0183123］192）。

（2）『日本政治思想史研究』所収の論文「国民主義の「前期的」形成」（原題「国民主義理論の形成」）（昭和一九年）もまた、明治維新が達成したナショナリズムの「前提」がすでに近世封建制の内部に準備されていたと考え、それを探ろうとしたもの（『集』②244／『日本政治思想史研究』339）であるから、「内発性」探究であるが、実質的には「前近代性」の探究であり（戦後の「日本におけるナショナリズム」〔昭和二六年〕では日本ナショナリズムの「前期的」性格からくる「マイナス面」を指摘している〔『集』⑤70〕、あるべきナショナリズム像は明治以降に登場すると告げていた（『集』②268／『日本政治思想史研究』362）。ところが、論文「国民主義の「前期的」形成」は、明治以後のナショナリズムが「国民主義」の理論として出発しながら「国家主義」に変貌したことを描こうとしたのである（『集』⑤291／『日本政治思想史研究』「あとがき」9：cf.『集』⑫96）から、実際には明治初期における「国民主義」（あるべきナショナリズム）の内発性探究であった。なお、この論文では、政治的な国民意識が、環境に対する愛（自己の外なるものに対する伝習的な依存）としての郷土愛、「自然的自生的存在」ではなくて、「一つの決断的行為」であるとしている（『集』②228f.／『日本政治思想史研究』322f.）が、これは、後に植物主義的伝統観念をしりぞけて「決断」を強調する姿勢を先取りしている。

（3）すでに戦前に丸山は福澤から、「従来の東洋妄信より西洋妄信への飛躍」という批判的認識を受け取っていた（「福沢における秩序と人間」〈1943〉『集』②221）が、これは国体万歳から民主主義万歳への飛躍と無関係ではないし、胴震いすればすぐに剝げ落ちる〈お化粧的なヨーロッパ的教養〉という見方や後述の「新しがり」とも関わっている。丸山は清水幾太郎の二十世紀研究所で行った講演「近代日本政治の諸問題」（昭和二二年）で、文明開化の流行では、福澤のいう「旧を信ずると同様な意識で新を信じる」ような「表面的な皮相な形態」でヨーロッパ文化が理解され、中村正直が「意識の変革なくしては本当の近代的な変革はけっして成就しない」と力説したことを紹介して、維新では変革がまったく外面的であったために、やがてなんらかの機会に反動的な情勢が出てくると、「昔簡単に捨て去った意識が十分に新しい意識と対決されていないところからすぐ頭をもたげてくる」とか、簡単に「新しい観念」に飛びついてしまったために「なんらかの古い意識が思い出される」といっている（『別集』①174, 176f.）。以下に見るように、こうした視角が「日本の思想」（一九五七年）を経て「原型」探求に至ることになる。

（4）『座談』⑤320：cf.「旧制第一高等学校における政治学講義草稿」〈1947〉『センター報告』⑥〈2011〉43：「現代はいかなる時代か」『朝日ジャーナル』〈1959. 8. 9〉8f. また、「支那」を「中国」と呼ぶことに対して感じた「一夜にして態度が変わるのが嫌い」という「性分」（『集』⑩350）、福澤を手本とした「アマノジャク精神」（『座談』⑦103：『集』⑫112：cf. V-2 註 22）。

（5）丸山は、これは高山岩男が念頭にあっていったものだと打ち明けている（『手帖』㊴37）。昭和二三年に丸山は、民主主義の主張が「お説教的形態」をとっているのは、ついこの前まで「一億一心」とか「国体明徴」といわれたのと同じ仕方だと批判し、むしろ民主主義が人間の「非合理的な感情の奥底」まで浸透するような運動方法をとるべきだとしている（『続話文』③123ff.）。なお、丸山は昭和二二年に福澤について述べた時の原稿の内容を後に紹介している。福澤がもし生きていれば、戦争中には、「個人の自由な自発性に支えられずにどうして国家の発展があるか」を切論したであろうし、戦後の今日では、自由主義・民主主義・文化国家などの「美名」ばかりで、民族の独立の気概はなく、世界情勢に右顧左眄し、強者に媚を売るような奴隷根性のある限り、「個人の自由も民主主義も無意味なたわ言だ」と痛論しただろう、と（『集』⑮320）。

（6）当時丸山はノートに、「現代日本はデモクラシーが至上命令として教典化される危険が多分に存する。それはやがて恐るべき反動を準備するだろう」とか、「単なる多数支配に堕し、少数者の権利の尊重を知らぬ」「雷同的、貝殻投票的デモクラシー」と書き付けたという（『座談』②216）。昭和二〇年一一月のメモにはこうある。「デモクラシーが生々した精神原理たるためには、それが絶えず内面から更新され、批判されなければならぬ。デモクラシーがかうした内面性を欠くとき、それは一つのドグマ、教義として固化する。かくてそれはファシズムへの最も峻厳な対立点を喪失する。現代日本はデモクラシーが至上命令として経典化される危険が多分に存する」（『対話』14f.）。この観点がおそらく「永久革命」としての民主主義、すなわち「制度」ではなく、「プロセス」ないし「運動」、あるいは「理念」としての民主主義と表現されることになる（『対話』56：cf.『集』⑧25：埴谷雄高宛書簡〈1961. 12. 1〉『手帖』(69)165：「五・一九と知識人の「軌跡」」〈1960〉『集』⑯33f.：「戦後民主主義の「原点」」〈1989〉『集』⑮69f.：cf. 松沢弘陽「解題」『集』⑮357f.）。

（7）ただし、「内発性」論が単に日本人に近代化の「自信」をつけるだけでなく、近代的思考＝主体性の構築という目的をもっていたとすれば、民主主義万歳への批判は戦前からの連続性をもっている。丸山が一九四八年の教育改革論議で、「外国の教育理念そのまゝを輸入するのでなくて、もっと日本自身の自主性をそこに織り込んで行くこと、「外国のインフルエンスを無批判に受け入れて行く」のではなく、「自主的に判断する能力を持つ」ことを提唱している（『続話文』①385f., 387）のは、戦前の「欧化主義」批判と重なるが、また後述する「主体性」とも関わっている。

（8）「徂徠学の延長」とは質問者の表現であるが、「徂徠学」の呼称は、丸山自身が論文「近世儒教の発展における徂徠学の特質並にその国学との関連」を指すのに使った言葉である（『続話文』①77）。しかし、ここでは「近世日本政治思想における「自然」と「作為」」も含めて考えてよかろう（cf.『集』⑤287／『日本政治思想史研究』「あとがき」5）。丸山によれば、両論文では「自然法則＝社会規範＝人間性の朱子学に於ける連続性が漸次に解体して、各自の独自性が意識されて行くと共に、規範の妥当性の限界が自覚される過程を追究した」が、それは徳川時代における「近代的精神の萌芽」を探ろうとする「微視的な観察」であった。それに対して、「福沢に於ける「実学」の転回」は、アンシャン・レジームの精神についての「巨視的」な観察であった（『集』③130）。

（9）一九四七年のインタヴューで丸山は、「私が一貫して考えていることは日本における近代意識の成熟過程をたどることです。従来の学界には近代意識即外来思想という一つの定式が支配しておつて私の勉強も当時はひどく不評でしたよ」と述べている（『手帖』(69)217）。

（10）丸山は戦中の講義で、徳川時代では東洋的専制と国民精神の奴隷化の傾向が強かったが、他方でそこに発展の契機がまったくなかったとするのも誤りであり、「国民精神の自由な展開に於て、日本が他の東洋社会から異るものを持ってゐたればこそ、明治の新しい社会を招来しえたのである」としている（『センター報告』⑧〈2013〉77）。これは「アンビヴァレントな可能性」の祖型である。

（11）前註8参照。「福沢に於ける秩序と人間」で丸山は、福澤の「独立自尊」以前において国民の大多数にとって国家的秩序は「一つの社会的環境」であり、彼らは「環境に対する本能的な愛着」を感じていたにとどまるとしている（『集』②220）。これは、論文「国民主義の「前期的」形成」（前註2）に提示されたのと同じナショナリズム観念である。

（12）このモチーフは「福沢に於ける秩序と人間」で、福澤の啓蒙的個人主義が「時代的役割」を「既に果たし終わったとされる」という見解（『集』②219）に対する挑戦としてはっきり現れている。

（13）この一句は、「私達はヨーロッパにおけるキリスト教のような意味の伝統を今から大急ぎで持とうとしても無理だ」し、「その伝統との対決（ただ反対という意味ではない）を通じて形成されたヨーロッパ的近代の跡」を追うことなど到底できない（『集』⑦194）という考え方からきている。つまり「伝統との対決」というヨーロッパ・モデルが念頭にある。ここでの「伝統」はキリスト教であるが、後に丸山はミシェル・フーコーの思想に（対決軸としての）「カルテジアニズムの伝統」の意義を見出し（『座談』⑧244：『座談』⑧290f.：『別集』③320：『書簡』⑤349）、レヴィ＝ストロースの近代批判を「ヨーロッパの自己批判」として捉え（『話文』④185：cf.『続話文』②39）、「伝統」がたとえ克服の対象としてであっても座標軸の働きをすることを示唆している。

（14）ただし、丸山はここでも、日本の「近代」を捉えることの核心が、「問題はどこまでも「超近代」と前近代とが独特に結合している日本の「近代」の性格を私達自身が知ることにある」と語っており（『集』⑦195）、その限りで「近代の超克」への対決という視角を引きずっている。「近代の超克」は実在の敵としては消失してしまったが、その発生源としての伝統的思想構造はいまなお残っていると見たものと思われる。

（15）後に見るように、丸山は「日本の思想」で、「国民道徳」論の代表者である井上哲次郎に「東西文化融合論」ないし「折衷主義」を見出し、また「近代日本における思想史的方法の形成」（一九六一年）では「「欧化」への追随」、あるいは「実質的にそれの変奏曲にすぎない安易な東西文明調和論」（『集』⑨94）という表現もしている。

（16）丸山は、マルクス主義の学者による「価値判断の自由」の主張として高く評価した永田浩志『日本哲学思想史』（一九三八年）の発言（「思想史の叙述にあたって肝要なことは、［……］自己の好悪に従って取捨選択することではない。今まで我国で書かれた思想史の多くが、著者の道徳上の好みに著しく影響されていることは遺憾である」）を引いて、「好み」に影響された思想史とは国民道徳論から皇道哲学に至るまでの、国体賛美論者による思想史のことだ、と解説している（『集』⑫87：cf.「「近代日本における思想史的方法の形成」和辻・柳田関係」「丸山文庫」［資料番号424-1-0-0］12）。丸山はこの本および永田著『日本封建制イデオロギー』（一九三八年）の短評を書いている（『集』①109f.）が、永田は同年に治安維持法違反で検挙された。丸山の戦中期の東洋政治思想史講義原稿の参考文献（『センター報告』⑧〈2013〉79）、一九四八年度講義の参考文献（『講義』①53）には『日本哲学思想史』が挙がり、五六年度講義では右の二著を挙げ、「唯研の指導的メンバーの一人で唯物論の立場から近世思想史を全般的に解明した開拓者の一人」と注記している（『講義別冊』①26：『講義』⑤9：『講義』⑥5：『講義』⑦10）。

（17）すでに『政治の世界』（一九五二年）で丸山は、マキャヴェリは政治的状況の移行を一つの「循環法則」＝「型」として捉えようとし、それによって「あの有名な政治的行動の格率」を打ち立てることができた、と述べていた（『集』⑤133）。

（18）丸山は、佐久間象山の、「伝統的な範疇や概念装置の読みかえによって逆に通念化した伝統の枠をこえる行き方」、「古典の読みかえによって、儒教のカテゴリーを新しい状況のなかで再解釈」する実践例を示し、さらにそれを丸山みずから「今日の状況に読みかえ」ようとした（『集』⑨228, 246）。これは、「伝統は読みかえていかなければ生きないのだ」という象山の思考を象山自身に適用したもの（『座談』⑤309）、つまり「読みかえの読みかえ」（松沢「近・現代批判と伝統」328）である。

（19）たしかに論文「開国」は、明治初期に「開かれた社会」の要素として自主的結社の萌芽が見られたと指摘している（『集』⑧80ff.）が、それはまさに「健全なナショナリズム」の探究と同じく、その後潰え去ったけれども、現代にとって有意味な思想史上の存在の（つまり内発性の）探究である。ただ、ここでは維新後十数年の歴史的状況は「種々な方向の可能性」を孕んでいた（同 75）としている。つまり、ストレートな内発性探究ではなく、アンビヴァレントな可能性という発想がある。

(20) 進歩派ないし革命派の内発性探究への批判はすでに一九五〇年に出てきている。丸山によれば、あらゆる社会の歴史は階級闘争の歴史だという『共産党宣言』の命題を受けて日本のマルクス主義歴史家たちは、この命題を日本史上実証すべく「血眼になって被支配階級の反抗と闘争の史実をあさりまわった」が、そうした試みはあまり成功していない。なぜなら日本歴史は階級闘争の歴史というよりも「泣寝入り」の歴史であり、本当の下からの革命などかつてなかったからだ（『集』④327 : cf.『対話』37 :『集』⑫89）。また、五二年には、歴史と現代との関わりを基本的に肯定しつつも、自分は「歴史の実証的な考察が直接になんらか具体的な政治的主張によって好都合に歪曲される危険性に対してむしろ神経質に反応する方」であり、とくに戦前の歴史叙述の「主体性の美名」の下に横行していた「怪しげな国体史観」のためにそうした考え方に対する反撥が強かったと述べている（『集』⑤292／『日本政治思想史研究』「あとがき」10）。

(21) 革命的伝統を「草の根を分けても」掘り起こすというのは、一九五一年の歴史学研究会における歴史学者遠山茂樹の発言を引いたものである（松沢「近・現代批判と伝統」293 : 宮村『戦後精神の政治学』82）。

(22) 「無限責任→無責任のダイナミズム」とは、天皇を中心として、そこからの距離において万民が翼賛する「同心円」（「超国家主義の論理と心理」〈1946〉『集』③35）とか、「無責任の体系」（「軍国支配者の精神形態」〈1949〉『集』④140）といった形で捉えていたものを、「理論信仰」から生じる責任の無限定という建前が逆に理論的無責任になる、というように表現したこと（「日本の思想」〈1957〉『集』⑦240）、要するに、「日本共産党が「国体」的正統性の思想的遺産を——裏返しにして——受けついでいる」ということ（「『スターリン批判』における政治の論理」〈1956〉『集』⑥225）、つまりいわゆる「左翼天皇制」論である（『集』⑯63 :『座談』⑥51 : cf.『座談』⑤279 :『自由』28ff.）。なお、丸山は一九四九年に、「昔は天皇制からの距離において価値がきまったとすれば、現在は司令部なり共産党なりからの距離から価値がきまる」というような「経験的に存在する何ものかからの距離の近さや遠さで物事の価値が生まれる」という考え方を批判し（『座談』①296）、五三年には、「天皇制的な精神病理」がプロレタリアートも、それどころかその「前衛」を深く侵していると指摘している（『集』⑥13 : cf.『集』⑧272）。

第2章第二節

(1) 後に触れることになるが、このような姿勢は、基本的に〈学問自身の社会的使命〉の立場から歴史研究に「予言的な面」（つまり未来の選択）を含意させる「後ろむきの予言者」という観念に繋がる。あるいはまた「ミネルヴァの梟」のマルクス的読みかえ（後註 10）とも無関係ではない。

(2) 一九六六年に丸山は、「日本にある種の伝統が根強いのは、日本人があまりに新しがりだからである。日本人が新しがりなのは、現在手にしているものにふくまれている可能性を利用する能力にとぼしいからである」としている（『対話』247）。ただし、丸山は、マルクス主義が近世合理主義の論理とキリスト教の良心と近代科学の実験操作の精神という西欧思想の伝統を引き受けて、日本の知識人の内面に刻み込んだ刻印を、単に「その他もろもろのハイカラな思想」と同じように、「日本人の新しがりや知的好奇心に帰する」のは「皮相な見解」だという（『集』⑦237）。なお、竹内『教養主義の没落』50ff. 参照。

（3）これは一九六四年度講義での発言だが、すでに五七年度講義では、日本の思想史においては「不変同質なるもの」としての「自己同一性を保っている面」と「時代によって変わるもの」としての「次から次へと変化していく面」がともに顕著であるとし、「外来思想に対する敏感さ」と「外来思想の同化」の二面性を指摘し（『講義別冊』②9ff.）、五八年度講義では、「思想が目まぐるしく変る面」と「少しも変らぬ面」が併存して、「異質的な思想の交錯のなかに伝統が蓄積され、それが生活の道具として生きてゆく」という思想発展のパターンは生まれにくいとしている（『講義別冊』②20）。

（4）「古層がムクムクと隆起して地層の構造を変動させる」という比喩（「原型・古層・執拗低音」〈1984〉『集』⑫150）は、「突然変異的」な「思い出」に対応する。なお、丸山は一九五九年度講義の第一章古代国家と政治的神話で、古代の政治的神話の連続性について論じた際にこういっている。文化・思想においても、「古いものの上に新しいものが形成されるが、古いものとの十分な対決がなされて新しいものが生まれるのではな」く、あくまで重畳的に並存しているのであり、それゆえ神話が国民意識の底につねに潜在し、「時として急に顕在する」ことがある。また、日本は過去の思想との十分な「対決なしに新しい思想をとり入れてきた」から、新しい思想はきわめて脆く、したがって「急激にある状況において、すでに克服されたはずの旧い思想が復活する可能性がある」と（『講義別冊』①59f., 61）。これは戦後デモクラシーの脆弱性と関連づけられている。

（5）丸山はこのいずれの病理現象とも別に、日本人の権威信仰から発生する病理現象として「自由競争の倒錯的形態」（権威接近のための競争から「人を引き下げようと」すること）と「抑圧委譲の原則」（上の圧迫の鬱憤を下への圧迫で果たすこと）を挙げる（「日本人の政治意識」〈1948〉『集』③326f.）。後者は「超国家主義の論理と心理」に登場している。また、西欧的教養のインテリの軍国主義への抵抗の弱さも病理現象の一つであり、さらに現代社会一般の普遍的、必然的な現象である「テクノロジーの発展」、「大衆の勃興」、「アジア民族の覚醒」にも病理現象があった（I-3-a）。

（6）丸山はずっと後に、日本社会を謳歌する議論が多いことから、「居直って」、「僕のは日本社会の病理学だ」といった（『話文』②368）が、居直らなくても、原型論は「病理学」である。

（7）三谷太一郎は、学生のころ、丸山が「自分は戦後、批判の対象としての天皇制」と「歴史認識の方法としてのマルクス主義」の両者と対決する意識が非常に強かったが、どちらも非常に弱体化したと「よく」語ったという（『戦後民主主義をどう生きるか』東大出版会〈2016〉153）。三谷は一九五九年に丸山の東洋思想史の講義を聞いており、六〇年に東大法学部を卒業して助手になっている（三谷太一郎「丸山眞男は戦後民主主義をいかに構想したか」『センター報告』⑧〈2013〉107f.）から、五九年か六〇年のことであろうか。

（8）飯田泰三（『戦後精神の光芒』みすず書房〈2006〉141, 160f.）は、スランプの背景として、高度経済成長の開始や「五五年体制」の成立、マイホーム主義、「出世民主主義」の大衆化等の（「思想」や「政治」よりも）「経済」＝利害状況の優位に見られる「戦後の終焉」を挙げ、そこに「夜店」からの撤退を重ねている。丸山は一九六七年九月の第一一回大学共同セミナーでも、「何をしたらいいか、自分でもわからなくなった」と語ったと伝えられている（岡利郎「丸山先生との出会い」〈1998〉『手帖』⑦49）が、これについても飯田は、高度成長の最盛期、「昭和元禄」、「公害」問題等による物質的な豊かさと快適さに伴う「ある根源的な精神的空虚感」を指摘する。また、苅部直（『丸山眞男』184f., 188）は、一九五八年のスランプに始まって、「東大紛争」と入院生活を経て、退官後古層論の執筆に苦しんで「失語症ならぬ失文章症」に陥ったこと（『書簡』①255：飯田泰三『批判精神の航跡』筑摩書房〈1997〉300）に見られるように、六

○年代半ばから死に至るまで寡作の状態が続いたとして、その背景としてやはり高度成長、それと連動した大衆社会化の深刻化を挙げる。いずれもごく一般的な歴史的「背景」論である。

(9) その点では以後状況はもっと深刻になった。後に丸山は戦前と比べて、「いまみたいな時代に学問するということは非常に難しい。[……] つまり、対決するものがないわけです。[……] 一応なんでも言えます」と一般的に語っている（『回顧談』上231）。

(10) ただ、後述（V-2-a）のように、丸山には「トータル」な認識によって変革が可能になるという、「ミネルヴァの梟」（ヘーゲル）のマルクス的読みかえを継承する発想があったから、〈普遍的病理現象〉の十全な認識はその変革を可能にすると考えたかもしれない。この発想を公言するのは後年のことである。この時点で丸山は、「日本の思想」（一九五七年）における認識が「これをそのまま日本人のトータルな自己認識の「模範」として通用させようといったヘーゲルまがいのうぬぼれから著者自身はもっとも遠いつもりである」と述べている（『集』⑨116）。この「ヘーゲルまがい」は「ミネルヴァの梟」であろう。なお、「ミネルヴァの梟」のマルクス的読みかえは「日本の思想」にも登場しているが、そこではこの発想がフィクションとしての理論を考える伝統の希薄な日本に定着すると、理論と現実の安易な予定調和の信仰を生む素因となった、というようにネガティヴな機能において語られている（『集』⑦239f.）。丸山はこの難点を克服して「変革」への展望を得ようとした。

(11)「近代日本における思想史的方法の形成」（一九六一年）に関する草稿類の中には、丸山と違う筆跡で抜き書きがある。「凡そ国民的道徳心は発達進歩するものにて、又発達進歩せしむべきものなるは言ふまでもなし。然れども、亦決して一代の産物にあらず。其由りて来たる所極めて遠く、実に千世万世の遺伝なり。匹夫にして之を覆さんこと思ひも寄らざるなり。若し我邦に於ける国民的道徳のいかんを知らんと欲せば、其国民の心性を鎔鑄陶冶し来たれる徳教の精神を領悟するを要す。即ち此書叙述する所の日本陽明学派の哲学の如き、豈に此に資する所なしとせんや」（「近代日本における思想史的方法の形成」「丸山文庫」［資料番号427］65）。これは井上哲次郎『日本陽明学派之哲学』（冨山房〈1900〉序2）からの抜粋であるが、「ロマン的な有機体論の内発性」とはここに示された考え方を指すのであろう。

(12) 松沢弘陽（「近・現代批判と伝統」316）によれば、「植物主義的伝統」とは、日本の「内」と「外」という二分法論的な発想から、「内」に昔からあったもの、日本に生まれ有機的自然的に成長したものを「伝統」とし、「外」から来たものは伝統には入らないという考え方であり、中世神道、国学、あるいは「現在流行の「土着ナショナリズム」論」（『集』⑨370）、つまり市井三郎、上山春平、吉本隆明、色川大吉、安丸良夫などの土着＝民衆を基軸にした伝統論にそれが見られるという。

(13) この「内発的」主体論は、福澤的な「主体性」の対極に置かれた、「純粋に内なるものを外部的に放出する」という意味での「内発的主体」とは別物である（cf. 補1）。

(14) 丸山は「憲法第九条をめぐる若干の考察」（一九六五年）でも、国際政治の領域で政治家や国民がほんとうに「観念の冒険」（ホワイトヘッド）を行ったために危険に陥った例が見られないが、固定観念のために錯誤に陥った例は少なくないとし（『集』⑨275）、『「概略」を読む』（一九八六年）では、福澤の「敢為の精神」を、ホワイトヘッドのいわゆる「観念の冒険」を含んだ意味の「アドヴェンチュアの精神」であり、それはまた「独一個の気象」とも通じるという（『集』⑭216）。ホワイトヘッドの「冒険」とは、丸山、大塚久雄との対談における久野収の説明によれば、文化（たとえば民族、共同体、天皇制やそこで支配的な慣習など）が自己を文明化しようとすることである（文明とは普遍者の原理である）（『思想の冒険』〈1959〉『座談』③223）。これは丸山の用法とずれるようだが、この対談でも丸山は田口卯吉と福澤諭吉を「文明史的な思想史」として評価している（同 225）。ちなみに、実践哲学の立場から近代主義者・丸山を批判した藤原保信は、その批判論の末尾にホワイトヘッド『観念の冒険』の一節を肯定的に引いている（『政治理論のパラダイム転換』岩波書店〈1985〉）274)。

（15）丸山は当初から「原型は、宿命的規定性をもつわけではない」としていた（『講義』④41）が、後にも、執拗低音は「どうしようもない国民性」、「宿命」ではなく、むしろ現代では執拗低音の前提であった地理的風土的条件とそこからくる等質性がテクノロジーの発達により大きく変化し、これまで通りの執拗低音では対処しきれないようになってきているという認識を示している（『話文』②127f.）。それにもかかわらず、石田雄は、古層論が「文化的決定論として宿命論に落ち込む危険性」をもつという（石田雄・姜尚中『丸山眞男と市民社会』世織書房〈1997〉52）。論者の主観的意図如何にかかわらずその学説の客観的機能を暴こうとする（古典的ないし公式的な）イデオロギー批判である。

（16）原型は丸山にとって天皇制の精神構造と深く関わっているが、それに尽きるわけではない。むしろ、丸山は、論文「日本の思想」に至るまでの天皇制の「病理現象」の分析から出発して、そこから広く日本の思想に存在する〈普遍的病理現象〉の探究に進んだという方が正確であろう（cf. II-3-a 補 1）。かりにこれを、「広義における「天皇制的なるもの」」とかいいかえるとしても、「精神構造としての天皇制」（飯田『戦後精神の光芒』149）といいかえるとしても、それが原型と全面的に重なるとはいえないし、また天皇制に手ごたえを感じなくなったという「精神的スランプ」と以後の原型探究との関連を説明できず、「エセ精神的機軸」が崩壊した戦後の精神的雑居性、つまり天皇制の「機軸」が戦前ほど強固でなく、「国体シンボルが通用しなくなった」という認識（『集』⑪206, 209）と原型論との関連も雲散霧消してしまう恐れがある。石田雄によれば、「正統と異端」研究会は、当初、戦前の「天皇制社会の精神構造」を明らかにしようとするものであったが、高度成長下の天皇制の変容やマルクス主義の変化によるO正統の「融解現象」に直面して（「精神的スランプ」）、最初の分析枠組に変更を加えざるを得なくなり、丸山自身の問題意識や分析視角も重点を移動させていった。一九八八年に飯田泰三と杉山光信に「正統と異端」研究の現代的な意義について意見を聞いた際、当の飯田は「Xデーを前にして、ある種の異端排除のコンフォーミティ状況がみられる」と述べたという（『丸山眞男との対話』43f., 54ff., 79）。「Xデー」に関わる「自粛の全体主義」が戦前の天皇制の場合と位相を異にする（『話文』③413ff.）のはもちろんのこと、それを「異端排除」として位置づけるならば、戦後の「天皇制」にO正統を認めることになるのではないか。「天皇制というものは一定のドグマを前提にしたオーソドクシーではない」（『集』⑯90）と丸山はいうのであるが――。

（17）一九六六年度講義のキリシタンの活動と禁制に関する叙述では、「見えざる権威」、「超越的な絶対者」への服従、超越的価値へのコミットメントは、個々人の信仰を基礎にしたものとして――他のたとえば一向一揆の場合と比べて――抜きん出た評価を受け、その抵抗＝非転向の率は昭和のコミュニストよりも高い、日本史上空前絶後の抵抗であった、と最大級の讃辞が捧げられている（『講義』⑦100, 101, 142f.）。これはキリスト教コンプレックス（「僕の精神史にとってクリスト教に対するコンプレックスが、非常に大きいです」『話文』②436）に根ざしているのかもしれないが、もしそれが戦中の南原や矢内原などの「信仰」による「抵抗」に対するコンプレックスを意味しているとするならば、松沢弘陽のいうように、日本思想史上の心情倫理の提示は、戦中体験からくる価値観を「学問としての思想史として探る企て」として捉えられるかもしれない。ついでにいえば、丸山には、「マルクス主義世界観」に対するコンプレックスもあった（『座談』⑤221）。

（18）あるいは一九六八年にいう。「家、自然村、さまざまな「閥」に見られるような特殊関係主義的《パティキュラリスティック》な人間関係がカルチュアのパターンを規定する決定的要因となるところでは、一般に普遍主義的な信条に帰依することによってはじめて個人の自律的態度決定の道を歩むことが可能となる」が、近代日本では明治初期のキリスト教を除けば、マルクス主義のみが、「社会的背景を異にする多くの人々」に対してこのような道徳的・知的機能を営むことができた（『集』⑨407：cf. I-2 註2）。心情倫理の「客観的」位置づけである。

（19）「日本の思想」では、キリシタンのように布教されると急速に広がり、神学的理解も高度に達したものが、「外的な条件」で力を失い、思想史の流れからはほとんどまったく姿を没してしまうような場合もあるとする（『集』⑦193）。これは「座標軸」にあたる思想的伝統の欠如（〈普遍的病理現象〉）の描写であるが、一九五七年度講義では、日本の「キリシタン経験」について、ジョージ・サンソム『西洋世界と日本』（一九五〇年）から、「いかなる国民も、これほど新しい教えをいつもよろこんで受容する用意のある国民はない。けれども他方、またこれ程伝統を頑強に固持した国民もない」とする一文を引いて、外来思想に敏感であり、同時にそれを同化する日本思想の特徴に言及し（『講義別冊』②12）、一九六四年度講義でも、日本における「執拗な持続性と急激な変化性の二重構造」について述べた際、同様の文を引用し（『講義』④48）六六年度講義および五八年度講義では、同内容の文を「集団転向」（維新の自由民権思想のほか、とくにマルクス主義とコミュニズムの移入と「それへの転向とそれからの転向」）の説明で引用している（『講義』⑥21）。ここからすれば、キリシタンやコミュニストは、一方で心情倫理の「強さ」のゆえに精神的雑居性の「原理的否認」ができた（『講義別冊』②76）――いいかえると「原型突破」の可能性を秘めていた――が、他方では「原型」の「強さ」のゆえに「転向」していったことになる。

（20）丸山は、儒教が「原型」との連続性をもっていたのに対して、世界宗教としての仏教は、「「原型」的な世界像を徹底的に突破して、まったく新しい精神的次元を古代日本人に開示した」けれども、仏教のそうした普遍的、超越的性格の implication が日本思想史上に現れるのは平安末期以降のことであり、それを含めても「日本全史を通じて仏教思想史は「原型」の制約による変質の歴史」と見られるが、「思想史の考察」にとっては「新しい思想のはらんでいた可能性」、「仏教の普遍主義の可能性」を探究する必要がある、とする（『講義』④154）。仏教思想史の基本線は原型による「変質」であるが、新しい思想史の方法（アンビヴァレントな可能性）を駆使して、普遍主義（原型突破の原理）の意義を示そうというのである。後者の意図は、松沢の指摘するように三論文と一致する。しかし、そこからただちに原型論が原型突破の原理を主題としたものであったとはいえない。

（21）論文「忠誠と反逆」では、たとえば、「有名無実と認む可き政府は之を顛覆するも義に於て妨げなし」とする福澤の主張が、「実は伝統的な忠誠観に内在していた原理的超越性の契機を人格的忠誠から引き出して、その客観化をラディカルに押しすすめたものではなかったか」と読み込んでいる（『集』⑧203）が、これは、幕藩体制下の「封建的忠誠」には、(A)主従の非合理的＝情誼的関係、(B)中国家産官僚の忠誠観念（「君、君たらざれば去る」）と異なった「君、君たらずとも、臣、臣たらざるべからず」という一見ひたすら恭順を意味する原理の中に存在していた能動的な「諫争」の契機、(C)中国の伝統的範疇としての「道」ないし「天道」の観念により醸成された、「自然法的規範」への拘束（天道の「原理的超越性」の契機）があったという認識（『集』⑧176ff.）の下で、(C)の契機を(A)から切り離すこと、つまり新しい「公」（人民の安寧と幸福）の創出を企図したという意味である。ここに「超越的普遍的原理」への着目と「封建的忠誠」の「読みかえ」があることは明白である（松沢「近・現代批判と伝統」330）。しかし、丸山が「封建的忠誠」の「読みかえ」によって意図した現代的な「読みかえ」は、一見、「君、君たらざれば去る」のが「自由」であるのに対して、「君、君たらずとも、臣、臣たらざるべからず」は「屈従」であるけれども、後者には能動的な実践の契機があるというアンビヴァレントな可能性の認識から、たとえばある集団に対する「忠誠」の問題を考えて、その集団が悪ければ「去る」という自由とあくまで「諫争する」という問題の提示であった（『集』⑨78ff.）。

（22）「原型（prototype）」という表現は、論文「歴史意識の「古層」」（一九七二年）以降、「古層」に変えられ、さらに一九七五年のプリンストン高等研究所での報告では basso ostinato（執拗低音）に変えられた（cf.『別集』③201）。一九六四年度講義では、「原型」は、「社会的結合様式および政治的行動様式の原初的形態、ならびに神話・古代説話に現れた思考様式および価値意識（文化）」と定義されており（『講義』④41）、講義自体も当初は古代まで遡って日本人特有の行動と思想の源を探るというスタイルで行われていた。「原型」を「古層」に変えたのは、「原型」が一番古い段階という印象を与え、歴史的発展系列の中に繰り入れられてしまう恐れがあり（『集』⑫150）、また「原型」の「宿命論的なトーン」を払拭するためであった。そして、「古層」は「土台」＝下部構造のように上部構造を規定すると誤解される恐れがあるので、主旋律（外来思想）が日本に入ってきて修正されるということを表現するために、basso ositinato に変えたという（『集』⑩342f.：『集』⑪182ff.：『集』⑫150f.）。

（23）もっとも、後に丸山は、最近の文化人類学が何でも「道化」で解釈するのは「インチキくさい」（『話文』②272）と山口昌男を批判している。文化人類学はマルクス主義と同様に、説明できないものは何もないとして、そもそも学問はある一定の問題に答えるべきものであるということを心得ていない、というのだ。別の場所でも、「道化」や「演戯」によって文化や政治を語るのは、現代日本の精神風土の中では「滑稽さ」を感じるといっている（『集』⑫181）が、この場合は、「道化」や「演戯」が意味をもつには、天皇制とかカトリックといった「厳然とした存在感と重みをもつもの」が必要だが、そんなものは現在の日本にない、というのである。これは、カルテジアニズムという伝統へのフーコーの対決という図式（II-1 註 13）と重なる。さらに、一八世紀の合理主義や一九世紀の実証主義に対する反逆からファシズムが出てきたと指摘した際には、最近の文化人類学や記号論も、「共時性」ばかりいって「通時性」の問題を欠落させていると批判している（『続話文』①280：『自由』106：cf.『続話文』③246：『別集』③193）。

（24）『集』⑩ 7：『話文』② 109f., 127f.：『集』⑨ 372：『講義』④ 45：『集』⑯81f.：『話文』②168, 170：『別集』③200ff.：「研究ノート」③『岡法』⑥81f.

（25）「経験の抽象化」については、III-2-c 補 1 参照。

第2章第三節

（1）家永三郎宛の一九七七年の書簡では、「町人根性と新興資本主義精神との非連続的な面」の指摘は、「私が福沢の実学を論じた趣旨と一致して」いるとし（『書簡』②169）、八五年の書簡でも、江戸町人の歴史的位置づけについての旧著の見解を改めようとは思わず、「もし、町人階級に、たんなる自然的情感の肯定以上の、産業ブルジョアジーのような規範意識があったら、近代日本はもう少しましなものになっていただろうと思います。これが当時の状況から来た見方でないことは、『戦中と戦後』のなかで、たんなる人欲の解放でなく、民衆の規範意識の獲得が今後の民主主義革命の課題だと、いっていることから分っていただけると思います」としている（『書簡』②169：『書簡』③233f.）。さしずめ、『戦中と戦後の間』所収の「日本における自由意識の形成と特質」（一九四七年）や「自由民権運動史」（一九四八年）のことであろう。

（2）丸山によれば、「近代日本における思想史的方法の形成」を書いた時に、津田、和辻、村岡の方法が井上の国民道徳論的思想史への反動として展開され、またある意味で「大正デモクラシー」ともいえる「生活史的」思想史の中に、如是閑も入ると考えた。集中的に調べたのは津田と和辻だったが、結局原稿にならなかった（『座談』⑨195）。

（3）これは学問的方法の性格であり、必ずしも〈教養主義的インテリ〉の「非政治的」ないし「反政治的」な態度に直接繋がるわけではないが、しかしまったく無関係というわけでもない。そのことは、武田清子による大正教養主義の位置づけ（I–2–b）や、その元になった三木清の見解（IV–1–b）に現れている。

（4）丸山は一九五九年度講義の参考書の説明でいう。『日本倫理思想史』二巻が『日本精神史研究』、『続日本精神史研究』の総決算だが、これらの研究は主として芸術を対象とする。芸術の中から日本思想を引き出すのが和辻の本領であり、『古寺巡礼』とともに学ぶ価値があるが、「ただ価値や政治の問題に関連すると、非実証的なドグマが多くなる。独自の着眼と広範な視野は敬服に値するが、他面学界の成果を吸収するには難があるので」云々としている（『講義別冊』①24）。

（5）ここで「公共道徳といわれているもの」が何であるのかは判然としないが、「「である」ことと「する」こと」で、「公共道徳」の語を、身分社会の「縦」の道徳に対して、近代社会の「横」の関係に関わる「赤の他人同士の道徳」という意味で使っている（V–1–b）。教育勅語でいえば、「爾臣民父母ニ孝ニ兄弟ニ友ニ夫婦相和シ朋友相信シ恭倹己レヲ持シ博愛衆ニ及ホシ」の傍線部分にあたる。「公共道徳」は「社会道徳」とも重なるが、これについては、V–1註16参照。

（6）一九七三年の東北大学教官との懇談会のためのメモで丸山は、昭和一二年当時を振り返って、和辻の『日本精神史研究』と日本倫理思想史講義につき、「記紀に書かれていることが事実かどうかは問題でない。そういうことを歴史的事実と古代日本人が信じていたということが問題なのだ。〝事実としての信仰〟」と記し、さらに、自分の方法論としては和辻と村岡の方に示唆を受け、「津田先生のは一方で政治的に〝痛快〟という感がした↓〝東洋精神〟批判、が、方法論としては異和感をぬぐいきれなかった」としている（「思想史研究の回顧と感想」「丸山文庫」［資料番号414–2］1）。

（7）ただし、和辻のいうように神話が「国民的な信仰と言えるかどうか」については疑問がある、と付け加えている（『続話文』①246）。これは、後述するように、和辻が「天皇制的正統性」に呑み込まれたということを意味する。

（8）出来事自体の時間的連関が「事実史」であるのに対して、出来事に対する「意味賦与」のレヴェルに力点を置くのが「思想史」だ（『講義』⑤18：cf.『講義』④23f.）というのも、部分的に和辻の主張と重なる。なお、福田恆存は、右の座談での丸山の発言や、その後に出てくる、「現在中心主義」的歴史観に対する批判的言辞を引いて、これらがみずからの歴史観と一致し、紀元節の「現代的」価値観からする批判はあたらないと主張している（「紀元節について」〈1965〉『福田恆存評論集』⑧麗澤大学出版会〈2007〉123ff.）。

（9）「改ざん」の指摘とは、条康弘「間柄的存在の把握と臣民の道」

（『思想』699号〈1982〉）のことであり、丸山はその抜き刷りの複数箇所に傍線を引いている（「丸山文庫」［資料番号 1327000］）が、条康弘「戦後における和辻倫理学の変容」（『名城商学』㉚〈1980〉「丸山文庫」資料番号［1326000］）の分とともに略する。鶴見の著作は鶴見俊輔『戦後思想三話』（ミネルヴァ書房、一九八一年）を指すと思われる（cf. 黒川創『鶴見俊輔伝』新潮社〈2018〉399）。丸山は後にも、鶴見が、和辻は戦後急に『鎖国』を書いたが、戦争中に書いていればたいしたものだとしているのを引いて、みずからも、「戦争中、鎖国のサの字も言わないで、諸悪の根源は鎖国であったと、急に言い出すというのは［……］ちょっと違和感がある」としている（『自由』230：『手帖』㉜16）。なお、湯浅『和辻哲郎』（「丸山文庫」［資料番号 0192505］241, 242 参照）。

（10）「「正統と異端」関係“Geschichtliche Grundbegriffe”論」（「丸山文庫」［資料番号 556］57f.）では、津田と如是閑についても詳論している。その中で丸山は、大正デモクラシーを背景として、従来の正統的な国民道徳論に反対する文化史の方法論が出てきて、無意識に「日本の正統」を探究したが、結果的には日本のL正統に呑み込まれてしまったと見て、如是閑の『現代国家批判』が生活から観念的国法論を排撃する点で大正デモクラシーの進歩性をもつが、同時にしだいに日本的なものへ傾斜し、結果的に日本主義に行き着いたという点では、大正デモクラシーの両義性と似ているとしている。これは、和辻の「文化史」に対する評価としても受け取ることができる。和辻も津田も如是閑も、大正デモクラシーと同様、反伝統主義的立場をとりつつ、そこから「日本的なもの」へと転換していったというところに、一つの共通性を見るのである。この見方は政治的には、先に見た「リベラリズムの限界」ということに帰着するが、また大正教養主義や大正デモクラシーの「ハイカラ」、白樺派のコスモポリタニズムの、「外国崇拝と日本的なものがくっついている妙なもの」という規定にも繋がる。

（11）別の場所でも、宣長の、倫理的判断（「カラゴコロ」）を美的判断に持ち込むことを排撃する姿勢、「美的判断が倫理判断を代位する」姿勢として特徴づけられている（『話文』②233f.）。

（12）ここでは「日本の精神」と「日本精神」を区別していないようである。一九八八年ごろの資料（「「正統と異端」草稿」「丸山文庫」［資料番号 672-3］4f.）でも厳密な区別はなされず、「日本人の精神」、「日本の「精神」」、「日本精神」の正統という表現が「造形美術」等に関する探究について使われている。丸山はすぐ後で見る一九八五年の座談で和辻の思想について触れた後、「日本精神っていうのは、美ですね。倫理でも、哲学でも、神学でもない。ただ、そこで皇室と美をくっつけちゃったのが、悲劇性というか、喜劇性というか、分からないけれども」と述べている（『自由』232）。「日本の精神」は「日本精神」と同じものであった。

（13）だが、丸山は別の機会に、寺は好きだが「古寺巡礼という気は起こらない」といい（『続話文』①102）、また、日本の伝統や、お茶、生け花など「くそくらえ」という福澤の「政治的」ナショナリズムに倣って、「僕は日本の過去の伝統が一朝にして海に沈んじゃっても、そんなに悲しまないな」と語っている（『続話文』①94：cf.『座談』②276：『集』⑥278）。

（14）丸山は、一九四五年一〇月に高坂正顕といっしょに近衛文麿に呼ばれて行った際、高坂が歴史哲学を持ち出したことについて、戦前の発言と絡めて、「いつもあとからの合理化なんです、事態の」といっている（『続話文』④48：cf.『回顧談』上 251, 273, 306）。

（15）この位置づけは、福澤自身の「酒店の主人必ずしも上戸に非ず、餅屋の主人必ずしも下戸に非ず。門前を通って内を察する勿れ。世人其門前を走りて、遽に其家を評する勿れ。其店を窺て、其主人を怒る勿れ」（「福澤全集緒言」『全集』①47／『学問のすゝめ』岩波文庫〈1978〉174f.）の一句の解説という形で行われている（『集』⑮296）が、ここでは一般的に、「一つの状況判断を、自分の責任において下して、そのなかにおいて自分を位置づけていく」主体性と「純粋に内なるものを外部的に放出するという意味での、内発的主体」との区別（II-2-b 補 1）や、福澤における「演技」や「役割の意識」の意義にも言及し（『集』⑮300）、それを「開いた社会のものの考え方」だとしている（『別集』②369f.）。他の場所でも、同じ一句を引いて、福澤の『自伝』についてさえ、どこまでが「自己表現」で、どこまでが「役割」意識から発した「演技」か疑ってかかる必要があるとしている（『集』⑦355f.）。また、例の東大教養学部自治会の座談会では、一句は、「自分の役割意識からの行動と自分の「好み」の輸出とを区別せよ」という意味であるのに、私が状況判断からこれこれが必要だとか、問題のこの側面が重要だとかいうのが私の「嗜好」の表現と受け取られる、と嘆いている（『別集』③5）。丸山が受けた「誤解」、「被害」は、ベトナム戦争反対→進歩的文化人→曲学阿世の徒というような「レッテル貼り」（『続話文』②199／『別集』③119）のことである。

（16）一九六四年度・六七年度の講義における評価は、『風土』（『全集』⑧「丸山文庫」［資料番号 01925130］136, 137）の、「変化において静かに持久する感情」、「感情は変化においてひそかに持久するのである」、「反抗において変化を通じて気短に辛抱する忍従」という箇所に対応している（傍線丸山）。他の和辻の作品にも傍線が引かれ、コメント等が付されているが、丸山が腰を据えて和辻を読んだのは南原古稀記念論文（一九六一年）執筆のためであったらしく、しかもその「続編」を書く意図を明記している（『集』⑨108：cf.『書簡』①76）。しかし、原型論もだいたい同じころに発酵しつつあったから、こちらの動機も有力である。

（17）全集版の『日本倫理思想史』上巻は四篇に分かたれ、それぞれに第一章があるが、第一篇第一章「宗教的権威による国民的統一」を指すものと思われる。しかし、律令国家に関わる第二篇第一章「政治的国家の形成」の可能性もある。なお、前述のように、丸山は「政事の構造」で政治の執拗低音の一つが正統性の所在と政策決定・執行の所在との分離にあるとし、そこには「決定の無責任体制」という病理現象があるが、よくいえば典型的な「独裁」体制の成立を困難にする要因があるとしている（『集』⑫227, 238／II-2-a 補 1）。この見方それ自体は、すぐ後で見る和辻の「重畳性」と類似した把握であり、また同じく後述する古層の「良い面」と「悪い面」の認識（V-2-b）に関わるが、内容は、『日本倫理思想史』で和辻が、大化の改新・十七条憲法・律令国家においても天皇は「則天御寓」（天に則りてあめのしたしろしめす）と「不可独裁制」に基づいて統治した（太政大臣は「道の師」として「道」を天皇に指し示した）と述べていること（『全集』⑫123f., 142, 144f.）と部分的に一致する。また、後述のように、和辻は昭和一二年に、「祭政」は元来一つであったが、それは古代においてわが国が「宗教的な団体」であり、天皇が祭事の総攬者であったという意味であり、現代に祭政一致を唱えることの非を糾弾した（『全集』⑭391／IV-1-b）。丸山は、和辻は祭政一致だといっている。しかしそれは、古代における「祭事の統一」＝「政治の統一」という見方を批判して、祭祀権の分散と統治権の集中をいおうとしたものであって（『別集』④215）、現代の祭政一致論のことではない。

（18）小田切秀雄編『対決の思想』勁草書房〈1968〉185f.／『座談』⑦305f.：cf.『集』⑪207f.：『話文』②224, 253f.：『話文』②399f.：『講義』④114f.：『講義』⑥41ff.：『講義』⑦118ff.：『別集』④158ff.

（19）丸山は（おそらく一九六〇年代末に）に、「祭祀《クルトウス》と文学的情念の日本における政治的なるものとの関連」につき、これまで自分は両者について十分に検討してこず、文学的美意識については国学研究以来扱ってきたけれども、「祭祀の行動に表現されたイデオロギーについては、せいぜい、おみこしの理論、ウェーバーに依拠した「オルギー」、和辻理論の継承としての祭祀共同体の理論を「雑すい」にしたにすぎない」ことを認めている（『対話』119）。

(20) 丸山は、和辻の「推古時代に於ける仏教受容の仕方について」（『日本精神史研究』所収）から、「仏教の理解がかく日本人自身の内生活に即して始められたとすれば、総じて日本人のこの後の思想の開展、政治の発達等も異った眼で見られる事を必要とする。単に支那の「模倣」だといふ言葉で一切を片附けようとする人々は、我々自身の時代の西欧文化との関係を参考として、模倣なる語がいかに多くの意味の濃淡を類推化し去るかを省みるべきである」という文を抜き書きし、欄外に「模倣！」と記入し、また、「飛鳥寧楽時代の政治的理想」（『日本精神史研究』所収）から、十七条憲法に関する、「政治的目的は国家の富強でなく、道徳的理念の実現である。主権者の権威が道徳的現実の権威と合致。（儒・仏）それを単に支那の模倣とする「歴史家の解釈」に同じえない。少くも内より必然性を以て出たものでないという意味の模倣ではない」と要約している（「近代日本における思想史方法の形成」和辻・柳田関係〈1961〉「丸山文庫」［資料番号 429-1-0-0］4, 7）。

(21) 丸山は「等質性」を「相対的概念」とし、「エゾ（アイヌ）・クマソ・渡来人」を挙げ（「歴史意識の「古層」」抜刷（I）「丸山文庫」［資料番号 919-1-0-0］4）、また、日本人の等質性からは「本来的にみんな一致すべきである」という建前が先行してきて、「挙国一致」ということになり、やはりこれを打破していかなくてはならず、さもなければデモクラシーもリベラリズムも根づかないと語っている（『自由』188）。なお、井上光貞によれば、丸山の年上の友人であった飯塚浩二はモンスーンの風土が日本人の性格以前に「水田耕作」との結びつきにおいて理解されるべきだとした（「解説」『風土』岩波文庫〈1979〉368）。しかし、飯塚も「メンタルな風土」を問題にしたことは丸山自身が指摘している（『集』⑩207）。

(22) すでに一九六一年度講義プリントの第一章「「伝統的なもの」」では、日本の地理的位置からくる、大陸からの影響と土着性の関係に言及し、「大陸を通じて渡来した文化はこの底辺の原始的停滞の上に累積され、これと相互に作用しつつ、発展して行った。日本文化の重畳性、包容性、折衷性は、かかる事情の表現に他ならない」という記述があった（飯田『戦後精神の光芒』143）。

(23) この年度の講義では、「古層」の一般的構造の説明において、外来思想＝自覚的イデオロギーを頂点とし、無自覚的思考様式を底辺とする三角形についても、「外来思想が日本に流入して重畳的に堆積し、相対的に低変化してゆく」「重畳的堆積」、あるいは「思想の重畳的成層性」としており、記紀神話に関しても、「災厄」の観念と「罪」の観念の「重畳」が語られている（『講義』⑥23, 25, 28）。なお、湯浅『和辻哲郎』（「丸山文庫」［資料番号］0192505）158）には、和辻の日本文化の重層性について、アジアの周辺文明にも「顕著な文化の重層性」が見られ、たとえばジャワの宗教には古代以来の呪術習俗・山岳信仰・祖霊信仰の伝統が強く、それに「仏教的ヒンズー的習俗や新来のイスラム的儀礼形式が重なって現在もなお強力に生きつづけている」とある（傍線丸山）が、後者の傍線部につき丸山は「和辻の重畳性と必ずしも同じでない」と記入している。

(24) 丸山は『現代政治の思想と行動』「追記および補注」（一九五六年）で、政治における精神構造や行動様式には「幾重の層」があり、その最深部は「殆ど全く下意識の領域」に属し、人々の認識、評価、行動の「いわば先験的な座標軸」となっているとして、「ほとんど超歴史的なまでの強靭さ」をもつ、日本人の思考・行動様式の「最深の層」に迫ろうとする、きだ・みのるの営為を高く評価し、深層と上層をすべて視野に入れて「成層間の相互作用」を探ることで日本政治の精神状況が解明されると述べている（『集』⑥292f.: cf.『集』⑦232f.）が、他方、しばしば講義で「思想の成層」を問題にしている。一九四九年度講義の当該部分と「思想史の考え方について」（一九六一年）の同様の説明についてはすでに見た（I-4-b）が、（これも一部触れたが）六四年度・六五年度講義でもほぼ同様の分類（三角形の頂点に学説・理論、底辺に生活感情・生活感覚）を行っている（『講義』④20f.:『講義』⑤15f.）。ところが、六五年度の場合、原型の説明の際に日本文化の重畳性に言及した箇所で、三角形の頂点から最新の文明が入ってきて下降しつつも、底辺には「執拗な持続」があると述べており（『講義』⑤32）、また、六六年度講義では思想の成層は姿を消し、原型の説明として、「思想の重畳的成層性」の頂点に「外来」の「自覚的イデオロギー」を置き、これが相対的に底辺化していくが、底辺の「無自覚的思考様式」は持続性をもつとし、後者を「空間的所与に規定された日本のカルチュアの深層に沈殿した思想」といいかえている（『講義』⑥23ff.）。これらもまた麻生書評以来の〈表層的欧化〉と〈深層的伝統〉の構図に対応する。

(25) 飯田泰三は、丸山の一九五六年度講義の初期武士団から武家階級への展開の部分がこの本からヒントを得ているところがあるかもしれないとする（『戦後精神の光芒』170）。丸山は『日本倫理思想史』を座談等で何度も引証し、講義でも参考文献に挙げるだけでなく、古代天皇制の「原型」に見られる、「まつる主体は特定しているが、まつられる客体は不特定であり、かつ無限に遡及してしまう。和辻哲郎の指摘した点であり、卓見である」と述べている（『講義』⑦123:『講義』④92:『講義』⑥30）。これは『日本倫理思想史』上（『全集』⑫56）にある。なお、論文「日本の思想」では、古代の神話において「祭る神が同時に祭られる神」であるという和辻の説は、精神的雑居性の象徴である「神道」の解釈として使われている（『集』⑦206f.）。

(26)「丸山文庫」にはこの講座（全一五冊）のうち第三冊のみがなぜか所蔵されていない。

(27) 論文「歴史意識の「古層」」で丸山は、和辻の『風土』における情死の分析に言及しながら、これは「本稿とは問題も視角も異なって」いるとする（『集』⑩60）。ただ、この論文の抜刷りにはさんだ紙片に「△和辻氏の〝重畳性〟」とある（「丸山眞男「歴史意識の「古層」」抜刷」（II）「丸山文庫」[資料番号 919200] 15）。文脈はわからない。

(28) 丸山は昭和一〇年の雰囲気について、「そのころは、日本はかなり右傾していたけれど、まだ自由だったのです。反ファシズムの立場の論文も総合雑誌に載っていました」と証言している（『回顧談』下151）。

(29) 武田清子は、丸山の執拗低音に言及した際、和辻の日本文化の重層性を取り上げて、和辻が「並存《ママ》（Nebeneinander）の国」に「同意を示す」としている（「まえがき」武田清子編『日本文化のかくれた形』岩波書店〈1991〉10）が、和辻は「日本文化の特性」を「十分に理解し得ない一ドイツ人」がこのようにいうのも「まことに尤もなこと」だとしているだけで、同意しているわけではない。ちなみに、丸山は、ナチスの指導者が「決断」をもって開戦したのに対して、日本ではそういう自覚がなかったのは、国政を支配した寡頭勢力が、「被規定的意識しか持たぬ個人より成り立っていると同時に、その勢力自体が、究極的権力となりえずして究極的実体への依存の下に、しかも各々それへの近接を主張しつつ併存するという事態」のためだとしているが、その際この事態を、「さるドイツ人のいわゆる併立の国（Das Land der Nebeneinander）」といいかえている（「超国家主義の論理と心理」〈1946〉『集』③31f.）。これは、Alice Schalek, *Japan. Das Land des Nebeneinander. Eine Winterreise durch Japan, Korea und die Mandschurei*, Breslau : Ferdinand Hirt, 1924 を指すとされる（丸山眞男、古谷旬編『超国家主義の論理と心理』岩波文庫〈2015〉編者注 495f.）。和辻の場合も同書を指すものと思われる。

（30）なお、丸山が強調する、日本人の「うち」と「そと」の意識は、すでに和辻が『風土』で家屋の構造に即して西洋と対比して述べていた（『全集』⑧144ff.／『風土』240ff.）。丸山は一九六三年度講義でその部分を紹介している（『講義』④43）。

（31）これは、論文「日本の思想」で「座標軸」の欠如の例として、あるいは一九六四年度講義で「執拗な持続性と急激な変化性の二重構造」に関してサンソムからの引用で示された、急激なキリシタンの勃興と消滅ないし弾圧（II-2 註 19）にも関わっている。和辻は、日本的伝統を脱却しようとする運動そのものがきわめて日本的な仕方で行われるということは昔からあるが、それを自覚することが重要であり、キリシタンが多くの殉教者を出し、ヨーロッパ人に驚異をもたらしながら、日本の文化的創造に寄与しなかったのはこの自覚がなかったからだとしている（『全集』④307／『続日本精神史研究』岩波書店〈1935〉47）。

（32）加藤は、自身の戦争体験を踏まえながら（cf.「戦争と知識人」〈1959〉『加藤周一著作集』⑦平凡社〈1979〉288ff.）、原型突破の原理を含めて原型＝古層論に近接した議論を展開している（『日本文学史序説』上〈1975〉『加藤著作集』④〈1979〉38f.：同下〈1980〉『加藤著作集』⑤〈1980〉557f.：「日本社会・文化の基本的特徴」武田編『日本文化のかくれた形』19ff.：丸山「文学史と思想史について」〈1980〉『集』333：cf. 丸山「歴史意識と文化のパターン」〈1972〉『座談』⑦243f.：海老坂武『加藤周一』岩波新書〈2013〉196ff.）。

（33）ただし、加藤の雑種文化論は具体性を欠いており、形式上、丸山が唾棄した「東西融合論」との差異は必ずしも明確ではない。なお、梅棹忠夫が「外国へ出てみて、日本のことがはじめてわかった」として「印象記風の旅行談」を書いたというのは和辻や加藤と似ているが、そこから梅棹が引き出したのは、日本と西ヨーロッパの違いは一般にいわれているほど大きくないということである（『文明の生態史観』〈1966〉〔中公文庫版〈1974〉11, 59ff.〕）。「日本的なるもの」に対する「こだわり」は加藤の方が大というべきか（cf.「『加藤周一著作集』をめぐって」〈1980〉『別集』③310f.）。

（34）もっとも、一九五〇年の座談でも、日本人の能力に話題が及び、日本人は優れているけれども、レーヴィットのいうように、階下の生活を変革しなければならないとしている（『座談』②21）。

（35）この点は和辻の「全体性」の倫理学（IV-1-b）にもあてはまる。和辻は日本古代研究を梃子にして「全体性」の倫理学を高唱するに至った。この倫理学に対応する、「全体性」（国民的自覚）の顕現としての日本倫理思想史の構想には、古代から現代までを貫く「古層」をポジティヴな形で掬い上げようとする姿勢がある。しかも、「全体性」の歴史的探究は、西洋文化の「根」（洋魂）である普遍的原理が日本にも（あるいはむしろ日本にこそ）存在していたことを明らかにしようとした限りで、「内発性」探究と重なる。無論、丸山は、古層＝原型をネガティヴに描き、心情倫理によってそれを突破する姿勢を見せた。つまり、根本的に方向が逆を向いているのだが、思考の構造に類似性を認めることができる。

第3章冒頭

（1）丸山は講義において、歴史＝「思想史」の意義が、我々の中に潜む無自覚的な考え、ないし現代を「意識化し自覚化すること」、我々にとって自明のことが如何に自明でないかということを知ることによって、自己と自己の時代を「相対化」すること、あるいは「過去との比較を通じて現代を相対化」することである（『講義』④25：『講義』⑤19f.：『講義』⑥7）と抑えた調子で語っている。これは実質上「原型的」思考を相対化し、「主体的な決断能力・選択能力」を錬磨し、ひいては「原型」を打破するということに繋がるのだが、そうした「露骨な」主張はなされていない。

第3章第一節

（1）ただし、ここで丸山は、左内の図式が日本のナショナリズム特有の「国民的使命感」と関わっていたことを指摘して、日本は維新後、東洋の「精神文明」と西洋の「物質文明」を「綜合」し、これに日本固有の「尚武」文化を加えることによって典型的な「全体的使命感」を発展させていったのであり、「国体」はそうしたすべての価値の統合体であったと述べている（『集』⑤72）。これは、左内流の「和魂洋才」の連続性をいったものだが、「使い分け」とは異なった把握である。また、丸山は後に、「東洋道徳、西洋芸術」を説いた象山は、必ずしも伝統的「精神」とヨーロッパ「技術」との折衷的結合路線の導入者、あるいは富国強兵の先駆者とはいえないとしている（『集』⑨228f., 241）。

（2）一九五四年に丸山は、明治以後の日本は「テクノロジーの発達」と「政治的社会的民主化」が跛行的に発展したとして、明治時代には指導者やインテリは合理的であったかもしれないが、「底辺には泥沼のような停滞した、因襲にまみれた意識と感情」が支配しており、ファシズムがこれを利用したと述べている（『座』②292）。これも、レーヴィット的二階建て論、もしくは「インテリ」—「擬似インテリ」の構図である。

（3）「開国」（一九五九年）でいう。幕末維新の開国政策では、象山・左内の「使い分け方式」が狂熱的排外主義に対して優位を占めたが、この方式は機械・技術に始まり、漸次、兵制・教育・官制・立憲制と、摂取の領域を広げていった。その際、富国強兵が終始目標となったが、それと併行して政治力の集中と対外的独立のシンボルとしての尊王論が優位を占め、天皇親政の方向が支配的となり、結局、この二つの至上目的にいっさいの「摂取」が従属させられるようになった、と（『集』⑧65：cf.『座』③153：『話文』④124, 130, 136）。「使い分け」は、幕末の和魂洋才から、富国強兵と天皇制を機軸にした欧化主義へと変化した、というわけである。

（4）これは、L正統（国家権力の正統性）を同時にO正統（世界観的正統性）にしたということである（cf.『集』⑪252f.：『話文』③56ff.：『集』⑬162ff.）。

（5）丸山は「日本の思想」でも、日本の近代化が、国際的圧力に急速に対処し、「とつ国におとらぬ国」になすために超速度で行われていったとしている（『集』⑦226）が、これは中間権力の抵抗の弱さに関する叙述である。

（6）丸山は「日本思想史における「古層」の問題」（一九七九年）で、文化接触が「摂取」という形をとるのは非常に日本的であるとして、その典型として「御製」を引き、それに対して、幕末維新や敗戦のように思いがけない結果として外来思想が入ってくる場合の方が普通にいう文化接触に近いといい（『集』⑪185）、一九六六年度講義でも、明治以前の日本が自覚的選択としての「外来文化の摂取採用」を行ったのに対して、明治以後は目的意識的ではない「接触」が不可避となったとする（『講義』⑥10f.：cf.『講義別冊』②72）。ところが、同じ講義で、第一の開国期（古代の仏教移入）、第二の開国期（キリシタン渡来）、第三の開国期（維新前後の西洋思想の流入）、敗戦直後における異質文化の比較的急激な接触は、すべて例外期であり、それらの間に挟まれた時期は、空間的、地理的条件による、外来文化の「選択的摂取」を可能にしたような、「距離をおいた、緩慢な接触の時期」であるとして、「御製」を引き、これが日本の思想と文化を連続的に貫く、外来文化の自主的修正過程の背景であると述べている（同22）。「御製」以下は、おそらく学生筆記に起因する混乱であろう。

（７）これは一般に他者理解としての外国理解の欠如を意味する（「その時代のヨーロッパを見て、これがヨーロッパだといって、自分が勝手につまみ食いしておいて、そのつまみ食いしたヨーロッパ像をヨーロッパに投影して、やれ西欧文明をとりすぎたとか、西欧文明はもうダメだなどといっている」）が、具体例として、維新以降物質文明の「つまみ食い」をしたあげく、「西洋＝物質文明」という観念が戦争中に流行ったことを挙げている。「つまみ食い」輸入の逆投影とは、麻生書評でいう、「現代日本を堕落させた「欧化」」と「興隆させた「欧化」」との二つの言説の矛盾のいいかえである。なお、他者感覚の欠如による「自分のイメージの他者への投影」は外国人（たとえばジャパノロジスト）にも見られるが、日本人の場合は同質性に基づいた「鎖国」によって、自分の投影か「拒絶反応」かどちらかになる（『別集』③306f.: cf.『座談』⑦275ff.）。いわゆる「オリエンタリズム」に関わる問題である。ちなみに、和辻哲郎は、日本人は外国に理想を見るが、その理想は実は日本人の理想の投影であり、その意味で日本民族には理想主義が根強くあり、逆に「自己蔑視」も本質的には「理想の前に己れを鞭うつこと」だとしている（『全集』④311／『続日本精神史研究』53f.）。

（８）「明治初期における政治と言葉」（一九六八年）では、やはりおおむね明治二〇年代以降、「東西文明の調和」や「良きをとり悪しきをすてる、いわゆる採長補短」といった「極めてイージーゴーイングな言葉」で明治維新の様々なディレンマが解決されたかのような幻想が生まれたとしている（『集』⑨432）。

（９）丸山は、日本の思想は輸入文化であるが、日本人は「和魂漢才」やそれを読みかえた「和魂洋才」によって日本のアイデンティフィケーションを求め、また日本的なものを「アンチ外来思想」に求めたとしている（『話文』②323f.）。これは国民道徳論についての説明とほぼ同じである。

（10）丸山自身同論文で、「政治の発見」につき徂徠とマキャヴェリとの平行性を語り（『集』①204／『日本政治思想史研究』83f.）、「自然と作為」論文（一九四一年）では、朱子学的有機体観から徂徠的＝近代的機械観への展開についてF・テニエス、O・ギールケと並んでT・ホッブズを引証し、徂徠の聖人論をホッブズの「真理ではなく権威が法を作る」と比較している（『集』②32ff.／『日本政治思想史研究』224ff.: cf.『書簡』③129f.）が、井上哲次郎も、徂徠が、性悪を予想し、礼楽を重んじ、功利主義を主張し、「道は聖人の作為する所」とするのは多く荀子からきたものだが、そのため「人をして英国の哲学者トーマス、ホッブズの学説を連想せしむること往々にして之れあり」と述べ、また徂徠の「道徳を社会的に解釈する」のは「英国の哲学者トーマス、ホッブス氏《ママ》のそれと相似たり」として、両者の類似点とその欠点について語っている（『日本古学派之哲学』冨山房〈1936〉529, 633f.: cf. 遠山敦「丸山眞男『日本政治思想史研究』」『岩波講座　日本の思想』①岩波書店〈2013〉297）。

（11）井上は『倫理と教育』（明治四一年）では、従来の忠孝一本の「服従的」道徳と西洋の人格の尊厳を中核とした西洋道徳の融合調和について語り（『倫理と教育』弘道館 481ff.）、「現代思想の変化に対する覚悟」（明治四四年）では、万世一系の皇統に基づく「国民道徳」は確固不動であるが、「昔の家族制度を其の儘保存して行くことは到底むづかしいことで、次第〳〵に変形して行き居る」ことを認め、さらに、「国民道徳よりももつと広汎なるものがある。例へば忠孝と云ふやうなことは国民道徳としては大事なことであるが、忠孝ばかりでは足らぬ」として、普遍的な道徳（誠実や親愛）を東洋にもある「人道」だと述べていた（『社会と道徳』弘道館〈1915〉274ff.）。なお、明治四一年八月に和歌山県東牟婁郡古座町で開かれた講演会で井上は、日本の国家を維持発展させるために西洋文明を輸入する必要があるとして「採長補短」を論じ、それを「取捨、折衷、採択」

と呼んでいる（『国民道徳』隆文館〈1911〉22, 32）が、奇しくも同年同月に漱石は和歌山市における講演「現代日本の開化」で、「皮相上滑りの開化」はやむを得ないことであり、「涙を呑んで上滑りに滑つて行かなければならない」と語っていた。

（12）「忠も、孝も、今日の時勢、境遇等に適応するやうに解釈法を改めて行けば扞格《かんかく》する所が誠に少ないやうになります」（『国民道徳概論』三省堂〈1912〉285）というのであるから、井上は「縦横自在」（『増訂　国民道徳概論』三省堂〈1918〉295）の姿勢で臨んだ。いわば道徳規範の「構成要件」を自在に変えたのである。

（13）丸山は、精神的雑居性の原理的否認と世界経験の論理的、価値的整序を内面的に強制する思想としてのキリスト教とマルクス主義を挙げた際に、ある転向者が、「思い出」によってこうした「原理」から離脱し雑居的「寛容」へ復帰したことを、「日本民族の包容性」や「東西文化の融合の将来の発展」として語ったとしている（『集』⑦203）。これは例の「突然変異的な転向」であるが、その「思い出」の対象は伝統そのものではなく、雑居的伝統であり、ことによると井上的東西融合論であった。

（14）丸山は進化論と並ぶ弁証法についての叙述につき、「「発段階論」及び、ヨリ高い段階での対立物の「綜合《ジンテーゼ》」という理解の仕方での弁証法論理」という説明を加え（『日本の思想』岩波新書〈1961〉「丸山文庫」［資料番号 0201018］23）、学生時代を振り返って、「右翼」ないし「エスタブリッシュメント」の側が進化論よりむしろ弁証法を持ち出したと証言している（『集』⑯202）。なお、古在由重は丸山との対談で、「独特なヘーゲル主義者」で国粋派であった紀平正美の「弁証法」が禅のような空漠たるものとして理解されているけれども、「そうとう危ない」ものだと述べている（『座談』⑤238）。丸山は「日本の思想」で、国粋主義思想家がヨーロッパの翻訳思想により影響を受けていたとして、紀平を例に引いている（『集』⑦190）。

（15）すでに触れたが、丸山は麻生書評において、自分たちはもはや明治時代を直覚でわかる世代ではないのに、ともすると明治時代の問題はすでに「アウフヘーベン」されてしまったかのように語り、そのため「近代文化に対する近代以前の立場からの反対」も近代の「弁証法的な止揚の努力」であるかのように思い込む危険がある、と指摘していた（『集』②181）。

（16）「正統と異端」の視角に基づいた位置づけも、一種の組み換えにすぎない（cf.「〈O正統とL正統〉（含、国体論）」〈1989〉「丸山文庫」［資料番号 720-2］45ff.）。

（17）以下必要に応じて、「「正統と異端」研究会報告原稿」『センター報告』⑪〈2016〉111f. の内容を「原稿」として註に引く。

（18）「原稿」ではこの後に、「聖徳太子・慈円（道理と自然法学）・親鸞・道元・親房・内村・福沢・中江・自由民権運動・維新当初の指導者・マルクス主義運動」とあり、「マルゴトではない！」と註記されている。これは、「原型突破の原理」を体現した人物・運動を挙げているように見えるが、この時点でまだ原型論は構想されていない。

（19）「原稿」ではこの部分は、「人権とはいかなる public な名においても否定することは許されず、逆にあらゆる統治形態、社会体制はその前に相対化される→いわゆる「個人主義」にあらず、個人単位。超個人的イデーへのコミットを通じて、個人が自立する、と［いう］構造　自立的個人の社会的連帯へのダイナミックスの承認」とされている。

（20）「原稿」の(ト)は、「イデーが組織となる時、不純になる。〝文明〟のイデーも同じ。純粋ならざるもののなかで耐える純粋な精神、incarnation 受肉＝妥協の必要と意味　→純粋主義は、出発点の正反対の帰結に陥る。異端（カタリ派）の宿命、禁欲→放縦」となっている。

（21）後年、丸山は武田友寿『内村鑑三　青春の原像』（日本ＹＭＣＡ同

盟出版部〈1982〉「丸山文庫」［資料番号0184759］145）のつぎの箇所に傍線を引き、上段に「Ja!」と書き込んでいる。「みずから正統たろうと意志すること。真の意味における正統とはそのような努力にほかならないのである。［今日の日本のキリスト教には］このような正統性の自覚は薄いのではないだろうか。現今のキリスト教のそれは正統を意志するよりも新しさを性急に追いすぎていないか。［中略］内村鑑三のように無自覚的に正統性を激しく志向するアウトサイダーも存在しえたのである」。丸山のいう「われわれの正統性」とは、これに倣って「自覚的」に正統性を志向したものか。

(22) (ロ)で心情倫理のコロラリーとしてマルクス主義やキリスト教との「合一化」の拒否が挙がっているのは示唆的である。戦前の〈イデオロギー鎖国〉が「異端」の排除という構造をもっており、まさにキリスト教やマルクス主義の心情倫理を排除する機能をもつと認識されていたのに対して、丸山自身はあえてそうした心情倫理との「合一化」を避けて、より普遍的な心情倫理を考えていたとも解される。

(23) 「原稿」では、(ハ)は、「人類の歴史が経験への意味付与の歴史であり、歴史から「学ぶ」能力を人類（われわれ）がもっていることを信ずるという意味において、歴史の「進歩」を信ずること（終末論的オプティミズムも含めて）」とある。

(24) 「執拗低音」の説明で丸山はいう。「正統的な思想の支配にもかかわらず異端が出てくるのではなく、思想が本格的な「正統」の条件を充たさないからこそ、「異端好み」の傾向が不断に再生産されるというふうにもいえるでしょう。［……］よその世界の変化に対応する変り身の早さ自体が「伝統」化しているのです」（『集』⑫154）。

(25) 精神的雑居性という病理現象は、「思想的正統性」の欠如とも表現される。丸山は、近代日本には「政治的な秩序のレジティマシー」はあったが、天皇制は「一定のドグマを前提としたオーソドクシー」ではないという（『集』⑯90）。近代日本には「L正統」はあったが「O正統」はない、というのであるが、ここからすれば、思想史における「座標軸」の欠如とは「O正統」の欠如のことであり、〈イデオロギー鎖国〉も「O正統」の欠如と同じことになる。

(26) ただし、ここで丸山は、その「タコツボ的な封鎖性」が「今度の闘争」（安保闘争）によって「大きく破れた」としている。

(27) 丸山は「あの、伝統の中から発掘しろとか何とかいう発想は、もうかなわんという感じがするんです」と述べて、「日本対外国」という考え方は日本独特であり、他国ではたとえばドイツ対イギリスというのであって、自国と外国という言い方はしないという（『続話文』①91f., 103：『座談』⑥33：『集』⑨373f.）。

(28) やたら登場する「熊さん八さん」という表現は、管見の限りでは、内村の著作中には見出せない。ただ、「忠誠と反逆」（一九六〇年）で、内村の人類愛の特異性は単に人類愛を祖国愛よりも優位に置いたということにあるのではない（「もしそれだけなら、白樺派と内村との距離はそんなに大きくないはずである」）とした際に引いた文に、「吾人に最も近き人類は吾人の同胞なれば、吾人は先づ第一に吾人を囲繞する吾人の同胞を愛すべきなり。即ち吾人の僕婢に対しても人類の同情を表すべきなり。吾人を輓廻す車夫と雖も牛馬にあらずして人類なれば、吾人は彼等に向ひても人類適当の同情と尊敬とを表すべきなり」とある（『集』⑧232）（傍線は『内村鑑三著作集』③岩波書店〈1954〉「丸山文庫」［資料番号0185866］260による）が、この「僕婢」や「車夫」のいいかえではないかと思われる。

第3章第二節

(1) 「自己内対話は、自分のきらいなものを自分の精神のなかに位置づけ、あたかもそれがすきであるかのような自分を想定し、その立場に立って自然的自我と対話することである。他在において認識するとはそういうことだ」（『対話』252）というのは、カール・マンハイムがナチズムの精神史的背景として「他者を他在において把握する能力の衰退と欠如」を、つまり「自己中心的な世界像」を見たこと（『対話』242:『集』⑪172）と関わっている。これを克服することは日本人にとってまさに「精神的開国」であった（『別集』③309）。なお、一九六〇年の座談では、自己の中にあるアジア的なものとヨーロッパ的なものの併存をイントラ・コミュニケーション（対話）により創造的な方向にもっていき、「国内開国」を行うのが「インテリの使命」だと語っている（『座談』④54）。「雑居」を「雑種」に高めようというのである。

（2）既述のように、ここで丸山は、戦前の「つまみ食い」の投影としての「ヨーロッパ＝物質文明」という見方を示しているが、現在でも「テクノロジー偏重のヨーロッパ」という見方が流行っていることを指摘し、結局その原因が「他者感覚」の欠如にあり、その点で他者を他者から理解するというのは、遠い歴史的時代の認識だけでなく、「今の問題」だといっている（『集』⑪177）。

（3）「大勢順応」は原文「体制順応」だが、この発言の前では「大勢順応主義」となっている（『話文』②367: cf.『手帖』㉑28）。

（4）後年丸山は、この「弁証法的な全体主義」が、三木清「有機体論と弁証法」（一九二八年）からの影響もあって、「個人を否定的媒介として国家共同体が成立する」という「弁証法的国家論」の立場から——いいかえるとプロレタリアートの立場から——、個人と国家のブルジョワ的二元論を克服しようとしたものであったとしている（「生きてきた道」〈1965〉『続話文』①23:「如是閑の時代と思想」〈1990-91〉『座談』⑨200）が、これはすでに見たように（I-3-b）、南原＝新カント派への批判をも意味していた。なお、丸山は、「あれは何のことだかよくわからないが、やはり個人の自由と国家的な実存とを調和させるということが僕の考えだったな」と語っている（「近代日本思想史における国家理性の問題」〈1991〉「丸山文庫」［資料番号 578］42）。

（5）「同心円」は天皇制の無責任の体系の比喩として使われた（II-1 註22）。それはここにいう「同心円」と同じものではないが、「企業一家」が翼賛型の政治意識との繋がりで理解されているのは、天皇制の「無責任」の分析を企業等の組織にあてはめたものである。ただ、丸山がこれを戦後における「天皇制の精神構造」として捉えていたかどうかは別問題である。

（6）丸山は一九六四年度と六六年度の講義で、家族的エゴイズム・地方郷党的エゴイズムがナショナリズムに有利に働くこともあれば不利に働くこともあるとし、万葉集に「海ゆかば［……］大君の辺にこそ死なめ」の天皇への忠誠歌と並んで、「人も無き国もあらぬか吾妹児とたづさひゆきて」の恋愛讃歌があり、それが国学に流れ込んでいると述べ（『講義』④80f.:『講義』⑥39f.）、六五年度講義では、「ウチ・ソト」意識につき、日本では自然的所与性に基づく国意識としての国家への帰属感が強い反面、「ウチの会社」等の所属集団への同一化が強く、ジョン・ブル的愛国心に欠けると指摘している（『講義』⑤37）。鶴見との対談でいう、太古から続く、滅私奉公と「ウチ」の流れの並存である。これらは古層の「良い面」と「悪い面」という相対評価（V-2-b）とも関わる。

（7）丸山は一九六三年に土着主義を批判して、「日本の土着的なものと言っても、らっきょうの皮をはぐみたいに縄文式文化までさかのぼってみれば、いずれはどこかから来たものでしょう」と述べている（『集』⑨139: cf.『話文』②108:『講義』④40:『座談』⑤23）。土着主義＝内発性論は空振りに終わるというのだが、これが「原型」論に繋がっていった事情を後に丸山は同じ比喩でこう語っている。完結的なイデオロギーとして「日本的なもの」を取り出そうとするとする試み——つまり「外来」思想と独立して「内発的」な日本人の考え方」を求めようとする国学や近代の「日本主義」や近年流行した「土着」思想の探究——は、日本思想史の方法としては、ラッキョウの皮むきと同じように、必ず失敗するが、しかし他方でそうかといって日本の思想はすべて外来のもので「日本的なもの」はまったくないともいえず、そこから外来思想の「修正」のパターンを探り出そうとした、と（『集』⑫144ff., 153：『集』⑫207f.：『手帖』㊿38）。土着主義は、「内発性」探究の行き着く先を示す反面教師であった。

（8）事実、「擬似普遍主義」と「土着主義」の対は、歴史上は明治以来現代まで続く、「欧化主義」と「島国ナショナリズム」（『講義』⑤39）の対として表現される。擬似普遍主義は、定義上当然のことながら「欧化主義」の一種である。「普遍」というものを内蔵した思想が全部外来思想」であり、「「普遍」はいつも外にある」（『集』⑪217）。

（9）一九六七年の鶴見俊輔との対談で丸山は、日本の地下鉄や雑踏の中で「日本」や「日本人」を意識しないし、イギリスの地下鉄に乗っても「ただの人間」しか感じないと語っている（『座談』⑦118）。これは同じ場所で、「民主主義とか基本的人権」は「わたしにはほとんど生理的なものとして自分のなかにあると感じています」とか、「ヨーロッパへ行ったときは未知のところへ来た感じがまるでしなかった」（同108, 111）と誇張気味にいっているように、丸山がもともと体質的に「西欧的」であり、なおかつ「普遍主義的」なところがあるという「自意識」を示している。

（10）一九五七年度・五八年度講義では、open society においては「マギーからの解放（Entzauberung）」がなされるとし（『講義別冊』②31, 72）、五九年度講義では、政治的統合の象徴として神話を使う場合として二〇世紀の神話に言及し、「合理主義者が考えるほど、我々は呪術から解放されていない」としている（『講義別冊』①61）。

（11）そのうちの一つである「五・一九と知識人の「軌跡」」（一九六〇年）で丸山は、プロセスとしての民主主義のみが永久革命の名に値するとしていたが、そう述べる前に、「成熟した高度資本主義のモダーン」ではなく、「近代社会がうまれてくるその荒々しい原初点」でいま一度「近代」をつかみ直そうとする志向があるという意味において、「近代主義者」と呼ばれるのはむしろ光栄であるといっていた（『集』⑯33f.）。

（12）ただし、ここでは丸山は、「近代社会をつくって行く、あるいは近代化を押しすすめて行くエトス」を問題にしており、その限りでは自主独立の気概が重要である。しかも、丸山は、村松剛がそれを「強烈な個性みたいなもの」としたのを受けて、そうした「個性」は歴史的には集団や結社を通じて確立してゆくと述べている（『座談』④38f.）。

（13）丸山の「賭け」＝決断は、規範主義に対置される限りで、ウェーバーの「価値への自由」と同様、カール・シュミットの決断主義に繋がる。丸山は、規範主義的思考が、自然法論に典型的なように、決断を何らかの規範に埋没させることによって、無責任を生み出しやすいと考えた（『講義』③28）。しかし、丸山は、逆に「賭け」は非合理的行動主義を生み出し、無責任を招来し、それゆえ「絶対的な愛の倫理」（山上の垂訓）をもしりぞけるともいっている（『講義』③34）。なお、丸山は、Karl Mannheim, *Ideologie und Utopie*, 1929 の英訳本 Karl Mannheim, *Ideology and Utopia*, London : Rouledge & Kegan Paul, 1936（「丸山文庫」［資料番号 0182479］143）の文中、如何なる党派にも属さない知識人がとるべき第二の道が（第一の道は何らかの階級的集団に加担することである）、自己の社会的地位とその使命を自覚するという方法だと論じ、「決断の形成がほんとうに可能になるのは、決断を下した後でもなお選択することができる自由がある場合だけである」'The formation of a decision is truly possible only under conditions of freedom based on the possibility of choice which continues to exist even after the decision has been made' とする箇所につき、「真の決断は自由な選択を前提とする」と書き込んでいる（下線丸山）（cf. 鈴木訳『イデオロギーとユートピア』155f.）。

（14）「価値観関係づけ」ないし「意味付与」という発想からすれば、そもそも自分の「思想」がなければ歴史の中に何も発見することはできない。極言すれば、発見すべきものはあらかじめ決まっていて発見される。政治学と実践について語った早い時期の丸山自身の言葉を使えば、「問題がすでに答えを予想している」のである（『別集』①240）。したがって「病理現象」へのアプローチは、「病」を前提としており、ことによれば「治療法」も想定内である。

（15）「八紘一宇」がこのことの説明にとって適切かどうかは定かではないが、和辻哲郎は、日本の伝統に世界に輸出できるものがあると考え（IV-1-b）、内村鑑三と南原繁は世界に輸出すべき「日本的キリスト教」を信じていた（IV-2-a）。

（16）丸山は、思想史とは、「思想論」と一般的叙述の中間であると見て、「思想史家」の仕事を、作曲家の創造物を前提としながら後から創造する再生芸術家としての「演奏家」にたとえる（『集』⑨70f.）。これは、思想史が「思想」を不可欠の要素とすること（方法論上は「価値関係づけ」ないし「意味付与」）を意味している。丸山は一九五九年の座談で、やはり「思想史家」と「思想家」との関係を演奏家・指揮者と作曲家の関係にたとえ、「自分で思想することなしには少なくとも思想を対象にした歴史はありえない」と述べている（『座談』③219）。極端にいえば、「思想史家」になるには「思想家」でなければならないことになる。

（17）晩年にも丸山は、「ヨーロッパに発生しようが、中国に発生しようが、それをもってきて伝統にするかどうかは、われわれの問題なんです。日本人の問題なんです」と語っているが、その際、ウチ・ヨソ、内発・外発の発想をしりぞけて、「だから僕は内発・外発という言葉を使わない」としている（『続話文』②129）。

（18）「自分の人類」という表現は違和感がある。あるいは「自分で」の誤植であろうか。

（19）後に丸山は執拗低音という観点の導入によって、外から入ってきた高度な世界観（仏教、儒教、キリスト教、自由主義、民主主義、マルクス主義）が「どういうふうにしてわれわれの血肉になったかということの一つの秘密が解ける」といっている（『話文』②114）が、この場合「血肉になった」というのは「定着した」という意味ではない。日本の思想史は「外来→土着（相対的）の不断のプロセスの歴史」であった（『講義』④49）という意味の「土着」であろう。

（20）丸山は、「学問的真理」の「無力」であるゆえんをいうのに、真理を「北極星」にたとえる。北極星は旅人に手をさしのべてくれないが、基本的方向を示す「しるし」となる。そこで旅人は、「自らの知恵と勇気をもって、自らの決断によって、したがって自らの責任において、自己の途をえらびとるのである。北極星はそのときはじめて「指針」として彼を助けるだろう」（『対話』115f.）。行動する時、学問が決めるのではなく、主体自身が（学問を一つの座標軸として）決めるのである。

（21）丸山が「いかれた」国はどこであったのか。さしずめイギリスであろうか。丸山は一九六四年に、「イギリスにかなりいかれた」ことを認めている（『集』⑨200）。

（22）平石直昭（「解説」平石編『丸山眞男座談セレクション』下、岩波現代文庫〈2014〉369）によれば、『丸山眞男座談』全九冊七八篇をジャンル別にすると、①現状分析三五%、②学問論一九%、③追想類一三%、④芸術論一四%、⑤歴史上の人物論一〇%、⑥その他八%となるという。

（23）丸山は、一九六四年、六五年の梅本克己・佐藤昇との鼎談で、自分は梅本の基準でいってマルクス主義者ではないけれども、マルクス主義の「科学的命題」、さらには「哲学的命題」にも「幾多の真理」を見出すことができるといい、また「やはりマルクス主義的なシッポをどうしても断ち切れない、哀れな戦前派の老人」と自嘲的に語っている（「現代日本の革新思想」〈1966〉『座談』⑥270, 302）。

（24）日本では「研究者」よりも「○○大学教授」、「ジャーナリスト」よりも「○○新聞記者」とされることが多いが、これは、丸山によれば、カルヴィニズムの、業績価値に基づく「近代的職業」、つまりcallingの観念と違って、儒教的な「職分」観念からきた「地位・身分」という属性価値に基づく（『講義』⑥227：『講義』⑦216f.）。その意味で〈学歴インテリ〉は「である」存在である（cf.「「日本の知識人（註）歴史を含む国際的比較」草稿・メモ」「丸山文庫」［資料番号272］42-44., 46f.）。

（25）早期の大衆化ないし大衆社会化については、「日本の思想」（一九五七年）では、「民主化を伴わぬ「大衆化」現象もテクノロジーの普及とともに比較的早くから顕著になった」といい（『集』⑦227）、他の場所でも、「西欧より早く大衆社会化した面」（『座談』④30）、「近代日本の異常に早い、しかも特殊な型の大衆社会化」（『講義』⑤47）、「大衆社会の先進国」（『座談』⑤139）、「明治末期から進行する〃大衆化〃現象は、どの先進資本主義国よりも甚だしかった」（『講義』⑥179）、「「大衆社会」の様相の早熟的な出現」（『集』⑨415）等々の発言がある。

（26）あるいは、戦争直後のように、「知識人や学者が民衆から遊離している」という考え方では日本の問題は解けず、ヨーロッパの方がはるかに遊離しているともいう（『話文』①125）。これは、日本語の話し言葉（日常語）と書き言葉（学術用語）の分裂が普通の生活者と学生・知識層との間のコミュニケーションの混乱となって現れるとともに、知識層自身が「下半身は日常語、日常文化で、上半身の頭の方だけ抽象語を話しているという形」となって現れていることを指摘した際に洩れ出た言葉である。例によって二階建て論に拠り、問題をもっぱら知識人と民衆との遊離として捉えることに無理があると考えたのだ（cf.『集』⑩245）。

（27）これは、『文明論之概略』や『学問のすゝめ』で報国心を説いて、「日本は古来未だ国を成さずと云ふも可なり」、「日本には政府ありて国民（ネーション）なし」と喝破した福澤の名言（『全集』④153f.／岩波文庫219ff.：『全集』③52／岩波文庫41）のことである。

（28）草稿の一つには、「日本」と「世界（外国）」を対置する思考は、コスモポリタンを「外」への移住というイメージとして捉え、「その場にとどまって同時にコスモポリタンでありうる」などとは信じない、とあるが、その欄外に「内村は「人類」とは熊さん八さんの事だ［といっている］」と書き込む（「日本の知識人　擬似普遍主義と「自然と文化」」「丸山文庫」［資料番号271］48）。

第4章冒頭

（1）筑紫哲也が、日本のミュージシャンやインテリは演歌に先祖帰りすると指摘したのに対して、丸山は、その源が「戦争直前の教養主義」、「旧制高校の教養主義」に、もっと根本的には鹿鳴館の欧化から始まる日本の近代化の「インチキさ」にあり、ただ鷗外とか漱石といった「ホンモノ」は例外で、漱石の苦闘は「東洋と西洋の格闘」であり、「格闘」しないで欧化主義になったのは「アブナイ」と語り、「漱石、鷗外は勉強しなくても教養が東洋主義なんですよ、漢学だし」としている（『続話文』③261f.）。

（2）明治四四年に鷗外は「鼎軒先生」（『全集』㉖422f.）で、新しい日本は東洋文化と西洋文化が落ち合って渦を巻いている国だが、もっぱら東洋文化もしくは西洋文化に立脚する「一本足」の学者は有用の材であるとはいえ、その意見は偏頗（前者は「保守」、後者は「急激」）であり、実行に移すと問題が生じ葛藤や衝突を生むため、時代は「二本足の学者」、つまり「東西両洋の文化を、一本づゝの足で踏まへて立つてゐる学者」による真に穏健な議論を期待すると述べて、田口卯吉を称揚した。丸山の友人猪野謙二は、大学時代の夏休みに丸山がブライスと井上の二つの書物を同時に読んでいた丸山を、鷗外の「二本足の学者」に比している（猪野『日本文学の遠近』II、未来社〈1977〉304 : III-1-a 補1)。なお、「近代日本における思想史的方法の形成」（一九六一年）に関わる資料には、「鷗外　日本近世の学者」として、「一本足の学者」（「東洋の文化に立脚している学者」、「西洋の文化に立脚している学者」）と「二本足の学者」に分け、「時代は別に二本足の学者を要求する。東西両洋の文化を一本づゝの足で踏まへて立っている学者を要求する」と記した紙片とともに、丸山と違う筆跡で鷗外の「かのやうに」（明治四四年）からの抜粋がある（「丸山文庫」[資料番号427] 3, 66ff.)。

（3）丸山は、福澤、松陰、左内、龍馬、山縣、伊藤、大隈の「志士の世代」と、「自由民権世代」（兆民、馬場辰猪、植木枝盛、小野梓）と純然たる「維新後世代」（蘇峰、蘆花、透谷、花袋、藤村、秋声）を区別している（「『概略』を読む」〈1986〉『集』⑬41ff.)。

第4章第一節

（1）和辻が阿部と親しくつきあい出したのは、阿部によれば、大正元年秋のことである（『全集』⑰516)。明治四五年五月の手紙で和辻は阿部に逢ったといっているが、初対面ではない口調である（『全集』㉕335)。和辻はその年の夏、ちょうど明治が終焉を迎えた時に大学を卒業している。当時の和辻の阿部に対する心酔の度合は、大正二年一二月に書かれたと推定される「メモランダム」の、「阿部さんはほんとに偉い。心から尊敬できる。又阿部さんはほんとに好きだ」という言葉（『全集』別巻①70）から推し測ることができる。

（2）「無知の下民に品性修養智識集積の要を悟らしむること」（『全集』⑫17)、「作文の第一義は品性の修養のみ」（『全集』⑫20)、「それ三年の修養を如何せむ」（『全集』⑫26)、「吾等は君に於て真摯なる修養の人、思想ある文筆の客を得たるを喜ぶ」（『全集』⑫51)、「修養の道途にありて専ら自己の鍛錬に忙はしく」（『全集』⑫52)、「清新なる理想と堅実なる修養とを鼓吹して」（『全集』⑫53)、「吾人が苦心惨憺たる修養の結果」（『全集』⑫63)、「師［＝清澤満之］が苦心惨憺たる考察修養の道程を記摯するもの」、「師がとられた修養の態度には常に敬服してやまぬもの」（『全集』⑫74）などである。ことに、「中等学校の教師などは小説を腫物の如く嫌ひ候へども、因果は覿面《てきめん》にて小説を読む程の趣味の修養もなき彼等が品性の乾燥と無味と呆れ返るばかりには候はずや。自己の経験を外にして人生の意義と価値とを示すの最もすぐれたるもの傑出せる小説を除きて何処に見るべきに候ぞや」（『全集』⑫83）とあるのは、まさに読書に関わっている点で「自己教養」に通じる。阿部が「修練」、「精錬」、「修養」という語によって「自己教養」を表現したのは、彼が「修養の世代」とさほど遠い距離になかったことを示す。阿部において個人の「修練」、「修養」、「教養」は、自己の内面的確立のための努力を意味しており、その限りで漱石の「人格の修養」と同じものであった。西田幾多郎も明治四〇年に、「人格修養は頭脳の明不明に関せず凡ての根本に御座候。一日もこの修養を怠るまじく候。何でも確固たる自家の主義信仰を養成する事緊要に御座候」（『西田幾多郎随筆集』岩波文庫〈1996〉322）と述べている。この意味では、「修養」と「教養」の間に基本的に違いはないとする筒井／竹内の説（補1）は正鵠を射ている。

（3）阿部は、漱石の門下生にとって漱石は「道の師」ではなかったし、漱石にとって門下生は弟子ではなかった（『全集』⑬338）とか、「自分はどんな意味でも先生の門下生ではない、先生も門下生と思つてゐられなかつたであらう、先生はその一生を通じてたゞ自分の畏敬する先輩であつた」と述べている（『全集』⑦164）が、名前をつけずに「先生」の呼称が仲間うちでも通用したのは漱石とケーベルだけであったともいっている（『全集』⑩248）。

（4）ちなみに、丸山は、『思潮』の執筆陣に西田、田邊、桑木厳翼、得能文、西晋一郎、深田康算などがいたという和辻の回顧文に、「社会科学者がいないことに注目！」と書き入れている（『黄道』中、角川書店〈1965〉「丸山文庫」［資料番号 01924992］223）。

（5）阿部にとって理想社会は、利己主義に基づく社会を克服した、「自由な、独立した人格の、相互の尊重と愛とを基礎」にした「内面的結合」である（『全集』⑥88）。この社会に到達するプロセスは、他人に嫉妬せず、「自己を養ふこと」、「一歩一歩自己を築き上げて行くこと」、仲間の偉大な者を参考にして「向上」していくこと、「自己の内に向けられた戦」によって「自他融合の世界」を創り出し、そのために「たゞ美しきものを見るだけではなくて、美しき人格を築き上げて行くこと」である（同 101f.）。したがって、理想社会の建設のための努力は「自己教養」、「人格の陶冶」に励むということになる。そして理想社会そのものも当然「教養」の馥郁たる香りに満たされている。理想社会は、自律の意志によって良心に基づいて行動する者、すなわち「人格の自由」を本質とする「君主人」によって構成され、各人は「真と善と美と聖」を追求する自由を得ることになる（同 103ff.）。こうしたことが可能となるのは、その社会が「人格的な愛」を結合力とするからであり、これがすなわち「至高の価値」に対する愛（「およそ力あるもの、豊かなもの、調和せるもの、清いもの、純なもの、深いもの、高いもの、特に聖なるものの愛」）である（同 111f.）。

（6）阿部は、この論理を通じて、大正九年に無政府主義に関する論文で筆禍事件に見舞われた東京帝大経済学部助教授・森戸辰男を擁護する議論を展開している（『全集』⑥206ff.：『全集』⑦279ff.）。これは現実政治へのコミットメントである。森戸は阿部の一高・東大の後輩であり、初対面は大正七年八月一五日である（『全集』⑭248）。もっとも、阿部の「政治的」判断力を疑う声はある。東北帝大法文学部の同僚は、阿部が学部長になれば「思うことは何でも出来る」と考えていたらしく、抱負が実現されないために（病気のせいもあったが）早々と辞任したが、「ちょっと見ると我儘放題のようであったが、それも正直一辺で、ただ筋を通すだけで政治的素質がないのだから無理もない話である」と評している（熊谷岱藏「阿部次郎君のことども」『全集』⑪「月報」3）。

（7）もっともここに至る道は一直線ではなかった。大正八年三月には慶應の「専任教授」の話が出ていた（『全集』⑭272）が、これは立ち消えになったようだ。大正九年五月の「感想日記」には、森戸問題に関する発言が危険視されたためらしいと推測して、「併しそれならばそれで結構だ。僕はいづれにしても教授になるために自分の享受してゐた自由を売る気はない。自分は自分で正しいと思ふ道を進んで行く。それでも僕が必要だと思つたら礼を正して迎へに来るがいゝ。迎へに来てくれなくても僕は僕として生きて行くだけの自信はあるのである」と居直りつつ、「腰をすゑて仕事をする地位を望んで、それが迎へに来ないのに多少の寂寞を感じる」と洩らし、やはり実力を養うべきであり、「自分の実力を考へると少なくとも今四五年は不平を云はずに黙々と勉強しなければならないと感ずる」と揺れ動いている。だが、こう書いたすぐ後で阿部は、法政大学に「新しい文科」ができて「僕をひつぱりたいやうな」話を聞いてこう書く。「もし僕にその新しい文科を組織させるならそれをやつて見たいやうな気がする。日本には新しい精神の文科大学が必要である。併し単に学科を分担する教授ならば何処にゐたつて同様である」（『全集』⑭368）。なお、東北帝大を含めた阿部の人事をめぐる詳細については、竹内『教養派知識人の運命』筑摩書房〈2018〉259ff. 参照。

（8）阿部は昭和一二年に、「阿部美学」は過去のもので、いまや「西田美学」の時代だとする見方に対して、「阿部美学」などはそもそもこれまで存在しないのであって（リップスの美学の紹介をしたことはあるが）、「阿部美学は唯今製造中」であり、定年になって閑になったら「その仕上げ」に取りかかろうと思う、と述べている（『全集』⑬106）。しかし、「製造中」の作品は公表されず、「仕上げ」も果たされなかったようだ。

（9）丸山の回顧によれば、和辻の倫理学講義は「自分で進んで出」た。これをまとめた『人間の学としての倫理学』（昭和九年）は当時の流行であったけれども、これも「そんなにひどいものじゃなかった」が、「非常に換骨奪胎が上手いな」と思った。ハイデガー哲学も和辻を通じて教わった。「和辻さんというのは、最新流行の哲学を追っている人です」。キルケゴール研究も早い。ハイデガーの換骨奪胎から、Zwischenmenschliches Dasein、人間の学が来ており、「間柄的存在」という和辻倫理学を構築していく。「要するに、向こうの最先端の学説を採ってくるというのは、和辻［による《ママ》］批判の中にも出てくる」（「法学部学生時代の学問的雰囲気」〈1985〉『続話文』①248）。別の場所では、「学生のころ」に和辻の講義を聞いたが、それは後に『人間の学としての倫理学』として出されたもので、「これの内容はおかしくはなかった。うまいことハイデッガーを使うなあ、と思った」とか、「ぼくは、ハイデッガーなんか読んでいなかった。その講義がおもしろいから聴いて」云々と語っている（『自由』230f.）。丸山文庫所蔵の『人間の学としての倫理学』には多くの書き込みがあるが、割愛する。なお、同書末尾に「名著！　一九三四年、五、一〇、読了」と記している（「丸山文庫」［資料番号 01890433］272）。この本の奥付には「昭和十一年九月三十日　第四刷発行」とあるから「一九三四年」は誤記かもしれない。しかし、「四」の字を書き直したような痕跡があり、判然としない。だが、かりに「六」の誤記だとしても、発行が「九月三十日」なのに五月一〇日に読了するはずがない。すると、「一九三四年」は、「一九三七年（昭和一二年）」ではないかという推測が成り立つ。「四」は「七」と読めないことはない。

（10）丸山は一九八一年以降にはこの和辻の主張を知っていた。それは湯浅『和辻哲郎』（一九八一年公刊）で紹介されており、傍線を引き、コメントを加えているが、ここでは和辻からの引用文への傍線部分だけを掲げておく（「丸山文庫」［資料番号 0192505］72）。「現在日本の政治的軍備的経済的勃興」、「しかも日本を誇るものの多くは、この点においてさえも、日本の矮小を認めないのである」、「我々は今やあらゆる人類の宝を消化して、自己の個性を成長せしむべき機運に逢会している」。

（11）大正二年の「メモランダム」には「維新の際に於ける忠君の意味転換」と題したこういうくだりがある。明治維新の「朝廷尊崇」は反幕諸侯の謀反の「口実」にすぎなかった。維新以前の「忠君」は諸侯に対するものであり、維新以後は朝廷に対するものである。これは明らかな矛盾である。もし忠君が天子に対するものであるなら、維新以前の忠君は本分を忘れた虚偽であったことになる。もし忠君とは天子に限らず「主人」に対するものであるなら、忠君は個々人の直接の主人の奴隷であることを意味し、したがって「個人的関係」にほかならない。維新後には、個人的関係としての忠君を肯定しながら、天子への忠義を説こうとしたところに矛盾があったが、これを解消しようとして加藤弘之、筧克彦、井上哲次郎は、「天子に対する忠義を以て、人間のあら［ゆ］る徳の源泉と見る也。国民精神は「忠君」なり」と主張した（『全集』別巻①43f.）。なお、丸山は湯浅『和辻哲郎』中のこの「メモランダム」と湯浅の評価についても多くの書き込みをしている（「丸山文庫」［資料番号 0192505］54ff.）。

（12）富国強兵と国民道徳論の総合としての「国家的利己主義」とは、井上の唱道する「国家的」功利主義である。井上は、個人の道徳に功利主義をとることは許されないとしながら、国家経済（通商貿易、殖産興業）のための功利主義を肯定した（『巽軒講話集　初編』博文館〈1902〉78, 433：『日本陽明学派之哲学』冨山房〈1900〉序4）。丸山も、明治日本において功利主義は「国家的功利主義」へ転換してゆき、物質文明を国家隆盛のために受容し、「功利主義は個人道徳としては間違っているが国家のためというように考えればこれは大いに有益である」と井上がいったと指摘している（「教育の反省」〈1948〉『座談』①158f.）。

(13) これは新渡戸の影響も与ってる可能性がある。新渡戸は一高の倫理講話で、「人間を改良しなければ、幾度社会を打倒しても同じことであつて、何ら社会は進歩しない。これは社会主義の取るに足らざる所以である」と語っており（矢内原忠雄編『新渡戸博士文集』故新渡戸博士記念事業委員〈1936〉298）、大正六年には、「物質的進歩が其宜しきを失へば、或は拝金奴と化し、唯物論者に成り、所謂自然主義の実行者とならう。民主的思想が其度を超ゆれば、或は共和徒《ママ》、社会党、共産論者とならう」としている（『全集』④494）。

(14) 和辻は後に理論的にも、「孤立せる個人」を自由競争の社会（ブルジョワ社会）の産物としたマルクスの歴史的批判の正しさを承認していた（『全集』⑩89／『倫理学』上、岩波書店〈1939〉134f.）。

(15) 津田裁判の第一審裁判長に提出された無罪嘆願の上申書は南原繁の手になるものであり、丸山は署名を集めるために奔走した。その署名者には、南原、丸山をはじめとして岡義武、矢部貞二といった政治学者、我妻栄、田中耕太郎、宮沢俊義、木村亀二他の法学者、安倍能成、石原謙、天野貞祐などの大正教養派、さらには田邊元、西田幾多郎などの京都学派も含まれている（『聞き書　南原回顧』252, 258）。彼らの思想には区々たるものがあったが、「異端排除」に反撥した点では一致していた。

(16) 「暮れ行く年」（大正七年一二月）と題する「思潮雑記」で阿部次郎は、愛国心を養う方法が、一つには国民の利己心の抑制にあるが、もう一つは、「国史の中にあるよきものを、正しきものを――換言すれば不死の理想にかなふものを、その国民に浸潤せしめること」にあり、狭隘な神道論や内面性を欠く国粋論や騒々しい祖国崇拝よりも、「和辻の『古寺巡礼』の方が遥かに愛国心を養成する手段となるに違ひない」と述べている（『全集』⑦242f.）。

(17) 丸山は、「偶像再興」という和辻の著作名は、彼の関心の領域がとくに美術・彫刻――そこに表現された日本の「精神」にあることを示すと解する（「「正統と異端」草稿」「丸山文庫」［資料番号672-3-4］）。和辻自身、『偶像再興』はニーチェやキルケゴールへの関心から仏教美術や日本文化への関心に移りゆく時期の「記念」であったと述べている（『全集』⑰3）。

(18) 「民本主義哺育の二法」で和辻は、民本主義が皇位の永続の保証であると論じ、その例を英国の王位に見て、いう。露独がこの英国の民本主義を学んでいたら、皇帝の廃位に至らなかっただろう。無論、日本の憲法は英国とは違うが、しかし日本の「国体歴史」は、日本の憲法の「運用」を英国と同じようにすべきことを示している。たとえば天照大神が八百万の神を集めて出雲出征を議し、自己の意志を述べずに、「一に衆議の定まるところを実行」したのがそれである。皇室の歴史はこのような民本主義の精神によって貫かれており、そのために万世一系でもあり得たのだ、と（『全集』㉒162）。前述のように（II-3-b）、「危険思想を排す」（大正八年）でもまったく同じことをいい、「饗宴と歌垣」（大正六年）では、古代日本には「多衆相会して重大事を議する風」があり、八百万の神を集うというのは「公民相会する」という意味であり、政治の重大事につき君主の専制ではなく、「衆議」によって決せられた例がしばしば見られるとする（『全集』㉑235）。これらの発言は天皇機関説を髣髴とさせ、総じて和辻は古代政治の体制にデモクラシーを見出して、現代のそれを正当化しようとしたと見ることもできる（苅部直『光の領国』創文社〈1995〉83, 89, 95）。他面、和辻が「政体」を問題とせずに憲法の「運用」による天皇の民本主義を唱えたのは、吉野作造が、民本主義とは、法律の理論上の主権の所在を指す主義ではなくて、主権者が「一般民衆の利福並びに意嚮を重んずるを方針とす可し」という主義、すなわち国権ないし政権の「運用」に際して指標とすべき政治主義であって、日本のような君主主権国でも採用することができると論じた（「憲政の本義を説いてその有終の美を済すの途を論ず」〈1916〉『吉野作造選集』②岩波書店〈1996〉30f., 35, 43）のと軌を一にする。なお、吉野の政治論につき、苅部直「日本のデモクラシー」『吉野作造研究』⑫吉野作造記念館〈2016〉19ff. 参照。

（19）もっとも、和辻は民衆の教養を高めるための具体的手段について語らず、むしろ天皇と天皇を輔弼する政治家の「哲人的」政治に期待した。「ノート」と同時期（大正一〇年以降）に書いた「日本最古の都市について」で和辻は主権者たる天皇の歴史的本質についていう。天皇は「道」を行うが、「道」とは「シナの先王の道」であり、特権階級ではなく民衆の幸福のためにできるだけ徳に一致した政治を行うということである。政治家はたえず道を誤るが、これに対して天皇は責任を負わない。これは「哲人政治」である。民衆による政治は衆愚政治に陥り、最上の政体とはいえないし、君主専制政治も「暴王政治」に堕する惧れがある。ただし、哲人がいつの時代にも必ず現れるとは限らない。ところで、主権者たる天皇は「哲人の具現者」である。人間としての側面は普通人と同じだが、天皇の観念は哲人の理想を代表している。その意味で、「道を行なう天皇」、「哲人の理想を具現する天皇」を戴くということに我々は満足しなければならない。現代の資本主義は「道」にはずれ、民衆の利益を度外視して、私利私益を図っているが、これに鑑みて、皇室は、かつてのように時代の要求に従って無産主義をとるべきかどうか、考えてみなければならない、と（『全集』別巻②14f.）: cf. 和辻「一つの私事」〈1924〉『全集』㉓256ff.）。

（20）ただし、昭和期の和辻は「哲人政治」の理想を実現するための民衆の教養や人間の改造に言及していないようである。ちなみに、苅部直は、「日本の伝統から知恵をくみだす」ことによって「政治的教養」を「肉づけ」していくという観点から、和辻の上記の大正期の評論や「日本の珍しさ」（昭和三年）に日本政治への批判を見出し、昭和期の二篇が軍部の「力の支配」に対抗する「一種の政治哲学」を日本の思想的伝統から引き出して蘇らせようとする試みと捉えるだけでなく、これを、「日本の思想的伝統に基づいた『政治的教養』の中身」の考察と規定し、さらには、丸山の「神皇正統記に現はれたる政治観」（昭和一七年）に、「統治者が秩序の運営にあたって働かせるべき思考方法」を「一般の人々も身につけるべきだ」という論理を発見し、その思考方法＝「政治的教養」の内実として、「幕末における視座の変革」（昭和四〇年）の「政治的リアリズム」を挙げ、そこに丸山は「ひきつぐべき『政治的教養』の伝統」を見出したとする（『移りゆく教養』114ff.:「『政治的教養』とはなにか」『日本工業倶楽部木曜講演要旨』〈2008〉21ff.:「『教養崩壊』の時代に『教養』を語る」『ファイナンス』㊸〈2007〉86: cf.「回想と忘却」『思想』988号〈2006〉32f., 35）。時代を超えて続く「政治的教養」という構想は魅力的だが、いま少し慎重な検討を要するように思われる。なお、「神皇正統記に現はれたる政治観」で丸山は政治的リアリズム＝責任倫理よりも心情倫理を強調しようとし、責任倫理は福澤論や現代政治論でも示されていた（I-2-b: cf. 苅部直「『教養』とは何か」『長野大学紀要』特別号③〈2011〉263）。

（21）和辻は、『倫理学』以前に、国民道徳に関する講演（昭和五年）のほか、「倫理学」（昭和六年）（『人間の学としての倫理学』に再録）、「国民道徳論」（昭和七年）などを書いている。

(22) 丸山が筆記した和辻の講義聴講ノートにもこうある。「国民的全体の表現者は絶対的全体性が国民的全体性のうちに、個々的に具体化する限りに於て同時に絶対的全体性を表現する。彼の神聖性はそこから由来する」（「文学部和辻哲郎教授「日本倫理思想史」聴講ノート」「丸山文庫」［資料番号 493100］12）。こうした「全体性」の観念に丸山が反撥したことは容易に想像できる。丸山は、務台理作が田邊元の種の哲学を敷衍しつつ、全体主義の論理を批判して個体的創造を認めながら、「全体性」の世界性を論じたのに対して、「民族乃至国家の全体性と部分としての個体の「自由」なる文化的活動が如何にして両立するであろうか」と批判した（「務台理作『社会存在論』」〈1939〉『集』①116）。なお、丸山は、田邊の『歴史的現実』に多くの傍線を引き、書き込みをしているが、略する。末尾には「一九四〇、六、一七」と記されている（田邊元『歴史的現実』岩波書店〈1940〉「丸山文庫」［資料番号 0188647］109）。

(23) 大正期ではないが、芸術的創造に関して和辻は、日本の短所を自覚して牧場的性格から「合理性」を獲得することを肯定していた（『全集』⑧119f.／『風土』196 : cf.『全集』④417, 419）。

(24) 和辻は昭和七年に講座『教育科学』第七冊に発表した論文「国民道徳論」で、「我国民の道徳」の歴史研究の「序説」として、「我国民の特殊性」とそれによって理解される「全体性の自覚及び道徳の自覚の特殊性」の考察を行った（『全集』㉓102f.）が、この「序説」の大部分は『風土』（昭和一〇年）第三章（二）(イ)に再録されている。

(25) 『原始基督教の文化史的意義』序文の末尾で、「この書が学問的な不精密によって読者諸君をあやまるかもしれないという疑惧に対しては、著者は諸君が波多野先生の『基督教の起源』を必読せられんことを要望して幾分の安心を得たいと思う」と述べているのは、手紙と照らし合わせれば、心理的に興味深い。なお、丸山は手紙のこのくだりについて、「◎「文化史」が講座制のなかで占める位置がハッキリしないこと」と書き込んでいる（湯浅『和辻哲郎』「丸山文庫」［資料番号 0192505］84）。

(26) 全集版では「講案及び覚え書」の「講案」が落ちている。なお、改訂版では、所収論文は「習作的な論文」（『全集』④3／『日本精神史研究』改訂版〈1940〉序 4）とされている。

(27) これは、丸山が指弾した、井上哲次郎のような折衷説や東西融合論ではなく、戦後に堂々と復活を宣言した「東西文化の綜合」論である。しかし、思考の構造からすれば、井上の折衷説は和辻のみならず内村の東西融合論とも近接したところがある。井上は『日本陽明学派之哲学』（630f.）にいう。西洋倫理は「心徳」の錬磨ではなく、知的探求を主とするものである。つまり、知的探求により道徳主義を確定し、その後に実行しようとするものである。この両者を合一するならば、「東西洋道徳の徳の長処を打ちて一塊となし、古今未曾有の偉大なる道徳を実現する」ことができる。「思ふに西洋の文明は、其初めより東洋より輸入せらる、而して其文明は漸次に蔓延して遂に米国に及び、米国を横切りて其西岸に出で、遂に我邦と相接触し来たれり、是に於てか［……］東西洋の道徳、俄然衝突の状を呈す、蓋し将来の道徳を胚胎せんとする徴候に過ぎざるなり」と。これは結局のところ「和魂洋才」をいっているのにすぎないが、しかしこの、内村の「地歴哲学」（IV-2-a）を髣髴とさせる叙述から引き出された、日本における東西両文明の融合とそこから生ずべき（世界を制覇すべき）未曾有の道徳という観念は、イデオロギーを無視すれば、内村にも和辻にも通じる思考枠組である。もっとも、内村的地歴哲学は、熱心な東西文明調和論者であった大隈重信の調和論（明治四〇年）にも登場している（松本三之介「国民的使命観の歴史的変遷」『近代日本思想史講座』⑧筑摩書房〈1961〉113）。

(28) 坂本多加雄は、阿部次郎の人格主義的デモクラシー論がエリート民主主義的であり、集団を相手にしない点で「非政治的性格」をもち、その社会論も教育的色彩が濃いものであったことを指摘したうえで、吉野作造の民本主義も、阿部に似たところがあるけれども、客観的制度の意義を承認し、現実の人間の不完全性を認めた点で、道徳と区別された「政治」の意義を析出する方向をもっていたとしている（「知識人」〈1996〉『坂本多加雄選集』①藤原書店〈2005〉425ff.）。しかし他方で、吉野の「デモクラシー」が一般民衆に立脚した「哲人」支配であった（今野元『吉野作造と上杉慎吉』名大出版会〈2018〉235f.）とすれば、阿部に通じるところがある。なお、英米の外交戦略やウィルソン大統領への評価において和辻・阿部との間に偏差があったが、ここでは触れない。

（29）「非政治的政治性」という範疇の具体的事例については、西村稔「第二帝政における法学者の政治意識」（『ドイツ近代の意識と社会』（ミネルヴァ書房〈1987〉）299ff. 参照

（30）丸山によれば、南原は、「我々は、人間的に存在と当為の間に苦悶するのだけれど」、吉野は「ザインとゾルレンとが一つになっている人」だ、と「いい意味」で語ったという（『回顧談』下58：『聞き書南原回顧』234)。

第4章第二節

（1）丸山自身、一方で天皇制が一定のドグマによる基礎づけを避けたことを「一種の政治的功利主義」と呼び（III-1-a）、古層論では日本人の「共同体的功利主義」について語っている（IV-3-a補3）。どちらもネガティヴな性質であるが、しかし「功利主義というのは本来、一切の事物や権威を個人の幸福という基準で裁く、きわめて主体的な個人主義」（『講義』④59：『講義』⑥29）ないし「普遍主義」（『講義』⑦65）だとする位置づけもある。

（2）田中は、「個人主義的宗教の無力」（一九三〇年）、「社会生活に無気力なる現代の宗教」（一九三二年）、「信仰の客観性」（一九三五年）などで、プロテスタンティズム、とくにその「最左翼」たる無教会主義の主観主義・個人主義を批判した（『教養と文化の基礎』岩波書店〈1937〉599f., 604f., 610f.）が、他の場所でも同様の見解を繰り返した。

（3）個別的存在と普遍との間の媒介としての「種」という表現は、田邊元の弟子であった唐木順三が、大正教養派は「類と個の中間としての種」、「種としての国家、社会、政治、経済、特殊としての民族、氏族」を問題とせず、むしろ全と個を直結させようとしたと批判した（本書「はじめに」）ことを想起させる。しかし、田邊が種の論理を最初に論じた「社会存在の論理」上・下は昭和九年、一〇年発表である。また、福田歓一によれば、南原は昭和一七年のゼミで西田・田邊の京都学派の哲学を取り上げて批判したという（「南原繁先生から学んだもの」〈2001〉『手帖』㊶56）が、それは『国家と宗教』の最終章に出てきている（『著作集』①264ff.）。田邊は戦後になって、南原の批判により「蒙を啓かれ」たことを感謝したという（福田歓一「京都学派復権の動きについて」『図書』652号〈2003〉28）。

（4）戦後にも田中は、カトリック的な普遍的思想体系は世界万国に共通であり、日本に国際協同体の一員としての使命を果たさせるのに貢献し、東洋や日本の道徳・文化に「特殊的使命」を認めており、それゆえ「東洋や日本の道徳は基督教の超自然的立場に引きあげられ、内面化されるに従って完成される」としている（「天皇皇后両陛下への御進講の原稿」〈1946〉田中編『続　若き日の信仰』三笠書房〈1956〉173）。日本人も東洋人も本来「自然法の国民」であるという前提の下に、この自然法が「東西両文化を結合する共通の精神的地盤」だとするのである（「世界に於ける日本」〈1946〉『カトリシズムと現代』公教社〈1949〉229f.）。田中の発想には、南原や和辻と同じく「普遍」の顕現としての「特殊」、あるいは「特殊」を通じて「普遍」へという図式がある。

（5）別の場所で田中は、岩元にこういわれたのは、内務省を辞めて大学に戻ろうとした時のことだと述べている（『教育と権威』157）。

（6）和辻は晩年の回顧でこう述べている。一高入学時には「哲学志望」としたが、実際には哲学を「職業」として選ぶ意志はなく、主として「文芸の方面」に惹かれており、その後大学卒業のころまでには哲学にも近づいたが、卒業後ニーチェやキルケゴールのような「詩人哲学者」を追いかけるようになってからも、学問に専心する覚悟はできていなかったけれども、「二十代の終わりごろ」から学問というものが非常におもしろくなり、探求に没頭できるようになった。学問を「自分の仕事」と考えるようになったのも、そのころからだと思う。父に文学志望を打ちあけてから一〇年ぐらいたって、やっと職業の選択がきまった、と（『全集』③503）。父に文学志望を打ち明けたのは中学の上級にいて高校の入試を控えていたころ（同 501）、つまり明治三九年（満一七歳）であろう。「二十代の終わりごろ」は大正六年（満二七歳）から八年（二九歳）あたりで、『偶像再興』、『古寺巡礼』の元になる論稿を書き溜め、また『日本古代文化』に発展する論稿を『思潮』に載せていたころである。これを素直に受け取れば、和辻は、大正六〜八年ごろに「文学志望」、つまり作家になる夢を諦めて「研究者」になる決心をしたことになり、その決心が大正九年の東洋大学教授就任に繋がったのかもしれない。

（7）南原は卒業時に大学に残る話もあったが、哲学をやるには「政治の実際」を知る必要があると考え、内務省で進んで地方の郡長＝牧民官になり、その後本省で労働組合法案起草に携るうちに、マルクスの「本格的な精神的・知的基礎」、「ドイツ理想主義・ヘーゲル・カント」に遡って考えたいと思ってふたたび大学に戻ったという（『聞き書　南原回顧』27, 33, 92, 96：『著作集』⑩249）。

（8）ただし、南原がしりぞけた「個人的教養」は「趣味的」なものであり、〈自己陶冶〉による個人の人格形成まで含めたわけではない。南原は、「政治的教養」の意義を強調したけれども、「自己教育」、「自己育成」の意義を説き続け、「自己自身を断えず内面的に向上し純化する人間として、自らを形成する」こと、「一個の人間とし紳士として、高い徳性を具えた完全な人間となること——「個性の完成」」を重視し、「教養の本義はあくまでも「自己教育」」だといって憚らなかった（『著作集』⑥21：『著作集』⑥41f.：『著作集』⑥53）。戦後も同様である（『著作集』⑦65, 67：『著作集』⑦139：『著作集』⑩141：『著作集』⑩177）。大正期の〈自己陶冶〉の思想を決して放棄しなかったのだ。それは、おそらく——田中耕太郎が批判したようにプロテスタンティズムないし無教会主義から——個人の救済に傾斜した発想（あるいはみずからの「体験」）を堅持していたことによるのであろう。

（9）南原は、蠟山政道『ヒューマニズムの政治思想』の書評で、「教養の深い意味は、たんに生の情感的・パトス的なものにあるのでなく、まさに理性的・ロゴス的なものにある」という観点から、ヒューマニズムが「個人的教養」として趣味や気分を貴ぶ結果、社会的実践から逃避する傾向があるけれども、それが反動思想と結びつくと一層危険になるとして、論理的思惟や科学的知識を「西洋的」として排斥することは真の我が国の文化の育成にとって危険だと論じている（『著作集』③246f.）。これによれば、「政治的教養」の唱道は、反知性主義的な国粋主義が念頭にあったようである。しかし、戦後にも「政治的教養」を要請していることからすれば、必ずしもそれだけでは説明できない。むしろ自己の政治哲学を学生・知識人、あるいは広く社会に向かって展開しようとした時、「教養」は個人的趣味であってはならず、社会・政治にまで及ぶものでなければならないという主張となって現れたと見るべきであろう。いいかえれば、「政治的教養」の主張は南原自身の「実践」＝〈教養思想の伝道〉に属していた。

（10）田中が法哲学を講じ、論文を書いたのは、和辻の客観的文化の探究と同じく、「哲学青年」の「職業化」と見ることもできる。

（11）丸山は、南原が「自由と個人」から「社会と民族」へと重心を移動させていったのに対して、自分は逆に「政治的＝集団的価値の独自性」から「自由な人格」への道をたどったとして、そのことを「思想のバトン継受のノーマルな順序からいえば何という倒錯か！」と強調した（『集』⑧110）。丸山によれば、南原だけでなく、安倍能成や和辻哲郎、小林秀雄に至るまで、「我の自覚」から始まって「社会的自我」に赴いた（『回顧談』上235, 246：『続話文』①84：cf.『座談』⑤183）。田中もおおむね同じ経過をたどった。

（12）田中は、「自己の信仰」と「法の学習」の矛盾について、「当為（sollen）をまともに見きはめ、自己の矛盾に付てトルストイ的の悩みを持つことは［……］正しき生活への第一歩宗教へ入るの最小限度の要件でなければならぬ」ことを認め（『法と宗教と社会生活』改造社〈1928〉23f.）、トルストイ生誕百年に際しては、トルストイはもはや「我が知識階級の前を走馬燈の如く過ぎ去つた一人」にすぎないとしつつも、現代思潮の不健全な側面として、「人がトルストイの如く一まづ徹底的に個人主義者になり切らず――即ち内心の二元性の苦悩に沈潜することなしに――一足飛びに社会的に考ふるに至り、唯物史観に無批判的に隷属するに至る」ことを挙げ、トルストイの立場は超克すべきものだが、「不完全なる人間が二元性を懐く限り必ず通過すべきものである」としている（『文化と大学』帝国大学新聞出版部〈1935〉46f.）。またいう。卑俗な常識は、「一度は主観的なる心持によつて、一蹴せられなければならない。而してこれ洵に必要なる啓蒙の過程である」（『善き隣人たれ』朝日新聞社〈1950〉194）。

（13）日本において教養主義は「学生文化」として発展した。その思想的核心は古今東西の古典の読書や音楽・絵画の鑑賞を通じた〈自己陶冶〉であった。それは学校を「卒業」するとともに色褪せていく。学者のキャリアを歩んだ場合は、それぞれの「専門」に没頭することを余儀なくされる。田中耕太郎が特筆すべき存在であるとすれば、それは、こうした矛盾を踏まえて、大正教養思想を学生・青年のプロテスタンティズム的心情倫理として捉え、みずからはそこから「卒業」しながらなお「専門」の中で自覚的に教養思想を活かそうとしたところにある。

（14）丸山はこの本の当該箇所の文中、「我々が普通或る人の中に、円熟性として認めることが出来るのは、諦念的な分別なのである」、「大人達は自分の少年時代の理想主義や感激性を、何か自分のために保持して置かねばならなかつた貴重なものとして振り返つて見るのであつたが、同時にさうした保持の不可能性を一種の自然法則と見做すのだつた」、「少年の理想主義は人間にとつて真理であり、理想主義を持つことは、厳としてかけがへなき富を持つことである」の三カ所に傍線を付している（A・シュヴァイツェル、西郷啓造訳『わが幼年時代と少年時代』長崎書店〈1942〉「丸山文庫」［資料番号0191082］142, 143, 144）。

（15）河合は元々政治学科であり、卒業前に小野塚喜平次から政治学の後任にならないかと（暗に）誘いを受けたが、農商務省に就職した（「学生時代の回顧」『学生と教養』312）。

（16）東京帝大法学部では伝統的に法理学の専任教授を置かず、他の法律学専攻者がこれを講ずることになっており、田中もそういう見地から、後に尾高朝雄の法理学担当に反対した（『回顧談』下269）。

（17）形式的な面からいうと、丸山の教師ないし学者としての「活動」を問題とする場合、その専門（政治学、政治思想史）の性格を所属学部の教育目的（たとえば官僚養成）と直結することはできないであろう。また、官僚の中でもとくに重要なのが行政官であるとすれば、行政官養成（とくに官吏採用試験）と政治学との関連を明らかにしなければならず、とりわけいわゆる「法科独占（Juristen-monopol）」の問題が検討されなければならない。さらに、丸山のジャーナリスティックな活動は、法学部教育の「実践的」ないし「実用的」性格と直接関わっておらず、逆に実定法の講義は、通例の意味において「実践的」でも「実用的」でもないということに留意しなければならない。だが、これらの問題と丸山との関係については稿を改めて論じたい。

(18) 丸山によると、田中は「パーソナリズムの権化」であり、「これはと思って気に入った人は最後まで」、「惚れたらトコトンまで」という人だったが、自分は法学部内で田中に「信用」があり、「どちらかというと惚れられたほう」（『回顧談』上260, 270：『回顧談』下78）であったので、（とくに学部行政をめぐって）「二君［南原と田中］に仕える」葛藤を感じていたようだ（『座談』⑧118）。丸山は「作為」論文でスコラ的自然法と啓蒙的自然法の違いにつき、田中「世界法の理論」第一巻を引用している（『集』②61）が、南原の著作は引いていない。この論文のテーマについては田中から「暖かい激励と批評」を受けた（『集』⑤293：『集』⑫310）が、ケルゼンを引用して、自然法は現存秩序の正当化だと述べたこと（『集』②17）について、田中は自然法に対する「超越的批判」だと難詰したものの、批判はそれだけであった（『回顧談』上260）。戦後田中が丸山を『世界』編集部に推薦した（I-3 註11）のは、こういう関係に基づいていた（『回顧談』上280：『集』⑮267）。その後、丸山と田中は政治的に真向から対立する立場となったが、ある種の「距離」をおいた感覚を共有していたように思われる。田中の人間認識には、「少なくとも一面において強い性悪説の要素」があったとされる（半澤孝麿『近代日本のカトリシズム』みすず書房〈1993〉149）が、丸山は、自然法の正面敵である「法家」の法実証主義やマキャヴェリの権力政治に対する田中の関心が、「自分の根本的な世界観をいわば一ぺんカッコに入れて相対化する能力」を示しており、こうした人間的な緊張をもっていた田中に「親近感」を覚えるといっている（『座談』⑧125）。なお、苅部直は、丸山と田中が「ピラト的相対主義」批判を共有しながらも、ケルゼン的な「自由」をめぐって峻厳に対立したとする（『歴史という皮膚』岩波書店〈2011〉121ff.：cf. 三谷『人は時代といかに向き合うか』168）。

(19) 田中はいう。「我々は極右的国粋主義が暴力的直接行動に出でざる限り、一つの思想として存立する意義を認める。私は其処に従来のアナーキズム、自由主義及び唯物主義を打破する正しき思想の中核即ち道徳的要素が存在することを認めるのに躊躇しない」が、「道徳が国家に奉仕する」という思想は、真の日本精神に合致せず、むしろ彼らの正当な要求である、実証主義的、自然主義的国家観の誤謬に堕するものだ、と（『教養と文化の基礎』94f.）。基本的には南原と同じ姿勢である。ただ、丸山は、田中はカトリックの立場からイタリアのファシズムに対して甘く、日本の右翼に対しても「自分たちが攻撃されるようになって初めて批判的になった」としている（『回顧談』下150）。あるいは、田中を評して、「やっぱりカトリックは、政治的オポチュニズムですね、基本的には」と述べている（『続話文』①48）。

(20) 後に座談で、田中が機械文明の発達が人間の生活・考え方に悪影響を及ぼすことを認めつつ、そこから技術・分業を否認するのではなく、それを所与として問題解決を図るべきだといったのに対して、丸山はトルストイ的に機械を呪詛するのは建設的な原理になるとは思わない、と同調している（『座談』①230）。

(21) 南原が「経済」に文化価値を認めず、「経済的非合理性」のレッテルを貼ったのに対して、丸山は執拗に経済の合理性を主張した（『話文』④385ff.：『回顧談』上234）。

(22) 後に丸山は、麻生書評のこの功利主義に関する部分について、南原からの影響ではないかという質問に対して、「ええ、それはもう、ドイツ観念論ですね。その場合の主体性とかいうのは。僕は正直のところ、その時、功利主義、プラグマティズムというのがよく分かっていなかったので」と答えている（『続話文』①81）。「ドイツ観念論」は、功利主義を批判した南原の立場を指すのだろう。「その場合の主体性」という言葉は何を指すのか判然としない。なお、笹倉『丸山眞男の思想世界』222f. 参照。

(23) 安倍能成は昭和一一年に、いまや「我々の痼疾であった無批判な西洋崇拝から脱却して、批判的に西洋文化を見、これを取捨して我々のものとする時」であり、同時に日本文化・東洋文化の学的認識を進めるべきであり――「空疎なる無内容な日本精神の顕揚は永続性がない」――、「東西文化の融合はその景気好き宣伝のごとく容易に実現されない」けれども、二大文化の学的認識と成果における実践を通じて、融合はおのずと可能となる、としている（「学生に対する一般的助言」〈1936〉『学生と教養』35ff.）。微温的で通俗的な口調であるが、「流行」の東西融合論を「良い意味」に解釈しようとする試みであろう。また、西田幾多郎は昭和一〇年に、「排他的な偏狭な国家主義」に陥らずに、「我々の歴史的生命の底から偉大なる世界的文化を生み出さねばなら」ず、「東洋文化の立場から西洋文化を消化して、世界文化に貢献するのは唯我民族のみの有し得る使命でなければならぬ」としている（『西田幾多郎随筆集』140）。これは内村＝南原に近いニュアンスであるが、和辻ともさほど距離があるわけではない。

(24) 丸山は、内村的コスモポリタニズムについて、「普遍が特殊の下にあり、特殊の基礎である」と表現したり、「普遍は特殊の外にあったり、特殊を追求して普遍になるのではないのです。普遍はいつも特殊と重なってあるわけです」という説明の仕方をしていた（「普遍の意識欠く日本の思想」〈1964〉『集』⑯59f.）が、後には、「特殊を通じて普遍へ」という発想を拒否し、「特殊」はすでに「ウチの領域」であり、そこからは「ウチ・ソト思想」の打破は出てこないと考え（「日本思想史における「古層」の問題」〈1979〉『集』⑪218）、文化の「特殊性」という表現を「個体性」に改めるようになった（「原型・古層・執拗低音」〈1984〉『集』⑫135, 138 : cf.『別集』④191）。「普遍が特殊の下にあり、特殊の基礎である」という発想は、南原や和辻に拠ったとは限らないが、問題が内村的なコスモポリタニズムであるとすれば、内村にもあった同様の発想（「基督教ノ美ハ神ガ各国民ニ与ヘ給ヒシ凡テノ特殊性ヲ聖メ得ルコトナリ」）の影響は無視できない。

(25) 'Stirb und werde' は、小尾俊人によれば、ゲーテの『西東詩集』の一句であり、元々聖書に由来し、アンドレ・ジイドの「一粒の麦もし死なずば」のドイツ語訳だという（『対話』注5）。

(26) これは丸山が同書中傍線を引いたつぎの部分にあたる。「われらが植民地の野蛮人に示すすべての善は、慈善ではない。白人の船が黒人の岸辺に達した日以来、白人が黒人に加へた数々の悪の贖ひである。今日存する植民地問題は、政治的のみには解決できぬ。来るべき新らしい道は、白人と黒人とが、倫理的精神のうちに融合一致する事である」（竹山道雄訳『わが生涯と思想より　アルベルト・シュヴァイツェル自叙伝』白水社〈1939〉「丸山文庫」［資料番号0190979］258）。なお、南原「日本の土壌とヒューマニズム」208f. 参照。

(27) 後年丸山は、旧制高校・大学予科の時代の古典の読書が後になって「身についた栄養分」になっていないところに、旧制高校的教養主義の「ひ弱さ」があると語っている（『集』⑬17f.）が、これは、知識が単なる博識＝「物知り」ではなくて、「血肉」となっていなければならないという主張であり、「血肉となる」とは、具体的問題について実践的応用が利くということである。丸山は、「読書」は「知識」を得ることが第一義ではなく、書物を通じて「直観」することが大事なのだが、日本人の知識欲は読書から耳学問に至るまでのインプットとアウトプット（「知識や教養が、具体的なケースに直面したときの栄養素として活用される程度」）の比が低いこと、つまり暴飲暴食で効率が悪いことに問題があるという（『対話』62）。ただし、和辻もまた、「いかに多く知識を取り入れても、それが心の問題とぴつたり合つてゐるのでなくては、自己を培ふことにはなりません。私はたゞ血肉に喰い入る体験を指してゐるのです。これはやがて人格の教養になります」と述べていた（『全集』⑰133／『偶像再興』岩波書店〈1919〉190）。

（28）政治学＝人間学という規定は、一九四八年にユネスコの社会科学者が出した平和に関する声明中の、「人間の学」たる諸社会科学は最も重大な役割を受け持つものである」（傍線丸山）（『世界』㊴〈1949〉「丸山文庫」［資料番号 M000076］12）に由来する可能性がある。丸山は、「人間の学」としての社会科学という論を見て、「今更のように感動しました」と述べている。理由は、日本の法律、政治、経済学者はあまりにも専門的に分化し、他方であまりに「「理論」の整合性をよろこびすぎて」人間をトータルに把握することを忘れているからであった（「勉学についての二、三の助言」〈1949〉『集』④166）。なお、同年一二月の「平和問題討議会」における議論に欠席した田邊元が寄せた「所感」にいう。「過去に於て愧ずべき無力の罪を犯し、平和の為に戦争防止の思想的任務を果たさなかつたことを悔ゆる小生の如き者は、こんどこそ再び過誤を重ねまいとみづから更新を誓ふ外ありませぬ。いはゆる啓蒙運動に止まるならば、小生の如き者は御計画に参加することはできませぬ」。討議に参加するのはみずからの自己覚醒、自己探求のためである。「いはゆる「人間の学」としての社会科学（L）に一面的信頼をもち得ざる小生にとつては、真の歴史的実践的自覚が、社会科学的認識を裏付けるものでなければなりませぬ」と（傍線丸山）（『世界』㊴「丸山文庫」［資料番号 M000076］49）。丸山は討議会議事録に、「日本の学者としての自己批判及び日本人の問題（cf. p. 68）p. 49 田辺氏所感」と記している（同 54）。Lというのは、右のユネスコの定義のことである。

（29）丸山自身も、「社会科学青年」であると同時に、高等学校以来「いっぱし」リッケルトやヴィンデルバントの書物をかじる「哲学青年」でもあった（「『南原繁著作集』第四巻解説」〈1973〉『集』⑩132：『自由』95：「思想史の方法を模索して」〈1978〉『集』⑩318ff.）が、リッケルトやヴィンデルバントなどの新カント派の読書は、ウェーバーの学問論に繋がっており、同じ哲学でも、西田哲学などと違って、社会科学や歴史研究の基礎づけに関わっていた。

第4章第三節

（1）坂本多加雄は、若き日の阿部次郎の「聖人志望」（西郷隆盛崇拝）（『全集』492, 497f.）から、リップスに拠る阿部の「君子人」の理想に儒教的ないし朱子学的な「君子」の理想を見出し、それを「徳治の民主化」と呼び、また後の和辻の『倫理学』にも儒教的な匂いを嗅ぎつけ、さらにもちろん南原の「政は正なり」にも言及している（『知識人』〈1996〉『選集』①395f., 433：竹内『教養派知識人の運命』43f. 223）。こうした点を強調するならば、唐木の「修養派」と「教養派」との対置は相対化されることになる。

（2）ただし、和辻は、「「祭政一致」と思慮の政治」は、掲載誌である『思想』が当時「政治的な時事評論」を載せなかったので、時事評論でない形で載せたと述べている（『全集』⑭390）から、本来は時事評論のつもりであった。

（3）『話文』の編集部註によると、これは一九四六年九月三〇日の卒業式演述「祖国を興すもの」（『著作集』⑦所収）を指すが、そこにはフィヒテへの言及はない。そのほかの卒業式講演「人間革命と第二産業革命」（一九四七年七月）、「職業の倫理」（一九四八年三月）、「人間の使命」（一九四八年九月）、「平和の擁護者」（一九四九年三月）、「世界の破局的危機と日本の使命」（一九五〇年三月）、「平和か戦争か＝日本再建の精神的混乱」（一九五一年三月）も同様である。

（4）丸山は「孫文と政治教育」（一九四六年）で、孫文の支那革命の最大の課題が「民衆の意識の改造」であり、彼にとって「国家の変革とは人心の改造である。意識の革命が革命の目標である」とし（『別集』①93f.）、一九五〇年には、「人間革命」、「人間変革」、「人間陶冶」が農民や労働者の組織的な運動によって行われる可能性に触れていた（『座談』②54f.）。

（5）しかも、この「断簡」と時を同じくした帰還学生歓迎の辞「新日本の建設」（昭和二〇年一一月）で南原は、敗戦にあたって正しい意味の「民族的なもの《ナショナル》」の意義を強調し、その原動力が「自主自律的な人格個性」にあるとしていた（『著作集』⑥62：cf.『著作集』⑦154f.）から、二人の波長は合っていた。しかし厳密にいえば、丸山は「断簡」によって、敗戦以前に福澤に見出していた「一身独立して一国独立す」のナショナリズム（「個人的自主性」を媒介とした国家的自立」）（『集』②221）を、再度強調したものと見られる。なお、宮村治雄は「草稿断簡」を引いて、丸山のナショナリズムは南原の一連の総長演説と重なりがあるが、戦後丸山は、南原のようにナショナリズムを「要請」するような言論活動を展開しなかったとしている（『戦後精神の政治学』78f.）。

（6）丸山は昭和二〇年一一月八日の日記に、「形式と内容（現実）」の峻別が近代的なものの特徴の一つであることを認めつつ、朱子学（礼）から徂徠学・国学（内面性）への転換に「秩序の原理と内面的良心の原理との背反は起らないか！」として、「リフォーメーションの欠除《ママ》」を指摘し、西洋ではルネサンス＝解放がすなわち良心による「束縛」であったと記している（『対話』13f.）。発想は南原と同じだが、解決策は異なる。

（7）丸山は「政治学入門」（昭和二四年）でも懸賞論文と同じザロモンの文を引いて、政治がC・メリアムのいうような「自由」の実現を目指すものとは限らず、ドイツの「現実」に即したザロモンに照らして、「日本の政治的現実」の要求する課題に向かわなければならないとする（『集』④251f.）。丸山は、南原の政治学史の講義のスタイルについて、たとえばプラトンとアリストテレスと直接対話することに主眼があるため、歴史的順序が逆になってもいっこうに問題ではなかったけれども、こういう姿勢は、私のように青年時代から「いわば「歴史主義的」思考の毒に骨の髄まで冒された者」にはなじめなかったが、政治思想史の方法論として批判の余地はあっても、古典から学ぶうえで最も基本的な態度だとしている（『集』⑬23）。これは、南原が丸山（「思想史家」）と違って「思想家」であったという評価と関わっており、丸山はそれを、「南原先生の学風から精一ぱい学んで来たつもり」だが、「気質的なある違い」を感じざるを得なかった、と表現する（『集』⑪103：『回顧談』上236）。

（8）南原は昭和二八年に『人間と政治』と題する講演集を岩波新書として出版しているが、丸山は『人間と政治』（昭和三六年）の編者となり、みずからも「現代における人間と政治」を執筆している（『集』⑨）。

（9）丸山はほとんどマキャヴェリに依拠して人間性論と結果責任論を展開しているが、南原はマキャヴェリの主張が「国家技術」ないし「政治技術」にすぎず、それは（カントのいう）「政治叡智」ではなくて「政治才智」に属すると断じている（『著作集』④197）。後者は丸山のいう「国家術数（Staatsklugheit）」のことである。

（10）また、丸山は、責任倫理を超えて、「いかなる万能の政治権力もその前に頭を垂れなければならない客観的な倫理価値」、ヘーゲルのいう「歴史における理性」の存在を承認し、「客観的正義に対する畏敬を持たずに自己の上になんらの道徳律を認めない傲慢な政治権力」は「必ず歴史の審判の前に潰え去る」としている（『集』④245）。

（11）前述の、国家の行動目的と目的を実現するための手段（Staats-kunst）を示す「国家理性」は、「国家術数」のコロラリーと解され、また、「権力の獲得・維持・増大の為に取られる凡ゆる方策を政治技術（politics as art）」と呼ぶ（『集』⑤142）というのも、やはり現代的な統治術に類するものである。

（12）媒介の意味は不明確であるが、「技術」を欠くと、政治的思惟はシニカルな権力万能主義と現実離れした抽象的理念への耽溺との間を揺れ動き、安定性がなくなるが、それを心得ているのがアングロ・サクソンだという。シニカルな権力万能主義がナチズムにあたるとすれば、それに対抗するアングロ・サクソンのバランス感覚は、三島庶民大学で述べた「思想や「イズム」の肉体化」（I-1-a）であろう。丸山は、アングロ・サクソン民族は、「権力の苛烈な追求と人道主義的な要請との間に巧みにバランスをとる術を伝統的に心得ている」としている（『集』④277）が、それはまたかの福澤における、個人主義と国家主義、国家主義と国際主義の「見事なバランス」という主張に通じている。

（13）これはすでに見た通りである（I-2-a）が、つぎの例も参考になる。「権力と道徳」（昭和二五年）で丸山は、近代ヨーロッパにおける国家理性と自然法思想の相克を論じた際、英米では普遍的な倫理的＝宗教的価値に基づく、国家権力の法的制約を認めたのに対して、ドイツでは権力国家思想が優位を占めていたけれども、ドイツの権力思想の典型であるトライチュケにすら、是認しない戦争でも祖国に対する任務を果たす義務があると考えたところに、「内面的人格の理念と政治的義務」との悲劇的葛藤、ウェーバーのような自由主義者をも苦しめた二律背反を見出し、近代ドイツ思想史は「正義行われよ、たとえ世界は滅ぶとも」という道徳律の絶対命令から、国家と道徳の統一を経て、アーリア人種の絶対化の道をたどったと叙述し、総じてヨーロッパ世界の特色は「政治権力の固有な存在根拠と、キリスト教の人格価値との二元的な葛藤」であったとしている（『集』④272ff., 278）。「多数を以てしても圧服できない個人の尊厳という考え方——その根拠づけがキリスト教以外のどこに求められようか」（『対話』44）という、南原から教わった原理は思想史において活かされたのである。なお、一九六〇年代の講義で丸山は、「秩序価値」と並んで「正義価値」と「真理価値」の意義を認め、江戸時代における前者の優位を批判的に描いた（『講義』④292f.：『講義』⑥162：『講義』⑦249f.：V-1-b）。

（14）『春曙帖』にいう。「開かれている精神《オープン・マインドネス》は「開けた《シヴィライズド》」精神ではない。前者は自分自身だけでなく他者も「開く」作用をもったEn-lightment（Aufklärung）であるが、後者は自分がすでに開けていると思うことによって、実は「閉じた精神」（愚昧な大衆の教化）に転化しており、第二の開国である敗戦後のデモクラシーでも「開かれている精神」の声はあまりにも弱かった（『対話』86）。

（15）「欠如理論」への反撥は、「草の根」を分けても「民主主義的な伝統」や「革命的な伝統」を求める、あの土着主義を生み出す。丸山によれば、ヨーロッパ思想の導入の場合、本家と受容したものとの比較はよいが、どのようにそれを道具として使おうとしたのかを考えなければ、全部が「誤解」の歴史になるか、ヨーロッパにあったものが日本にないという欠如理論が出てきて、それに対する反撥として、日本の「固有」思想の中に、「ヨーロッパ思想の日本における対応物をいちいち探すという動向」が思想史研究に出てくる（『集』⑨76：cf.『集』⑮305f.：cf.『集』⑧47）。

（16）「「福沢・岡倉・内村　西欧化と知識人」に関するメモか」（「丸山文庫」[資料番号 154] 60）には、「世界における日本」につき、「世界に向って精神が開かれていることと、世界にたいして日本を主張することと」が「一致」していると記し、さらにその後に「開いた愛国心」として、「自由と個性をなにより尚んだ。（自由を行使した）」とある。つまり、「世界における日本」は「開いた愛国心」、国際性をもったナショナリズムを意味していた。同資料には、「ナショナリズム（日本の使命）」として「日本は何で独立を維持するか」、「日本は何で世界に貢献するか」と記し、後者につき「（普遍主義）」とあり、ついで「東洋と西洋の対決、東洋及び日本の危機意識と帝国主義的西洋の批判者」、「個性と自由の意識と国民的独立との結合」とある（同52）。

(17) ここからさらに南原が、日本の神話は日本民族の永続性の信仰を表すとして、そこに日本が永続的な民族として「よき世を作ることに寄与する天的使命」を見出し、それに努力すべきだと述べたのに対して、丸山は、日本の祖先神は特殊者にすぎず、「特殊者を越えた、普遍者という観念」にはならないと反論した（『座談』⑤28f.）。南原は、キリスト教の神の観念を下敷きに普遍性を説き、「日本的キリスト教」観念による「世界的使命」を説いたのである（cf. IV-2 註24）。

(18) 南原は、晩年の内村がアリストテレスに政治共同体を、プラトンに精神的神秘的共同体を見出し、内村には「単なる主観的個人的なものを超えて客観的共同体的なものへの思慕と情熱」、すなわち祖国日本を神的共同体になそうとする志向があったとしている（『著作集』⑥86f., 90 : cf. 三谷『人は時代といかに向き合うか』136）。内村は「国民共同体」の意義を承認したといわんばかりである。もっとも、別の場所では、「誰か哲学者が言っていましたけれど、クリスト教は、新教＝プロテスタントのいう個人の魂の救済ばかりじゃないんですから。ゲマインヴェーゼンの問題がある。これを見落としているんです。ことに無教会の人は。これは内村先生も同じ」と率直に語っている（「聞き書　南原『理論史』」〈1973〉『話文』④406）。

(19) ただし、丸山は一九八八年の座談では、コンフォーミティが崩れていった後の「政治的危機」の可能性について語っている（III-2-a）が、別の場所では、文化接触を通じて、何千年来日本の思想を規定してきた「同質性」という条件が崩壊しつつあり、そこからヨーロッパと似た「異質文化とのごったがえし」の中に置かれることになると、日本という思想的な主体性がなくなって文化的にどこかの国の属国になるか、それとも「新しい日本の主体性」を見出すかの二者択一となるだろうといっている（『話文』②320f. : cf.『自由』205f. :『講義』⑦37）。

(20) 丸山は、外から入ってきた高度の世界観として仏教、儒教、キリスト教、自由主義、民主主義、マルクス主義を挙げ（『話文』②114）、外来思想、とくに普遍主義的世界観やイデオロギーの「日本化」の過程に「古層」を見、対談では南原の「日本的儒教」、「日本的仏教」、「日本的キリスト教」の主張に「捨て身の観念的冒険」を対置したが、「日本思想史における「古層」の問題」（一九七九年）では、儒教、仏教、ヨーロッパ思想、マルクス主義の「日本化」の過程に触れながら（『集』⑪181）、なぜか「キリスト教の日本化」には言及しない。ちなみに、和辻哲郎は、ドイツに「移植」されたキリスト教が外来思想と呼ばれず、異教の神がサンタクロースとして受容されたが、日本に「移植」された仏教は「外なるもの」を「外なるものとしての性格を破却することなくして内に取り入れられた」のであり、また、キリスト教は「異端者」を殺戮したが、仏教は「寛容」であったとしている（『全集』④322ff.／『続日本精神史研究』73ff.）。丸山の精神的雑居性の議論や外来思想の受容の仕方に関する主張と対応した叙述である。

(21) 同じ資料の「形態としての「独立」（国家の独立）と真の独立（人民の独立）」の項では、「普遍的、国際的というシンボルが日本の

〝外〟にあり、とくに、特定の外国又は国家群（欧米／中国、ソ連）と癒着する考え方を断ち切る」ともある（『別集』③19）。擬似普遍主義ないし「内外」思考の否定である（cf.『集』⑨267f.）。なお、象山論の最後でも、「国家とは何か、国家の独立とは何か、そういった世界像」についてもう一度再検討すべきではないか、と述べている（『集』⑨250）。

（22）なお、丸山は一九八九年の座談で、米ソ冷戦構造が崩壊した後、世界は多元化してゆき、いずれその「多元化した世界の中で日本というのはどういう位置を占めているのか」ということが問われるようになり、「東アジアにおける日本の役割」や「世界における日本の役割」を考えなくてはならないと述べているが、ただその際、日本とアメリカ、日本とECといった、日本の外にある「世界」という発想、つまり「世界と日本」という、鎖国・開国以来の伝統が根強く存在していることを指弾している（『続話文』④131f.）。こう述べる前に、丸山は、世界状況の変動について色々な予測を語っているが、何か確たる見通しを示したわけではなく、これもまたやはり言外に非武装国家論があったのではないかと思われる。

第5章第一節

（1）敗戦直後の「精神的なアナーキー」と幕末維新の精神状況とのダブル・イメージが異質文化の接触の問題に対する関心の契機となり、原型論に繋がっていったことはすでに触れた（II-2-c）。

（2）『「概略」を読む』（一九八六年）でも丸山はこう述べている。福澤諭吉のいう「禽獣世界を脱して従順の初歩を学ぶ」とは「秩序の習得」、「社会学でいうソシアリゼーション（社会化）――人間が社会規範を学んでいく」ということであり、「家庭でのしつけ」も同じであり、文化によって異なるけれども、「だれでも人間は赤ん坊のときからソシアリゼーションの過程を通じて、成人になってゆく。ただ知識を得ていくということだけでなく、社会規範を習得していく過程をソシアリゼーションという」のだ、と（『集』⑬186：『集』⑭213）。

（3）丸山が挙げる「けじめの感覚」の欠如例は、国電の中に掲げられた性的内容の週刊誌の広告である。他の文明諸国と違って場所柄をわきまえないというのだが、「けじめ」の語は、保守派の政治家が戦後の自由の行き過ぎから混乱や無秩序が起こったと非難するのに対する皮肉（保守派の政治家の方がかえって「けじめ」を欠いている）として持ち出したものである。しかし皮肉だけではない。丸山によれば、こうした節度や「けじめ」の感覚の喪失は戦後急激に表面化したが、それはずっと以前からあった外部＝国家権力による「たが」がはずれたので一挙に露わになったという側面が強い（『集』⑧100f.）。

（4）前近代社会の「ペルゾーン」との結合という定式は、「肉体文学から肉体政治まで」（一九四九年）にも見られる。そこでは東洋の政治思想に典型的に見られる、「人間と人間の直接的感覚的な関係」を問題とする「前近代的なペルソナリスム」について こう論じる。前近代的な「ペルソナリスム」においては、道徳や社会規範は「既知の関係」でのみ通用するが、この既知の関係における「義理堅さ」が未知の関係における「破廉恥的なふるまい」と共存しており、人間関係は伝統により聖化された権威に依存している。このような伝統社会では、支配者は行住坐臥すべてにおいて儀礼と慣習に縛られているが、その場合人間関係は客観化されない。法と習俗は未分離で慣習法が優位する。人間と人間は直接「水いらずのつきあい」をしているかに見えるが、実は抑圧と暴力が伝統化されていて意識されないだけである。それに対して近代社会では、「未知の人間相互の間」で無数のコミュニケーションが行われるようになり、もはや既知の関係が前提とならず、客観的な組織やルールが支配しており、その意味で「近代化」とは「人間関係の非人格化の過程」である（『集』④218f.）。この前近代社会の「既知の関係」と近代社会の「未知の関係」の対置は「であること」と「すること」の対概念に結晶化する。

（5）「けじめ」論の人間類型論の重心が自律的規範の形成主体へと移動したのは、日本政治の「精神的気候」の測定のために、「非政治的な生活領域における思考＝行動様式」を観察対象とするという発想（『集』⑥295f.）と関わっているかもしれない。それは「思想のあり方について」（一九五七年）や「「である」ことと「する」こと」（一九五九年）にも看取することができる。

（6）丸山は鶴見との対談で『日本政治思想史研究』を書いた時代とは、「ちょうど百八十度変わった視点から江戸時代を見直している」と述べている（『座談』⑦120）。

（7）これは、中江兆民の三酔人の「その後」についての類型化（『集』⑩240ff.）と一部対応している。なお、丸山は「『概略』を読む」（一九八六年）で、日本の商人の経済道徳に関する福澤の記述（「目前の小利を貪りて廉恥を破る」）について、ジェントルマン、シトワイアン、コモン・マンにあたる日本の典型的人間像が現在まで「サムライ」であるのは、町人階級が江戸時代に繁栄したにもかかわらずついに「ブルジョワジーとしての自前の典型的人間像」を打ち出せなかったためであり、そのため福澤も、商人の自前の「エートス」の育成を目指しながら、結局挫折して、商人に「士魂」を植えつけなければならないとするに至ったとしている（『集』⑭60f.）。もっとも、この福澤批判は日本の町人階級＝ブルジョワジーに対する消極的評価を基礎にしたもの、公式的にいえば「前期的商業資本」＝町人根性に武士・士族の精神を植えつけてミドルクラスができるという「甘い」発想（『座談』⑨79）に対して向けられたものであり、「サムライ」やその精神の歴史的意義まで否定するものではない。

（8）丸山の「エートス」の定義は、「行動様式を内面的に規制して、ある方向性を与えるところの〝気質〟。ⅰ　社会性をもつこと。極度に個人的な気質はエートスではない。ⅱ　必ずしも理性的なものでないが、全く無意識的なTriebでもなく、その中間体にある。一方の端に倫理思想的モラルを置き、他端に感情、情操等のエモーショナルなものをおくとすれば、その中間に位する」（『講義別冊』①136）というものであるから、倫理的な規範意識を含むけれども、非合理的感情である「パトス」とは一致しない。

（9）この場合、鎌倉時代の内面的規範意識はポジティヴに理解されている。したがって、①鎌倉→室町、②江戸→維新、③戦前→戦後の三パターンのうち、②は、最初は③型として、後にある程度まで①型として解されたことになる。

（10）これは、統治者は、「エゴイズム」と「忠君愛国・滅私奉公」の──後者が内面化されないがゆえに可能となった──「使い分け」を巧妙に利用して表面の秩序を維持するという分析視角（『座』③193：cf.『集』③25：『集』③158）と関連する。

（11）Konfliktは「危機」と訳することができないから、誤記であろう。丸山所蔵の『ジンメル、阿閉吉男訳、文化の危機／シュペングラー、加茂儀一訳、人間と技術』（三笠書房、一九三八年）には、「文化の危機」と題する講演と「近代文化の葛藤」が収められているので、これがいっしょになって『近代文化の危機』となった可能性が高い。

（12）これについては宮村自身が実際に経験したいきさつをヴィヴィッドに描写している。内容はおおむね同じであるが、ただ丸山は学生に取り囲まれた時に「人生は形式です！」といったが、四カ月後に（丸山自身は学生から「釈放されたすぐあと」だという）「人生は、そして文化は形式だ」というべきであったと語ったという（『戦後精神の政治学』137ff.）。

（13）ちなみに、マックス・ウェーバーは、法学的形式主義の権化ともいうべき「概念法学」に対する批判者たちに向かって、「形式は恣意の敵であり、自由の双生児である」というR・イェーリングの箴言を引いている（西村稔「ウェーバーと法律学」㈠『法学会雑誌』㉟〈1985〉85, 100, 105）。丸山の「制度」を「形式」に置き換えれば同じ意味になる。

（14）丸山は古典の意義を説いた際に、「形式がしっかりしているところに初めて形式を打破するということが意味を持つ。元来、形式の力が弱いところで形式を打破するということは、単なるストリップ主義に過ぎない。文化というのは形式ですから、「面倒くさい、脱いじまえ」ということになると、これはストリップになるわけですよ」と語っている（「一九五〇年前後の平和問題」〈1977〉『話文』①260：『集』⑬16）。「ストリップ主義」は後述の「内容主義」に通じるが、こういう主張も「人を見て法を説け」と同じ論法である。

（15）丸山は一九六〇年に、日本では、「制度」や「ルール」と「ドロドロした状況」が対峙しているのではなく、制度が「半状況」で、状況が「半制度的」だとしている（『対話』53）。

（16）「徂徠学」論文で丸山は、江戸時代の儒教道徳では五倫のうち対等者の関係に属するのは朋友だけだが、これについて説かれることが最も少なく、論じても「朋友の序」として上下関係により律した例があるから、「一般公衆の間の倫理」は存在しなかったとしていた（『集』①131／『日本政治思想史研究』7：『講義別冊』①154）。後には、儒教の五倫は「朋友」を除いて上下関係に属するけれども、朋友の信もまた「普遍的友愛」ではなく、具体的な友人関係の信義であり、「朋友を超えた他人（社会）道徳」は想定されていない（『講義』④124）とか、儒教の五倫のうち「朋友」だけが上下でなく、平等な横の関係であり、これを押し広げて「社会道徳」にした（「儒学・近代化・民主主義」〈1988〉『話文』④216）と説明している。

（17）この若者の無作法は丸山のいう「赤の他人同士」の問題であり、「公共道徳」欠如の例である。なお、岸信介は明治二九（一八九六）年生まれで、丸山より一八歳年長である。

（18）丸山は一九五二年の座談で、敗戦時（一九四五年九月）に、「日本みたいなデモクラティックな伝統のないところでは、社会的階級的対立闘争がルールにしたがって行われることが困難で、そのため民族的な統一性が破壊される恐れがある」と考えて、国民の「情緒的統一のシンボル」としての天皇制に期待するという意味のことをノートに記したと述べている（『座談』②253）。これは「折たく柴の木」に「昭二〇・一〇・二九」の日付で、「我が国デモクラシーの諸問題」と題された文中、つぎの箇所を指すようだ（『回顧談』下97）。「もし天皇から一切の実質的政治参与を取りのぞいた場合、天皇のレーゾン・デートルはどこにあるか。結局それは国民の情緒的結合のシンボルとしてしか考へられない。国民が天皇を媒介として相互に情的に結ばれてゐるといふ意識は、国民の政治的分裂が国民的統一の破壊に至る様な事態を避けるのに役立つであらう」（『対話』8f.）。ここには、「ルールにしたがって」闘争が行われにくいという言葉はないが、同じ場所で政治教育に関して、「情操的な訓練を通じて、無意識のうちに感得し体得させる事」を説き、「電車の中の光景」（無秩序）を指摘している（I-3-a補1）のがそれにあたるのであろう。

（19）この二つを分けるのは便宜上のことではない。丸山自身、二つの地平を自覚していた。丸山は、全共闘学生に対して「形式」の意義を強調したのは、「私の「思想」の一部」をなす考え方であるが、しかし「私が現代日本社会で、彼らに面したときにとくにこの側面を強調するのは、私の「思想」を吐露したいからではない。ただ、「人を見て法を説け」という教育方法がほとんど本能的に私の頭脳を占めるからにほかならない」と語っている（『対話』197）。つまり、「形式」の強調は、先の言葉を使えば、「実質的」契機を含みながらも、「状況的」であった。それゆえ、「現代日本のような状況」では、学生の「自然的傾向性」をくすぐることが教育ではなく、むしろ彼らの思考の盲点を衝くことによってしか、彼らを「自律的人間」として鍛えることはできないと考え、大学の教師は「たたき台」として頑なであるべきだ（同）というのも、「状況的」でありながら、「実質的」な思想を含んでいる。丸山は「人を見て法を説く」教育方法を「学生の社会化の過程」として捉えた（『対話』195）から、当然のごとく、「自律的人間」の形成という「実質的」契機が入り込んでくるのである。

（20）丸山は、政治における「賭け」の絶対化であるカール・シュミットの決断主義の対極にあるのが、決断のモメントを排除しようとする、K・マンハイムのいう「法治国家的官僚の「合理主義的」思考」であるとしたうえで、日本のマルクス主義における「理論信仰」には「官僚制合理主義（法律学における概念法学に照応する）」に近いところがあり、そのことは、伝統的に日本の合理的＝規範的思考が徳川家産官僚制のイデオロギーとしての儒教の系譜を引いていること、マルクス主義運動の理論をリードしたメンバーがかなり帝大新人会出身の秀才により占められていたことと無関係ではない、と述べている（『集』⑧133, 134）: cf. Mannheim, *Ideology and Utopia*「丸山文庫」［資料番号 0182479］105：鈴木訳『イデオロギーとユートピア』99）。

（21）これは御成敗式目の評価に関わる説明である。「貞永式目制定期は、驚くほど、この市民法的考え方によって全体の法思想が浸透されていた時代であった」（『講義』⑤121）。

（22）こういう「法」の見方は、戦後から現代に至るまで日本の法学界や法学部学生にとって一種の「常識」となっており、丸山は中国人留学生に対して、「思想的近代化」という言葉によって、「自由とか民主とか人権とか、あるいは法の優位、ルール・オブ・ロー」、それを支える「デュー・プロセス・オブ・ロー」、司法権の独立などを示そうとした（『話文』④215, 238）。

（23）鶴見との対談でも、江戸時代の儒者は礼を知れといったが、「礼——つまり形式がただなくなるだけだったら、無限に動物に接近する」という（『座談』⑦122）が、「礼」のマイナス面には触れない。人間と禽獣を区別する観点は、江戸時代の儒者固有のものではなく、丸山は『禮記』に「直情径行は獣の道」とあるのを引き、日本でも盛んに「礼」はいわれたけれども、「直情径行」に対して寛容であり、これは日本思想における「情」の重さ、「理」の軽さに関係があるとしている（『話文』④205f.）。「直情径行」は丸山のいう「心情主義」である。

（24）もっとも、キリスト教についてはおおむねプラス面だけしか描かれていないようである。たとえば六六年度講義のキリシタンの活動と禁制に関する叙述では、「見えざる権威」、「超越的な絶対者」への服従、超越的価値へのコミットメントを高く評価し、転びキリシタンの数は多かったけれども、その抵抗＝非転向の率は昭和のコミュニストよりも高いと指摘する（『講義』⑥100, 101）。ただし、前述のように、丸山は、日本のキリシタンが早急に興隆しながら、弾圧によってやはり早急に消滅した面を示すことを忘れていない（II-2 註19）。

（25）なお、「断想」（一九五六年）の日記風の叙述では、「ちかごろはもっぱらトクヴィル一辺倒」と述べて、彼を「detached な（距離をおいた）観察と分析」ができる「認識人」として評価している（『集』⑥147f.）。

（26）「忠誠と反逆」（一九六〇年）でいう。武士の「身分意識」には、一方では分限を恪守し、上への恭順と下への尊大を組み合わせた家父長的意識と、他方では「恒産」の持続性と固有性の感覚の上に育まれる名誉と自立の「恒心」がある。あるいは、地位を物神化してそれにもたれかかる受動的意識と、「貴族は義務づける」という職能観と結びついた「業績主義」がある。この境界は微妙だが、同じ微妙さは、「民主的意識」や「平等意識」と、「質のヒエラルヒーを量に平均化したり」、「人民と権力との合一化という神話によって体制を物神化したりする形」との間にもある、と（『集』⑧219）。つまり、武士という「身分」＝「であること」は、「すること」＝ノブレス・オブリージュというプラス価値を含んでおり、逆に近代社会の原理（平等主義）にもマイナス面があるということだ。

(27) 別の場所で丸山は、トクヴィルの見解をこうまとめている。「民主社会」における平準化の進展は、国家権力の集中と「狭い個人主義」の蔓延という二重の進行の形態をとり、「中間諸団体の城塞を失ってダイナミックな社会に放り出された個人は、かえって公事への関与の志向から離れて、日常身辺の営利活動や娯楽に自分の生活領域を局限する傾向がある」と（『集』⑨37）。この問題は「自由の私化(Privatization)」としても捉えられている（『集』⑥289 : cf.『集』⑨383ff.）。

(28) ゲオルク・ジンメル、小田秀人訳『社会学の根本問題』（大村書店、一九二六年）の丸山所蔵本（「丸山文庫」［資料番号 0187588］200）には、シュライエルマッハーのロマン主義的な個人主義は、「十八世紀の量的個人主義に対して質的個人主義、もしくは個体的個人主義(I. der Einzelheit) に対して独自的個人主義 (I. der Einzigkeit) と名づけることが出来るだらう」とある（傍線丸山）。

(29)『春曙帖』にはカルラ・ヘッカー、薗田宗人訳『フルトヴェングラーとの対話』（一九六七年）からの抜書きがある。ロマン主義者は「内容」、「体験」、自己の感情ばかりを語ろうとし、この感情を制御し、形式の中に高めるところにこそ、人間の創造力の本当の勝利があることを知らない。「形式の問題」についてドイツ人は無能力だが、ドイツ人であるバッハ、ベートーヴェン、ブラームスの音楽は「形式の力、形式の自己陶冶」を示してくれる、と（『対話』143）。また、一八九三年の座談では、ベートーヴェンやブラームスにあっては、「法則的なもの、規範的なものがしっかり自分の内部にあるから、それを外部からの拘束と感じない」が、それを拘束と感じて「生の非合理性を直接性においておもてに出そうとしたところ」から現代音楽の退廃が始まっており、こうした「原始や非合理的性を意識的に追求目標とすること」には、合理主義の行き着いた果ての「非合理主義」がある、としている（『座談』⑨61）。しかもそこでは、「混沌を形式にまで高める、その精神の営みそのものがフルトヴェングラーの尊重した生、レーベンだ」と思う（同63）とジンメル的図式で語っている。

(30)「我が道を往く学問論」は、自分は自分、人は人というそれぞれの道を歩むような、「知識人の正しい生き方」の多様性（『集』⑧104）を説く、「我が道を往く知識人論」であった。

(31)「アカデミーの伝統の確立していないところで、反アカデミーをとなえ、正統のないところで異端を誇るのは、音楽でいえば調子はずれを無調音楽と混同するに等しい。反アカデミーもアカデミーの存在により有意味になる」（『講義』⑥182）。

(32)「我が道を往く学問論」でも丸山は、「ジャーナリズムを見下すことでアカデミシャンの権威を維持しようとしたり、逆にアカデミズムにコンプレックスを持ちながら、むしろそれだからますますアカデミズムをけなすことで評論家が自分の存在を正当化しようとする」ような風潮を批判して、知識人の「精神的独立」を貫徹すべきだと説いている（『集』⑧103）。

(33) 以下を含む文の末尾には「一九六四年？」とある（『対話』249）。

(34)『春曙帖』には「亡父について」と題して、「晩年の丸山幹治のジャーナリストとしての地位は、名寄山に似ていた。自分の Sache へのひたむきな没入にたいする周囲の同情によって生命を保っていた。土俵一本に生きる＝ペン一本に生きる。（昭二四年）」とある（『対話』258)。ただし、幹治が亡くなったのは昭和三〇年である。なお、後でも触れるが、「ものへの情熱」は、人間関係に浸潤されがちな日本的な思想状況を克服するために「仮想敵」を作って「自己内対話」を行うという考え方(『別集』③374ff.)と関わっており、またそれは職場における生き方に関する「成人教育」にも応用された(cf. V-3-a)。

(35) 訳文は Max Weber, *Gesammelte Aufsätze zur Wissenschaftslehre*, 3. Aufl., Tübingen 1968, S. 582ff. により、適宜変更した(以下同様)。

(36) 丸山は、「軍国支配者の精神形態」(一九四九年)の「無責任の体系」の説明に登場する「無法者」について、「補注」でその「理念型」の一要素として、「もの(Sache)への没入よりも人間関係への関心」を挙げ、「その意味で無法者は原則として専門家に向かない」と述べている(『集』⑥268)。

(37) 「特殊化」には「スペ〔ママ〕チアリジールンク〔ママ〕」というルビがふってあるから、「専門化」のことである。

(38) 丸山はここで文献として『職業としての学問』と『職業としての政治』を挙げているが、「儒教的人間」に関する論述は宗教社会学に由来するものであろう(たとえばマックス・ウェーバー、木全徳雄訳『儒教と道教』創文社〈1971〉267f., 407)。『職業としての政治』では、「人文主義的教養をもつ達人」と「中国の人文主義的政治家」、あるいは「人文主義的教養をもつ文人」と中国の読書人との類似性が語られている(脇圭平訳、岩波文庫〈1980〉29, 35f.)が、これに関して「ディレッタント」という規定はない。他方、『職業としての学問』では、「ディレッタント」と「専門家」が対置されている(V-2-c補1)。

(39) 「学問はleisureがないと発展はしない」というのは、「「である」ことと「する」こと」において学者や芸術家にとっての「休止」の意義として「価値の蓄積」を説いた(『集』⑧43f.)のと平仄が合うから、その限りで「教養主義的」といってもよい。丸山は、仕事と「教養」やレジャーとの「完全分離型」を否定し、両者の相互交通としての「経験」の重要性を訴え、「自分のレジャーの経験からも学ぶ」という心構えをもっていると「森羅万象が面白く」なるとしている(『手帖』㉚23)。ちなみに、和辻哲郎は、英語のschoolの語源であるギリシャ語 scholē が Leisure を意味し、Leisure とはギリシャ人にとって公民生活の義務から解放されて心を働かせる時であったということから、現代の女性も「自分の心を働かせる」こと、「自分で考へる」ことを学ぶのを忘れてはならないとしている(『全集』別巻②337)。

第5章第二節

(1) 正確には一九五六年六月一〇日発行であり、執筆は「一九五六・三・三〇」とある。

(2) 最初に挙げた一九五六年の座談にいう「目かくしをつけた馬車馬」という比喩は、先に引用したように、マックス・ウェーバーが専門科学を特徴づけるために使った「馬の目隠しをつけて」という表現から借用された可能性が高い。

(3) 以下を含めて、清水靖久「政治学と教養」『社会科学』㊵〈2010〉18f. 参照。この第二回世界政治学会議(一九五二年)には南原繁が参加して、それを日本政治学会で報告している(「第二回世界政治学会議」『日本政治学会年報』〈1953〉187ff.:『聞き書　南原回顧』107:山口『南原繁の生涯』346)から、丸山が南原からこのペーパーを入手した可能性は高い。

(4) 丸山は、これより三〇年後の「『概略』を読む」で、維新の知識人が「専門バカ」と反対の「万能人」=「何でも屋」であり、儒教の「読書人」の伝統において「君子」はいわゆる「専門家」ではなく、「あらゆる領域のことを適当に少しずつ知ってい」て、それを治国平天下のために使う存在であり、ミルが「真に教養ある人間」とは「すべてについて何事かを知り、何事かについてはすべてを知る」人だというのも、これに「似た考え方」だと述べている（『集』⑬50）。似ているのは、「すべてについて何事か知る」ところだけで、「何事かについてすべて知る」こと（専門家）ではないはずである。

（5）たとえば一般に民法学や刑法学などの法律学（法教義学）も「社会科学」と呼ばれるが、その意味は「社会に関する学問」ということであって、便宜的なものである。ちなみに、日本学士院には第一部人文科学部門と第二部自然科学部門があって、前者は第一分科（文学・史学・哲学）、第二分科（法律学・政治学）、第三分科（経済学・商学）に、後者は第四分科（理学）、第五分科（工学）、第六分科（農学）、第七分科（医学・薬学・歯学）に分けられている。この分類では法律学も政治学も経済学も人文科学部門に属している。「文系」という通俗的な括りを採用したのであろうか。

（6）後に丸山は日本の大学の教養課程が「薄っぺらなもの」になっていることを指摘して、「クサビ形に専門科目を一年生、二年生におろしていって先に学問の深いところを伝えて、どこか一点を深く掘っていくとその先になにか共通の地下水的な部分というか、根っこの部分がつながっているということで教養の大切さが分かると自分は考えている」と述べている（川原彰「丸山眞男をひらく」〈2009〉『手帖』�51 39）。この（「ササラ型」と呼んでもよい）「クサビ型改革」の発想は、東大で法学部五年制が問題となった際に教育改革をしようとしたころ（丸山が評議員を務めた一九六〇年代半ばころ）に発している（『回顧談』下273）。

（7）「対話としての学問」は「自己内対話」を含むというから、研究方法にも関わるようだが、しかし以前に丸山は、議論の仕方について、「勝ち負け」の発想（「勝ち負け思考」）を避けるためには、かりに「自分の内部で、自分と違った意見というもの」（「仮想敵」）を考えてみて、それと対話し、議論し、そして両方の意見を調整すること（「自己内対話」）を提案しており、また、自分の意見に都合のいい人ばかりに話をしても無意味だから、自分は講演会が嫌いだが、「自分と違った意見の人は、どういう風に考えているだろうかということを勉強して、それに対してどういう風に意見をいうかという練習をすることが必要」だとしている（「六〇年安保への私見」〈1960〉『話文』①48f.／『別集』②264f.：「〝もの〟への情熱」〈1959?〉『別集』③374f.）から、「自己内対話」は教育方法にもなる。

（8）一九五四年の長谷川如是閑との対談「よき職能人たれ」で丸山はこういっている。イギリスには職人気質があるが、その「専門化の基礎として、市民的なコンモンセンスというか、最大公約数の一般教養のようなものが共通に根底にある」と考えられるのに対して、明治日本は、非常に細分化された形の学問や技術を摂取し、そのため高等教育を受けた者が「各々の専門によって、めいめい既成のたこつぼにすっぽり入ったような具合」になってしまい、ヨーロッパのように専門の底に「市民的なコンモンセンス」がなく、そのため専門の研究では偉いけれども「社会的なセンスがまるで子供みたいだといわれるような人」ができてしまった。今日の日本ではある意味で「専門化ということの悪い面」が現れている、と（『座談』②94）。

（9）同じ座談で飯塚浩二が江戸時代の好尚的、文献学的学問を「有閑階級の純然たる遊びとしての学問」とみなしていたことはすでに触れた（I-4-a補1）。当時の丸山は、大学の学問が「有閑的散人趣味」に堕することなく、つねに生々しい現実との対決を怠らないようにしなければならないと考えていたが、〈遊びとしての学問〉はまさに実践から距離をおき、「デカダンス」の危険を孕んでいた。

（10）文化は「観念の冒険」によって飛躍しながら発展してゆくとは、政治が保守的だということとの対比でいったにすぎない。「観念の冒険」はホワイトヘッド流の主体性の論理であり、丸山は文化や学問が飛躍によるとは考えていなかった。丸山は、「である」ことと「する」こと」でも文化的創造にとって「価値の蓄積」こそが重要だと述べたが、思想史方法論では、伝統の蓄積の必要を盛んに説き、「現代日本の話題としては、積極的に我々の祖先の思索の遺産というものを我々の中に蓄積して行く」ことが必要であり、蓄積せずに、時代が変わるとまた別の思想というのが日本の弱点だといい（「福沢から何を学ぶか」〈1957〉『座談』②317）、「「一哲学徒の苦難の道」対談を終えて」（一九六八年）では、芸術と比べて学問は先人の業績の継承と批判の上につぎの業績が積み重なるという「累積的な発展」を本質とするとし（『集』⑨364）、別の場所では、「過去の遺産」を蓄積するのが大学であるから、「僕は大学は根本的に学問についてはコンサーヴァティヴだと思う」としている（「聞き書き　庶民大学三島教室」〈1980〉『話文集』①132 : cf.「文学と学問」〈1978〉『座談』⑧159 :「歴史のディレンマ――マルクス、ウェーバー、ポパーをめぐって」〈1980〉『座談』⑧243）。丸山はカール・ポパーを嫌った（「ぼくはあんまり好きな学者じゃないんだけど［……］」［「伝統と現代をめぐって」〈1982〉『座談』⑧290］が、トーマス・クーンが批判したウェーバー＝ポパー的な累積的科学観は肯定した（cf.「丸山眞男氏との一時間」〈1960〉『座談』④43 :「近代日本の思想と文学」〈1959〉『集』⑧134f.）。

（11）「パズルを解くような面白さ」、「小さな実証への興味」がウェーバーの「Sache に就け」（丸山のいう「ザハリヒな認識への内的情熱」）という専門科学のエートスと無関係ではないとすれば、それは当然、〈遊びとしての学問〉に固有のものではない。

（12）「よきを取り、悪しきを捨て」は「御製」のことであり、丸山の解釈では〈テクノロジー開国、イデオロギー鎖国〉という天皇制の欧化戦略を表す（III-1-a）が、ここではそれを自然科学に応用して「テクノロジー開国、基礎科学鎖国」と表現したのである。

（13）これは、麻生書評で、「胴震いを一つすれば、付属物は忽ち振落されてしまう」といい、また「日本の思想」で、「人間がびっくりした時に長く使用しない国訛りが急に口から飛び出すような形」という比喩で語られた、伝統思想の突如とした「思い出し」のことであり、ここでも「長く標準語を使っていても、びっくりした時に思わずお国なまりが出てくる」と表現されている。

（14）大塚の「真面目主義」とは、「求道者ヴェーバー」（『集』⑨318f.）や「聖マックス」（cf.『話文』②415, 432）に連なるウェーバー研究の姿勢をいうのであろう。ただし、「真面目主義」は、後でも触れるように、丸山自身にもあった、日本の近代化をひたすら追い求めようとして学問に研鑽を重ねる姿勢とも無関係ではない。

（15）丸山は、長谷川如是閑には全体と関連させてみたいという「本能的な好奇心」があり、「僕が如是閑は「認識者」だっていうのは、そういう「見たい」という彼の根本的な心構えという意味なんです」といっている（⑨202）が、自分のことを語っているかのようである。なお、丸山は、江戸っ子気質で「なにか傍観的・冷笑的な」語り口の飯塚浩二と対比して、「理念型としての「田舎者」を地盤とする日本の真面目主義」という言葉を使っている（『集』⑩211）が、丸山自身の中に、飯塚とはやや違った、斜に構えてものを見て面白がる江戸っ子気質があったのかもしれない。ちなみに、政治的実践を嫌うみずからの性格を「隠遁型」と称して、「やっぱりね、天下国家よりは音楽を聞いているほうが、楽しいね。下手なピアノを弾いているほうが楽しいんだなあ」（『座談』⑦106）という発言も、「ヨタ」の類であろう。

（16）この発想はこれよりも前に遡ると思われる。一九五〇年代と推測される「政治を見ることとすることについてのメモ」（「丸山文庫」［資料番号 658］62）にはこうある（傍線丸山）。「政治を見ることほど面白いものはない。政治をすることほど苦手なものはない。見るとするとの分裂がこれほど甚しい領域があろうか。その意味で政治は comedia に近い」。

（17）政治における距離の感覚が必要だとした際に丸山は、政治は厳粛で真剣な問題であるが、だからこそ「生一本の真面目主義」がかえって危険だとして、ユーモアの必要を説いている（『講義』③25：cf.『別集』③303）。

（18）「思想史の考え方について」（一九六一年）で丸山は、対象が非常に広い思想史という学問にも「固有の学問上のきまり」があり、ディレッタントが「興の赴くにまかせて、それからそれへと興味をひろげていく」ものではなく、史料的制約があるという（『集』⑨68）。しかし、ここでは同時に、思想史はまったくの事実史とは異なるとして、それを表現するのに演奏家の仕事を例に挙げて、「創造」の側面を認める（III-2 註 16）。そもそも歴史一般において歴史叙述者による「主体的構成」をまったく排除した「実証」主義はあり得ないのだが、思想史の場合、この契機は決定的に重要である。思想史は思想の「解釈」であり、そこに創造的契機が入らざるを得ない。つまり歴史により拘束され、自分が歴史的対象を再構成すること、「弁証法的緊張を通じて過去の思想を再現する」こと、そこに思想史の「おもしろさの源泉」がある（『集』⑨70ff.：cf.『座談』③219）。これは「好奇心」とは違った思想史独自の「おもしろさ」、いってみれば普遍的規範への拘束と自由な行動との間にある、「被縛性と自発性とのディアレクティッシュな緊張関係」（『集』⑧276）に連なる面白さである。

（19）シュミットの原文は *Ex Captivitate Salus, Erfahrung der Zeit 1945/1947*, Pflimgen 1954 であり、丸山所蔵本は当該箇所に「学問的自由の前提」と書き込み、'eine fundamentale Neugierde, die jede andere Gruppe und jede Person in ihrem Anderssein begreifen möchte'（「あらゆる他集団とあらゆる他人を他在において捉え得る基本的な好奇心」）に下線を引いている（「丸山文庫」［資料番号 01825819］13）。

（20）「自己内対話」は、自分の精神の中に、自分と「異質的な原理」を設定して、それと不断に会話することであり、「他在において認識する」ことを意味するが、それは同時に「精神的開国」の要求に通じており、またマンハイムによれば、その能力の欠如がナチズムの精神的背景となっていた（III-2-a および III-2 註 1）。ちなみに、石田雄は、「他者感覚」が主として「知的領域」の問題として扱われるけれども、人権とか寛容に結びつけて理解すべきだという（『丸山眞男との対話』20f.）。たしかに丸山はたとえば「他者感覚」がなければ人権の感覚も育ちにくいといっている（『集』⑩175）。しかし、これは「知的領域」における「好奇心」と直接結びつかない。

（21）他者を他者として理解するというのは如何なる学問においても当然の姿勢であるが、丸山も、それは「歴史のイロハ」だといっている（『集』⑪173：cf.『対話』232：『集』⑤89f.）。丸山は、一九四八年度講義で、ニーチェは「歴史主義」に対して人間的生の厳粛を主張したと述べた際に、「すべてを相対化することは、すべてを宥すことにある。いいかえれば、相対化の極限は、すべてを絶対化することになるのである」とし（『講義』①137）、「歴史意識とは何か」（一九七九年）でも、「歴史主義の危機という問題は、歴史的相対主義、つまりニーチェが言った〝すべてを理解することはすべてを許すことになる〟という意味での価値判断ができなくなるという問題をどうしたらいいかということ」だと語っている（『話文』③256）。「理解」するというのは、「賛成」という意味ではない」ということだ（『集』⑪172）。

（22）これは、「マイナスのなかにプラスをみ、プラスのなかにマイナスをみるという思考法」（『別集』③303）、「明のなかに暗を見、逆に暗のなかに明を見るという dialektisch な見方」（『対話』127：cf. 小田切秀雄編『対決の思想』勁草書房〈1968〉201）であり、かの新しい思想史方法論（「読みかえ」や「アンビヴァレントな可能性」）にも通じる。なお、福澤の「天邪鬼の根性」について丸山は、第一に「認識態度」として「左の中に同時に右の契機を見る、右の中に同時に左の契機を見る」という見方、「楯の反面をいつも見る」という態度、第二に「決断」に関して、現在の状況判断の上に立って「左か右かどちらかを相対的によしとして選択する」という態度だとし、合わせて「両眼主義」ないし「複眼主義」と呼ぶ（「福沢諭吉について」〈1958〉『集』⑦378f.）。

（23）なお、一九五九年にもまだ丸山は、「知識の価値は、知識そのもののために知識が尊ばれるのでなく、知識は役に立つもの、社会の機能に適用できるものでなければならないんです」（『別集』②235）と留保抜きで語っていた。

（24）丸山は、日本思想史を統一的なものと把握しようとするみずからの立場を、「矛盾したものを統一的に把握する、これが大事なんです」と表現し、「矛盾したものを盾の両面として同時に捉えていく」ヘーゲルの発想や「善悪不二」という仏教における「弁証法」を引き合いに出している（『話文』②327）。

（25）丸山はここで、プラグマティズムの「ウィリアム・デーヴィス」（ジェイムズの誤り）の「多元的宇宙」論を引いて、「雑多」に対して「多元的な秩序のなかの一元性」の観念を提起し、不寛容な社会主義に対して民主主義的秩序を擁護している（「丸山文庫」［資料番号568］29f.）。これは、かつて丸山が一九世紀ヨーロッパのイデオロギーの核心とした「多様性の中における統一（Unity in Variety）」（II-3-b）に通じる（cf.『集』⑧48）。

（26）これは、同族集団的結合のパターンを濃厚に引き継ぐ「企業一家思想」も、近代的結合にマイナスに働くだけでなく、そのプラスの面を利用することによって日本資本主義は強力に推し進められた（『講義』④48：『講義』⑥14f.）というのと同じである。また、「日本の原型、あるいは古層のなかには、もちろん、いい面はあるんですよ。つまり、独裁は非常に成立しにくいんです」とか、「よく言えば、それ［古代の統治構造］は独裁制の成立を非常に困難にする」とか、「無責任の体制と、独裁がないということは、同じ楯の両面」だとし（『自由』197f., 224）、古代の統治構造につき、「これは病理現象としては決定の無責任体制となり、よくいえば典型的な「独裁」体制の成立を困難にする要因」だと表現している（II-2-a 補1）。多元主義に関して、無責任体制のプラスの面は独裁の成立が困難であり、「いつもプルーラルな勢力が多元的に並んでいる」ところにあるといっている（『続話文』②51）。

（27）この「テオリア」の精神は「対象にたいする冷徹な距離の設定」に通じており（cf.『対話』54）、ウェーバー流にいえば、責任倫理を基礎づけるはずであるが、丸山がここでいっているのは、ウェーバーが、教育の重大な意味の一つが「不都合な事実」を認めることを教えることにあるという（尾高訳『職業としての学問』53）のと相応する。それは逆にいうと、行動者は自分に不都合なことに目をつむる、ということになる。

（28）一九八八年の回顧談で、歴史学ではマルクス主義崩壊後、「クソ実証主義」に移り、方法的にカール・ポパーなどに依拠する「棄教派」が出てきたという丸山の発言を受けて、松沢弘陽は、「学問に遊びの要素は大事だけれど、面白がるだけになってゆくのはどうも、と思うんですが」と疑問を呈した。それに対して、丸山は、「クソ実証主義」あるいは「無思想」では思想を扱えるのかと問いかけながら、いずれ時代が変化してきて、「何のために学問するのかという問い」が当然出てくるであろうと予測している（『回顧談』下290f.）。松沢のいう「遊び」は丸山の〈遊びとしての学問〉と直接関わらないが、「面白がるだけ」ではだめだというのは、無思想で学問はやれない、

というこ とである。

(29) これは、丸山の愛弟子ともいうべき（cf.『書簡』①161f.）脇圭平がマックス・ウェーバーについて使った言葉である（『知識人と政治』岩波新書〈1973〉192）が、丸山に適用しても不当ではあるまい。cf. 笹倉『丸山眞男の思想世界』259ff.

(30) 安田武『型の日本文化』（朝日選書、一九八四年）の奥付で著者の肩書はいみじくも「思想家」となっている。

(31) 丸山は一九六八年ごろから何度か下田の温泉宿に逗留した（飯田十郎「丸山眞男先生と下田」〈1988〉『手帖』④39ff.）が、本を立ち読みしたのが六九年一二月以降のいつのことであるかはわからない。

(32) 安田宛の書簡で、従来の意味のアカデミズムに「空間的に立てこもる」という意味ではないといったのは、大学で教授職を続けるという意味ではないということであり（書簡では続いて「そのことは現在申上げる段階ではありませんが、追々お分かりになっていたゞけると思います」と述べている）、丸山はこの書簡から二カ月後の一〇月八日に福田歓一に宛てた書簡（『書簡』①196）で辞職の意向をはじめて開陳することになる。

(33)〈専門バカ―ディレッタント〉の対は、「ミル箴言」から引き出された〈プロフェッショナリズム―ディレッタンティズム〉と同じである。後者は、二つの欠陥を回避すべき、社会科学、とりわけ政治学の教師ないし学者のあるべき姿を表現している。だが、〈専門バカ―ディレッタント〉の主張では「ミル箴言」に言及していない。

(34) 専門化による「技術的」ニヒリズムの登場については「現代文明と政治の動向」（一九五三年）（『集』⑥33）や「政治学事典執筆項目政治的無関心」（一九五四年）（『集』⑥115）で語られていた。また、「現代型アパシー」としての「テクノロジカル・ニヒリズム」という表現もある（『座談』②307：cf.『座談』④23）。

(35) 学者・知識人の非社会性に対する批判的な目は早くからあった。敗戦直後に丸山は、とくに理系の学者に対して、技術や自然科学の理論が「社会的にどういう意味を持ってどういう役割を演じてゐるか」に無関心ではないか、と批判を投げつけていた（「現代の学生生活を語る」〈1948〉『続話文』②259）。現代の「実際にあった話」として、学生運動を処理する学内委員会の委員に任命された一人の教授が最初の会合で、「私は考古学が専門ですから、学生運動のことは何もわかりません」と述べた、というものがある（「日本の知識人（本編）草稿」「丸山文庫」［資料番号269］26：『集』⑩245）。

(36)「原子核エネルギーについての理論そのものは、それを如何に利用するかについては、何も語ってはくれない」（坂本多加雄「知識人は再生するか」〈1996〉『坂本選集』①290）のだとすれば、それを語る任務は知識人にある。丸山は「どんな「客観的」な精密な分析も根底に「良き社会と政治」の問題意識に支えられていないとニヒリズムに顚落するかさもなければ、自分の伝統的に所属する文化や体制の価値体系に無批判的にヨリ《［ママ］》かかる結果になる」という（「政治学」〈1965〉『集』⑥172）。これは〈学問自身の社会的使命〉の枠内に納まるが、政治学は「権力の呪縛に対して不断に抵抗するという意味での野党性」をもたなければならない（『集』⑥195）となると、「価値関係づけ」の域を逸脱する。

(37) ここで丸山は、評論家に代わって研究者が「大きな問題」に口出しすべきだといっているのだろうか。もしそうであれば、それは「変革のための武器としての理論」への逆戻りを意味する。しかし、丸山は、明治から大正にかけての「硬派」の「大新聞記者」の時代には論説が主であり、「そのへんの大学教授が及びもつかない学問と見識のあるジャーナリスト」が輩出したが、現代のようなマスコミの大学批判は、「学問の苦闘をしたことのない素人」が騒いでいるという程度にすぎないと揶揄している（『座談』⑧241）ように、あるべきジャーナリスト・評論家の像から論壇の評論家を批判するにとどまっている。

(38) 大佛賞受賞インタヴューでいう思想史研究のディレンマ（専門家から見ればディレッタント、ディレッタントからすれば専門バカとされる）は、それより一〇年前に、自分の論文は学界的常識からすればあまりにもジャーナリスティックに見え、ジャーナリズムの世界からはあまりにも専門的だと非難されることを覚悟していた、と述べたこと（I-4-a）と二重写しになる。

(39) 植手通有（『丸山真男研究』55）は、丸山が徂徠論をあらためて書くと思っていたのに、「「太平策」考」という考証論文になったのを意外に思ったが、丸山は「僕だってこの種の（考証的）文章くらい書くことができることを示したかったのだ」と語ったという。植手は、そんなことを示す必要があったのかどうかはわからないが、丸山が徂徠に真正面から取り込むことから「逃げた」と感じたとしている。それはともかく、事実丸山がこう語ったのであれば、それは「思想」と離れたアカデミックな研究者であること示したいという強い欲求を表している。ただし、丸山は「「太平策」考」を書いた理由として、日本では、国文学の書誌的研究は進んでいるけれども、思想史ではヨーロッパと違ってきわめて不十分であるという事情も挙げている（『別集』③298f.）。

(40) 丸山は「崎門派」内の激しい対立についていう。自然科学のように一定の「約束」に従った検証により真偽の決着がつく場合、「人間関係」は無関係であり、社会科学でも、研究者の「己れの人格」と研究対象が分離されていることもあるが、しかし経験科学にあっても、認識の対立が「世界観」の対立であるという自覚がある時には、「自分自身のトータルな人格が賭けられている」。だから経験的検証の不可能な教義やイデオロギーをめぐる論争は、人間ないし人間集団を丸ごと引き込む「磁性」を帯びてくるが、自分はそうした凄絶な争いに無縁だと信じるのは「世界観音痴」だけであって、「その凄絶から目をそむけずに、右のような磁性に随伴する病理をいかに制御するかが、およそ思想する者の課題なのである」（『集』⑪246）。これは、あくまで歴史上の「思想」構造の分析だが、筆致と内容は現代のことを語る「思想家・丸山」を想像させる（cf.『自由』208：苅部『丸山眞男』210）。

(41) 安田宛書簡で丸山はわざわざ「ジャーナリズム上の」思想家としているのは、（自分も含めて）ジャーナリズムと関わらない「あるべき思想家」が念頭にあってのことではないか。他面、かつての「夜店」の活動で丸山自身が「ジャーナリズム上の思想家」という顔をもっていたことはどうしても否定できない。また「何でも屋」についていえば、丸山は「夜店」での活動を「政治についての百科全書的テーマをもちこまれることになった」といい（I-4-a）、当時は「政治についての万屋」であったことを認めている（『話文』②175）。世良晃志郎との対談では、明六社の同人が「何学者かわからないほどルネッサンス的人間」であったとして、例として福澤と西周を挙げ（『座談』⑧239）、最晩年には、矢野龍渓に、「専門人」の対極としてのルネッサンス的「普遍人」＝「何でも屋」という評価を与えた（『集』⑮349f.）。なお、丸山は一九五九年に、「自分の視座をもつ」、「ある見方をする」という意味の「専門」をもち、そこからあらゆる問題を見通していくべきであって、対象の区別から出発すると、その区別を取り払うと「何でも屋」になっていけないと述べている（『別集』②189, 191）。

(42) 「私は自分の著作活動を通じて私なりの社会的責任を果して来たつもりです」（石田祐樹宛書簡〈1988.10〉『手帖』⑳）という。これは、〈学問自身の社会的使命〉よりも〈知識人としての学者〉の社会的責任を指すように思われる。

第5章第三節

（1）ある社会にある事態や意識を表現する言葉が欠けていることはその社会にその事態や意識がなかったことを意味するという論理はほかにも出てくる。たとえば福澤が討議・演説・会議・可決・否決・競争といった訳語を創り出したことについて同様のことをいっている（「開国」〈1959〉『集』⑧80）。もっとも、これはテレビやコンピュータのような「物」の訳語の問題ではないから、安易に「名」がなければ「事態」や「意識」もない、ということはできない。ちなみに、丸山自身、「中道的文化人」や「反動的文化人」には「現実存在があるのにそういう言葉がない」としている（『集』⑩261）。

（2）論文「近代日本の知識人」（一九七七年）でも丸山は、日本では作家・芸術家・論説記者・批評家、教師・法曹家・医学者のような「プロフェッション（そもそもこの外国語に当る日本語がないのです！）」を包含するような intellectuels を社会的構成の上で一つのまとまった「社会群」としてイメージしにくいと述べている（『集』⑩231）。これによると、「プロフェッション」は、ヨーロッパ中世の大学の伝統を引く知的専門職と近代的な「自由業」により構成されている。実際、丸山は、日本の「いわゆるプロフェッション」については、大学教授・研究所員・大病院所属の医師、裁判官・検事の系列と、民間学者・民間評論家・開業医・弁護士の系列を区別し、前者の方の社会的信用が高いとして、「組織所属」の重視の傾向を指摘する（『集』⑩237）。後者はまさに「自由業」である。丸山はおそらく、インテリの〈旧定義〉における「自由知識職業者」、一九六六年の座談での、西欧の「知的活動を職業とする自由職業者」（『座談』⑤292）、五六年の藤田・石田との鼎談での「プロフェッショナル・インテリ」（I-1-b）、六七年の座談での「フリー・プロフェッション」（『別集』③62）などの言葉によって「自由業」としての知的専門職を示そうとした（cf. I-1-註 12）。ただ、「自由知識職業者」が「教授」を、「知的活動を職業とする自由職業者」が「大学教師」を含むのは「自由業」と矛盾する。ちなみに、論文「近代日本の知識人」の元になった学士会講演では、日本では大学教授、作家、芸術家、論説記者、弁護士、医者といった人々を包含する intellectuels を、「社会的構成の上で一つのまとまった社会群」としてイメージすることが困難であると説明され（『学士会会報特別号』㉑〈1977〉25）、草稿の一つでは、大学教授、作家・芸術家・古典劇俳優・論説記者を含む「アンテレクチュエル」を、社会学的編成のうえで多少ともまとまった一つの「社会群」として思い浮かべにくいとなっている（「日本の知識人」草稿」「丸山文庫」［資料番号 269］30）。後者には「古典劇俳優」が含まれているが、どちらにも「プロフェッション」の語はない。

（3）同じ一九六八年に福田恆存は、保守的な立場から革新派知識人を批判しつつ、他面、「知識人といふものは職能や職業として成立つものではない筈です。彼等は先づ自分の専門分野において他人の及ばぬ仕事をしてゐる専門家でなければなりません。さういふ人が自分の職能の立場から、体制、反体制にこだはらず、世界や国家の大事について物を言ふ。その時、彼は知識人としての働きをしてゐるのです」と述べ、「知識人の職業化」としての「平和屋」や「テレビ・タレント化」を批判している（『福田恆存評論集』⑧225）。これは安田宛書簡の丸山とほぼ同じ立場である。なお、丸山は『概略』を読む」で、「近代知識人という職業」という表現をし（『集』⑬53, 54）、六五年度講義では、知識層はいつの時代でも日常的・直接的な体験の背後にある意味連関を探ろうとするところに本来の役割があるが、近代以前の社会では知識層が独自の「職業身分」として成立していないので、貴族や僧侶が知識層に該当するとしている（『講義』⑤103）。ここで丸山は、無意識のうちに「知識人の職業化」を行っているのではないか。

(4) この論述のベースになっているのは「叡智（wisdom）」―「知識(knowledge)」―「情報」という「知」の三角形である。丸山によれば、現代では「知識」とされるものの大部分が「情報」であり、「知識」とは情報を組み合わせていくものであり、現代の問題は「叡智」が「知識化」し、「知識」が「情報化」し、それにより「叡智」が最小で、「情報」が最大の逆三角形になっているというところにある（『話文』①120ff.）。『「概略」を読む』でも、『概略』第六章に出てくる「知恵」が「information（情報）」―「knowledge（知識）」―「intelligence（知性）」―「wisdom（叡智）」のすべてをいっしょにしたものだと理解したうえで、こう説明する。「叡智」は庶民の智恵や生活の智恵といわれるもので一番下の土台となり、その上に理性的な知の働きとしての「知性」があり、「知識」は叡智と知性を土台として種々の情報を組み合わせたもの（個々の学問）で、「情報」は真偽がイエス・ノーで答えられるものである。現代の情報社会の問題性はこの三角形が逆三角形になっているところにある。「秀才バカ」とはこの逆三角形（情報最大・智恵最小）のことである、と（『集』⑬443ff.：cf. 松沢「解題」『集』⑬457）。

(5) 丸山は、無着成恭の「やまびこ学校」の子供は「自主的に思考し、判断し、創造的で、生産的」であると評価していた（「現代とは何か」〈1954〉『座談』②300）。

(6) 丸山は、一九四六年九月の文部省人文科学委員会総会に出席し、四七年八月に発足した学術刷新委員会（日本学術会議の前進）の委員にもなっている。勝田守一と知り合ったのは二十世紀研究所においてであったという（『回顧談』下 84ff.）。

(7) これは〈原型的思考様式〉を意味する（cf. V-2-b 補 1）。

(8) この会と座談については、高木博義「「60年の会」と雑誌『60』」（『集』⑬「月報」5ff.）および野島幹郎「座談後記」（『座談』⑦316ff.）参照。

(9) ここでは実例として、学生時にゲーテを読んだ「教養」の時代を懐かしんでフランクフルトのゲーテ館を訪れる会社の社長や部長が挙がっているが、別の場所でも丸山は（すでに一部触れたが）、ゲーテ館への日本人訪問者が若いころに読んだゲーテがはたして後に「身についた栄養分」になって、その人の「生きる知恵」として蓄積されているかと問い、古典への親しみがかつてそれを読んだという一過性現象であるところに、「旧制高校的「教養主義」のひ弱さ」があると述べている（『「概略」を読む』〈1986〉『集』⑬17f.）。「文化」ないし「普遍的教養」が若者、とくに学生の専有物であり、卒業とともに雲散霧消してしまうという現象は、旧制高校的教養主義の「教養からの卒業」（cf.『話文』③374）を典型とするものであった。

(10) 福澤の処世訓は「人生戯」論（V-1-b 補 1）のことである。「距離」についてはI-2-a参照。

(11) 吉本が、丸山の戦争責任論は戦争権力の担い手たる大衆の意識構造の「負性」を「優勢」に転じる契機を探る可能性を奪ったとしたのに対して、丸山は、それが「当っている」ことを認めながら、「しかし「それ自体」の存在の肯定からどうして負を優性に転じる可能性が出て来るのか。「それ自体の肯定」（土着主義）とその抽象的否定（□□主義）のくりかえしではないのか」と問い返している（吉本隆明「丸山真男論」一橋新聞部〈1963〉「丸山文庫」［資料番号0210006］28）。

(12) ただし、自分には、社会主義の影響で「観念的な労働者崇拝」があり、軍隊では「現実にある民衆」にコンプレックスをもっていたことも認めている。なお、別の場所で、「私達知識人はいろいろな形で庶民コンプレックスを持っているから、「庶民の実感」に直面すると、弁慶の泣きどころのように参ってしまう傾向がある」という（『集』⑦240）。

(13)『書簡集』の紹介などを参考にすると、酒井は民間企業勤務の後、常葉学園大学教授として憲法・政治思想史を担当し、一九八八年以降聖学院大学教授（憲法・比較憲法担当）となり、しかも研究書と目される本を二冊も出しているが、この時点（一九七八年）の職は詳らかにしない。常葉学園大学は一九八〇年創設であるから、まだ大学教授ではなかったはずである。上述のように、この人物は、丸山が同じ手紙で「学問的論文」のイロハを教えた、学問の「素人」であった。

(14) 酒井宛の手紙でも丸山は、日本文化は、高級評論誌の読者から音楽会の聴衆に至るまで圧倒的多数が「ヤング」によって占められた「若者文化」であり、こういう文化はほかの文明国にはないが、それだけでなく「ヤング層」は学校を卒業するとほとんど同時に「文化」から卒業する現象が戦前からあり、それが日本文化を底の浅いものにしている要因をなしていると語っている（『書簡』②243：『集』⑩232f.：cf.「「註」と題された草稿」「丸山文庫」[資料番号 87-3-2]）。

(15) そういう意味では、きわめて逆説的である（また単純化のそしりを覚悟しなければならない）けれども、「擬似インテリ」→「実質的インテリ」→〈物知りインテリ〉→「俗人」という「庶民的」知識人の系譜を認めることができるかもしれない。

(16) 丸山は一九九二年に論文集『忠誠と反逆』を出版するにあたって、凡例に、「引用文は、専門研究者以外の読者を考慮して、句読点・濁点を加え、また適宜ルビを振った」云々と記している（『忠誠と反逆』あとがき」『集』⑮196）が、これは〈学問の民衆化〉という啓蒙の意図を表しているけれども、かりに「俗人」が念頭にあったとすれば、「学問的思考」の普及を狙った〈民衆の学問化〉のためと見ることもできる。

(17) この論文で丸山が目指したのは、第一に思想史の新しい方法の切れ味を示すこと、第二に「国家とは何か、国家の独立とは何か」等の「世界像をめぐる根本的な問題」を、「既成のめがね」＝「古い思考様式」をはずして再検討すること（『集』⑨247, 250）であったから、後者もまた「思考様式」の転換を指摘する点で「政治的教養」に通じるが、発想そのものは講義で説いたのと同じである。

(18) 「自己の責任において、一番いいと思った方向を選択し、あるいは自分で世界の流れを変えてい」くという「主体的な考えというものを日本が持つようにならないと」いけない（「法・政治・人間」〈1977〉『話文』①343）というのは、日本という国に関する発言だが、知識人であれ庶民であれ日本人一般についてもいえることであった。

(19) ただし、丸山自身は「政治的教養」の語を「政治教育」の意味で使っている（cf.『集』⑧297）。

(20) 『書簡』②188：『集』⑪79：cf.『集』⑮239：『集』⑯348f.：『集』⑯348f.『書簡』④71：『書簡』⑤210.

(21) ただ、「教育嫌い」をいう前に丸山は、学問は「実存」、つまり「死」の問題に答えられず、学問が解決できることとできないことを自覚することが必要だ（「学問のために人間は生きているわけじゃないからね」）と述べているから、「教育嫌い」にこの種の教育の虚しさが含まれているかもしれない。あるいは、この発言の後では、意識的な教育よりも「無意識のうちに教育されている」という側面の方が重要であって、そもそも「教育」を学校教育に限定して考えるのがまちがいであり、現代では自民党から共産党までみんな「学校教育のかたまりだ」が、むしろ「社会的規模で教育を考えていくべきだ」と述べている（『話文』①144）。これを丸山は「思われざる結果としての教育」と呼ぶ（『対話』213）が、「社会によるしつけ」にも関わってくる。

(22) 同じく『春曙帖』に、「東大紛争」で「私個人の教育者としての欠陥や怠惰」について批判した者などいないし、「私のこれまでの学問」に対するまともな批判はなく、忙しいタレント評論家やタレント教授はイメージだけで論じているだけであり、「むしろ本当の読者は、大部分は、無名の熱心な勉強家だ」と書いている（『対話』270f.）。ここにも「俗人」への期待がある。

(23) 丸山の見解を忖度すれば、高等教育でのインドクトリネーションなどうまくいくはずがないけれども、それが「子分づくり」と関わってくると別の効果を発揮する、ということになるだろう。丸山は、「僕は、教え込む＝インドクトリネーションというのは本能的に嫌い」だとして、マルクス主義や儒教（「古典があって教え込む、片方は学ぶ」）を例に挙げ、『日本政治思想史研究』のモティーフの一つは、これがどのように壊れていくかということにあったとしている（『話文』④299）。丸山によれば、「教育による価値体系のインドクトリネーションは初等教育において、もっとも効果的であり、高等教育において、もっとも不成功である」という（『対話』152）が、一九六〇年のある座談では、「かつての修身教科書ですが、ひじょうに直接的な徳目を教えたけれども、それに反発こそすれ、ぜんぜん効果的ではなかった。したがって、有効性の観点から、もうすこし賢明であれば、ばかばかしいイデオロギー注入主義はなくなると思う」としている（『座談』④303）。

(24) 丸山は、みずからの普遍主義ないしヒューマニズムの姿勢（「根源的に相手を人間として見る」のであって外国人とか同郷人とか弟子とかという観点はない）を示した際に、「この間、守本［順一郎］君と話している時、かなわないなと思ってね。五秒おきくらいに俺の弟子があそこに行ったとか、何とかいうのが出てくるんですよ」とこぼしている（『続話文』①103）。名古屋大学教授であった守本順一郎（一九二二年生まれ、一九六〇年東大経済学部卒）と丸山の関係は詳らかにしないが、丸山は追悼論文を書いている（I-2 註 9）から、浅からぬ縁があったと思われる。なお、丸山が「丸山学派」（この呼称はすでに一九五七年にあった［苅部『丸山眞男』9］）の呼称を苦々しく感じた（『座談』②230）のもこのことと関係があるだろう。

(25) 丸山は、雑種性を「悪い意味で「積極的」に肯定した東西融合論」や「弁証法的統一論」を批判した（II-2-c）が、「矛盾の弁証法的統一」という表現を、あまりにも「俗流化」されていることを知りつつあえて使った例もある（「闇斎学と闇斎学派」〈1980〉『集』⑪276)）。「明のなかに暗を見、逆に暗のなかに明を見るという dialektisch な見方」（『対話』）とか、「プラスとマイナスとがしばしば表裏一体をなしている歴史の「弁証法」（『集』⑭73）とか、弁証法は「矛盾したものを統一的に把握する」、あるいは「矛盾したものを盾の両面として同時に捉えていく」（『話文』②327）などは、通俗的な用法である。なお、笹倉『丸山眞男の思想世界』253ff. 参照。

(26) ほかに、ヘーゲルの精神現象学から毛沢東の矛盾論・実践論までを貫く弁証法的な思考を「高度に政治的な思考法」と捉え（『集』⑥194）、「存在と当為を峻別せず、さりとて混同せずに、現実的なもののなかに理性的なものを認識し、逆に理性的なもののなかに現実的なものを見出してゆく、いわゆる弁証法的な思考」（『集』⑦300f.）といい、また安保闘争の折に、「討議による政治」、すなわち「一人一人の議員が独立の思想と意見をもって、互いに真理をめざして討論し、説得し、説得される過程を通じて、いわば弁証法的に相対的な真理に到達するという意味での理想的なディスカッション」を唱道している（『集』⑧290f.）。

(27) 他面、丸山は晩年にも、小グループの市民に語りかけることの根底にはトクヴィルの『アメリカにおける民主主義』やミルの地方自治論からの影響があるとし、「小集団のアマチュア」の文化・政治への参加の意義について語っている（「丸山眞男先生を囲む会」〈1985〉『手帖』⑳22f.）。これはいわゆる政治への「パート・タイム参加」である。

(28) 一九六〇年に丸山は、日本では落語に出てくる「学のある隠居」

で代表されるように、「森羅万象の知識をもっている人間、つまり、もの知り」を学問のある人と考えがちであるけれども、知識だけなら学生の方が「学生でない人」、「学校へ行けない人」より豊かであっても、「知識と知識との間に脈絡をつけること」＝「思考」については両者の間に差はなく、学校へ行っていない人にとって重要なのは、自分の「経験」や「体験」を「抽象化すること」、それにより自分の「理論」をもつことだといっている（『集』⑧322f.）。つまり、学校に行かなくても、「経験による抽象化」が可能だと考えたのである。なお、「近代日本の知識人」における落語の隠居＝「物知り」のアイデアの一つの起源はここにあり、学生（学歴）を相対化し、庶民（社会人）の思考と「知」の可能性に期待する方向が示されている。

（29）同じ場所にはつぎのように記されている（傍線丸山）。

バー・飲み屋での会話：いや同窓会での会話

共通の話題は何か？　職場の上司・女

家庭での会話：帰宅して、3語「めし、ふろ、ねる」

対話不在　息子の方も　3語「めし、かね、うるせえ」＝親の説教」

また、職場と世代を超えて人が定期的に集まる「場」や「チャンス」として、「西欧の「教会」や「サロン」、アメリカの地域コミュニティにあたるものを、近代日本で見出すことはむつかしい」とした際に、欄外に「県人会　同窓会　ともに所属を中心とする集り」と書き込んでいる（「「日本の知識人」草稿」「丸山文庫」［資料番号269］74）。なお、丸山の経験談によれば、クラス会では政治的、社会的な話題はなく、株や恋愛の話が中心であった（『話文』①430）。

あとがき

本書は、西洋法制史を専攻する筆者が『福澤諭吉　国家理性と文明の道徳』（二〇〇六年）に続いて公にする二冊目の専攻外の著書である。専攻外ではあるが、専門書のつもりである。専攻外の専門書を二度まで上梓するのは、いずれも、この十数年来「教養と作法」というテーマで進めてきた研究のいわば余滴であり、前著の「あとがき」でも引いた故早石修氏の巧みな表現（「私の履歴書」『日本経済新聞』二〇〇六年三月一日）をもう一度使わせていただくならば、「兎を撃ちに行って鹿に遭えば、鹿を撃てばいい」ということになるかもしれない。その時には何も説明しなかったが、今回は少しだけ経緯を記しておきたい。

筆者は二〇年ほど前に書いた「レトリックとしての社交術」（植松秀雄編『埋もれていた術・レトリック』木鐸社、一九九八年所収）で大略こう述べた。近世ヨーロッパにおいてイギリスやフランスと違ってドイツでは、「ジェントルマン」や宮廷貴族を媒介として、貴族の作法が「市民化」されることがなかったため、市民階層により担われた「教養」が「作法」と分離したままであった。カントは道徳を「内面化」し、外面に関わる「作法」と切り離し、ドイツ教養主義の鼻祖フンボルトもこの道徳論を受容し、教養に作法を組み込もうとしなかった。それに対して作家A・Fr・v・クニッゲは、『人間交際術』（一七八七年）を著し、通俗道徳としての作法を市民に教えようとした。そして、「クニッゲ本」（ドイツ語 'Knigge' は後に作法書を指すようになった）は一九世紀後期まで生き延び、「教養ある」家庭の常備品となった。この矛盾はどのような問題を孕んでいるのか。だが、その問い以上に興味を惹かれたのは、日本では、明治時代きっての教養人であった森鷗外がこの通俗的な「クニッゲ本」を抄訳したという事実である。これは何を意味するのか。そもそも日本では作法はどのように考えられていたのか。――「兎」（ドイツにおける「教養と作法」）を撃ちに出かけて日本における「教養と作法」の思想史という「鹿」に出会ったのである。

かくて「鹿」は第二の「兎」となり、福澤における「教養と作法」というテーマに取り組むようになったのだが、その過程でまたもや「鹿」に遭遇した。従来の福澤研究の多くが政治イデオロギーの確執の渦に巻き込まれ、非生産的論争を繰り返していた状況に鑑みて、「政治的」地平を超えた福澤の「思考様式」を明らかにしようと試みたのである。それが前著であり、教養と作法の問題は副次的になってしまった。そこで第二の「兎」の探究に戻り、大正教養派を育て、なおかつしばしば礼儀問題を論じた新渡戸稲造の思想に挑んでみた（「「欧化」と道徳――新渡戸稲造の道徳・礼儀論」㈠〜㈤『法学会雑誌』五三巻三・四号〜五七巻三号、二〇〇四〜〇八年）が、これまた必ずしも所期の成果を収めることができず、いま一度、明治初期から教育勅語の渙発を経て、鷗外・夏目漱石・内村鑑三の世代や大正教養派の道徳・礼儀論の思想史を検討し直し、さらに射程を戦後にまで伸ばそうとしていた折に、丸山眞男というもう一頭の「鹿」を撃たざるを得ないはめになった。直接のきっかけは、東京女子大学の丸山文庫のデジタル化とそれに伴うプロジェクトの発足であった。以前から、戦後民主主義の教養思想にも関心があったのだが、この「知識人と教養」をテーマに掲げたプロジェクトの出現によって、新資料に基づいたユニークな研究に先を越されはしないかという、根拠のない焦燥感に駆られ、丸山の教養思想に迫ってみたいと思ったのである。

この探究は、幸いにも大正教養派その他に関する草稿を書き溜めてあったので、二〇一三年ごろから始めて昨年三月にはほぼ目鼻がつくところまで漕ぎつけた。ただあまりにも長文になったため、分割するか、大幅に縮小するかという岐路に立たされた。ところが、折も折、その四月に、積年の不養生が祟って胃の大半の摘出手術を余儀なくされ、八月末には腸の内視鏡手術を受け、その後現在に至るまで再発防止のために抗癌剤治療を続ける破目に陥った。そうこうするうちにも迷いは吹っ切れないでいたが、思い切って旧著でもお世話になった名古屋大学出版会の橘宗吾氏に相談した結果、大部になることを承知のうえで元の構想を活かすことに決め、入院中から草稿の修正にとりかかり、昨年一一月末に何とか脱稿するに至ったというしだいである。

しかし、病気をしてかえって、自分にとって「学問」とはいったい何であったのかということをあらためて考えさせられた。一九七〇年代に丸山は、敗戦後の「悔恨共同体」を振り返る形で、「何のための学問か」を問い、全共闘の「専門バカ」批判を引き合いに出したが、ちょうどそのころに研究生活を開始した筆者にとっても、この問いはたえず脳裏を去ることがなかった。だが、たどりついた答えは、奇しくも、丸山のいう「遊びとしての学問」と近いところにあった。学問にとっては、「面白い」ということが決定的に重要であり、目先の役に立たないということは、どれほど逆説的に響こうとも、学問の第一の要諦だ、と考えるに至ったのである。これはある意味で陳腐な学問観であり、自然科学の基礎科学などでも自明のことである。社会科学や人文科学では、「実用」もさることながら、「思想」が学問を妨げることがある。「思想」に溺れて「学問」を蔑ろにするよりは、「学問」に溺れて「思想」を蔑ろにする方を選ぶ、というのが私の得た結論であった。これは、l'art pour l'art のような高尚な話ではないし、かといって法制史という「周辺」学科の専攻者の「引かれ者の小唄」でもない。「面白い」ということも「思想」の一部であり、また現代の政治や社会の実践的要求について直接触れないからといって「思想」が欠けているというわけでもない。

翻ってみると、全共闘が批判した「専門バカ」というスローガンについて、筆者にはとくに印象に残るような記憶がない。一九六八年には一介の学生であり、研究者のあるべき姿などに思いが及ばなかったからかもしれない。ただ、当時、「研究室ではマルクス主義、街に出れば資本主義、家に帰れば封建主義」という、誰がいったのかわからない戯れ歌になぜか共感を覚えた。「欺瞞」ということに過敏なまでに反応した青年期特有の心情のゆえかもしれない。だが、いまは思う。研究室に籠るか、街に出て活動するか、家に安住するか、人それぞれでよいではないか。どの世界に棲もうと「ザッへ（Sache）（仕事、問題、事柄）に就け」という格率を守ることができればよい。これは「専門バカ」の要請と取り違えてはならない。「ザッへ」に就くには「面白さ」という要素が不可欠である。学問に限らない。ウェーバーの「ザッへに就け」は、プロテスタンティズムの倫理に由来するが、日本でも職人や商人のエートスとして存在していたのではないか。同時に、どんな仕事であっても、面白くなければやりがいがない。しかしまた、面白いだけでは完遂することなどおぼつかない。

本書が成るにあたっては少なからぬ方々のお世話になった。誰よりも、橘宗吾氏には、本書の意図や構成について考え直すきっかけを与えていただいただけでなく、原稿の一字一句に至るまで適切なアドヴァイスをいただき、公刊についても一方ならぬ御助力をいただいた。また、阪本尚文氏（現在福島大学准教授）には、御自身の憲法思想史研究（「丸山眞男と八月革命」(1)福島大学『行政社会論集』二八巻一号、二〇一五年）のための丸山文庫の資料探索・複写等にあつかましくも「便乗」させてもらい、その他の文献・情報の収集によって時に新しい知見に導いていただいた。あつく御礼を申し上げたい。そして、恩師上山安敏先生（京都大学名誉教授）には、例によって何度も叱咤激励の声をかけていただいた。本書は、対象も手法も師の教えとかけ離れ、到底五〇年間の学恩に報いるものではないが、先生はまさに学問の神髄が「面白さ」にあることを身をもって示された。本書において先生の薫陶をいくらかでも生かすことができていれば、幸いである。

最後に、突然の入院といまなお続く闘病については、上山先生、橘氏、阪本氏をはじめとして、高校、大学、大学院、教職を通じて他に替えがたい友誼を忝くした中西輝政氏（京都大学名誉教授）、大学院時代以来、専攻こそ違え、研究一筋の模範を示し、病気については先輩として行き届いたアドヴァイスをいただいた関静雄氏（帝塚山大学名誉教授）、そのほか数多くの方々に御心配をおかけし、また激励していただいたことに対して、この場を借りて心から御礼を申し上げたい。そして、一九六八年に京都北白川で出会い、その後家庭生活を守り、研究の環境を整え、この度の病の中での本書のための闘いを力強く支えてくれた妻百合子にあらためて感謝の気持ちを申し述べ、本書を捧げたいと思う。

我々団塊の世代はいよいよ歴史の彼方へと消え去ろうとしているが、各人はそれなりに過去を振り返りながら、なお残された日々を、もはや連帯を求めず、しかしまた孤立を恐れずに、自分の「ザッヘ」に仕えるべく生き尽くすことであろう。

二〇一九年二月

京都岩倉にて　著　者

人名・書名索引

＊本文中の（　）による出典表示，補説，註は対象としていない。

あ　行

か 行

さ 行

た 行

な　行

は　行

や 行

ら 行

わ 行

《著者略歴》

西村《にしむら》 稔《みのる》

1947年 滋賀県に生まれる。京都大学法学部卒業。岡山大学教授，京都大学教授を経て，現在 岡山大学名誉教授，京都大学名誉教授。

著訳書 『知の社会史――近代ドイツの法学と知識社会』（木鐸社，1987年）
『文士と官僚――ドイツ教養官僚の淵源』（木鐸社，1998年）
『福沢諭吉　国家理性と文明の道徳』（名古屋大学出版会，2006年）
W・ラカー『ドイツ青年運動』（人文書院，1985年）
F・K・リンガー『読書人の没落』（名古屋大学出版会，1991年）
M・A・マレー『魔女の神』（人文書院，1995年）ほか

丸山眞男の教養思想

2019年7月10日　初版第1刷発行

定価はカバーに
表示しています

著　者　西　村　　稔

発行者　金　山　弥　平

発行所　一般財団法人　名古屋大学出版会

〒464-0814　名古屋市千種区不老町1名古屋大学構内
電話(052)781-5027/FAX(052)781-0697

印刷・製本 ㈱太洋社　ISBN978-4-8158-0953-9

乱丁・落丁はお取替えいたします。